НАШИ ЗВЕЗДЫ

Евгений Гуляковский

Чужие пространства

ЭКСМО-ПРЕСС
2000

УДК 882
ББК 84(2Рос-Рус)6-4
Г 94

Разработка серийного оформления
художника *А. Саукова*

Серия основана в 1999 году

Гуляковский Е. Я.

Г 94 Чужие пространства: Фантастический роман. — М.: Изд-во ЭКСМО-Пресс, Изд-во ЭКСМО-МАРКЕТ, 2000. — 576 с. (Серия «Наши звезды»).

ISBN 5-04-004403-8

Студент-недоучка Степан Гравов даже не мог предположить, что рядовая экспедиция в «поле» заставит его круто поменять привычный уклад жизни и стать... Воином пространств. Но до этого ему пришлось прожить несколько жизней, побывать в шкуре степняка-кочевника, каторжника на инопланетных рудниках, космопилота, потерпевшего аварию, и даже леврана — огромного шестилапого монстра. И все для того, чтобы в итоге прекратить кровавую распрю в далеком будущем между двумя звездными суперцивилизациями.

УДК 882
ББК 84(2Рос-Рус)6-4

ISBN 5-04-004403-8

Книга 1

Чужие пространства

ЧАСТЬ ПЕРВАЯ

УЧЕНИК ЧАРОДЕЯ

1

В жизни некоторых людей, отмеченных высоким выбором судьбы, а быть может, собственным талантом или особым везением, наступают иногда моменты, когда от решения, казалось бы, пустякового на первый взгляд вопроса зависит ход исторических часов целых народов.

Иногда нечто подобное происходит и с людьми, не замеченными историей, но тем не менее оставившими в ней свой невидимый для современников след.

В жизни Степана Гравова такой день наступил семнадцатого сентября, когда, развернув случайно подвернувшуюся под руку вечернюю городскую газету, он обнаружил в ней объявление частного агентства по трудоустройству и туризму «Посредник».

«Если у вас приличная внешность, если вы не обременены семьей, не обросли долгами и обязанностями, одним словом, если вы молоды и свободны, если в вас не угас еще огонь романтики, обращайтесь к нам». Объявление, несмотря на несколько возвышенный стиль, показалось Степану достаточно любопытным; и поскольку, кроме первого пункта относительно внешности, вызвавшего у него некоторые сомнения, все остальные соответствовали его нынешнему социальному положению, а его теперешняя временная работа уже успела порядком надоесть, он решил обратиться в агентство «Посредник» по указанному в объявлении адресу, не поленившись его разыскать среди узких улочек и маленьких захламленных двориков на окраине города.

Возможно, будь в объявлении указан телефон агентства или хотя бы перечень услуг, которые оно могло оказать, Степан не стал бы себя утруждать, но ничего этого не было — и вот вечером семнадцатого сентября он стоял перед железной калиткой с приклеенным к ней куском картона. Небрежно, наспех, черным карандашом на нем было написано всего два слова: «Агентство «Посредник».

Степан постучал и, не дождавшись ответа, толкнул калитку. Она легко поддалась, открыв его взгляду обычный окраинный дворик с выводком кур, небольшим огородиком и слегка покосившейся мазанкой. Никого не было видно. Не лаяли даже собаки. Он уже начал жалеть о своей нелепой затее и совсем было собрался захлопнуть калитку, досадуя на себя за потраченное время, когда в глубине двора показался какой-то старик в заношенной куртке с лопатой в руках.

— Вам кого, молодой человек? — спросил старик издали. Из-под густых бровей сверкнули внимательные зеленоватые и не по-стариковски цепкие глаза.

— Да вот объявление... Вроде тут агентство какое-то, — несколько растерянно ответил Степан.

— Ну так проходите. Это действительно здесь.

Теперь уже уходить вот так, сразу было неудобно, хотя ничего дельного от предстоящего разговора Степан уже не ждал. Какое-нибудь очередное дурацкое предприятие, рассчитанное на простаков, готовых платить деньги.

Такие фирмы за последнее время расплодились как грибы после дождя.

Он прошел вслед за стариком в дом, вытер ноги и оказался в светлой, по-деревенски обставленной горнице, испытывая все большую неловкость от того, что не решил, как объяснить свой визит, когда разговор зайдет о деле. Ведь он не знал даже, каким «трудоустройством» занимается агентство.

— Ну-с, так чем мы можем быть вам полезны? — спросил старик, споласкивая под рукомойником руки и вытирая их старым, но чистым полотенцем.

— Да вот прельстился вашим «огнем романтики» и, наверно, зря отнимаю у вас время...

— Нет, отчего же? Наша обязанность удовлетворять любые запросы клиента.

— Так уж и любые? — усмехнулся Степан.

— Многие. Можно сказать, большинство, — твердо, без тени шутки ответил старик, и вновь его глаза внимательно, испытующе прошлись снизу вверх по Степану, словно холодной водой обдав его с ног до головы. — Мы не указываем деталей услуг, которые можем оказать, именно потому, что они весьма обширны, а длинные объявления стоят дорого. Те, кому мы действительно нужны, рано или поздно находят к нам дорогу. Так, значит, вас интересует романтика... Этот товар сам по себе стоит нынче недорого. Все зависит от того, с чем вы собираетесь его использовать.

Разговор получался какой-то странный — нечто среднее между хорошим розыгрышем и непонятной тонкой аферой. Больше всего Степана заинтересовала иронически серьезная речь старика, говорившего о романтике так, словно он собирался взвешивать ее на килограммы и доподлинно знал, как это сделать.

— Ну что же, — стараясь подыграть тону беседы, проговорил Степан, — для начала я бы предпочел «романтику дальних странствий». Желательно зарубежных, — тут же добавил он, на ходу вставляя явно невыполнимое для этого заштатного предприятия условие.

— Похвальный выбор. Мы ищем серьезных клиентов. Однако плата соответственно возрастает. Двадцать пять процентов с зарплаты первого года, включая валюту. Внутри страны мы берем не более десяти процентов комиссионных, однако при организации «загранки» накладные расходы значительно увеличиваются.

— Ну, разумеется! — охотно согласился Степан, готовый отказаться и от оставшихся семидесяти пяти процентов несуществующих заграничных доходов.

— Кроме того, для включения в нашу картотеку необходимо сделать обычный взнос. Пятьсот рублей.

«Вот это уже существенней», — подумал Степан, испытывая легкое разочарование. Скорее всего, ради получения этой суммы и был затеян весь спектакль с объявлением о продаже романтики. Он твердо решил не отступать до конца, до тех пор, пока сумма расходов не превысит возможностей его довольно-таки скромного бюджета. В конце концов за любую глупость нужно платить, а за эту он платил с особым, мстительным самому себе удовольствием — романтики ему, видите ли, захотелось... Не сказав ни слова, он выложил на стол пятисотенную купюру с новым российским флагом, и она тут же исчезла, растворилась, словно ее не было вообще, не оставив после себя никакого следа в виде какого-нибудь клочка бумаги, хоть отдаленно похожего на квитанцию. Минуту назад пятисотенник еще лежал на столе, и вот уже его не стало. Степан даже не заметил переходного момента, во время которого купюра перекочевала из руки старика в его карман.

— Поскольку предварительные формальности соблюдены, взнос сделан, прошу вас пройти в нашу контору. Рабочее помещение у нас наверху.

Медленно, размеренно они стали подниматься по скрипучим старым ступеням, исчезающим в черном провале чердачного помещения. Степан думал о том, что его дурацкое стремление разглядеть за серым фасадом будней скорее всего не существующую причинно-следственную начинку в который уже раз приводит его на ступени старой как мир лестницы, ведущей туда, где доверчивая глупость, а иногда попросту безысходность одних превращается в звонкую монету для тех, кто лучше приспособлен к этому нелепому, вывернутому наизнанку миру.

Переступив последнюю ступеньку, Степан очутился в просторном светлом помещении, отделанном современными деревянными панелями. Но не эта неожиданная современность в отделке поразила его настолько, что он буквально прирос к порогу. На столе поблескивал «АРМСТРАД-2020» — английский персональный компьютер новейшего образца. Степан кое-что понимал в этой технике и сразу же оценил двойной дисковод, цветной дисплей и лазерный принтер, заполнившие стол своими сероватыми, с серебристой искрой панелями и переплетением кабелей.

— Серьезная машина...

— Наша фирма вообще намного серьезней, чем может показаться с первого взгляда, — строго проговорил старик, включая машину и вставляя в дисковод дискету, снятую с полки, где в черных пакетах с яркими этикетками стояли в строгом порядке десятки, сотни таких же дисков, содержащих мегабайты неведомой Степану информации.

— Итак, приступим к составлению договора. Ваши фамилия, имя, отчество, адрес?

— Нужны какие-то документы?

— Ничего, кроме правдивых ответов, не требуется. У нас есть возможность проверить нужную нам информацию.

Руки старика молниеносно забегали над клавиатурой машины, едва касаясь клавиш. Дисководы мягко заурчали, на дисплее вспыхнули и почти сразу же исчезли непонятные Степану слова. Он едва успел разглядеть вязь какого-то восточного письма. Старик развернул дисплей и вопросительно уставился на Степана. Степан начал отвечать на его вопросы и все никак не мог отделаться от странного ощущения, что ответы запаздывают, что старик начинал печатать раньше, чем он успевал сказать первое слово. Когда ему надоела эта странная игра, он замолчал, что, впрочем, не помешало хозяину закончить текст договора.

После того как заработал принтер, пулеметными очередями вычерчивая на бумаге целые фразы, вылетавшие откуда-то из электронных глубин машины, хозяин повернулся на вращающемся стуле к стойке, где стеклом и хромом поблескивала кофеварка, и только тогда Степан заметил на столе еще и модем. Это было уже слишком. Степан готов был поклясться, что в их городишке не найдется второго такого компьютера и тем более нет никаких баз данных, электронных библиотек и тому подобной западной чепухи. Но модем мог служить одной лишь цели — он автоматически связывал машину по телефонной сети с другими подобными аппаратами. И сейчас на нем горел зеленый огонек, свидетельствуя о том, что машина использовала в своей работе внешние линии связи.

Лист с пунктами договора был отпечатан на специальной бумаге и попахивал чем-то очень знакомым. Степана поразило обилие пустых строк между пунктами договора.

— Не все пункты задействованы, — пояснил хозяин. — Текст стандартный, но по мере надобности здесь могут быть вставлены новые параграфы.

— Довольно странный способ заключать договор, половина текста которого неизвестна!

— Ну, все, что нужно для нашего с вами дела, там есть. К тому же вы можете и не подписывать. В таком случае вы лишаетесь предварительного взноса, и мы на этом расстаемся.

— Но как я могу подписывать документ, не зная, что он собой представляет?

Старик усмехнулся.

— К нам редко приходят слишком уж осторожные люди. К тому же основные ваши обязательства, размер оплаты наших услуг изменяться не будут, а все остальное... Как я уже сказал, форма стандартная.

— Хорошо хоть то, что есть, напечатано по-русски!

— Мы всегда составляем договор на языке клиента. Наши клиенты никогда не остаются в проигрыше, и именно поэтому мы оставляем за собой право изменять некоторые пункты. В любом случае, прежде чем предложить вам что-то, не обозначенное в первоначальном варианте договора, мы обязаны получить ваше согласие, там есть об этом специальная оговорка.

Степан задумался. В конце концов этот лист бумаги, не заверенный нотариусом, не будет иметь никакой юридической силы. Чем он рисковал, пятьюстами рублями? С ними он уже простился. Мифическими процентами от своей будущей работы за границей? Он в нее по-прежнему не верил, хотя, надо признать, «АРМСТРАД-2020» придавал этому хорошо поставленному спектаклю аромат достоверности.

— Значит, никакой другой оплаты, кроме обозначенных здесь двадцати пяти процентов, не будет?

— Если вы имеете в виду деньги, то, конечно, нет, мы не мошенники и никогда не нарушаем наших обязательств. Договор может быть изменен только в пользу клиента.

Степан достал авторучку.

— Нужны специальные чернила. Вот этими, пожалуйста. — Старик протягивал ему допотопную чернильницу с перьевой ручкой. Рыжие чернила напоминали те, которыми подписывали в сберкассах аккредитивы. Спектакль был продуман до самых последних мелочей, и, испытав от этого неожиданное и несомненное удовольствие, Степан расписался внизу листа.

Остановившись перед калиткой, Степан еще раз внимательно осмотрел фасад дома, благо хозяин не стал его провожать, а во дворе не было даже собаки. К дому шел один-единственный провод от столба с осветительным фонарем. Телефонной подстанции в этом районе не существовало. Зато над коньком крыши торчала ребристая тарелка странной антенны. Радиотелеграфная связь? После «АРМСТРАДА» этому Степан уже не удивился.

Небольшое приключение на улице Красикова первоначально никак не повлияло на дальнейшую жизнь Степана. На вопрос, следует ли ему ждать результатов вмешательства всесильного агентства «Посредник» в его судьбу, старик ответил, что ничего подобного не требуется. После подготовки всего необходимого его разыщут, где бы он ни находился.

Посмеявшись про себя над этим многозначительным заверением и нисколько уже не жалея о потраченном времени и деньгах, вполне удовлетворенный полученным развлечением, Степан уехал в археологическую экспедицию в северо-восточный Казахстан. Впервые в его бродяжнической жизни наметилась некая остановка. Профессор Ельгин обещал после возвращения помочь ему закрепиться в институте и похлопотать о месте лаборанта на соседней кафедре. Место, правда, было пока еще занято, но к моменту возвращения из экспедиции определенно должно было освободиться.

Третьи сутки за окном поезда мчались, торопились куда-то сухие степи. Дождя здесь не было уже давно, и оттого запахи нескошенных трав, невидимых в стремительном беге поезда степных цветов сгустились, словно настой, и заполнили собой весь вагон.

Вдыхая этот терпкий аромат перестоявшихся степных полей, Степан думал о том, что наметившийся в его судьбе перелом наверняка определит всю его дальнейшую жизнь. Человек редко способен оценить истинное значение происшедших с ним недавних событий, лишь позже, с высоты пронесшихся лет, прибавивших мудрости и седых волос, мы можем в них разобраться более-менее верно, но тогда уже мало пользы от этого понимания. Слишком часто мелкое сиюминутное кажется нам чрезвычайно важным, заслоняя собой уже оставшийся позади подлинный поворот жизненной дороги...

Над степью стояла сухая июньская ночь. К рассвету опрокинутое над головой Степана бездонное небо как будто опустилось ниже, и мохнатые ослепительные звезды слегка потускнели. В траве, недалеко от того места, где он лежал в спальном мешке, положенном прямо на давно не видавшей дождей земле, завозился какой-то зверек.

Из степи долетел первый порыв легкого утреннего ветра. Он принес с собой прохладу и резкий горьковатый запах полыни. Степан проснулся, но вставать еще было рано. Он мог разбудить расположившихся неподалеку прямо под открытым небом остальных сотрудников экспедиции и потому лежал неподвижно. Хорошо ему думалось в этот розоватый предрассветный час полного одиночества.

Вспоминалась недавняя работа в институте по исследованию южных морей. Хорошая работа. Жаль, что недолгая. Ее пришлось оставить после того, как он самовольно выпустил из дельфинария томящихся там пленников... Потом был заповедник на Карадаге... И оттуда он ушел. Слишком часто стал замечать косые взгляды друзей, тех самых, что любили когда-то на ночь собираться в бухте «Разбойника» с гитарами и могли жить там весь отпуск, полностью отрешившись от цивилизации. Они так никогда и не смогли ему простить этого заповедника, словно была его вина в том, что солидные дяди с портфелями оттяпали в собственное пользование целую сказочную страну, закрыли ее кордонами от простых смертных, понастроили проходных шлагбаумов, а заодно и личных дач на общественные деньги. Поди проверь, чем они там занимаются, в заповедном режиме. Такая наука недешево обходится обществу, а понимание этого недешево обошлось Степану: он потерял и эту свою работу и теперь вот ждет, надеется, что по возвращении Ельгин сдержит свое слово, поможет закрепиться в институте. А если нет?.. Опять мотаться по случайным экспедициям...

Мысли Степана текли медленно и без особой связи, как иногда бывает ранним утром, когда желанный сон бежит от широко открытых глаз, в уши назойливо лезут посторонние шорохи, а где-то далеко за горизонтом, невидимый и неслышимый, рождается ветер.

Степан подумал о женщинах. Не о какой-то конкретной женщине, а о женщинах вообще. Он представил себе, как в далеких городах миллионы женщин лежат в своих уютных постелях, у каждой из них есть муж, любовник или просто друг. Кого-то они, возможно, ждут. Кто-то должен приехать, вернуться из армии, из командировки, из экспедиции... Только его не ждала ни одна из них. Свои недолгие, ни к чему не обязывающие знакомства он всегда умел обрывать резко и навсегда...

Далеко в степи родился неоформившийся тревожный звук. Может быть, в ночи лишь прокричала какая-то птица. Редко, но бывает в синий предрассветный час такое особое состояние души, когда кажется: нечто должно произойти, вот-вот совершиться, оформиться в реальное действие, как этот ночной крик, — но ничего не происходит. По-прежнему бесшумно и навсегда утекают прочь минуты жизни, и виноваты во всем, возможно, лишь мохнатые глаза звезд... Нельзя слишком долго и слишком пристально на них смотреть. Как и тысячи лет назад — для наших далеких предков, — они сохранили в себе колдовскую силу. Вот только времени не осталось у нас в этом разбираться или загрубела душа, отгороженная от звездного мира дымом больших городов, утилитарными задачами торопливых повседневных дел...

Под эти беспорядочно разбредавшиеся мысли незаметно для себя Степан задремал и почти сразу же проснулся, словно от толчка...

Он испытывал необъяснимую, все возрастающую тревогу, ни с чем конкретным не связанное беспокойство, возможно, ему приснился какой-то кошмар, он его не помнил, но, скорее всего, его разбудил все тот же назойливый резкий крик ночной птицы... Степан прислушался; вокруг все было неподвижно и тихо, как всегда бывает в этот последний предрассветный час ночи; лишь из палатки радиста доносилось тонкое попискивание морзянки. Писк пробивался сквозь толщу эфира, чтобы реализоваться в строки какого-то сообщения. Степан приподнялся, осмотрелся. Тревога не проходила. Он встал, оделся и побрел к палатке радиста, где в этот момент материализовывалось известие о том самом повороте в его судьбе, которого он ждал, на который надеялся и которого, не желая в этом признаться самому себе, одновременно боялся...

По неведомым причинам большому начальству вдруг стало ясно, что совместная археологическая экспедиция в глубь Мексиканской пустыни, созданная для изучения остатков древних цивилизаций и только что согласованная с мексиканским правительством, не может состояться без

Две недели экспедиция провела в Веракрусе. Готовили снаряжение, нанимали вьючных животных, искали опытных проводников — предстоял нелегкий путь в глубь центральной Мексиканской пустыни. Работы хватало на всех, и, поскольку должность младшего научного сотрудника не определяла какого-то конкретного участка, Степана использовали повсюду. Он то оформлял документацию, то проверял прибывающее снаряжение, то упаковывал вьючные ящики, то вместе с переводчиками закупал продовольствие и медикаменты. И все это время в нем подспудно накапливалось ожидание, росла тревога, хотя раньше, на корабле, ему казалось, что это уже невозможно.

Его беспокоило, что Сугробов до сих пор никак не проявлял себя. Свое тревожное ожидание Степан невольно переносил на окружающих и даже на сам город. Ему казалось, на его улицах в пестрой сутолоке площадей, в разноголосице базаров затаилась неведомая опасность.

Лишь после того как последние окраинные домишки Веракруса скрылись из глаз, Степан несколько успокоился. Но именно здесь, на окраине, произошло одно странное событие, натолкнувшее Степана на целую цепь новых невеселых размышлений.

Скрипучая арба неожиданно вынырнула из бокового переулка, и, чтобы пропустить ее, идущий впереди экспедиционного каравана погонщик придержал тяжело навьюченных мулов. Арба ползла медленно, и издали показалось, что она нагружсна вязанками белого хвороста. Только когда повозка приблизилась, Степан разглядел в ней огромный человеческий скелет. Лишь после того как прошло первое потрясение, Степан увидел, что шейные позвонки скелета увенчивает искусно вылепленная из папье-маше маска хохочущей Смерти, — это была всего лишь огромная кукла.

— Что это? Зачем это сделано? — впервые за всю дорогу он обратился к переводчику, надменному и презрительному идальго, в чьей крови оказалась слишком большая доза крови испанских конкистадоров.

— Всего лишь смерть, — непонятно пояснил тот. — В городе готовится карнавал, праздник мертвых.

— Праздник смерти?

— Ну, если хотите. У нас смерть не считается чем-то ужасным, как привыкли думать вы, европейцы. Это всего лишь переход между двумя разными мирами. Смерть, жизнь, — переводчик достал из кармана серебряную монетку, подкинул ее и ловко поймал, — всего лишь две стороны одного и того же, как стороны этой монеты.

— Это я понимаю, могу понять, но праздновать Смерть...

— Поминовение умерших отмечается всеми народами. У нас этот ритуал приобретает особое значение. Он всегда заканчивается карнавалом, дети объедаются сладостями. Живые радуются тому, что они еще живут, а мертвые — тому, что они уже умерли.

«Странная философия», — подумал Степан.

Караван давно покинул пределы города, пейзаж постепенно стал изменяться, становясь все более безжизненным. Морские влажные ветры, запутавшись в вершинах плоских прибрежных возвышенностей, сюда уже не долетали, и характер растительности резко изменился: исчезли лиственные кустарники, среди проплешин песка появились первые кактусы.

Измученный непрерывной жарой, Степан то и дело вспоминал повозку, везущую карнавальный образ Смерти. Здесь, в пустыне, он уже не казался ему декорацией. Среди холмов довольно часто встречались кости погибших животных, казалось, сам воздух пропитался отвратительным сладковатым запахом гниения.

До самого вечера Степан так и не смог отделаться от неприятного воспоминания. Маска хохочущей Смерти стояла у него перед глазами весь день.

Раскаленное красноватое солнце наконец приблизилось к горизонту, караван остановился на ночлег. Рабочие стали разбивать лагерь, натягивать палатки, разносить пищу усталым животным. Экспедиции предстояло еще целую неделю двигаться в глубь пустыни, и лишь тогда они приблизятся к раскопу ацтекского города.

В этот вечер Степан впервые пожалел о том, что расстался с домом. Чужая страна казалась ему теперь слишком жестокой, а трудности пути, поджидавшие их впереди, почти непреодолимыми. Проклиная собственную глупость, жару и песок, он стал натягивать палатку. А тут еще солоноватая вода в его фляге кончилась, и пришлось идти за новой в самый центр лагеря. У больших складских палаток, где стояла бочка с питьевой водой, он наткнулся на Сугробова.

— Я как раз собирался тебя искать. Завтра утром постарайся не уезжать с первым караваном. Я что-нибудь придумаю, скажу, что ты должен помочь мне в погрузке.

— Это еще зачем? — не слишком приветливо осведомился Степан.

— Откуда я знаю зачем. Так велено.

— Кем велено?

— А ты не знаешь? — Сугробов мрачно усмехнулся и отошел, не желая продолжать разговор.

Надежды Степана, что его хотя бы здесь оставят в покое, не оправдались. Скорее всего, именно теперь ему предстояло рассчитаться по одному из тайных пунктов договора. По крайней мере, с ожиданием и неопределенностью будет покончено. Наступила пора действовать.

Ночь, которую он почувствовал в день приезда как бы за чертой города, теперь настигла его. Она была рядом, вокруг, стояла между кустов опунций, протянувших к нему из темноты свои усыпанные колючками ладони. Степан глотнул из только что наполненной фляги горькую, как хина, воду. Впервые он задумался о тех, кто подсунул ему договор, а теперь пытался управлять его жизнью из-за угла. Может быть, стоило рассказать обо всем руководителю экспедиции?

Вряд ли кто-нибудь отнесется к этому серьезно. А Сугробов попросту откажется от своих слов.

Ночь в этой стране набрасывалась из-за угла неожиданно, сразу, как враждебное существо. Только что вокруг царили литые синие сумерки — и вот уже вместо них сплошная тьма. Даже свою белую палатку Степан отыскал с трудом.

Цветы кактусов, ждавшие этой минуты весь долгий, переполненный жарой день, теперь развернули в темноте свои лепестки, и в палатку Степана поплыл одурманивающий аромат.

Степан задернул полог палатки, хотя он казался не слишком надежной защитой от притаившейся у дороги ночи. Однако, застегнув его, он почувствовал себя несколько уверенней. Степан заснул сразу, едва голова коснулась подушки, и тут же, во всяком случае так ему показалось, проснулся.

За палаткой стояла все та же душная летаргическая ночь, заполненная запахами неведомых растений, странными звуками, песнями ночных насекомых.

Полог палатки был теперь отдернут, а белая фигура, укутанная в саван, стояла у входа в палатку.

Степан крикнул и не услышал ни звука. Посторонние звуки были не властны проникнуть в эту ночь.

— Не бойся, — тихо, почти ласково, попросил скелет, — меня не надо бояться.

— Я не боюсь, — прошептал Степан, — я просто ничего не понимаю.

— Конечно. Конечно, ты не понимаешь. Но это не страшно. Понимание придет позже. — Скелет присел на обломок камня, валявшийся возле палатки, снял череп и превратился в очень старого, иссушенного временем человека. Отсветы луны терялись в глубоких морщинах его лица. Годы выбелили волосы. Старое пончо, обесцвеченное все тем же неукротимым временем и показавшееся

Степану саваном, мешковато свисало с худых плеч старца. А может, это все же был саван?

— Это не саван, — ответил старец, словно слышал все его мысли. — Хотя ты можешь считать мою одежду саваном, потому что я послан за тобой из другого мира. Из того, что для вас, людей, находится по другую сторону смерти. Я должен подготовить тебя.

— Подготовить? — пролепетал Степан плохо повиновавшимся языком, чувствуя, как его страх постепенно переходит в парализующий ужас.

— Ты больше никогда не вернешься в этот мир. Но прежде чем покинуть его, тебе придется стать воином.

— Я не хочу! — крикнул Степан.

И в ответ старец кивнул, словно соглашаясь, словно и не ожидал услышать ничего другого.

— Те, кто отмечен временем, никогда не знают этого сами. Однако пославшие меня могли ошибиться. Посмотрим, как отнесется к тебе Руно. Я ничего еще не решил. Выбирать ученика труднее, чем искать учителя. — Старик вздохнул. — Теперь прощай, мы скоро встретимся снова.

Старец поднялся и еще раз пристально посмотрел на Степана. Словно два холодных голубых клинка, не встретив преграды, погрузились до самого дна его души.

— Ты совсем не похож на будущего воина.

— Я не воин! Я не собираюсь им становиться! Я хочу вернуться домой, я не имею к этому ни малейшего отношения! — Он кричал запоздалые слова, швыряя их, как камни, в пустоту. Никого уже не было возле палатки, даже песок не взметнулся в том месте, где за секунду до этого стоял старец, и тогда Степан проснулся во второй раз.

Высоко поднявшееся солнце уже успело пробраться сквозь тонкие стены палатки, напоминая о том, что в пустыне давно начался новый день. Снаружи не доносилось ни звука, и это показалось Степану необычайно странным. Он рванул молнию, распахнул полог и не увидел вокруг ничего, кроме песка, начинавшего белеть под первыми лучами раскаленного солнца. Караван ушел без него.

3

«Спокойно, — сказал он себе, постаравшись унять бешено застучавшее сердце. — Этого просто не может быть. Здесь что-то не так».

Его не могли «забыть», это исключено, и проспать отход каравана — событие достаточно шумное — невозможно.

Поблизости он не обнаружил на песке ни одного следа, словно караван за ночь испарился, превратился в мираж, в дым, или, что гораздо правдоподобней, ночью его вместе с палаткой перенесли на новое место, подальше от лагеря. Но кто мог это сделать, зачем и почему он даже не проснулся? Существовал лишь один способ...

Он вспомнил горьковатый вкус воды в своей фляге и Сугробова, который, видимо, неспроста поджидал его у бочки. Наверное, он, специально затеяв отвлекающий разговор, сумел подменить флягу. И это означало, что он остался в пустыне без глотка питьевой воды...

Степан бросился в палатку. Лихорадочно разбрасывая вещи, разыскал флягу и встряхнул ее — двухлитровый сосуд был заполнен до самого горла. Он плеснул на ладонь несколько капель, лизнул — сомнений не оставалось. В воду что-то подмешали, скорее всего, снотворное, и весьма сильное, — хватило одного глотка...

Он представил, что с ним будет, когда жара и усталость сломят волю, замутят рассудок и он выпьет всю жидкость из фляги... Возможно, на это они и рассчитывали. Его, конечно, станут искать, но даже если найдут — он уже ничего не сможет рассказать.

Что-то здесь было не так. Избавиться от него могли более простым способом. Для этого не нужна Мексика. Чего-то он не понимал. Чего-то очень важного.

Чтобы не поддаться соблазну, он отвинтил пробку, перевернул флягу и следил остановившимся взглядом, как песок жадно впитывал драгоценную влагу. Все. Теперь у него оставалось не более двадцати четырех часов времени. Если до следующего восхода он не найдет каравана, ему не выжить. В пустыне человек без воды погибает к середине второго дня — это Степан знал хорошо.

Нужно определить хотя бы приблизительное направление. С самого начала они шли на запад, затем свернули к югу, но он не знал, насколько круто — у него не было даже компаса. Если бы найти след! Его не могли унести слишком далеко, вряд ли они располагали лишним временем. Он решил обойти местность вокруг, постепенно расширяя круги. Палатка хорошо заметна издали и послужит неплохим ориентиром.

Один круг, второй, третий — пустыня казалась первозданной, словно здесь никогда не ступала нога человека.

В конце концов он едва не потерял палатку и решил вернуться, чтобы взять вещи. Возможно, они ему не понадобятся, если он не найдет вовремя воду.

Все же с рюкзаком Степан чувствовал себя уверенней.

Солнце поднялось достаточно высоко, становилось жарко. Степан не мог больше тратить время на поиски следов каравана. С каждой минутой расстояние между ним и его товарищами неумолимо увеличивалось, и вместе с этим уменьшалась надежда на спасение.

Оставалось одно: ориентируясь по солнцу, придерживаясь хотя бы примерного направления, идти в ту же сторону, куда ушел караван. Он не надеялся его догнать. Однако рано или поздно его хватятся. Что бы там ни придумывал Сугробов, в конце концов на его поиски вышлют спасательную группу. Вопрос в том, как скоро это случится, успеют ли они...

И Степан пошел на юго-восток. Он все еще пытался найти следы каравана, понимая, что спасательная группа будет двигаться обратно по караванной тропе. Но вокруг под ногами был лишь белесый, обожженный солнцем камень, без единого отпечатка, без единой царапины...

Иногда ему встречались группы кактусов, разорвавшие своими неукротимыми корнями поверхность каменной равнины. Они были похожи то на отдельные колонны, то на странные рощи без малейшего признака тени. В одной из этих «рощ», так и не найдя лучшего укрытия от солнца, он вынужден был ненадолго остановиться, чтобы переждать самую страшную полуденную жару.

Развесив на колючках одеяло, ему удалось получить небольшой кусок тени, но сидеть на камнях оказалось невозможно, и тогда Степан, отыскав между кактусами достаточно широкую расселину, постарался выскрести из нее верхний, раскаленный слой песка.

Неожиданно осколок камня, которым он проделывал эту операцию, наткнулся на что-то твердое. С трудом разрушая слежавшийся, местами почти окаменевший слой песка, Степан извлек из-под него небольшой металлический предмет, тускло блеснувший на солнце своей матовой бронзовой поверхностью.

В руках у него оказался восьмигранный наконечник старинной ацтекской стрелы. Степан хорошо знал его форму: точно такой был в коллекции профессора Ельгина, только там он потемнел от времени, покрылся кавернами окислов, а этот сохранился так хорошо, словно лишь вчера покинул колчан своего владельца. Был ли тому причиной сухой воздух пустыни или что иное — Степан не знал. Больше всего сейчас ему хотелось понять, куда делась караванная тропа. Он положил свою находку в карман — возможно, Ельгин лучше разберется в ее секретах.

Жара стояла такая, словно Степан находился внутри раскаленной печи. Губы потрескались, в горле пересохло, ему с трудом удавалось проталкивать в измученные легкие новые порции горячего воздуха. Впервые он пожалел о вылитой в песок фляге. Несколько глотков из нее оборвали бы все его мучения.

Не оставалось сомнений — он полностью сбился с нужного направления. Местность, по которой они шли вчера, совершенно не походила на то, что его окружало сегодня. Следы прошедших до них караванов, кости погибших животных — все это непостижимым образом исчезло. Лишь миражи у раскаленного горизонта оставались прежними. Впрочем, и это не совсем так. Сейчас, например, он видел маленькие глиняные домики и огромные ступенчатые пирамиды храмов древнего ацтекского города. Возможно, того самого, к которому так стремились его товарищи. Вот только на вершине этих пирамид клубился дым, а внизу блестели бронзовые щиты воинов. Скорее всего, у него начинался бред.

Мираж заколебался, подчиняясь невидимым движениям раскаленного воздуха, словно был настоящим. Но ни один мираж не в силах отразить то, чего не существует в действительности.

Горячая земля выпивала, высасывала из него остатки сил. Нужно было вставать и идти дальше. Вот только зачем? Какой смысл в новых мучениях, если у него не осталось надежды?

— Валяешься? — вкрадчиво спросил скелет, выделяя свой отчетливый, однозначный костяк из плывущего марева миража. — Давай, давай. Я давно тебя жду.

— Я готов, — просто ответил Степан.

— Тогда вставай и пошли.

— Еще чего! — возмутился Степан. — Для тебя вполне подойдет и это место.

— Ошибаешься, — сказал скелет, вновь превращаясь в старика. — Вон за тем холмом, как только перевалишь его, увидишь старую хижину. В ней я тебя и подожду.

Скелет исчез, растворился в струях похожего на кипяток воздуха, оставив после себя лишь сомнение. Стоило ли проверять реальность этого приглашения?

Холм, на который указал скелет, виделся не таким уж далеким. В конце концов любопытство оказалось сильнее отчаяния, и Степан поплелся к холму, оставив под кактусом свой рюкзак и твердо решив не возвращаться за ним. Если назначенная встреча состоится, ему уже не понадобятся вещи.

Хижину он увидел сразу, как только поднялся на холм. Это была обычная мексиканская мазанка, обнесенная плетнем из колючих веток пустынных кустарников. Издали она казалась нежилой, но там могла быть вода! Мог быть колодец! Степан забыл обо всем, ноги сами понесли его к хижине.

Вкус воды люди забыли, как забыли и многое другое, утонув в хаосе современных городов. Степан пил медленно, долго, впитывая влагу каждой клеточкой своего большого иссушенного тела. Вода пахла первозданной свежестью, она пахла ветрами и травами, она пахла жизнью. Теперь он был готов встретиться с несколькими скелетами сразу.

— Есть тут кто-нибудь? — Хижина молчала, только дверь скрипнула в ответ на его вопрос и приоткрылась, словно приглашала войти. Степан переступил порог. Внутри царили полумрак и прохлада, толстые метровые стены не пропускали жару, а маленькое оконце, затянутое слюдой, почти не давало света.

Мебели практически не было. Соломенная циновка, небольшой стол, явно самодельный, глиняная посуда — все здесь говорило о натуральном мексиканском хозяйстве, о том быте, которым и сегодня, в двадцатом веке, живут десятки мексиканских деревень. Да разве только мексиканских? Он вспомнил покосившиеся домишки на своем родном Севере, разве что стены там были деревянные, вот и вся разница...

В хижине кто-то жил. В миске на столе лежала сухая маисовая лепешка. Иначе и не могло быть, раз здесь есть вода.

Степан снова повторил свой вопрос. Никакого ответа. Лишь снаружи донесся заунывный тоскливый вой. Волки? В пустыни не бывает волков, скорее всего, это ветер. И тут он услышал шаги. Шаги у самой хижины.

Он готов был поклясться, что вокруг на несколько километров не было ни одной живой души. Во дворе невозможно укрыться. И тем не менее кто-то подходил к двери. Степан почувствовал, как у него перехватило дыхание.

Дверь открылась, и порог переступил старик в поношенном мексиканском плаще из грубой домотканой материи.

Хотя в комнате было темно, Степан заметил, что вошедший человек очень стар, но держится удивительно прямо, а его походка легка, как у юноши.

На секунду лицо старика показалось знакомым, но, скорее всего, это была лишь игра его измученного пустынными миражами воображения.

— Простите, — сказал Степан, — я вошел без приглашения. Здесь никого не было, я отстал от каравана, и вот...

Старик ничего не ответил, он пересек хижину и уселся в углу на циновке, не обратив на Степана ни малейшего внимания, словно тот стоял здесь всегда, как этот древний стол.

— Где я нахожусь? Какая это деревня? Где проходит караванная тропа? — попробовал Степан еще раз, отчетливо произнося слова.

Никакого ответа. Взгляд, направленный сквозь стены хижины, казалось, видит иные миры. Степан решил подождать, продемонстрировать выдержку, хотя ему очень хотелось есть. В неподвижности и молчании время текло незаметно. Свет, пробивавшийся сквозь слюдяное оконце, стал слабеть.

Сухая маисовая лепешка, которую Степан заметил на столе, когда вошел в хижину, казалась ему теперь куском пышного пирога.

Старик достал из заплечной котомки лист бетеля и с видимым удовольствием принялся его жевать, по-прежнему не обращая на Степана ни малейшего внимания.

— Вы не понимаете по-русски? К сожалению, я не знаю мексиканского...

Старик молчал.

Прошло не меньше часа, в хижине стояла влажная душная тишина, нарушаемая лишь тонким писком москитов да заунывным свистом ветра за стенами. Старик застыл на своей циновке совершенно неподвижно. Покончив с бетелем, он ни разу не шевельнулся. Муки голода становились совершенно непереносимыми. В конце концов Степан не выдержал и сделал новую попытку заговорить:

— Мне нужно в Мехико, в посольство, я русский, понимаете? Рашен.

— Не суетись. Время разговора еще не пришло.

Фраза прозвучала в голове Степана очень четко, с глубокими обертонами, словно он слышал ее через стереонаушники, сдвинутые на затылок.

— Вы знаете русский?

Степан вскочил. Он одновременно испытывал радость и гнев за столь долгое бессмысленное ожидание. Он хотел подойти к старику вплотную, заглянуть ему в глаза, но шага за два что-то его остановило. Ощущение опасности? Холодок в спине? Он не знал что. Он вздохнул, отвернулся и поплелся на свое место.

— Хорошо, — проговорил старик. — Человек, который должен стать воином, обязан уметь управлять собой.

— Я не собираюсь становиться воином.

— Наши желания стоят немногого, пока внутри нет силы для их осуществления.

Степан не хотел спорить с этим явно не совсем нормальным человеком и потому ответил примирительно:

— Я готов стать воином, кем угодно, лишь бы узнать, есть ли здесь хоть какой-нибудь транспорт?

— Зачем он тебе?

— Мне нужно в столицу, в посольство, мне нужен Мехико.

— У нас нет такого города.

— Есть, это столица государства, в котором вы живете, она находится на побережье.

— У этого государства совсем другая столица. Она называется Кецалькоатль.

Степан не почувствовал даже страха, лишь легкое раздражение на невежественного старика: мы редко ощущаем подлинное дыхание судьбы и не сразу видим за маской настоящее лицо истины.

— Пусть будет по-вашему. Тогда я хотел бы попасть в этот самый Кекоциталь.

— Кецалькоатль, — поправил старик. — Там ты можешь стать только рабом или воином, но, скорее всего, тебя принесут в жертву Мортару.

Степан рассердился на себя за попусту потраченное время. Он хотел было встать и выйти, но неожиданно его рука наткнулась в кармане на какой-то острый предмет — на новенький наконечник ацтекской стрелы, совсем недавно побывавшей в кузнице, и он вдруг почувствовал, что холодок страха пополз от его руки к сердцу.

— Ты, кажется, начинаешь что-то понимать, — сказал старик, и усмешка впервые появилась на его иссушенном пустынными ветрами лице.

— Я вам не верю, — заледеневшими губами произнес Степан.

— Тебе и не надо верить. Придет время знаний, как пришло время разговора, и тогда ты все поймешь сам. А сейчас наступает другое время. Время сумерек, время, когда дует западный ветер. Время, когда воины собирают и копят силу. Пойдем. Я должен знать, примет ли тебя Сила.

Легко, как юноша, старик поднялся и пошел к выходу, и Степан последовал за ним. Он не знал толком, что им двигало. Любопытство? Желание понять? Страх остаться ночью в этой жизни наедине со своими сомнениями? Наверное, все это вместе и еще непонятное ощущение уверенности, исходящее от старца. Иногда встречаются люди, рядом с которыми все наши опасения кажутся мелкими, не заслуживающими внимания. Сейрос был таким человеком. Он не называл своего имени, но Степан почему-то знал, что его зовут Сейрос, и не сомневался, что это так и есть.

Они вышли из хижины. Солнце уже зашло. Оно зашло слишком поздно, и над горизонтом разгоралась зеленоватая заря. На ее изумрудном фоне сверкали белые великаны далеких снежных вершин.

Пустыня осталась на востоке, и здесь начиналась какая-то другая страна. Поднимался холодный западный ветер. Степан ощутил его прохладное дыхание на своей коже и на мгновение задержался. Кажется, он напрасно оставил в пустыне все свои вещи...

— Нет, — сказал Сейрос, — одежда тебе не нужна. Достаточно представить теплый меховой плащ. Волны тепла идут по рукам вверх, обтекают спину, грудь. Ты их чувствуешь?

Степан молчал. Он видел на себе этот плащ, надежный, плотный. От него шло тепло, сначала по рукам, потом оно обтекало грудь, спину, все его тело. К своему удивлению, он почувствовал это тепло. И с этой минуты началось его обучение науке воина иных, чуждых нашему миру пространств. Хотя сам Степан все еще не подозревал об этом...

4

Казалось, время остановилось. Степан не смог бы теперь сказать, сколько дней прошло с того момента, как он вынужден был остаться у Сейроса. Дважды он пытался уйти — один раз в пустыню, другой раз в сторону гор. Никто не держал его, никто не преследовал, но вокруг, на несколько дней пути, не было ни дорог, ни жилья, ни следа человека. Измученный и униженный, он был вынужден вновь возвращаться к хижине и не слышал от Сейроса ни слова упрека за свое долгое отсутствие — лишь легкая усмешка да неизменная маисовая лепешка на столе, честно поделенная на двоих.

До сих пор он так и не смог понять, какая роль предназначалась Сейросу в его судьбе. Кто он, его страж? Враг или человек, волею обстоятельств оказавшийся в таком же положении, как и сам Степан? Постепенно, исподволь приближалось время откровенного разговора. Давно уже Степан понял, что внешность Сейроса обманчива, что старец знает многие из тайн, плотным кольцом окруживших Степана, парализовавших рассудок и волю. Сейрос далеко не всегда отвечал на вопросы, но если уж говорил, то говорил только правду, в этом Степан убеждался не раз. И он наконец услышал ответ...

— Ты ведь и сам уже почти все понял.

— Другое время? — заледеневшими губами произнес Степан.

Сейрос отрицательно качнул головой.

— Здесь вообще другой мир, иная фаза. Он существует одновременно с вашим в одном пространстве, но у него собственная судьба. Когда-то оба эти мира составляли одно целое, но сотни лет назад в твоем мире победили испанцы, здесь — ацтеки, и миры разошлись, как путники расходятся на развилке дорог.

— Это невозможно. Этого просто не может быть.

— Может. Случиться может все, что человек способен вообразить, и даже значительно больше.

— Но как я попал сюда?

— Ты подписал договор с теми, кому подвластно многое, теперь ты принадлежишь им. Они решили сделать из тебя воина и поручили это мне.

— Но я же не знал...

— Когда подписываешь такой договор, никогда не знаешь, чем это кончится. Погонишься за легкой удачей — и вдруг окажешься в чужих пространствах.

— Я хочу немногого, хочу вернуться, забыть обо всем, жить обычной жизнью, такой, как живут сейчас мои друзья, сверстники, те, кто остался...

— А вот это невозможно. Есть дороги, которые мы выбираем, а есть те, которые выбирают нас и ведут в одну сторону.

И только теперь — не раньше — Степан начал понимать, что случилось. Холод чужих пространств постепенно и неотвратимо проникал в него, замораживая мысли и чувства; и среди этого все расширяющегося ледяного круга оставалась одна-единственная горячая точка — чувство ненависти к тем, кто проделал с ним эту подлую штуку.

Он все еще не верил до конца, нельзя было в это поверить и сохранить рассудок. Он потерял самое главное — свободу выбора; и теперь его судьба, вся его жизнь зависели только от чужой воли. Он вступил на дорогу без возврата...

Но Сейрос отрицательно качнул головой и ответил на его мысли:

— Человек до той поры остается собой, пока в нем не исчезает хотя бы желание к сопротивлению. Но ты слишком много говоришь, вместо того чтобы действовать. Возможно, в конце концов ты все-таки станешь рабом, а не воином.

Сейрос надолго замолчал. В сгустившихся сумерках Степан не мог видеть его лица, но и не видя, он знал, что на нем не изменилась ни одна морщина, не дрогнул ни один мускул. Ничто не выдавало той напряженной работы мысли, которую он чувствовал благодаря незримой связи, возникшей между ними за время обучения.

Охраняя покой его раздумий, Степан прислушался к находившемуся за границей Круга пространству тем внутренним, особым слухом, которому научил его Сейрос. Совсем близко, у самого края ущелья, раздавались чьи-то тяжелые шаги, от которых вздрагивала земля.

Деревья и камни, содрогаясь, потрескивали. Холодом ночи, леденящим и смрадным, повеяло с той стороны, где только что прошло незнакомое Степану существо.

— Там кто-то есть.

— Это Парки. Ты должен был услышать его гораздо раньше. В Круге он нас не увидит. К тому же сегодня не его ночь. Не отвлекайся. Наш разговор слишком важен. Я знаю лишь одно место, где тебя не станут искать. Те, кто заключил с тобой договор, всего лишь слуги; есть раса более могущественная, у нас их называют демами. Им подвластны дороги между всеми мирами. Воин, накопивший достаточно силы и мужества, может попытаться воспользоваться дорогой демов. Я не думаю, что тобой заинтересуются сами демы. Для них ты козявка, не больше.

— Куда ведет их дорога?

— В прошлое, в будущее, может быть, даже... — Сейрос показал вверх, туда, откуда сквозь темные ветви кустов светили холодные звезды. — Точно этого не знает никто, кроме самих демов. Каждый раз дорога идет в другую сторону, и всего раз в триста сорок лет, в день великого противостояния планет, в этом мире открывается дверь на дорогу демов. Никто оттуда не вернулся, чтобы рассказать. Другие существа, не похожие на людей, иные миры... Иногда там находят могущество, против которого бессильно даже древнее племя.

— Я хочу подумать...

Сейрос отрицательно качнул головой.

— На это у тебя уже нет времени. Ты должен решить сейчас.

— Ты мог бы сказать мне раньше...

— Раньше ты был не готов к такому разговору. Случайных совпадений не бывает; тебя не зря завербовали и не зря день великого противостояния планет наступает именно сейчас. Может быть, Сила выбрала тебя и ты уцелеешь. На большее не смеет надеяться смертный, ступающий на дорогу демов.

— Я не смогу.

И опять Сейрос отрицательно покачал головой, как всегда угадывая еще не родившееся в нем решение на несколько секунд раньше самого Степана.

Сверху посыпались камни. Защита зеленых хвостиков казалась такой хлипкой, такой ненадежной. Но камни почему-то падали в стороне, а те, что катились вниз по откосу, останавливались, не достигнув Круга. Случайность? Возможно. Но где-то здесь, совсем рядом, проходила граница между случайным и неведомым.

— Дай мне хотя бы несколько часов, отложи хотя бы до завтра! Ты требуешь от меня невозможного.

— Даже упоминать о нашем разговоре за пределами Круга нельзя. Если они узнают, тебе не удастся пройти. Двери охраняют. Только внезапность и вся сила, которой я владею, могут помочь прорваться. Я многому еще должен научить тебя этой ночью, пока действует Круг. Но вообще-то ты можешь остаться, упустить своей единственный шанс и стать рабом вместо воина. Решай сейчас.

Степан сжал ладони, словно хотел удержать в них частицу родной планеты, сохранить связь, но в руках оказался лишь песок, и он легко проскальзывал между пальцами.

Степан уже сделал свой первый шаг, ведущий прочь от родного мира, и теперь чужие пространства засасывали его все глубже.

В сущности, у него уже не было выбора. Лишь одно ему оставалось — безостановочно двигаться все дальше вперед, в неведомое.

5

После Круга они ни разу не говорили о принятом решении. Каждый камень, куст, стена дома — все это слышит звук. Сейрос считал, что некоторые предметы хранят полученную информацию в течение нескольких лет и опытный маг может ею воспользоваться в любой момент.

Без лишних разговоров сборы проходили быстро и буднично.

Семидневный пост, который Сейрос назначил еще до Круга, придал всему телу Степана легкость. Мысли обострились, а чувство голода давно прошло. К тому же сегодня он впервые за семь дней поел. Еда была необычной: стебли горных трав, собранные Сейросом, какие-то коренья... Эта смесь называлась «пищей силы».

Степан надел поношенный мексиканский плащ, старое сомбреро, хорошо защищавшее лицо от жгучего солнца пустыни. Взял нож, который подарил ему Сейрос. Прежде чем прикрепить его к поясу, проверил, остро ли лезвие. Нетускнеющая полоска стали сверкнула на солнце. Это его единственное оружие. Сейрос говорил о зелье, в котором в ночь новолуния выдерживал лезвие. Степан спросил тогда о его составе, и Сейрос упомянул об истолченной в порошок сухой жабе, разрыв-траве, корне мандрагоры... Степан тогда не сдержался и сказал, что все это полнейшая ерунда. Сейрос посмотрел на него внимательно и с достоинством ответил:

— Конечно, ерунда, но действует отлично. Когда-нибудь ты в этом убедишься.

И вот теперь этот нож — его единственная защита в предстоящем походе. Вспомнив сейчас об этом случае, он улыбнулся и подумал, что, хотя многие, самые невероятные предсказания Сейроса сбывались, история с дверью в другой мир выглядела сейчас, в лучах утреннего солнца, чересчур фантастично. И потому он не относился слишком серьезно к своему походу.

Одно решил — обратно не возвращаться. Теперь у него достаточно опыта, чтобы принять ношу самостоятельной жизни в этом мире, какой бы горькой и трудной она ни оказалась. Хватит прятаться за спиной старика.

На стене висела сушеная тыква, обтянутая сыромятной плетенкой, наполненная родниковой водой еще со вчерашнего вечера. Степан опустил ее в котомку. Пожалуй, эти два литра прохладной воды — самое ценное из того, что он берет с собой.

За тыквой последовал десяток маисовых лепешек, каждая завернута в лист сабзы. Сегодня старик расщедрился... Четыре листа бетеля. И хотя Степан так и не научился без крайней необходимости жевать листья этого растения из-за их тошнотворного вкуса, он всегда брал их с собой в дальнюю дорогу. Сок бетеля действовал сильнее крепкого кофе, и, если придется долго бороться со сном, он может пригодиться...

Когда Степан переступил порог, Сейрос не обернулся. Они простились два дня назад, и сейчас ни тот ни другой не подали виду, что расстаются, скорее всего, навсегда.

Пустыня словно ждала Степана за порогом хижины, чтобы бросить в лицо вместе с раскаленным ветром сухую въедливую пыль.

Его путь лежал к востоку, в сторону гор. Целый день он будет идти знакомой дорогой к отрогам восточного хребта и лишь на следующее утро, «если Сила позволит», как говорил Сейрос, свернет в сторону, чтобы найти проход, ведущий сквозь скалы к двери в иные миры. Если он вообще существует.

Сейрос заставлял его смотреть на мир собственными глазами. Сейчас все вокруг изменилось. Он видел только растрескавшуюся землю, колючие ветки полузасохших растений, линию горного хребта у горизонта. Исчез тот иллюзорный, таинственный мир, которым умел наделять окружающее сам Сейрос, и Степан пожалел об этом, потому что реальный мир показался ему жестче, непригляднее и безжалостнее мира Сейроса. В нем не было места для волшебной сказки, и мосты в иные звездные миры существовали, скорее всего, лишь в покинутой им навсегда хижине старика...

Сейчас, если обернуться, ее уже не будет видно. Он не стал оборачиваться. Нужно выполнить все полученные от Сейроса инструкции с максимально возможной точностью, чтобы потом, в случае неудачи, не упрекать себя за неправильные действия.

В магии мелочи значат часто гораздо больше, чем зависящие от них внешние события. Температуру поверхностного камня, влажность волшебного порошка, направление и силу ветра — все обязан учитывать маг, если хочет добиться успеха. А события внешнего мира — это лишь отражение мира внутреннего. Тот, кто способен влиять на расположение едва уловимых сил в этом невидимом мире, легко изменит любую ситуацию в реальной жизни.

Ничто постороннее не должно отвлекать его от выполнения многочисленных обязанностей ученика мага, даже если ему недолго осталось этим заниматься...

Он твердо решил выполнить последние указания Сейроса. Это все, чем он сможет отблагодарить его за долгие месяцы терпения.

В последнее время Степан стал замечать, как сильно изменился его характер. Он научился взвешивать и обдумывать свои поступки, став мудрее и старше, словно годы пролетели в стенах старой хижины. Возможно, в сутолоке современного мир нам больше всего не хватает именно времени и тишины для того, чтобы прислушаться к себе, узнать свою истинную цену.

До полудня Степан шел, не сбавляя темпа.

Только достигнув назначенного Сейросом места предгорий, он смог наконец остановиться на короткий отдых. Несмотря на усталость, он тщательно обследовал место, защитил и очистил его от враждебных сил.

Закончив ритуал, он сел лицом к ветру на небольшом плоском камне, откупорил тыкву и впервые позволил себе сделать несколько больших глотков.

В дороге все внимание сосредоточивается на главном — на движении, и Степан не сразу заметил, как сильно изменилась местность в этой малознакомой для него части предгорий. Песка уже не было, он остался ниже, здесь встречался только вылизанный шершавыми языками ветров пустынный камень.

Причудливые колонны походили на окаменелые остатки скелетов. В скалах ему виделись то череп какого-то чудища, то костлявая лапа с полуметровыми когтями, недвижно застывшая в глубинах камня и грозившая ему оттуда. Это плохой признак, означавший, что он начал терять равновесие духа, а перед предстоящим испытанием такое состояние никуда не годится.

Степан попытался отвлечься от всего постороннего, расслабиться, все внимание сосредоточить на накоплении силы, но из этого ничего не вышло, он плохо владел собой... «Перед сражением Воин должен быть спокоен и равнодушен к предстоящему». Но день великого противостояния наступил слишком рано, он еще не готов, он не успел как следует освоить науку воина, и никто теперь не сможет предсказать, чем кончится его поход...

Степана поражало всякое отсутствие жизни в окружавших его каменных великанах, они казались мертвее самой пустыни. Похоже, он выбрал не лучшее место для первого привала, надо уходить отсюда как можно скорее...

Тревога не отпускала его до самого перевала. Лишь выбравшись из последнего ущелья и ощутив на своей коже еще горячие лучи закатного солнца, он почувствовал облегчение и вновь остановился.

Прежде чем спускаться в сумерки надвигавшегося снизу вечера, нужно было запастись силой. Если он не сумеет сделать этого сейчас, идти вниз не имело смысла. Он привычно расслабился, представил, как огненные линии солнечных лучей пронизывают его насквозь, проходят по жилам и нервам, задерживаются в солнечном сплетении... Он сидел так долго, не меньше часа, под палящими лучами солнца, подстелив под себя плащ и открыв солнцу ничем не защищенную кожу. Не было ни ожогов, ни дурноты, только огонь плыл в крови, словно вместо воды он выпил несколько глотков спирта.

Когда в невнятном посвисте ветра он начал различать отдельные слова, Степан решил, что можно идти дальше. Излишнее накопление энергии переводит воина из активного состояния в созерцательный мир голосов неживой природы. Однажды, подчинившись требованию Сейроса, он там побывал и не хотел бы испытать это еще раз.

Общение с неживым миром полностью опустошает человека, делает его беспомощным и слабым.

Степан набросил на плечи плащ. Голос ветра сразу стих, словно тот осознал безнадежность своих попыток. Степан развязал узелок, выбрал между обычными лепешками одну — зеленого цвета, — только она и была для него сегодня настоящей пищей, остальные нужны только для маскировки.

Сейрос всегда тратил много времени для того, чтобы замаскировать свои подлинные намерения, скрыть истинные цели от бесчисленного сонма невидимых живых существ, населявших воду, скалы и воздух. Прав ли он был? Не Степану судить об этом. Он отломил кусок зеленой лепешки-«силы», проглотил его и запил еще одним глотком воды. Он не испытывал теперь ни голода, ни жажды. Даже удушливый зной перестал причинять неудобства. Возможно, это результат тренировок, возможно, лепешка содержала в себе тонизирующие вещества.

Степан встал и, сунув плащ в котомку, пошел дальше, навстречу закату.

Ночь прошла спокойно под надежной защитой магического Круга. К рассвету следующего дня он беспрепятственно дошел до поворота.

Вокруг стояла тишина, какая бывает только перед землетрясением. Природа словно прислушивалась к чему-то. Близился полдень двадцать второго июня 1968 года. До великого противостояния планет оставалось не более двух часов, солнце стояло почти в зените. Степан повернул и прибавил шаг, замечая все больше приметных мест, о которых говорил Сейрос. Сердце глухо стучало в груди — он никак не мог справиться с волнением. Он знал, что воин в ответственный миг обязан быть абсолютно спокоен, но ничего не мог с собой поделать впервые за два долгих дня пути. Вот он — последний подъем, еще один поворот, утес, похожий на голову крокодила, русло пересохшего потока, пологий гребень скалы, еще шаг, два — и там должна уже открыться его взору темная скала...

Вот и она... На фоне светлого песчаника выделяется, словно специально вытесанный из гранита, черный монолит. Ноги словно налились свинцовой тяжестью... Каждый шаг дается все труднее — он едва отрывает подошвы, переставляя ноги как колоды. Скала теперь совсем близко. Почти правильный, поставленный на ребро параллелепипед в самом деле похож на дверь без стены, забытую каким-то великаном на этом ровном горном плато. Он чувствует легкую ритмичную вибрацию почвы... Так и должно быть. Сейрос говорил об этом ритме. С ним связано самое главное условие перехода. Нужно уловить момент, поймать гребень невидимой энергетической волны. Если ее ритм попадет в резонанс с внутренним ритмом скалы... Все предметы обладают своим внутренним ритмом. Камертон можно услышать... Ритм скалы способен почувствовать лишь специально подготовленный человек... И он чувствовал этот ритм, захватывающий, могучий, словно стучало под землей огромное дремучее сердце гор.

Осталось всего несколько шагов. Но идти все труднее. И тогда справа, из-за ребра скалы, вылетает воронка песчаного смерча. С бешеным свистом она бросается человеку навстречу, отрезая дорогу к скале.

Неодолимая сила рвет его вверх и в сторону. Ноги отрываются от земли, и в то же мгновение мир начинает бешено вращаться. Степан понимает, что вертится он сам, что смерч захватил его в свои смертельные объятия. Вздохнуть невозможно, он ослеп и оглох, но все еще продолжает бороться. И вдруг падает на песок. Удар оглушает его.

Когда пелена перед глазами исчезла, Степан встал и подошел к скале. На этот раз он не почувствовал никакого сопротивления, не ощутил никакого ритма. Перед ним возвышалась самая обычная скала из шершавого черного гранита, от нее шел жар, камень раскалился от полуденного солнца. Кое-где из трещин лезли к солнцу зеленые кустики травы... Степан приложил руку к камню и ощутил под ладонью его несокрушимую ребристую поверхность. Надо было что-то делать. Он чувствовал себя полным дураком. В конце концов он разбежался и ударил о скалу плечом. Удар отрезвил его, и он медленно опустился на землю у подножия скалы.

Разочарование оказалось сильнее, чем он ожидал. Избитое тело болело, теперь он почувствовал жажду и голод. Краски окружающего померкли. Все теперь представлялось ему плоским, серым, не имеющим никакого значения. Солнце стояло уже невысоко, жара спадала, пора было трогаться в обратный путь, к людям.

Теперь он знал, какую цену придется заплатить за блестящую как мишура выдумку Сейроса — разочарование. Впереди его ждала жизнь в совершенно чужом древнем мире ацтеков, ждал договор и все, что из этого вытекало. Он устал от бредовости этого мира и подумал, что, если идти все время на запад, он снова попадет в пустыню, из которой пришел, туда, где навсегда затерялись следы его каравана. Он будет искать их снова, до тех пор, пока не погибнет.

Степан медленно побрел вдоль скалы, чтобы обогнуть ее и выйти к западному ущелью. Потом ему останется лишь спуститься с перевала, чтобы снова попасть в смертоносную пустыню.

Сейрос говорил: «Мир таков, каким мы его представляем. Стоит выпустить его из взгляда, как он начинает изменяться, течь как вода. Иногда это можно заметить в уголках глаз».

Много чего говорил Сейрос. Невозможно отделить в его словах выдумку от реальности. И больше он не собирался искать истину. Однако сейчас он смотрел на скалу тем самым угловым зрением, и на самой границе она не казалась ему такой уж плотной, такой уж незыблемой. Нерезкая поверхность колебалась, словно огромные темные волны шли снизу вверх по отвесной грани. «Если хочешь добиться успеха, не надо оповещать всех о своих намерениях. Воин должен действовать неожиданно...» Сейчас он уже почти миновал скалу, ему осталось пройти один-два шага до ее конца. И вдруг неожиданно для самого себя он круто изменил направление и пошел на скалу так, словно перед ним не было ничего, кроме пустого пространства.

Свет померк на какую-то долю секунды. В лицо пахнуло ледяным ветром, а потом на него навалилась вязкая тяжесть, словно он с головой погрузился в холодную темную воду. Все это, впрочем, продолжалось лишь доли секунды. Он не успел толком разобраться в своих ощущениях, как свет снова ударил в лицо. Скалы уже не было перед ним — она оказалась сзади.

Если бы он обернулся, то увидел бы на ее поверхности черное пятно, похожее своими очертаниями на человеческое тело. Пятно медленно светлело, сливаясь с окружающим камнем, но еще долго по его границе пробегали искры холодного синего пламени...

С двух сторон над головой Степана, на востоке и западе, полыхали два голубых солнца...

6

Воздух показался Степану слишком сухим, слишком ароматным и пьянящим. Мир двух синих солнц лежал перед ним: ослепительный, яркий и безжалостный. Ни тени, ни кустика, ни ручейка с водой. Только плоские нагромождения сероватых лавовых потоков вели вниз. Прежде чем идти дальше, он должен хорошо запомнить все окрестные ориентиры, чтобы не потерять обратной дороги к черной скале.

Здесь могут жить любые твари. Сейрос говорил и о пустых мирах, на которых когда-то жили разумные существа, но потом исчезли, оставив после себя лишь черные параллелепипеды, ворота в иные миры, которыми уже некому было пользоваться...

Несмотря на ослепительный свет, становилось холодно. Оба светила висели высоко над горизонтом и казались значительно меньше земного солнца. Тем не менее их холодные лучи обжигали. Степан заметил, что незащищенная кожа у него на спине и плечах уже начала краснеть. Пришлось достать из котомки плащ.

Он шел вниз осторожно, запоминая каждый поворот, каждый камень. Здесь не было высоких гор или стройных деревьев — пейзаж казался прилизанным. Он подумал: какие страшные бури должны были бушевать над этой планетой, чтобы так сгладить ее поверхность!

Вскоре Степан обнаружил едва заметную тропу, возможно, проложенную каким-то животным. Несмотря на прочность каменной поверхности, тропа казалась вытоптанной множеством когтистых лап или ног. У Степана не было никакого оружия, даже нож Сейроса потерялся в схватке перед дверью. Опасность могла подстерегать его здесь на каждому шагу. Он ощущал враждебные токи этой планеты. Укрываясь за редкими кустами, за выступами скал, Степан медленно продвигался вперед.

После очередного поворота перед ним открылось равнинное пространство, и неожиданно близко тропа уперлась в какие-то странные решетчатые сооружения явно искусственного происхождения, больше всего походившие на старинные портовые краны.

Теперь Степан не сомневался, что этот мир обитаем. Перед ним скорее всего находился город. Решетчатые башни, сгрудившиеся на небольшой территории, отделяла от остального пространства линия блестевших на солнце металлических щитов, напоминавших городскую стену.

После нескольких поворотов тропинки, уведших его вниз, в узкое русло ущелья, Степан вновь выбрался на открытое место — теперь уже совсем рядом с воротами странного города. И остановился как вкопанный.

Ничто, наверное, не смогло бы поразить его больше, чем фигура человека, сидящего на корточках рядом с приоткрытой створкой ворот.

Ничего примечательного не было в этом парне, и это показалось Степану самым странным. Поношенные джинсы, застиранная синяя курточка, легкомысленная кепочка на рано начавшей лысеть голове... Степан готовил себя к встрече с каким-нибудь монстром. А увидел парня в потрепанных джинсах. К сожалению, тогда он еще не знал, как обманчива бывает внешность человека в чужих пространствах.

— Здравствуйте, — сказал незнакомец, слегка кланяясь, что как-то не вязалось с его банальной одеждой и внешностью. — Управление порядка приветствует вас на территории Графитата и покорнейше просит пройти таможенный досмотр и получить вид на жительство.

Не успел Степан ответить хотя бы слово, как справа и слева от него, словно из-под земли, выросли два жука исполинского размера или, вернее, роста, поскольку оба стояли на задних ногах, а в передних сжимали короткие металлические палки с заостренными наконечниками.

Их фасеточные глаза, находившиеся на уровне подбородка Степана, смотрели в разные стороны отрешенно и безучастно.

Степан настолько растерялся от необычного вида своих стражей, что сумел лишь нечленораздельно пролепетать:

— Я что, арестован?

— Помилуйте! — Парень внешне любезно, но, как показалось Степану, злорадно ухмыльнулся. — Это всего лишь мера предосторожности. Пока иностранец не получил вид на жительство, его приходится охранять от многочисленных опасностей и неожиданностей. Местная жизнь изобилует сюрпризами. Вы сами в этом скоро убедитесь.

Он взмахнул рукой, и металлические ржавые створки ворот со скрипом широко разошлись.

В городе царило значительное, хотя и не совсем обычное оживление. Улиц как таковых не было. В беспорядке разбросанные строения создавали впечатление полного хаоса. Это впечатление еще больше усугублялось видом местных жителей, разнообразных по окраске и форме. Здесь были стрекозы без крыльев с «лицами» тараканов. Крупные брюхоносцы, укутанные в розовые плащи, медленно колыхались на носилках, влачимых лошадьми с собачьими хвостами и преданными, как у бульдогов, мордами. Черные кузнечики величиной с солидный легковой автомобиль выполняли, видимо, роль такси или какого-то другого общественного транспорта. Они то и дело меняли седоков, легко переносясь вместе с ними через крыши зданий, останавливаясь, если нужно, у широких проемов, заменявших двери.

Вся эта пестрота красок, шум и стрекотание десятков незнакомых голосов, оглушительные трубные звуки, исходившие откуда-то сверху, цоканье сотен кривых ногтей по булыжной мостовой совершенно оглушили и ошеломили Степана. Жуки-навозники, выполнявшие роль его стражей, легко раздвигали толпу своими короткими копьями, то и дело попросту отшвыривая с дороги зазевавшегося пешехода.

— Желаете сразу же пройти досмотр или сначала уплатите пошлину?

— Я не совсем... не совсем готов...

— Понимаю. Значит, сначала досмотр. Тогда прошу сюда.

Они оказались в полутемном зале с искривленными стульями, приспособленными к самым различным формам нижних частей тела восседающих на них джентльменов.

Впереди, на возвышении, обтянутом зеленым сукном, шевелилась некая розоватая бесформенная масса, отдаленно напоминавшая садового слизня, впрочем, бывшего, кажется, в очках.

— Анкета заполнена? — спросил слизень.

— Я незнаком с формой, я не знал, — слегка заикаясь, проговорил Степан.

— А надо бы знать: образцы у того стола. Поторопитесь.

Слизень выпростал — или вырастил? — маленькую ручку, весьма похожую на присоску, и легко подвинул к себе огромную папку, лежащую посреди стола.

— Посмотрим, что тут у нас есть... Так. Вот эта, пожалуй, подойдет.

Анкета содержала более сотни вопросов. Что ответить на большинство из них, Степан не знал. Например, он понятия не имел, какого цвета у него бабушка и был ли он за границей до момента своего рождения.

— Это так, для проформы, — проговорил парень в джинсах. — Достаточно будет вашей подписи. Да, еще вот здесь, в графе «цель прибытия», укажите: «стандартная, на неопределенный срок».

— Для чего вообще нужна вам эта анкета?

— То есть как для чего? Десятки людей ее составляли, сотни утверждали. Целое управление следит за правильностью соблюдения форм. Должны же все эти люди получать зарплату. У нас не бывает безработицы, каждый занят каким-нибудь важным делом. Так что вы, уж будьте любезны, распишитесь.

Степан расписался, после чего анкета с громким хрустом была передана на зеленый стол.

— Какую форму вы предпочитаете? — спросил слизень после внимательного ознакомления с анкетой.

— Форму чего? — не понял Степан.

— Форму тела, разумеется. У нас полная свобода выбора. Каждый гражданин Графитата имеет право облачиться в любую форму. Лучшие мастера биопласта к вашим услугам.

— Я предпочитаю остаться человеком.

— Это не модно, — безапелляционно произнес слизень.

— Совершенно не модно! — согласилась с ним зеленая морда справа. — Я рекомендую вам моду сезона. Майский жук вас научит рыть норы, откладывать яйца и воспитывать очаровательных розовых личинок.

— Он еще не готов, — вступился за него парень в джинсах. — К тому же особое задание...

— Ах да, задание... Ну хорошо, в таком случае я утверждаю!

Слизень подвинул к себе огромную печать и с грохотом опустил ее вниз.

Сразу же Степану выдали большого формата справку, в которой крупными буквами значилось: «Настоящим удостоверяется». Далее следовали печать и неразборчивая подпись.

— Прошу уплатить пошлину! — строго произнес слизень.

В растерянности Степан порылся в кармане, но там, разумеется, ничего не было.

— Я уплачу за него, — предложил парень.

После того, как все таможенные формальности были окончены, Ермил Паркин (так звали парня в джинсах) отвел его в отель, внешне весьма похожий на тюрьму. В одной из зарешеченных клетушек четвертого этажа для Степана нашлось свободное место. Мебели в номере не было никакой, если не считать деревянной лежанки да объемистого сундука для вещей. Окон тоже не было. Вместо стен — решетки, свободно пропускающие снаружи пыль и ветер.

— Здесь не очень удобно. Впрочем, я могу предложить более комфортабельные условия, все зависит только от вас.

— Кто вы такой наконец и что вам от меня нужно? Ваше лицо мне кажется знакомым, мы уже встречались?

— Вполне возможно. Я много путешествую, знаете ли, но дело не в этом. Вы попытались уклониться от выполнения взятых на себя обязательств. А это во все времена и во всех мирах считается тяжким преступлением.

— Что вы имеете в виду? — похолодев и уже почти догадавшись, спросил Степан.

— Договор, разумеется.

Теперь сомнений не осталось — он проиграл. Ведь этот прорыв через дверь, затеянный Сейросом, бегство в иной мир, дорога демов — все это не имело никакого смысла. Он вновь оказался там, откуда начал — перед проклятым договором.

— Я не могу соблюдать договор, текст которого мне не известен.

— Вы правы, конечно...

Степану показалось, что его собеседник даже как будто ненадолго смутился.

— Эта небольшая недоработка будет исправлена. Впрочем, текст договора мало чем вам поможет. Он все время меняется, и к тому моменту, когда вы получите бланки, все пункты изменятся. Тем не менее я распоряжусь, чтобы к утру вам доставили договор. Собственно, от вас требуется совсем немного. Все сводится к выполнению одного-единственного задания. Вас соответствующим образом подготовят и проинструктируют, когда наступит должное время. Если же вы и впредь будете уклоняться от взятых на себя обязательств, вас ждут большие неприятности. На первый случай вам самому придется улаживать дела с местной администрацией. Здесь никудышные гостиницы, но тюрьмы еще хуже. Подумайте над этим. У вас есть время до утра. Помните, что ночи на Графитате короткие, часа два до рассвета — не больше. Но никто не помешает вашим раздумьям: на эти два часа планета погружается в мертвый сон. Все местные формы жизни активны только при солнечном свете. Желаю вам прийти к верному решению.

Ермил вновь вежливо поклонился, после чего вышел и задвинул на стенной решетке огромный театральный засов. Ключ со скрипом повернулся в висячем замке.

— Да, вот еще что я забыл вам сказать. Мы располагаем большими возможностями. Для вас будут созданы любые привычные условия, у нас есть целые планеты, оборудованные под старые миры. Фактически это их точные копии. Улучшенные, разумеется, без пороков и недостатков. После выполнения одного-единственного задания вы сможете жить в любом из этих миров.

Два существа, внешне похожие на людей, сидели в одной из наблюдательных башен. Ее аппаратура, настроенная на гостиницу, демонстрировала на стенном экране комнату Степана, безучастно лежащего на топчане.

— Не понимаю, для чего мы с ним возимся?

— Линия судьбы этого человека слишком значительна, он должен был сыграть не последнюю роль в развитии своего общества...

— Я не об этом, теперь он навсегда выбит из своего времени, дело сделано. Зачем он нам?

— Значительные судьбы остаются таковыми и в новом времени. Мы можем использовать в наших интересах способности и возможности этого человека. Слишком расточительно уничтожать такой материал.

— А по-моему, это просто запуганный, жалкий червяк. Он ничего не понял.

— Он должен свыкнуться с новыми правилами игры, адаптироваться. Подождем, ночь только начинается.

Степан лежал на спине, вытянувшись. Руки вдоль тела, ладонями внутрь, они не должны касаться бедер... Правила, которым учил его Сейрос, постепенно стали частью его подсознания, он выполнял их не задумываясь, совершенно автоматически.

Если Ермил сказал правду, значит, ничего у него не получилось, значит, он по-прежнему пешка в чужой игре. Ему не удалось начать собственную. Не удалось оторваться... Сейрос не предполагал такого конца... Значит, они контролируют время.

Тогда их могущество беспредельно. Незаметно, исподволь они могут навязать свою волю развитию любой цивилизации, подчинить ее своим планам, затормозить прогресс.

«Я потерял все, что у меня было. Речку, дом на скале, сухой воздух с запахом лаванды, шум моря в нижней бухте. Я не знал, что все это для меня значит, и потерял все это навсегда. В искусственно созданных мирах, о которых говорил Ермил, будут лишь копии, лишь декорации огромного спектакля, и я всегда буду помнить об этом».

Оставался единственный выход — бежать дальше. Пробираться из мира в мир, учиться новым правилам игры, искать силу и мудрость, рассеянную среди звезд. Только так он сможет противопоставить хоть что-то своим могущественным противникам.

«На два часа планета погружается в мертвый сон, все местные формы жизни активны только при солнечном свете», — так, кажется, говорил Ермил? Он вскочил и бросился к двери. Замок на ней слишком тяжел, слишком велик, слишком декоративен. Нет, изнутри его не открыть, даже не приподнять.

Тогда он попробовал прочность стен. Стальные полосы, сплетавшие их, местами проржавели, и он легко нашел место, где их удалось отделить друг от друга, раздвинуть. Вскоре он уже висел на наружной поверхности стены, на высоте четвертого этажа.

Внизу — непроглядный мрак. Хотя небо довольно светлое. Если ему удастся преодолеть городской лабиринт, дорогу, наверное, можно будет рассмотреть. Только бы не подвела стена. Полоса, на которой он стоял, уже слегка прогнулась и грозила оторваться. Он опустил ногу ниже, нащупал следующую полосу и перенес на нее вес тела.

Чем ниже он спускался, тем плотнее и непрогляднее становился мрак вокруг, словно его излучал сам город. Все эти решетчатые, сплетенные из стали дома, все эти странные твари, заснувшие в своих норах до утра.

Наконец, в последний раз повиснув на руках, он нащупал подошвами мостовую. Не может быть, чтобы у них не было никакой сигнализации, никакой стражи... Он шмыгнул в переулок и медленно пошел вдоль него, прижимаясь к стенкам домов и все еще опасаясь погони. Но вокруг было по-прежнему тихо.

Почти сразу он потерял направление. Здесь и днем-то непросто было ориентироваться, а сейчас ему оставалось лишь одно — поворачивать все время направо и надеяться на то, что это простое правило детской игры в лабиринт поможет ему выбраться. Небо постепенно и грозно начинало светлеть. Вдруг совершенно неожиданно для себя он наткнулся на длинную, слегка изгибавшуюся внутрь поверхность и понял, что это наружная стена города. Он не стал искать прохода, на это не оставалось времени, город мог проснуться в любой момент.

Задыхаясь, смахивая со лба холодные капли пота, он лез все выше и выше по этой нескончаемой стене. Небо у него над головой с каждой минутой светлело все больше и больше. Он мысленно поблагодарил тех, кто делал эти стены, не рассчитанные на людей. Его ноги и руки свободно проходили в решетки и легко находили опору. Не прошло и пяти минут, как, перевалив через верхнюю точку, он начал отчаянно быстрый спуск. Выбраться из города — всего лишь полдела. У него должно остаться достаточно времени, чтобы, опередив погоню, добраться до плоских предгорий. На открытой, пустынной равнине, окружавшей город, он будет заметен как на ладони.

Они хотели превратить его в майского жука... Он не сомневался в том, что они легко могут привести в исполнение свою угрозу. Они могли превратить его в божью коровку, в скарабея или в одного из этих черных кузнечиков...

От города шел отвратительный смрад. Из многочисленных нор доносилось шуршание и потрескивание, с минуты на минуту жители могли проснуться...

Он бежал от города так, как бегают от ночных кошмаров. Ноги бессильно увязали в сухом песке, в горле пересохло, язык распух и прилип к гортани. Не было сил протолкнуть в легкие очередной глоток воздуха. Наконец он упал на землю и пополз без остановки вперед, а оглянувшись, понял, что в таком положении его уже невозможно увидеть с городских башен.

Все то время, пока он плутал по городскому лабиринту, перебирался через стены, бежал прочь от города, у него не было возможности остановиться, оглянуться, подумать. Лишь одна мысль, одна цель руководила его движением — выбраться, успеть добраться до черной скалы... Ну, вот он выбрался, успел.

Сейчас уже можно не спешить, отдышаться, расслабиться, подумать... Что-то уж больно легко, больно гладко все получилось. Ни тревоги, ни погони. Что-то здесь было не так. Сомнение мелькнуло раньше, тогда, когда Ермил сказал, что в течение двух часов ночного времени местные формы жизни теряют активность, погружаются в мертвый сон... Зачем он это ему сообщил? Там, в городе, он старался об этом не думать, гнал прочь сомнения, выбора все равно не было. А сейчас он есть, этот выбор?

Сейчас он есть. Сейчас он должен поступить неожиданно, непредсказуемо. Сделать все так, чтобы они не могли предвидеть и предсказать его поступок. Но разве у него есть такая возможность? Выбор все тот же... Скала или город... Впрочем, не совсем. Он должен попробовать по-настоящему оторваться от преследователей, сделать наконец свой собственный ход, и, кажется, он понял, что для этого нужно!

Он встал во весь рост. Город скрылся за выступами скал, да и не боялся он больше никакой погони, понял уже, что ее не будет. Солнца еще не взошли, но уже поднимался предрассветный ветер, и по тому, как быстро уплотнялся воздушный поток, летящий с гор, он понял, что должен вновь торопиться. Ветер грозил в ближайший час превратиться в ураган.

Когда он добрался наконец до параллелепипеда, ветер срывал с окрестных скал довольно крупные камни, сбивал с ног. К подножию скалы Степан вновь добрался ползком и сразу же, не раздумывая, нырнул в ее черную спасительную глубину.

Переход, не в пример первому, прошел легко. Что-то внутри его уже знало и помнило, что и как нужно делать.

Опять на долю секунды навалилась на плечи вязкая тяжесть, мгновенная темнота, и почти сразу он увидел солнце другого мира. Он не стал даже переводить дыхание, даже взгляда не бросил на окружающий пейзаж. Сразу же спиной упал внутрь скалы, повторив переход, прежде чем те, кто его здесь наверняка ждал, успели предпринять хоть что-нибудь.

7

Только после шестого перехода Степан решил, что уже достаточно оторвался от своих возможных преследователей, и начал подбирать подходящий мир для остановки.

Те, кто расставил серые параллелепипеды по просторам Вселенной, наверняка действовали не вслепую. Степан попадал лишь на планеты с кислородной атмосферой, туда, где светило солнце, где была вода, где можно было дышать. Туда, где, возможно, таилась жизнь...

Эта скрытая от него жизнь пугала и одновременно притягивала юношу. Ему, обретшему свободу передвижения среди звезд, доступную разве что в мечтах, хотелось погрузиться в эту неведомую, стремительно проносящуюся мимо него жизнь. К сожалению, на каждой из таких планет могли скрываться его могущественные враги, и, стиснув зубы, он бросился в очередной виток звездного круговорота.

Он почувствовал себя беспомощной жалкой козявкой пред лицом этих бесчисленных миров, мелькающих у него перед глазами. Он не знал, где именно проложена дорога, ведущая его сквозь горизонты разных планет. Она могла проходить через просторы его родной Галактики, могла соединять друг с другом параллельные миры или уходить в иные измерения времени. В сущности, это не имело особого значения, раз он все равно не мог вернуться домой. Он помнил лишь об одном: нужно раз и навсегда расстаться с теми, кто пытался навязать ему свою волю. Выбрать подходящую планету и отдышаться, осмотреться, подумать, решить, что делать дальше.

Практически он мог бы уже остановиться. Красные, желтые, синие и даже зеленые солнца сменяли друг друга. Попадались миры, состоящие из сплошных болот. Попадались миры, утопающие в растительности, где он не мог найти и клочка свободного пространства. Попадались планеты, настолько изуродованные деятельностью разумных существ, что он бежал оттуда со всей возможной скоростью...

Наконец он остановил свой выбор на фиолетовом мире. Небольшое, но ослепительно яркое солнце, расположенное, по-видимому, достаточно далеко от планеты, не обжигало и в то же время хорошо прогревало богатый кислородом воздух.

Небольшие заросли, похожие на земной подлесок, радовали глаз. Только цвет их, искаженный фиолетовым солнцем, казался неестественно голубым. Песок под ногами выглядел таким же фиолетовым, как облака в небе, и лишь параллелепипед двери был неизменно серым, одинаковым во всех мирах.

Фиолетовый мир казался необитаемым. Во всяком случае, поблизости Степан не заметил ни сооружений, ни движения каких-нибудь крупных существ. Впрочем, он догадывался, что там, где есть растительность, наверняка не менее богат и животный мир. Так или иначе, он должен был остановиться хотя бы на время: передохнуть, пополнить запасы воды и пищи. Любая остановка в незнакомом мире связана с риском, приходилось полагаться на удачу и на интуицию. Он прислушался к фиолетовому миру внутренним слухом так, как учил его Сейрос, и не услышал ничего враждебного. Злобу и боль других существ он смог бы почувствовать на значительном расстоянии. Этот мир молчал.

Неподалеку плескалось озерцо фиолетовой и с виду очень чистой воды. С риском для жизни ему предстояло выяснить, годится ли она для питья.

У самого горизонта, там, где висело вечернее фиолетовое солнце, можно было рассмотреть конус одинокой вершины. Сейчас свет мешал, но утром, если, конечно, местное солнце всходит с противоположной стороны и если здесь вообще бывает утро, он сможет лучше рассмотреть гору.

Ему понравилось, что параллелепипед, торчащий посреди равнинной местности, до сих пор не привлек к себе ничьего внимания. Вокруг не было ни следов, ни тропинок.

Только теперь, позволив себе немного расслабиться, он почувствовал, как сильно устал. Город насекомых казался ему сейчас далеким и нереальным ночным кошмаром.

Хотелось есть, но еще сильнее — пить. Прошло уже несколько часов с тех пор, как в его сушеной тыкве кончился последний глоток воды.

Корни местных растений оказались съедобными, а вода — вкусной и прохладной. Это была благодатная планета. Может быть, самая благодатная из тех, что попадались ему за долгие дни скитаний. Дни? А может быть, тысячелетия? Он не знал. Время для него потеряло привычный смысл.

Впервые с начала своего путешествия он забыл про осторожность. Он устал бежать и прятаться. Как только солнце коснулось горизонта, он зарылся в теплый мягкий песок и заснул без всяких сновидений, как засыпают люди в конце долгого пути, когда трудная дорога осталась позади.

С рассветом Степан проснулся от тишины. Он спал мертвецким сном и в первую минуту не сообразил, что ночь уже прошла, а фиолетовое солнце вновь высоко стоит над горизонтом.

Вокруг простиралась однообразная песчаная равнина, поросшая редкой растительностью. Лишь на западе, освещенная теперь лучами восходящего солнца, сияла вершина горы. Степану ее блеск показался излишне ярким. Дымка мешала рассмотреть подробности, но снега там не было. Откуда же тогда такой блеск?

Степан решил подойти к горе поближе. Торопиться в этом мире было абсолютно некуда. Он чувствовал себя так, словно время остановилось, словно впереди у него тысячелетия и ему ничего не стоит пройти всю эту планету пешком по экватору.

Если она ему не понравится — он найдет другую. Он чувствовал себя властелином пространства. Звездные переходы между мирами открывали перед ним невиданные возможности. Только одно его огорчало: он не мог управлять этим движением; мир, из которого он уходил, утрачивался для него навсегда. Вернуться было уже невозможно. И никто не смог бы предсказать, куда занесет его следующий переход... Теперь вряд ли он решится на него слишком быстро. Планета ему нравилась.

Когда по прошествии двух часов равномерной неторопливой ходьбы он обернулся, параллелепипеда почти уже не было видно. Он сливался с горизонтом. Заблудиться в этой плоской, как тарелка, степи казалось невозможным. Надо было лишь не забывать время от времени ориентироваться по солнцу и по вершине горы.

Гора оказалась гораздо дальше, чем он предполагал вначале. Прозрачный фиолетовый воздух скрадывал расстояния. Лишь на третий день пути вершина несколько приблизилась.

За одну ночь воздух стал вдруг прозрачен как кристалл, и он увидел перед собой гору, словно нарисованную неведомым художником на фиолетовом полотнище неба.

Линии горы казались слишком правильными для естественного природного образования, а склоны покрывали круглые цветные пятна. Они чередовались в какой-то вполне определенной последовательности. Степан всматривался в них, пока у него не зарябило в глазах, а высоко поднявшееся солнце вновь не наполнило степь дымкой испарений.

Впервые с того дня, когда он начал свой путь к подножию горы, Степан засомневался, стоит ли идти дальше. На необитаемых пустынных планетах не должно быть гор с четкими геометрическими очертаниями, покрытых мозаикой цветных пятен. Что же делать? Снова нырнуть в черную неизвестность параллелепипеда? А что изменится в новом мире? Где гарантия, что и там его не будут поджидать те же самые опасности? Если его враги имеют возможность следить за его передвижениями, они найдут его в любом месте. Тогда рано или поздно придется столкнуться с ними лицом к лицу. Почему бы не сделать этого сейчас? По крайней мере, он мог бы подойти к горе поближе и узнать, что собой представляют таинственные цветные пятна. В конце концов у него ведь была всего одна надежда, один-единственный шанс — найти среди чужих мертвых и враждебных миров жизнь мудрую и сильную, разум, способный понять и помочь. Что, если он скрывается именно здесь, в двух шагах, за крутыми склонами пирамиды? Что, если к нему надо всего лишь протянуть руку, а он вместо этого повернет назад?..

Свобода выбора скрывает за собой выигрыш или полное поражение — редко первое, гораздо чаще второе; и тем не менее кто не рискует — тот вообще никогда не выигрывает.

Он почти чувствовал, почти знал, что за цветными стенами скрывается что-то враждебное, нечто готовое использовать его разум и тело в своих собственных целях, и тем не менее шел к пирамиде.

На следующее утро Степан окончательно понял, что гора представляет собой искусственное сооружение, сложенное из гигантских цветных шаров.

Она возвышалась перед ним во всей своей нелепой очевидности. Абсолютно правильная геометрическая форма каждого шара не оставляла место сомнениям в их искусственном происхождении.

Цвета были подобраны так, что одинаковые оттенки нигде не соприкасались. Розовый шар соседствовал с зеленым, желтым, синим, красным. Во втором ряду его место занимал уже шар другого цвета. Оттенков было множество. Каждый шар в поперечнике был не меньше шести метров. С расстояния, где стоял Степан, нельзя было точно определить размеры отдельных шаров, зато размеры всего сооружения подавляли своим могуществом и отсутствием видимой целесообразности. Какой-то сумасшедший великан выложил посреди степи эту пирамиду-игрушку, выложил аккуратно, потратив на эту работу всю жизнь...

Только в одном ряду Степан насчитал не меньше пятидесяти шаров, сбился со счета, и сколько бы раз ни повторял попытки, у него все время получались разные числа. Очевидно, мешали яркие контрастные цвета соседних шаров, от которых рябило в глазах. На самом верху, на четырех шарах основания, покоился один металлический, ярко сверкавший на солнце шар. От подошвы до него было не менее трехсот метров.

Чем ближе подходил Степан к пирамиде, тем больше менялись масштабы восприятия целого; она ему продолжала нравиться... Он уже не видел краев: они потерялись в дымке горизонта. Запрокинув голову, он уже не мог рассмотреть вершину. Теперь перед ним была просто стена, сложенная из огромных цветных шаров.

Если подойти еще ближе, он увидит только один шар. Почему-то вспомнилась строчка хорошо знакомого стихотворения: «Лицом к лицу — лица не увидать... Большое видится на расстоянии...» Здесь это так и было. Но вместе с тем было и еще что-то: какая-то ускользающая от него мысль.

Целое слагается из частного, но и каждое частное, в свою очередь, отдельное целое, отдельный мир, внутри которого множество своих частностей. По этой шкале можно идти без конца, и лишь где-то внизу должен быть предел. А может быть, предела нет? Может быть, там скрывается переход меньшего в большее? Частицы атома — в Галактику? Он подошел еще ближе. Поверхность гигантского шара уже не казалась гладкой. Она была изъедена временем: выступы, выбоины, потертости, кое-где даже трещины. Но всюду, насколько он мог судить, материал был один и тот же — похожая на пемзу губчатая каменная порода.

Он отыскал у подножия небольшой осколок шара, ударил по нему несколько раз другим камнем и легко превратил в цветной порошок.

Больше всего поражала одинаковая насыщенность цвета снаружи и в глубине породы. Ни солнце, ни ветер, ни потоки дождей ничего не смогли поделать с этой каменной радугой.

Степан постучал по поверхности одного из шаров и услышал глухой монолитный звук. Иначе и не могло быть. Если бы нижние шары были внутри полыми — они не смогли бы выдержать вес этого гигантского сооружения.

Лишь один шар вершины отличался от всех остальных, и, наверное, не только цветом.

Почему-то Степан все время помнил об этом. Этот шар притягивал его как магнит.

В конце концов Степан попытался подняться по стене вверх. Это удавалось с трудом. Зато после того, как он протиснулся между шарами в прохладную глубину пирамиды, подъем пошел гораздо легче. Теперь он мог использовать соседствующие шары для опоры, упираясь в них спиной, локтями и коленями. Он карабкался все выше.

Почувствовав, что силы на исходе, он выбрался на наружную поверхность пирамиды, уселся в седловине между соседними шарами, глянул вниз и удивился, как высоко сумел подняться.

Теперь-то уж до вершины оставалось наверняка меньше, чем до подножия. Глупо было бы возвращаться, и, отдохнув, он полез дальше.

Странные звуки доносились иногда из глубины пирамиды. Рожденные причудливым эхом, до него доносились чьи-то тяжкие вздохи. Отраженные от бесчисленных изогнутых поверхностей, они скользили по внутренним лабиринтам, движимые, возможно, одним-единственным желанием — быть кем-нибудь услышанными. И вот теперь, достигнув его ушей, звуки умирали. Но на их место бесконечной чередой шли другие. Чаще всего в них слышалась горечь разочарования, словно сама пирамида говорила с ним бесчисленными голосами, жаловавшимися на несправедливость и забвение...

Может быть, это всего лишь памятник? Ему не догадаться, не решить загадку. Разве лишь на самом верху, в последнем металлическом шаре ему что-то откроется...

А далеко на орбите, невидимый для невооруженных глаз Степана, вращался небольшой космический аппарат, и два существа, внешне совершенно похожие на людей, с интересом наблюдали за его усилиями.

— Он все-таки вошел в пирамиду?

— Конечно. Любопытство всегда было лучшей приманкой для этих существ.

— Почему они так одинаковы? Почему никогда не делают выводов из прошлых событий?

— Их логика страдает каким-то странным изъяном. Они, например, считают, что добро само собой способно побеждать зло, и надеются получить подарок от доброго дяди. Иногда всю жизнь, вместо того чтобы заниматься делом, они ищут доброго дядю.

— И находят?

— Этого я не знаю.

— А ведь он поднимется до самого верха.

— Да, он упрям и самонадеян. Если ему это удастся — значит, повезло нам.

— Это будет второй случай за все время.

— Да. Второй.

То и дело срываясь, соскальзывая с гладких выпуклых поверхностей, Степан искал более удобные для подъема места и упрямо лез вверх. Во рту пересохло, спину ломило от усталости, но в глаза уже били отраженные от металлической поверхности верхнего шара ослепительные лучи.

Еще одно усилие, еще. Рано или поздно кончается любая дорога. Или нам так лишь кажется? Ведь любой конец — всего лишь новое начало...

Взобравшись на предпоследний ряд шаров, Степан понял, что может встать во весь рост. Четыре шара основания соединяла прочная каменная платформа, на которой покоился самый верхний и самый большой металлический шар. Теперь Степан стоял прямо перед ним. На шаре не было заметно ни единой трещины или щели.

Похоже, подъем не имел никакого смысла. А на что он, собственно, надеялся? На то, что перед ним распахнется дверь и неведомые добрые дяди, те самые, что ждали здесь его появления многие тысячи лет, с восторгом примут его в свои объятия?

Разочарование оказалось слишком сильным. Он сел на каменную платформу, свесил ноги и постарался привести в порядок скачущие мысли. Во все стороны отсюда открывалась беспредельная равнина с мелкими озерами, болотами, речками, зарослями. Он видел все это маленьким и далеким. Предметы казались условными обозначениями, нанесенными на гигантскую карту.

Голова кружилась от бессмысленности затеянного им предприятия, от высоты, от усталости, от того, что все оказалось бесполезным, что в гладкой несокрушимой металлической поверхности он не сможет найти решения загадки, ради которого целый день карабкался на эту немыслимую высоту, а ведь еще предстоял путь вниз.

Сейчас он не верил даже в то, что у него хватит сил спуститься. Поверхность шара у него за спиной казалась теплой, слишком теплой для простого металла. Но что с того, если он все равно никогда не решит его загадки, не сумеет заглянуть внутрь? Впрочем, Сейрос учил его другому зрению, гораздо более зоркому, чем обычное.

Нужно закрыть глаза, чтобы ничто постороннее не отвлекало, расслабиться, представить себе поверхность шара так, словно ты сам стал ее частью, удержать ее в сознании, не отвлекаясь никакими посторонними мыслями, приблизить, рассмотреть детально со всех сторон... И тогда он увидел щель.

Еще не веря себе, он вскочил на ноги, вновь подошел к шару. Да, щель была именно в том месте, где он увидел ее своим внутренним зрением. Она шла вверх, на высоту примерно двух метров, изгибалась и снова опускалась вниз. Теперь он понял. Перед ним находилась самая обыкновенная дверь, ведущая внутрь стального шара. Он надавил на то место, где, по его расчетам, должна была быть ручка. Дверь легко поддалась его усилиям и ушла внутрь шара. Степан стоял перед черным квадратом. Ни зги не было видно внутри. Постояв неподвижно несколько секунд, Степан собрался с духом и, стиснув зубы, шагнул внутрь.

— Если его выпустить, он начнет все сначала?

— Несомненно. Он слишком упрям и неразумен.

— Зато силен и упорен.

— Да, из него получится хороший воин.

— Не уверен. Возможно, в этом случае нам придется применить полную реконструкцию личности.

Сила тяжести уменьшилась. Или это только казалось? Степан уже не мог доверять своим ощущениям. В полной темноте и тишине исчезло время, медленно исчезало вслед за ним и нормальное восприятие мира. Начинались галлюцинации, кошмары.

— Н-е-е-е-т! — закричал он в равнодушную темноту. — Я не хочу!

Никто его не услышал. Беспомощное, безвольное тело человека медленно притягивалось к центру шара, внутреннему фокусу гигантского золотого Глаза, не ведавшего жалости, сострадания, гуманизма...

— Ты кто такой? — спросил голос Глаза.

— Степан.

— Куда ты полез? Что ты можешь? Ты козявка, ничтожество.

— Я — человек.

— Ты забудешь даже свое имя.

— Нет.

— Попавший в фокус забывает все. Сейчас ты узнаешь, что такое фокус. Сейчас ты почувствуешь.

Миллионы невидимых раскаленных игл, выброшенных засветившейся поверхностью шара, летели в одну точку — к центру. Туда, где висел человек. Впиваясь в его тело, они причиняли короткую нестерпимую боль и гасли, но на смену им летели новые иглы, и с каждым укусом он вспоминал поражение, неудачу, несчастье, обиду. Он ощущал величие тех, кто причинял ему боль. Свое ничтожество и их могущество.

Спасительная темнота забытья заволакивала время от времени сознание жертвы, но хозяева золотого Глаза располагали временем по своему усмотрению, их терпение казалось безграничным.

Иногда в голосе Глаза звучали отеческие интонации. Он наставлял, поучал, объяснял — и тогда на время пытки прекращались. Вместо раскаленных игл к фокусу шара начинали поступать совсем другие излучения. Они наполняли тело Степана сытостью, ощущением благополучия и короткого дремотного чувства счастья.

В такие минуты он ощущал себя личинкой, помещенной в прочный и надежный кокон заботливой маткой, она питала и растила, она заботилась о его будущем.

Странные видения время от времени возникали в мозгу Степана. Он видел гигантские пирамиды, сложенные посреди немых городов. Его глазам являлись лживые боги и пророки, которым удалось обмануть жителей городов, слишком занятых собственными повседневными делами. Боги взбирались на вершины, укреплялись там и застывали в бронзовой неподвижности. А внизу, в тени пирамид, спокойно кормились их старательные почитатели.

Но как только Степан хотел что-то изменить в своем положении, едва он пытался дернуться, вывернуться из проклятого фокуса, как шар оживал, и Степан сразу же начинал ощущать раскаленную точку фокуса, шарившую внутри его беззащитного тела, искавшую центры нервных сплетений и разрушавшую одну за другой кладовые его памяти.

Один раз он увидел внутреннюю поверхность шара, излучавшую мыльные пузыри. Их радужный слой, все ускоряясь, летел к нему со всех сторон пространства, обволакивал густой пеной, не давал дышать, забивал рот сладкой ватой. Он глотал эту пену до тошноты, до рвоты, она переполняла легкие и желудок, и, когда в очередной раз голос шара спросил его об имени, он не знал, что ответить.

Больше он не ощущал себя цельной личностью. Его разъяли, разложили на отдельные шарики. Каждый шарик, возможно, и имел собственное название, но единой человеческой сущности они уже не составляли.

Время относительно. Оно становится таковым, преломившись в призме человеческого сознания. Но если сознание раздроблено, расчленено на отдельные части — время тоже теряет свою целостность и как бы распадается на отдельные крохотные эпизоды, не связанные между собой прямой логикой причинно-следственных связей.

Человек, потерявший собственное имя, упрямо боролся за жизнь. Память изменила ему, силы оставляли его израненное тело, и он с трудом соображал, что, собственно, должен делать, чтобы продлить агонию еще на несколько часов и предоставить спасателям хотя бы ничтожный шанс отыскать в пространстве крохотную точку его аварийной капсулы.

Как он сюда попал? Почему стеклянная защитная сфера капсулы вызывает в нем вместе с мучительной болью воспоминание о совсем другом месте, излучавшем всей своей поверхностью только боль и смерть? Этого он не знал, этого ему не вспомнить, об этом вообще не следовало думать, если он хотел сохранить хотя бы те крупицы здравого смысла и памяти, которые еще остались в его распоряжении.

Капсула неумолимо падала, она падала так уже тысячи лет, и человек знал, что в конце ее гибельного пути короткая вспышка взрыва принесет ему забвение и окончание всем его мучениям. Тем не менее он упрямо боролся за жизнь, и он бы, возможно, справился, находя внутри своего разбитого тела неожиданные резервы жизненной силы, он бы наверняка справился со свалившейся на него бедой, если бы... не забыл собственное имя.

Он не знал, кто он и как очутился в космосе, он падал в искалеченной спасательной шлюпке, все ближе подходя к поверхности Марса — но он не был пилотом взорвавшегося корабля, кажется, он был всего лишь одним из его пассажиров... Но тогда почему с таким упорством встают перед его мысленным взором управляющая рубка и строгие глаза инспектора, экзамен которому он так и не сумел сдать? И почему он вспоминает вместе с этим сухую крымскую степь, что это за странный чужеродный кусочек памяти, сохранившийся вопреки всему?

Ему казалось теперь самым важным вспомнить, кто он такой и почему оказался в шлюпке. Ему казалось, что именно это знание может принести спасение или, по крайней мере, отделит физическую боль от внутренней, вычленит ее из сознания, принесет столь необходимую ему сейчас свободу в воспоминаниях и мыслях.

Но в памяти упорно вставали эпизоды двух разных жизней, перепутавшиеся, слившиеся в чудовищный уродливый комок. То он чувствовал себя абитуриентом, провалившимся на вступительных экзаменах в школе Космического центра, и вновь переживал горечь расставания с мечтой. То он видел караван, уходящий в пустыню, археологическую экспедицию, пыль навсегда исчезнувших цивилизаций. Какое это могло иметь к нему отношение? Он не знал. Шлюпка продолжала падать, и все меньше кислорода поступало из респиратора его скафандра. Температура за бортом, видимо, повышалась. Он не мог видеть приборов, не хватало сил повернуться. При последнем ударе его тело заклинило между креслом и стенкой кабины.

Приборы, скорее всего, вообще бездействуют, а панель разбита. Его положение совершенно безнадежно, шансов на спасение нет. Он отчетливо понимал это, принял как неизбежное собственную гибель и не жалел о самом конце. Только хотел хотя бы на время избавиться от боли, чтобы подвести черту, чтобы хоть немного разобраться в путанице своего сознания.

Кто-то ему говорил... тот, кого он хорошо знал: «Человек должен уходить из жизни с ясным сознанием». Почему-то вспомнилось странное сочетание звуков: «сейрос». Возможно, эти звуки означали чье-то имя. Он помнил еще два таких же важных звуковых сочетания: «роман» и «степан». Скорее всего, это тоже были имена. Но он так и не смог вспомнить, кому они принадлежали.

Авария рейсового корабля Марс — Земля произошла по невыясненной причине. Большинство аварий с давних времен происходило именно так. Взрыв уничтожал все следы. Правда, на этот раз большинству пассажиров удалось добраться до спасательных капсул, и управляющий автомат успел вышвырнуть их в космос за несколько секунд до взрыва. Часть капсул сразу же подобрали спасательные службы, но некоторые провели в космосе по нескольку дней и даже недель, пока не были засечены локаторами спасательных кораблей. Поиск был затруднен обломками корабля, заполнившими тот сектор пространства, в котором произошла авария, и мешавшими ложными сигналами локаторам поисковиков. Хрупкие крошечные суденышки, внутри которых в лежачем положении едва помещался один человек, не были приспособлены к столь длительному пребыванию в космосе.

Некоторые пассажиры были найдены в очень тяжелом состоянии. Полная неподвижность в течение долгих недель, абсолютная неизвестность, необходимость экономить крохотные запасы воды и пищи сделали свое дело.

Особенно трудно пришлось тем из пассажиров, капсулы которых попали в зону высоких температур. Во время взрыва их антенны оплавились, аппаратура отключилась, и все эти долгие дни они находились в состоянии такой изоляции и абсолютной тишины, вынести которые нормальная человеческая психика не в состоянии.

ЧАСТЬ ВТОРАЯ

РОМАН ГРАВОВ

1

Когда первые корабли землян робко вышли в космос и стали исследовать ближайшие планеты, никто точно не знал, что за этим последует. Но века сменяли друг друга, люди все дальше уходили в глубь космоса от своих первых поселений. Наконец настали времена, когда корабли землян научились легко преодолевать бездны пространства, отделявшие звезды друг от друга. Человеческие поселения расселялись по всей Галактике, и для того, чтобы из конца в конец пролететь территорию, занятую Федерацией Свободных Планет, лучу света требовалось уже больше сорока лет.

Пространство и время постепенно теряли свою беспредельную власть над человечеством. Каждый мог выбрать себе из бесчисленного разнообразия миров дом по собственному усмотрению. Упростились потребности и вкусы. Производство материальных благ перестало довлеть над людьми, и вслед за этим началось медленное отмирание огромных индустриальных планет, напичканных автоматикой и гигантскими кибернетическими комплексами. Какое-то время они еще держались благодаря расширенному производству межзвездных кораблей, но вскоре их выпуск замедлился сам собой. У человечества не хватало людских ресурсов для освоения новых миров.

Естественно и незаметно произошло то, чего так опасались лет двести назад, когда был изобретен сверхсветовой двигатель для звездолетов. Раздробленная, разбитая на мелкие поселения, Федерация перестала представлять собой единое целое.

Каждая новая колония, едва обосновавшись, стремилась прежде всего обзавестись собственной администрацией и сводом собственных правил.

Древняя столица Федерации, планета, некогда бывшая колыбелью человечества, медленно, но неумолимо отходила на второй план. Надобность в едином планировании и координации взаимных поставок исчезла — каждое поселение производило для себя все, что считало необходимым, и вело собственную торговлю с соседними колониями. Правительство Федерации держалось в основном за счет исторических традиций да за счет организации и управления научными исследованиями, требовавшими для своего осуществления все больших материальных затрат и все реже и реже приносившими ощутимые практические результаты.

Никто не знал, как долго сможет продержаться это неустойчивое равновесие, и именно в этот момент на границах своих владений Федерация столкнулась с неведомым и неуловимым врагом. Разваливалась экономика отдельных поселений. Люди теряли инициативу, их охватывало равнодушие и полная потеря интереса к жизни. Все данные говорили о том, что кто-то ведет четко организованную и спланированную работу по разрушению окраинных поселений Федерации. Но выявить и доказать существование реальных противников так и не удалось. Даже специально созданное в связи с этими событиями Управление внешней и внутренней безопасности до сих пор топталось на месте, хотя в его распоряжении была вся современная техника и совсем неплохие кадры.

Председатель Центрального Совета Федерации Ридов грузно поднялся из-за стола и подошел к матовому, в полстены, окну. Нажав скрытую в подоконнике кнопку, он подождал, пока стекло станет совершенно прозрачным, и лишь затем надолго погрузился в созерцание открывшейся перед ним панорамы улицы, словно увидел ее впервые. Перед ним возвышались слепые, с матовыми бельмами вместо окон громады старинных зданий.

Улица казалась безжизненной. Далеко внизу, на мостовой, не было заметно ни малейшего движения. Все важнейшие коммуникации давно ушли под землю, и никто больше не увлекался старинным спортом — ездой на электромобилях мимо заброшенных зданий, многие из которых грозили обвалом. «Совсем еще недавно Земля казалась нам такой маленькой, такой тесной! — с горечью подумал Ридов. — Но космос впитал и растворил нас в своих просторах. Большинство колоний не насчитывает и миллиона поселенцев. Когда-то в одном этом городе жителей было в сотню раз больше. Где они сейчас, эти миллионы? И что собой сегодня представляет человечество в целом? Продолжит ли оно существование как нечто единое? Что с ним станет завтра?»

От решения, которое он должен был принять, от оттиска его личной печати на пластиковом листе документа с короткой надписью «утверждаю», возможно, зависело то, каким оно будет, это «завтра». «Я слишком стар для принятия подобных решений, я не знаю, к чему это приведет. Никто этого не может знать. Но я не обязан принимать слишком ответственные решения самостоятельно. Именно для таких случаев и создан Центральный Совет».

Он отошел от окна и назначил через автоматический селектор внеочередное чрезвычайное заседание Совета на завтра.

— За час до начала мне понадобится Райков, разыщите его и пошлите официальное приглашение.

Мигнул зеленый огонек, означавший, что автоматический секретарь приступил к исполнению полученного задания. Матовая поверхность стола отсвечивала тускло, на ней не было ничего лишнего, ни одного постороннего предмета. Кабинет всегда оставался для Ридова лишь местом работы. Выключив автоматику и вызвав свой личный глайдер, он подумал о том, что, уйдя от самостоятельного решения, ничего, в сущности, не добился. Некогда восточные мудрецы не без основания считали, что бездействие — это тоже часть действия, к тому же далеко не самая пассивная.

Запустив пружину, приводящую в действие механизм Совета, он лишь отодвинул решение на сутки. Привлек к обсуждению разных людей, но, в сущности, ничего не изменил и ничего не добился. Никто не снимет с него конечной ответственности, не простит ошибки, если она произойдет, именно ему, председателю. К тому же, вызвав Райкова, он, собственно, предрешал результат этого заседания.

Издали дом напоминал игрушечный стеклянный шар, забытый каким-то великаном посреди лесной поляны. Его задняя, срезанная наискось часть заканчивалась верандой, плавно переходившей в дикие заросли. Высокий, худой человек подошел к дому с северной стороны вместе с мальчиком лет девяти.

— Мы теперь всегда будем ходить на лыжах? Каждый день?

— Всегда. До тех пор, пока у тебя не кончатся каникулы.

— А почему тебя уволили?

— Кто это тебе сказал?

— Миша. Мы вчера разговаривали по видику, и он сказал, об этом передавали в новостях.

— Говорят не «видик», а «видеофон».

— Но тебя все-таки уволили?

— Это шутка. У меня есть друг, который умеет так шутить. Тебе не следует вмешиваться в дела взрослых.

— Спросить нельзя, что ли? Если хочешь знать, я очень рад, что тебя уволили!

— Да?

— Да! По крайней мере, теперь у меня будет отец.

— А это, конечно, мама.

— Ага.

— Ты у меня замечательный цитатер.

— Кто-о?

— Цитатер — это человек, который не умеет разговаривать собственными словами, он как попугай повторяет только чужие фразы.

— Ну, ты даешь! Я это слово запомню!

— Еще бы!

Они остановились перед выходом на веранду, сняли лыжи и отряхнули снег с блестящей ветрозащитной одежды.

В доме их встретила тишина, настоянная на запахе хвои и яблочного пирога.

— Позовем маму?

— Не стоит. Разве ты не чуешь, чем пахнет? В этот момент ей нельзя мешать, иначе пирог не удастся.

Дом, разделенный на четкие функциональные зоны, выглядел изнутри слишком просторным. Сразу за гардеробной начиналась «музейная». По крайней мере, так эту часть дома называла Анна. Здесь стояли стеллажи с пластиковыми копиями древних книг, чучела никогда не виданных на Земле животных, встречались и предметы вовсе уж непонятные: например, головоломка, найденная на Гидре и похожая с виду на рогатый каменный шар. При нажатии в определенном месте отдельные части этой конструкции менялись местами. Она могла принимать практически любую форму. Легенда гласила, что человек, которому удастся собрать из нее любой знакомый предмет, тут же получит его в натуре. Но пока эту задачу не удалось решить даже с помощью большого компьютера.

Переодевшись и освежившись ионизированным паром, Райков прошел в рабочую часть дома. Еще с порога кабинета ему бросилась в глаза лежащая на столе рядом с дисплеем домашнего компьютера желтая карточка визиограммы. Обычные сообщения оставались в памяти компьютера и попросту высвечивались на дисплее. С отпечаткой текста передавались только сообщения особой важности и официальные документы.

Стараясь унять волнение, уже догадавшись о том, откуда поступила визиограмма, Райков подходил к столу нарочито медленно. На его узком лице под широким разлетом бровей возбужденно блестели разбойничьи зеленоватые глаза.

Взяв карточку и разглядев на ней штемпель Совета, он медленно перевел дыхание и лишь затем прочитал все сообщение залпом: «К трем часам прошу прибыть для получения задания. Ридов».

После такого вызова его увольнение и в самом деле стало походить на шутку. Только сейчас он понял, почему в доме стояла настороженная тишина, почему Анна не вышла их встречать и откуда в доме запах его любимого пирога.

Предстоял трудный разговор с женой и еще более трудное прощание...

Но это позже, это потом. Пока еще можно сделать вид, что он ни о чем не догадывается, не знает причины вызова... Только надолго ли хватит его притворства? Он чувствовал, что с каждым отлетом в дальнюю экспедицию отчуждение между ним и Анной все глубже пускало свои ледяные корни.

— Садитесь, Райков.

Ридов опустил в прорезь пневмопочты очередной рулон документов, над которыми работал перед приходом Райкова, и внимательно осмотрел своего посетителя. Последний раз они виделись года два назад, когда Райков руководил спасательной экспедицией на Зенде. Тогда требовалось снять с планеты экипаж застрявшего там поисковика. Посадка из-за сложных местных условий исключалась. Была разработана сложная комплексная программа с участием трех кораблей и целой серии челночных автоматических зондов. Райков нарушил инструкции и, не используя зондов, все-таки сел на планету.

Ему удалось взлететь, хотя корабль стал похож после этого на смятую консервную банку. Людей тем не менее он спас. И это, как считало руководство поискового отдела, счастливая случайность, не более. Райкову здорово влетело. Он подал рапорт с протестом, и Ридову пришлось заниматься этим делом лично. Оно получило широкую огласку в прессе. Он и сейчас еще помнил крикливые заголовки статей того времени с риторическим вопросом: «Нужно ли судить победителей?»

С тех пор, по крайней мере внешне, Райков мало изменился. Разве что седина появилась да суше стал взгляд чуть нагловатых зеленых глаз.

— Я знаю, что вас снова уволили, но на этот раз не собираюсь вмешиваться. Причины мне известны, и я одобряю решение вашего начальства, полагаю, они терпели достаточно долго.

— В целом они, конечно, правы. Но там есть некоторые обстоятельства...

Райков обладал удивительным качеством — во время вот таких кабинетных встреч располагать к себе начальство и производить самое благоприятное впечатление. Но стоило ему оказаться вдали от этих кабинетов, стоило приступить к решению очередной сложной задачи, как он напрочь забывал обо всех инструкциях, о своих личных обещаниях и поступал совершенно дерзко, зачастую слишком рискованно. Пока что ему сказочно везло. Или, как в глубине души полагал сам Ридов, он умел учитывать те неуловимые нюансы ситуации, обладал той глубокой внутренней интуицией, которая одна только и может принести человеку удачу в непредсказуемых, сложных, постоянно меняющихся условиях. Не дослушав, он прервал излияния Райкова:

— Я уже сказал, что не собираюсь вмешиваться. В конце концов взаимоотношения с руководством Отдела — это ваше личное дело. Не сработались — ищите другое, более подходящее место. Собственно, я и вызвал вас, чтобы предложить руководство экспедицией, не имеющей никакого отношения к Отделу поиска. Ее организует непосредственно Совет.

Райков уставился на Ридова чуть удивленными глазами, в которых уже прыгали бесовские огоньки.

— Я знаю всего две экспедиции, которые организовывал Совет, и все они решали задачи чрезвычайной важности.

— Вы правы. Эта будет третьей и, я думаю, не менее важной. Вы что-нибудь слышали о Мексиканском «черном ящике»?

— Легенды, слухи... Поскольку официальной информации не существовало и моих заданий это не касалось...

— Есть официальная информация. Но лет двести назад, когда открыли параллелепипед, почему-то посчитали целесообразным утаить ее от общественности. Наверное, чиновники, бравшие на себя смелость решать, что можно знать народу, а чего — нельзя, думали, что так жить спокойнее. Они имели в виду, разумеется, себя. Поскольку толком объяснить, что собой представляет параллелепипед, никто не смог, сочли возможным закрыть всю тему.

— Это я не понимаю!

— Ну, понять можно... То, чего мы не знаем, вроде бы не существует. Во всяком случае, не может влиять на сегодняшнюю нашу жизнь. Правительство прошлого века не могло допустить существования рядом с собой загадочного объекта, который оказался не по зубам их науке, — это бросало тень на престиж. Само существование такого объекта ставило под сомнение не одну научную концепцию. Пожалуй, даже не только научную... Но прежде чем мы продолжим наш разговор, я хотел бы, чтобы вы изучили в спецхране всю существующую на сегодняшний день информацию о черном параллелепипеде. Теперь она непосредственно относится к вашему заданию.

— Вы хотите сказать, что она до сих пор закрыта?

— Ну, видите ли, для того чтобы ее подготовить к представлению широкой публике, нужно было проделать определенную и немалую работу. Желающих не нашлось. Нужды в ней особой до сегодняшнего дня не было. Так что, возможно, именно вам выпадет честь впервые представить общественности Мексиканский «ящик».

— Благодарю за честь! Я всегда считал себя выдающимся архивным работником.

— А вы не спешите. Возможно, после знакомства со всеми материалами и выводами многочисленных комиссий ваша точка зрения несколько изменится.

В овальном зале спецхрана не было стеллажей с бумажными папками, и тем не менее, как и сотни лет назад, здесь пахло крысиным пометом.

Райков подумал, что причина запаха, скорее всего, в том, что суть этого учреждения за все века не изменилась.

Здесь хранилась информация, недоступная простым смертным. Наверное, те, кого сюда впускали, должны были испытывать известную гордость людей, облеченных особым доверием начальства. Райков гордости не испытывал. Его раздражала дурацкая трата времени. Какое отношение может иметь к дальнему космическому поиску история с найденной два века назад каменной глыбой?

Но приказ есть приказ. Он знал по опыту, что все распоряжения Ридова нужно выполнять в срок и добросовестно.

Только после того, как центральный компьютер спецхрана выдал на рабочий дисплей первые документы и фотографии, его скептицизм несколько поуменьшился.

Перед ним разворачивалась захватывающая, прямо-таки детективная история двухвековой давности.

Скалу обнаружили совершенно случайно под толстым слоем наносов и оползней. Внимание специалистов сначала привлекла лишь ее правильная геометрическая фигура. Почти идеальный параллелепипед. Но первый же радиоизотопный анализ показал, что глыбе больше двух миллионов лет. В таком случае, если считать вероятным ее искусственное происхождение, к нашей земной истории объект вряд ли имел какое-нибудь отношение. Райков переключил изображение на дисплее и сразу же убедился в своей правоте.

Впрочем, одновременно с космической появилась гипотеза и земного происхождения глыбы. Логически вполне обоснованная. Сторонники космического происхождения объекта представили новые данные: котлован похож на метеоритный кратер...

Вряд ли здесь есть резон. Если эта штука свалилась из космоса, она могла сохраниться после удара об атмосферу только в том случае, если ее поверхность состоит из материала, не уступающего в прочности кристаллическому броневиту, но тогда она ушла бы в земную кору, как нож в масло.

Ни того ни другого не произошло. Есть еще один вариант: смягченная посадка. Именно это утверждает доктор Строгин: искусственный объект с заданными свойствами, нечто вроде кибернетического устройства.

Не слишком ли сложно для обломка скалы? Однако лет через пять только что открытый нейтринный анализ показал сложнейшую электронную структуру объекта: там оказалось нечто вроде гигантского кристалла компьютера с неизвестной программой, способного к накоплению энергии. Обнаружено наличие внутренних энергетических резервуаров на сверхпроводимость. Попытка расшифровать программу хотя бы в общих чертах успеха не имела. «Вещь в себе». Вот почему ее назвали «черным ящиком».

Лет на двадцать исследования заглохли. Объект законсервировали, закрыли на всякий случай энергетической защитой, установили круглосуточное наблюдение. За это время наблюдения никакой активации и никаких новых данных. В сороковых годах прошлого века все тот же Строгин, теперь уже академик, разработал теорию пространственного прокола: генератор-приемник, мгновенный переход объекта независимо от расстояния... Ну, с этим его подробно знакомили еще в школе пилотов. Ничего не вышло. Во всяком случае, практически. Энергии нужно было столько, что всего солнечного излучения за год не хватит на один переход.

Какое отношение это имеет к Мексиканскому объекту? Ага, вот еще одна гипотеза Строгина: «черный ящик» может быть генератором перехода с использованием внешних, неземных источников энергии...

Сразу же возник законный вопрос: если это действующий генератор, почему его не используют те, кто затратил столько сил на его создание и транспортировку? А может быть, использовали? Седая древность, начало четвертичного периода Кайнозойской эры... эоплейстоцен. Вполне вероятно, то время не вызвало у них особого интереса. А потом, многое могло измениться за миллион лет в тех местах, где создавали эту штуку. Неудавшаяся попытка контакта? Может быть... Тогда следует рассчитать направление прокола и заняться поисками приемника. Конечно, данные таких расчетов неопределенны: ведь звездные объекты не фиксированы в скоплениях, они смещаются, и, следовательно, постоянного направления к этим объектам быть не может. Замкнутый круг...

И еще одно оставалось совершенно непонятным: кому и зачем понадобилось делать из всего этого большой секрет?..

2

— Итак, что вы об этом думаете?

Ридов выглядел на следующее утро еще более усталым и озабоченным.

— Извините, что не мог предоставить вам достаточно времени для изучения и обдумывания проблемы. К сожалению, это срочно.

Рабочий стол председателя казался обманчиво пустым, почти праздным. Райков знал, что сложная аппаратура связи с центральным компьютером Федерации и весь необходимый для работы автоматический сервис размещены за панелями стен и не бросаются в глаза. Райков медлил с ответом, по-прежнему не понимая, какое отношение к нему имеет история Мексиканского объекта и почему ею сегодня занимается Центральный Совет Федерации.

— На мой взгляд, проблема осталась нерешенной. Более того, у меня сложилось впечатление, что даже сегодняшний уровень техники не позволяет ее решить. Информации явно недостаточно.

— Не позволяет... Что ж, возможно. Вы представляете, какой должна быть цивилизация, создавшая аппарат, перед которым оказались бессильными наши техника и наука?

— Но ведь до сих пор не доказано искусственное происхождение объекта! Одни гипотезы и догадки! Возможно, эта цивилизация всего лишь плод воображения Строгина.

— Вы так думаете? Взгляните-ка вот на это...

Ридов протянул Райкову узкую пластинку голограммы, ядовито блеснувшую на солнце. Тот долго вертел ее в руках, стараясь найти удобное отражение света и точку зрения.

Снимок был очень старый, без подсветки. Пейзаж чужой планеты то появлялся, то исчезал у него перед глазами.

Там были заросли мясистых красноватых растений, небольшой узкий ручей и какой-то темный силуэт.

Наконец ему удалось зафиксировать пластину в нужном положении — изображение обрело наконец резкость.

— Скорее всего, это фото автоматического разведчика, класс — не выше второй группы.

— Что вы скажете по поводу темного объекта?

— Его почти не видно. Это может быть часть скалы, базальтовая дайка, например.

Ридов кивнул и нажал утопленную в ребре стола клавишу. Свет в комнате померк, над столом повисло увеличенное изображение голограммы. Судя по появившимся внизу надписям, это была полная реконструкция голограммы, проделанная центральным компьютером Федерации. Только теперь Райков начал понимать, какое значение придавалось этому снимку.

Во время полной реконструкции компьютер устанавливал координаты каждой отдельной точки изображения. При недостаточно полной информации машина интерполировала имеющиеся данные и в случае необходимости дополняла их, используя центральный банк памяти. Это была очень сложная и дорогая работа. Зато теперь оказалось возможным укрупнить и развернуть изображение темного объекта. Сомнений больше не оставалось: перед ними был двойник Мексиканского параллелепипеда.

— Еще один «черный ящик»?

— Не совсем так.

Ридов встал и прошелся по кабинету. Он остановился около изображения внеземной находки и долго задумчиво рассматривал ее, словно надеялся увидеть в мерцающей черной глубине нечто такое, чего не удалось разглядеть центральному компьютеру.

— Дело в том, что Строгин оставил после себя неплохих учеников, целую научную школу. Этот «ящичек» стал для него делом всей жизни. Не так давно профессору Яхнову, одному из самых его талантливых учеников, удалось создать действующую модель Мексиканского феномена...

Райкову показалось, что он ослышался. Тишина, сгустившаяся в кабинете председателя, казалась почти ощутимой. По-прежнему не работал ни один прибор связи, только птицы чирикали за окном.

— Но ведь еще Строгин доказал, что энергетическая проблема делает пространственный переход невозможным!

— Совершенно верно, для одного-единственного запуска модели понадобилась энергия всех накопителей Енисейского каскада. Они телепортировали массу около миллиграмма. Важно было доказать сам принцип. Яхнов утверждает, что Мексиканским объектом можно управлять и что для своей работы он использует внешнюю энергию гравитации. Во всяком случае, теперь можно считать доказанным, что в Мексике был найден искусственно созданный генератор пространственного перехода. Дверь в иные миры...

— Тогда почему до сих пор не задействовали сам Мексиканский генератор?

— Они создали необходимую для этого аппаратуру. Яхнову даже удалось частично активизировать Мексиканский феномен, но для завершающего эксперимента, для создания пространственного моста, необходим был второй такой же генератор. Его нашли совсем недавно, и я не уверен, что это последняя находка такого рода...

Возможно, таких устройств в нашей Галактике множество и мы случайно натолкнулись на часть разветвленной сети сообщений. В любом случае это очень серьезно. Даже если те, кто создал эти устройства миллионы лет назад, больше не пользуются ими, сами генераторы до сих пор сохранили работоспособность. Цивилизация, которая сумеет их использовать, получит неслыханные преимущества перед другими. В космосе мы, скорее всего, не одни. И хотя прямых контактов с чужими до сих пор не было, многое говорит об этом. В любом случае у нас теперь есть все необходимое для создания первого пространственного моста. А это открытие, если оно состоится, само по себе способно полностью изменить структуру всей Федерации.

Райков встал и подошел к Ридову, теперь они стояли вместе перед изображением четырехметрового черного параллелепипеда, высвеченного аппаратурой в натуральную величину.

— Эта штука похожа на самую обыкновенную дверь, правда, размер великоват.

— Открыть эту дверь будет не так-то просто, но за ней может оказаться будущее, которое сегодня трудно даже представить...

Под висящей в воздухе черной скалой светился ряд

синих мерцающих цифр. Райков привычно нашел среди них индекс планеты и прочитал его вслух:

— Ин-двести сорок восемь. Странно, мне это ничего не говорит. В поисковом отделе нет объектов с такими индексами.

Ридов кивнул.

— Этой планеты нет в реестре Федерации. Она находится далеко за пределами освоенной зоны, примерно восемьдесят светолет.

Райков долго молчал, словно медленно пропускал через себя ощущение огромности этой цифры и всех вытекающих из ее величины последствий. Ридов не торопил его и ничего не подсказывал, словно желая лишний раз убедиться, сможет ли Райков правильно оценить ситуацию, выделить в ней самое главное, прежде чем принять решение.

— Восемьдесят светолет... Это же на пределе двойного оверсайда!

— Совершенно верно.

— Но в таком случае у корабля попросту не останется горючего для обратного разгона!

— Пространственники полагают, что корабль для обратного возвращения экипажу не понадобится. Если им удастся активизировать генераторы, если мост начнет действовать, проблема возврата перестанет существовать.

— Надеюсь, вы шутите?

Ридов устало улыбнулся.

— Я лишь изложил вам точку зрения наших пространственников, между прочим, вполне официальную. Они требуют доставить их на планету и обещают вернуться без нашей помощи. Ну, а если серьезно... В пределах одного оверсайда от Ины есть наша пограничная колония на Гридосе.

— В таком случае я не понимаю, почему в Отделе поиска ничего не известно о планете Ин-двести сорок восемь?

— По секрету могу вам сообщить, что эту голограмму мы получили не через официальные каналы. Более того, нам пришлось приложить немало усилий, чтобы доставить ее на Землю.

— Ничего не понимаю!

Ридов устало вздохнул.

— Внешними исследованиями занимается не только поисковый отдел Федерации. Отдельные граничные поселения время от времени по собственной инициативе предпринимают дальнюю разведку.

— Зачем им это нужно? Ведь был же специальный

закон, рекомендующий такие исследования сосредоточить в одном центре.

Ридов кивнул.

— Закон был. Но у нас достаточно поселений издают собственные законы и полагают, что действия и решения правительства Федерации их уже не касаются. Как бы там ни было, гридяне провели такие исследования и в результате открыли планету Ангра...

— Значит, у них есть автоматические зонды?

— Совершенно верно.

— Зачем им это понадобилось, ведь для поселения они не смогут использовать столь отдаленную планету?

— Мы давно уже не получаем всей информации о целях и намерениях некоторых федераций. Не так давно появился даже новый термин — «дикие поселения». Поселения, расположенные вне зоны досягаемости наших кораблей, полностью изолированные от Федерации, организованные вопреки всем правилам и законам. О них мы попросту ничего не знаем.

Кстати, частью вашего задания будет налаживание контактов с гридянами и получение дополнительной информации обо всех исследованиях в районе планеты Ангра. По крайней мере, информацию о самой планете мы получили, как полагаю, полностью. Она не содержит на первый взгляд ничего особенного. Стандартный отчет обследования планеты класса два. Обследования, проведенные автоматами, не отличаются особой полнотой. Кислород, температура, наличие воды. Словом, обычная планета, пригодная для заселения. Подробно с отчетом вы познакомитесь позже.

Да, вот еще что... Было бы неплохо, если бы часть людей для этой экспедиции вы взяли на Гридосе. Это важно из дипломатических соображений. Мы вынуждены поддерживать хотя бы видимость совместной работы даже там, где в этом нет ни малейшей необходимости.

Полагая, что разговор окончен, Райков поднялся.

— Это еще не все... Принято решение расконсервировать «Руслан».

— Не понимаю... Флот располагает отличными кораблями в этом районе.

— Федерального флота как такового давно не существует. Все корабли расписаны по своим базам и фактически Земле не принадлежат. Прежде чем мы добьемся положительного решения о выделении специального корабля, пройдет не меньше года. Мы попросту утонем в бюрократической волоките. К тому же гридяне отказались предоставлять свои базы кораблям соседних колоний.

— А их собственные?

— Естественно, оказались все в ремонте.

— Они что, не понимают, насколько это важно?

— Скорее наоборот. Думаю, у них есть о Мексиканском объекте собственная информация. Возможно, они недооценивают всей сложности проблемы и всех последствий. Однако можно сказать с полной определенностью: они не хотят пространственного моста между столицей Федерации и Гридосом.

— Но почему, почему?! Сколько раз они жаловались, что транспорты запаздывают, почта идет слишком медленно, ведь мост — это решение всех проблем!

Ридов вздохнул, подошел к окну и жестом пригласил Райкова присоединиться.

— Взгляните сюда: почти мертвый город. Это все, что сегодня осталось от стомиллионной столицы Федерации. Мост означал бы для многих колоний конец автономии. Более того, если существуют его создатели, человечеству волей-неволей придется снова объединяться. Две могущественные цивилизации не могут распространяться в космосе беспредельно, рано или поздно их интересы столкнутся. Тот, кто лучше справится с пространством, получит в этой игре огромное преимущество.

— Те, кто создал генераторы, давно с ним справились.

— Да. Но Мексиканский параллелепипед бездействует несколько столетий. Он мертв. И это дает нам надежду...

Несколько минут они молча стояли рядом, следя за полетом чаек. Миллионы этих птиц переселились сюда с побережья, поближе к пище. Их резкие крики звучали тревожно и горестно.

— У меня одно личное предположение, не подтвержденное пока достоверными фактами, — задумчиво проговорил Ридов. — Может быть, пространственными магистралями кто-то все-таки уже научился пользоваться. Возможно, этот «кто-то» освоил пока лишь небольшую часть линий... Нам нужно спешить. На Гридосе вам придется быть предельно осторожными. По непроверенным данным, число колонистов там за последние годы заметно увеличилось. Это число не совпадает с реестрами рождений. Оно не совпадает и с числом прибывших на Гридос. Создается впечатление, что там появились лишние люди, избегающие регистрации. Общество на Гридосе за последние годы развивается со странными аномалиями, и у меня создалось впечатление, что на его развитие влияют некие внешние силы. Постарайтесь это проверить. Обстановка там чрезвычайно сложная.

— Теперь я понимаю, зачем понадобился «Руслан».

— Да. Это придаст вашей миссии необходимую весомость.

— Полагаете, они могут отказать нам в заправке?

— И это не исключено. К сожалению, мы не можем обойтись без гридской базы. Ангра слишком далеко... Вам придется найти приемлемый, с дипломатической точки зрения, способ для того, чтобы заправить «Руслан» на Гридосе. В связи со всеми этими сложностями, надеюсь, вы понимаете, насколько продуманной должна быть кандидатура капитана «Руслана»? Ее будет утверждать Совет, но право на выдвижение, как руководителя экспедиции, остается за вами. Этот принцип мы изменять не собираемся даже теперь.

— Ивон Ржежич.

— Не слишком долго вы думали... Не тот ли Ржежич, что командовал «Раскотом» во время освоения Эпсилона?

— Он самый.

— Но позвольте, это же было... Он ведь, наверное, давно на пенсии?

— Да, ему около шестидесяти. Мне почему-то кажется, что в этой экспедиции мудрость и опыт окажутся важнее залихватской удали молодых капитанов, к тому же...

— Ну-ну, договаривайте.

— По-моему, начальнику этой экспедиции потребуется известный противовес..

— Самокритичность— неплохая вещь. Хорошо, я поддержу кандидатуру Ржежича.

— Подготовка «Руслана» потребует очень много времени. В сущности, сегодня это просто музейный экспонат. Наверняка возникнет необходимость в полной модернизации и даже замене большинства блоков. Ремонтные работы займут не меньше года. За это время ситуация на Гридосе может выйти из-под контроля. Информация оттуда, как я понял, постоянно задерживается и даже искажается. Я прошу вас разрешить послать на Гридос хотя бы одного независимого от УВИВБа наблюдателя.

— Хорошо. В данном конкретном случае я не буду против этого возражать. Ситуация на Гридосе чрезвычайно сложная, и лишний человек там не помешает, хотя ваше отношение к УВИВБу, мягко говоря, необъективно.

Сделав вид, что он не расслышал последнего замечания, Райков тут же закрепил успех.

— Значит, я могу подумать над кандидатурой того, кого мы пошлем на Гридос по неофициальным каналам раньше основной экспедиции?

— Вряд ли бы вы начали этот разговор, не имея в виду

конкретного человека. Скажите уж лучше, о ком идет речь.

— Мне кажется, это должен быть не профессионал, никому не известный простой парень, из тех, кто охотно вербуется на новые поселения. Он не должен вызывать ни малейшего подозрения у гридских властей, но никого конкретно я пока не выбрал.

— Поторопитесь с этим, обстановка на Гридосе меняется слишком быстро. А рейсовые корабли идут туда несколько недель.

3

В это летнее, умытое невесомым июньским дождем утро Роман Гравов проснулся рано и несколько секунд лежал на своем ложе неподвижно, слушая, как тишина мертвых кварталов города неслышно плещется в стенах его квартиры.

Совершенно механически закончив сложную систему упражнений, которой начинал каждый свой день вот уже в течение шести лет, он наскоро позавтракал консервированным салатом, проглотил кофейную таблетку, запив ее чашкой родниковой воды, привезенной из национального парка, и вышел на улицу.

Фасады многих зданий потрескались, кое-где ремонтные роботы из городских служб еще пытались справиться с самыми крупными трещинами, но их усилий было явно недостаточно. «Мы не в силах следить за таким огромным городом, нас осталось здесь слишком мало, — в который раз подумал Роман. — Люди не хотят жить в этих пластмассовых ящиках вдали от природы и друг от друга». Еще древние установили, что скученность в огромных зданиях разобщает сильнее всего, и потому люди в конце концов покинули эти гигантские каменные ульи.

Наверное, следовало перевести оставшиеся здесь службы и учреждения куда-нибудь в другое, более подходящее место и навсегда покончить с трупами городов. Вопрос много раз дискутировался по общественным информационным сетям и всякий раз откладывался. Старые традиции умирают последними.

После своего слишком легкого завтрака Роман все еще испытывал голод, но держать дома солидный запас консервированных продуктов казалось ему нецелесообразным, пока работали городские пищевые автоматы. Вот и сейчас, проходя мимо знакомого серого ящика, он остановился перед стойкой и привычным жестом нажал кнопку.

Автомат недовольно заворчал, но все-таки выплюнул на поблескивающую металлом пластмассовую поверхность стойки пакет с экспресс-завтраком.

Каждое утро Роман готовился к тому, что очередного пакета не будет. Во всем квартале работал теперь только этот единственный автомат, но пока он не подводил его, исправно поставляя по невидимым пищевым артериям города пакеты с пищей.

Разорвав обертку, Роман оглянулся и не обнаружил урны на привычном месте. Долгое время брошенный пакет летел по ветру, пока не наткнулся на груду старого мусора в пространстве между ступенями лестницы. Автоматические мусороуборщики не очень-то справлялись со своими обязанностями в этой части города, возможно, их здесь давно уже не было. Роман медленно пошел вдоль бульвара, задумчиво пережевывая бутерброд с едва теплой сосиской, завернутой в ломоть полусырого хлеба.

«Мы как песчинки на огромном побережье. Ветер разносит нас все дальше и дальше. А старые места, когда-то бывшие нашим домом, постепенно приходят в запустение...»

Правильно ли это? Должно ли все идти именно так — он не знал, и никто не смог однозначно ответить ему на этот вопрос, даже учитель. Вот и решетка старого сада, в котором Глебов всегда назначал ему короткие встречи. Роман любил это место.

Из-за ежедневной прогулки по пустынному городу он отказался от общежития, удобно устроенного в здании комбината, на котором теперь работал. Мастер долго уговаривал его там поселиться, чтобы не тратить так много времени впустую на ежедневную дорогу. Как будто он тратил его впустую... В конце концов это было его право: выбирать себе место жительства. Работа на комбинате была для него всего лишь временным прибежищем, она давала ему возможность жить в столице, давала общественную карточку на право посещения столовых, магазинов и развлекательных учреждений города, куда он, правда, почти не ходил: на это не оставалось времени.

Откуда мастеру было знать, что именно работа на его драгоценном комбинате, производившем электронную начинку для вездесущих роботов, была для него, Романа Гравова, пустопорожней тратой драгоценного времени, отнятого от тренировок, от изучения навигационных и космических сводов?..

Он выбрал неверный путь — скажет ему сегодня учитель, — дорогу, которая никуда не ведет, он сравнит его со спортсменом, на ногах у которого болтаются пудовые гири, сковывая каждый шаг. Какой смысл бежать с такими гирями? Какой смысл в недосыпании, в суровом ограничении всех своих желаний, в лучших годах юности, потраченных на уединение, занятия и размышления? Какой в этом смысл, если ты заранее обречен на поражение?

Сад встретил его хрустом засохших листьев на центральной аллее. Осень еще не скоро — наверное, опять сломался единственный здесь робот-уборщик. В следующий раз надо будет выкроить пять-шесть минут и посмотреть, что с ним стряслось.

В конце березовой аллеи показалась потемневшая от времени, покоробившаяся от дождей и ветров старая скамья. «Скамья для сложных бесед», как в шутку окрестил ее однажды Глебов. Сегодняшняя встреча здесь тоже не обещает быть легкой. Роман сел, прикрыл глаза и прислушался к себе... Воспоминания о тяжком труде, о незаслуженных обидах, о промелькнувших, как одно мгновение, годах вновь овладели им, и он не стал противиться их приходу...

Когда же все началось? Как большинство нормальных детей в школе первой ступени, он мечтал стать звездолетчиком. Мечта была расплывчатой, неопределенной. Ему нравились куклы в скафандрах, модели кораблей. Автоматические игрушки планетных вездеходов. Кому из мальчишек они не нравились?

Однако в четырнадцать лет, после окончания школы первой ступени, многие поумнели. Специальность звездолетчика становилась все менее престижной. Риск и романтика дальнего поиска постепенно отходили на задний план. Кому интересно водить рейсовые корабли по одному и тому же маршруту, на котором известна каждая остановка, каждый «случайный» астероид? Пилотов кораблей требовалось все меньше, количество членов экипажей неуклонно сокращалось, места людей занимали автоматические устройства, и все труднее становилось поступить в школу второй ступени при Космическом институте. Федерации требовались совсем другие специалисты. Но он не послушался мудрых советов и провалился на вступительных экзаменах. Это было первым разочарованием. Большинство мальчишек в этой ситуации начинали подыскивать специальность попроще. С ним этого не произошло.

Именно тогда он первый раз всерьез задумался над тем, что, собственно, привлекает его в специальности звездолетчика. Не форма, не престиж, не слава, даже не возможность самостоятельно управлять кораблем. (Кстати, уже тогда он прекрасно понимал, что это попросту невозможно.) Его привлекали чужие неисследованные миры, острова, на которые не ступала нога человека, звездные острова.

Может быть, причиной всего был маленький астероид, на котором он родился? С детских лет родной мир казался ему кораблем, плывущим среди звезд. Он подал заявление в Управление внешних поселений, в Школу инспекторов. Эта специальность, после капитанов кораблей дальней разведки, казалась ему заслуживающей наибольшего внимания.

Единственная такая школа находилась в столице Федерации. Кому там нужен мальчишка с далекой периферийной колонии? Его родители никогда не бывали на Земле, он сам видел ее лишь в видеофильмах. Сначала над ним добродушно посмеивались, говорили о том, что чудес не бывает, что для поступления в такую престижную школу нужна соответствующая протекция, что на Земле хватает своих мечтателей, без него как-нибудь обойдутся... Но когда с очередной почтой пришло уведомление о том, что его документы приняты к рассмотрению, насмешки почему-то стали лишь злее.

После целой программы специальных тестов и обследований из столицы пришло приглашение принять участие в конкурсных экзаменах. Так он стал абитуриентом. Это слово казалось ему всего лишь ступенькой. В абитуриенты принимают не всякого. Рано или поздно абитуриент становится курсантом — так он думал тогда. Ему пришлось выдержать целый бой с родными: они наотрез отказывались дать согласие на его участие в конкурсе, но Роман умел добиваться своего, и в конце концов рейсовый звездолет унес его к неведомой и далекой Земле.

Затем была посадка на поясном космодроме, пересадка на рейсовый челнок Калипсо — Марс — Земля и авария, навсегда перечеркнувшая все его мечты и планы...

Долгие годы лечения, искалеченная психика, клаустрофобия — диагноз медицинской комиссии, заставивший его навсегда расстаться с мечтой о дальнем космосе. Домой он так и не вернулся. Жизнь потеряла для него свои яркие краски. Желания бросить якорь, найти себе спутницу жизни, определиться так и не возникло. Не получив определенной специальности, не закончив школу второй ступени, он начал скитаться с планеты на планету. Меняя один освоенный мир за другим, подыскивая случайные, временные работы, соглашаясь на любые условия... Постепенно он превратился в постоянного пассажира, в парию без образования и без специальности. Три года были безвозвратно потеряны, время для поступления в школу второй ступени упущено, дорога к его заветной мечте, как ему казалось, полностью утрачена. И вот тогда на Фредосе он встретил Глебова... Человека, вновь подарившего ему надежду... Глебов знал старинную китайскую систему тренировки психики, способную вернуть искалеченному человеку здоровье, закалить его, сделать сильнее. Она многое могла, эта странная система... Глебов сделался его учителем и за четыре года полностью вернул Роману здоровье.

Что-то, впрочем, осталось. Какие-то смутные видения, сны, обрывки странных воспоминаний или следы былых галлюцинаций. Роман не мог бы ответить на этот вопрос, возможно, поэтому он инстинктивно избегал полного медицинского обследования и искал обходные пути, ведущие к цели.

Догадывался ли об этом Глебов? Знал ли, что для Романа то, чему сам Глебов посвятил всю жизнь, всего лишь средство? Скорее всего, он надеялся только на время. Постепенно, исподволь в Романе нарастал протест. Он не собирался посвящать свою жизнь планам Глебова, и в конце концов разрыв стал неизбежен. Оба понимали это, хотя еще не родились окончательные слова, да и не было в этом необходимости для двух людей, ощущавших само движение мысли.

Он услышал шаги учителя за целый квартал. Конечно, не сам звук. Он словно видел со стороны, как учитель проходит в эту минуту мимо автомата с экспресс-завтраком, видит брошенную им обертку и осуждающе покачивает головой.

Глебов выглядел уставшим и сильно постаревшим, хотя с момента их последней встречи прошло не больше года. Черты его лица обострились, и под тонкой пергаментной кожей проглядывала нездоровая синева. Сколько ему может быть лет? Семьдесят? Сто? Спрашивать о возрасте старшего считалось неприличным. Роман и в этот раз сдержался, не начинал разговор. А Глебов будто испытывал его терпение: упорно молчал и смотрел в сторону, словно не замечал сидевшего на скамье Романа.

В конце концов Роман не выдержал и начал оправдываться. Чувство вины перед учителем за то, что он не выполнил его рекомендаций, не спросил даже совета, а просто известил о своем решении, оказалось сильнее вежливости.

— Я не мог поступить иначе. Понимаешь, это мой последний шанс. Такие экспедиции бывают раз в столетие! Я должен хотя бы попробовать. Может быть, повезет, бывают же случайные невероятные удачи! Вдруг мне повезет?

— Да? Что ж, возможно.

— Ты не прав, нельзя больше ждать, больше я так не могу, ты научил меня многому, дал надежду, пять лет я ждал и работал, пять долгих, бесконечных лет, и вот теперь ты против...

— Разве я что-нибудь сказал? Я вообще сижу молча. Сижу и слушаю твой детский лепет. Я даже не возражаю.

— Разве обязательно возражать? Я же вижу: ты против!

— Какое это в конце концов имеет значение, раз ты уже все решил без меня?

— Я должен был хотя бы отдать заявление на участие в этом конкурсе! Я узнал об открытии конкурса с опозданием, и у меня не оставалось времени для того, чтобы связаться с тобой. Однако никто не мешает тебе запретить мне поединок. Ты мой учитель. До начала соревнований еще двое суток. Ты очень спешил и успел. Чего же ты ждешь? За что ты меня упрекаешь?

— Я ничего не могу тебе запретить. Особенно теперь. «Каждый человек, становясь самостоятельным, сам принимает решения и сам отвечает за их последствия...»

Это была ритуальная фраза. Фраза прощания. Глебов отрекался от него, и теперь он оставался один. Совершенно один. Роман почувствовал холодное отчаяние и вместе с тем незнакомое раньше упорство. Если нужно заплатить даже такую цену — он ее заплатит. В конце концов даже учение КЖИ всегда было для него только средством.

Холодный ветер, перепрыгнув через ограду парка, помчался вдоль аллеи, неся перед собой волну сухих шуршащих листьев, и, не долетев до скамейки нескольких метров, бессильно бросил им под ноги пеструю охапку.

Глебов поднялся, повернулся к Роману и посмотрел на него внимательно. Вгляделся так, словно хотел надолго запомнить его черты.

— Я всегда знал, что рано или поздно это случится. Что ты уйдешь к своим звездам. Но я надеялся, это будет не так быстро и ты, по крайней мере, закончишь курс. У тебя настоящий талант, он встречается слишком редко. Иногда мне даже казалось, что в детстве кто-то с тобой занимался, некоторые реакции оказались чрезмерно развиты. Есть качества, которые не могут быть врожденными, их можно достичь только с помощью специальных тренировок.

— Почему же я ничего не помню об этом?

— После аварии часть твоей памяти оказалась закрытой, психологические реакции, связанные с этой изолированной областью, ненормально болезненны. Все это напоминает искусно поставленный гипноблок с хорошей защитой. Проникать в него слишком опасно, я надеялся, что позже, когда ты до конца овладеешь системой и сможешь полностью контролировать собственную психику, ты сам справишься с этим. Но ты уходишь слишком рано. Я всегда знал, что ты уйдешь, и все же надеялся на время. После окончания третьего цикла должна была измениться вся твоя структура ценностей, само восприятие мира, я надеялся, что тогда ты переменишь решение...

— У меня нет выбора. Следующий конкурс может быть через пять — десять лет. Мне уже двадцать восемь, возраст стажера не должен превышать тридцати лет, я могу опоздать навсегда.

Они говорили на разных языках. Каждый о своем.

— Да, ты уже очень стар.

Вместо иронии он услышал в голосе учителя непонятную грусть.

— А ты знаешь, почему я против? Догадываешься об этом?

— Нет.

— Это наша последняя встреча, и поэтому я могу сказать тебе все. Решение принято. Ты выбрал свою дорогу, и мои слова не имеют больше никакого значения.

Роман ощутил в его голосе еще большую грусть-тоску, превосходящую его собственную, и ничем не сумел помочь, не нашлось нужных слов, только во рту пересохло да предательски запершило в горле.

— Дело в том, что тебе нельзя больше проигрывать: каждый человек имеет определенный лимит неудач. Свой ты уже исчерпал: еще одно поражение — и ты уже не сможешь подняться, не хватит внутренних резервов для организации нового рывка. Слишком хорошо я тебя изучил. Ты и сейчас рвешься в бой не от хорошей жизни. Каждый человек живет внутри отведенной ему судьбой и его собственной волей клеточки пространства. Клеточка может быть большой или очень маленькой. — Учитель показал пальцами, какой может быть клеточка жизненного пространства, и продолжил: — Люди тоже не одинаковы. Одни умещаются в эту клеточку, уживаются с ней, соизмеряют свои желания с реальным положением вещей. Другие — нет. Ты относишься ко вторым. Им всегда труднее живется. Я никогда не говорил тебе, почему так важно воспитать чиновника?

Роман отрицательно покачал головой.

— Лет двести назад, когда открыли энергию КЖИ и впервые были приведены в определенную систему правила овладения этой энергией, делалось много попыток запретить ее или, по крайней мере, поставить под контроль правительства. Но потом оказалось, что людей, способных овладеть этим искусством, меньше одной тысячной процента. И правительство потеряло к нам всякий интерес. При таком ничтожном количестве само собой должно было получиться так, что со временем об энергии КЖИ просто забудут, и ничего не надо запрещать — достаточно умалчивать. В общем, эта тактика имела успех, но не полностью. И только благодаря тому, что к формальным правилам и упражнениям со временем прибавились определенные моральные обязанности...

— Каждый изучивший систему КЖИ обязан в течение своей жизни найти и воспитать ученика, — тихо произнес Роман.

— Вот именно — «обязан». Но это легко сказать, а где его найдешь, ученика, если на миллион людей лишь один рождается с врожденной способностью к овладению энергией КЖИ? Да к тому же не подозревает о своих способностях. Мне просто повезло... Второго такого случая не будет, и теперь ты понимаешь, как трудно мне терять тебя.

— Я не собираюсь никуда уходить. Я могу продолжать учение.

— Не можешь. Вернее, не сможешь. Потому что провалишься на конкурсе-поединке... Ну-ка, скажи мне основное правило изучающего систему КЖИ.

— Обучающийся не должен ни в процессе обучения, ни после овладения основными приемами и силами энергии КЖИ использовать их во вред людям или какому бы то ни было живому существу...

— Это одно из самых старых правил, и относится оно не только к нашей системе. Его открыли еще тибетские мистики, и с тех пор оно присутствовало в большинстве философских систем, так или иначе изучавших космическую энергию. Но из этого правила есть два исключения, о которых я не имел права говорить тебе раньше.

Первое из них гласит, что ты можешь использовать приемы системы против живого существа или человека в том случае, если от них исходит непосредственная угроза твоей жизни, но только для ликвидации этой угрозы.

И второе: ты можешь использовать все силы системы против тех, кто пользуется ею во вред жизни. Второе правило, насколько я понимаю, имеет чисто протокольное значение. При существующей сложности овладения приемами КЖИ, при ее ничтожной распространенности, да еще учитывая связанный с этим риск, вряд ли тебе придется когда-нибудь встретить такого противника, и тем не менее, прощаясь с тобой, я был обязан сказать эти последние слова напутствия.

— Почему ты оставляешь меня в самый сложный момент моей жизни? Ведь в твоей власти изменить все, ты же знаешь...

— Именно поэтому. У тебя свой путь. Я не имею права вмешиваться. Если сейчас тебя остановить, ты никогда этого мне не простишь. Только сам, через горечь поражения или радость победы, ты найдешь свою дорогу, я не зря воспитал хорошего ученика.

Он встал и пошел по хрустящим листьям, не оглядываясь. Прежде чем Роман понял смысл последней фразы, сказанной учителем на прощание, прежде чем наступило само это прощание, тот уже скрылся за поворотом аллеи, и только ощущение добра и печали осталось рядом с Романом, словно учитель никуда не уходил, и он знал, что воспоминание об этом останется с ним навсегда.

4

В восемнадцать двадцать капитан Ивон Ржежич, выполняя просьбу Райкова, был у дверей операторского зала. Райков, естественно, опаздывал. Он всегда опаздывал, если не считал встречу чересчур значительной, и Ржежич за двенадцать лет знакомства все никак не мог понять, откуда это у него, от безалаберности или от потаенного презрения к людям? Ивон привык к порядку, любил его и не скрывал этого. Люди, не отличавшиеся подобным качеством, редко задерживались в космофлоте. Он же отдал ему четверть века — лучшую часть своей жизни, а теперь вот Игорь Райков, его бывший ученик, разгильдяй и демагог, заставляет себя ждать. Мало того, с точностью до минуты можно было предположить, когда он появится. Он всегда приходил не раньше чем через полчаса после условленного срока, если какие-нибудь чрезвычайные обстоятельства не ломали этот странный график.

В этот раз Райков, во всяком случае, остался верен себе и появился ровно без десяти семь. Вид у него был виноватый, почти заискивающий.

— Прости, пожалуйста, совершенно замотали в Управлении, и нога, как назло, разболелась, еле дошел до авитрона. Ты уж извини...

Он так искренне каждый раз сожалел о случившемся казусе, что на него положительно невозможно было сердиться.

— Зачем я тебе понадобился?

— Да просто захотелось увидеть старого друга.

— Игорь, перестань финтить! Говори сразу, в чем дело?

— Организуется одна небольшая экспедиция, хочу показать тебе корабль.

— Когда отправляемся?

— Ну, не так быстро... Сначала осмотрим корабль.

Они прошли проспект Космонавтов, с удовольствием вдыхая вечерний морской воздух и обмениваясь новостями. Райков избегал разговора о деле. Хотелось сделать Ржежичу сюрприз... Центр города поддерживался в относительном порядке, но, как только они миновали центральную магистраль, у них пропало желание продолжать пешую прогулку. Заросли бурьяна и дикая синяя колючка, завезенная когда-то с Ганимеда, заполонили всю поверхность мостовой. Пришлось вызывать аэротакси. Спустя час они оказались в районе порта.

Местный кар прошел второй контрольный пункт и, оставив далеко позади пассажирскую зону космопорта, повернул к старому кладбищу кораблей.

— Не понимаю, для чего ты меня сюда тащишь. У нас что, много лишнего времени? — недовольно проворчал Ржежич.

— Скоро узнаешь. — Райков загадочно улыбнулся. — У тебя осталось что-нибудь от прежнего терпения?

— При чем тут терпение? Ты обещал мне показать корабль!

— Видишь ли... Нам придется взять с собой много лишнего груза: аппаратуру для моста и горючее для предельного броска. Нужен крупный корабль с мощными генераторами. Столица Федерации не располагает кораблями подобного типа, а гридяне нам отказали.

— То есть как отказали? Какое они имеют право отказывать Центральному Совету?

— Нет у них подходящих кораблей — часть в ремонте, остальные срочно ушли в экспедицию... Не нравится им этот мост. Они слишком дорожат собственной автономией и будут всячески вставлять нам палки в колеса. Именно поэтому Совет организовал собственную экспедицию непосредственно с Земли. Топлива понадобится значительно больше, зато мы будем полностью независимы в своих действиях.

Как только кар вынырнул из лощины пассажирского космодрома, они увидели корабль. Гигантское серебристое тело звездолета вздымалось ввысь на добрую сотню метров.

Он казался великаном среди беспорядочно сбившихся в кучу списанных кораблей более позднего времени.

— Неужели «Руслан»?

— Он самый. Восстановительные работы уже начаты.

— Но ему же...

— Ты хочешь сказать: много лет. Ничего. Корпус из титанита. В те годы умели строить по-настоящему. Электронную начинку, оборудование — все, что устарело, мы заменим.

— А реакторы?

— Реакторы останутся. Пришлось бы разрезать весь корпус, чтобы их демонтировать. Главный энергетик гонял их на всех режимах. Комиссия считает генераторы вполне работоспособными. Размеры и масса против современных, конечно, великоваты, но с этим придется мириться: у нас мало времени. С Гридосом все не так просто...

— Насколько я понимаю, ты хочешь, чтобы Федерация послала туда боевой корабль?

— Ну, официально боевых кораблей теперь не существует, это, скорее, музейный экспонат. Тем не менее на «Руслане» вполне работоспособные лазерные пушки и хорошая силовая защита. Мы будем чувствовать себя на Гридосе под таким прикрытием уверенней. В конце концов они сами виноваты, что нам пришлось использовать старый, списанный корабль.

— Таким образом, наше задание по установке пространственного моста тоже становится своего рода фасадом. Не нравится мне все это.

— Думаешь, мне нравится? Гридос — только первая ласточка. Федерация начинает распадаться, колонии добиваются все большей автономии, и никто не знает, чем это кончится.

— Так, может, мост что-нибудь изменит в этом?

— Дело не в транспортных проблемах. Все гораздо серьезней. Постепенно исчезают причины, объединившие нас в единое целое, и никто сегодня не может сказать, хорошо это или плохо. Никто не знает, как далеко заведет нас этот процесс и чем он закончится. Возможно, человечество как единая раса попросту перестанет существовать.

— Я надеюсь, что Гридос в какой-то степени сможет ответить хотя бы на некоторые из этих вопросов.

Вечерело. Они долго стояли в задумчивости перед старым кораблем: два немолодых человека, немало повидавших на своем веку. Оба понимали, что время их эпохи подошло к тому рубежу, когда накопившиеся исподволь, незаметно факторы приводят к решительным и внезапным переменам.

Наступало время тревог, время сомнений и время действий.

Закат над космодромом играл на старой броне боевого корабля, и оба слишком хорошо знали, что этот блеск никогда ничего не менял в сложных движениях современного общества, а к языку силы первыми всегда прибегали те, кто чувствовал себя не слишком уверенно.

Несколько позже, анализируя цепочку странных совпадений, приведших его в спортивный зал аттестационной комиссии, Райков так и не смог установить, с чего, собственно, все началось. Может быть, с выданного два дня назад автоматическому секретарю задания произвести предварительный подбор нескольких подходящих кандидатур, из которых впоследствии он собирался лично отобрать нужного человека для отправки на Гридос? Или все произошло позже, когда после посещения с Ржежичем старого космодрома у него забарахлил кар и он вынужден был вызывать ремонтного киба, а тот, как обычно, задержался?

Досадуя на зря потраченное время, Райков вышел и оказался прямо перед доской объявлений со знакомой фамилией: Гравов.

И почему, собственно, эта фамилия показалась ему знакомой? Ведь он видел ее всего один раз в подготовленном секретарем списке, наряду с девятью другими кандидатурами. Конечно, у него хорошая память, но не до такой же степени... Дело было даже и не в этом, а в том, чтобы понять, где проходила едва уловимая грань, за которой случайные совпадения превращались в нечто вполне определенное, в нечто подготовленное заранее...

Как бы там ни было, устав ждать ремонтного робота, Райков открыл дверь и очутился в зале аттестационной комиссии космофлота в тот самый момент, когда к концу подходил финальный поединок между двумя кандидатами в стажеры.

Только сейчас он вспомнил, что его официально приглашали посетить заключительную церемонию утверждения будущего стажера, но он отказался, собираясь позже специально заняться подбором нужной кандидатуры.

Тем не менее фактически, вопреки собственному желанию, он стоял сейчас в этом зале. Председатель аттестационной комиссии поднялся навстречу важному гостю, и Райкову, чтобы не привлекать излишнего внимания к своей персоне, пришлось сесть за стол. Поединок тем временем фактически уже заканчивался.

Роман проигрывал Клестову по всем пунктам. Уже сам факт его участия в финале был чудом. Чтобы человек с улицы одержал победу над десятком хорошо подготовленных курсантов космошколы, уже сам этот факт был слишком невероятен. Но теперь он проигрывал. Бесстрастный автоматический судья высвечивал на гигантском панно комиссии баллы, означавшие полное поражение.

Он проиграл на сорок десятых в психотесте, он не выдержал соревнования в игре пилотов, когда за пультом тренажера Клестов на десять секунд раньше и на сорок баллов лучше произвел посадку на условную планету. Наконец, он проигрывал ему в спортивной схватке.

Считалось, что победа в спортивном поединке может компенсировать неудачу в теоретическом и прикладном разделах. Почему это так — никто не знал. Окончательное решение компьютера невозможно было предвидеть заранее. Во всяком случае, оно не вытекало непосредственно из суммы завоеванных баллов. Играла роль личная карточка кандидата, его биографические данные, психологическая совместимость с членами будущей команды и многое другое. Поговаривали, что даже личные связи могли значительно влиять на безупречное объективное решение компьютера.

Роман в это не верил. В это нельзя было верить, иначе все годы подготовки теряли смысл. Он не верил и потому боролся до конца, даже когда дальнейшая борьба казалась бессмысленной.

Клестов смял его в ближнем бою, затем вынудил уйти на дальнюю дистанцию и, наконец, красивой двойной подсечкой швырнул на ковер. Зал взревел.

Райков потянулся к своему пульту и включился в информационный блок. На его дисплее поплыли длинные ряды данных из личной карточки кандидата.

— Ничего не понимаю... Этот человек просто не мог дойти до финала. Такого никогда не было, тут что-то не так, — пробормотал он, ни к кому не обращаясь.

Поединок между тем, ко всеобщему удивлению, все еще продолжался. По условиям соревнования он должен продолжаться до тех пор, пока один из соперников не признает своего поражения или не сможет подняться. Но странный «человек с улицы» поднялся вновь, вновь встал в боевую стойку. На лице его противника, уже считавшего себя победителем, можно было заметить некоторую растерянность.

Старая традиция отбора кандидатов в стажеры дальних экспедиций неукоснительно соблюдалась много десятилетий, и, хотя правила давно устарели, отменять их не было смысла. Редко уходили теперь в космос новые поисковые экспедиции. Космофлот едва справлялся с обслуживанием рейсовых линий между колониями Федерации. На каждую новую экспедицию требовалось специальное разрешение Совета. Слишком много материальных ресурсов, а зачастую и жизней, уносило исследование дальних частей Галактики.

Одно из старых правил разрешало принимать участие в конкурсе всем желающим. В те далекие времена, когда школ было мало, а новые исследовательские экспедиции уходили к звездам почти каждый год, это правило давало возможность талантливым людям завоевать себе место в одной из таких экспедиций. Во всяком случае, оно давало им надежду, создавало видимость справедливости. Сегодня у людей, не прошедших подготовки в специализированных школах, не было ни малейшего шанса даже близко подойти к финалу. Тем не менее это случилось.

Роман стоял на самой границе ковра, еще шаг — и он окажется в минусовой зоне. Пот заливал лицо, болела коленка, сильно ушибленная во время последней подсечки.

Клестов действовал методично и безжалостно, он безупречно владел всеми новейшими приемами защиты и нападения. Роман мог ему противопоставить только выносливость и необыкновенную гибкость. Но, чтобы выстоять против специально тренированного бойца, этого было недостаточно. И после того как он в шестой раз поднялся с ковра, после последней, самой сокрушительной подсечки, что-то изменилось в манере боя Клестова. Он медлил, и Роман не мог понять, что это: растерянность или просто тактический прием, в котором противник пытался заставить его выйти на выгодную для себя среднюю дистанцию, раскрыться, потерять бдительность и не суметь уклониться от очередного броска...

Скорее всего, Клестов хотел закончить бой эффектным нокаутом противника. Наверное, он добивался именно этого, иначе давно бы уже воспользовался слабостью Романа в те первые, самые трудные мгновения, когда тот только что поднялся с ковра.

Но вот наконец Клестов вновь прыгнул. Нормальный человек вряд ли сумел бы заметить движение его ладоней, чертивших в воздухе короткие опасные траектории ударов. Но мгновения растягивались для Романа во время поединка, он мог бы растянуть их еще больше. У него оставалось заметное превосходство в быстроте реакции, однако это ни к чему не вело: Клестов применял комплексные приемы и легко находил на теле противника уязвимые болевые точки, известные Роману. А уклониться от града ударов полностью было невозможно, Роман едва успевал уберечь наиболее важные жизненные центры — голову, живот. Конечно, как и требовали правила спортивного поединка, Клестов наносил удары не в полную силу, а лишь фиксируя касания к телу противника. Но так было далеко не всегда. Нарочно или случайно время от времени он проводил настоящий удар, и в серии показных касаний они оставались не замеченными судьями.

Роман не мог ответить противнику тем же. Его неловкий удар был бы мгновенно замечен. Все, что ему оставалось, — это уйти в глухую защиту, а граница ковра тем временем неумолимо приближалась. И выход за роковую черту означал бы полное поражение. Еще шаг, еще... Теперь противнику достаточно одного хорошего броска; вот он пригнулся для последнего удара, чуть отпрянул назад, чтобы придать в броске своему телу больший размах.

В это мгновение прозвучал гонг, означавший конец поединка.

Судейский компьютер сообщал этим сигналом, что он закончил все расчеты и не нуждается в дополнительной информации для определения победителя.

Клестов то ли не слышал гонга, то ли просто не сумел удержаться и прыгнул уже после сигнала.

Роман отчетливо услышал сигнал, но не расслабился, успел отклониться.

В результате Клестов промахнулся и сам с грохотом вылетел в минусовую зону. В зале раздался смех, аплодисменты, но все это уже не имело никакого значения...

Табло над головами зрителей мигнуло, на нем погасли все надписи, и вот сейчас, сию минуту должно было появиться окончательное, всеопределяющее имя победителя, имя человека, отправляющегося к звездам. Роман знал, что это будет не его имя, и стоял, побледнев, гордо откинув голову, на краю ковра, словно ждал приговора.

Компьютер уже начал печатать на экране первые значки — дату и серию соревнований, номера документов, когда Райков потянулся к своему терминалу и нажал красную клавишу с надписью «Дополнительная информация».

Компьютер недовольно загудел, однако главное табло замерцало ровным голубым светом.

Почти сразу же слева от Райкова вспыхнул терминатор внутренней связи, и над ним в воздухе повисло увеличенное и подсвеченное снизу лицо председателя экзаменационной комиссии.

— Игорь Сергеевич, — произнес председатель недовольным и вместе с тем извиняющимся тоном, — вы же знаете правила: после окончания расчетов в действия компьютера нельзя вмешиваться.

— Конечно, я помню правила, Марк Семенович, — ответил Райков, улыбаясь этому странному, возникшему словно из небытия лицу. — Там сказано, что в действия компьютера запрещено вмешиваться после определения победителя. Но победитель еще не объявлен. Я просто ввожу небольшую дополнительную информацию.

Все так же улыбаясь и не отключая канала связи, Райков достал из нагрудного кармана белую пластиковую карточку с красной полосой с правой стороны, личный знак руководителя экспедиции, которой не пользовался еще ни разу.

Начертив на ней несколько слов и еще раз улыбнувшись председателю, он не спеша опустил ее в узкую щель на терминаторе.

Несколько секунд компьютер задумчиво гудел, пережевывая новую информацию, и все это время председатель и Райков молча смотрели друг на друга, ожидая, чем закончится этот новый, неожиданно возникший поединок.

Наконец тихо пропел зуммер, щелкнули контакты реле, и на центральном панно зажглись слова: «По просьбе одного из членов судейской коллегии результат соревнований будет объявлен завтра в восемь часов утра».

— Это неправильно, — тихо сказал председатель. — Я буду жаловаться.

— Это правильно, Марк Семенович. Если бы это было неправильно, компьютер никогда бы со мной не согласился.

«А может, и нет, — тут же подумал Райков. — Может быть, это действительно неправильно, потому что сейчас я поступил, по меньшей мере, странно. Я вмешался в судьбу незнакомого мне человека, совершенно не представляя, что из этого получится...»

Но оказалось, что сама возможность вмешаться, переиначить заранее предрешенный результат доставила ему ни с чем не сравнимое удовольствие. Слишком уж не любил он однозначных, легко предсказуемых результатов, слишком сильное чувство протеста вызывали они у него.

Опустив в щель свою личную карточку, отправив ее по невидимым механическим каналам судейского компьютера, Райков словно бросил на чашу весов чьей-то судьбы ощутимую гирю, понимая уже с запоздалым сожалением, что за действия такого рода рано или поздно придется расплачиваться. Судьба, как правило, никогда не прощает людям попыток вмешательства в ее слепую волю.

Самое же неприятное заключалось в том, что его поступок был продиктован чувством протеста, внутренними эмоциями, а вовсе не соображениями разума и целесообразности.

Райков не знал даже, подойдет ли кандидатура этого юноши для той роли, которую он предназначил своему стажеру еще там, в кабинете Ридова, когда решил, что ему необходим собственный независимый наблюдатель на Гридосе.

5

Визофон в подъезде не работал, на вызов никто не ответил. Странно, что эти старые дома вообще еще не рассыпались.

В конце концов Райков просто толкнул дверь и вошел в квартиру. Не было даже запора. Комната напоминала древний музей космонавтики. Длинные ряды книг на полках. Шесть томов звездной навигации Криллинга. Трехтомный труд «Эволюция планет», «Космическая психология», «Философия разума», «Пространство как функция времени» Карла Штатберга. И картины, пейзажи планет, карты звездного неба. Еще там были модели старых кораблей, он узнал «Лотос» капитана Вергота, пропавший в районе Веги. Был там и первый сверхсветовик, пробивший барьер.

— Я не знал, что это так серьезно, — прошептал Райков. — Я не мог этого знать. Нужно было поговорить с парнем сразу же после поединка. Но я не мог знать, насколько это серьезно. По крайней мере, я в нем не ошибся.

Теперь ему оставалось только ждать. Служба информации сообщила, что личный номер Гравова выключен из сети. Вообще-то это запрещалось, но никто не соблюдал всех правил, установленных Федерацией. «Лишь бы он вернулся, не выкинул какой-нибудь глупости. В его годы не так-то легко смириться с поражением, с потерей такой мечты...»

Райков подошел к рабочему столу Романа. Здесь царил страшный беспорядок. Наброски расчетов, эскизы неведомых пейзажей. На стене диаграмма незнакомой ему системы упражнений. «Не очень-то она ему и помогла в последнем поединке. По-прежнему неясно, как ему удалось добраться до финала, хотя, если учесть все это, что же тут удивительного? — Райков снова прошелся взглядом по полкам с книгами. — Парень готовился не один год, готовился даже слишком серьезно. Вот почему он попал в финал и вот почему я могу ждать напрасно. Слишком трудно предвидеть, как поступит в создавшейся ситуации такой человек. Он может и не вернуться сюда, к старым проблемам, к старым воспоминаниям. Он может раз и навсегда круто изменить свою жизнь, и тогда я его не увижу. Он никогда не узнает о том, что произошло: что победа, которой он так жаждал, все-таки состоялась; что есть другой, не явный путь к цели; что он есть всегда, почти в любой ситуации...»

Райков пододвинул кресло к полке с книгами, поудобней вытянул ноги и погрузился в глубокую задумчивость. Время, проведенное в этой комнате, уже не казалось ему потерянным напрасно, даже если он не дождется прихода хозяина.

Роман шел по вечерней пустынной улице. Улица текла сквозь него словно река. Исчезло за поворотом здание комиссии космофлота. Один за другим плыли навстречу кварталы старого города. Скоро должен был показаться парк, за изношенной оградой которого он недавно простился с учителем, и не мог теперь представить, что это событие произошло именно сегодня. Таким далеким оно казалось ему сейчас. Дальше, за парком, оставался единственный поворот, ведущий в прошлое.

Минут пять Роман простоял неподвижно, облокотившись об ограду парка. Он не думал ни о чем специальном: мысли свободно пробегали сквозь его открытый глухому отчаянию разум. Им овладело состояние, которое трудно описать конкретными словами, поскольку боль еще слишком нова и слишком легко ее растревожить неосторожным усилием мысли.

«Вечер. Скоро восемь часов. Поезда отошли от вокзала дорог, поезда, уносящие прочь всех достигших пределов мечты, за которой... Ну что там за ней? Что же дальше? Еще одна цель? Только стоит ли снова? Ведь вокзалы открыты лишь тем, кто успел при рождении на поезд...» Эти чужие слова, скользнув по краю сознания, причинили боль.

Лучше думать о сумерках, о вкусе сладкого сока, оставшегося в памяти вместе с вестибюлем комиссии, в котором стоял автомат.

Вот снова мысль по кругу возвращается к запретной теме: что же все-таки делать? Сейчас, сегодня, через пять минут? Не так уж трудно решить. В городе нет ни единого человека, которого он обязан был бы поставить в известность о своем решении. Нет ни единой вещи, которой он дорожил настолько, чтобы ее следовало взять с собой. Разве что дневник наблюдений за собственным состоянием, который он вел по настоянию учителя с тех пор как всерьез стал заниматься системой КЖИ.

Да еще, пожалуй, старые книги, их необходимо вернуть в музейное хранилище. Иначе робот-уборщик сочтет их мусором, хламом и, возможно, будет не так уж не прав. Было что-то еще. Едва уловимое желание вернуться. Словно его звало нечто. Увидеть старую мебель, вещи, раскиданные по комнате, кресло, придвинутое к полке с книгами... Почему именно кресло? Он не знал. Ну хорошо, а потом? Потом ноги сами понесут его в космопорт. Так уже бывало. Вербовщики всегда рады новому поселенцу. Даже документы в таких случаях не требуются. Он может назваться чужим именем и попытаться забыть собственное. Этого он еще не делал. Начать жизнь сначала... Не поздновато ли? А что ему остается?

Он пожал плечами и двинулся дальше.

Ноги медлили, и шаги растягивались, уничтожая ставшее вдруг ненавистным время, которое некуда деть.

Скрипнула входная дверь. И сразу же за ней в круге света от настенного плафона он увидел сидящего в кресле человека. Почему-то он не удивился, только сердце забилось тревожными неровными рывками, словно оно не одно и знало, кто его гость и зачем он здесь.

— Что вы делаете в моей квартире? — сам собой автоматически прозвучал вопрос, возникший вне его сознания, потому что он уже не нуждался в ответе.

Роман узнал сидящего человека. Его не раз за последние две недели показывали по информационной сети, и не раз ночами мысленно он беседовал с ним, пытаясь убедить в невозможном. Бросал ему горькие упреки, задавал вопросы, всегда остававшиеся без ответа. Теперь ответы могут быть получены... Но ничего, кроме первой глупейшей фразы, он не смог произнести. Ощупью пробрался к стулу, сел и ждал теперь молча, как и положено ждать приговора неожиданно свалившейся судьбы.

— Узнал? Вижу, что узнал...

И хотя времени для подготовки к этому разговору у Райкова было достаточно, он вдруг понял, что все оказалось не так, как предполагалось сначала. Серьезней и значительней.

— Ты извини, что я ворвался в твое жилище. Очень важный у меня к тебе разговор и срочный. Завтра объявят результат конкурса. Победителем будет Клестов. Во всяком случае, официально им будет Клестов.

— По баллам так и должно быть. Мне снова не повезло, вот и все...

— А что, уже бывало?

— В школу навигаторов не приняли, сорвалось. Теперь вот снова. — Он чувствовал, что говорит не то, и ничего не мог с собой поделать. Может быть, гордость мешала в эту единственную в своем роде и, может быть, самую значительную для него минуту найти нужные слова?

— Но это не так уж важно. В конце концов специальностей много и не связанных с этой работой, я еще поищу свою.

— Не будешь ты ничего искать.

— Почему?

— Потому что я уже включил тебя в состав нашей экспедиции. Разумеется, еще не поздно отказаться.

— Но я не понимаю... Вы, кажется, сказали... Клестов.

— Да. Клестов. С Клестовым мы что-нибудь придумаем. Дело в том, что никто пока не должен знать о твоем назначении. До прибытия «Руслана» на Гридос ты будешь выполнять там мое личное задание. И присоединишься к нам только перед самым отлетом на Ангру. С подробностями тебя ознакомит мой заместитель Кленов. Вот номер, по которому ты с ним свяжешься. Задание достаточно сложное и опасное.

Райков встал и подошел к настенному панно. На нем в глубине, в полумраке высвечивался неземной пейзаж. Над бескрайней степью, поддерживаемой то ли столбом, то ли смерчем из радужных пузырей, плыл огромный золотой шар. Картина производила странное, почти болезненное впечатление. Чувствовалось, что компьютерным голографом, создавшим это фантастическое изображение, управляла не очень опытная рука.

— Твоя работа?

— Да. Что-то это мне напоминает, мучительно сидит где-то на задворках памяти. С того дня, как попал в катастрофу, какой-то голос время от времени говорит мне, что за все полученное в жизни приходится платить. — Он резко обернулся. — Вы знали о моей болезни?

— Конечно. Если я приглашаю человека с собой в экспедицию, я знаю о нем все. Тебя что-то смущает?

— Врачебная комиссия...

— Это мы уладим. Конкурсные психотесты говорят о том, что сейчас ты совершенно здоров, а формальности меня не интересуют.

— Так в чем же будет состоять мое задание?

— Ты полетишь на Гридос. Завербуешься там в качестве обычного колониста, станешь жить, работать, ждать нас. Это, собственно, все...

— Но зачем это нужно? Почему я не могу лететь вместе с вами?

— Потому что на Гридосе происходят странные вещи, и никто толком не знает, в чем их причина. Потому что Гридос нам очень нужен для успешного завершения всей экспедиции. Свежие впечатления...

Остановившись, Райков подумал секунду, мрачно усмехнулся и неожиданно закончил:

— Впрочем, раз уж я посылаю тебя туда, ты должен знать все... У нас создалось впечатление, что в дела Федерации вмешались какие-то внешние, неизвестные нам силы. Пока у них нет даже названия. Достоверно известно лишь одно: время от времени на Гридосе бесследно исчезают люди. Чаще всего это новые, приехавшие по вербовке колонисты... Так что тебе придется выступить в довольно опасной роли. Держи глаза и уши открытыми, будь внимателен к мелочам и обязательно дождись нас. Главное — уцелеть, накопить и передать информацию.

Каюты третьего класса на рейсовых кораблях не отличаются особым комфортом. Роману к тому же еще и не повезло. Ему досталась кормовая каюта шестого яруса.

Стиснутый силовыми накопителями ярус напоминал пчелиные соты. В длинной шестигранной коробке каюты едва размещались койка, крохотный столик и умывальник. Ко всем прелестям добавлялся еще и постоянный шум силовых установок. Почти неслышимый, он, однако, переходил порой в инфрадиапазон, и тогда едва ощутимая вибрация стен становилась для людей с чувствительной нервной системой настоящей пыткой.

Оставался единственный выход: как можно больше времени проводить в общих салонах и кают-компаниях звездного лайнера. Но нужно было спать, и с шестью часами пребывания в своей каюте Роману пришлось смириться.

В первую ночь ему снилась беспредельная степь. Он брел по ней, обливаясь потом. Путь, казалось, не имел конца. К счастью, корабельные циклы времени не отличались от земных, и под утро, когда он начал проваливаться в гигантскую крысиную нору, его спас сигнал инфора, возвестивший о том, что в кают-компании начинается завтрак.

В последующие ночи кошмары не прекратились. Постепенно они обрастали подробностями, обретали структуру и плотность, свойственную реальности. Не помогал даже электростимулятор сна, он лишь чуть-чуть смягчал резкость ночных видений.

Во втором сне ему под расписку выдали крылья. Это были чугунные крылья с инвентарным номером шестьдесят четыре. Подняться на них в воздух было невозможно. Но Роман знал, чего от него ждут, и не прекращал попыток. В Управлении полетом ему сказали, что с завтрашнего дня все будут летать на сто метров выше и на четыре километра дальше. Возможно, так оно и будет. Возможно, всем остальным выдали настоящие крылья и не повезло лишь ему одному. Чаще всего не везет тем, кто особенно сильно нуждается в удаче.

Он вынул крылья из шкафа, смазал их машинным маслом и надел на плечи. Потом сделал множество ненужных мелких приготовлений: подтянул ремни, начистил до блеска концы маховых перьев, попробовал бегать по комнате с крыльями за плечами. Бега не получилось, переставлять ноги удавалось с огромным трудом.

В Управлении ему сообщили, что штат инструкторов увеличен до шестидесяти человек и создано несколько новых управляющих полетами отделов. Теперь он обязательно полетит, уже совсем скоро и гораздо дальше, чем в прошлый раз. Будет подготовлена новая совершенная конструкция, основывающаяся на современном дизайне и конъюнктуре мирового рынка. В предыдущей модели не были учтены некоторые экономические факторы, что, конечно, делало ее не совсем совершенной. Поэтому Роману выдали новую модель, которая была вдвое дешевле и лишь слегка тяжелее. В отделах праздновали получение премии за ее разработку. В эту ночь взлететь Роману так и не удалось.

Но на следующую ночь он все-таки полетел. Он летел под самыми облаками своей родной планеты. Роман не знал, в какую именно птицу он превратился, но лететь было легко и удобно. Далеко внизу расстилались зеленые и желтые пятна полей. Пейзаж, однако, постепенно менялся, становился все суровей, безжизненней, появились скалы, поросшие хвойными кустарниками, кое-где в ущельях лежал нерастаявший снег. Отдельные вершины тянулись к самому небу. Серые, иззубренные скалы напоминали тела великанов, сдвинувшихся плечом к плечу в суровом молчании.

Глаза Романа стали необычно зоркими, еще более зоркими, чем глаз орла. Он видел не только каждую былинку, оставшуюся на этих безжизненных скалах, но мог заглянуть и внутрь, под их подошвы. Тогда становилось понятным, что скалы живые. Их корни уходили глубоко в кору родной планеты, и они росли из ее глубин точно так, как растут деревья. Вот только время их роста измерялось миллионами лет.

Пора было опускаться. Воздух стал слишком разреженным, и крылья больше не держали его на нужной высоте. Он выбрал ущелье и медленно, кругами полетел к его дну. Спуск оказался слишком долгим, отвесные скальные стенки становились гладкими и напоминали теперь искусственно воздвигнутые крепостные стены; они замыкали узкое пространство расселины со всех сторон.

Усталые крылья больше не держали Романа в воздухе. Роняя перья, он почти падал и лишь у самого дна несколькими сильными взмахами предотвратил удар о землю.

Мир узкого колодца, в котором он очутился, оказался серым и мрачным. Лишь далеко на самом верху оставалось синее, живое пятно неба. Все остальное было серым и неживым. Роман понял, что полет был последним. Он никогда больше не поднимется в воздух, и придется искать другой выход из пропасти, в которую он так неосторожно позволил увлечь себя воздушным потоком.

Но поиски выхода не увенчались успехом. Колодец был совсем небольшим. На его дне, усыпанном обломками камней, не росла даже трава, а стены со всех сторон вздымались вверх с одинаковой тяжеловесной неприступностью. Выхода из ущелья не было. Роман снова стал человеком и должен был искать другой, человеческий выход из ситуации, в которую его вовлекла неосторожная игра с крыльями.

Он сел на обломок скалы и задумался. У него не было цепких когтей, чтобы лазить по камням, и не было больше крыльев, чтобы лететь по воздуху. Зато у него было нечто гораздо более ценное — человеческая память и разум, способный обобщать, делать выводы из прежних ошибок.

Учитель как-то сказал ему, что безвыходных положений не бывает, все зависит от цены, которую ты готов заплатить для изменения ситуации...

Сейчас он с удивлением обнаружил, что не может вспомнить, кому именно принадлежат эти слова. Лицо учителя менялось. Оно становилось похожим то на лицо мексиканца, то на лицо Глебова, учившего его приемам древней философской системы. В обоих этих лицах было что-то общее. Мудрость? Уверенность в себе и в будущем? Особое тайное знание? Нет, пожалуй, общими были доброта, сострадание и еще что-то, неуловимо отличавшее их от всех остальных лиц.

Роман встал и подошел к стене. Она была твердой. Она была холодной. Она казалась совершенно неприступной. Но закрытая часть его памяти, раскрепощенная во сне, неожиданно подсказала, что однажды он сумел войти внутрь такого же твердого и нерушимого с виду камня. Правда, там был особый камень. Там была дверь, ведущая в иные миры. Но если попробовать тот же способ: неожиданно, исподволь нырнуть внутрь скалы...

Сделать это надо небрежно, с полной уверенностью в успехе. Может быть, получится и здесь? Он попробовал. Глубокая ссадина на лбу и вмятина в камне — вот и все, чего он добился.

— Зачем же ты так... — сказал он молчавшей скале. — Зачем? — И снова увидел ту вмятину... Человеческое тело должно быть значительно мягче скалы — откуда же взялась вмятина?

Он попробовал снова. Теперь уже плавно наращивая усилие. Он уперся в скалу плечом и давил так, что хрустнули суставы и резкая боль пронзила плечо, но почти сразу понял, что хрустели не его суставы — хрустела скала.

Материал, слагавший ее, оказался похожим на застывшую пену и лишь снаружи выглядел монолитным и неприступным. Теперь, под сломанной коркой, она легко поддавалась его усилиям. Роман шел вперед, не слишком напрягаясь, лишь выставив вперед плечо, словно нос разбивающего лед корабля.

Он шел сквозь бесконечный хруст и шелест, сквозь облако блестящей радужной пыли и все время думал о том, какими неприступными выглядели эти скалы, полностью прогнившие изнутри, превратившиеся в застывшую мыльную пену. Миллионы высушенных мыльных пузырей — и ничего более.

Он шел и думал о тех, кто до него оказался в таком же колодце и принял этот мираж неприступности за подлинность. Но она оказалась условностью. Чем-то эфемерным, чем-то таким, что превращалось в радужную пыль, если хорошенько нажать...

Когда сумма его усилий превысила сопротивление среды, он выбрался из ловушки.

Чаще всего Роману снился шар, застывший на вершине неприступной горы. Он лез к этому шару, срывался и лез снова. Что-то там скрывалось чрезвычайно важное, он должен был во что бы то ни стало добраться до шара. Но ничего не получалось, шар все время ускользал. То гора вырастала, превращаясь в неприступную скалу, когда до цели оставалось всего несколько метров, то срывалась нога с предательской осыпи, и он с криком — в который уже раз! — летел вниз и просыпался в холодном поту.

Из создавшейся ситуации был простой выход — обратиться к корабельному врачу. Наверняка на лайнере был неплохой медицинский отсек, от его кошмаров не останется и следа, вот только в личной карточке появится новая отметка... Что они там напишут? Обострившиеся симптомы клаустрофобии? Какая разница! После этого экспедиции ему не видать как своих ушей, его положение и так весьма неопределенно и держится в основном на добром отношении Райкова, но не может же тот без конца тянуть его за собой в нарушение строгих медицинских инструкций!

И Роман продолжал борьбу с ночными кошмарами в одиночку. Ему нужно было во что бы то ни стало продержаться полтора месяца: тогда двигатели переключат на торможение и здесь, на корме, станет тихо... Оставалась еще слабая надежда обменять каюту, но все попытки в этом направлении не имели успеха, тем более что без посещения медиков он не мог толком объяснить, почему, собственно, его не устраивает каюта на корме.

В эту ночь борьба со сном была особенно тяжелой.

Впереди простиралась степь, и лишь у самого горизонта смутно угадывалось некое знакомое ему сооружение. Узнав его, Роман почувствовал ярость — и пирамида придвинулась, стала четкой. Он ощутил гнев — и пирамида из разноцветных шаров стояла теперь прямо перед ним, приглашая повторить уже пройденный однажды путь или, быть может, давая возможность исправить его конец.

Роман оттолкнулся носком ботинка и, почти не чувствуя тяжести, легко взмыл вверх. Возможно, ему помогло ощущение полета, запомнившееся из предыдущих снов. Тело оказалось таким легким, каким он пожелал его увидеть, тяготение более не властвовало над ним. Не было необходимости проделывать мучительный путь в кошмарном лабиринте шаров, он лишь слегка касался ногами поверхности, время от времени повторяя толчки и взлетая все выше, к самой вершине, туда, где зловеще поблескивал металлический шар.

Он остановился перед ним и, прежде чем открыть дверь, ведущую внутрь шара, услышал голос:

— Он совершенно выходит из-под нашего контроля.

Преодолевая неожиданно возникшее и постепенно нарастающее ощущение сопротивления, Роман все же приподнял руку и медленно, словно двигал тяжелую глыбу, приблизил ее к рукоятке двери. Затем рывком, преодолев возникший страх, распахнул ее. В глубине шара на стеклянном плоском полу что-то лежало. Что-то длинное и большое, укутанное в серебристый пластик. Он не хотел знать, что именно там лежит. К счастью, свет был достаточно тусклым, и он мог оставаться в неведении, пока не переступит порог. Спина покрылась потом, не было сил протолкнуть в легкие, сжатые предательской спазмой, даже глотка свежего воздуха. Он уже почти догадался. Контуры того, что лежало под серебристым пластиком, оказались достаточно четкими, больше он не мог обманывать себя и наконец переступил порог.

Под тонким пластиком находилось мертвое человеческое тело. Теперь он это знал совершенно точно, потому что узнал того, кто там лежал.

6

Инспектор УВИВБа Кленов не любил неожиданностей. Он был уверен, что только заранее разработанный и хорошо продуманный план способен привести человека к успеху и в работе, и в личной жизни. Весь его опыт подтверждал эту непреложную истину.

С отличием оконченная школа второй ступени, отец, занимавший высокий пост в Совете и обеспечивший сыну платформу для первых самых трудных шагов в самостоятельной жизни, — все это лишь подтверждало его теорию. Если же некоторые обстоятельства не укладывались в четко выстроенную им схему, то виноваты были сами обстоятельства или, в крайнем случае, какой-то частный неудачно составленный план, но не принцип. Принцип выглядел незыблемым и непоколебимым вот уже целые двадцать восемь лет успешной карьеры и гладкой, без особых взлетов и падений, жизни, приведшей в конце концов Кленова к должности инспектора УВИВБа, к работе, полностью соответствовавшей его наклонностям.

Обязанности инспектора по особым поручениям сводились, в сущности, к составлению все тех же планов и схем, к решению сложных теоретических задач, над которыми так хорошо думалось в тиши компьютерных залов и кабинетов УВИВБа. Иногда Кленову даже казалось, что и сами обстоятельства, вызвавшие к жизни Управление Внутренней и Внешней Безопасности, — тоже часть какого-то неведомого, неизвестно кем составленного плана, часть сложной и интересной, но не имеющей прямого отношения к жизненным реалиям игры.

Нет, Кленов не сомневался в существовании могущественных и неуловимых врагов Федерации. Он лишь полагал, что они не обладают плотью, а существуют, так сказать, в чисто теоретическом виде, как часть сложнейшего уравнения, лишь в самых общих чертах связанного с реальной действительностью.

По его мнению, противники Федерации представляли собой некую теоретическую данность, размытую на длительном отрезке времени и вылившуюся в результате в постоянно существующее, но неопределенное, почти неуловимое давление враждебных сил.

Постепенно накапливаясь, силы эти, однако, способны были принести немало неприятностей, усложнив условия задачи настолько, что положительное решение становилось попросту невозможным.

Принцип безусловной зависимости событий от заранее разработанного плана подвергся первому серьезному испытанию при выполнении Кленовым нового задания, связанного с астероидным поясом Юпитера.

Сначала задание это показалось ему совершенно пустячным. Он даже счел себя несколько задетым, когда начальник отдела Сохнов именно ему поручил разбор странной путаницы, возникшей после находки геологами астероидного пояса обломков семнадцатой спасательной капсулы со старого, погибшего шесть лет назад рейсовика Земля — Марс — Каллисто.

Причина путаницы казалась Кленову очевидной: спасатели в своих отчетах сообщили о том, что все шестнадцать одноместных спасательных капсул, бывших на борту челнока, или, по крайней мере, их обломки, ими обнаружены. Откуда же могла взяться семнадцатая шлюпка?

Видимо, речь шла о пустой капсуле, искать которую среди хаоса астероидного пояса не было резона, и спасатели, скорее всего, вписали ее в реестр находок, чтобы не ухудшать отчетности за квартал. Это Кленов вполне мог понять и, не ожидая от расследования ничего интересного, отбыл к месту происшествия.

Но на станции астероидного пояса выяснилось, что, продолжая раскопки района аварии, геологи обнаружили изуродованный до неузнаваемости труп человека — капсула была с пассажиром...

Расследование сразу же перешло в другую категорию, и Кленов получил практически неограниченные полномочия в своих действиях. Хотя в глубине души все еще надеялся, что вот-вот будет найдено простое и понятное объяснение странному факту — на челноке оказался незарегистрированный и никому не известный пассажир без билета.

Самым же непонятным во всей этой истории оставалась все-таки сама семнадцатая шлюпка. Если на борту взорвавшегося при невыясненных обстоятельствах корабля оказывалась к тому же не внесенная в его реестр спасательная шлюпка с пассажиром, то этот факт уже не укладывался ни в какие приемлемые для рапорта рамки.

Кленов знал, что Управление космофлота никогда не смирится с подобным нонсенсом и начальство спустит с него три шкуры, если он не сумеет документально подтвердить существование этой таинственной семнадцатой шлюпки...

Собственно, не сам факт ее обнаружения вызывал сомнение. Находку никто не собирался оспаривать. Но тип шлюпки, серийные номера отдельных сохранившихся приборов и механизмов, характер материалов — все эти косвенные данные подтверждали, но еще не доказывали принадлежность шлюпки к челноку Земля — Марс — Каллисто...

Она могла затесаться в астероидный пояс, покинув борт какого-то совершенно другого, неизвестного пока корабля. И хотя сам Кленов не сомневался уже, что шлюпка была с челнока, доказать это он все еще не мог и потому третьи сутки подряд не выходил из кабинета, изучая материалы шестилетней давности.

Если человек упорно и последовательно делает свою работу, рано или поздно к нему приходит удача. Кленов вновь убедился в незыблемости этой аксиомы, когда в семейных архивах одного из членов экипажа взорвавшегося корабля обнаружил старую любительскую голограмму, на которой улыбался погибший во время этой аварии Свиридов... Главное было, конечно, не в улыбке Свиридова, а в том, что в углу голограммы отчетливо просматривался шлюпочный стеллаж нижней палубы.

После компьютерной реконструкции снимка удалось различить не только номера отдельных шлюпок, но даже детали обшивки. Вот тогда-то Кленов и узнал характерную царапину, обнаруженную им на одном из обломков, найденном в астероидном поясе. И тогда впервые со всей очевидностью перед Кленовым встал вопрос: откуда вообще мог появиться в космосе (или на корабле) двойник семнадцатой шлюпки, однажды уже найденной спасателями? Вслед за первым вопросом сразу напрашивался второй: о безбилетном пассажире, о человеке без документов и без имени, о неизвестном, чьи останки были найдены в обломках шлюпки. Существовал ведь второй пассажир семнадцатой шлюпки — тот самый, который был обнаружен спасателями на восьмой день поисков вместе с дублем чертовой шлюпки, а затем благополучно доставлен на Землю...

Но даже после того, как это мрачное обстоятельство перешло из области догадок и предположений в область неопровержимых фактов, Кленов все еще не испытал настоящей тревоги. Он не торопясь продолжал свои разработки, проверял и перепроверял данные до тех пор, пока вдруг не обнаружил, что время невозвратимо упущено и Роман Гравов покинул Землю...

Только узнав, что последним человеком на Земле, с которым виделся Гравов перед своим отлетом, был руководитель важнейшей экспедиции Совета Райков, а сам Гравов отбыл именно на Гридос, только связав все эти разрозненные сведения в единый узел, Кленов наконец понял, что произошло нечто чрезвычайное.

На стеклянной платформе в медицинском отсеке лежало что-то длинное и большое, укутанное в серебристый пластик.

Кленов подошел и резким движением отвернул заиндевевшую ткань.

— Это он? — спросил стоявший сзади в толпе репортеров и спасателей начальник Управления Безопасности.

— Да. Это Гравов.

— Кого же мы отправили на Гридос?

— Человека, воспользовавшегося его документами.

— Человека?

— В этом я совершенно уверен. Он прошел полное медицинское обследование во время конкурса. Медики не могли ошибиться до такой степени.

— Тогда кто же он и каким образом сумел завладеть документами Гравова? Судя по показаниям оставшихся в живых пассажиров, никого постороннего на борту «Кастора» не было. С момента подачи сигнала тревоги до взрыва прошло не более минуты.

— Да, но шлюпку с телом Гравова мы нашли лишь сейчас, спустя шесть лет после катастрофы! За это время многое могло произойти.

— Странно, что она вообще уцелела.

— Счастливое стечение обстоятельств. Астероид, с которым она столкнулась по касательной, оказался ледяной глыбой. Из-за небольшой относительной скорости столкновения взрыва не произошло: шлюпка вплавилась в лед. Теоретически найти ее там не было никакой возможности.

— Не слишком ли много совпадений? И не хотите ли вы сказать, что двойник Гравова раньше спасателей обнаружил эту замороженную шлюпку, проник сквозь ледяной панцирь на глубину сорок метров, похитил документы погибшего и благополучно скрылся?

— Этого я не знаю. Я лишь констатирую факты.

— Надеюсь, вы понимаете, как нужен нам этот человек?

Но Кленову так и не удалось немедленно вылететь на Гридос.

Тревога, объявленная сначала лишь в Мексиканском секторе и охватившая затем все подразделения и службы УВИВБа, началась вполне буднично. В восемнадцать пятнадцать по местному времени, когда в Мехико наступил час пик, на мексиканской энергоцентрали произошла рядовая, ничем не примечательная авария. Молния попала в мачту подпитки, грозозащита почему-то не сработала, и на двенадцать секунд подача энергии по этой важнейшей континентальной линии была прекращена.

Сама по себе эта авария не могла стать причиной тревоги, объявленной по всем отделам Управления Внешней и Внутренней Безопасности, она лишь явилась запальным фитилем в длинной цепочке причин и следствий, приведших в конце концов к событиям с непредсказуемыми последствиями.

Следующим звеном в цепи странных событий оказался управляющий центр энергораспределения Западного полушария. За доли секунды сверившись с заложенными в его компьютеры инструкциями и программами, центральный автомат вырубил подачу энергии по шести вспомогательным линиям. Не затрагивая саму столицу, он отключил второстепенные ремонтные и обслуживающие комплексы, но вместе с ними из-за ошибки, вкравшейся в программу регионального центра управления, на целых восемь секунд обесточенным оказался важнейший объект категории А-2.

Эти восемь секунд понадобились управляющей аппаратуре центра для того, чтобы подключить к энергоцентралям резервные линии и исправить ошибку. Однако было уже поздно.

Кленов вылетел на место происшествия через полчаса после объявления тревоги. Торопиться было уже некуда. В полученном предписании ему вменялось в обязанность выяснить причину отключения энергозащиты Мексиканского объекта и установить возможные последствия аварии. Ни те, кто писал это предписание, ни сам Кленов еще не подозревали о внутренней связи этих двух совершенно независимых событий.

Иногда случается, что время вдруг невидимо и незаметно для людей стремительно ускоряет свой бег. Часы истории начинают спешить, но мало кому дано сразу ощутить их изменившийся ход. Людям необходимо освоиться с новым ритмом жизни, поверить в неожиданно наступающее будущее, принять его, каким бы бурным и холодным ни казалось оно в первые минуты.

Работа началась буднично, с проверки журнала дежурств операторов. В момент происшествия дежурил Бабенов. Прежде чем вскрывать опечатанный контейнер с автоматическими записями контрольных устройств, Кленов решил побеседовать с Бабеновым, а вскрытие произвести в его присутствии. Хотя инструкции этого прямо не требовали, существовала еще неписаная профессиональная этика. В результате он потерял еще часов шесть. Поскольку Бабенов после дежурства уехал в Метролис, пришлось его оттуда вызывать по селекторной связи, а потом ждать рейсовый металет.

Все дело было в том, что Кленов не видел причины для спешки. Само по себе отключение защиты на такое короткое время хотя и считалось серьезным нарушением инструкции безопасности объекта, вряд ли представляло какую-то реальную опасность, поскольку ни один автомат слежения и контроля не зарегистрировал активизации объекта — беспокоиться, собственно, было не о чем. Питание у этих автоматов независимое, и они во время аварии не отключались, это он проверил сразу. Первый признак еще не оформившейся подсознательной тревоги Кленов ощутил лишь во время беседы с Бабеновым.

— Расскажите подробно, что здесь произошло, — попросил он как можно мягче, поскольку оператор, молодой парень, держался скованно в присутствии инспектора службы безопасности и даже чувствовал себя виноватым в происшествии, хотя его вины тут не было никакой.

— В шесть пятнадцать отключилась защита и поступил сигнал тревоги.

— Что, защита отключилась раньше сигнала?

— Мне кажется, да, впрочем, не знаю. Это должно быть зафиксировано в записях.

— До записей мы еще дойдем. Сейчас мне важны ваши непосредственные наблюдения. — Кленов не спешил со вскрытием контрольного ящика. Он ценил личные наблюдения очевидцев происшествия и знал, что они могут быть искажены авторитетом автоматов. Он к тому же знал, как часто ошибаются эти «непогрешимые» автоматы!

— Не могу же я все два часа дежурства не отрываясь смотреть на приборы!

— Никто от вас этого и не требует.

— Тогда вы понимаете, что по-настоящему мое внимание включилось лишь после сигнала тревоги. И все же мне кажется, что еще до сигнала тревоги произошло что-то необычное. Только я не сумел понять, что именно. Мне показалось, раньше щелкнуло реле главного выключателя, потом в операторской мигнул свет и включился сигнал тревоги...

— Забудьте пока о сигнале. Каким образом мог мигнуть свет в операторской, если освещение здесь вместе с приборами контроля питается от автономного генератора?

— Не знаю. Я спрашивал у Сиренко, это наш энергетик, он сказал, такого случая еще не бывало.

— И все же вы утверждаете...

— Я ничего не утверждаю. Вы попросили меня подробно рассказать о моих личных наблюдениях. Все произошло слишком быстро. Я мог ошибиться.

Теперь оставалось только вскрыть контейнер дубль-журнала, содержащий один-единственный кристалл с записями контрольных видеокамер и приборов. Кленов вызвал всех техников, программистов и аппаратчиков. В небольшом помещении аппаратной восемь человек из четырех смен едва разместились. Материал приходилось просматривать на резервных мониторах, чтобы не перегружать основную аппаратуру.

Кленов включил запись с момента, когда до аварии оставалось десять секунд. На экране появилось задумчивое лицо дежурного. Равномерно жужжали приборы. Внизу, под экраном, полосу в десять сантиметров занимали колонки цифр и линии графиков, обобщающие показания приборов. Справа, в углу, мелькали сменяющие друг друга цифры хронометра. За полсекунды до аварии экран монитора мигнул, изображение покрылось рябью помех и почти сразу исчезло. Внизу экрана вспыхнула надпись: «Запись отсутствует».

Красные цифры левого хронометра отсчитали две секунды, и лишь после этого восстановилось нормальное изображение. Почти сразу же компьютер, ведущий параллельный анализ записи, высветил новую надпись на экране: «Зафиксирован перерыв в подаче энергии на все приборы».

— Этого не может быть! — Энергетик Сиренко подался вперед, словно не верил собственным глазам. — Там были камеры с атомными аккумуляторами, не могли же они все сразу...

— Значит, могли, — жестко проговорил Кленов. — Давайте продолжать без эмоций. Нам нужно быстро и точно разобраться в ситуации. Могут техники установить причину в перерыве подачи энергии на те узлы, которые питались от аварийного кабеля?

— Это уже сделано. Импульс тока от основного кабеля в момент перерыва энергии пробил фильтры и, пройдя в аппаратуру управления, заблокировал реле включения аварийной подпитки.

— И откуда же взялся столь мощный импульс?

— Грозовой разряд, всплеск ампер-потока в момент отключения аварийных устройств, такое иногда бывает...

— Ну а если бывает, почему ваши фильтры не были рассчитаны на такой случай?

— Всего не предусмотришь. Кроме высокой энергии, этот разряд обладал еще и необычной формой импульса, слишком крутой фронт...

— Хорошо. Что произошло с автономными аккумуляторами?

— С ними ничего не произошло. Они нормально работают. Нам неизвестен способ, которым можно было бы обесточить эти устройства, не повредив их структуры. Это невозможно в физическом смысле. Реакцию атомного распада нельзя временно приостановить.

— Зато можно перерезать провод. Разомкнув цепь, ведущую от батареи к потребителю.

— На автономных аккумуляторах работало шестнадцать различных устройств, и все они бездействовали ровно две секунды. За это время разомкнуть цепи и соединить их вновь не сумел бы самый гениальный техник. К тому же не обнаружено никаких следов разрыва.

— Есть еще какие-нибудь замечания, соображения?

Все удрученно молчали, словно груз неведомой и неразрешимой проблемы опустился на их плечи. Но они сделали все, что могли. Остальное — это его дело. Его работа.

— Всем спасибо. Мне нужно подумать. Я хотел бы остаться один.

Через два часа, потребовав приема по коду чрезвычайной важности, Кленов уже сидел в кабинете начальника УВИВБа.

— Я располагаю доказательствами того, что в зоне Мексиканского объекта произошло внедрение на нашу территорию неизвестного объекта массой в сто двадцать килограммов.

— Вот как, вы уже и массу подсчитали...

Суховатый, желчный начальник Управления Стахнов, покинувший по требованию спецвызова какое-то важное заседание, не сумел скрыть своего раздражения. А от этого молодого «теоретика», как про себя он уже давно окрестил Кленова, неприятностей и проблем пока было значительно больше, чем пользы.

— Скажите лучше, как обстоят дела с Гравовым?

— Я собирался вылететь на Гридос лично, но после объявления всеобщей тревоги был обязан...

— Это я знаю. Продолжайте.

— Как только мы установили, что дубль-журнал не содержит интересующую нас информацию, я применил нестандартную методику обследования. Это тема моей диссертации. Технически все достаточно сложно. Я не знаю, нужно ли объяснять.

— Я постараюсь понять. Попробуйте.

— После выключения любого электронного устройства, в особенности содержащего элементы, чувствительные к свету, на нем какое-то время сохраняются в разных частях схемы электрические потенциалы. Статическое электричество экранов, напряжение на конденсаторах, остаточные индуктивные токи в катушках. В некоторых местах эти напряжения сохраняются достаточно долго. Если их снять, составить карты напряжений, проанализировать все это по специальной программе на компьютере...

— То мы получим возможность заглянуть в ту временную область, в которой приборы как таковые не работали. Я правильно вас понял?

— Да. В этом конкретном случае это так и есть, хотя в принципе возможности этого метода для различных экспертиз и диагностик значительно шире...

— Жаль, что вы до сих пор не доложили о вашей работе.

— Я докладывал.

— И что же?

— Мне ответили, что теоретически это может быть интересно.

— Почему не подали официальный рапорт?

— Я решил дождаться конкретного случая, чтобы доказать возможность практического применения своих разработок. Такой случай представился на Мексиканском объекте. — Чем сильнее закипал Кленов, тем медленней, спокойней и размеренней он говорил.

Стахнов усмехнулся.

— Я не в силах проконтролировать все работы Управления лично, но в вашей разберусь обязательно. Продолжайте.

Кленов все еще не остыл и говорил по-прежнему сухо, бесцветным голосом:

— На первый взгляд применение этого метода в случае с Мексиканским объектом не представлялось возможным, поскольку там все остаточные напряжения на приборах были стерты их последующим включением. На наше счастье, в одном из мониторов в момент перерыва подачи энергии выбило предохранитель. Монитор не ремонтировали и не включали. Даже не попытались установить причину отказа, попросту заменили новым. Так что найти этот бесценный монитор мне удалось далеко не сразу.

Зато потом, несмотря на большой промежуток времени с момента отключения, нам удалось составить карту остаточных напряжений этого прибора, хотя, конечно, далеко не полную.

Стахнов подался вперед. С этого момента все, что говорил Кленов, становилось чрезвычайно важным, поскольку из области предположений и догадок, на которые, по мнению специалистов, только и можно было рассчитывать в анализе происшествия на Мексиканском объекте, они совершенно неожиданно перешли в область документально подтвержденных фактов.

— Значит, именно там вы установили... — Голос Стахнова неожиданно сел от волнения.

— Да, на этом мониторе. Сохранилась даже часть размытого изображения. Однако его не удалось идентифицировать ни с одним известным нам объектом. С высокой степенью достоверности удалось реставрировать лишь показания гравиметров в нижней части экрана. Из них следует: в аппаратную проник посторонний объект массой в сто двадцать килограммов. Он находился там полторы секунды и за полсекунды до включения контрольной аппаратуры исчез.

Медленно, словно преодолевая некое невидимое сопротивление, Стахнов потянулся к своему личному пульту. Кодовый номер «зет-два»... Он все еще не верил, ему все еще казалось, что здесь, в его кабинете, разыгрывается странная театральная постановка... Но код был вполне реален, и аппаратура, идентифицировав его личность, объявила по всем необходимым каналам операцию «Прорыв». Разработанная несколько лет назад как простая мера предосторожности операция, на которую сейчас переключались все мощности и ресурсы планеты, ставила своей целью обнаружение и локализацию возможного проникновения извне через Мексиканский генератор любого постороннего объекта. Однако Стахнов понимал уже, что безнадежно упущенное время не вернуть никакими силами.

Для того, кто за полторы секунды сумел сделать в аппаратной Мексиканского объекта все, что ему было нужно, шести часов, прошедших с момента прорыва, более чем достаточно...

7

Дом, похожий на игрушечный елочный шар, ждал возвращения хозяина из столицы уже вторую неделю. Игорь, как обычно, задерживался, но сегодня по визофону он наконец назвал номер трансфера, и, если справочная не ошиблась, дома он будет к шести вечера.

Анна вместе с Алешкой стояли на веранде и смотрели на лес. Его лохматый аванпост подступал к самой ограде. Игорь несколько раз собирался подстричь кусты можжевельника, штурмующие ограду, но каждый раз отменял свое распоряжение домашнему роботу.

Анна понимала почему. Естественный переход от дома к лесу, настоянный на ароматной хвое воздух, — ему нравился этот уголок, хотя он мешал проезду и выглядел неухоженно на фоне сада и укрытой вьющимися лианами террасы.

Сегодня можжевеловые заросли выглядели особенно угрюмо. Анне даже показалось, что за короткое время кусты слишком уж разрослись, захватив новое пространство. Их поникшие ветви теперь перекрывали даже пешую дорожку. «Придется все-таки подстригать», — решила Анна, однако без Игоря не хотелось начинать, да и дел у нее сегодня хватало... Молодая женщина ушла в дом.

Каждый раз, возвращаясь из очередной командировки, Райков досадовал на себя за то, что никак не соберется обзавестись личным флаттером.

Вот и сегодня, выйдя из региональной станции трансфера, он вынужден был пятнадцать минут ждать свободный автофлайер, а потом еще три километра идти пешком. Третий год не удосужатся проложить подъездные пути к новым жилым коттеджам. Коттеджи уже состарились, а дороги все нет.

Впрочем, он не совсем был уверен, что ему так уж необходима эта дорога или новомодный флаттер. С ними он наверняка лишился бы кусочка леса, принадлежащего лично ему: не останется тогда ни этого аромата шиповника у тропинки, ни птичьих голосов, ни хруста прелой хвои под ногами. Ничего этого из кабины не увидишь и не почувствуешь. Он задумался о том, где должна проходить граница между бесконечной спешкой, диктуемой срочными делами, на которые вечно не хватает времени, и самим ощущением жизни. Где, в какой точке следует остановиться, чтобы не перейти грань и не превратиться в бездушного робота, ничего не замечающего вокруг?

Райков шел не торопясь, наслаждаясь ощущением одиночества, видом тропинки, то и дело ныряющей под полог широких светлых сосен. В то же время он понимал, что крадет эти немногие, в сущности, минуты, оставшиеся до нового длительного расставания, у Анны и Алешки. Не в этом ли причина отчуждения, с которым все труднее становилось справляться Анне? Не из-за них ли большинство его коллег капитанов и руководителей дальних экспедиций в конце концов оказываются за бортом семейной жизни? Не уготована ли ему та же судьба?

Он так глубоко задумался, что уже перед самым домом свернул не на ту тропинку. Возможно, именно это его спасло. Проплутав в зарослях лишних пять минут и ругая себя за эту оплошность, он вернулся к развилке в совершенно другом состоянии. Теперь его внимание было обострено, и он вглядывался в просветы кустов, желая как можно скорей увидеть поворот к дому, и, когда появились наконец знакомые кусты можжевельника, Райков сразу понял: на дорожке что-то изменилось.

Он остановился и внимательно осмотрел куст можжевельника, невесть откуда взявшийся у самой тропы. Человек любой другой профессии на его месте, возможно, отстранив ветви, загородившие дорогу, пошел бы дальше. Во внешнем облике куста не было ровным счетом ничего особенного. Но Райков много лет работал дальним поисковиком. На чужих планетах слишком ничтожное изменение обстановки свидетельствует об опасности. И потому, вместо того чтобы идти дальше, он стоял у этого куста и неторопливо размышлял.

«Предположим, кто-то в его отсутствие пересадил сюда куст. Анна вряд ли этим станет заниматься, к тому же куст был посажен не на территории сада, а фактически в лесу.

Если такую пересадку сделал садовый робот из-за ошибки в программе, он не станет маскировать место новой посадки старым мхом и травой, которая успела уже слегка привянуть и своим поникшим видом выдавала неумелого конспиратора.

Может быть, это проделки Алешки? Да нет, пересадить такой куст да еще и замаскировать следы пересадки — задача не для восьмилетнего ребенка».

Возможно, в конце концов он бы отмахнулся от загадки и пошел дальше, но ему не нравилось расположение куста. Слева, у самой тропинки, — небольшое болотце, справа — непроходимые колючие заросли. Для человека, идущего к дому, оставалось лишь два способа прохода: проползти на четвереньках под кустом или отстранить без особого труда длинные гибкие ветви... Ну какой же взрослый, уважающий себя человек поползет на четвереньках? Ему предлагали задачу с готовым решением. Но он не любил подобных задач. Приблизившись вплотную к кусту,

Райков внимательно всмотрелся в кору и колючую хвою, ни к чему не прикасаясь.

Солнце садилось. Его низкие закатные лучи падали прямо на куст. В красноватом вечернем свете хвоя, а местами и кора как-то странно поблескивали, словно по ветке, загородившей дорогу, долго ползали садовые улитки. Но улитки не ползают по колючим кустам можжевельника...

Райков опустился на четвереньки и, осторожно соразмеряя свои движения с высотой куста, медленно двинулся вперед. У него пропало всякое желание прикасаться к кусту даже палкой. И, внутренне посмеиваясь над собой, представляя, сколько радости доставляет своей нелепой позой притаившемуся в зарослях шутнику, он продолжал медленно и осторожно продвигаться вперед.

Лес стоял вокруг молчаливый и тихий. Райков встал, отряхнул с колен грязь и еще раз осмотрел куст с противоположной стороны. Здесь следов странной слизи видно не было. Теперь можно войти в дом и вызвать службу безопасности. Он представил, сколько насмешек вызовет эта история. Руководитель экспедиции, испугавшийся можжевелового куста, рискует стать притчей во языцех во всем космофлоте... И тем не менее, переступив порог и не успев толком поздороваться с Анной, ни о чем даже не спросив, он прошел в свой кабинет, включил инфор и вызвал УВИВБ.

В голосе дежурного вместо удивления или насмешки он уловил настоящую тревогу.

— Соединяю вас с группой «Прорыв», возможно, ваша информация по их части...

Уже через пять минут около коттеджа Райкова, вызвав неподдельный восторг Алешки и изрядно повредив цветники и газон, опустились два мезолета спецслужб.

Получив результаты первых экспресс-анализов слизи, снятой с куста можжевельника у дома Райкова, Кленов немедленно вызвал по коду «Тревога-прорыв» две вспомогательные группы. Не прошло и нескольких минут, как огромная платформа энергоцентра появилась над домом Райкова, приняла на свою верхнюю параболическую антенну четыре канала прямой энергоподачи со спутниковых автоматических станций и, окутавшись голубоватым облаком статических разрядов, выбросила к земле расширяющийся зонт энергозащиты.

Теперь дом Райкова и прилегающий к нему район леса в радиусе двух с половиной километров оказались изолированными от внешнего мира.

К огорчению Кленова, установление более широкого

энергетического зонта не представлялось возможным, поскольку его край и так вплотную подошел к кольцевой рокадной дороге и жилым кварталам Липограда.

Внутри купола люди, одетые в скафандры высшей защиты, с антеннами универсальных анализаторов в руках обрабатывали каждый квадратный сантиметр почвы вокруг куста, постепенно расширяя зону поиска.

За пределами зонта еще одна группа космических десантников вела поиск по сложной схеме, стремясь охватить анализаторами возможно более широкое пространство. Все выглядело как при высадке на планету с категорией опасности не менее двух единиц.

— Может быть, ты мне объяснишь, что здесь происходит? — спросила Анна. Необычный шум заставил ее наконец покинуть кухню, в которой она запретила устанавливать автоматику.

— Видишь ли, дорогая, — несколько смущенно начал Райков, — мне самому забыли объяснить, что все это значит. По-моему, весь сыр-бор разгорелся из-за того можжевелового куста. Он мне не понравился, я имел неосторожность позвонить в службу безопасности, а что из этого вышло — ты видишь.

— Они же помнут все цветники!

— По-моему, они специально для этого и прилетели. Видишь, уже заканчивают. Вон тот высокий дядя в скафандре только что прошелся по последнему кусту клематисов.

— Ты еще и шутишь? Это кажется тебе смешным, да? — В голосе Анны звучала неподдельная обида и растерянность.

— Я не думаю, чтобы подобную операцию начали изза пустяка, — посерьезнев, сказал Райков. — Люди заняты делом, не стоит им мешать. Как только появится возможность, они нам все объяснят.

— А мне кажется, тебе это доставляет удовольствие. По-моему, ты специально все затеял, чтобы не скучать с нами наедине! — Хлопнув дверью, Анна ушла.

Окинув взглядом вытоптанный цветник и еще раз убедившись, что жены нет рядом, Райков подозвал Кленова.

— Что вы обнаружили на кусте?

— Контактный нервно-паралитический яд. Прикосновение смертельно даже через одежду. Вопрос времени. Я до сих пор не понимаю, что вас уберегло... Вам плохо?

— Нет, ничего, спасибо. Просто я подумал, что там мог играть Алешка...

— Рассчитано все очень точно. Куст опрыскали за несколько минут до вашего прихода. На высоте роста взрослого человека. Ловушка была поставлена именно на вас.

Странно, что она не сработала... Теперь им придется предпринять что-нибудь еще.

— Кому «им»?

— Если бы я знал... Мы все время опаздываем. Объект, прошедший сквозь защиту Мексиканского генератора, опередил поиск часов на шесть, и нам никак не удается сократить временной разрыв, но, возможно, сейчас, потерпев неудачу, он появится снова.

— Вы уверены, что эти события связаны друг с другом?

— Вещество, распыленное на кусте, не вырабатывается на наших заводах. Это, скорее всего, сок какого-то растения, неземная органика.

— И все же срок невелик. Шести часов слишком мало для того, чтобы сориентироваться в обстановке незнакомого мира, узнать мой адрес и даже время прибытия лайнера.

— У них должен быть земной источник информации, если вы правы.

Мы ничего не знаем о противнике. Возможно, ваша экспедиция к Ангре что-то прояснит. Не зря они ей противятся. Я почти уверен, что покушение на вас организовано именно в связи с этой экспедицией. А что касается информации — эту версию придется проверить, хотя канал ее передачи трудно даже представить.

— Она могла в законсервированном виде храниться на Земле, но какие-то контакты должны быть. Без них невозможны передача заданий, внедрение своих людей...

— Людей?

— Ну, не знаю... Чтобы действовать внутри нашего общества, они должны быть похожи на людей... Противник... Вот уже сотни лет, как это слово в его военном смысле исчезло из нашего языка. Теперь оно возвращается снова. Не нравится мне все это.

— Думаете, мне нравится? Но кто-то должен наконец назвать вещи своими именами.

— Зачем вы поставили энергетический зонтик над моим домом, надеялись, что объект все еще здесь?

— Нет. Скорее, это мера предосторожности. Он мог воспользоваться суматохой и нанести повторный удар. Так или иначе, он должен теперь проявить свои дальнейшие намерения.

Инфор срочной связи тоненько запищал на браслете Кленова, и тот нажал кнопку включения.

— Говорит «шестая». Кажется, мы нашли след.

— Какой давности?

— Часа полтора, не меньше.

— Район.

— В десяти километрах южнее Липограда.

— Зафиксируйте след, я сейчас вылетаю.

— Я с вами, подождите минутку, переоденусь и возьму...

— Извините, Игорь Сергеевич. Впредь до конца операции вам нельзя покидать зону силового ограждения.

— Это еще что за новости?

— Мы не можем рисковать вашей жизнью.

— Я, знаете ли, сам привык решать этот вопрос.

Брови Райкова сошлись у переносицы, а в глазах появился стальной и холодный блеск, хорошо знакомый его подчиненным. Кленов уже понял, что ему не переспорить этого человека. Он понял также и то, что не сумеет заставить его подчиниться своим распоряжениям. Все же он попробовал.

— По коду «Тревога-прорыв» мне предоставлено право изолировать любого человека на столько, на сколько я сочту нужным. Игорь Сергеевич, вам придется остаться.

— Интересно, каким способом вы собираетесь меня задерживать? Силой?

— Я не дам вам ключа от силового поля, снаружи останется охрана. Она будет охранять вас и вашу семью. Видимо, вы все же не до конца отдаете себе отчет в том, насколько велика опасность.

— Я немедленно свяжусь с Ридовым!

— Попробуйте. Но, думаю, сейчас это будет непросто даже вам. И потом, если вы думаете, что опасность там, куда я еду, то вы глубоко ошибаетесь. Скорее всего, там нет ничего, кроме старого следа. Она здесь. Внутри дома. Не забывайте, что наш неизвестный враг уже прошел защиту, подобную той, что прикрывает сейчас ваш дом, и у него есть вполне определенная цель.

— Вы хотите сказать...

— Вам лучше остаться здесь. Вы не представляете себе всей серьезности игры, которая ведется, и не знаете, какие силы и средства в ней сейчас задействованы. Вам лучше остаться в доме, в фокусе нашей аппаратуры. Если хотите, в роли подсадной утки. У меня есть основания полагать, что наш противник спешит и очень скоро будет вынужден повторить удар.

— Благодарю за откровенность по поводу моей новой роли.

— Вы не оставили мне иного выбора.

— А жена и сын?

— Я не думаю, что им грозит опасность. Удар направлен только на вас. Но, если хотите, я могу забрать их с собой и перевести в другое, защищенное место.

— Пусть уж лучше остаются со мной, не очень-то я верю в надежность вашей защиты.

Не ответив, Кленов сел в кабину мезолета.

8

Как только мезолет покинул зону купола, на пульте вновь вспыхнул вызов.

— Говорит шестая группа поиска. Кажется, мы его обнаружили. Биолокаторы фиксируют интенсивный энергетический объект порядка сорока двух люмов, изображения нет, мы его не видим.

— Прекратите все разговоры в эфире! Управление передайте центральной! Переключите локаторы на инфракрасный диапазон!

Руки Кленова автоматически, независимо от сознания, занятого другой, более важной задачей, совершали необходимые действия. На мониторах мезолета уже проступало изображение неизвестного объекта в инфракрасных лучах. Небольшое темное пятно с размытыми краями двигалось, металось по кругу силового зонта.

Кажется, на этот раз они успели... Теперь самое главное — нарастить мощности до того, как эта штука покажет все, на что она способна...

— Седьмой, восьмой и двенадцатый энергопередатчики переключить на шестую группу, обе платформы энергетического резерва — в зону контакта.

— Посмотрим, — прошептал Кленов. — В конце концов ты всего лишь гость. Планета здесь наша, и все ее ресурсы приведены в нулевую готовность. Если понадобится, сюда потечет энергия обоих полушарий, миллионы гигаватт... Только бы успеть. Только бы выиграть в этой схватке несколько секунд...

Работали все съемочные камеры и измерители. Он видел, как темное пятно на экране развернулось и бросилось на силовую стенку. Ослепительные всполохи в зоне контакта казались немыслимо яркими для такого крошечного пятна.

Мельком глянув на гравиметр, Кленов удовлетворенно кивнул.

Массы у него осталось не более ста килограммов. Зонт

должен выдержать. Только полная аннигиляция объекта может прорвать защиту.

— Всю мощность — на левую стенку! Защиту переключить на скользящий режим!

Силовая стена подалась под давлением объекта, уступила, ушла в сторону. Их уже разделяло несколько метров. Противник не сразу понял, что произошло, и это позволило им выиграть первые, самые необходимые секунды.

С каждым щелчком хронометра, с каждым ударом сердца мощности, подаваемые на силовой щит, сомкнувшийся вокруг незваного гостя, росли. Включались все новые подстанции. Все новые жгуты синего плазменного огня тянулись из стратосферы к приемным антеннам шестой энергоплатформы. Пришельцу уже не справиться, не вырваться из огненного круга, очерченного планетой вокруг него. Вот наконец он понял. Сообразил. Увеличил скорость. Поздно. Слишком поздно. Кленов глянул на индикаторы мощности. Теперь можно помериться силами впрямую. Не уводить поле из-под лобового удара, не тянуть время. Качнулись индикаторы всех приборов, вновь на экранах полыхнул огонь.

— Есть контакт с защитой! Мощности аннигиляции!

Кленов и сам это видел. В неравной борьбе темное пятно наливалось изнутри малиновым светом, истаивало на глазах, отдавая всю массу бешеному атомному огню, полыхавшему внутри защитного купола, в тщетной попытке прожечь стены сомкнувшейся вокруг него ловушки.

Температура внутри замкнутого пространства защитного поля уже достигла тысячи градусов и продолжала расти. В радиусе сорока метров горели кусты. В пепел превращалась трава, в зоне контакта начинал плавиться песок. До каких же пор? Сколько градусов он может выдержать? Почему не прекращают бессмысленную атаку?

Они уже видели купол ловушки невооруженным глазом. Мезолет на предельном форсаже двигателей шел в зону схватки. Огненный пузырь силового поля вздымался и опадал вместе с пульсацией полей. Борьба внутри купола шла к концу. Свет из фиолетового диапазона переходил в голубой. Температура начала падать. Кленов еще раз посмотрел на гравиметр и прикусил губу: осталось меньше двух килограммов массы. Стрелка стремительно двигалась к нулевой отметке. Он сгорит весь, без остатка. Внизу неведомый и опасный гость продолжал безжалостную борьбу, превращая самого себя в поток фотонов. Они никогда не узнают, что это было: существо, механизм?

Горсточка оплавленной земли — все, что они найдут на месте схватки, все, что останется от того, кто пришел сюда из какого-то невероятного звездного далека, пришел только затем, чтобы попытаться ужалить, а затем бесславно и мужественно погибнуть.

Кленов уже понял, что противник не прекратит атаку до тех пор, пока полностью не аннигилирует. Самоуничтожение — вот что это такое. Его рука сама собой потянулась к красной клавише. Он понимал, чем рискует, какого опасного гостя выпускает на волю, и все же не мог поступить иначе.

Клавиша щелкнула и плавно утонула в своем гнезде, утонула без всякого усилия, без сопротивления. Всего-то и надо было сделать, чтобы прекратить полыхающий внизу атомный костер.

— Всем средствам слежения фиксировать объект! В случае попытки выйти из зоны контакта разрешаю силовую атаку.

Никто не пытался выйти из зоны. Постепенно в окошках индикаторов один за другим появлялись нули, только уровень радиации оставался высоким да звездная температура плавила уже коренную материнскую породу.

На экранах еще виделся небольшой комочек темного вещества, продолжавший пульсировать, бороться, поглощать окружающую его разбушевавшуюся энергию и медленно таять в чужом и враждебном мире. Все-таки Кленов опоздал с прекращением контакта, какой-то предел был уже позади. Какие-то структуры нарушились, какие-то процессы приобрели необратимый характер. Гость продолжал растворяться, исчезать на глазах.

Кленов сделал еще одну, последнюю попытку. Мезолет выстрелил вниз вакуум-бомбой. Тонкая пленка облила на секунду объект и тут же сгорела.

Все было бесполезно. Гость продолжал бороться с враждебной средой до последнего атома, до последнего фотона. Он не желал выдавать своей тайны, но не мог знать, что все этапы схватки, все бесчисленные данные анализаторов уже учтены, зафиксированы и продолжают поступать в главные компьютеры планеты.

Центральное хранилище информации разместилось в подземных галереях Валдайской возвышенности. Среднерусская платформа давно уже стала центром многочисленных отраслевых компьютерных комплексов, со временем объединенных в гигантскую систему — Федеративный центр проблемной информации.

Постепенно сюда стали стягиваться различные научные учреждения, образовав на Валдае крупнейший академический центр со своими заводами, исследовательскими комплексами и полигонами. Этот мозговой центр Федерации не ориентировался на сиюминутные задачи. Здесь определялось развитие теоретической науки Земли на многие годы вперед, здесь занимались нестандартными проблемами широкого профиля, решить которые не могли специализированные региональные научные центры.

Наука с каждым годом стоила все дороже, погружаясь в бездну сложнейших проблем, суливших обществу в необозримо далеком будущем бесчисленные блага. Окутываясь почти мистическим туманом теорий, гипотез, предположений, разработок, исследований, она становилась занятием для избранных. Ученые превратились постепенно в привилегированную, замкнутую касту. На восемьдесят процентов эта огромная махина, пожиравшая бездну ресурсов и человеческих умов, работала сама на себя. А обществу ради остающихся жалких крох приходилось терпеть хорошо организованных бездельников, прикрывавшихся фиговыми листами научных диссертаций, разобраться в языке которых давно уже было не под силу ни одному нормальному человеку.

Несмотря на то, что УВИВБ располагало собственным научно-исследовательским отделом, Кленову пришлось обратиться в Валдайский центр.

Только после утомительной процедуры выписки специального пропуска ему удалось наконец попасть на территорию Центра.

В гигантских ангарах доктора Каминского, как всегда, что-то разбирали. На этот раз был «Томагавк-2001». В соседнем отсеке начинался монтаж установки, подающей еще большие надежды, чем разбираемый «Томагавк». Самого Каминского Кленову удалось найти лишь после полуторачасовых поисков в хорошо забетонированном подвале с надписью: «Вход воспрещен всем».

Каминский задумчиво теребил ухоженную бородку, разглядывая целую груду сверхпроводимых магнитов, сваленных безо всякого порядка в дальнем конце подвала. От входа их отделяла толстенная плита свинцового стекла. По-видимому, магниты были основательно заражены радиацией и в ближайшие пятьдесят лет вряд ли кому-нибудь могли пригодиться.

— Вы ко мне? — спросил Каминский, все еще не отрывая взгляда от магнитов.

— Да. Вас должны были предупредить о моем визите.

— Возможно. Секретарше редко удается меня найти. Так, чем могу?..

— Меня интересуют результаты ваших исследований по коду «Тревога-прорыв».

Теперь Каминский впервые посмотрел на посетителя, и, хотя они встречались уже раза два, Кленова не узнал и руки не подал.

— Насколько мне помнится, мы посылали вашему Управлению специальный отчет.

Из этой фразы следовало, что все он прекрасно помнил и отлично знал, какое ведомство представлял Кленов.

— Его смотрел наш научный переводчик, однако и после специальной обработки мне там ясно далеко не все.

— Сожалею, однако не могу же я заменить вам научного переводчика!

— Можете! — жестко сказал Кленов. — Кода никто пока не отменил, и я вам сейчас покажу, что это значит.

Он достал из нагрудного кармана небольшой квадратик инфора, набрал на нем несколько цифр и нажал маленькую красную кнопку в левом углу.

— Слушаю, — сразу же ответил рокочущий бас директора Валдайского центра, исказить который оказался не в состоянии даже хрипловатый динамик миниатюрного инфора.

— Игорь Всеволодович, это Кленов, тут ваш сотрудник доктор Каминский перегружен срочной работой, не могли бы вы освободить его для меня часа на два?

— А он не знает, что означает код «Тревога-прорыв»?

— Делает вид, что не знает.

— Дайте мне его!

Не желая слушать предстоящего Каминскому разноса, Кленов щелкнул переключателем, и в ухе профессора сразу же запищал зуммер. Этот невидимый глазом прибор крепился к внутренней стороне ушной раковины всех сотрудников Центра и использовался лишь для аварийной информации или сообщений чрезвычайной срочности.

Через две минуты лицо Каминского, лишенного возможности что-нибудь ответить или возразить, покрылось красными пятнами.

А спустя пять минут они уже сидели в центральном диспетчерско-демонстрационном зале.

Современные исследования почти на девяносто процентов проводились автоматизированными киберсистемами, без участия человека. Автоматы с точностью и тщательностью, недоступной людям, трудились глубоко под землей. Многие работы проводились в полностью запечатанных боксах, данные анализов и многочисленных датчиков, следящих за любым экспериментом, сразу же поступали в хранилища информации и по мере необходимости обрабатывались вычислительными системами, а затем в удобном для рассмотрения виде подавались в диспетчерский зал. На долю людей оставались лишь постановка задачи, выбор необходимых алгоритмов, так называемое «стратегическое программирование», и анализ полученных результатов.

Сейчас голографические лазерные установки воссоздали точную копию изображения спекшейся ноздреватой массы — единственного остатка «гостя», — найденной на месте недавней схватки.

— В вашем отчете мне встретился незнакомый термин «биокристаллид». Что он означает?

— Биокристаллы — мельчайшие частицы органической материи, промежуточное звено между вирусами и белковыми молекулами. Они обладают определенным генотипом нуклеидов, способны размножаться. Термин «биокристаллид» предложен нами. Биокристаллид — мельчайшие образования, видимые лишь под микроскопом. Поскольку они обладают неустойчивой кристаллической решеткой, собранной из крупных органических молекул, их масса физически не может превышать микрограммов. Однако, по нашим предположениям, весь объект состоял из биокристаллов.

Тон Каминского все еще был сух и официален.

— Вы полагаете, это биоробот?

— Вы нам мало что оставили. Трудно сделать определенное заключение. С равной степенью вероятности можно предположить, что это был необычный живой объект с собственной нервной структурой или управляемый извне робот.

Постепенно, увлекаясь темой, Каминский оттаивал. Его объяснения становились все подробней и доходчивей. С удивлением для себя Кленов отметил, что ученые, когда хотят, могут излагать собственные мысли вполне доступным для простых смертных языком. Внутри многотомных, испещренных формулами отчетов заключены, как правило, крупицы истины, которые можно выразить немногими вполне понятными словами. Но чем толще отчеты, чем заумней язык их изложения, тем меньше можно обнаружить там этих драгоценных крупиц смысла.

— Самое интересное в объекте — не его биологическая структура.

Каминский что-то переключил на пульте, и по главному экрану поплыли плоские фотографии треков атомного распада.

— Эти снимки мы получили из срезов коренных пород, подвергнувшихся облучению во время энергетического удара. В них нет ничего интересного, обычная остаточная радиация. Но посмотрите внимательней: вот там и там след совершенно ни на что не похож. Эти фотографии натолкнули меня на мысль воссоздать в компьютерной модели первоначальный состав ядерного вещества нашего гостя, и вот что получилось...

Перед ними появились пространственные атомные решетки, словно вывернутые наизнанку. В электронных слоях движущихся живых изображений атомов то и дело вспыхивали синие всполохи фотонов. Атомы пульсировали, сжимались, постепенно уменьшали свой объем. Из них то и дело выпадали, превращаясь в энергию, отдельные частицы. Атомы разваливались, их становилось все меньше.

— Радиоактивный распад?

— Не совсем. Атомное строение объекта необычно. Его атомы наполовину состоят из антиматерии, как бы закапсулированные в оболочку из неизвестного нам поля и поэтому способные какое-то время находиться внутри обычной материальной среды без аннигиляции...

— И как долго они могут находиться в таком законсервированном состоянии?

— Все зависит от массы, но, очевидно, в среде обычной материи объект все время должен тратить часть своей массы, чтобы сохранить стабильное состояние и не аннигилировать.

— Но позвольте, в вашем отчете об этом не было ни слова!

— Это мои собственные, ничем пока не подкрепленные выводы. Когда работа будет закончена...

Кленов опять не сумел сдержаться:

— Перестаньте разыгрывать из себя младенца с бородкой! Вы что, не понимаете, о каких серьезных вещах идет речь? Да если это так, вся их тактика должна быть направлена на то, чтобы закрепиться в нашем мире с помощью... нас самих, тех из нас, кто на это способен!

— Вы хотите сказать?.. Чепуха! Вы привыкли играть в своем Управлении в старинных разведчиков, вам везде мерещатся вражеские агенты!

Ничего больше не сказав, Кленов отошел к другому пульту. Спорить с этим человеком было бесполезно, да и не нужно.

Свою задачу он выполнил, и выполнил неплохо. Жаль, что людям не всегда дано оценить значение собственных открытий. Теперь ему хотелось лишь поскорее остаться одному и обдумать полученную информацию. Очень многое представлялось теперь иначе, чем раньше.

«Если Каминский не ошибся и они не смогут свободно существовать в нашем мире, тогда такие люди, как Гравов, — их единственная надежда...» — Он тут же остановил себя, потому что слишком мало знал об этом юноше и не имел права даже в мыслях предъявлять человеку подобное обвинение. В одном он не сомневался: каким-то образом Гравов связан с последними событиями, а возможно, с теми, кто ими управлял из другого, непонятного и недоступного землянам мира.

«Гравов после гибели мексиканского пришельца остался единственной ниточкой, единственным человеком, способным пролить свет на загадочную историю со спасательной шлюпкой и последовавшим затем прорывом... Наверняка этот прорыв, вся эта схватка, засылка биоробота в чужой мир со специальной защитой обошлись им недешево», — впервые Кленов поймал себя на мысли, что невидимый, отделенный от него непроницаемой завесой антимира противник воспринимается как нечто совершенно конкретное, не похожее больше на бездушный математический символ отвлеченного от действительности уравнения.

Вряд ли бы они стали платить столь высокую цену без серьезной причины. А раз так, раз в фокусе удара оказались Райков и, возможно, вся экспедиция на Гридос, — то история с Гравовым и информация, которой он мог располагать, приобретали совершенно особое значение.

Пронзительно синий майский день медленно догорал над столицей.

Их уже осталось совсем немного, этих припудренных золотой пыльцой, цветущих весенних дней. Скоро их сменят душные, напоенные летним солнцем, дни июня...

Кленов медленно брел по проспекту Мира и думал о том, что ему-то уж и вовсе мало остается этих нежных и голубых дней Земли...

Совсем близко впереди обозначилось расставание, и он знал, что много раз будет потом вспоминать этот нереально красивый и тихий день.

Где-то за далеким, невидимым за стенами городских строений горизонтом плыли звезды. Их время еще не пришло. Лучи солнца еще гасили их слабый свет, но они были там.

И Кленов подумал, что все эти дни где-то среди них летела система Гамма вместе со своим Гридосом.

Ему не нравилось даже название планеты, но он знал уже, что нити, связавшие его с ней, слишком прочны, и, следуя их натяжению, он медленно и неотвратимо приближался к своему последнему дню на Земле. Уже ждало его новое предписание, долгая дорога на Гридос, поиски Гравова и, может быть, если повезет, нескорое и неясное пока возвращение...

ЧАСТЬ ТРЕТЬЯ

ГРИДОС

1

В безднах параллельной Галактики странный аппарат, похожий на серебряное яйцо, закончил свой полет.

На высоте двух тысяч метров над планетой Яйя его скорлупа начала истончаться под действием фтористого водорода — основного компонента атмосферы этой планеты. Через несколько минут активного воздействия едкого газа оболочка треснула и рассыпалась. Два существа, внешне совершенно непохожие на людей, развернули по паре огромных темных крыльев и начали медленный, планирующий спуск к поверхности планеты.

Все шло так, как и должно было быть. На Яйе ничего не менялось в течение тысячелетий, даже воздух оставался прежним, чего нельзя сказать о других мирах.

Оба существа полной грудью вдыхали животворную для них смесь ядовитых газов и, уравняв скорости, вели неторопливую беседу. Их речь была беззвучна и совершенно непонятна для человеческого восприятия, но смысл оставался так же един, как едины были основные законы разума во Вселенной.

— Как ты думаешь, для чего мы понадобились Правителю? — спросил тот, у которого чешуя на груди отливала радужным блеском, что свидетельствовало о втором воинском ранге личного советника Правителя.

Велояг, его спутник, ничего не ответил, лишь недоуменно тряхнул крыльями, отчего прямолинейный его полет прервался, и он провалился метров на двадцать ниже собеседника.

Когда они вновь поравнялись, Велояг дерзнул наконец изложить собственное мнение на этот счет:

— По последним статистическим данным, поставки эликсира замедлились, производство его сократилось почти на двадцать процентов... Может быть, причина в этом?

— Не думаю, — промолвил Гагаяг, поблескивая радужной чешуей. — Скорее всего, дело в зялмянине, куратором которого тебя назначили. До сих пор мы не можем установить с ним контакт — а это особый случай, достойный пристального внимания Правителя.

— Как бы там ни было, здесь нас не ждет ничего хорошего. — Концом крыла Велояг указал вниз, где в разрыве облаков уже виднелись красноватые всполохи и зеленоватые дымы столицы.

Хрустальная гора правительственной резиденции издали напоминала средневековый замок. Слишком уж симметрично расположились отдельные зубцы ее прозрачных, сверкающих красноватым светом вершин.

На площадке для приглашенных их уже ждала стража, и, увидев, что это непочетный караул личной охраны Правителя, а всего лишь дежурные гвардейцы, Гагаяг помрачнел еще больше: подтверждались его худшие опасения. Опала, возможно, изгнание на отдаленную планету. В самом худшем случае — трансформация личности. За последние десятилетия положение на внешних границах империи значительно осложнилось, и разжалования производились гораздо чаще награждений.

Скала содрогнулась от очередного землетрясения, и чудовищный грохот разбушевавшейся подземной стихии долетел до верхней площадки. Никто из деймов даже не повернул головы, настолько привычны стали подземные катаклизмы. Просто лишнее свидетельство дурного настроения Правителя.

Действительно, Ат-Баяг Четвертый изволит гневаться.

И было отчего! Ему только что доложили о провале акции воздействия. Исторический ход цивилизации на Зялме остался неизменным и пребудет таковым в ближайшие четырнадцать лет. Лишь через четырнадцать лет им вновь представится случай, но тогда, скорее всего, будет уже поздно.

Словно добрый рок оберегал этот мир. Все было рассчитано и, казалось, все предусмотрено, и тем не менее операция сорвалась. Никто из советников даже приблизительно не представлял себе масштабы нависшей над ними опасности. Если бы не цикличность прохода на Зялму, он бы немедленно бросил туда два или три легиона, не останавливаясь ни перед какими жертвами.

Четыре тысячи лет они наблюдали за этим миром, не подозревая, какая страшная опасность вызревала для них на Зялме, и вот теперь, похоже, опоздали.

— Во всех подобных операциях у нас всегда был запасной вариант.

— Это так, Великий. — Личный советник Баг-Сеяг затенил лицо сгибом крыла, дабы подчеркнуть свою особую печаль.

Жесты, слова, тысячелетняя лесть — ничего не изменилось и никогда не изменится. Возможно, именно поэтому они в конце концов проиграют. Ат-Баяг вытянул три длинных суставчатых пальца, заканчивающихся острыми прямыми когтями, и почесал переносицу: слова из советников приходилось вытягивать клещами, и он пожалел, что это не настоящие клещи. Слишком хлопотно, слишком противно. Впрочем, и так не лучше.

— Ну, так что там с этим вариантом, он тоже не сработал?

— Этим занимался Велояг.

— Ты вызвал его?

— Он здесь, Великий, прикажешь позвать?

— Позови.

В дейме, вошедшем вслед за распорядителем приемов, чувствовалась провинциальность. Он даже не затемнил крылом нижнюю половину лица. Кому они раздают ответственные задания? Вот этой деревенщине? Дейму третьего ранга? Придется взяться за Ага-Буза. Похоже, он слишком увлекся расследованием дворцовых сплетен и забыл свои настоящие обязанности.

— Расскажи, что тебе поручили, — как умел доброжелательно промолвил Ат-Баяг, и все равно его голос под сводами радужного зала прозвучал мрачно, словно погребальный звон.

— Мне поручили завербовать или похитить зялмянина по имени Гравов. — Велояг замолчал, и Правитель знал, что теперь он будет молчать до следующего вопроса, даже если ждать понадобится тысячу лет.

Ат вздохнул и продолжил допрос:

— Ты знал, почему выбор пал именно на этого зялмянина?

— Нет, Великий.

Ну конечно! Этого он мог и не спрашивать. Его указания на то, чтобы при выдаче задания исполнителю объяснялась хотя бы его суть, систематически не выполнялись. Традиции. Государственная тайна. Если каждый дейм будет знать, что ему надлежит делать, Управление имперских тайн рискует остаться без работы.

— Как прошла реконструкция личности?

— Психостологи оценили... Она удалась, хотя...

— Ну что ты замолчал? Говори!

— Я не психостолог, Великий, я всего лишь куратор.

Пользуясь своей привилегией воинов первой категории, ибо только они могли говорить, не дожидаясь прямого вопроса Правителя, вперед вышел Бат-Янг, главный императорский психостолог.

— Иногда встречаются трудные случаи. Слишком сильная личность изменяется не так пластично, не так постепенно, как это надлежит. Изменения тогда происходят скачком, и новое качество может проявить себя слишком полно.

— Говори ясней!

— Изменяемый так полно воплотился в новое, внушенное ему состояние, что совершенно забыл о прежнем...

— Ну и что же?

— В таком случае с ним очень трудно поддерживать контакт, центры подсознания закрываются...

— Так откройте их!

— Это невозможно. Изменяемый введен в операцию, задействован в новой роли на Зялме. Этот мир недоступен прямому воздействию еще четырнадцать лет.

— Это я знаю без вас!

Грохот подземного удара был страшен, дворец зашатался, но выстоял, со стен посыпались отклонившиеся изумрудные пилястры. С минуту успокаиваясь, Ат думал: «Итак, они в ловушке. Воздействие на ключевые моменты истории Зялмы не удалось, и в ближайшее время, видимо, не удастся. Если она пойдет своим ходом...» Дворец зашатался от нового удара. Ат сдержал гнев и продолжал мысль: «Если она пойдет своим ходом, то экспедиция корабля зялмян к Ангре все-таки состоится. Корабль достигнет цели, и планетой завладеют зялмяне, сначала только Ангрой, а потом, раскрыв ее тайну, они пойдут дальше. Тогда их уже не остановить. Рано или поздно придет очередь Яйи, им начнут диктовать правила игры, с них, возможно, потребуют для начала сдачи завоеванных и освоенных миров...»

— Позовите предсказателя! — сдерживаясь, прорычал Ат, стараясь не причинить дворцу новых разрушений.

Двери распахнулись почти сразу, словно главный предсказатель ждал за ними вызова уже несколько часов или тысячелетий; возможно, так оно и было. Молодого демиурга украшала новая кожа с черными матовыми чешуями по всей поверхности. Лишь золотое ожерелье с рубином, опоясавшее тощую шею, выдавало в нем принадлежность к касте великих. Поскольку большинство предсказаний на Яйе, в отличие от других миров, сбывалось — этой касте не требовалось рекламировать свои достоинства чрезмерным грузом драгоценных украшений.

— Я хочу знать, что будет, если мы проиграем Ангру?

— Этого нельзя допускать, Великий: после этой развилки будущее становится неуправляемо.

— Ни одного возможного воздействия?

— Мелкие частные изменения. Цивилизация распадается на множество сообществ, каждое из которых пойдет по собственному пути развития. Мы не сможем контролировать их всех. К тому же их могущество возрастет настолько...

Ат устало махнул рукой, приказывая демиургу замолчать. Каким будет их развитие, он знал и без предсказателя. Они пошли странным, необычным путем, эти зялмяне. Их техническая цивилизация долго казалась всего лишь курьезом, извращением, заранее обреченным на скорое разрушение.

Такие цивилизации возникали не раз и всегда кончали какой-нибудь катастрофой. Однако зялмяне почему-то выстояли в самый сложный период, когда атомная война готова была вспыхнуть каждую секунду. Почему деймы не вмешались тогда? Это было так просто...

Но возможности предсказателей не беспредельны, и никто не мог предвидеть, во что обратится этот молодой развивающийся мир. Они с улыбкой наблюдали за ним, предвкушая его развал и огненный конец. Великие провидцы Вселенной. Когда надо, они умели ждать долго, и вдруг оказалось, что ждать больше нечего. Зялма благополучно миновала опасную фазу и пошла дальше по нехоженому пути могущественной технической цивилизации. Зялмяне построили звездолеты и стали ломиться сквозь пространство. Эти варвары прошибали его своими таранами, основывали новые колонии, плодились и размножались.

И вот теперь час пробил. Они представляют собой прямую угрозу Яйе, если немедленно не пресечь их экспансию.

Его мрачный могучий мозг боролся с возникшей опасностью, искал обходных путей...

— Перешлите Гагаягу мою волю.

Ритуальная фраза для воинов второго ранга. Ат никогда не забывал привилегий и имен своих подданных, помнил все оказанные ему услуги, просчеты глупцов и козни слишком властолюбивой знати. Может, поэтому он жил и правил Яйей так долго? Сколько именно? Он глянул вниз, туда, где его ноги, давно уже превратившиеся в могучие корни, пробили пол и несколько тысячелетий назад вросли в почву планеты. Теперь он питался ее соками и составлял с ней единое неразрывное целое. Иногда вынужденная неподвижность казалась ему несколько неудобной, но в большинстве случаев его устраивало все, что не мешало думать.

2

Вербовочный пункт располагался на территории космопорта. Это было огромное приземистое здание, разделенное на небольшие клетушки с отдельными входами. Над каждым входом горело цветное рекламное панно с названием компании и цифрами, обещавшими новым колонистам невиданное благополучие.

Хотя продукты, жилье и одежда давно уже ничего не стоили, денежные единицы не исчезали полностью. Предметы роскоши, искусства, путешествия на экзотические курортные планеты, домашние роботы, личный транспорт — все это стоило достаточно дорого и оставалось хорошей приманкой для привлечения молодежи на тяжелые и опасные работы по освоению новых планет. Кроме заработка, работа там прибавляла несколько баллов в личной учетной книжке и в дальнейшем позволяла выступать на конкурсах, где разыгрывались наиболее престижные места в благоустроенных колониях.

Канцелярии всех времен и народов похожи друг на друга как две капли воды. Менялся лишь внешний облик. Счеты и папки с документами заменили компьютеры и кристаллы с мнемопамятью, но суть осталась прежней: учитывать, распределять и, если обстоятельства позволяли, предписывать — предопределить судьбу человека, захлопнуть над ним челюсти беззубой, обитой бумагой пасти.

Роман, совершенно измотанный ночными кошмарами и бессонницей во время долгой дороги до Гридоса, представлял для них сейчас легкую добычу. Окружающее казалось ему не совсем реальным, словно было продолжением все тех же кошмаров. С трудом ему удалось взять себя в руки, он слишком хорошо понимал, что вся его дальнейшая жизнь на Гридосе зависит от предстоящего разговора с чиновником Отдела распределения и вербовки.

— Что мы можем вам предложить... Ну, во-первых, рудники на внешних спутниках. Придется пройти специальные шестимесячные курсы, там много техники... Специальности у вас, к сожалению, нет...

Чиновник был в меру вежлив, хотя не старался даже скрыть своего полного безразличия к судьбе Романа.

На экране дисплея, невидимо для посетителя, прыгали какие-то знаки и цифры, отражавшиеся на лице чиновника синими мертвенными сполохами.

— Спутники меня не интересуют, — как можно равнодушнее и спокойнее проговорил Роман. Опыт многих подобных разговоров подсказывал ему, как правильно следует себя держать в этой ситуации. Главное, не попасться на какую-нибудь хитро подстроенную ловушку, не согласиться на изнуряющую работу у автоматического комплекса. Кроме того, ему во что бы то ни стало нужно было остаться на планете.

— У меня есть несколько специальностей. Например, монтажник аппаратуры высоких энергий, третий разряд.

Чиновник поморщился.

— Специальности, полученные в процессе рабочего обучения, у нас не котируются. Нам нужны серьезные люди с образованием. Таких, как вы, слишком много. Их проще всего обучать на месте тем специальностям, которые пользуются спросом в данный момент. Я вам не советую привередничать. Если вы не согласитесь с моими предложениями, вас распределят на работу по категории Х-2. В договоре есть соответствующий пункт.

Это означало, что его отправят в рабочий отряд без права выбора места работы и без определенной специальности. Но он изучил договор и неплохо знал свои права.

— В договоре есть и пункт шестнадцатый, примечание «а», в котором сказано, что вы обязаны предоставить мне выбор по крайней мере из двух мест по категории не ниже Х-1.

Чиновник выглянул из-за экрана компьютера и удивленно посмотрел на Романа. Видимо, ему не часто попадались переселенцы, наизусть знающие все статьи договора.

— Конечно, еще я могу вам предложить место компаньона на сельскохозяйственной ферме.

— Разве у вас там не все делают роботы?

— У нас патриархальный уклад жизни. Многие предпочитают обходиться без роботов. Место хорошее. Отдельный остров. В выходные вы будете иметь возможность посещать столицу. Всего пятьдесят миль. К тому же если вы там получите хорошую характеристику, то через шесть месяцев можно будет сменить место работы.

— Пожалуй, меня это устроит.

Компьютер на столе чиновника заурчал, как довольный, сытый кот, и выплюнул на стол карточку Романа. На этом формальности были соблюдены. Попутный глайдер отправлялся на остров только на следующий день, и Роману нужно было еще устроиться с ночлегом. Впрочем, об этом позаботилось бюро по найму. Вместе с карточкой он получил и ключ от незанятого гостиничного блока.

Как и предполагал Роман, номера в типовом здании гостиницы походили друг на друга как две капли воды, и, переступив порог, он передернул плечами от неприятного чувства.

Ничто и никогда не менялось в этих пластиковых коробках.

Казалось, здесь остановилось само время. На самых разных планетах он испытывал это неприятное чувство возвращения к старому. Конечно, стандартизация помогала осваивать новые миры, обеспечивала быстрое и достаточно полное снабжение новых поселенцев всем необходимым, но оставалась ее внешняя, неприглядная сторона. При сильном желании он мог бы сменить здесь всю обстановку, вот только зачем? К тому же неопределенное время ему предстояло довольствоваться стандартной пищей, меню которой составляли опытные диетологи, никогда не учитывающие личных вкусов Романа.

Каждый раз получалось, что, сбежав от осточертевшего душного однообразия стандартов и автоматики, заполонивших Землю двадцать второго столетия, он попадал вместо патриархальной сельской жизни, о которой втайне мечтал, в еще более стандартизованный и роботизированный мир колоний...

Впрочем, чего же еще можно было ожидать временному рабочему, приехавшему сюда по договору Два Же?

Были здесь, конечно, и виллы, и залитые солнцем луга индивидуальных ферм... Насчет солнца он, пожалуй, переборщил. На Гридосе даже официальная статистика прогнозов обещала не больше двух солнечных дней в году.

«И все же, почему бы ему не осесть в каком-нибудь малонаселенном мире? Превратиться в старожила, обзавестись собственной фермой, семьей, наконец...» Роман скептически усмехнулся собственным мыслям. Что-то он слишком быстро раскис на этот раз... В конце концов у него теперь есть надежда. «Нужно узнать, почему Гридос желает выйти из Федерации, какие здесь имеются тайные общества, секты, одним словом, «вжиться в местное общество», вжиться и наблюдать. Разве это так уж трудно? Может быть, он чрезмерно драматизирует полученное задание?»

«Главное — уцелеть, — сказал ему Райков, — собрать и передать информацию...»

Пока он не видел здесь никаких особых опасностей: типичная провинциальная планета, надо лишь переждать, перетерпеть несколько месяцев до прилета «Руслана».

Утро показалось Роману таким же безрадостным и серым, каким был предыдущий вечер, предстоял огромный пустой день в мире, где его не знал ни один человек. Глайдер на острове будет лишь поздно вечером, и нужно было чем-то занять себя.

Не бывает одиночества хуже, чем на переполненном незнакомыми людьми вокзале, — таким ему представлялся город. Но и в гостинице не слаще... Похожие как две капли воды комнаты, одинаковые развлечения у экрана вифона и прочие блага единого стандарта. Можно, конечно, завалиться спать на весь день, но этой ночью его впервые отпустили кошмары, и он хорошо выспался. Да и валяться в постели в его возрасте, когда кругом кипит чужая незнакомая жизнь, обещающая всегда так много и так мало дающая, показалось ему неинтересным. Информация... Им там, на далекой теперь Земле, нужна информация... Нехотя он поднялся и вышел из гостиницы.

Столица гридского поселения производила мрачное впечатление. Здесь все было слишком уж рационально. Портовые склады, автоматические производственные комплексы, ремонтные мастерские и транспортные хозяйства. Конечно, Роман не ожидал встретить в порту жилые коттеджи — как и в большинстве поселений, они наверняка вынесены в специальную зону. Но здесь не было даже портовых кафе и пляжных комплексов. Местное море содержало ядовитую фракцию в своем соляном растворе — в нем присутствовали ядовитые соединения тяжелых металлов. За сорок лет гридяне даже не попытались решить проблему очищения воды. Это показалось странным. Обычно поселенцы больше всего времени и сил тратили на то, чтобы привести свой новый дом в порядок. Давно были разработаны эффективные способы очистки водных и воздушных масс вновь осваиваемых планет.

Северoград, раскинувшийся в двух километрах от портовой зоны, выглядел привлекательней, но и здесь Роман не мог отделаться от ощущения какой-то временности, искусственности и торопливости... Ни одного многолетнего дерева, ни одного солидного долговременного сооружения, большинство строений — времянки.

Словно бросая вызов унылому однообразию городских улиц, там и тут вспыхивала яркая реклама какого-то местного напитка. Но и эти редкие цветные пятна не могли изменить общей картины. «Не позаботились даже проложить приличных дорог», — с раздражением подумал Роман: основу городского транспорта до сих пор составляли устаревшие лет двадцать назад кары на силовой подушке.

Прямо напротив остановки вспыхивала и гасла реклама все того же напитка: «Пейте «Уравнил»!», — а чуть в стороне, подальше, в конце улицы, неоновыми змейками бежали слова: «Уравнил» — это радость!»

«Можно подумать, у них здесь нет ничего, кроме этого «Уравнила»... Уж не наркотик ли это? Хотя нет, карантинные службы Федерации никогда бы не допустили открытой рекламы чего-то подобного». Тем не менее, желая убедиться в этом, он подошел к уличному автомату и, нажав кнопку, получил запотевшую бутылочку желтоватого напитка. На яркой этикетке опять призывно вспыхнуло «Уравнил». Роман открыл бутылку и понюхал. Напиток пахнул вполне безобидно — лимонным соком. Роман с детства терпеть не мог ничего кислого. Он осторожно слизнул с ладони каплю напитка, явно отдававшего синтетикой, сморщился и тут же отправил в мусоропровод всю бутылку.

В центре столица выглядела достаточно оживленно. Целые кварталы огромных супермаркетов, базаров. Не так уж плохо жили гридяне, как ему показалось сначала.

Девушку он заметил, скорее всего, потому, что она ничем не выделялась в толпе с первого взгляда. А может, оттого, что в его возрасте довольно трудно не заметить такую девушку? Что в ней его привлекло? Походка, гордо откинутая голова, летящая по плечам волна волос, не укрытых от дождя? Когда она подошла совсем близко, он увидел на секунду ее лицо, чуть нахмуренные брови, пушок на верхней губе, широкие, почти монгольские скулы.

Она не была даже красива, если исходить из привычных, набивших оскомину, телереаловых стандартов, и вела себя странно, не так, как остальные женщины, приехавшие за покупками в столицу из провинциальных городков и теперь подолгу застывавшие у витрин, разглядывая чудеса торгового столичного рая... Она что-то искала, слишком спешила и плохо знала дорогу. То и дело путалась, спрашивала о чем-то прохожих, опять сбивалась. Ненадолго забегала в магазины, взглядом скользила по полкам и, ничего не купив, вновь выходила на улицу.

Роман шел следом, в отдалении, стараясь не привлекать ее внимания. Он не искал случайного скоротечного знакомства в этом городе. Просто шел следом, сам не зная зачем. Ему нравилось издали незаметно наблюдать за ее нахмуренным озабоченным выражением, за всей этой летящей стремительной торопливостью, за этой спешкой к неизвестной ему цели.

Он видел как бы кусочек, крохотный фрагмент чужой жизни и с непонятной горечью думал о том, что все его предыдущие знакомства и встречи с женщинами были такими же фрагментами, может, более длительными, и только. В конце концов он уходил или уезжали они. Каждый возвращался к своей жизни, к своим проблемам.

Первый раз девушка надолго остановилась у крупного магазина с образцами земного сельскохозяйственного оборудования. С точки зрения Романа, на витринах не было абсолютно ничего интересного. Два-три сельскохозяйственных робота, сменные навесные орудия, образцы семян, пакеты для гидропонных растворов — все это устарело на тысячу лет.

Но этим упрямцам, этим ретроградам на новых мирах не нравилась пища, получаемая из синтезаторов. Они были гурманами и трудягами, они не жалели сил для того, чтобы выращивать натуральные продукты, и охотно покупали подобное оборудование.

Неужели она тоже принадлежала к одной из таких фермерских семей или даже общин? Он почувствовал разочарование, даже досаду на эту незнакомую девушку, словно она была виновата в том, что не соответствовала придуманному им образу.

Собственно, Роман и сам толком не знал, каким должен быть его идеал женщины. Смутно рисовался ему в мыслях некий противоречивый тип независимой принцессы, но при этом слабой и беззащитной, да еще и нуждавшейся в его помощи и поддержке.

Никто в его помощи не нуждался. А те женщины, которых он знал, мало чем отличались от знакомых парней. Долгие годы эмансипации и равенства сделали свое дело. Женщина взвалила на свои плечи половину мужских обязанностей и потеряла в глазах Романа половину своего очарования...

Домашний очаг, воспитание детей — все это отошло в романтическое прошлое. Детей воспитывали интернаты, и лишь на каникулах они появлялись дома. А женщины, обретя наконец равное с мужчинами положение в обществе, отчего-то не почувствовали себя счастливее...

Все эти мысли пронеслись в его голове, пока девушка что-то торопливо записывала на маленькой магнитной карточке. Он подумал, что если сейчас не подойдет к ней, воспользовавшись остановкой в ее стремительном движении, то второго такого случая может не представиться.

Среди различных миров Федерации существовало множество правил поведения в обществе. Не зная их, можно было попасть в глупейшее положение. Тем не менее в большинстве мест случайное знакомство на улице по обоюдному желанию давно уже не считалось зазорным. Преодолев удивившую его самого нерешительность, Роман наконец сделал несколько шагов по направлению к витрине и остановился рядом с девушкой.

— Извините меня, пожалуйста, мне показалось, вы плохо ориентируетесь в городе. Не смогу я чем-то помочь? Хотя, честно говоря, и сам не старожил здесь...

Она даже головы не повернула, даже не взглянула на него, словно он был пустым местом. Его тщательно подготовленная фраза повисла в воздухе.

— Вы могли хотя бы ответить, я же к вам обратился... — Он чувствовал себя оскорбленным.

— Немедленно уходите! — коротко приказала девушка. — Сейчас сюда придут мои друзья. Они могут убить вас.

Роман натянуто рассмеялся, для простой шутки фраза звучала мрачновато.

— Они убивают всех ваших знакомых?

Впервые она взглянула на него, Романа словно окатила холодная волна тревоги.

— Вы не похожи на полицейского агента, поэтому прошу вас, уходите!

Плотная толпа спешащих мимо витрины людей разъединила их, и в это время кто-то позвал девушку. Когда Роману удалось вновь протиснуться к витрине, ее уже там не было. Воспользовавшись толчеей, она проскользнула к углу магазина, и он издали еще раз увидел ее светлый плащ.

Теперь она была не одна. Двое мужчин в коротких дождевых накидках стояли рядом с девушкой и внимательно вглядывались в толпу, похоже, они кого-то искали... Ему вдруг показалось, что предупреждение могло быть вовсе не шуткой. Прежде чем он решил приблизиться, все трое исчезли, растворились в толпе. И Роман подумал, что, возможно, упустил шанс познакомиться с людьми, которые так интересовали Райкова. Кто они были? Террористы?

Контрабандисты? Члены какой-то тайной секты? Теперь об этом можно было только гадать. В одном он не сомневался — эта случайная встреча, это короткое приключение, больше всего похожее на просвет в дождевых облаках, навсегда затянувших небо Гридоса, вряд ли когда-нибудь повторится. Шанс был упущен безвозвратно, через час ему предстоял отъезд на остров Мортон.

Обшарпанный старый глайдер шипел и плевался прогретым паром. Его устаревший лет на двести двигатель на медленных нейтронах время от времени выбрасывал из реактивного сопла очередную порцию пара и надолго замолкал, набираясь сил для очередного плевка.

Судно двигалось рывками, словно его тянули лебедкой. На нижней палубе, защищенной прозрачной оболочкой от ядовитых брызг гридского моря, почти не было пассажиров, и Роман, пробыв здесь с полчаса, перешел наверх. Низко над морем летели клочья белесых облаков. Бесконечный гридский дождь несколько поутих под порывами свежего морского ветра. В портовом магазинчике Роман приобрел комплект местной непромокаемой одежды и теперь ничем не отличался от дюжины пассажиров, одетых в разноцветные дождевики, яркие краски которых словно бросали вызов унылому однообразию пропитанного дождем пейзажа.

Неожиданно из дождевой пелены надвинулась на корабль громада острова, сразу же закрывшая горизонт. Глайдер зашипел, сбрасывая скорость. «Мортон, — хрипло объявил судовой автомат. — Пассажиров, следующих до этого пункта, просят пройти в трапную рубку».

Роман оказался единственным пассажиром, выходившим на острове. Глайдер никто не встречал. Не видно было ни одного человека. Не было даже дежурного автомата. Судно, фыркнув своим изношенным двигателем, растворилось в пелене дождя, и Роман остался совершенно один на пустом пирсе маленького островка.

Старый пластиковый причал поскрипывал под ногами, дождь ненадолго перестал, и перед Романом предстала унылая панорама острова. Изломанные стены обветшалых бараков, ржавая стрела крана над пирсом. Ни одного дымка, ни единого признака жизни. Каменистая земля, обдуваемая морскими ветрами, несущими ядовитые брызги воды, казалась совершенно непригодной для сельскохозяйственных работ. Едва заметная тропинка поднималась от пирса до гребня ближайшего холма.

«Иногда здесь все-таки кто-то ходит. Может быть, ферма находится в глубине острова?» — подумал Роман.

Совершенно непонятно, почему его не встретили. В бюро по найму обещали предупредить хозяина фермы. Настолько равнодушны к новым людям? Полное отсутствие любопытства? Это слишком не похоже на обычаи колонистов. Тревога постепенно овладевала юношей все больше.

Людей он заметил метров через двести, когда поднялся на гребень холма. Две неподвижные фигуры стояли внизу, под карнизом, надежно закрывавшим их от морского ветра. Лишь подойдя вплотную, Роман понял, почему они не приближались к морю. Оба были без респираторов.

— У нас кончились очистительные патроны, — подтвердил его догадку невысокий рыжеватый, давно не бритый человек в поношенной куртке, — поэтому ждем вас здесь. Глайдер всегда кого-нибудь высаживает.

— Разве вас не предупредили обо мне?

— Здесь нет пункта связи.

— Как же ферма функционирует без связи с архипелагом?

— Фермы здесь тоже нет, — хмуро произнес второй.

3

Издали поселок производил мрачное впечатление. Пять или шесть заброшенных бараков, покосившиеся стены, треснувшие кое-где окна. Заржавленные туши старых механизмов. Лет десять назад здесь, очевидно, велись серьезные разработки местного сырья, о чем свидетельствовали шахтные терриконы, теперь поросшие вездесущей желтой травой.

Роман молча шел за своими проводниками. Причал давно остался позади, и моря уже не было видно.

Значит, вербовщик все-таки обманул его. Нет здесь никакой фермы. Скорее всего, вредное производство или, хуже того, контрабанда — какая-нибудь подпольная фабрика. Тогда дело совсем худо. Выбраться отсюда будет непросто. Без респиратора к воде не подойти, а плыть можно лишь на специально приспособленном, герметично закрытом судне. Здесь даже охрана не нужна.

Он остерегался задавать лишние вопросы, по опыту своих прежних скитаний зная, как невыгодно бывает предстать перед старожилами зеленым новичком, не умеющим сдерживать своих эмоций. Словно оценив его выдержку, один из спутников, высокий, в потрепанной куртке штурмана, наконец заговорил:

— Здесь был рудник по добыче мерлита. Местный минерал, достаточно ценный. Но когда появились крысоиды, добыча стала нерентабельной, и рудник закрыли. Остров решено было использовать для таких, как мы. У нас есть даже официальный статус, мы — свободная старательская артель, на свой страх и риск ведущая добычу мерлита. Поскольку это единственное на весь сектор промышленное месторождение мерлита, его цена на внешнем рынке подскочила раз в десять.

Они шли уже по поселку. Большинство бараков пустовало. В разбитые окна залетал ветер и толстым слоем пыли укрывал полы, остатки брошенной, никому теперь не нужной мебели. Роман подумал, что в местах, из которых уходят люди, всегда остается много хлама, и, возможно, поэтому там часто заводится разная нечисть. Мы слишком спешим, решаем насущные задачи сегодняшнего дня, не думая о последствиях. У нас не хватает на это времени, нам всегда что-нибудь срочно нужно... Что-нибудь такое, что нам раньше не принадлежало. А потом появляются крысоиды...

— Я представлю вас капитану, — прервал его раздумья человек в куртке штурмана. — Собственно, раньше он был энергетиком, но здесь он капитан, и будет лучше, если вы произведете на него хорошее впечатление.

Роман опять промолчал. Они подошли к бараку в самом центре поселка. Здесь были вставлены стекла, а у порога валялась истертая до дыр тряпка, служившая половым ковриком. По примеру своих спутников, прежде чем войти, Роман вытер об нее ноги.

Энергетик оказался худым, костлявым мужчиной с нездоровым лихорадочным блеском в глазах. В комнате поддерживались относительная чистота и спартанская простота. Кроме выструганного до белизны широкого деревянного стола, здесь еще были кровать, заправленная простым грубым одеялом, и несколько полок с утварью.

— Еще один любитель легкого заработка? Или вас привлекла к нам романтика неосвоенных миров?

Роман ничего не ответил на откровенную насмешку, сквозившую в голосе энергетика, и продолжал стоять молча.

— Когда я здесь спрашиваю, полагается отвечать! — негромко, сквозь зубы проговорил энергетик, медленно поднимаясь с постели.

— А вы пока еще ничего не спросили.

Роман не изменил позы и ответил, чуть растягивая слова, как бы подчеркивая свое полное равнодушие к персоне энергетика и оказанной ему встрече, словно все это его не касалось. Такой прием всегда отлично действовал на психически неуравновешенных людей, но в этот раз оказался бесполезным.

— Умник.

Энергетик медленно обошел его и встал сзади. Роман по-прежнему стоял неподвижно и совершенно спокойно. Он был уверен, что в случае любой неожиданности эта позиция ему ничуть не помешает, скорее наоборот.

— Видали мы таких умников!

Удар, направленный вниз, в область почек, свалил бы с ног любого нормального человека. Это был подлый сокрушительный удар. Но Роман недаром столько лет отдал тренировкам КЖИ. Он чувствовал руку противника, даже не видя ее. К тому же его реакция была в несколько раз быстрее. Он позволил кулаку энергетика коснуться своей одежды, а затем неуловимым, практически незаметным движением отклонил корпус в сторону. Энергетик, вложивший в удар весь вес своего тела, не устоял на ногах, но Роман подхватил его, повернул и поставил перед собой лицом к лицу.

Никто, кроме них двоих, так и не понял, что, собственно, произошло.

Энергетик побледнел от бешенства, но сумел овладеть собой, и это не понравилось Роману больше всего. Этот человек мог быть по-настоящему опасен.

— Кжан, проводи его в свой барак и выдели койку. Завтра он пойдет с тобой в паре.

Когда они вышли из барака, Кжан — так звали человека в куртке штурмана — тихо, словно опасаясь, что их услышат, сказал:

— По-моему, вы не понравились капитану. С такими людьми у нас всегда что-нибудь случается. Можно заблудиться в штольне, наглотаться ядовитого тумана, да мало ли что...

— Вы считаете, Федерации до такой степени безразлично, что происходит на Гридосе?

— Федерация далеко. Слишком далеко. У нее хватает собственных дел. Исчезновение нескольких человек в отдаленной окраинной колонии вряд ли привлечет внимание высоких комитетов Федерации, так что рассчитывайте лучше на себя, мой неназвавшийся новый друг. Ваша жизнь здесь будет теперь зависеть от того, как хорошо вы сумеете охотиться на гриппов, как чутко сможет ваш нос распознавать запах крысоидов, от того, сколько каратов в день вы сможете разыскать в заброшенных выработках, и от многого другого, о чем вы до сих пор даже не подозревали. Но главным образом она будет зависеть от отношения к вам капитана.

— Спасибо за предупреждение. Я постараюсь его не забыть. Но скажите, неужели никто не пытается что-то изменить или хотя бы сбежать отсюда? Почему вы смирились?

— Каждый вновь прибывший приносит с собой ворох свежих идей и планов побега с острова. Мы будем рады выслушать ваши. Это вносит некоторое разнообразие в здешнюю довольно унылую действительность. А Кругер, взявший на себя роль учетчика новых идей, с удовольствием сравнит ваши проекты с предыдущими.

В тоне колониста чувствовались горечь и раздражение.

— Сколько вы уже тут?

— Второй год. Мортон — это ведь не просто старательская артель, как вы поняли. И дело не только в мерлите, хотя местные власти от него не отказываются. Здесь без следа исчезают неугодные властям Гридоса люди. Те, кто знает что-то такое, что им не положено знать, или просто внушает подозрение.

— Вот так просто исчезают, и все? — Роману показалось, что он ослышался.

Штурман невесело усмехнулся.

— А вам кажется, несколько сот лет новой социальной среды достаточно, чтобы полностью изменить человека? Залезть к нему в самое нутро и все там переделать? Нет, мой юный друг. Меняются условия, меняется и человек. На Гридосе условия изменились. Я не знаю, почему это произошло, но кому-то понадобилось, чтобы все у нас покатилось к чертовой матери. Поверьте, они очень старались, чтобы все так и было.

Штурман неожиданно остановился и прислушался, жестом попросив Романа молчать. Со стороны терриконов, от заброшенных выработок, донесся пронзительный и в то же время жалобный вой. Он не был похож ни на что. Казалось, кто-то трет друг о друга два визжащих куска железа и одновременно плачет. Когда звук стих, штурман еще с минуту прислушивался, потом сплюнул и пошел к бараку.

— Что там было?

— Еще узнаете. Не торопитесь.

Отведенная Роману комнатка оказалась неожиданно чистой.

— Капитан велел поселиться вам вместе со мной, но, я думаю, сойдет и так. Никуда вы не денетесь. Я живу с обратной стороны, если что-нибудь понадобится — стукните в стену.

Кжан вышел, и впервые за весь этот долгий день Роман остался один. Он лег на топчан, положил руки за голову и задумался, почему оказался здесь, на Мортоне.

Документы не могли вызвать ни малейшего подозрения. Тогда что же? Почему они решили изолировать его? Кажется, ему не удастся выполнить задание Райкова. Можно сколько угодно вживаться в жизнь местной колонии и наблюдать за крысоидами, например. Вот только пользы от этой информации немного. Здесь долго оставаться нельзя, но и бежать, видимо, не просто. Дурацкое положение.

Утро выдалось опять серым, с неба клубами опускалась мелкая водяная пыль, больше похожая на туман. Кжан Крестов разбудил Романа в шесть утра. После незамысловатого завтрака в комнате Крестова они стали собираться на работу.

— А где остальные? — спросил Роман, не видя на улице никакого движения.

— Они в шахте с пяти утра. Здесь каждая пара сама решает, во сколько начинать работу и когда ее заканчивать. Поскольку мы теперь будем работать вместе, вместе все и решим. Пища, одежда, снаряжение — здесь за все полагается платить горнорудной компании. Все стоит очень дорого, все оценивается в каратах мерлита и рассчитано так, чтобы у нас не оставалось ни свободных средств, ни свободного времени. Не так уж сложно, как видите, создать обстоятельства, превращающие человека в средневекового раба.

Роману нравился этот спокойный, неторопливый человек, сумевший сохранить чувство собственного достоинства даже здесь, на Мортоне.

Крестов извлек из кладовой респираторы, пластиковые защитные робы, легкие кирки из титанового сплава, и вслед за этим обычным для горняков снаряжением на свет появились два коротких, длиной с руку, копья с отточенными обоюдоострыми наконечниками, где-то посередине переходившими в металлическое древко. Несколько секунд Роман недоуменно рассматривал это странное оружие.

— Это мы тоже берем с собой?

— Придется. С этим чувствуешь себя уверенней.

— Я бы почувствовал себя уверенней с лазерным пистолетом.

— Не думаю. Крысоид обладает одним удивительным свойством. Он терпеть не может никакого электронного оборудования. Механизмы он тоже не жалует, но главным образом его внимание привлекают работающие микросхемы, транзисторы и тому подобное. Похоже, его мозг способен улавливать микроизлучения этих приборов. Возможно, оно приводит его в ярость — не знаю, в чем тут дело. Но, как бы там ни было, именно из-за этой особенности крысоидов механизированные разработки мерлита пришлось прекратить, и богатейшее, в сущности, месторождение отдали в руки старателям. Теперь здесь в ходу средневековые методы. Мы не можем позволить себе использовать даже электрические отбойники. Так что работать придется вручную.

— Неужели гридяне ни разу всерьез не пытались справиться с этой нечистью?

— Конечно, пытались. Теперь никто не знает точно, как все было, слишком много легенд и досужих выдумок связано с крысоидами. Бесспорно лишь одно: они приходят и уходят когда хотят. Нет их здесь. Понимаете — нет. Прочешите хоть все штольни с огнеметами и лазерными пушками, вы не встретите ни одного. Они чрезвычайно осторожны, коварны, возможно, даже разумны по-своему. Скорее всего, это существа какого-то иного, недоброго мира. Как только опасность минует, как только вы потеряете бдительность — не сомневайтесь, они этим воспользуются. Они появятся вновь и нанесут удар в спину.

— Как они выглядят?

— Те, кто повстречался с крысоидом один на один, никогда уже этого не расскажут. Ладно. Перед спуском в штольни не стоит говорить о них. Нам уже пора.

Роман взял копье. На конце древка болталась пластиковая петля из сирилона, древко оканчивалось удобной рукояткой.

Копье оказалось легким, почти невесомым.

— Хорошая работа.

— Когда от инструмента зависит твоя жизнь, не стоит скупиться. Это титанит и перекристаллизованный кварцит. Вы можете самой тонкой частью острия раскалывать камни, расшатывать трещины. Прежде всего это рабочий инструмент и лишь потом оружие.

Штольни, вопреки худшим опасениям Романа, оказались чистыми и сухими. Когда-то плазменными резаками здесь резали коренные породы, и стены до сих пор не потеряли былого блеска оплавленной высокой температурой породы. Лишь со светом было неважно. Использовать электрические фонари Крестов не разрешил, пришлось обходиться старинными карбидными лампами на катализаторах. Они давали ровный белый свет, но недостаточно мощный, освещая лишь часть забоя.

После того как Крестов нашел первый кристалл мерлита, наполненный изнутри неестественным фиолетовым светом, Роман постепенно увлекся поиском, работа начала ему даже нравиться, а когда сам нашел свой первый маленький кристаллик, он забыл об опасности, и Крестову пришлось напомнить ему о необходимости соблюдать тишину. Кжан сделал это довольно оригинальным способом. Взял Романа за руку и повел в соседний штрек. После третьего поворота остановился у забойной стенки и поднял лампу.

— Смотрите. Смотрите внимательней. Мы приводим сюда всех новичков.

Сначала он не увидел в камне ничего особенного, кроме глубоких борозд, проведенных каким-то мощным инструментом. Борозды заканчивались рядами углублений совершенно правильной формы, расположенных почти на равных расстояниях друг от друга. В каждое такое углубление без труда входила его рука вместе с лампой. Его поразили края прорезанных в камне отверстий. Они не были оплавлены или вырезаны, как он подумал сначала. Кто-то изъял часть камня, не нарушив его структуры, не замутив поверхности, не раздробив: такими бывают лишь специально обработанные на алмазных кругах петрографические срезы...

— Что это?

— Это зубы. Вернее, следы зубов. Крысоид здесь промахнулся один-единственный раз, когда напал на Джонсона. Мы нашли только лампу, копье и вот этот след. Больше ничего не осталось, не было даже крови. С тех пор мы выходим только парами, но, боюсь, это мало что изменит, если он вздумает напасть снова.

— Откуда все-таки они приходят? На Гридосе нет крупных зверей, островная фауна вообще не отличается крупными размерами. Если допустить, что вы правы, что это гость из другого мира — тогда должен существовать какой-то способ доставки сюда этих тварей, но кому это понадобилось, кому и зачем?

— Способ или проход...

До Романа не сразу дошел смысл его слов.

Работу они закончили поздно. Наверху уже стемнело. Нехитрый ужин, сон, каким обычно засыпает смертельно усталый человек, ранний подъем. Где-то на пятый день Роман втянулся в этот изнурительный ритм, решив, прежде чем что-то предпринимать, хоть немного рассчитаться с Крестовым, который из своего небольшого запаса мерлита оплатил снаряжение и питание Романа за неделю.

На Мортоне все было рассчитано предельно точно, с

учетом человеческой психологии. Отними у «артельных каторжан», как они сами себя окрестили, последнюю надежду — и жизнь на острове была бы невыносимой. Но в том-то и дело, что надежда была. Почти недостижимая, невероятная — и все же... Набравший восемьсот каратов мерлита получал право купить билет на рейсовый глайдер, раз в год навещавший остров.

Набрать такое количество мерлита было практически невозможно — слишком дорого стоили пища и снаряжение, но иногда, чрезвычайно редко, попадались богатые гнезда.

Рассказывали, что удачливый Браков лет десять назад нашел уникальное гнездо и покинул остров. Надеяться на такую редкую удачу было нелепо. Роман вообще не поверил в легенду о Бракове, его больше интересовали крысоиды...

Несмотря на строгие инструкции капитана, требовавшего, чтобы пары поисковиков держались на расстоянии прямой видимости, никто этого правила не соблюдал. Это было столь же невозможно, как искать подосиновик под одним и тем же кустом. Каждый надеялся на свою уникальную удачу, и постепенно расстояния между поисковиками увеличивались все больше. Роман оказывался предоставленным самому себе, и это его вполне устраивало. Вместо того чтобы целыми днями обшаривать трещины в породе, он искал на полу заброшенных штолен следы существ, приходивших неведомо откуда и исчезавших неведомо куда...

Вернее, даже не самые их следы. Место, откуда они появлялись и куда уходили в случае опасности...

В крысоидов он поверил безоговорочно, сразу, они казались ему реальнее легендарного Бракова.

Шаги он услышал на пятнадцатый день целенаправленных поисков. Роман не нуждался в карте заброшенных штолен, он составил ее в своей памяти. Достаточно было один лишь раз пройти по слабо освещенному горизонту — больше не требовалось. Иногда, если возникала необходимость, он мог, сосредоточившись, «просветить» не слишком толстую стену и узнать, есть ли за ней проход.

Вначале он уловил лишь легкое сотрясение почвы. И удивился, потому что все горизонты рудника прожигали в монолитной скале. Здесь не было ни обвалов, ни землетрясений. Чтобы задрожал такой скальный монолит, требовалось нечто чрезвычайно тяжелое... И это «нечто» проходило сейчас под ним, в четвертом штреке.

Сжимая копье в одной руке и фонарь в другой, он

бросился к шахтному стволу, но у подъемника лицом к лицу столкнулся с Крестовым.

— То-то я смотрю, у тебя камней с каждым разом все меньше. Надоело жить? Спешишь испытать судьбу?

— Я должен его видеть.

— Зачем?

— Пока не знаю. Мне нужен проход, из которого они появляются. Да и сами крысоиды, они же не хищники, здесь нет никакой дичи, зачем они приходят в эти штольни?

— Что-то ты много вопросов задаешь, парень! И не занимаешься делом, мне надоело оплачивать твои харчи!

— Пропусти меня, Кжан, я рассчитаюсь с тобой и, кроме того, обещаю, если мне удастся найти выход, я не уйду без тебя.

Секунду они молча смотрели в глаза друг другу, потом Кжан посторонился и, пропуская Романа, пробормотал:

— Впервые встречаю человека, который добровольно решил погибнуть от этой твари.

Подъемник представлял собой простую веревку с узлами, перекинутую через блок. Любые механизмы сложнее этого находились здесь под запретом. Когда Роман уже скользил вниз по стволу, Кжан нагнулся и проговорил ему вслед:

— В шестом штреке, идущем параллельно четвертому, есть узкий пролом. Попробуй затаиться там. Может быть, тебе повезет. Но, если он тебя учует, его не остановит никакая скала.

Роман опаздывал — шаги неведомого существа становились все слабей, содрогания почвы ощущались едва заметно. И все же он успел срезать путь и выйти наперехват зверю, если это был зверь...

В круговерти подземного лабиринта он, должно быть, все же потерял нужное направление и совершенно неожиданно для себя увидел в десяти метрах выхваченную из мрака слабым светом фонаря морду зверя, идущего ему навстречу. В каждом его шаге чувствовались сдержанная стремительность и переливчатость мышц. Роман даже не успел испугаться, а зверь был уже совсем рядом, словно огромная черная капля ртути перетекла из глубины прохода, проскочила в одно мгновение ока еще разделявшие их метры.

Человек и существо иного мира медленно шли навстречу друг другу. Человек бросил копье на дно штрека и шел безоружным, только крепко сжимая фонарь, словно и в эти, возможно, последние свои минуты желая лишь одного — видеть. Видеть бугорчатую переливчатую громаду зверя, заполнявшую своей массой всю трехметровую трубу забоя до самого потолка. Видеть лапы, заканчивающиеся не когтями, как он ожидал, а мягкими широкими кожаными подушками. Вот отчего так долго не встречались ему следы диковинного зверя, похожего, скорее, на огромного разгневанного гиппопотама, чем на крысу.

Видеть два огромных, с проблеском, немигающих глаза, губы, с присвистом всасывающие воздух сквозь лезвия желтоватых полуметровых клыков.

Роман не искал опасности специально и не хотел погибать в этой тупой и, должно быть, огромной пасти, которая пока только угадывалась за почти добродушной складкой губ.

Бежать было поздно, а паника и слепой смертный ужас не могли так быстро справиться с тренированным сознанием Романа.

Человек не побежал, спокойно, с достоинством шагнув навстречу зверю. И зверь остановился, пораженный неслыханной дерзостью жалкой букашки. Тогда человек сделал еще один шаг вперед и стоял теперь внизу, под самой мордой зверя, и тому пришлось повернуть голову. Словно черный паровоз развернулся над ним, опустив вниз голубой фонарь глаза, чтобы лучше видеть нахальную козявку.

Так они и стояли минуту-две, может, больше — кто их считает, такие минуты? А потом в глубинах этого необъятного зверя зародился не то стон, не то клекот. Словно он хотел рассказать о том, как нелегко быть пугалом для всего живого сразу в двух параллельных мирах.

Тоской и безмерным одиночеством пахнуло на Романа от этого звука, и тогда, совершенно неожиданно для себя, он протянул руку и погладил морду зверя, как привык это делать у себя дома, повстречав на зеленом лугу заблудившуюся лошадь. Бездна страха, непонимания, злобы между ними вдруг стала меньше от этого простого жеста. Зверь медленно попятился, словно боясь неосторожным движением причинить вред стоящему перед ним человеку. И через какое-то краткое мгновение Роман остался один.

4

С утра снова лил дождь и ядовитый туман наползал с моря. Жесточайший приступ астмы не позволил Крестову подняться с кровати. Но Роман был только рад тому, что капитан мстительно отказался взять его в свою поисковую группу третьим. Наконец-то, впервые после его появления на острове, выдался по-настоящему свободный день.

В аптечке не нашлось ничего дельного, и ему пришлось лечить Кжана дедовскими методами — дыхательной гимнастикой, ингаляцией горячим паром, теплом и покоем. Укутав ему ноги теплым одеялом и убедившись, что тот впервые после бессонной ночи заснул, Роман получил возможность без помех осмотреть остров, на который его занесла судьба.

Из стоящего на возвышении барака территория рудника казалась непропорционально маленькой. Сразу за окраиной поселка, совсем рядом, виднелось море. Поселок словно вымер: здесь не было обслуживающего персонала, все старатели с раннего утра спускались в шахты. Но кто-то должен обменивать мерлит на продукты, получать необходимое снаряжение, медикаменты, и этот «кто-то» наверняка капитан. Тогда у него должен быть канал экстренной связи с материком на случай крайней необходимости. Вполне возможно, что этот человек играет здесь двойную роль. Трудно представить подобную колонию без надсмотрщика, пусть даже тайного, замаскированного под обычного старателя...

Роман решительно направился к бараку капитана. До возвращения старателей у него было верных полчаса времени, но, проходя мимо шахтного террикона, он на всякий случай сосчитал оставленные наверху, возле подъемника, вещи, чтобы лишний раз убедиться в том, что в поселке, кроме него и Крестова, никого не осталось.

Рация... если бы удалось обнаружить рацию! Ради этого стоило рисковать.

Открыть замок импровизированной отмычкой не удалось. Пришлось его попросту взломать, и Роман понял, что обратного пути уже нет. Капитан легко догадается обо всем: следы взлома не удастся замаскировать. Но такой случай может больше не представиться.

Комната, в которой он однажды побывал, не выделялась ничем примечательным. Разве что разбросанные в прошлый раз на скамье вещи были теперь аккуратно сложены на краю тахты. В комнате стоял крепкий запах духов, и это поразило Романа больше всего. Он не замечал за капитаном особой страсти к парфюмерии.

Внимательный осмотр полупустой комнаты ничего ему не дал. У него оставалось еще минут двадцать, и искать скорее всего надо было в нежилой части барака.

Здесь оказалось еще шесть комнат, заваленных старой рухлядью. Четыре он отбросил сразу же. Пыль в них никто не убирал, следов не было. С двумя другими дело обстояло иначе. В одной была кладовка, запертая на этот раз внутренним замком. Ему нечего уже было терять, он взломал и его. В кладовке обнаружился изрядный запас провианта, причем такого, какого они здесь и не видели. «Универсальные консервированные завтраки, обеды и ужины из натуральной пищи с витаминами», — прочел он на одной из упаковок броскую надпись. Неплохо живет капитан...

На всякий случай следовало подготовить отступление. Какое-то время, если даже удастся найти передатчик, ему придется отсиживаться в штольне. Нужно позаботиться о пище и снаряжении. Он выбрал на полке рюкзак, бросил на дно флягу с очищенной кристаллизованной водой. В этой объемистой проходческой фляге помещалось не меньше шести литров жидкости.

Четырех упаковок с консервированной пищей должно было хватить, по крайней мере, на неделю. Патроны к респиратору — вот где их, оказывается, прячут... Вся упаковка проследовала в рюкзак, сверху бросил моток прочной веревки, нож, компас и несколько мелочей.

Теперь у него оставалось не больше пятнадцати минут. Нужно было искать какой-то тайник, вряд ли то, что ему нужно, оставят лежать на виду.

Скрип двери он услышал за секунду до выстрела и только поэтому успел броситься на пол. Лазерный луч опалил волосы у него на голове, рядом дымилась черная дыра в полу. Капитан совершенно хладнокровно, с расстояния в два метра, собирался всадить следующий заряд в голову Романа, не тратя времени на лишние разговоры.

Лазерный пистолет стрелял короткими вспышками, и после каждого выстрела требовалось примерно полсекунды для того, чтобы вновь зарядить накопители.

Капитан для полной уверенности подошел слишком близко, и это давало Роману шанс... Он ударил своего противника в солнечное сплетение, ударил на расстоянии, не прикасаясь, вложив в этот удар все, что приобрел за время изнурительных тренировок по накоплению КЖИ-энергии.

Никогда раньше он не использовал своих способностей против живого существа, даже там, в штольне, когда стоял перед крысоидом, ему не пришло в голову такое, но сейчас его собирались хладнокровно и расчетливо убить. Капитан выронил пистолет, схватился за живот и, согнувшись, рухнул на пол. Кажется, удар оказался слишком сильным... Роман не собирался его убивать, он взял безжизненную руку капитана, нащупал пульс: хоть и редкий, он все же был. Роман поднял с пола пистолет, мельком взглянул на индикатор. Батарея почти полностью заряжена. С таким оружием здесь ему никто не страшен.

Но если среди подручных капитана окажется еще хотя бы один тайный надсмотрщик, ему придется защищаться и, возможно, убивать людей... этого следовало избежать любой ценой.

Откуда все же появился капитан? Даже бегом перебежать расстояние от шахты до барака за десять минут он не мог. Роман все время внимательно следил за временем. Да и вошел он не со стороны входной двери, а из прохода, ведущего в глубь барака. Роман взял рюкзак и, не торопясь, методично стал осматривать коридор, по которому пришел капитан. Искать долго не пришлось. В глухом угловом помещении оказалась еще одна кладовка, дверь ее была распахнута, а в полу зиял неприкрытый люк.

Капитан и не предполагал, что этим путем воспользуется кто-нибудь другой.

Роман зажег катализаторный фонарь и спустился в подвал. Отсюда, углубляясь и заворачивая к шахтам, шел подземный ход.

Собственно, это был не ход, а заброшенная поисковая штольня, очевидно, соединенная где-то в бесконечном лабиринте подземных горизонтов с остальными выработками рудника. Ему следовало предусмотреть такую возможность. За свою недогадливость он едва не заплатил жизнью. Дальше он не пошел.

Теперь, пока не вернулись остальные старатели, надо было поговорить с Крестовым.

Он знал, как сильно рискует, и все же не мог поступить иначе, не мог бросить здесь того, кто помог ему в первые, самые трудные дни.

Роман затащил тяжелую бесчувственную тушу капитана в кладовку с продовольствием и накинул на дужку сломанный замок. Теперь открыть дверь изнутри не так-то просто.

В поселке было по-прежнему тихо.

Крестов чувствовал себя значительно лучше, однако, выслушав рассказ о том, что произошло, в шахты лезть наотрез отказался.

— Это твои проблемы, малыш. Ты их сам создавал, сам и решай. Если тебе действительно удастся найти выход отсюда — с Богом! Доберешься до людей, вспомни обо мне и о других, кто здесь медленно подыхает, желаю тебе удачи, я уже слишком стар для таких дорог.

— Кжан, капитан был вооружен вот этим, — он показал ему лазерный пистолет, — у него должна быть связь с материком. Мне не удалось найти рацию, но я уверен: связь у него есть. А раз так, что-то здесь не сходится со старательской артелью.

— Возможно, ты и прав. Я давно догадывался о чем-то таком, но слишком много сил уходило на то, чтобы выжить, на большее меня не хватало.

Кжан говорил с хрипотцой и видимым усилием. Воздух все еще со свистом выходил из легких.

— Я нашел у капитана аптечку, оставь ее себе. — Роман протянул ему комплект универсальной аптечки, но Кжан отрицательно покачал головой.

— Если ее найдут, мне несдобровать. Я лучше тебя знаю, что собой представляет капитан. Удачи тебе, малыш!

Каждый раз, когда Роману казалось, что он встретил на своем пути человека, которого мог бы назвать своим другом, обстоятельства складывались так, что он вновь оставался один.

С моря по-прежнему дул холодный ветер, несущий туман. Роман шел через этот туман к дому капитана, в двух шагах от себя не видя уже ничего.

Тяжелые удары и яростные крики доносились из дома. Капитан пришел в себя и выражал недовольство отведенным ему помещением, но это означало также и то, что путь свободен.

Роман вновь спустился в подвал, тщательно закрыв за собой двери и крышку люка. Если капитан пользовался этим ходом в одиночку, вряд ли он захочет раскрыть его существование своим подручным.

Тяжелый рюкзак мешал Роману спускаться по узким лестницам, но, как только он достиг пола штрека, положение изменилось. Все туннели в горизонтах рудника проходились стандартными автоматическими щитами с плазменными горелками, оставлявшими за собой широкий, трехметровой высоты арочный свод. Роман вспомнил крысоида, заполнившего проход до самого верха. Ему нужно было решить, как поступить с лазерным пистолетом. Скорее всего, рассказы об их злобности сильно преувеличены. Возможно, это сделали специально, чтобы путь, по которому он шел, стал недоступным для непосвященных.

Опасаться ему следовало людей, а не крысоидов. Если кто-нибудь, кроме капитана, пользуется этим проходом, он может столкнуться с ним лицом к лицу. Роман потушил фонарь и долго вслушивался в темный мрак туннеля. Ни звука, ни отблеска. Пока что путь был свободен.

Он осторожно двинулся дальше, стараясь как можно

реже зажигать фонарь. Поворот, еще поворот... А вот и первый перекресток: теперь нужно решать, куда сворачивать. Он выбрал туннель, идущий с наклоном в глубину.

Вскоре он обнаружил обертку от универсального завтрака, и, хотя ясных следов на твердом каменном полу не было, по отдельным царапинам можно было сделать вывод, что этим проходом пользовались не так уж редко. Если отсюда и существовал какой-то выход, то это, скорее всего, тот, по которому капитану доставляли продовольствие и снаряжение.

Осторожно пробираясь в темноте, он едва не свалился в шахтный колодец, которым закончился штрек.

Отполированные кое-где до блеска ступени вели вниз. Спускаясь, он насчитал не меньше пяти горизонтов, прежде чем вновь оказался в туннеле, ведущем к побережью, со следами не раз проходивших здесь людей.

По его расчетам, этот туннель шел примерно на уровне моря, если не ниже. Вообще-то более глубокие горизонты должны были за долгие годы без надзора заполниться грунтовыми водами. Вскоре он убедился, что его предположение верно. Туннель закончился озером черной неподвижной воды, от которого веяло холодом и вековым покоем. Дальше дороги не было. Едва заметная тропинка уходила под воду. В свете фонаря он ясно видел свежие царапины перед обрывом с большой глубиной. Но у него не было водолазного снаряжения, только патроны от обыкновенного респиратора. Впрочем, не совсем обыкновенного. Маска с полной регенерацией воздуха — вот что собой представлял этот стандартный респиратор, и, если не погружаться слишком глубоко, можно попробовать заменить им легководолазное снаряжение...

Вот только вода: он не знал, насколько опасен ее прямой контакт с кожей. Впрочем, здесь еще до моря далеко. Грунтовые воды ядом не насыщены, можно попробовать, хоть это и рискованно. А что не рискованно в его положении? Его притягивал и одновременно останавливал темный провал в неподвижной воде.

Он не знал, хватит ли у него мужества и умения нырнуть под скалу, закрывающую дальний конец озерца. Есть ли под ней проход? Куда ведет этот путь? Придется проверить. Нет у него иного выбора. То, что проход под скалой должен быть, он почти не сомневался. Туннели, пройденные автоматами с плазменными горелками, заканчивались характерной нашлепкой оплавленной породы. Здесь не было ничего похожего. Штрек постепенно и плавно уходил под воду. Конечно, он мог понизиться на недоступную глубину и вновь выйти за скалой на поверхность. Вот это и нужно было теперь проверить.

Вода оказалась гораздо холоднее, чем он ожидал. Она обожгла кожу, перехватила дыхание, и через несколько секунд он понял, что у него будет меньше времени, чем он надеялся.

Резкими взмахами, стараясь хоть немного разогнать кровь, Роман перемахнул озерцо и, крепко стиснув зубами мундштук респиратора, нырнул. Фонарь остался на берегу. Здесь, под водой, царил полный мрак, и ориентироваться он мог только ощупью. Метр, два он шел в глубину, а скале все не было конца... Давление воды уже сдавливало грудь, мешая сделать вдох, в ушах звенело, а он погружался все глубже — ну, еще метр, еще... Все. Предел. Теперь придется возвращаться. И тогда его рука нащупала впереди пустоту. Слабое течение уже подхватило его и понесло в глубь подводного туннеля.

Странные вещи происходили в мировом континууме. Чем энергичнее предпринимали деймы попытки изменить будущее, тем сильнее становилось сопротивление. Возникали десятки развилок, обходных путей, и вопреки их усилиям, так или иначе, все возвращалось на круги своя, словно природа обладала собственной волей.

Гагаяг устал от бесчисленных головоломок, от бесконечных неприятностей. Хуже того, его одолели сомнения. Самое страшное заключалось в том, что прямая война с более тяжелым и более плотным миром зялмян, наделенным к тому же и гораздо большей энергией, заранее обречена на поражение... Деймам оставались лишь обходные пути. Они были, и в то же время их не было — не было в мире зялмян в прямом, материальном смысле слова. Там действовали лишь немногие обращенные посредники, подкупленные подонки да специально сконструированные биороботы, слепленные из материала мира Зялмы. Этих средств все время не хватало. Шла тайная война на ловкость, на приспособляемость, на выживание. Деймы были готовы на все, чтобы преградить путь зялмянам (так называли себя сами жители Зялмы) к планете Ангра, являвшейся центром и ключом звездных дорог, захваченных деймами много веков назад.

Мысль о том, что зялмяне могут выйти на древние звездные дороги, приводила в ужас всех обитателей Яйи.

Гагаяг вытянул из пачки пергаментных листков, исписанных гусиным пером, ритуальное утреннее предсказание и с тяжелым вздохом прочел: «Если колония зялмян на Ангре наладит постоянную связь с остальными мирами этих существ, то деймы, возможно, потеряют Ангру». «Может быть», «скорее всего», «вероятно», «возможно» — любимые слова предсказателей...

Его положение при дворе за последнее время основательно покачнулось, и виной всему этот проклятый зялмянин... Надо провести какую-нибудь шумную акцию, о которой станет известно Правителю. Часто видимость действительности дает возможность исполнителю оставить все на своих местах и без лишних усилий стать реформатором или, на худой конец, отвести от себя модное нынче обвинение в ретроградстве и косности.

Тяжело вздохнув, Гагаяг взял со стола стеклянный волшебный шар, потер его когтистой пятерней и, когда сквозь затуманившуюся поверхность проступило лицо Велояга, спросил:

— Когда ушла последняя партия эликсира на Гридос?

— Месяц назад, Величественный. По договору им отпущен месяц на устройство собственных дел, закупку семян и снаряжения. Они все еще на Гридосе.

— Выдайте этих контрабандистов полиции Гридоса. Но только так, чтобы никто не мог докопаться до нашего участия в акции. И как можно больше сообщений в прессе. А чтобы местной полиции не стало ясно, какими путями ведется доставка эликсира, ликвидируйте доставщиков. Всех до единого.

— Но, Величественный, как только об этом станет известно на Ангре, наш договор с зялмянами окажется нарушенным! Они и так относятся к нему с недоверием. Это чрезвычайно затруднит нашу работу на Ангре.

— Такова воля Правителя!

— А как быть с порученным нам зялмянином? Он снова выходит из-под контроля и уже покинул предписанное ему место пребывания.

— Этим я займусь сам!

Мерно шумели водометные двигатели, и за овальными иллюминаторами подводного судна проплывал голубоватый сумрак. Вот уже третий час, осторожно обходя подводные рифы, маленькое суденышко пробиралось к своей тайной цели. Им оставалось плыть не больше получаса, когда Астор, нахмурившись, стал внимательно разглядывать маленькое светлое пятнышко, появившееся в углу экрана гидролокатора.

Элия сидела в углу рубки, отрешенно уставившись в

зеленоватую толщу воды. Ей все еще вспоминалась столица, суматоха торгового центра, забавный юноша, который не побоялся, рискуя жизнью, подойти к ней, пока она ждала Астора. Скорее всего, он не был полицейским агентом, и она правильно сделала, ничего не сказав брату об этой встрече.

— Всем надеть гидрокостюмы! Наверху патрульное судно, ложимся на грунт!

Едва Элия успела повернуть кран компенсационного мешка на своем костюме — внезапный удар швырнул ее на пол лодки. Свет погас, девушка потеряла сознание и не видела, как от электрического разряда страшной силы наружная оболочка лодки превратилась в пар вместе с окружающим слоем воды.

Дно лодки с остатками оборудования и трупами экипажа, словно вырезанное гигантскими ножницами из стального корпуса, встало набок и скользнуло вниз, в глубину. По счастливой случайности край подводного ущелья прикрыл ее от магнитных искателей. Остальные бомбы прошли мимо, в глубину каньона, не причинив вреда чудом оставшейся в живых девушке.

Элия очнулась на дне каньона примерно через час после атаки. Патрульное судно, прощупав биодатчиками все дно и не обнаружив в районе гибели лодки ничего живого, уже ушло.

Роман почти задохнулся, не было сил протолкнуть в сдавленные глубиной легкие хоть глоток воздуха, но зато был другой способ: остановить дыхание и не потерять сознания от удушья. Он знал, как это сделать. Резче стали удары крови в ушах, по их привкусу во рту он уже понял — проход пошел вверх. Давление постепенно разжимало свои коварные мягкие лапы. На какое-то время сознание все же отключилось, потому что он вдруг почувствовал, что лежит на спине, всплыв на поверхность круглого водоема, и высоко над ним горит ослепительно яркий электрический свет. Он рванулся к берегу, уходя в темноту, спасаясь от резких, предательских лучей.

На его счастье, в подземном ангаре никого не было. Уже потом он понял, что здесь вообще редко бывают люди. Несколько закрытых боксов у подводных пирсов с противоположной от озера стороны заполняла сплошная автоматика. Боксы стояли вдоль стен с причальными кольцами, и от воды с этой стороны шел характерный резковатый запах океана. Только тогда он сообразил, что все-таки нашел то, что искал: дорогу, ведущую с острова Мортон на материк. Прекрасно замаскированный пирс для подводных кораблей...

Теперь оставалось лишь ждать и надеяться на то, что удача и впредь будет сопутствовать в его отчаянном предприятии. Обратного пути все равно не было. Второй раз без специального снаряжения ему не пройти подводный туннель.

5

Со скрипом и шуршанием металлическая штора, перекрывавшая выходной тамбур рейсового звездолета Земля — Гридос, пошла вверх. Пассажиры, утомленные долгим трехмесячным полетом, дружно повалили наружу. Инспектор УВИВБа Леонид Федорович Кленов подождал, пока схлынет толпа, и лишь после этого шагнул на поверхность причальной платформы. Его встречал человек в потрепанной куртке, с унылым выражением полуопущенных губ.

— Вы Бехторов?

Человек кивнул и молча протянул руку. Встреча получалась явно немногословной. Платформа быстро опустела, кар с пассажирами ушел, и они остались вдвоем. За металлическим кружевом радаров виднелось стандартное здание космопорта, ничем не отличающееся от десятка подобных зданий, хорошо знакомых Кленову.

— Что привело вас на Гридос? Или это служебная тайна?

— Отчего же... Мне необходимо встретиться с вашим вольнонаемным поселенцем. Фамилию его я сообщу несколько позже вашему начальству, а что касается остального, вы и сами знаете, как нелегко складываются порой отношения федерального правительства с местной администрацией.

Бехторов понимающе хмыкнул. Ожидание явно затягивалось, и Кленов начинал нетерпеливо посматривать по сторонам.

— Личный транспорт у нас отменен, сложности с энергией. Придется пользоваться общественным. Я провожу вас до гостиницы.

Странная встреча. Местная администрация словно специально подчеркивала свое полнейшее равнодушие к его визиту. Такой оборот дел вполне устраивал Кленова хотя бы потому, что развязывал руки, избавляя от многочисленных формальностей, предписанных законом дипломатической вежливости. Впрочем, Кленов ни на минуту не сомневался в показном характере равнодушия местных властей и знал, что каждый его шаг здесь не останется без внимания.

Тем не менее, закончив необходимые формальности по оформлению визы и сдав личную карточку администратору гостиницы, он вышел на улицу, так и не заметив явного за собой наблюдения. Отсутствие личного кара создавало некоторые неудобства, и он решил завтра же организовать какой-то транспорт.

Стилизованная под старину архитектура центрального здания на площади сразу же привлекала к себе внимание и, несомненно, являлась местной достопримечательностью. У портала стояла небольшая очередь, и Кленов пристроился в ее конец, толком не зная, для чего — просто чтобы убить время...

Он стоял и думал о том, как странно очутиться здесь после нескольких месяцев полета, на этой совершенно чужой, незнакомой планете, и вот так запросто стоять в очереди. Слишком уж мы привыкли, слишком вольготно и уютно расположились в чужих мирах... А между тем его отъезд сюда задержался вроде бы сам собой, из-за независимых и грозных обстоятельств. Один раз — это могло быть простым совпадением. Но он по роду своей службы знал, как много таких странных совпадений накопилось за последние годы, и не доверял больше простым объяснениям.

Очередь между тем продвигалась, и вскоре Кленов оказался в кафе.

Подошел высокомерный робот с блокнотом и небрежно засунутой за пояс грязной тряпкой, изображавшей, очевидно, полотенце. Посетители стали перечислять названия незнакомых Кленову блюд. Воспользовавшись образовавшейся паузой, он попросил повторить для него заказ соседа справа. Робот, даже не взглянув в его сторону, поскрипывая, удалился.

Чем дальше от центра Федерации располагались поселения, тем чаще в этих приграничных колониях встречались приметы прошлого. Словно люди, раздвигая границы освоенного ими звездного пространства, вынуждены были платить за это странную дань своему прошлому.

Экономисты нашли этому явлению объяснение, связанное с законом Ронсона. Уменьшение количественных и качественных связей с материнской цивилизацией неизбежно приводило колонию к временному регрессу. Возможно, именно в этом кроется причина странного впечатления, произведенного на него первыми встречами с гридянами, взять хоть этого Бехторова...

Обстановка в кафе не менялась. Посетители сидели за своими столиками, уткнувшись в тарелки, и сосредоточенно жевали... Или ждали чего-то? «Почему они даже между собой не разговаривают? — удивлялся Кленов. — Ну хорошо, я здесь чужой, но ведь наверняка среди вошедших хоть двое-трое должны быть между собой знакомы?» Тем не менее ни звука не было слышно — только скрип половиц под ногами робота-официанта.

Когда он почувствовал тревогу? Может быть, в этот момент? Во всяком случае, прежде чем робот подошел к его столику, незаметным движением он включил на своем наручном браслете универсальный анализатор. Передатчик-приемник, анализатор среды — там много чего было, в этом маленьком охраннике. Включил он его просто так, на всякий случай, сам не зная толком, чего, собственно, опасается. Но когда до робота оставалось метра два, он почувствовал укол в руку и слышимый ему одному писк сигнала тревоги. Мельком взглянув на циферблат, он понял, что в напитке, стоявшем на подносе у робота, содержится неизвестная органика. Сок какого-нибудь местного растения? Плод, контрабандой привезенный из другой колонии, наркотик? Перед ним уже стоял запотевший бокал желтоватой непрозрачной жидкости. Кленов перевел луч анализатора на соседний столик. Результат не изменился. Теперь, по крайней мере, он знал, что «подарок» не предназначен ему лично.

И самым странным в результате высвеченного инфором анализа было словосочетание «неизвестная органика» — странным потому, что его аппарат имел возможность связываться со всепланетным хранилищем информации, и если соединение, попавшее в бокалы этого кафе, неизвестно там... Что же получается? Пить эту штуку нельзя, надо что-то быстро предпринять, чтобы, не привлекая к себе внимания, забрать с собой образец этого напитка. Много ему не нужно, достаточно нескольких капель...

Вытащив из салфетницы лоскуток синтетической ткани, он протер им наружную кромку бокала, протер так, чтобы край ткани на несколько секунд погрузился в жидкость, — этого было достаточно.

Выйдя из кафе, он вынул салфетку, незаметно перекочевавшую в его карман, и аккуратно упаковал ее в герметичный пластиковый мешок.

Кленов здорово устал от перелета. Смена обстановки, климата, гравитации — все это подействовало на него не лучшим образом. И перед завтрашней встречей с председателем Совета Гридоса следовало хорошо отдохнуть. Отдых был сейчас важнее, чем сбор дополнительной информации. За один вечер он вряд ли узнает еще что-то важное, а вот от того, как пройдет завтрашняя беседа, будет зависеть многое.

С первой же минуты председатель Совета Гридоса Адамов Лин произвел на Кленова неприятное впечатление. Прежде всего он был стар, слишком стар для своей должности. Ему было, наверное, далеко за сто. Несмотря на возраст, он тщательно следил за своей внешностью. Холеные ногти рук, тщательно расчесанные и напомаженные волосы — все вместе производило впечатление, что на уход за собственной персоной он тратит все немногие, еще оставшиеся у него силы.

В глубоко запавших глазах Адамова, прикрытых пушистыми детскими ресницами, светились некая самоуглубленность, обособленность, непричастность к событиям и волнениям окружающего мира.

Едва Кленов вошел, как Адамов с завидной для его возраста резвостью вскочил со своего кресла, маленькими шажками обежал стол, долго с показным радушием тряс руку высокого посетителя. Затем не спеша вернулся на свое место и, казалось, потеряв к нему весь едва возникший интерес, вновь погрузился в глубинные самосозерцания.

— Мои первые впечатления весьма тревожны. Федерация обеспокоена положением дел на Гридосе, а некоторые из ряда вон выходящие случаи достойны специального расследования, — попытался с ходу начать серьезную беседу Кленов. Адамов молча покивал головой, соглашаясь. — Я не успел еще подробно ознакомиться с вашими последними экономическими отчетами, но и предыдущие позволяют сделать вывод о том, что в экономике Гридоса, мягко говоря, наблюдается заметный спад.

— Полный развал, — сказал Адамов и опять согласно покивал головой.

— В чем, на ваш взгляд, причина столь удручающего положения?

С минуту Адамов молчал, разглядывая кончики сплетенных пальцев, потом поднял на Кленова затуманенные глаза.

— Причин много. Сложности с доставкой, местные условия, смежники не выполняют обязательств, да мало ли еще что.

— И вы пытались изменить положение?

— О, многократно. Мы объединяли предприятия в крупные региональные комплексы и, когда это не помогало, вновь их разъединяли. Мы, следуя указаниям федерального правительства, закрыли около сотни нерентабельных предприятий и на их базе создали новые.

— Тоже нерентабельные?

— Ну, здесь, с учетом местных условий, рано или поздно все предприятия становятся нерентабельными.

— Для чего же вы их открываете вновь?

— Надо куда-то девать рабочую силу. Социологи не позволяют нам выбрасывать людей на улицу. Вне коллектива они чувствуют себя полностью изолированными от общества и глубоко несчастными. Видимость коллективной деятельности, пусть даже ни на что не направленной, оказывает глубокое оздоровительное воздействие на человеческую психику.

— А освоение новых территорий на планете?

— Для этого у нас недостаточно сил. Колония еще не окрепла. Мы даже наполовину не используем уже освоенные территории. Население время от времени сокращается, потом опять пополняется. Этот процесс из-за текучести кадров в нашей системе практически непредсказуем.

Кленову казалось, что он медленно погружается в зыбкое болото слов, странно закольцованных фраз и таких же бессмысленных действий.

— Мы предоставим вам все материалы и создадим условия для их изучения. Я дам распоряжение своим референтам, вы получите материалы по любой интересующей вас отрасли.

«И утону в потоке ни о чем не говорящих цифр», — со злостью подумал Кленов. Вслух же сказал:

— Отчеты я успел изучить в столице. Меня интересуют некоторые конкретные факты, в них не отраженные.

— В наших отчетах мы отражаем все, абсолютно все. Конечно, при их объемах одному человеку трудно за всем уследить.

— Группа специалистов изучала их содержание в главном вычислительном центре. Их выводы, прямо скажем, неутешительны.

— Чем же вызван столь пристальный интерес к нам со стороны федерального правительства? — Сами выводы, казалось, Адамова не интересовали вовсе.

— Прежде всего катастрофическим падением инициативы и общественной активности со стороны ваших граждан.

— Вряд ли эти выводы верны. В последних выборах, к примеру, участвовало девяносто восемь процентов взрослого населения страны, разве это говорит о падении общественной активности?

— И девяносто девять процентов из них проголосовали за ваш Совет в полном составе.

— Это не имеет никакого значения. У нас единый Совет. Наличие каких-то фракций, различных программ лишь затруднит развитие нашей маленькой изолированной колонии. В других, крупных поселениях такие методы, возможно, оправданы, но не у нас.

Адамов потерял к беседе всякий интерес. Казалось, иногда он почти засыпал, хотя Кленов подозревал, что это всего лишь игра, стремление показать собеседнику, как сильно тот злоупотребляет его временем и вниманием. Ему оставалось в условиях этого вежливого равнодушия добиться хотя бы самого главного. Хотя бы того, без чего он не мог продолжать здесь свою работу.

— Мне нужна лаборатория, группа хороших органиков и биологов. Распорядитесь также, чтобы ваш Отдел по перемещенным лицам выдал мне все материалы по некоему Гравову. Роману Гравову. Он прибыл к вам примерно четыре месяца назад.

— Конечно, конечно! Я немедленно распоряжусь.

Сонливость председателя мгновенно исчезла. Обрадованный Адамов стремительно вылетел из-за стола для прощального рукопожатия.

— Да, и еще. Мне потребуется персональный кар с индивидуальным питанием.

— Вы можете воспользоваться моим личным. Так у вас будет меньше неприятностей с дорожной полицией. Персональные кары у нас, знаете ли, запрещены. Только члены Совета имеют право ими пользоваться, но для вас мы, естественно, сделаем исключение.

6

Впереди, за подземным причалом, ворочалась живая ядовитая масса воды. С каждым приливом она поднималась на метр и через шесть часов вновь опускалась до прежней отметки.

Шли третьи сутки изнурительного ожидания и полной неизвестности. Силы Романа были уже на исходе.

Иногда по подземной лагуне проходили странные кольцевые волны, возникало и гасло свечение каких-то микроорганизмов, способных жить в этом растворе фтористого водорода с примесью цианидов.

Роман знал, что даже кожный контакт с этой водой для человека смертельно опасен.

Приходилось признать, что он сам загнал себя в ловушку, из которой не было выхода. Вода во фляге почти кончилась. Продукты тоже подходили к концу, и, если в течение двух ближайших дней ничего не изменится, ему все же придется, прежде чем он окончательно ослабеет от голода и жажды, предпринять попытку вернуться через грот. Возможно, она удастся, хотя шансов ничтожно мало.

Угнетающе действовало однообразие обстановки: неменяющееся освещение и почти полная тишина, нарушаемая лишь монотонными громкими шлепками крупных капель воды, сочившихся из какой-то трещины в потолке грота. Эти шлепки раздражали Романа больше всего. Дробясь и отражаясь вместе с эхом от сводов грота, они лезли в уши неустанно и методично. Иногда они казались ему маятником гигантских часов, отсчитывающих секунды его жизни, иногда — ударами молота по наковальне, вместо которой он все чаще и чаще ощущал свою собственную голову. И если, забывшись на несколько минут, Роман отдавался этому ритму, тот уводил его в сторону весьма странного состояния. Начинало казаться, что стены грота становятся непрочными, что они слегка деформируются, постепенно и незаметно уменьшая его жизненное пространство.

Капли все падали. Им не было ни конца ни края. Они падали так, наверное, не одну сотню лет и будут падать еще столько же, выращивая на потолке пещеры каменную сосульку сталактита. Его прах истлеет, кости превратятся в пыль, а вода все еще будет падать с потолка, и не умолкнут эти шлепки или удары. Тяжелые удары молота словно пытались разрушить стену у него за спиной.

В который раз он обернулся. За спиной кто-то, конечно, стоял. Кто-то невидимый и огромный... Впрочем, не совсем невидимый.

Тусклой линией обозначился едва заметный контур, обрисовался ярче. Постепенно линия стала наливаться синим огнем, одновременно она становилась тоньше, а все, что попадало в нарисованную ею ослепительно замкнутую кривую, исчезало из поля зрения, наполняясь изнутри непроглядной тьмой. Роман сидел слишком близко и не мог видеть всей фигуры. Зато хорошо разбирал детали: когтистую лапу, абрис крыла, контуры огромной головы, подпиравшей потолок. Фигура оставалась совершенно плоской. Все внутри светового контура поглощала непроницаемая плотная тьма.

Роман воспринял появление светящейся фигуры как нечто вполне естественное: его состояние в этой полной изоляции рано или поздно должно было разрешиться какой-нибудь галлюцинацией. Однако существо выглядело слишком уж реально, слишком подробно воспринимались сознанием многочисленные детали.

— Кто ты? — спросил Роман, и существо, к его удивлению, ответило, хотя звука голоса он так и не услышал:

— Я тот, кого ты хорошо знаешь.

— Я тебя не знаю.

— Не помнить и не знать — не одно и то же.

— Я тебя не знаю! — упрямо, с возрастающим беспокойством повторил Роман.

— Да полно! Так ли это? А впрочем, как хочешь. Для нашей беседы это не существенно. Вспомни хотя бы шар.

— Шар?..

— Да-да, шар! Полый металлический шар, так часто виденный тобою в ночных кошмарах.

— Откуда тебе знать о моих кошмарах?

— Может быть, я и сам оттуда. Кусок тьмы, из мира тьмы. Часть твоих кошмаров.

— Тогда уходи откуда пришел. Я не нуждаюсь в кошмарах, ставших реальностью.

— Это не так просто. Да, в сущности, и не важно.

— Не понимаю.

— Даже если я уйду, я все равно останусь. Если не как данная сущность, так в чем-то другом. Мы многолики и вездесущи, мы умеем просачиваться, проникать и затем становиться из малого великим. Даже если не мы сами — наши мысли, желания, планы остаются вместо нас. Вселяются в ваши мысли. Искажают ваши планы. Вчера еще у вас был друг — сегодня он позавидует вам и уйдет. Ему покажется, что вы позавидовали ему или, того хуже, обидели, не проявили должного почтения. Причин множество, результат один: все это работает на нас. Помогает увеличиваться нашей сущности и уменьшаться вашей. Рано или поздно выиграет кто-нибудь один.

— Но ведь есть же способ остановить вас, если каждый, где бы он ни находился, сделает хотя бы самую малость, ведь нас так много! Если каждый вставит хотя бы крохотное звено, получится преграда, которую вы не сможете преодолеть.

— Никогда вы этого не сделаете. Вы не способны даже осмотреться. Никто из вас, людей, не знает, где проходит граница между реальностью и сном. Вы всю жизнь живете в полудреме, некоторые из вас не просыпаются никогда. Вы ленивы, глупы и к тому же настырны. Вы не знаете пределов своим честолюбивым устремлениям, вы не знаете, где проходит граница, у которой следует остановиться. Тем хуже для вас.

— Ты пришел специально, чтобы сказать мне все это?

— Я пришел для того, чтобы напомнить тебе о шаре.

Чем дольше длилась эта необычная беседа, тем больше удавалось Роману взять себя в руки, сосредоточиться, загнать в дальние уголки сознания тот первобытный ужас, который охватил его в первые минуты появления этого кошмарного существа, словно раскаленным углем нарисованного на темной стене.

Но как только ему это удалось, черный призрак швырнул в него словом «шар»... И Роман отступил, потерял с таким трудом отвоеванные позиции, а ледяной ужас вновь выполз наружу из его сознания.

Он не желал ничего знать о шаре. Он слишком хорошо помнил сверкающую пирамиду с золотым шаром на вершине... Помнил? Нст, кончно... Видел в кошмарах, в снах... Тогда откуда эта тварь знает и почему уверена, что именно это слово?..

— Вижу я тебя насквозь, человек. Слишком хорошо знаю твои помыслы и затаенные страхи. — Он сказал слово «человек» с нескрываемым презрением, и это совершенно неожиданно помогло Роману вновь обрести уверенность.

— А кто ты сам?

— Я дейм. Но откуда тебе знать, что это значит!

— А ты объясни, не стесняйся!

— Деймы — самые совершенные существа в этой части Вселенной. Избранный народ, призванный управлять всеми остальными формами жизни.

— Кто вас избирал? Вы сами, конечно? В нашей истории появлялись иногда такие «избранные» народы, но, мне помнится, все они почему-то плохо кончали.

— Хватит болтать, ты, смердящее порождение кучи бацилл и слизи! У меня мало времени. Немедленно возвращайся на рудник! Ты слишком много бегаешь, слишком часто забываешь о своем задании!

— О задании? — Дейм говорил слишком уверенно, и Роман вновь почувствовал страх и растерянность.

— Как только вернешься на рудник, сиди тихо, жди прилета корабля землян. Мы сделаем так, чтобы тебя взяли на этот корабль. Твоя задача — вовремя оказаться в нужном месте. Любой ценой до старта ты должен быть на корабле. Об остальном узнаешь позже.

— Да кто ты такой, чтобы диктовать мне приказы, с чего ты взял, что я буду им подчиняться?

— Будешь. Вспомни о шаре. О том, что в твоей голове.

И Роман ощутил стальную круглую болванку, втиснутую ему в мозг. От нее сейчас волнами шла нестерпимая острая боль, она ломала его волю, уничтожала всякое желание сопротивляться. Судорожные спазмы сжали легкие, сердце. Он задыхался, терял сознание, потом боль отпустила, исчезла совсем.

— Когда-то ты был человеком. А теперь ты ничто, нуль, козявка, не обладающая собственной волей. Мы нашли твое изуродованное тело в поясе астероидов, память еще не успела остыть, и это было все, что нужно. Такие вещи, как ты, мы конструируем десятками, по мере надобности. Это очень просто: немного слизи, чужая память, управляющий шар. Вещь, имеющая смысл лишь в пределах отведенного ей задания и исчезающая вместе с ним. — Он замолчал, давая Роману возможность осмыслить услышанное.

— Но у меня же есть имя, я чувствую себя человеком! Это ложь, чудовищная ложь!

— Даже имя у тебя чужое. Так ты будешь делать то, что тебе приказано, или мне применить третью степень воздействия и управлять тобой на расстоянии, как механической куклой?

— Я буду, конечно, буду, у меня же нет выбора. — Говоря это, Роман медленно, незаметным движением достал из-за пояса лазерный пистолет и, не поднимая его, лишь развернув ствол в сторону призрака, нажал гашетку.

Фиолетовая игла луча с тихим шипением перечеркнула пещеру и уперлась в ту часть контура, где у дейма должна была быть грудь. Какую-то долю мгновения казалось, что мрак полностью поглотит и нейтрализует луч лазера, но вдруг с легким хлопком весь абрис ослепительно вспыхнул, словно его облило пламя, и контур стоящего у стены существа обрел объем. Продолжалось это ничтожную долю мгновения, как при вспышке магниевой лампы. Но следующий заряд уже повторил путь первого, и вновь на долю секунды возникла огненная скульптура. Она была меньше первой, значительно меньше! А Роман все давил и давил на спуск. В том месте, где стоял призрак, размеры вспышек продолжали уменьшаться, пока очередной заряд сконцентрированных фотонов не пролетел сквозь пустое пространство и не ударил в стену, разбрызгав во все стороны расплавленные капли базальта. Сквозь затихающий треск и вой он услышал обрывки слов, или, может быть, то был стон? Крик боли? Он разобрал лишь часть фразы:

— Ты еще пожалеешь, ты никогда не узнаешь...

Темнота, ставшая совсем плотной после ослепительных вспышек лазерных разрядов, сомкнулась над гротом, и несколько секунд Роман стоял опустошенный, без единой мысли в голове. Слыша лишь затихающий шорох и шелест, словно внутри его черепа ворочался клубок отвратительных насекомых.

Наверное, так и должно быть. Наверное, таким бывает нормальное мышление робота с готовой программой, вещи, предназначенной на одно задание... Машинально, даже не взглянув на счетчик разрядника, он сунул пистолет за пояс. У него оставалась слабая надежда на галлюцинацию, на психический стресс, порожденный слишком долгим одиночеством, изоляцией, монотонными звуками пещеры... Он знал, что это не так, и все же продолжал надеяться, хотя понимал уже, что может убедиться в реальности происшедшего. Достаточно было зажечь фонарь и подойти к стене, в которую он только что стрелял...

Он так и сделал. И нашел след одного-единственного последнего разряда. А рядом, в стороне, виднелась четкая линия, словно выжженная в базальте неведомым художником. Контур в оплавленном камне, повторивший рисунок гигантского перепончатого крыла... Вода капала все так же равномерно и неустанно, словно ничего не случилось. Все так же шлепали в темноте большие невидимые ладони, и звук дробился, сливался с собственным эхом, порой затихал, чтобы тут же возникнуть вновь с удвоенной силой.

Послушав с минуту это равномерное и монотонное шлепанье, Роман отвернулся от стены и, сгорбившись, побрел к пирсу, туда, где расходились холодные круглые валики ядовитой морской воды. Здесь он снова остановился, словно обдумывая что-то. Но его мысли текли ровно, ни на чем не задерживаясь. Предпринимать что бы то ни было в его новом, только что открывшемся положении бессмысленно. Куда бы он ни пошел, с кем бы ни заговорил, на все он будет смотреть сквозь щели, прорезанные в стенке стального полого шара, вместившего его мозг в какой-то чужеродный управляющий механизм.

Он и раньше иногда чувствовал себя странным отщепенцем среди людей, теперь же не оставалось ни одной зацепки, связывавшей его с родным домом, да и самого дома тоже — ведь все, что он помнил о нем, оказывалось ложью, или, по крайней мере, ему не принадлежало и было украдено у какого-то другого человека. Морская вода притягивала его, манила своей темной смертельной глубиной. Он подумал о том, как просто и быстро могло бы все кончиться, слишком просто... Слишком просто для тех, кто все это придумал. Он почувствовал, как растет в нем неудержимое чувство ненависти, медленно обретая форму, как появившееся темное пятно в глубине воды... Что там может быть? Дельфин, местное морское чудище? Не бывает здесь ни дельфинов, ни чудищ. В этой мертвой, смертельно опасной воде только одно-единственное существо могло противостоять ее коварству... Отступив от пирса, укрывшись за выступом скалы, он достал лазерный пистолет, опустил предохранитель и еще раз с горечью подумал, что во всем этом огромном мире, заполненном множеством обитаемых планет, у него вряд ли найдется друг. И тут же сформулировал эту мысль более жестко и точно: «Вряд ли останется хоть один, кто захотел бы иметь с ним дело, узнай он о нем всю правду». Теперь оставалось лишь ждать.

7

Проводя расследование, Кленов как бы погружался в вязкое болото. Чем больше накапливалось фактов, тем противоречивее они выглядели. Пустяковая, казалось бы, задача — установить местонахождение прибывшего с Земли поселенца — в условиях Гридоса постепенно превращалась в неразрешимую проблему.

Для начала он сделал самое простое — попробовал пройти тем самым путем, с которого начинал на Гридосе Гравов. Посетил отдел трудоустройства, распределявший договорных рабочих по предприятиям и промышленным комплексам. Чиновник, явно недовольный визитом Кленова, прервавшим его сонное благоденствие, долго изучал удостоверение инспектора. Затем по селектору связался со своим руководством и лишь минут через пятнадцать выразил наконец готовность ответить на вопросы.

— Меня интересует Гравов. Роман Гравов, прибывший к вам по договору вольнонаемным рабочим. Договор категории Х-2. Установите, куда он был направлен.

— У нас все учитывается. Регистрируется каждый человек. Наша фирма скрупулезно соблюдает условия заключенных соглашений.

— Я в этом не сомневаюсь. Считайте мой визит простой формальностью.

Чиновник усмехнулся, торопливо листая пластиковые перфокарты с кодами. Не очень-то он любил этих умников с Земли, прилетающих сюда в поисках легкого заработка, везде сующих свой нос, а затем бесследно исчезающих. Чужаки. Пришельцы.

— Вашему протеже была предложена категория Х-2 в точном соответствии с договором. Вот карточка, пожалуйста.

Найдя нужную карту, чиновник небрежным щелчком отправил ее в приемную щель компьютера и, как только на экране монитора появился невидимый для посетителя текст, стал читать через две-три строки, мгновенно отбрасывая лишнее, выбирая лишь то, что могло произвести на посетителя благоприятное впечатление.

— «Звездокруг». Туристская фирма. Оклад двести престов в неделю. Оплата, как видите, превышает обычную категорию Х-2, но, поскольку платим не мы, налоговое управление смотрит на это сквозь пальцы.

— А его обязанности?

— Обслуживание клиентов. Сопровождение в туристских турне по островам. Райская жизнь. Всего два рабочих дня в неделю. Правда, прерывать турне нельзя. Переработанные дни он получал в виде отгулов. Клиенты не любят смены обслуживающего персонала. Премиальные каждый месяц, в зависимости от оценки работы гида клиентом.

— Но для этой работы, насколько я понимаю, необходимо хорошее знание местных достопримечательностей и всех особенностей ваших поселений. Как же с этим может справиться приезжий?

— Маршруты повторяются. Не так уж много у нас достопримечательностей. К тому же фирма предоставляет две оплаченные недели для обучения новичков. У них собственный гипнозал, из них готовят профессиональных гидов.

Все выглядело правдоподобно, вот только в «Звездокруге» ничего не знали о Романе Гравове. Назначение он получил, расписался в графе «согласен», и больше его не видели. Кленов никогда не злоупотреблял своими особыми полномочиями. Он вел расследование методично и по возможности корректно. Хотя назначение Гравова в фирму «Звездокруг» вызвало у него серьезные сомнения, он не стал скрупулезно проверять документацию бюро, справедливо полагая, что если уж документы здесь подделывались, то на высоком профессиональном уровне, а поскольку в его задачу входило прежде всего установить местонахождение Гравова, не стоило начинать работу с конфликта. Поэтому из бюро он отправился в главное полицейское управление.

Старший инспектор Курлянов, по совместительству выполнявший работу специального уполномоченного федерального правительства, не заставил себя ждать слишком долго. Он появился ровно через двадцать минут после назначенного времени и не счел нужным даже извиниться.

Курлянов оказался неприметным мужчиной среднего роста, разве что выглядел слишком молодо да чересчур бросались в глаза маленькие усики, словно специально приклеенные для того, чтобы походить на детектива из старинного фильма.

«Маскировка наоборот», — усмехнулся про себя Кленов, — и не такая уж глупая».

— Вы познакомились с моими отчетами? Получили их все? — спросил Курлянов.

— Конечно.

— Тогда я не понимаю, зачем здесь нужен специальный уполномоченный Федерации? За два года я не зарегистрировал ни одного серьезного нарушения космического кодекса в этой колонии.

— А что, несерьезные все-таки были?

— Да так, обычные мелочи. Несоблюдение некоторых правил охраны среды, нарушение тарифов и таможенных квот. Интенсификация человеческого труда. У нас тут не очень-то жалуют роботов. Вот, пожалуй, и все. Для контроля за этими нарушениями вполне достаточно установить здесь обычное бюро отдела внешних поселений, нет никакой нужды в специальном уполномоченном.

— Здесь иногда исчезают люди, сорок восемь за два года, — тихо произнес Кленов.

Курлянов принял его реплику на свой счет.

— Это не доказано! Плохо налаженный контроль за выездом еще не означает...

— Не повторяйте глупостей, которыми нас пичкают местные власти! — начав терять терпение и уже не сдерживаясь, резко проговорил Кленов. — На два года мы установили специальный контроль за въездом и выездом с планеты, проверялись все рейсовые корабли. За это время здесь бесследно исчезли сорок восемь человек!

— Они могли сменить фамилию, отказаться от компьютерного контроля. Это их право.

— Все сорок восемь? Зачем?

— Я не знаю зачем. Зато я знаю, что здесь обычное, ничем не примечательное, периферийное поселение. Глубокая провинция, если хотите. Со своим патриархальным укладом, со стремлением вести натуральное хозяйство и как можно меньше зависеть от Федерации. Вот и все. Эти люди не способны на преступления. Исчезновение людей? Я думаю, если хорошенько покопаться, их можно обнаружить на каком-нибудь «диком» поселении. Кто-то решил скрыться от слишком ретивой жены или старого друга, уехал, сменил фамилию, регистрационную карточку, растворился, исчез, перестал существовать в прежнем статусе. Я иногда думал: не последовать ли их примеру, не «исчезнуть» ли здесь самому и не доказать ли тем самым вашему управлению всю нелепость их подозрений?

— Видите ли в чем дело, если человек сменит регистрационную карточку, то взамен одного официального поселенца должен появиться другой, и общее число их при этом не изменится...

— Вы хотите сказать, что вам удалось установить уменьшение общего количества жителей Гридоса на сорок восемь человек?

— В общем, да.

— Я в это не верю. Здесь каждый день естественной смертью умирает один-два человека. И не очень-то аккуратно они регистрируют необходимые документы. У коренных гридян существует патологическая неприязнь к разного рода бюрократическим процедурам. Не верю я в это, — повторил Курлянов, упрямо покачав головой.

— Можно верить. Можно не верить. Но расследовать мы обязаны. Именно поэтому я здесь.

— Вы собираетесь расследовать все сорок восемь случаев?

— Посмотрим. Начать я хотел бы вот с этого человека. Он пропал последним. Времени прошло немного, и все факты, связанные с ним, установить будет проще.

— Гравов. Роман Гравов. У меня хорошая память. Он не проходил по нашим картотекам.

— Это оттого, что год, после которого вы регистрируете официальное исчезновение поселенца, еще не прошел, и надпись «пропал без вести» в его карточке пока не появилась.

— Почему в таком случае вы полагаете, что он пропал?

— Буду рад, если вы поможете установить его местонахождение.

Кленов протянул Курлянову справку, полученную в отделе по распределению рабочей силы. Тот внимательно прочитал ее, нахмурился. Сделал какой-то запрос со своего пульта и, получив ответ, помрачнел еще больше.

— С фирмой «Звездокруг» нас связывают не самые

лучшие взаимоотношения. Несколько раз я пытался доказать, что они занимаются контрабандой, и каждый раз вещественные доказательства исчезали, а свидетели напрочь теряли память во время официального разбирательства. Тем не менее у меня есть все основания полагать, что там происходит нечто, мягко говоря, не совсем легальное. И если вашего парня запутали в их делишки...

— Это не «мой парень». Это обыкновенный переселенец. А что у них за контрабанда, что-нибудь серьезное? Наркотики, алкоголь?

— Да нет. Всего лишь уравнил.

— Что это?

— Ах да... Все время забываю, что вы не наш. У нас об этом напитке знает каждый ребенок. Прекрасный заменитель натурального кофе, оказывает сильное тонизирующее действие на организм и к тому же абсолютно безвреден. Так, во всяком случае, уверяют медики.

Вначале Курлянов произвел на Кленова благоприятное впечатление. Осторожен в выводах, нетороплив, в меру приветлив, ровно настолько, чтобы не выглядеть подобострастным. К тому же у него двойственное положение. Ему все время приходится балансировать между интересами Гридоса и Федерации... Дурак на таком месте долго не засидится. Ему нужен был надежный помощник, и он все никак не мог решить, подходит ли для этого Курлянов, можно ли ему полностью довериться. Однако у него была редкая возможность установить его истинные симпатии. Во всяком случае, он мог узнать, как Курлянов относится к странной контрабанде органики неизвестного происхождения.

— Уравнил — это напиток желтого цвета, который подают во всех кафе? Я, кажется, видел даже вывески с его рекламой.

— Дело в том, что существует два уравнила. Один — местного производства, второй — контрабандный. Контрабандный, естественно, поэффективнее, считается, что он обладает особым целебным действием, ну и цена соответственно выше.

— Таким образом, местное производство используется в основном, как я понимаю, для прикрытия контрабанды.

— Вообще-то вы правы. Все мелкие заводишки по его производству давно скупила все та же фирма «Звездокруг». Наш Совет считает вопрос с уравнилом не подлежащим обсуждению. Я несколько раз пытался поднять его, и ничего у меня не вышло, вам тоже не советую. Такое впечатление, что «фирмачи» нашли способ всерьез заинтересовать наших законодателей, не знаю уж чем.

Курлянов казался вполне искренним, и Кленов решился наконец выложить свой главный козырь.

— Вы знаете, что в состав уравнила входит чужая органика?

— Да, сок радоского плода.

— Нет. Это не сок плода. Это что-то гораздо более сложное и серьезное. Мои специалисты бьются над его составом уже достаточно долго. Пока с уверенностью можно сказать, что туда входят не известные нам и, скорее всего, синтетические органические вещества очень сложного строения. По своей структуре они походят на человеческий гамма-глобулин, но только по архитектуре. Состав совершенно другой, и назначение этой добавки пока неясно. Ее влияние на человеческий организм может быть вообще непредсказуемо.

— Не хотите ли вы сказать, что, кроме получения выгоды от продажи контрабанды, его производители преследуют какую-то иную цель?

Все добродушие с Курлянова сняло как рукой, и он сидел стиснув зубы.

«Что-то он слишком волнуется, и вовсе не потому, что эта новость так уж для него неожиданна...» — подумал Кленов.

— Я стараюсь не строить гипотез без достаточных к тому оснований. Я сказал все, что пока знаю. К сожалению, исследования затруднены тем, что эти вещества совершенно не действуют на животных, даже на высших. А эксперименты на добровольцах, даже с теми, кто систематически употребляет контрабандный напиток, требуют специального разрешения Совета.

— Вряд ли вы его получите, но и то, что у вас есть, достаточно серьезно. Чтобы провести такое исследование, нужны целая группа специалистов и неплохая лаборатория. Вы привезли их с собой?

«А вот этого я тебе не скажу, — подумал Кленов, растирая кисть руки, словно она у него заболела от упражнений Курлянова. — Что-то ты слишком заинтересовался историей с уравнилом, хотя, надо отдать должное, вопрос задан с видимым безразличием». Кленов уже почти не сомневался, что имеет дело с умным, хорошо законспирированным противником. Кто за ним стоит — вот в чем вопрос... Во всяком случае, не Совет, существует какая-то другая организация, иначе бы лаборатория тебя не интересовала...»

— Исследования проводятся на Земле, в федеральном научном центре, по доставленным с Гридоса образцам. Так что мои данные могли сильно устареть. Следующий рейсовый корабль, возможно, привезет нам что-нибудь новенькое. — И это сообщение явно не вызвало у Курлянова особой радости. — Одного не могу понять, откуда эта контрабанда берется? — задумчиво продолжил Кленов.

— С кораблей, естественно.

— С кораблей-то с кораблей, да нет такой органики в освоенных нами мирах. Во всяком случае, центральный информаторий о ней ничего не знает. Я не верю, что какие-то гении сумели создать столь сложное органическое соединение в подпольной лаборатории только для того, чтобы потом им тайно торговать. Что-то здесь концы с концами не сходятся, да и корабли... Есть специальные детекторы для обнаружения подобных веществ. Пройти таможенный контроль службы безопасности с такой контрабандой практически невозможно, а ведь уравнил продолжает поступать на Гридос регулярно и довольно большими партиями. Может, вы мне поможете разрешить эту загадку?

— Пожалуй, я могу вам дать всего лишь совет.

— Я весь внимание. — Кленов понимал, какую опасную игру он затеял, провоцируя своего партнера (или противника?) на открытый выпад, и все же продолжал ее, потому что не видел другого быстрого способа выявить истину. Курлянов, заметив жест Кленова, растиравшего руку, перестал стучать по столу и расстегнул ворот рубашки, словно ему стало душно. Он рисковал не меньше Кленова, понимая, что с инспекторской службой Федерации шутки плохи. Она никогда не прощала ошибок своим выявленным врагам. А инспекторами назначали, как правило, хорошо подготовленных, универсальных специалистов. Кленов казался ему опасным. Он зашел слишком далеко, слишком многое узнал и понял, так что любой ценой его следовало остановить.

— Оставьте вы этот уравнил в покое. Это наша частная проблема, к федеральным властям не имеющая никакого отношения. Сами мы с ним разберемся.

— Это не так. Есть все основания полагать, что уравнил имеет самое прямое отношение к развалу экономики Гридоса. Федерация не может себе позволить потерять одну из своих колоний, а дело может дойти и до этого. Мне кажется, здесь существуют силы, заинтересованные в подобном развитии события. Это можно проверить. Давайте вместе проведем срочную инспекцию складских и рабочих помещений фирмы «Звездокруг», я думаю, мы обнаружим там немало интересного.

— Я не могу дать санкцию на такую инспекцию.

— Почему?

— Это не входит в мою компетенцию.

— Вы же прекрасно понимаете, что если мне придется обратиться за разрешением в Совет после дебатов и затраченного на это времени, такая санкция из-за утечки информации потеряет всякий смысл.

Теперь они пристально смотрели в глаза друг другу. Словесный поединок подходил к своей кульминации.

— В таком случае вам придется от нее отказаться.

— Через месяц здесь будет «Руслан», и я смогу провести инспекцию, не прося вас о содействии.

— Естественно, но к тому времени она потеряет всякий смысл.

— Вот это я и хотел от вас услышать.

— Мне придется принять меры, чтобы известная вам информация не получила преждевременного распространения.

— Боюсь, это вам не удастся. У федеральной службы безопасности существуют свои каналы передачи служебной информации. Так что не делайте глупостей. Моя откровенность, как вы, возможно, уже догадались, была всего лишь проверкой вашей лояльности, и я на нее не пошел бы без санкции своего начальства. Подумайте об этом. Всего хорошего. — Кленов поднялся, повернулся и вышел.

И, делая каких-то два шага до двери, он чувствовал затылком свинцовый взгляд своего противника.

На улице, как всегда, лил дождь. Кленов всей грудью вдохнул влажный, густой, как вата, воздух и подумал в который уж раз, что где-то там, за облаками, невзирая ни на что, светят звезды. И если бы сейчас ему удалось их увидеть, то все равно он не смог бы отыскать на этом чужом небе звезду, которая была его солнцем. Слишком велики расстояния. Слишком много времени требуется кораблю, чтобы собраться в такую дальнюю дорогу и, разорвав пространство, на сверхсветовой скорости долететь сюда. Долго еще ждать «Руслана», слишком долго. Ему было холодно, одиноко да к тому же еще и тревожно. Он прекрасно понимал, какие силы привел теперь в действие и какой грозный и невидимый пока противник готовит сейчас свой ответный ход. «Звездокруг» — всего лишь ширма, и ему очень хотелось увидеть лица тех, кто стоял за ней. Кто все это затеял, кто ввозил сюда, на человеческое поселение, медленно действующий яд, убивающий волю, инициативу, вкус к жизни. «Эликсир равнодушия» — так он назвал его в официальном документе, отправить который, несмотря на свои слова в кабинете Курлянова, он так и не сумел.

Еще он думал о Романе Гравове, бесследно исчезнувшем в том же «Звездокруге». Кто он — друг, враг, случайно запутавшийся человек? Или, может быть, все же нечеловек? Как-то все это должно быть взаимосвязано, он чувствовал, что уже близок к разгадке: нужно поднапрячься, и он поймет.

Кар стоял на противоположной стороне улицы, и ему нужно было перейти открытое пустое пространство, ярко освещенное фонарем. Улица, залитая мертвенным ртутным светом, казалась слишком холодной и пустынной. Ему стоило большого труда заставить себя сделать первый шаг, словно нужно было броситься в холодную воду.

«Слишком ты стал нервным, старина», — сказал он себе, чувствуя, как холод вместе с ветром проникает под одежду. Здесь, у полицейского управления, вряд ли они решатся что-нибудь предпринять. Исчезновение инспектора во время расследования их не устроит, придумают что-нибудь похитрей. Разве что они спешат. Разве что им любой ценой понадобится выиграть хоть немного времени — вот тогда они пойдут на все.

«Что-то они здесь скрывают, что-то чрезвычайно важное, — неожиданно понял он, — гораздо более важное, чем история с эликсиром». Эликсир был, скорее всего, лишь средством, еще одной попыткой. Наверняка не только эликсир. Саботаж, исчезновение грузов, отправленных на Гридос. Они делают все, чтобы создать условия, невыносимые для жизни этой отдаленной колонии. Все, чтобы поселение здесь оказалось невыгодным и Совет Федерации принял решение о его эвакуации. Они делают это, не считаясь ни с какими расходами. Создают липовые компании, внедряют своих людей, идут на любые преступления и ведут с ними дорогостоящую тайную войну с одной-единственной целью — не пустить нас сюда, на эту окраину Федерации, не позволить закрепиться на Гридосе. Не дать сделать следующего шага к Ангре...

У его кара мелькнула какая-то тень или ему показалось? С той стороны высокий забор и густые деревья полностью закрыли свет фонаря, и он ничего не мог рассмотреть. Оставшиеся пять шагов он прошел медленно, готовый в любое мгновение броситься в сторону, но ничего не произошло. Кар был пуст.

8

Темное пятно в воде постепенно приобретало очертания человеческой фигуры. Роман, укрывшись за выступом скалы и не отпуская рукояти лазерного пистолета, наблюдал за ним уже несколько минут. Медленно всплывая, человек оставался неподвижен. В полумраке Роман не сразу понял, что перед ним женщина. Видимо, она потеряла сознание, преодолевая глубоководную пещеру. Только сейчас он наконец опомнился и поспешил ей на помощь.

Лицо женщины скрывала маска с поляризованным светофильтром, зато фигура, обтянутая полимерной тканью костюма, говорила о том, что она молода и, возможно, красива.

Роман не пытался понять, почему она стремилась к этому подводному причалу из последних сил. Для вопросов не пришло время.

Сорвав маску, он полностью открыл вентиль кислородного баллона и приблизил струю живительного газа к губам женщины. В первую секунду он не узнал ее, хотя лицо и показалось Роману знакомым. Она глубоко вздохнула, застонала, но глаз не открыла. Он понял, что ничего серьезного ей уже не грозит. Обморок скоро пройдет.

Длинные черные волосы рассыпались по плечам, сливаясь с темной тканью костюма и подчеркивая белизну кожи чуть скуластого лица с волевым подбородком и темными дугами широких бровей. Неожиданно, словно пелена спала с его глаз, он вспомнил эти волосы, летящие вслед за незнакомкой в городской толпе. Это была та самая девушка-гордячка, приближаться к которой было опасно для жизни... Теперь ее голова лежала у него на коленях, и он боялся пошевелиться, чтобы не упустить мгновения невольной близости.

Совсем еще недавно, несколько дней назад, он мог, случайно встретив ее в толпе, запросто подойти к ней, заговорить... Тогда он еще считал себя обыкновенным парнем и имел на это право. Сейчас даже эта нечаянная ласка — его рука, лежащая у нее на плече, — не что иное, как обман...

«Биоробот — это конструкция из плазмы, синтетических мышц и управляющего механизма с разветвленными электрическими цепями, заменяющими нервную систему». Так, кажется? В свое время он был неплохим учеником... Конечно, он не биоробот, что-то гораздо более сложное. В своем теле он не ощущал ничего синтетического, и даже этот шар в мозгу мог быть всего лишь результатом внушения. Они могли проделать операцию с его волей и психикой, не прибегая к грубому хирургическому вмешательству. Где же в таком случае проходит граница между человеком и роботом? И кого именно следует считать человеком? По какому признаку? Человек обладает собственной волей, ему нельзя навязать команды извне... Вот тебе и принцип.

Что именно они сделали с ним, он не знал. Он чувствовал себя нормально, ему было всего двадцать восемь лет, на коленях у него лежала девушка, к которой он не имел права прикасаться, потому что не считал себя больше человеком...

Ее лицо, отрешенное от всего, казалось ему совершенным. Уста сомкнуты, глаза прикрыты... Пройдут минуты, и очарование исчезнет, она испугается, начнет говорить ненужные пустые слова, и человеческая жизнь, причастность к которой он перестал сейчас ощущать, властно ворвется под эти замкнутые, отрезанные от остального мира своды, а совершенство уходящих мгновений будет полностью уничтожено. Никогда больше он не ощутит такого полного единения с другим существом... Он не знал даже, принадлежат ли ему эти мысли, или они являются частью инородного объекта, притаившегося внутри его мозга... Он думал об этом теперь постоянно, даже сейчас, когда смотрел на тело девушки. На эту прекрасную, словно отлитую из эбонита статую. Костюм из тонкого пористого пластика лишь подчеркивал совершенные формы ее тела, не скрывая даже деталей... Не в силах сдержаться, он нагнулся и поцеловал ее в бледные губы, словно хотел вознаградить себя этой последней, украденной лаской за предстоящее отчуждение... И именно в этот момент она открыла глаза.

Ни испуга, ни отвращения, ни даже протеста не увидел он в ее бездонном синем взгляде, словно заглянул на дно глубокого колодца. Озноб пробежал по всему телу Романа от ее взгляда, в котором читались бесконечное изумление и извечный вопрос. Она приподнялась, осторожно освободилась от его руки.

— Кто ты?

Роман пожал плечами, не зная, что отвечать на этот простой вопрос.

— Ты не из россов, я не знаю тебя... — Постепенно в ее глазах появлялся не страх, нет, скорее, какое-то отчаяние. — Кто бы ты ни был, ты не слуга деймов. Ты ждал здесь наших? Почему ты молчишь?

— Я никого не ждал. Я бежал, спасая свою жизнь, попал в этот грот и вот увидел тебя. Остальное не так уж важно... Ты-то откуда здесь взялась?

— Нас выследили, взорвали лодку, все наши погибли, одна я уцелела. — В ее глазах блеснули слезы, но она тут же взяла себя в руки. — Здесь нельзя оставаться. Я думаю, теперь они знают об этом тайном пути. Скоро здесь будут слуги деймов. Придется уходить вместе, если ты не из них. — Она все еще сомневалась.

Роман не знал, что собой представляет тайный путь, о котором она говорила. Скорее всего, она приняла его за кого-то другого. Это не имело сейчас никакого значения. Ему было все равно куда идти.

— Из этого грота без дыхательного аппарата не выбраться. Озеро слишком глубоко, и подводный проход, по которому я приплыл, не пройти второй раз, не хватит воздуха в легких. Придется тебе плыть одной.

— Моим дыхательным аппаратом можно пользоваться по очереди. Понадобится всего несколько вдохов. Я хорошо знаю этот путь.

Он удивился, что ему самому в голову не пришла такая простая мысль.

— Может быть, ты хоть скажешь, как тебя зовут?

Девушка усмехнулась.

— Надо было спрашивать раньше, прежде чем... — Она замолчала, глянула выжидающе ему в лицо. Потом все же ответила: — Меня зовут Элия.

Какое-то время Элия уверенно выбирала путь среди бесчисленных пересечений подземных штреков. В своих одиноких странствиях по руднику Роман никогда не забирался так далеко, и эта часть подземного лабиринта была ему совершенно незнакома. Судя по компасу, они находились в западной части острова и приближались к берегу. Штреки опускались все глубже, и Роман понял, что над их головами уже плещутся ядовитые волны океана. Странно, что за все эти годы вода не смогла пробиться в заброшенные штольни и не затопила их.

Они шли сосредоточенно, целеустремленно, почти не разговаривая. Все самое главное было сказано еще у озера, и сейчас, когда конкретное действие, необходимость найти выход из подземного лабиринта, подавило на время его мучительные раздумья, он не хотел снова к ним возвращаться и был благодарен девушке за то, что она отложила все свои многочисленные и вполне естественные вопросы.

По подсчетам Романа, они прошли уже не менее пяти

километров. Неужели здесь есть подземный проход к архипелагу? До него не менее ста километров. Им никогда не одолеть пешком по подземным выработкам такое расстояние... О какой двери, в таком случае, все время говорит Элия? Пора разобраться в этом подробней. Он нагнал девушку и только теперь заметил, что она держалась из последних сил.

— Нужно сделать привал.

— Нет. Мы не можем терять времени. Стражи никогда не ждут дольше положенного.

— Мы должны остановиться, передохнуть хотя бы несколько минут. Иначе ты вообще не сможешь идти. Ну пожалуйста, Элия... — Он осторожно, но настойчиво взял ее за локоть, и девушка подчинилась.

Пока она раскладывала прямо на крышке его рюкзака нехитрую снедь из универсальных консервированных завтраков, он решил осмотреть штрек. После встречи с существом, похожим на огненную летучую мышь, он больше не доверял этим подземельям. В нескольких местах он прикладывал ухо к полу и стенам подземных пещер, надеясь уловить едва заметное содрогание почвы или хоть какие-нибудь звуки, но все было тихо.

Когда он вернулся, Элия уже закончила приготовления к завтраку или, может быть, к обеду? Под землей время идет иначе, и даже часы не могут убедить в том, что утро давно наступило.

Девушка в его куртке, майке и импровизированной юбке, наспех сделанной из остатков водолазного костюма, выглядела вполне по-домашнему.

Если бы он мог сделать так, чтобы их совместный поход никогда не кончался... Он готов был сейчас отдать все что угодно, даже свет солнца и запах лугов родной планеты, за иллюзию равенства, за некоторую зависимость этой девушки от него, за то, что здесь он может считать себя ничем не отличным от нее. Хотя знал, химеры, запрятанные в глубинах нашего существа, рано или поздно вырвутся на волю, на какие бы крепкие замки ни старалась запереть их наша воля. Невольный жест, поступок, может быть, интонация голоса, и она догадается, что он не такой, как все, что его психика слеплена из другого, нечеловеческого теста, что к ней добавлена чужая воля, — тогда вместо доверия возникнет испуг, а потом ужас и отвращение...

Именно этого он со страхом ждал каждую минуту в неестественном напряжении и оттого представлялся девушке отчужденным, суровым и замкнутым человеком.

Элия ела мало, лишь подчиняясь необходимости. Если бы этот человек, выбравший ее в спутницы жизни, не казался ей таким далеким, она бы, возможно, легче перенесла совершившийся вопреки всем законам приличия полный поворот в ее жизни. Если бы он хоть немного облегчил ее положение!

Ей даже в голову не приходило, что чужеземец попросту не знает важнейших законов ее общины. Губы мужчины, при любых обстоятельствах коснувшиеся губ свободной женщины, могут означать лишь одно: отныне она становится его избранницей. Он не захотел подождать, как полагалось по древнему обычаю, пока она первая сделает шаг навстречу, а вместо этого воспользовался ее беспомощным состоянием. Это глубоко задело и оскорбило ее. А сейчас вместо того, чтобы попытаться исправить положение, объяснить свое поведение, оправдаться, объяснить, наконец, почему он так поступил, — вместо всего этого он жует свои бутерброды так, словно важней у него ничего нет в жизни! Мать была права: она всегда говорила ей, что пища имеет необъяснимую власть над мыслями и чувствами мужчин. Не успев дожевать бутерброд, он наконец заговорил с ней, но совсем не о том, чего она ждала.

— Эти стражи... — Он по-прежнему не смотрел в ее сторону, словно разговаривал с куском скалы, валявшимся в проходе. — Что они собой представляют?

— Это искусственные люди, созданные деймами.

Если бы его лицо не было повернуто в сторону от фонаря, она увидела бы, как смертельно побледнел Роман.

— Как они выглядят?

Она услышала волнение в его голосе, но так и не смогла понять, чем оно вызвано.

— Как люди.

— Они что, едят, пьют, разговаривают, любят женщин? — Теперь в его голосе слышалось раздражение, почти злость.

— Да что ты! Это просто куклы. Их заряжают на один поход или дают другое, специальное задание. Как только оно выполнено, они уже не могут двигаться. Тогда их уничтожают. Два таких стража вели нас через проход. Один ждет у двери нашего возвращения. Но не слишком долго, заряд волшебной силы, которой снабдили его деймы, постепенно слабеет. Вот почему мы должны торопиться. Если мы опоздаем, он не сможет провести нас обратно.

— Что это за проход, куда он ведет?

— На Ангру.

— Ангра — это твой остров?

— Это мир, в котором мы живем.

— Мир? Что ты имеешь в виду? Это уже не Гридос? Там светит другое солнце? — Впервые он посмотрел ей прямо в лицо глазами, расширенными от удивления.

— Конечно. На Ангре три луны — одна с большим огненным кольцом. У нас не бывает дождей и растет розовая трава, которую так любят кросты. Тебе понравится у нас. Гридос хуже моего мира. А у вас на Земле бывают дожди?

— Бывают. Их вызывают искусственно. Но подожди, где вы берете корабль для перехода? И где он нас ждет сейчас?

— У вас тоже есть колдуны? Когда нам нужен дождь, мы обращаемся к деймам.

— Я спросил тебя о корабле...

— Я не знаю, что это такое...

— Большая лодка для полета через пространство. Только она может пронести человека от одного мира к другому.

— Для этого не нужна лодка. Нужен заколдованный страж и дверь...

— Бред какой-то! — Он обхватил голову руками, словно хотел удержать разбегавшиеся мысли. Самым удивительным было то, что он не находил в ее словах ничего невероятного, ему казалось почти естественным все, что она сказала: «Нужна лишь дверь и заколдованный страж». Все же попробовал начать все сначала: — Как выглядит эта дверь? У нее есть ручка? Ее можно открыть?

— Ну что ты! Страж входит в черную скалу и ведет за собой человека. Страж всегда идет впереди.

— Подожди. Он входит прямо в скалу?

— Да.

— И скала пропускает его?

— Конечно. Он же заколдован специально для этого.

— Прости, я забыл. И что же, человек может идти следом?

— После стража остается проход. Он светится как голубой туман, нужно спешить, пока скала снова не станет твердой.

— Здесь, на Гридосе, есть такая скала?

— Конечно, мы же идем к ней... Ты задаешь вопросы как ребенок.

— Прости. Земляне не умеют проходить сквозь скалы, но если здесь есть такая дверь, я хотел бы на нее посмотреть...

Слышал он о такой двери когда-то очень давно. Те, кого он хорошо знал раньше, а потом забыл, много раз говорили ему о двери, ведущей в чужие миры, и о дороге без возвращений...

— Нам пора идти.

— Наконец ты понял, как важно успеть! — Она торопливо поднялась, все вещи оказались уже разложенными по местам, он не заметил, когда она успела это сделать.

Едва они двинулись, как Роман услышал странный свист. Он доносился спереди, из туннеля, по которому они шли.

— Не шевелись, — прошептал он на ухо Элии, гася фонарь. — В этих пещерах водится много нечисти, их могут привлечь свет и движение.

— Но мне говорили, на Гридосе вообще нет животных, или ты имеешь в виду деймов?

Она ответила шепотом, и он ощутил у себя на щеке ее жаркое дыхание.

— Я не знаю, откуда они здесь берутся. Может быть, из твоей двери в другие миры. Больше их нигде нет, одно из таких чудовищ я как-то встретил здесь.

«Правда, тогда я был один и ничего не боялся», — добавил он про себя, ощупывая ребристую рукоятку лазерного пистолета.

Звук повторился ближе. Он возник на низких нотах и, пройдя через звуковой спектр, закончился на пронзительном визге. От этого визга мороз продирал по коже.

Элия прижалась к нему. В темноте он обнял ее за плечи свободной рукой. Впереди, за поворотом туннеля, вдруг замелькал слабый, едва различимый свет. Казалось, в воздухе развесили множество световых лоскутов. Величина каждого была не больше листа писчей бумаги. Светящийся лист то вытягивался в бледное, едва различимое полотно, то схлопывался в крохотную ослепительную световую точку. В этот момент раздавался едва слышный писк. Теперь они поняли, что эти звуки, отражаясь от стен туннеля и складываясь друг с другом, рождали на расстоянии странные звуковые эффекты, похожие то на вой, то на свист. Иногда в них слышались обрывки непонятных мелодий, иногда — горькая, тоскливая жалоба. Вдруг Элия вздрогнула и прошептала:

— Я их узнала... Это ночные кронты. Они питаются светом и теплом. От них нет спасения. Сейчас они нас почуют и высосут все тепло, превратят в куски льда.

— Бежим! — Он дернул ее за руку и не смог сдвинуть с места. Девушка словно окаменела.

— Бесполезно. Они летают быстрее олнов. Спасения нет, не суетись, послушай! Я должна сказать тебе что-то важное... Я прощаю тебя за то, что ты сделал там, в гроте. — Ее руки нашли в темноте его голову, притянули к себе, и он почувствовал на своих губах ее горячие живые губы. Прикосновение было мимолетным, почти мгновенным. — По нашим обычаям, девушка должна первой поцеловать мужчину, только тогда древний обряд имеет силу. Теперь мы не расстанемся после смерти...

— Послушай, Элия, сейчас не время говорить об обычаях. Если эти существа опасны, как ты говоришь, нужно что-то делать.

— Ты ничего не сможешь. От них нет спасения.

Огненные бабочки порхали уже совсем рядом, до них оставалось не больше трех метров. Их было много, наверное, не меньше сотни плавно порхающих огненных листочков, таких безобидных с виду. Вдруг те, что летели впереди, прекратили неторопливое порхание в воздухе и резко изменили направление полета в сторону людей. В их движениях появились целеустремленность и резкость. Буквально через секунду они уже были на расстоянии вытянутой руки, и только теперь Роман по-настоящему ощутил ток опасности, исходивший от этих существ. На них пахнуло ледяным холодом, словно из дверей огромного холодильника. Совершенно рефлекторно, не надеясь на положительный результат, Роман приподнял руку и выстрелил из лазерного пистолета в налетающую стаю бледных световых вампиров. Тонкий, как игла, луч пронесся между ними, не задев ни одного, уперся в противоположную стену и полыхнул там ослепительной фиолетовой вспышкой. Раскаленное добела пятно расплавленной породы ярко засветилось в темноте, и сразу же вся стая бросилась к нему и жадно приникла к раскаленной породе, слилась с ней... В воздухе пещеры не осталось ни одно светляка.

— Скорее! — вновь крикнул он Элии, почти силой отдирая ее от стены. — Скорее, пока они заняты...

Проскользнув мимо тускнеющего на глазах круга, молодые люди бросились вдоль штольни, прочь от кошмара.

9

Планета Занда-Фе в Галактике, которой не могло быть ни на одной звездной карте Земли, выглядела мрачно и одновременно величественно.

Гагаяг вместе со своим спутником Велоягом только что вышел из пространственной двери, соединяющей множество параллельных миров, и теперь они неторопливо шли по дорожке кристаллического сада.

На черной грани переходника еще не погас огненный контур, напоминавший своими очертаниями гигантскую летучую мышь. По поверхности каменного параллелепипеда змеились и гасли ветвистые искры.

Угасающий звездный карлик едва освещал поверхность планеты красноватыми лучами. Сад, простиравшийся во все стороны на десятки и сотни километров, был так же мертв с точки зрения существа из человеческих миров, как и вся остальная поверхность планеты. Здесь росли лишь кристаллы. Фиолетовые шестиметровые друзы, наполненные изнутри светом заходящего солнца, чередовались с мрачными кристаллами ориона. Их сменяли причудливые наплывы полупрозрачного розового оникса. И впереди, прерывая дорожку, перед идущими предстала изящная пергола, сплетенная из пенистого кружева дендридов.

Здесь было их любимое место раздумий. В этом месте они вынашивали планы захвата новых миров, решали дела, связанные с управлением старыми владениями. Здесь выносились приговоры непокорным народам и порой решалась судьба целых планет.

Угрюмые владыки, правившие сотнями обитаемых миров, молча вошли в перголу. Столь обширная власть имела и оборотную сторону. Империя деймов была так велика, что власть ее правителей постепенно растворялась в необозримых пространствах Вселенной. Десятки миров рождались и умирали в ее глубинах, так и не успев узнать, кому они принадлежат.

Велояг, почтительно наклонив голову, наконец решился прервать раздумья своего именитого спутника жизни.

— Ат-Баяг считает, что я не был достаточно старателен.

— Да, мы оба теперь не в почете. Я добровольно согласился разделить с тобой изгнание и удалился от двора.

— Они не должны были поручать столь низменное задание мне, владыке третьей категории.

— Но ведь ты не справился с поручением Ат-Баяга. В этом они правы.

— Я не мог знать, что червеки обладают огнем такой силы! Он обливал меня огнем раз за разом, а от нас так мало остается при переходе в их проклятые миры! Если бы я не ушел, ты бы сейчас не говорил со мной!

— Я знаю. Ты сделал все что мог. Именно поэтому не одобрил их решение. — Гагаяг замолчал и нахмурился.

Игра света, отраженная призмами ближайших кристаллов, следуя его настроению, померкла и перешла в кроваво-красные тона. — Есть лишь один способ справиться с мирами червеков. Как ты думаешь, что держит дверь на их планете Ангра в системе наших миров?

— Этого я не знаю. Этого я никогда не понимал.

— Да. Для этого нужна великая сила. Пойдем, я покажу тебе кое-что...

Гагаяг поднялся и решительно вышел из перголы. Велояг едва успевал за его размашистым нервным шагом. Концы крыльев, волочившиеся за ними по песчаной дорожке, оставляли на ней заметные борозды. Они шли довольно долго. Сад, раскинувшийся в необъятной долине на сотни километров, в этом месте постепенно перешел в узкое ущелье. Вскоре его стены сомкнулись над головами идущих. Теперь они шли по пещере, поражавшей воображение своими размерами. Красноватые глаза владык улавливали мельчайшие отблески излучений и не нуждались в освещении. Они видели каждую мелочь в окружавшем их каменном лабиринте.

Наконец пещера кончилась. В глубине, там, где сходились вместе грани плоских стен, лежало нечто, похожее на опрокинутую каменную чашу. Они подошли ближе и остановились на почтительном расстоянии.

— Что ты чувствуешь? — спросил Гагаяг.

— Не знаю... Стены чаши слишком толсты, но, мне кажется, сквозь них пробивается запах смерти.

— Ты прав. Сейчас мы увидим то, что было сокрыто здесь многие тысячи лет. Смотри же! — Гагаяг громко произнес заклинание. Поверхность чаши хрустнула и распалась на две половины. Велояг попятился, хотя на первый взгляд внутри не было ничего особенного. Всего лишь друза из двух кристаллов, один из которых излучал мерцающий красный свет, другой светился зеленым огнем.

— Не бойся. Пока они вместе, они безопасны, но стоит их разлучить...

— Что это?

— Огни Кассандры. Слышал о них?

— Легенды, предания... Неужели они существуют на самом деле?

— Их посадил мой дед. Десять тысяч лет мы удобряли эту землю порошком из толченых зубов дракона, поливали ее мертвой водой, и вот теперь они созрели.

— И они в самом деле способны изменить мир?

— В чем главная сущность мира?

— Сущностей много...

— Ты прав, но есть одна, неизменная для всех миров. Повсюду материя отражает сама себя, словно смотрится в зеркале смерти... Через каждую вещь можно провести четкую грань, разделяющую ее на две одинаковые половины. Симметрия — вот закон, общий для всей Вселенной. А теперь подумай, что случится, если разрушить или слегка изменить, пусть даже на самую малость, главную сущность вещей...

— Вещи начнут разрушаться.

— Или изменяться... Никто еще не видел, как это происходит. Никому не удавалось вырастить огни Кассандры — мне это удалось. Свет — признак зрелости. Он появился совсем недавно, всего лишь тысячу лет назад. Теперь их можно использовать. Раньше здесь росло четыре кристалла. Два из них... Впрочем, это неважно.

— Но использовать их опасно!

— Конечно, опасно! Великое — всегда опасно! Мир содрогнется перед нами. Везде, куда упадут лучи этих огней, воцарятся хаос и смерть.

— Почему они разные?

— Потому что все в мире имеет свою противоположность. Красный свет уменьшает размеры вещей за их левой невидимой гранью, зеленый увеличивает правую сторону. Деформированный, искаженный мир рушится. Ничто не может устоять перед этим оружием. Их лучами можно сокрушать замки и города, раскалывать планеты, как орехи, тушить солнца.

— Но неужели ты хочешь подвергнуть их ужасному воздействию наш собственный мир?

— Только если меня к этому вынудят! Я думаю, у червеков хватит благоразумия отказаться от бессмысленной борьбы.

Красные и зеленые всполохи смертоносных огней попеременно освещали высокую фигуру Гагаяга. Казалось, он стал выше, чешуя на его груди блестела бесчисленными радужными огнями.

— Что еще они могут?

— Разъединенные, они искривляют пространство. Их сила притяжения друг к другу так велика, что они способны пробить туннель между нашим миром и миром червеков.

— Так вот почему Ангра...

— Молчи. Это величайшая тайна.

— Я слышал, древние архи когда-то владели огнями Кассандры.

— Не повторяй глупой лжи, изобретенной моими завистниками. Огни Кассандры посадил мой дед. Если ты повторишь еще раз подобную выдумку...

— Я молчу, Великий. Я уже молчу!

Кленов включил индикатор и провел лучом вдоль всей поверхности кара. Ничего постороннего, кроме обычных подслушивающих устройств. Может быть, они не успели? В любом случае теперь этой машиной пользоваться опасно. Она слишком заметна. После разговора с Курляновым все чрезвычайно осложнилось. Он надеялся найти в нем помощника, а приобрел опасного врага. Выясняя его взгляды, пришлось пожертвовать кое-какой информацией, чтобы «вызвать огонь на себя». Ну вот, он его вызвал!.. Теперь действовать придется с удвоенной осторожностью.

Самым разумным сейчас было оторваться от наблюдателей, осесть на тайной конспиративной квартире, о которой не знали местные власти, и затаиться там до прилета «Руслана». Возможно, он так бы и сделал. Если бы не Гравов. Его след может вывести на таинственных противников Федерации, умело остававшихся до сих пор в тени, прикрывшихся целой цепочкой подставных второстепенных лиц.

Если отложить поиски Гравова до прилета «Руслана», вряд ли они что-нибудь найдут. Еще один пропавший без вести колонист его не устраивал, и именно поэтому, осторожно скользнув в густую тень деревьев, он оставил председательский кар посреди улицы, решив, что общественный транспорт для него теперь более безопасен.

Путь, который он собирался проделать в этот промозглый вечер, был неблизок. Ему предстояло пересечь весь город, чтобы добраться до высокого здания из стекла и бетона, обнесенного высоченным забором с силовой защитой. Странное украшение для туристской фирмы... Скорее всего, Курлянов их уже предупредил. Однако вряд ли они ждут визита инспектора сегодня ночью...

Пересаживаясь с маршрута на маршрут, он не особенно заботился о невидимых наблюдателях. В том, что они есть, он ни на минуту не сомневался, но не сомневался также и в том, что пока электронные передатчики типа «жучок», вделанные в его плащ во время визита к Курлянову, исправно работают, ему нечего опасаться слишком пристального внимания к своей персоне. В его плане отрыва от наблюдения этим «жучкам» отводилась важная роль.

В последний раз поменяв маршрут, он решил, что видимость «запутывания» следа соблюдена достаточно. Можно было приступать к выполнению основного плана.

Старая колымага на магнитной подушке кряхтела и постанывала на поворотах, на ее обшарпанных, исцарапанных стенах сохранились автографы многочисленных пассажиров. Плохо закрепленные сиденья скрипели при каждом толчке. В этот поздний час на маршруте, идущем от центра города к рабочему поселку, пассажиров оказалось немного. Какой-то усталый человек дремал перед Кленовым. Полностью занятые друг другом молодые люди перешептывались на заднем сиденье. Четверо пассажиров только что сошли, среди оставшихся он не заметил никого подозрительного. Пора было начинать. Плащ он снял еще раньше и, скатав его в тугой сверток, держал на коленях. Им придется пожертвовать. Не было времени выискивать в его многочисленных складках маковые зернышки передатчиков, закрепленных в раздевалке полицейского управления.

Как только маршрутный кар подошел к очередной остановке, он резко поднялся. Сойти следовало здесь, следующая будет уже «Звездокруг». «Забытый» плащ остался лежать под сиденьем. Вряд ли его там скоро обнаружат.

Кленов спрятался от дождя под низеньким стеклянным грибком остановки. Кар ушел, вокруг не было ни души. Пронизывающий холодный ветер неприятно обдувал спину. Минут через пять показалась маленькая полосатая машина, которую он заметил на предыдущей остановке. Его расчет оправдался. Теперь его отсутствие в маршрутном каре будет обнаружено не скоро. Агенты наверняка вели его по лучу оставленных в плаще передатчиков. Во всяком случае, у него в резерве полчаса, прежде чем за него возьмутся всерьез.

Чтобы сэкономить время и согреться, он сделал небольшую пробежку. Остановившись перед зданием фирмы на противоположной стороне улицы, Кленов подождал с минуту, изучая обстановку и внимательно всматриваясь в проходную у высоких литых ворот. Охраны не было видно. Вряд ли она здесь есть вообще. Пользоваться сторожами считалось несолидным. Фирма наверняка дорожит своей репутацией и вынуждена полностью положиться на электронику. На этом и строился его главный расчет. Во все матрицы охранных автоматов, изготовленных на Земле, вводился особый код. Это держалось в строжайшей тайне, и пользоваться кодом разрешалось лишь в самых исключительных случаях. Обнаружить же его в сложнейшей программе было практически невозможно. Электронные матрицы из столицы рассылались на все поселения Федерации. Автоматы печатали по их образцу схемы, собирали из них блоки, никто не знал, что благодаря секретному коду человек может остаться незамеченным и пройти сквозь самые сложные охранные устройства. Надо лишь располагать небольшим прибором, содержащим кодовый набор импульсов... Кленов отрегулировал свой наручный индикатор, включил передатчик кода и быстро перешел улицу. Перед самой проходной он остановился и с надеждой посмотрел наверх. Ничего, кроме клочьев грязного водянистого тумана, не было видно... Он тяжело вздохнул и окинул взглядом стылую громаду здания, словно оценивал рост и силы противника, стоявшего перед ним. Он прекрасно понимал, что может не вернуться оттуда и все его предприятие похоже скорее на жест отчаяния, чем на хорошо подготовленную и спланированную операцию.

Если бы не Гравов, он бы никогда не решился на нее, но теперь поздно раздумывать... Он направил невидимый луч передатчика на дверь проходной.

Стоит там оказаться хоть одному устройству, изготовленному не по земным чертежам, и завоет сирена тревоги, но все было тихо. Только тени столбов скрещивались на воротах да летел ему в лицо из мрака не прекращавшийся ни на секунду дождь.

Он решительно толкнул дверь и вошел внутрь проходной. Контрольный турникет уступил без малейшего сопротивления. Дежурный автомат недовольно заурчал, когда он пересек лучи его датчиков, но послушно открыл вторую дверь. Теперь он уже был на территории фирмы.

Абсолютно нелегально, если следовать букве закона. Любой охранник мог его здесь попросту пристрелить. Если у них все-таки есть охрана... Оставалось лишь надеяться на удачу. Двор показался ему огромным, здесь было еще холодней, чем на улице. Перед перекрещивающимися лучами прожекторов, сверкающих с высоты контрольных вышек, он чувствовал себя абсолютно голым.

Стиснув зубы, Кленов заставил себя идти неторопливо. Уверенность, естественность поведения — сейчас единственное его оружие. Возможно, прежде чем стрелять, они захотят выяснить, кто проник на охраняемую территорию и почему идет по ней так, словно имеет на это право... Двор остался позади, однако стеклянные вращающиеся двери здания не шелохнулись, когда он надавил на них плечом. Холодный пот струился между лопаток. Если эта проклятая дверь не откроется, автомат, который ею управляет, подаст сигнал тревоги, и он окажется в ловушке. Кленов попробовал еще раз и только теперь вспомнил об узком луче передатчика. От его толчков тревога могла включиться в любую секунду. Он проклинал себя за глупость и одновременно водил лучом по двери, нащупывая выходные отверстия контрольных замковых датчиков.

Наконец что-то громко щелкнуло в глубине вестибюля, и бесцветный металлический голос у него над головой произнес: «Контрольная проверка закончена, данные совпадают. Вы можете открыть дверь». Это еще что за новости? Ему некогда было раздумывать. Дверь поддалась наконец его усилиям. За спиной громко лязгнул автоматический замок. Он стоял в абсолютно темном вестибюле и впервые с тех пор, как попал во двор, перевел дух.

Слабый свет пробивался из-за его спины сквозь прозрачную дверь. Глаза немного привыкли к полумраку. Впереди горой вздымалась широкая лестница, укрытая ковром, а где-то справа виднелись овальные кабинки пневматических лифтов.

Проще всего, конечно, было бы подняться на лифте на самый верхний, двадцать второй этаж, а затем, спускаясь, постепенно осматривать все здание. Но лифты могли контролироваться каким-нибудь автоматическим устройством, не попадающим под действие его луча. Подойдя ближе к лестничному пролету, он понял, что в здании есть и подземные этажи. Прежде всего нужно было найти картотеку. Кленов нащупал на поясе крохотный фонарик.

Собственно, картотека могла находиться где угодно... Хотя, скорее всего, она в приемной, чтобы дать возможность чиновникам фирмы быстро и незаметно установить, с кем они имеют дело. Даже если сама картотека расположена в другом месте, все равно там должны быть соединенные с ней дисплейные пульты... Теперь, по крайней мере, он знал, что надо искать. Парадный проход, богато обставленный вестибюль — все это могло произвести впечатление на впервые пришедшего сюда простака. Там и тут бледным лунным светом горели под потолком небольшие ночные светильники, и это помогало ему ориентироваться в путанице переходов. Наконец он нашел самый широкий центральный коридор, заканчивающийся богато разукрашенной двустворчатой дверью. Приемная могла быть здесь. Надписи, как обычно, не было. Днем над дверью загоралось зеленое окно информационного дисплея со всеми нужными указаниями. Сейчас оно было серым и пустым.

Ему не хотелось вламываться еще в одну дверь. К счастью, она оказалась попросту незапертой.

Небрежность или приманка для непрошеного ночного посетителя? Что бы там ни было, сейчас он это узнает. Одна из створок, уступая его усилиям, медленно пошла в сторону, открыв перед ним широкий овальный зал с рядами полукруглых диванов и длинной конторской стойкой. Он нашел то, что искал. За стойкой, напротив прорезанных в бронестекле окошечек, стояли столы с компьютерными терминалами. Двери из зала на ту сторону не было. К счастью, стекло возвышалось не до самого потолка. Пододвинув диван и взобравшись на его спинку, ему удалось дотянуться до верхнего края. Остальное было нетрудно: Кленов перемахнул через стойку и спрыгнул вниз. Удар подошв по пластику пола прогрохотал в ночном помещении, словно пушечный выстрел. На несколько секунд присев у стойки, он ожидал вполне возможного сигнала тревоги, но все было тихо.

Оставалось включить терминал и, разобравшись во входных данных и кодах, послать запрос в центральную картотеку. Рядом с дисплеем он обнаружил пластиковую табличку, значительно облегчившую его задачу. Терминал, не рассчитанный на программиста, был приспособлен к возможностям обычного среднего чиновника. Не прошло и минуты, как на дисплее вспыхнула первая страничка текста: «ГРАВОВ РОМАН ФЕДОРОВИЧ. 28 ЛЕТ. ХОЛОСТ. ПОСТОЯННОЙ СПЕЦИАЛЬНОСТИ НЕ ИМЕЕТ. ПРИБЫЛ ИЗ ФЕДЕРАЦИИ, ВОЛЬНОНАЕМНЫЙ, КАТЕГОРИЯ ДОГОВОРА Х-2». Дальше шли пункты и условия найма. Это он пропустил. В последней графе значилось: «Предварительная проверка на Мортоне». Что бы это могло значить? Не теряя времени, он набрал на клавиатуре слово «Мортон», а затем знак вопроса. Сразу же вспыхнуло сообщение: «Мортон, остров, координаты 32-48. Мерлитовый рудник, основная добыча приостановлена, опасен для жизни, старательская артель, проверка благонадежности, изоляция... Лица, направляемые на Мортон, официальной регистрации не подлежат...» Теперь он знал все, что нужно. Почти все...

10

Шорох, шум, скрежет, потом какой-то глухой удар донеслись до слуха Романа из глубины штольни, по которой они теперь шли. Ему казалось, что, в спешке уходя от тепловых вампиров, они потеряли ориентацию и свернули в боковой туннель. Элия с ним не согласилась.

— Понимаешь, вампиры никогда не улетают слишком далеко, их тела легко проходят сквозь пространство, для этого им даже не нужен проводник, они летают из мира в мир, куда хотят, но в наших мирах они чувствуют себя тяжело и никогда не улетают слишком далеко от двери, она должна быть совсем рядом.

— Откуда ты знаешь? Можно подумать, ты видела этих вампиров раньше.

— К нам на Ангру они залетают довольно часто и сразу же убираются обратно. Старейшины говорили, что наш мир слишком тяжел для них, наверное, там, откуда они прилетают, все выглядит по-другому.

— Меня беспокоит этот шум позади, как будто течет вода...

— Я ничего не слышу...

— Штольня все время понижается, и, если вода где-то прорвалась, это очень опасно.

— Почему ты думаешь, что вода прорвалась именно сейчас? Дверь действует не один десяток лет, и никогда раньше ничего не случалось.

— Потому что кому-то очень не хочется, чтобы мы нашли эту дверь.

— Что им до нас?..

— Помнишь, я тебе показывал тень на скале, оплавленный контур крыла...

— Конечно. Там был дейм.

С терминологией они испытывали явные затруднения: иногда одни и те же предметы, места требовалось называть по-разному несколько раз, чтобы уяснить, о чем идет речь.

— Хорошо, пусть будет дейм. Это существо обладает надо мной какой-то властью. Оно сказало, что, если я не подчинюсь, мне будет очень больно, что в голове у меня есть нечто... — Он не знал, как сказать ей об этом, как продолжить. — Какая-то область, шар... — Наконец он набрался мужества произнести это слово. Теперь он боялся даже взглянуть в ее сторону. Он ждал ответа, презрения, насмешки. Он не знал толком, чего именно, но услышал лишь недоуменный вопрос:

— Ну и что? Что ты ему ответил?

— Я ощутил нечеловеческую боль в голове, потом выстрелил из лазера несколько раз, и он ушел.

— Деймы умеют и не такое.

— Но он сказал, что я козявка, куча слизи, что мною можно управлять на расстоянии, как роботом!

— Деймы умеют многое, но им никогда нельзя верить. Если бы это была правда, разве бы ты стоял сейчас здесь? Почему они не начинают свои команды, если обладают такой властью?! — Девушка стояла, гордо выпрямившись, повернувшись лицом к боковой стене. Ее голос звенел в пустой штольне, отражаясь от стен. Казалось, она бросала вызов неведомому врагу, притаившемуся внутри каменных стен, и словно в ответ ей донесся шум еще одного глухого удара, от которого вздрогнули стены и пол завибрировал под ногами. Только потом пришел низкий, дрожащий звук, многократно раздробленный бесчисленными поворотами каменной пещеры.

— Это похоже на взрыв... Скажи мне, эти стражи, охраняющие дверь, на что они похожи, как выглядят?

Девушка отвечала глухо, не глядя ему в глаза:

— Это куклы. Грубо вылепленные куклы, едва похожие на человека. У них нет даже лица. Только волшебная сила деймов, данная на один раз. Ее хватает на день, иногда на неделю или месяц. Им дают только одно задание. Как только волшебная сила уходит, они вновь превращаются в мертвых кукол... Почему ты спросил? Ты думаешь...

— Нет. Это было бы слишком просто, слишком легко. Деймы умеют красть души людей. Над таким человеком их власть незаметна, и лишь иногда... — Он смаковал, повторяя раз за разом только что открытую и такую, в сущности, простую истину: за роботом не нужно устраивать сложную охоту, роботу достаточно отдать приказ, а он человек, что бы там ни говорило это порождение мрака.

Шум воды за их спинами между тем нарастал.

Они бежали вдоль штольни. Теперь она пошла круто вверх. Ноги то и дело соскальзывали по поверхности камня, проваливались в какие-то рытвины. Иногда попадалась коварная мелкая осыпь, и тогда двигаться вперед становилось совсем трудно. Элия окончательно выбилась из сил, временами ему приходилось нести на руках постепенно слабевшую девушку. Грозный шум воды у них за спиной стал отчетливо слышен, вот-вот должна была наступить развязка. Роман понимал, что на такой глубине, на какую они опустились, у них нет ни малейшей надежды на спасение. Напор прорвавшейся воды будет слишком мощным. Скорее всего, их попросту разобьет о стены первым же валом...

Штольня выпрямилась, изогнулась, луч фонаря уперся в преграду. Это был тупик. В первые мгновения сознание, отказываясь принять очевидность, мучительно искало выход. Но его не было. Возвращаться бессмысленно, до настигавшего их потока оставались считанные десятки метров. Прямая штольня, по которой они шли уже несколько часов, уперлась в сплошную монолитную скалу. Свет фонаря утонул в ее матовой шероховатой поверхности...

Монолит казался вплавленным в стены пещеры. Ни сверху, ни с боков не было видно ни малейшей трещины. И вдруг Элия прошептала:

— Кажется, мы дошли, мы все-таки успели!

— О чем ты?

— Это же дверь, перед нами дверь! Неужели ты не видишь?!

Он не видел ничего, кроме глухого скального монолита.

— Стражей нет. Мы все-таки опоздали. Или они их увели — это уже неважно. Нет стражей — значит, нет двери. Вместо нее остается непробиваемая скала... — В голосе Элии звучало отчаяние. Шум воды нарастал, и стены пещеры вибрировали в такт с могучим, стремительно несущимся потоком.

Бывают в жизни мгновения, когда человек ощущает в себе силы, о которых не подозревал раньше... Возможно, это было одно из таких мгновений, возможно, только что сделанное открытие — независимость от чужой воли придавала Роману уверенности, а может быть, причина была совсем в ином.

Реконструкция его личности, проделанная когда-то деймами, неожиданно принесла результаты, на которые они не рассчитывали. И силы, заложенные в него для темных дел, можно было повернуть и в обратную сторону...

Ничего этого не знал Роман, он лишь ощущал в себе крохотный путеводный огонек надежды, подсказывавший, как и что нужно делать.

— Нам не нужны стражи... — неожиданно для себя самого сказал он Элии. — Нам не нужны стражи, — еще раз повторил он, словно желая лишний раз утвердиться в этой мысли.

Раскинув руки, он приник грудью к скале, прижался к ней изо всех сил, словно хотел передать ей стук собственного сердца. И скала услышала, ответила ему. В ее глухой вибрации он ощутил неизмеримую силу космических потоков. Некий огромный организм, протянувший свои артерии от звезды к звезде, на мгновение привиделся ему. Сверкнул и пропал образ бесконечных звездных дорог, и тогда он понял, как это делается, вспомнил так, как вспоминают об этом иногда люди, умеющие летать во сне.

Он отошел от стены на шаг. Что-то появилось у него в лице такое, что испугало Элию, и она отшатнулась от него. Но он властно перехватил девушку, привлек ее к себе.

— Нет! — крикнула она. — Я не хочу, ты не такой, ты не можешь!

— Могу, — только и сказал он. А руки уже сами собой сорвали пояс, и он туго привязал к своей спине вырывающуюся Элию. — Да успокойся же ты! Не мешай мне! Неужели ты не понимаешь, как это трудно!

И девушка вдруг затихла, превратилась в неподвижный груз у него за спиной. Тогда он вздохнул глубоко раз, другой, набрал полную грудь воздуха и шагнул вперед в скалу, как будто не видел ее, шагнул так, как шагают за порог двери.

Упругий темный ветер ударил в лицо Роману, и настало долгое падение. Он летел в пропасть сквозь хоровод звезд, и лишь на секунду в мозгу вспыхнуло переплетение звездных путей. Одна ниточка показалась ему светлее остальных, он выбрал ее. Почти сразу же в лицо ударил другой, живой ветер, и нога ощутила под собой опору.

Он сделал второй шаг. Теперь уже наружу. Он стоял на твердой поверхности, освещенной заходящим синим солнцем. За его спиной вздымался серый параллелепипед скалы. Тень от него лежала низко, под самыми ногами.

11

Собственно, теперь можно было и уходить. Кленов узнал больше, чем рассчитывал, не следовало искушать судьбу. И все-таки когда он благополучно выбрался из приемной, миновал коридор и вновь спустился в вестибюль, где лестница разъединялась на два пролета, один из которых уходил в подземные этажи, он задержался, не зная, как поступить. Если они скрывают здесь нечто важное, то оно, скорее всего, находится там, внизу...

Прямо перед ним светлеет квадрат входной двери, а за ней освещенная ртутным светом ламп пустынность двора. Ему еще предстояло преодолеть все это, а времени до рассвета оставалось совсем немного. Грош цена полученной информации, если он не сумеет вернуться. И все же он никак не мог оторвать руку от лестничных перил и сделать решающий шаг в глубь вестибюля.

Он стоял неподвижно в пустом ночном холле, в здании чужой фирмы, на счету которой немало махинаций и темных дел. Уже только поэтому, если его здесь обнаружат, ему наверняка придется туго. Он и так зашел слишком далеко и сейчас чувствовал за спиной одну лишь пустоту. Ему не на кого здесь положиться, некому доверять, и у него нет помощника. Зато он знает теперь, где находится Гравов. Но это, в сущности, так мало проясняет историю с Гридосом. Анализ собранных за последние дни данных дал ему возможность почувствовать, пока только интуитивно, какие могущественные силы стояли за теми, кто саботажем, наркотиками, уравнилом старались не дать возможности закрепиться здесь еще такой слабой человеческой колонии, располагавшей всего несколькими городами и десятком лет истории...

Видимо, немаловажные причины заставили их проявить себя открыто... Курлянов, фирма «Звездокруг» — он чувствовал, как близка разгадка. Если он сейчас уйдет, возможно, через много лет о нем скажут: «У него был шанс, один-единственный, он выпал именно этому человеку, так уж случилось по неведомому стечению обстоятельств. Но он не использовал этого шанса, и никто уже не смог исправить последствий его минутной слабости...»

Его не станут винить. Ни у кого не возникнет на это права. И все же... Именно он, Леонид Кленов, мог бы сегодня узнать, кто они такие, черт побери, и каким образом сумели проделать совершенно необъяснимую штуку с поселенцами Гридоса.

Эликсира для этого маловато... Да и не сделаешь с помощью эликсира такого, как Курлянов, — активного и умного врага.

Значит, был иной способ проделать это с человеком в обществе, в котором вот уже добрую сотню лет деньги не имели практического значения, а материальные блага могли удовлетворить любые, даже самые изощренные потребности... Значит, был способ привлечь члена такого общества на свою сторону. Кого? Этого он не знал. Но дорого бы дал, чтобы узнать, каким образом ныне мертвый Роман Гравов превратился в того Гравова, в котором он не заметил ничего особенного, которого сам, своими руками, отправил на Гридос и помог осуществлению целей врагов Федерации.

Никто даже не упрекнул его за это, на напомнил. Теперь он сам себе напомнил и, медленно повернувшись, слегка сгорбившись, пошел вниз, старательно глядя под ноги, не поднимая головы, чтобы не видеть светлого квадрата выходной двери, чтобы не передумать в последний момент.

Выходы двух первых подземных этажей закрывали бронированные стальные двери. Скорее всего, здесь были склады или что-нибудь подобное. Затворы не поддавались его усилиям, наверное, кроме электроники, там использовались древние механические замки.

Не рискуя тратить на них время, он пошел еще ниже. На шестом пролете лестница кончалась странной дверью, похожей на вход космического вакуумного шлюза. Над бронированными заклепками горел контрольный огонек дежурного охран-автомата. С ним он справился быстро, но за первой дверью оказалась вторая. В центре ее он увидел механическое устройство в виде четырех круглых стальных колес со спицами. Под ними виднелись окошки с цифрами. Механический кодовый замок, он знал об этих старинных конструкциях. Когда-то их употребляли в сейфах — стальных ящиках с ценной документаций, но потом из-за малой надежности от них отказались. Даже на практических курсах по исторической механике их не знакомили с этими устройствами. Он почти физически ощущал, как уходили от него считанные и такие драгоценные секунды этой ночи. Несмотря на то, что первая дверь осталась открытой, в тамбуре все равно было душно и тесно. Он не мог даже распрямиться, все время приходилось сидеть на корточках. К замку могла быть присоединена какая-нибудь примитивная сигнализация, не поддающаяся воздействию нейтрализующего луча его радиопередатчика. Он все никак не мог решить, что ему нужно делать.

Наконец Кленов вынул из кармашка на поясе лазерный карандаш — свой любимый инструмент и одновременно не такое уж плохое оружие.

Маленькая серебряная палочка почти не занимала места, но обладала одним существенным недостатком — небольшой емкостью энергонакопителя. Для грубых работ по резке металла этот инструмент не годился, однако с его помощью он определил приблизительную толщину металлической плиты, защищавшей дверь. Она равнялась почти целому дециметру. Если это титанит, то ему не помог бы здесь даже стандартный лазер. Похоже, что-то очень важное прятали за этой дверью...

Он взялся за одно из четырех колес, выбора все равно не было, придется попробовать открыть замок и на практике убедиться, есть ли там сигнализация. Постепенно наращивая усилия, он попытался повернуть колесо, но оно не поддавалось. Только теперь он догадался взглянуть на окошечко над ним и увидел большой ноль. В остальных окошечках темнели двойка, восьмерка, тройка, но счетчик колеса, которое он пытался повернуть, стоял на нуле. Возможно, там есть ограничитель? Он попробовал повернуть колесо в противоположную сторону и сразу же почувствовал, как оно подалось. Громкий металлический щелчок за дверью заставил его вздрогнуть, но ничего больше не произошло, зато в окошечке, где только что был ноль, появилась единица.

Теперь он довольно быстро установил, что колесо вращалось в одну сторону до тех пор, пока в окошке не появлялась девятка или ноль. Нужную комбинацию из четырех колес при девяти цифрах в каждом он будет искать до конца жизни. Оставалась последняя надежда. Каждый из механизмов настроен на определенную цифру, и в момент ее появления должно происходить какое-то включение, скорее всего, механическое. Соответствующий штифт входит в предназначенный ему зазор, и этот процесс должен сопровождаться звуком, конечно, неуловимым для простого человеческого уха, но у него был универсальный анализатор... Вряд ли через такую толщину плиты он что-нибудь зарегистрирует, однако, если присоединить его непосредственно к металлу, вибрация может дойти до датчика... Сняв браслет и плотно примотав его к одной из спиц, Кленов повторил операцию поворота от нуля до девятки. Несколько секунд приборчик задумчиво гудел, словно решал невероятно сложную задачу. Наконец в окошечке появилась мигающая цифра восемь.

«Сомневаешься? Я тоже сомневаюсь... И все же придется пробовать».

Последовательно проделав то же самое со всеми колесами, он получил предположительный код замка 2830 и установил все колеса в нужное положение. Ничего не произошло. Следовало еще нажать расположенную ниже защелку-ручку — вот тогда-то, если прибор ошибся и он неправильно набрал код, наверняка включится вся охранная автоматика. Мерцание цифр в окошке анализатора говорило о том, что вероятность ошибки очень велика.

Кленов снял браслет и совсем уж было решил нажать защелку, как вдруг ему в голову пришла мысль, что код может быть не цифровым: цифры могли обозначать порядок букв в алфавите, и тогда у него получится слово из четырех букв, причем не из всяких, а только из первых десяти, если ноль считать тоже. Кстати, непонятно, где его ставить — впереди или в конце алфавитного ряда? Наверное, все же впереди. Если так, то у него получится: «вига». Слово ему не понравилось своей неопределенностью, незавершенностью. Если в замке действительно заложен буквенный код, он должен получиться осмысленным, легко запоминающимся, он в этом почти не сомневался, иначе буквенный набор получился бы совсем хаотичным.

Скорее всего, анализатор ошибся в какой-то одной-единственной букве. Он попробовал разные варианты, заменяя последовательно каждую из букв полученного набора. Созвучия вязли на зубах, какие-то «дика», «кига», «фига» — все это было не то, совсем не то... И вдруг, как выстрел, в мозгу прозвучало слово «виза». Виза — древнее слово, обозначавшее документ, дающий право пересечь границу государства... Больше он не раздумывал, лишь заменил в окошке третьего слева колеса тройку на семерку и сразу же нажал защелку. Дверь сама поехала в сторону, словно только и ждала этого простого завершающего движения. Кленов ощутил встречный ток спертого воздуха. Внутреннее давление было выше, и не зря на входе установили двойную дверь. Кленов поспешно захлопнул ее за собой.

Он стоял у входа в огромный длинный зал, совершенно пустой, если не считать небольшого стола, пристроившегося слева от входа. Фронтальная стена, плохо освещенная, казалась непропорционально высокой. С нее спускались до самого пола серые драпировки, совершенно неуместные в этом просторном зале с высоким потолком и драгоценного дерева паркетом, покрытым, правда, толстым слоем пыли. Из-за этой вековой пыли и полного отсутствия мебели зал производил заброшенное впечатление.

Но не станут же прятать за такими дверьми с секретным засовом никому не нужный пустой зал... «Что-то здесь должно быть или было», — тут же поправил он себя, стараясь сдержать разочарование.

Медленно, ни на что уже не надеясь и не заботясь о следах, Кленов пересек зал. Его шаги гулко отдавались под сводами, словно он шел по старинному музею. Он пересек зал и остановился перед стеной, затянутой драпировками.

Их было сорок или пятьдесят. Каждая со своим отдельным шнурком, позволявшим отвести в сторону любую из штор, не трогая остальных. Что там, за ними, — старые фрески? Он не интересовался живописью, но потянул за первый попавшийся шнурок.

В неглубокой нише виднелась картина. Ему захотелось повернуться и уйти. Возможно, он так бы и сделал, но свет под потолком стал ярче.

Наверное, автомат, регулирующий освещение, реагировал на движение драпировок. Теперь он отчетливо видел картину.

На ней была изображена обнаженная женщина в полный рост и натуральную величину. Картина производила неприятное, совершенно не вяжущееся со стройным силуэтом женской фигуры впечатление. Он не сразу осознал, в чем причина этого ощущения, поскольку его внимание отвлекли круглые металлические заклепки, столь неуместные на светлой, почти живой коже изображения. Их было штук пятнадцать, разбросанных, казалось, без всякого порядка по всей картине, и от каждого металлического кружочка уходила в сторону тоненькая, едва заметная паутинка провода.

Вначале провода показались ему нарисованными, но, подойдя ближе, он понял, что они настоящие, и это поразило его больше всего. Заклепки тоже отсвечивали натуральным металлом. Кленов попытался дотянуться до одной из них, но картина висела слишком высоко. Изображение не имело ни рамки, ни фона, словно кто-то наклеил переводную картинку на пустую голую стену. Теперь он понял, в чем заключалась диспропорция в изображении. Собственно, это была не картина, а абсолютно точная геометрическая проекция человеческого тела на плоскость, передающая каждую мелочь. Только все оказалось в непривычных местах, не там, где нарисовал бы это художник, всегда стремящийся сохранить на своей картине ощущение объема и жизни. Лицо женщины, бледное, без кровинки, с синевой под глазами и плотно сомкнутыми веками, еще больше усиливало жуткое впечатление. Кленов протянул руку и задернул штору. Несколько минут он стоял неподвижно, тупо уставившись на ее серые, похожие на саван складки.

Ему потребовалась изрядная доля мужества, чтобы решиться отдернуть следующую штору.

За ней оказалась точно такая же проекция, но только мужского тела. Он наконец справился со своими чувствами и сумел детально рассмотреть картину. На первый взгляд лицо на портрете показалось ему знакомым, потом он решил, что это просто обман зрения. Плоскую маску невозможно было узнать, она не походила ни на одно человеческое лицо, и все же... Эти усики, этот маленький зигзаг шрама под левой скулой... Если бы Кленов не был инспектором службы безопасности, он не обратил бы внимания на почти незаметный шрам. Но его зрительную память специально тренировали на подобные незначительные мелочи. Он помнил шрам, он даже вспомнил, что у Курлянова шрам был справа, а не слева. Возможно, поэтому в первый момент он его не узнал. Кому понадобилось снимать подобные изображения с живых людей, для чего? Что за паноптикум здесь собран?

Кленов подошел вплотную к картине и, подсвечивая себе фонариком, стал ее рассматривать под разными углами. Изображение казалось слегка утопленным в материал стены и вместе с ней покрыто блестящим лаком или какой-то защитной пленкой. Местами сквозь него просвечивала фактура стены. Кленов переключил свой портативный анализатор на видеозапись и провел открывшимся кристаллом крошечной видеокамеры вдоль картины. Его очень интересовали металлические нашлепки, похожие на какие-то датчики, но с этим он решил разобраться позже. Сначала нужно было закончить съемку всех картин. Их оказалось сорок. Среди них два женских изображения и шесть знакомых ему мужских лиц, но зато каких! Здесь были председатель Совета гридской колонии, два его заместителя, начальник отдела снабжения, начальник отдела переселенцев и комиссар сил безопасности, или, как его здесь именовали, комиссар местной полиции Курлянов.

Каждая картина находилась в отдельной нише, и еще двадцать таких ниш пустовало. Кленов почти полностью заполнил кристалл памяти своего прибора, зато теперь в любой момент мог воспроизвести всю эту кунсткамеру до мельчайших деталей.

Наконец можно было заняться датчиками. Чтобы добраться до них, пришлось воспользоваться столом, стоявшим у стены при входе. Стол оказался необычным. С двух сторон, напротив друг друга, к нему намертво были прикреплены два сиденья, и вся эта конструкция легко передвигалась на небольших колесиках.

На столе стоял не известный ему прибор, чем-то напоминавший уменьшенный компьютерный терминал, только без дисплея и с толстым пучком проводов, заканчивающихся небольшими острыми наконечниками.

На пульте прибора он насчитал тринадцать клавиш, помеченных греческими буквами алфавита. Кроме аппарата, на столе не было ничего, что могло бы объяснить назначение этого странного устройства. Решив, что прибор подождет, он покатил стол к изображению Курлянова. Этот человек интересовал его больше всего, даже больше, чем председатель Совета Гридоса Лин Адамов.

Как только он влез на стол, его лицо оказалось примерно на одном уровне с лицом Курлянова. К голове изображения в разных местах крепились восемь из двенадцати металлических бляшек. Идущие от них полоски проводов на краю картины исчезали, огибая плоскость изображения. В самих бляшках, величиной с небольшую пуговицу, он рассмотрел теперь маленькие отверстия. По одному в центре каждой. Казалось, бляшки не имели к картине непосредственного отношения. Он потрогал их выпуклую поверхность и ощутил легкое покалывание электрических разрядов. Это уж было совсем странно. Кленов включил анализатор и обвел им вокруг бляшки. В стене не было ничего постороннего. Никакой краски, никакой синтетики. Получалось, что сама картина либо соткана из материала стены, либо вообще не существовала как материальное тело. Анализатор определил вес бляшки и ее состав. Сталь, около пяти граммов. Дальше во все стороны простиралась однородная стена. Скорее всего, загадку изображений ему не решить, здесь надо подключать специалистов. И все же он медлил, понимая, что случай может не повториться...

В конце концов он попробовал основательно ковырнуть стену в нижней части картины, чтобы отделить для анализа хотя бы маленький кусочек того странного материала, из которого были сделаны картины. Но тут его ждало разочарование. Штукатурка уступила его усилиям, и изрядный ее кусок оказался у него в руках. Вот только никакой краски на ней не было. Не было даже следов изображения — ровная и чистая поверхность.

На самом же изображении, где он отколол штукатурку, ничего не изменилось. Правда, инструмент теперь словно бы прокалывал изображение, погружаясь в образовавшуюся выемку в стене, но не оставляя на самом изображении никакого видимого следа. Получалось, что к стене изображение попросту не имело отношения и существовало само по себе. Это была какая-то проекция... Но откуда она проецировалась, с помощью какой аппаратуры? Ведь в зале не было ничего, кроме стола, на котором он стоял. И странного ящика с клавиатурой, тут же поправил он себя. Он сел за стол и, обхватив голову руками, уставился на стоящий перед ним прибор.

«Что же у меня получилось? — спросил он сам себя, пытаясь подвести хоть какой-то итог сделанным наблюдениям. — Изображение, похожее на проекцию неведомо чего и неведомо откуда идущую. Изнутри стены они ее проецируют, что ли? Но если бы в стене были скрыты какие-то устройства, анализатор немедленно бы их обнаружил. Ерунда какая-то получается, полная ерунда и ни одной конструктивной мысли. Разве что... Разве что все дело в этом приборе...» Он пододвинул к себе маленький пластмассовый ящичек с выступающей из него клавиатурой, и по поверхности стола протянулся длинный жгут проводов. Проводов, которые заканчивались небольшими острыми наконечниками, похожими на миниатюрные соединительные вилки... А что, если металлические кружочки с отверстиями, расположенные на картинах, как раз и служат приемными устройствами для этих вилок?

Он вскочил, взял один из проводов, отделил его от остального пучка, подошел к картине и убедился в верности своего предположения. На наконечнике даже был выдавлен значок греческого алфавита, в данном случае это была «гамма». Такую же «гамму» он заметил на одном из металлических кружочков. Это уже было кое-что. Вилка плотно вошла в гнездо и осталась там, удерживаемая скрытой пружиной. Теперь не составило особого труда разобраться и в остальных проводах. Вскоре все они оказались присоединены к своим гнездам. Изображение оказалось как бы связанным с настольным пультом тринадцатью разными проводами. Все это было прекрасно, вот только по-прежнему оставалось совершенно непонятным, для чего все это нужно.

Он походил сейчас на пловца, в темноте пытавшегося определить дорогу в подводном гроте, и так же ощущал на себе глухое темное сопротивление водяной массы, не желавшей пропустить его к заветной цели. Если прибор каким-то образом осуществлял проекцию всех этих изображений без подключения проводов, то для чего нужны были тогда сами провода? Опять вопросов получалось больше, чем ответов.

Работа инспектора приучила Кленова к максимальной осторожности. Один опрометчивый шаг в неясных обстоятельствах зачастую приходилось оплачивать слишком дорого. Поэтому, прежде чем давить на клавиши прибора, он еще раз внимательно осмотрел аппарат со всех сторон и неожиданно обнаружил на поверхности панели возле каждой клавиши какие-то надписи на неизвестном языке. Переписав их все, он затребовал перевод от центрального информатория, и вскоре перед ним уже лежала начерченная его рукой «говорящая панель» прибора. Над центральной красной клавишей красовалось слово «энергия». Ну это более-менее понятно. А вот следующая надпись над синей клавишей выглядела более загадочно: «овеществление». Дальше шли «зрение», «слух», «осязание», «обоняние», «двигательные рефлексы», «речь», «вкусовые ощущения», затем были еще и «зоны». «Зона солнечного сплетения», «зона копчика» — и где-то в самом углу желтая клавиша с надписью «болевой шок». Оставалось все это попробовать.

После нажатия клавиши «энергия» прибор загудел, а на панели зажегся зеленый светодиод. Кленов нажал следующую клавишу с самой загадочной надписью «овеществление» и уставился на картину. Там было на что посмотреть. Изображение налилось красками, приобрело фактуру живой кожи. Тогда он надавил клавишу с надписью «двигательные рефлексы» и замер. Зрелище было не для слабонервных: фигура на стене слегка заколебалась и вдруг, сделав шаг вперед, остановилась перед краем ниши. А затем, неуверенно нащупывая перед собой дорогу, словно спускаясь по невидимой лестнице, двинулась вниз. Когда она подошла к самому столу, Кленов попытался отодвинуться вместе со стулом, но стул не сдвинулся с места. Через минуту плоская тень человека в жутком молчании сидела перед ним. Кленов спросил:

— Кто ты?

Тишина оставалась такой же полной. Тогда он на ощупь нашел на пульте клавишу с надписью «речь», надавил ее и повторил вопрос.

Ему ответил динамик, скрытый в пластмассовом ящике с клавишами:

— Вонялрук.

Он не понял, что означает это сочетание звуков, и повторил вопрос еще раз.

— Вонялрук. Так есть мое ями — имя. Трудно довереп — перевод. Изнанка. Зеркало. Обратное время. Обратно аволс — слова. Другая материя. Итна. Анти.

— Антимир... Параллельный мир, проекция из параллельного мира, — прошептал Кленов, но собеседник услышал и понял.

— Это есть правильно, лелларап.

— Что вы хотите от нас? Зачем вы здесь?

— Заставляют. Межом ен виторп итди.

— Ты можешь влиять на поступки своего двойника из нашего мира?

— Я есть он. Он есть я. Мы одно.

— Значит, можешь... Кто вас заставляет? Кто они, какие, как выглядят?

— Кто есть ты мас?

Он не успел ответить. Скрипнула дверь, и голос, усиленный мегафоном, прогремел в пустом зале, как гром:

— Сдавайтесь, Кленов! Сопротивление бесполезно!

Он обернулся, у шлюзовой двери стояли четверо с лазерными автоматами в руках. Сопротивление бесполезно. Они правы. Вот только информация... Слишком ценная для Земли информация находилась в его руках. Он бросился на пол, повернувшись спиной к тем четверым. Он слышал уже глухие хлопки лазерных выстрелов, видел летящие у него над головой брызги расплавленного металла, и за эти оставшиеся у него ничтожные доли секунды ему надо было успеть незаметно вырвать из анализатора видеокристалл...

— Прекратите огонь! — прогремел микрофон, но они уже задели прибор на столе. Изображение двойника померкло, растворилось на глазах. Кленов глянул в пустую нишу и, прежде чем рядом с его головой взорвалась петарда с усыпляющим газом, успел разглядеть сквозь наползающий на сознание туман, как медленно появился на старом месте двойник Курлянова, готовый к новым экспериментам.

12

Очнулся Кленов в каюте катера. Оглушительно ревел водометный магнитный двигатель, суденышко нещадно швыряло на крутой волне. Кленов лежал, накрепко притянутый ремнями к подвесной койке. Действие усыпляющего газа еще сказывалось, мысли текли заторможенно. Он никак не мог вспомнить — успел ли проглотить видеокристалл? Инфора с анализатором на руке, естественно, не было. Ну, это им мало что даст. Электроника, лишенная его биотоков, через полчаса превратится в серый порошок.

Раз он жив до сих пор, избавляться от него в ближайшее время, очевидно, не собираются. У них другие планы. Интересно бы узнать, какие?.. Натянув ремни на запястьях, он с трудом дотянулся рукой до лица и растер лоб. Голова гудела, но мысли постепенно прояснялись. Этот катер... Его, наверно, решили упрятать подальше от столицы. Ну это мы еще посмотрим. Вряд ли они верно оценивают все его возможности. Служба безопасности не зря тратила долгие годы на тренировку своих людей. Перед глазами все еще стояло видение плоского человека, перекинутого через сиденье стула, словно кусок холста... Он не успел задать ни одного толкового вопроса, не успел почти ничего понять в его ответах — петарда с газом взорвалась слишком быстро. Параллельные миры... Что о них знает современная наука? Правило Лоренца? Симметрия пространства? Но это же чистая теория... И все же... Он напряг память.

CPT-теорема утверждает, что любые процессы в природе не изменятся, если одновременно провести три преобразования: перейти от частиц к античастицам, Вонялрук говорил об антимире... И если считать, что это условие выполнено, то следующим будет пространственная инверсия... Иначе говоря, правое должно стать левым. Зеркальное отражение нашего мира. Шрам на подбородке. Вонялрука он обнаружил с правой стороны и долго думал, как он туда попал, но тогда ничего так и не понял, решил, что ему изменила память. Последнее, третье условие CPT-теоремы требует замены обычного времени на обратное. По мнению теоретиков, соблюдение этих трех условий характеризует параллельный мир. Есть в этой теории лишь одна закавыка. Одна сложность. Если время в параллельном мире течет обратно нашему, такие миры не могут пересекаться. Вернее, могут, но один-единственный раз в одной-единственной точке. А если это так, то может быть бесконечное множество миров, следующих мимо друг друга на перекрестках времени... В каком-то из них существует Вонялрук, пригвожденный к стене, играющий роль механической куклы и являющийся, скорее, лишь средством управления живым человеком...

Если они сумели это проделать, значит, в определенной точке пространства им удалось остановить время... Нулевое время, время без времени. Пожалуй, это единственный способ контакта параллельных миров, и если он кем-то осуществлен... У него кружилась голова от сделанного открытия, потому что, если оно верно, вся их Галактика, вся Вселенная превращалась в крошечный шарик, ничтожную точку, частицу в бесконечном потоке пространств... А если кому-то удастся связать их между собой? Пробить между ними каналы? Могущество цивилизации, которая это сделает, станет поистине беспредельным...

Он услышал шаги и, насколько позволяли ремни, повернулся к люку. По трапу с гаденькой улыбочкой спускался Курлянов. Он нес поднос, заставленный пищей и пластиковыми бутылками с уравнилом.

— Инспектор, кажется, пришел в себя? Доброе утро. Как вам нравится уровень нашего обслуживания? В знак уважения к дорогому гостю завтрак ему сервирует сам шеф полиции.

— Перестаньте паясничать, Курлянов. УВИВБ никогда не оставлял без последствий насильственные действия над его сотрудниками.

— УВИВБ далеко, инспектор, слишком далеко. Здесь окраинная колония. Рейсы всего раз в полгода, да и те нерегулярны. Довольно часто их отменяют, и к тому же на Гридосе, как вы знаете, иногда исчезают люди. Вот и вам на время придется исчезнуть. Вы влезли в дела, которые вас не касаются. Я вас предупреждал.

— Вы имеете в виду людей, превращенных в настенные манекены?

— Это не люди. Это тени, проекция другого мира.

— А в том, другом мире разве они существуют?

— Тот мир для нас с вами не более реален, чем мир теней.

— Однако в нем есть ваш двойник.

— Ваш тоже.

Кленов вздрогнул, об этом он как-то не успел подумать. И теперь слова Курлянова об исчезновении людей вдруг приобрели для него новый зловещий смысл.

— Ну хорошо. Оставим пока в покое двойников из параллельного мира. Давайте лучше поговорим о делах нашего.

Он был слишком взволнован, и слово «параллельный» вырвалось как-то само собой — стоило на секунду ослабить контроль. Слово, которое не должно было звучать в этом словесном поединке. Курлянов сразу же нахмурился.

— Параллельный?

— Ну пусть «другой», «анти», «симметричный» — какая разница, как он называется. Пока что Федерация не знает, где он находится, но не сегодня-завтра координаты станут известны, и тогда вам несдобровать, вам и вашим покровителям. Кстати, вы не хотите облегчить свою участь чистосердечным признанием? Кто за вами стоит? Кто придумал, организовал и устроил эту невидимую диверсию, саботаж и фактическое уничтожение целой колонии?

— Вы имеете в виду Гридос?

— Я имею в виду вашу судьбу, судьбу тех, кто ее связал с такими, как вы, и тех сотен невинных, которых вы обрекаете на бесчисленные лишения, обманывая, обкрадывая, лишая родины и семьи. — Он говорил все, что приходило в голову, лишь бы оскорбить его посильней, лишь бы подогреть эмоции, вызвать взрыв. Только так можно было замаскировать не к месту вырвавшееся слово, заставить забыть, увести в сторону... На последнем курсе у него были неплохие оценки по психологии.

— По-моему, вы переигрываете. Вам нужно думать о собственной судьбе. Не бойтесь, инспектор, это не так уж страшно. Время просто теряет для вас всякое значение. Кстати, почему вы решили, что это мой двойник, а не я — его? Молчите? Над этим стоит подумать, не правда ли?

Он ослабил путы у Кленова на руках, а те, что стягивали ноги, заменил металлическими браслетами. Поставил на столик у изголовья поднос с едой и, не сказав больше ни единого слова, вышел.

Кленов чувствовал себя не лучшим образом в этой железной душной коробке, увозящей его в неизвестность.

Он поднялся, сел, взял поднос. Судя по всему, силы ему пригодятся в самом ближайшем будущем.

Еда была сухая и очень соленая. Почти механически он потянулся к бутылке с уравнилом и сразу же ее отодвинул. Этого они от него не дождутся.

Он едва не выдал Курлянову своей догадки о пересекающихся мирах... Хотя, возможно, это не так уж важно. Вероятнее всего, Курлянов и сам не до конца понимает, в какой игре его используют.

Если существует директивная связь через управляющий аппарат из зала «Звездокруга» с двойниками параллельного мира, то это имеет смысл лишь в том случае, если воздействие на психику управляемого двойника немедленно отразится на человеке нашего мира, на нужном им человеке... Ведь психическое поле этих полных двойников должно быть единым, и воздействие на одну его половину немедленно отразится на другой... Человек из нашего мира может и не догадываться, какому глубокому изменению подвергается его психика...

Ведь ему наверняка передаются не конкретные мысли и ощущения двойника, а лишь общий настрой, деталей он может не знать. Хотя Курлянов, похоже, знает... Очевидно, такое полное приобщение к делам и планам врагов происходит позже, когда объект полностью подчинен воле его хозяев... Картина получалась страшной, но вполне правдоподобной. Курлянов говорил, что время теряет всякое значение... «Вряд ли с моим двойником вам удастся справиться так просто...» — подумал он, стараясь заглушить леденящий страх.

Катер дернулся, и почти сразу по трапу застучали подошвы тяжелых ботинок. Двигатель работал на холостом ходу. Куда-то они, кажется, приехали...

Вошли двое угрюмых матросов в униформе, один из них снял браслеты с ног Кленова. Второй держал в согнутой руке лазерный пистолет.

Судя по их замкнутым, ничего не выражающим лицам, Кленов понял, что эти люди способны выполнить любой приказ, и потому беспрекословно подчинился требованию подняться на палубу. Катер стоял у причальной стенки небольшого острова. На палубе в накидке из темного серовила и в форменной фуражке неподвижно стоял Курлянов. Проходя мимо, Кленов спросил:

— Как называется место, куда вы меня привезли?

— Остров Мортон.

Не оборачиваясь, Кленов пошел к трапу, и Курлянов продолжил, обращаясь уже к его спине:

— Вам придется пробыть здесь неопределенное время. До прилета вашего корабля, во всяком случае.

В его голосе Кленову послышались почти извиняющиеся нотки.

«Мортон, Мортон», — дважды повторил он про себя название острова, спускаясь на мокрый от непрерывной дождливой измороси причал. Ему нужно было вспомнить что-то такое, что было связано с названием острова. О Романе Гравове он помнил все время. Факт его отправки на Мортон не требовал усилий памяти, но были еще какие-то важные моменты, связанные с картинным залом и с именем Гравова.

Кленова никто не встречал и не провожал. Матросы остались на палубе, катер развернулся и исчез в облаке водяных брызг и наползавшего с моря тумана.

Кленов остался посреди пирса совершенно один, и никто его не торопил. Это было хорошо, потому что перед глазами у него встала «картинная галерея» «Звездокруга».

Он видел ее так, словно прокручивал на видеоэкране отснятую кристаллом программу. Лица проплывали одно за другим... Он видел эмиссаров враждебной Земле цивилизации, сорок человек, чьи слепки хранились за металлическими дверями фирмы «Звездокруг». И только одного лица не нашел он среди них. Лица человека, которого считал своим главным противником и который интересовал его сейчас больше всего.

Там отсутствовало лицо Гравова.

13

Две недели в роли каторжника или, вернее, члена старательской артели острова Мортон показались Кленову слишком уж длинными.

Ему выдали кирку, отвели место в заброшенном бараке, назначили напарника... Уже через несколько дней стало ясно, что главная цель, ради которой он без сопротивления позволил упрятать себя на Мортон, недостижима.

Роман Гравов вновь ускользнул от него, и на этот раз, если верить Кжану, навсегда.

Многодневная гонка оказалась безрезультатной. Похоже, ему никогда не удастся разгадать тайну личности этого человека, или «объекта», как он называл его в последнее время. Роман Гравов исчез в подземных лабиринтах Мортона и уже не представляет для Земли никакой угрозы. Загадка его двойника, найденного мертвым в разбитой космической шлюпке на астероидах юпитерианского пояса, так и останется неразгаданной.

Об одном он жалел — ему так и не удалось посмотреть в глаза этому парню и спросить его о том, что заставило его надеть человеческую личину как маску? Кто он был на самом деле? Какие цели преследовал? Кого считал своими друзьями?

Ничего этого уже не спросишь, следовательно, пора возвращаться. Информация, которой он располагал, с каждым днем теряла часть своего значения. Постепенно на Гридосе исчезнут все следы враждебной деятельности. Исчезнет зал с картинами, исчезнет и сама фирма «Звездокруг». Они заметут следы, и ничего он не сможет доказать. Не поможет даже кристалл с видеозаписью, который он хранил теперь как зеницу ока. Власти Гридоса докажут, что это подделка. Он уже сталкивался с подобным случаем.

Всю работу придется начинать сначала, и еще неизвестно, что из этого получится, потому что теперь противник примет все необходимые меры предосторожности. Нужно как можно скорее выбираться с острова.

С бывшим напарником Гравова с первого дня у него сложились хорошие отношения. Для побега ему понадобится надежный помощник. И он решил довериться Крестову.

— По-моему, вы оба вместе с твоим Гравовым чокнутые. Сколько раз тебе говорить — с острова бежать невозможно. Здесь все предусмотрено. Можно лишь уйти под землю, как это сделал Гравов. Уйти, чтобы никогда не вернуться. Ты этого хочешь? — Крестов раздраженно отшвырнул кирку, вытер пот и устало опустился на груду пустой породы. Дневную норму они не выполняли уже вторые сутки.

— Почему мне все время не везет с новичками? Почему именно я должен с ними возиться?

— А вдруг тебе на этот раз повезло? — Кленов обезоруживающе улыбнулся. Опасаясь подслушивающих устройств, свободно разговаривать они могли только в забое. — Ты говорил мне как-то, что не сам побег является проблемой, а наши дальнейшие действия.

— Да, я говорил и повторяю снова. Поселения на планете малочисленны, каждый человек на виду, полицейская служба наблюдения поставлена прекрасно. Нас обнаружат через два дня и вернут уже не на Мортон. Здесь есть места и похуже.

— Все это я прекрасно знаю, но ты ведь, кажется, штурман?

— При чем здесь это? — Он услышал в его голосе плохо скрытое раздражение.

— А при том, что мне надо вернуться в столицу Федерации.

— Наполеоновские планы? И как же, интересно, ты собираешься туда попасть без корабля?

— Корабли на Гридосе есть.

— Да, есть. Я их видел. Две старые колымаги, которые используются для челночных рейсов на спутники, на большее они уже не годятся.

— Не скажи. Один из них бывший разведчик.

— Ты-то откуда знаешь?

— Да уж знаю. Должность у меня такая.

— Это какая же, интересно?

— Инспектор службы УВИВБа.

Долгое молчание повисло в штреке. Было у Кленова одно нерушимое правило: выбирая себе напарника для участия в какой-нибудь операции, он ничего от него не скрывал. Либо он полностью доверял человеку, либо нечего было и начинать разговор. Теперь он терпеливо ждал ответа, понимая, как много от него зависит.

— А почему я должен тебе верить? — спросил Крестов, критически оглядывая щуплую фигуру Кленова. — Откуда я знаю, что ты не полицейский агент?

— А ты представляешь особый интерес для полиции? Настолько большой, чтобы вести с тобой сложную игру?

— Да нет, пожалуй...

— Документов, как ты мог догадаться, у меня здесь нет. Я вот верю, что ты штурман звездофлота, хотя диплом ты мне не показывал. Идешь ты со мной или собираешься до конца дней сидеть на этом острове?

— Я бы, пожалуй, остался... Но однажды я отказал одному сумасшедшему. Он ушел один и не вернулся. С тех пор меня гложет совесть: может быть, если бы мы были вместе...

— Ты имеешь в виду Гравова?

Кжан кивнул и тяжело вздохнул.

— Однако прежде тебе придется изложить свой план, и, если в нем нет хотя бы десяти шансов на успех из ста, я откажусь.

— Десять шансов там есть наверняка, возможно, и все пятьдесят. — Кленов отцепил сумку с инструментом, отложил ее в сторону и прислушался. Тишина в штреке стояла такая, словно они находились на Луне. — Что же, слушай!

Так или иначе, мне одному с этим не справиться и, если ты передумаешь, придется искать что-нибудь другое. Прежде всего мы должны будем захватить ранкер.

— Ну, это совсем просто! Они здесь за каждым камнем!

— Не так уж сложно. Вспомни, что здесь началось, когда Гравов ушел в подземелье, устроив всю эту заваруху, ты сам мне рассказывал.

— Да. Здесь поднялась изрядная суматоха. Прилетело шесть полицейских машин, и будь у меня тогда хороший напарник...

— Не так уж трудно повторить то, что сумел сделать один мальчишка. И к моменту, когда прилетит полиция, мы уже не будем безоружны и нас будет двое. Здесь не меньше шести охранников. Все они вооружены, хотя старательно это скрывают.

— Думаешь, ты один такой наблюдательный? С того дня, как исчез Гравов, они не расстаются с лазерными пистолетами ни на минуту.

— Вот и давай это используем. Утром, с началом работ, им всем приходится рассредоточиваться. Наверху остается не больше троих, иногда даже двое.

— Двое вооруженных против двоих безоружных?

— Ну, меня кое-чему все же учили в школе инспекторов.

— Влипну я с тобой в историю... — Крестов покряхтел, поплевал на руки, подобрал свою кирку и задумчиво начал ковыряться в груде пустой породы. Кленов его не торопил, понимая, что к такому решению человек должен прийти самостоятельно. Наконец Крестов раздраженно отложил кирку и обернулся. — Чего молчишь-то, когда начинаем?

— Завтра утром и начнем, зачем откладывать? Время дорого, да и готово у меня все. В этом штреке найдется пара рюкзаков со всем необходимым.

Полицейский ранкер стремительно несся над морем. Он шел так низко, что издали казался плоским камешком, прыгающим по вершинам морских валов. Иногда шапка тяжелой пены от очередной волны полностью заливала прозрачный колпак кабины, и тогда машину приходилось вести по обзорному локатору.

— Какого черта ты не поднимаешься выше? — недовольно спросил Крестов, плотнее затягивая пряжку ремня.

— Потому что не хочу искушать судьбу. Все прошло

слишком гладко, а в таких случаях весь комплект неприятностей выдается в конце операции.

— Никогда не думал, что инспектора УВИВБа страдают предрассудками.

— Это не предрассудки, это статистика.

— У них здесь нет никаких локаторов, километров сто сплошная водная поверхность без единого острова!

— Я знаю. Могут быть патрульные суда, воздушные наблюдатели. Как только они сообщат о похищении ранкера, тревога поднимется по всему сектору.

— Думаешь, у них есть еще рации, кроме этой? — Он кивнул на мигающий зеленый огонек на пульте управления.

— Наверняка. Для нас сейчас самое главное — сохранить внезапность при подходе к космодрому. Не дать им засечь направление, по которому мы движемся. — Кленов искусно обошел очередной гребень и бросил машину вниз, в промежуток между двумя валами.

— На космодром они в любом случае сообщат о нашем побеге в первую очередь.

— Этим тоже можно воспользоваться. Важно, чтобы у них не было непосредственных данных о маршруте ранкера. Ты не представляешь, до какой степени охрана загипнотизирована полицейской формой нашей машины. На ней есть автоматический радиопароль для всех охранных систем. Пока они разберутся что к чему, мы уже будем на взлетном поле.

— Ну да, и там нас ждет заправленный топливом корабль...

— Он ждет не нас. Он зарезервирован для каких-то тайных целей местного Совета и всегда готов к полетам.

— Откуда ты это знаешь?

— Гридос привлекает внимание всех служб нашего управления уже не первый год. Здесь творятся странные вещи, и, кстати, именно поэтому нам так важно благополучно отсюда выбраться.

— А если они сменят радиопароли в охранных системах?

— Вряд ли успеют.

— Хорошенькая перспектива... Охранные автоматы не станут раздумывать или задавать вопросов. Они сразу открывают огонь, если пароль не совпадает. Ты об этом знаешь?

— Конечно.

— Поднимись все же немного, иначе мы не долетим даже до вышек космопорта.

Они летели уже минут сорок над серым от низких туч морем. Наконец впереди из тумана выглянула кромка берега.

— Это Стидос?

— Судя по карте, похоже...

— Ты, кажется, говорил, что ты штурман?

— Да, но мне не приходилось прокладывать курс для наземных калош. Звездные карты выглядят несколько иначе... Осторожней, там впереди должна быть возвышенность, ты летишь слишком низко!

— Внезапность — наш единственный шанс.

— Метров через пятьсот будет линия охраны космопорта, не лучше ли нам открыть предупредительный огонь? В ранкере есть неплохие ультразвуковые пушки...

— Нет, Кжан. Если мы себя выдадим раньше времени, корабля нам не видать как своих ушей... Внимание, я вижу вышки!

Внизу под ними мелькнули ребристые щиты энергозащиты, и почти сразу впереди открылось ровное бетонированное поле с одиноко торчащей сигарой небольшого корабля.

— Если это он, если ты не ошибся...

— Я не ошибся.

Внизу, далеко в стороне, завыла сирена тревоги.

— Слишком поздно. Ручное включение. Автоматику блокировали наши сигнал-пароли. Люди, в отличие от автоматов, в большинстве случаев не могут действовать немедленно. Сначала они должны разобраться в обстановке, запросить инструкции...

Они уже садились. Кленов заложил крутой вираж вокруг корабля, стараясь с одного захода поймать всю окружающую местность на экраны своих локаторов. Нужно было оценить все, что им угрожало, и уточнить оставшееся время.

— Если люк закрыт, мы ничего не сможем сделать.

— Он наверняка закрыт. — Кленов приземлился впритирку у самой посадочной треноги корабля и сразу же включил рацию. Одновременно с радиопередачей над космодромом поплыл голос, усиленный мегафоном:

— Говорит полицейский патруль два дробь один. Немедленно откройте аварийный люк корабля. Злоумышленники, организовавшие побег с Мортона, проникли внутрь корабля, немедленно откройте люк!

От будок охраны через поле к ним мчался кар.

— Все-таки придется воспользоваться эхопушками... С такого расстояния они не поймут, откуда стреляют.

— Дай заградительный залп, только не попади в машину! — Невидимый заряд ультразвука в нескольких метрах впереди машины выбил густое облако пыли. Машину подбросило на ухабе, и, круто развернувшись, кар остановился.

— Немедленно откройте люк, не приближайтесь к кораблю, вы рискуете жизнью... — повторил Кленов в мегафон.

Кжан не верил своим глазам, стальной зев люка в двадцати метрах над их головами распахнулся, и кабина лифта медленно поехала вниз.

— Почему они подчинились?

— Потому что нас пропустили охранные автоматы. Потому что всегда проще возложить ответственность на кого-то другого и не принимать собственных решений. Теперь быстрее вперед. Попасть внутрь корабля — это еще не все. Главное — суметь отключить диспетчерскую автоматику запуска. Они уверены, что сделать это невозможно, но у меня для них есть сюрприз...

Они уже вскочили в кабину и медленно, неторопливо тронулись по направляющим вверх. В прозрачной, незащищенной кабине лифта оба чувствовали себя совершенно беззащитными, но охрана так и не открыла огонь.

Только когда за ними захлопнулось стальное полукружие люка, они наконец перевели дыхание. Корабль изнутри оказался совсем крохотным. Сразу же за шлюзовым коридором находилась штурманская управляющая рубка с двумя сиденьями для пилотов. Не было даже кают для членов экипажа... Кораблю исполнилось никак не меньше сорока лет, и Кленов сомневался, сумеет ли он разобраться в его управлении устаревшего типа. Пока он лихорадочно возился с автоматикой старта, Кжан с философским спокойствием разглядывал навигационные приборы так, словно видел их впервые.

— Почему они так и не стали стрелять?

— Им глубоко наплевать на дела Совета, на этот корабль, — пробормотал Кленов, залезая щупом экспресс-тестера в логический блок команд центрального управляющего компьютера.

— Ты готов? — спросил он, не поднимая головы от развернутых в обе стороны стоек, раскрывавших внутренности компьютера.

— К чему?

— К вводу маршрутных карт, черт побери!

— Ну, с этим успеется. Пока ты наберешь скорость, я успею освоиться с навигационной техникой.

— Так осваивайся побыстрее и не забывай, что здесь есть второй корабль. В конце концов они могут опомниться... Теперь можно попробовать, — пробормотал Кленов. — Ручной пуск. Компьютер отключен почти полностью, работает только исполнительный блок. Позже, когда мы выйдем из зоны радиоконтакта, я включу его вновь. Начинаем. Стартовые — ноль.

Он подал команду, и над полем космодрома прокатились раскаты глухого грома, из дюзовых жерл вырвалось пламя. Вначале оно было красноватым и почти незаметным в свете дня, но вскоре стало наливаться голубизной, удлиняться. В землю ударили два голубых кинжала, приподнявших на своих клинках вибрирующую громаду корабля.

Только теперь вдоль стартового поля ударили энергопушки, и огненные мячики разрывов, уже совершенно не страшные на такой высоте, заплясали там, где минуту назад стоял корабль.

Высотомер отсчитывал третью тысячу метров. Они разрезали атмосферу планеты, и впереди над ними впервые показался свет солнца, пробившийся сквозь насыщенный водяной мглой воздух.

ЧАСТЬ ЧЕТВЕРТАЯ

ЛЕВРАН

1

Элия оперлась на руку Романа, приподнялась и осмотрела двор. С ее лица все еще не сходило недоумение.

— Это Ангра... Кажется, так земляне называют наш мир?

— Почему ты думаешь, что это Ангра?

— Я родилась под этим солнцем. — Она замолчала, пристально вглядываясь в лицо Романа. — Человек не может совершить того, что ты сделал. Ты дейм или великий колдун?

— Я сам не понимаю, как это случилось. Деймы что-то сделали с моей головой... Я не чувствую себя ни колдуном, ни деймом, я чувствую себя человеком!

Они находились в круглом дворе с высокими стенами, сложенными из неотесанных валунов. Посреди двора, словно памятник, возвышался серый параллелепипед скалы, из которой они только что вышли. Роман все никак не мог поверить в полет среди звезд, похожий, скорее, на сон. Но над головой полыхало невиданное фиолетовое солнце...

— Странный двор... Ты знаешь, куда мы попали?

— Это башня стражей. — Элия все еще не отрывала взгляда от его побледневшего, взволнованного лица. — Стражи заключили с нами договор, и раз в год мы можем пользоваться дверью, чтобы доставлять с Гридоса нужные товары. Все остальное время к башне нельзя приближаться. Если нас увидят — мы погибнем, и я не знаю, как отсюда выйти...

— Тогда давай поспешим. Ты можешь встать?

— Я попробую... — Она была все еще слаба и не отпустила его руки.

Роман подумал, что, если бы ему пришлось выбирать между возвращением на Землю и звездной дорогой вдвоем с этой девушкой, он выбрал бы второе...

В стене не было ни ворот, ни дверей. Она вздымалась на высоту десятиэтажного дома, и лишь кое-где в ней виднелись узкие отверстия бойниц. Заглянув в одну из этих щелей, они увидели, что к башне, стоящей на вершине довольно крутого холма, во весь опор несутся всадники в стальных шлемах, с вытянутыми щитами и копьями наперевес. Навстречу им медленно шли цепочкой какие-то странные неуклюжие существа с короткими пиками в руках. На концах их пик алым огнем полыхали прозрачные светящиеся камни. Элия гордо вскинула голову.

— Видишь всадников? Это россы. Мой народ решил отомстить стражам за обман, за гибель наших людей. Пока стражи заняты боем, мы должны выбраться отсюда.

— Хотел бы я знать, как... — задумчиво проговорил Роман, всматриваясь в отвесную поверхность стены. Он вынул лазерный пистолет и взглянул на индикатор — зарядов осталось совсем немного. Если их израсходовать на вырубание ступеней, они окажутся совсем безоружными в этом чужом и не очень-то гостеприимном мире.

Он убрал пистолет и достал из рюкзака небольшой моток силоновой веревки. После нескольких неудачных попыток камень, закрепленный на ее конце, все-таки зацепился за выступ стены, и, ежесекундно рискуя сорваться, Роман полез вверх. К его удивлению, подъем оказался не таким уж трудным. Гравитация на этой планете была слабее, чем на Гридосе.

Элия вскарабкалась вслед за ним, как кошка, почти

без всякой помощи. Теперь они стояли на гребне стены. С этой стороны они могли не бояться, что их обнаружат, поскольку их прикрывала высокая скала.

Спуск по закрепленной веревке уже не представлял особых трудностей. Через несколько минут они очутились среди невысоких мясистых кустов с наружной стороны башни. Из долины долетели крики и шум схватки.

Через несколько сот метров Романа и Элию полностью скрыли склоны узкой долины, круто идущей вниз, к подножию холма. Им предстояло пройти около километра, чтобы обогнуть холм и выйти в тыл атакующим всадникам.

Каким бы ни был результат сражения, им не придется принимать в нем участия. Элия шла медленно, то и дело останавливаясь. Девушка мужественно держалась в подземельях, но сейчас, когда непосредственная опасность миновала, силы оставили ее.

— Нужно передохнуть.

— Там сражается мой народ!

— Ты не сможешь им помочь. Мы не успеем. Прошу тебя, отдохни хоть несколько минут!

Наконец она уступила его настойчивым просьбам.

Местность вокруг была угрюма и сурова. Фиолетовое солнце придавало окружающему неестественный, неживой оттенок. Груды выветренных серых гранитов, раздробленных тектоническими подвижками на мелкие обломки, устилали все вокруг. Почвы практически не было, и оставалось непонятным, откуда черпают жизненные соки многочисленные кусты высоких растений странного желтоватого оттенка. Верхушки их стеблей, закрученные в толстенные фигурные почки, вблизи казались розовыми из-за прожилок, похожих на кровеносные сосуды. Кусты производили отталкивающее впечатление, словно были анатомической частью какого-то животного.

— Здесь у вас везде так красиво?

— Я люблю наш мир. Хотя его красота заметна не сразу. К Ангре нужно привыкнуть. Она могучая и очень древняя. За многие тысячелетия до того, как сюда пришли люди, здесь уже росли эти растения, ходили странные животные и еще более странные существа появлялись и исчезали на ее равнинах. Сегодня мы находим только обломки от тех прежних, чужих и все же величественных городов.

Резкий звук, похожий на свист, донесся откуда-то сверху. Элия вздрогнула и побледнела. Он заметил испуг на ее лице, хотя стены ущелья казались ему пустыми. Ни малейшего движения вокруг, даже ветер стих, затаился и перестали раскачиваться вершины мясистых растений.

— Что это было?

— Скорее! В заросли! Это летунги — люди-птицы... Если мы не успеем... — Она уже бежала вниз, увлекая его за собой, сверху над стенами ущелья мелькнули и пропали какие-то тени. Над их головами пронеслось что-то темное и большое, что-то стремительное и ускользающее. Вновь раздался, теперь уже ближе, знакомый свист.

Роман споткнулся и, падая, рванул Элию за руку, прикрывая ее своим телом и выхватывая из-за пояса лазерный пистолет.

Стремительная черная тень на секунду остановилась, зависла над ними, и этого оказалось достаточно, чтобы поймать ее в перекрестье прицела. Шипение лазерного разряда было значительно тише обычного, но Роман не промахнулся. Крик боли, какой-то тоскливый вой ударил им в уши. Еще пару раз хлопнули огромные крылья, и в нескольких метрах в стороне что-то с треском рухнуло в кусты. Почти сразу же туда метнулись от верха ущелья еще две темные тени. Роман вновь нажал гашетку пистолета, но выстрелов не последовало. Батарея отдала свой последний заряд, и теперь они были полностью безоружны.

Несущиеся черные треугольники стремительно увеличивались в размерах, свист их крыльев становился пронзительным, закладывал уши. Роман лихорадочно шарил вокруг, пытаясь нащупать какой-нибудь камень, и только теперь понял, что летунги несутся к кустам, куда только что упал их раненый собрат. Они выхватили его из кустов и, оглушительно хлопая крыльями, стали медленно подниматься, держа на вытянутых руках бессильно обвисшее тело. Только теперь Роман смог их рассмотреть и ужаснулся тому, что сделал. Набедренные повязки охватывали мощные, покрытые шерстью торсы, по своим очертаниям неотличимые от человеческих. На широких кожаных поясах болтались короткие кривые мечи, а за плечами равномерно двигались темные крылья. Лишь у третьего они бессильно и неподвижно свисали вниз. Роман понял, что стрелял по разумным существам...

Три фигуры были уже на высоте стен ущелья, и, прежде чем они совсем скрылись из глаз, вниз полетел крик, полный ярости и боли, полный угрозы возмездия.

Все произошло так стремительно, что за время схватки он не успел сказать Элии ни единого слова. Сейчас ничто уже не нарушало тишину и покой, и, если бы не темное пятно на противоположной стене, куда ударил остаток лазерного разряда, если бы не обломанные вершины кустов на дне ущелья, он бы мог подумать, что это было какое-то видение или кошмарный сон.

— Кто эти существа, почему они напали на нас?

— Им нужна была я. Их предводитель Каро охотится за мной не первый год. Сегодня ты спас мне не только жизнь... — Он все еще придерживал Элию за плечи, и лицо девушки, ее сияющие благодарностью глаза были совсем рядом. Он еле сдержался, чтобы снова не поцеловать ее в такие близкие, такие доступные губы, и потом долго жалел об этом.

Что-то с ним произошло в этом мире. Словно время изменило свое течение. И с неожиданной силой проснулось в нем древнее чувство ответственности мужчины перед слабым, доверившимся ему существом.

Без дальнейших приключений они спустились к подножию холма, где проходила довольно широкая дорога. Почти сразу из-за поворота им навстречу выехала группа всадников, возвращавшаяся после схватки у башни.

Всадники двигались медленно, плотной колонной, по четыре в ряд, держа в руках опущенное к земле оружие. Лица невозможно было рассмотреть, их скрывали решетчатые стальные забрала шлемов, кожаные доспехи с нашитыми стальными пластинами прикрывали тела. Элия узнала своих и, несмотря на попытку Романа остановить ее, выбежала на дорогу. Всадник, ехавший впереди колонны, несколько секунд стоял как вкопанный. Потом понесся галопом навстречу девушке. Они обнялись, кавалькада смешалась, люди столпились вокруг, но крайние всадники, развернувшись, зорко следили за окружающей местностью. Роман отметил про себя, что все они опытные воины. Уже не таясь, он вышел из зарослей на дорогу. Элия что-то возбужденно говорила спешившемуся мужчине.

Несколько человек медленно двинулись навстречу Роману. Вот когда он в полной мере почувствовал благодарность своему учителю из маленького мексиканского поселка, научившего его воспринимать любой язык не слухом, а разумом. Он как бы «видел» каждую фразу, обращенную к нему. И хотя первое время понимал не все, этого средства оказалось достаточно для общения.

Роману выделили лошадь из нескольких десятков оставшихся после боя с пустыми седлами. Лошадь, только что потерявшая хозяина, нервничала, то и дело шарахалась в сторону, а его искусство держаться в седле оставляло желать лучшего. В конце концов один из спутников твердой рукой поймал поводья его кобылы и приторочил их к своему седлу.

Почти два часа ехали они в суровом молчании, только Элия, державшаяся впереди, рядом с командиром отряда, время от времени что-то громко говорила, но до Романа долетал лишь звук ее мелодичного голоса, о нем она словно забыла...

Заросли странных желто-фиолетовых кустов кончились. Среди высокой, по пояс, травы стали попадаться обычные земные растения, привезенные переселенцами с собой. Судя по ним, цель их была близка. И действительно, из-за холма на фоне зеленых зарослей неожиданно появился город, словно вынырнув из тумана... Маковки теремов, покрытые красивой резной черепицей, возвышались над высокой деревянной стеной, но даже в этой массивной стене, созданной прежде всего для обороны, чувствовалась рука мастеров, понимавших законы гармонии и точных пропорций. На Романа никто не обращал внимания, будто они каждый день подбирали на дороге спутников, прибывавших из чужих миров...

Лишь позже он узнал, что гордые россы считали невежливым проявлять к гостю излишний интерес, они держались с ним как с равным...

Командир отряда остановился вместе с Элией перед воротами и протрубил в рог. Ворота из огромных, в два обхвата, бревен со скрипом поползли вверх, открывая въезд в город. Отряд миновал двойную стену. Роман оценил ее толщину и высоту. Чтобы воздвигнуть подобное сооружение, понадобился труд не одного поколения. Значит, были серьезные причины, побудившие россов предпринять такое строительство. Роман начинал понимать, какую суровую, полную опасностей и борьбы жизнь ведут на этой планете сородичи Элии. Сторожевые башни над воротами остались позади. Больше всего Романа поражал материал, из которого были сложены стены домов и оград. Дерево, драгоценное натуральное дерево, идущее на Земле лишь на ювелирные украшения, здесь лежало даже под копытами коней... Надолго ли приютит его этот город мастеров и воинов?

Иллюзия равенства рассеется, как только они узнают о нем всю правду, и он снова почувствует себя изгоем. Но пока что он оценил по достоинству суровую сдержанность, верность и прямоту этих людей. Собранные в Элии, эти качества открылись ему в короткие часы их совместного пути, казавшегося теперь почти неправдоподобным.

Задумавшись, он не заметил, как отряд остановился.

Рядом с его конем стоял спешившийся командир отряда. Он вытер со смуглого бородатого лица пот и, указывая на высокий светлый терем, проговорил, обращаясь к Роману:

— Этот дом будет теперь твоим. Ты сохранил жизнь моей дочери, и, по обычаям нашего народа, все, что принадлежит моей семье, принадлежит и тебе.

— Как давно живет твой народ в этом мире? — спросил Роман, неловко выпрыгивая из седла.

— Около двух веков.

Кфилонг — так звали отца Элии — уже открыл ворота, а отряд скрылся за поворотом. Элия даже не попрощалась, словно не знала его, словно все, что было между ними в катакомбах Гридоса, всего лишь иллюзия, сон. Стараясь не показать обиды, Роман спросил Кфилонга:

— В доме никто не живет?

— Это старый дом, дом моих предков. По нашим обычаям, новый член семьи всегда живет в старом доме до тех пор, пока не построит собственного. Мы все будем рады помочь тебе его построить, если ты решишь остаться с нами.

Они поднялись по ступеням крыльца, вошли в сени, вокруг стоял густой, терпкий аромат древесины и каких-то трав, пучками развешанных на бревенчатых стенах. Широкая горница, простой деревянный стол у окна, незамысловатый очаг в углу — все как тысячу лет назад.

Наверное, так и должен выглядеть дом, в котором человеку захочется остановиться после долгих странствий.

— Если с тех пор, как вы живете в этом доме, прошло всего два века, вы должны помнить корабль, на котором прилетели ваши предки.

— Мы помним все.

— Тогда я не понимаю... Не слишком ли быстро наступил для вас семнадцатый век?

— Мы сами решили отказаться от машин. Наши отцы летели сюда на старом корабле, они хотели жить независимо от цивилизованных миров и нашли здесь то, что искали. Их потомкам поздно было что-нибудь изменять. В обратную сторону время течет быстрее, чем вперед.

— А вы сами, разве вы не хотели вернуться?

— Для большинства из нас чужие миры — всего лишь красивая сказка, легенда. Сюда не ходят рейсовые корабли, а дорога, которой ты пришел... Мы еще поговорим об этом подробней. Эти дороги закрыты для всех, кроме деймов. Так что особого выбора у нас не было, да и не так уж плох этот мир. Здесь много опасностей, часто бывают схватки. Приходится отстаивать свое место под солнцем и право жить. Но к этому быстро привыкаешь, в ином месте мне было бы скучно. Многие думают так, как я, а те, кто считает иначе, все равно ничего не могут поделать.

— С кем же вы сражаетесь?

— Здесь живет много народов, много племен, не все уживаются друг с другом.

— Ты хочешь сказать, были и другие корабли, кроме вашего?

— Когда-то дороги между мирами были открыты и не принадлежали одной расе. Разумные существа из разных миров встречались в этом месте для торговли и обмена. Многие основывали здесь временные поселения, а когда дороги закрыли, остались навсегда.

Кфилонг достал с полки две большие глиняные кружки, зачерпнул ковшиком из деревянной кадушки какой-то ароматный напиток и, пододвинув одну из кружек Роману, продолжил:

— На севере, в болотах, живут люди-лягушки. Они миролюбивы и мудры. Они обменивают корни водяных растений и жемчуг на яйца терминусов и других местных насекомых, которые наши женщины для них собирают.

На западе, у отрогов снежных гор, живут люди-птицы. Они пришли из мира, где тяжесть меньше, чем здесь, и летать им на Ангре не так-то просто. И все же они построили город на неприступной скале. Туда нет ни одной дороги. С летунгами приходится иногда сражаться, но с ними трудно бороться. Их город неприступен. Они нападают сверху когда хотят и когда хотят покидают схватку. Для них не существует законов чести, и потому мы презираем их.

В лесах живут и другие племена, о которых мы мало что знаем. Один раз в году, в день великого торга, все они вылезают из своих гнезд и приходят к подножию башни стражей для обмена. Этот день празднуют все племена. Во время великого торга, который длится целую неделю, все племена заключают между собой перемирие, и даже деймы присылают иногда своих рабов для торговли с нами. Ангра очень древняя планета, на ней немало тайн. Когда-то здесь жил могучий народ, управлявший всеми звездными путями. Но время безжалостно. От их столицы не осталось даже пыли, а звездные дороги захватили деймы... Элия сказала, что ты сумел пройти через дверь без помощи волшебной силы деймов. Мне трудно поверить в это.

— Я сам верю с трудом. Не знаю, получится ли у меня это когда-нибудь снова. В момент смертельной опасности что-то произошло, но сейчас мне кажется, что это было не со мной... — Роман обхватил голову руками, внутри пульсировал стальной шар боли. — Во мне живут словно два человека. Я не знаю. Я не могу объяснить.

Старый вождь долго молчал. За окном медленно остывал фиолетовый день. Облака у дальних гор закрыли солнце своими пуховыми одеждами. Но город продолжал жить, отовсюду доносились голоса, звон инструментов, мычание домашних животных.

— У нас нет механических слуг, — вновь заговорил старый воин. — И один человек у нас не служит другому. Помогают, конечно, если нужно, помогают все, но не служат. Возможно, ты привык к другой жизни, тогда тебе будет трудно у нас.

Роман усмехнулся:

— Боюсь, эти проблемы будут для меня не самыми сложными. Я справлюсь. Мне нравятся ваши законы.

Кфилонг говорил так, словно ему все было ясно в судьбе Романа. Словно она навсегда теперь связана с этим миром, с деревянным городом, с домом, наполненным запахом трав, с простоволосой девушкой Элией, о которой не было сказано ни слова и которая уехала, не попрощавшись и даже не взглянув в его сторону. И впервые в жизни ему не хотелось ничего изменять, может быть, оттого, что здесь никто его не спросит о настоящем имени и он сам волен выбрать любое...

Кфилонг поднялся. Но у порога вдруг задержался и произнес фразу, над которой Роман размышлял долгие часы, оставшись один: «В нашем мире многое становится яснее и проще. Не мучай себя, все образуется само собой. Здесь тебе искренне рады». И вышел не попрощавшись. Роман долго слушал тишину пустого дома, вдыхал его аромат и думал обо всем сразу и ни о чем конкретно. Потом встал, вышел на крыльцо. Двор был чистый, ухоженный, в хлеву ворочались домашние животные. Впервые в жизни кто-то в нем нуждался. Впервые в жизни ему принадлежал собственный дом. И это было очень странное, давно забытое чувство...

Далеко в темном небе мелькнула какая-то тень. Роман проводил ее глазами до ближайших холмов и подумал о том, что надо будет спросить Кфилонга, летают ли по ночам люди-птицы. Что-то ему не понравилось в этой тени. Птица летела странным зигзагом, упорно стараясь скрыться за крышами высоких строений. Но стражи на башнях не подняли тревоги, а он знал об этом мире слишком мало, чтобы беспокоиться всерьез.

2

Дом принял Романа как своего, и он спал крепко, без сновидений. Возможно, ему снились добрые сны, те самые, которые так трудно бывает вспомнить утром, когда ослепительно яркое солнце, не затененное ни единым облаком, заглянет в окно.

Он проснулся от его нежарких лучей и долго лежал бездумно, пока крики голодных животных во дворе не вывели его из полусонного оцепенения. Пора было вставать и начинать новую жизнь фермера. За стенами бревенчатого дома человека двадцать второго столетия ожидал семнадцатый век. А он все еще не знал, радоваться этому или огорчаться.

В хорошо налаженном хозяйстве хлопоты по уходу за скотом и домом не показались ему слишком обременительными. Раздражала лишь новизна обстановки. Некоторые нужные предметы приходилось искать по полчаса. И он недовольно ворчал на местные порядки, на то, что здесь довольно странно обращаются с гостями, на Элию, забывшую о нем, едва они встретились с россами. К обеду, закончив хлопоты по дому, он решил выбраться на улицу и разобраться в своем не очень-то определенном положении. У ворот он встретил Кфилонга, который мрачно сообщил, что старейшины родов ждут Романа в доме собраний.

Дом собраний стоял посреди центральной площади городка. В зале за большим овальным столом сидели восемь пожилых мужчин. В домотканой одежде они казались крестьянами, сошедшими с музейной картины.

Серьезная причина заставила этих людей бросить все дела и собраться здесь. Им предстояло решить судьбу пришельца из чужого мира.

Если община отказывала человеку в гостеприимстве, он должен был в течение часа покинуть пределы города, и все хорошо понимали, что это означает в мире, полном опасностей и врагов.

Кфилонг и Роман сели рядом, напротив остальных старейшин. Кфилонг выступал поручителем чужака, и многие поглядывали в его сторону неодобрительно.

Заседание начал сухонький седой старик с пронзительными голубыми глазами.

— Друзья, — начал он. — Здесь не принято тратить время на пустые слова, поэтому перейдем к делу. Этот человек спас жизнь дочери Кфилонга, что дает ему право претендовать на наше гостеприимство. Кто возражает против этого?

— Я прошу для него не права гостя, — сразу же вмешался Кфилонг. — Он получил от меня усадьбу предков и по старинному обычаю является теперь членом моего рода. Кто откажет члену рода Кфилонга в праве войти в общину нашего города?

— Ты слишком торопишься, Кфилонг, — заговорил мужчина могучего сложения; даже сидя, он на две головы возвышался над всеми остальными, — и ставишь телегу впереди коня. Усадьбу предков можно дарить лишь члену общины. А пришельцев община наша доселе не привечала.

— Жизнь нашим дочерям пришельцы не спасали, оттого и не привечали мы их, а этот человек спас мою дочь! Теперь он член моего рода! — Кфилонг грохнул по столу своим огромным кулаком и вскочил, его глаза сверкали, а рука напрасно искала на поясе рукоять меча, оставленного за порогом дома собраний.

— Сядь, Кфилонг! — требовательно произнес старейшина, открывший собрание, и Кфилонг подчинился. — Нам нужно во всем разобраться.

— Пусть чужеземец расскажет, как попал в наши земли, — настойчиво потребовало сразу несколько голосов, и Роман, понимая, как нелепо и неправдоподобно звучит его рассказ, попытался изложить хотя бы самую суть.

Слушали его внимательно и молча. В этих людях чувствовались природное достоинство и сдержанность, они ничем не выдали своего удивления или недоверия к невероятным событиям, которые он вынужден был описывать. По мере возможности Роман упрощал ситуацию, кое-что пропуская, но в основном передавая суть самого главного: знакомство с учителем, специальные тренировки, вербовку на Гридос, схватку с деймом и переход на Ангру.

Когда он закончил рассказ, старейшины попросили его выйти и подождать решения. Они совещались не меньше часа. Наконец в дверях показался мрачный как туча Кфилонг. Роман понял, что его дела плохи.

— Жди! — бросил он на ходу, вскакивая на лошадь, и умчался в туче поднятой пыли. Роман вновь остался один. Он сидел возле дома старейшин и думал о том, что судьба его не балует, видно, ему суждено быть вечным странником. Но это не могло объяснить всю горечь чувства, которое он сейчас испытывал. В конце концов за пределами города могли найтись более гостеприимные общины и племена, вот только Элию он больше не увидит.

В подземных пещерах и башне стражей ему казалось,

что в отношении девушки к нему присутствовала не только благодарность. Роман пытался объяснить ее замкнутость и отчужденность, появившуюся с момента появления родичей, неизвестными ему правилами поведения, обязательными для женщин общины, однако сейчас он уже так не думал. Ни она сама, ни Кфилонг не обмолвились ни словом о тех древних обрядах, на которые она намекала в подземных штольнях, когда их жизнь висела на волоске. Все оказалось миражем, пустыми мечтами. Она здесь дома, а он — изгой. Да и кто захочет связывать свою судьбу с человеком после рассказа о стальном шаре. С человеком, который сам не знает, кто он на самом деле. Неопределенность положения, в котором он теперь очутился, лишь усугубляла ему мучения. То ему хотелось, не дождавшись решения старейшин и не попрощавшись, уйти из города только для того, чтобы Элия, узнав о его безрассудном поступке, пожалела о своей черствости. То хотелось разыскать дом Кфилонга, ворваться туда, объясниться наконец с Элией и покончить с мучительной неопределенностью.

Он бросался из одной крайности в другую и все еще не знал, как поступить, когда в конце улицы послышался звук копыт. По звонкому перестуку он понял, что всадников двое. Когда они подъехали ближе, он первый раз увидел Элию в ее национальной одежде. Раньше он представлял себе, как может выглядеть такая женщина, как Элия, в седле боевого коня, с обнаженными до бедер длинными ногами, прикрытыми лишь кожаной плетенкой специальных верховых сапог, в облегающей куртке с широким воротником, украшенной блестящими металлическими пластинами. За плечами ее виднелся длинный лук, волосы, лишь слегка скрепленные обручем, летели вслед за всадницей широкой тугой волной.

Элия и в этот раз не произнесла ни слова, только глаза ее сверкнули голубым огнем, и, гордо откинув голову, девушка вошла в дом совета.

Кфилонг остался с Романом и, устало усмехнувшись, произнес:

— Ей придется сказать им все. Мне они не поверили. Не было еще случая, чтобы наши женщины выбирали себе мужей среди инородцев. Если старейшины признают ее выбор законным, ты будешь участвовать в испытании.

Минуту назад Роман был полон отчаяния, а теперь его сердце готово было выпрыгнуть из груди от радости. Что ему испытание, если все было правдой! Значит, она его любит? Значит, он все-таки не ошибся и там, в гроте, правдой было каждое ее слово?

Кфилонг, дождавшись, когда Роман вновь обретет способность соображать, продолжил:

— Элии, как и каждой женщине знатного рода, жениха назначает совет старейшин сразу же после рождения. Но потом, когда девушка достигает совершеннолетия, она получает право выбора, и, если он не совпадает с мнением старейшин, назначается испытание.

— Выходит, выбор женщины не может быть полностью свободным?

— Женщина не останется в проигрыше. Она получит в мужья мужчину, который лучше сможет обеспечить ее детей защитой, а дом — пищей. Здесь, у нас, это не так уж мало.

И неожиданно для себя Роман вдруг понял, что не имеет права судить этих людей по законам, которым до сих пор следовала его жизнь в спокойном и благоустроенном мире. Наконец на крыльце показался все тот же старец с пронзительным взглядом и объявил решение старейшин:

— Твоя дочь представила совету убедительные доказательства силы своего чувства и своего разума. Совет назначает испытание на завтра. Пусть чужой отдохнет. Если он выдержит испытание, никто здесь больше не станет его так называть.

Когда Кфилонг, закончив свои длинные наставления, наконец ушел и Роман остался один, на серебристом небе Ангры появилась уже третья луна.

Ночь полновластно вступала в свои права. Роман лежал один в пустом доме.

За окном мягко бился ветер, ночные жуки размером с летучую мышь время от времени возились на чердаке. Сон не шел к нему в эту серебряную ночь. Он чувствовал, как соки, запахи и звуки чужого мира постепенно входят в него, становятся частью его самого и от этого он сам становился неотъемлемой частью нового мира. Роман уже знал, что завтра, как бы ни повернулась к нему судьба, он не сможет уйти отсюда и будет бороться до конца за право обрести свой очаг, свое место под здешним солнцем, которое уже не казалось ему чужим.

Тень, такая же серебряная и легкая, как свет третьей луны, мелькнула за окном. Роман не видел ее, но, почувствовав необъяснимое волнение, поднялся со своего грубого ложа, укрытого пушистыми шкурами неизвестных животных.

Свист и шелест ночных насекомых, едва уловимое движение ветвей неведомых растений манили его, и он не стал противиться зову ночи.

Свет луны запутался в ветвях деревьев, а может быть, в прядях волос любимой женщины? Это была ночь, в которую могли осуществиться любые несбыточные желания... Он услышал звук легких шагов у себя за спиной, горячее дыхание, и, когда две маленькие руки обвили его шею, он не удивился, не вздрогнул, лишь замер, каждой клеточкой впитывая это нежданное счастье.

— Прости, милый, — шепнула Элия, — я не могла прийти раньше. Чтобы тебя увидеть, я нарушила все наши законы. Я пришла сказать, что, если завтра судьба не будет к нам благосклонна, я оставлю свой род и уйду с тобой. Я все уже решила. Что бы ни случилось, мы будем вместе.

Ничего не ответив, он привлек ее к себе, и две тени слились в одну в эту ночь осуществленных желаний.

Как только первые лучи солнца коснулись солнечных часов перед домом совета, на высокой деревянной башне ударил колокол, возвещая о начале народного сбора.

Было ли то старинное вече или повод для праздника? Никто здесь не заботился о формальностях, зато любили собраться всем миром, отдать должное трапезе и шипучим хмельным напиткам.

На площадь уже выкатили бочки с брагой и установили длинные столы, ломящиеся от яств и плодов. Заинтересованный в положительном решении народного собрания род поставлял для праздника продовольствие и напитки. Сегодня это делали люди Кфилонга.

Едва смолк протяжный звук колокола, на помост для глашатаев поднялся один из старейшин. Он трижды ударил посохом, и шум постепенно стих.

— Друзья, родичи, гости от отделившихся, но дружественных нам семейств! Сегодня у нас необычный день испытаний. Впервые за всю памятную историю нашего народа для участия в нем допущен человек из чужого племени, не связанного с нами узами крови. Все вы знаете, что́ он сделал для рода Кфилонга и почему ему предоставлено такое исключительное право.

К нему обращаюсь я со словами мудрости, взращенной нашим народом, а также к вам, братья, дабы напомнить о главном. Мы живем между собой в согласии много лет, среди опасностей и вражды чуждых нам существ. За эти годы познали мы и горечь поражений, и горе многих утрат. Радость дружбы и сладость побед. Десятилетиями копилась мудрость. Постепенно мы поняли, что в нашем суровом мире не всякий мужчина может быть наделен высоким правом зачинателя нового рода, а лишь тот, кто способен обеспечить безопасность своим будущим детям и своим близким, наделить их пищей. Тот, чьи руки искусно трудятся и умело владеют оружием. Пусть же отец деревьев просветит нас сегодня, в день своего полнолетия, достоин ли чужеземец дочери Кфилонга?

Одобрительные крики пронеслись из конца в конец по всей площади, в них потонули редкие голоса недовольных. Народное собрание подтвердило свое согласие с решением старейшин, и сразу же двое оруженосцев в расшитых серебряным орнаментом кафтанах подошли к Роману и вежливо, но настойчиво увлекли за собой.

На краю города у самой стены стояло изолированное строение, обнесенное высокой оградой.

— Здесь ты будешь ждать полуночи. Потом за тобой придут люди отца деревьев. Не выходи из дома, чужеземец, никто не должен тебя видеть, пока не наступит полночь.

Оруженосцы ушли. Роман остался один. Таинственный обряд испытания начался.

3

Небольшой отряд всадников, сопровождавший Романа, покинул город в полночь.

Вновь на горизонте Ангры плыла третья луна, заливавшая все вокруг своим колдовским серебряным светом, только теперь рядом не было Элии...

Они ехали по тропе, постепенно уходившей к темной громаде ночного леса. Издали лес воспринимался безликой, смутной массой, но, как только он поглотил их, Роман понял, что и ночью здесь бурлит жизнь.

Третья луна светила так ярко, что даже под пологом деревьев можно было различать дорогу. В кустах возились и ухали ночные существа, то и дело они выпрыгивали прямо под копыта коней, и всадники натягивали поводья или резко сворачивали в сторону, чтобы не причинить им вреда.

Часа через два отряд остановился посреди большой поляны, со всех сторон окруженной темно-фиолетовой стеной леса. Растительность на Ангре выглядела столь же разнообразно, как и населявшие планету существа. Словно все племена из разных миров привезли с собой кусочки родной природы. В лесу, рядом с деревьями, напоминавшими Роману дубы и сосны Земли, стояли ни на что не похожие пробковые бочки с пучком листьев на самой вершине.

В неподвижности прошло не меньше часа. Никто из спутников Романа не разговаривал, на его вопросы попросту не отвечали. Лишь лошади всхрапывали да время от времени перебирали копытами или испуганно шарахались в сторону, почувствовав невидимое для человека движение ночных обитателей леса. Тогда всадники умело и ласково успокаивали коней.

Издали послышался стук копыт. Отряд спешился, коней отвели в сторону, и почти сразу на поляну выехала новая группа всадников. В седлах сидели одни женщины. Роман не сразу узнал среди них ту, которую так хотел увидеть... Только когда Элия спрыгнула с коня и бросила на его круп широкий темный плащ, он сделал шаг ей навстречу и остановился, заметив предостерегающий жест одного из своих спутников.

Женщины спешились, увели коней и смешались с мужчинами, на краю поляны они остались вдвоем, находясь в нескольких шагах друг от друга.

Роману стал надоедать затянувшийся непонятный ритуал, но тут пропел охотничий рожок. Все россы вскочили в седла и умчались, а Элия взяла Романа за руку и повела за собой в глубь леса.

Заросли становились все гуще, ветви то и дело преграждали дорогу, а огромные толстые корни деревьев превращали тропу в подобие горной дороги.

— Куда мы идем? — не выдержал наконец Роман, решительно останавливаясь.

— Сегодня в лесу безопасно.

— Но я хочу знать! Мне надоело делать то, чего я не понимаю.

— У нас существует обряд — те, кто любят друг друга, приходят в ночь полнолетия к отцу деревьев, чтобы он благословил их. Эта ночь священна для всех живущих на нашей земле.

— А испытание?

— Если отец не дает благословения — люди не могут жить вместе.

Больше Роман ни о чем не спрашивал. Религиозный обряд? Возможно. Наверняка не только это — в лесу была какая-то тайна, и он ощущал ее каждой клеточкой своего существа.

Странный, терпкий, волнующий аромат долетел из зарослей, с той стороны, куда они шли, и Элия счастливо засмеялась.

Возможно, в пьянящем запахе была разгадка той ликующей, бурной жизни, которая переполняла лес в эту волшебную ночь? Он не знал, но ему уже передалось от спутницы ощущение счастья и радостного ожидания. Дикая колония? Чуждое ему племя с непонятными обычаями, верованиями, устоями? Да, все это так. Жить здесь наверняка непросто. Но Роман понял, что в отличие от холодных, заполненных техническим прогрессом миров, облегчающих человеку существование, здесь люди бывают счастливы. А за прогресс порой приходится платить слишком высокую цену.

В конце концов в своих бесконечных скитаниях он нашел то, что искал. Ему нужна была эта женщина, этот ночной лес, этот пронизывающий все его существо пряный аромат. Лесные заросли раздвинулись, пропуская их на берег озера. Тропа уперлась в обрывистый берег. Кое-где из травы выпирали серые замшелые валуны. Вода, отражая свет луны, казалось, светилась сама, озаряя прибрежные кусты нереальным голубоватым светом. От озера веяло прохладой, а заросли исчезали в полосе тумана.

Не доходя до прибрежного обрыва несколько метров, Элия остановилась. Обрамленный уходящими в воду полосами тумана, перед ними возвышался лесной исполин. Во время своих странствий Роман насмотрелся на разнообразную растительность и не предполагал, что его может поразить вид дерева. Это дерево превосходило все, что способно было представить себе изощренное человеческое воображение.

Мягкий лунный свет высвечивал каждый листочек, каждую складку коры этого титана среди деревьев. Поражали не сами размеры дерева, хотя оно, несомненно, было огромным, поражала его величественность. Нечто такое, что сразу говорило тому, кто сюда приходил: «Перед вами самое великое дерево мира...»

— Это отец деревьев. В нем обитает дух моего народа. Он наказывает виновных и дарит удачу тем, кто не нарушает заветов предков. — Элия сложила руки у груди и шагнула вперед, собираясь опуститься на колени.

— Не надо этого делать, — сказал Роман, осторожно придерживая девушку за локоть. — Настоящие боги не требуют поклонения и никогда не грозят карой. Если я и вынес из своих странствий какую-то мудрость, то она именно в этом.

— А они есть? Ты их видел?

— Кого? — не понял Роман.

— Настоящих богов?

— Они всегда ускользают. Но они есть, потому что они с нами. Вместе с надеждой, вместе с тем чувством, которое соединило нас. Люди разошлись далеко по разным мирам. Они раздвинули горизонты своей Вселенной, но от этого, в сущности, ничего не изменилось. Потому что каждый раз, когда нам казалось, что последняя дверь открыта, вспыхивала за далекой, недостижимой линией горизонта новая радуга, возникала новая тайна, за которой почти всегда прятались новые боги, — и, возможно, все они лишь отражение одного и того же.

— Я не понимаю тебя... Дух этого дерева покровительствует всему живому, что существует в нашем мире. Мы не считаем его богом, скорее, это наш друг.

— Я знаю. Тем более он не нуждается в твоем поклонении.

— Откуда ты это знаешь? Ты чувствуешь его? Слышишь голос?

— Я не могу объяснить, но, по-моему, это так.

Элия прижалась к нему, и в прохладе ночи Роман ощутил теплоту ее тела и понял истинную цену этой мимолетной ласки.

— Пусть будет так, как ты хочешь. Отец говорил мне, что в этом месте устами людей говорят иногда сами боги.

Она замолчала. И только сейчас, отрешившись от своей странной задумчивости, Роман неторопливо снизу доверху осмотрел дерево. Теперь оно не показалось ему таким огромным, как с первого взгляда.

Ствол, невысокий, скрученный во множество узлов, скрывал в себе странные лица невиданных существ. Роману почудилось в них некое движение, словно дерево, увидев его, усмехнулось. Возможно, то была всего лишь игра лунного света и глубоких черных теней, прятавшихся меж складок лесного великана. Его корни углубились своими концами в воду озера. Казалось, какое-то гигантское существо прилегло отдохнуть на берегу, опустив усталые лапы.

Но самым удивительным была крона дерева. Невысокая, с тонкой прозрачной листвой, с первого взгляда она ничем не отличалась от кроны обычных деревьев, но теперь он разглядел в ней несколько уплотнений, похожих на гнезда больших птиц. Там таились лепестки огромных цветов. Снаружи они выглядели зелеными, но сторона, обращенная внутрь, полыхала царственным пурпуром. Формой они напоминали ему цветы лотоса.

Лишь сейчас он понял, где был источник опьяняющего аромата, заполнившего весь лес.

Он стоял уже рядом со стволом. Лица дерева приобрели вдруг четкость и определенность. Их было несколько, обращенных в разные стороны. А внизу, между корнями, травами и камнями, улыбались толстые губы лесного царя.

Над ними расположился огромный бородавчатый нарост в форме носа и выше — наплывы надбровных дуг. Были ли там живые глаза? Этого он не знал. Зато не приходилось сомневаться в реальности цветения тысячелетнего великана. Несмотря на почтенный возраст, в нем все еще бурлили юные соки жизни.

— Слышишь ли ты меня, человек? — Едва различимый шелест листьев. То был шорох трав или реальный голос какого-то существа из числа тех, чьи мысли иногда пробиваются в сознание человека? Тот, кто научился различать внутренние голоса разумных существ, время от времени улавливает смутные отголоски, похожие на шум древесных соков. Был ли это такой голос? Он не знал. Замерев в почтительном молчании, Роман слушал...

Чтобы не чувствовать сгустившийся вокруг него ледяной холод, он нащупал в полумраке горячую ладошку женщины. Глаза Элии были закрыты. Запрокинутое вверх лицо казалось безжизненным. Какие грезы витали вокруг нее? Роман тоже чувствовал одуряющее действие цветочного аромата, но над ним он не был властен до такой степени, или он ошибался?

Странная ночь царила вокруг. Ночь, похожая на туман, наступавший от озера на сушу. Ночь неопределенных ответов, прозрений, вопросов, чередой идущих друг за другом. Ослепительных, как вспышка далекой зарницы, догадок, тут же закрываемых туманом сомнений...

«Сотни тысяч лет в недрах этого мира ждет своего открывателя древняя тайна, ключ беспредельных звездных дорог...»

Был ли то голос дерева или отголоски его собственных мыслей? Но почему тогда так отчетливо вспомнился ему именно сейчас ни с чем не сравнимый миг полета сквозь бездну, когда за краткую долю мгновения он почувствовал в себе силы управлять этим полетом, когда в мозгу вспыхнула звездная схема — паутина трасс, и он смог выбрать один-единственный из миллиардов путей...

Было ли это на самом деле? Ночь сомнений и вопросов все еще длилась. А туман вокруг дерева меж тем начинал уплотняться, вытягиваться, превращаясь в некоторое подобие стеклянных стен.

В образовавшейся зеркальной клетке остались лишь он, Элия и лесной царь. И самым странным, самым невероятным было то, что в бесчисленном ряду взаимных отражений между двумя зеркальными плоскостями он видел куски берега, бесконечный ряд старых деревьев, но не видел ни себя, ни Элии...

Зато в глубинах этих открывшихся ему фрагментов неведомых и бесконечно чуждых пространств начиналось какое-то с трудом различимое движение. Появлялись и исчезали смутные тени. Два великана в черных плащах перепончатых крыльев рубились светящимися мечами.

Вспышки красного и зеленого света сменяли друг друга, сыпались алые искры, казалось, битве титанов не будет конца. То один, то другой захватывал сцену. Чередой сменяли друг друга поколения, а битва все длилась... Все не стихала... Мелькнул и исчез под вспышками алого пламени город. Появилась и медленно приблизилась гигантская пирамида цветных шаров, на самом верху которой находился металлический шар, и крошечная фигурка человека ползла к нему, преодолевая бесчисленные препятствия и не подозревая, что ждет ее в конце пути...

Воспоминания, ломая искусственно созданные в его мозгу преграды, хлынули в сознание. Соединялись разорванные цепочки памяти, восстанавливались утраченные времена. Он видел сухую степь, лица давно забытых друзей, оставшихся в далеком прошлом, он видел всю свою жизнь, изломанную, неустроенную, прошедшую в бессмысленных метаниях и поисках. Чего он искал? Нашел ли?

Он крепче сжал ладошку первого в его жизни по-настоящему родного существа, и волна горячей нежности явилась как ответ на его последние сомнения. Как мало, в сущности, надо человеку для счастья!

От озера потянул прохладный ветерок, унося прочь остатки видений вместе с туманом и ароматом цветов. Элия глубоко вздохнула и открыла глаза.

Далеко за лесом, должно быть, на одной из городских башен, вновь затрубил рожок, и его нежный, мелодичный голос донесся до них через заросли.

Ночь грез кончилась, пора было возвращаться. Но прежде чем уйти, Элия подошла к самому берегу озера и заглянула в его прозрачную глубину.

— Что ты там ищешь?

— Иногда отец деревьев на прощание показывает людям их судьбу. Подойди. Может быть, мы вместе что-нибудь увидим?

Но в озере не было ничего, кроме обычных отражений прибрежных кустов, да в глубине кругами плавала какая-то рыба. Через секунду он понял, что это не рыба. Тень, стремительно приближаясь к поверхности озера, увеличивалась в размерах. Мелькнула и пропала хохочущая наглая рожа, обрамленная колечками рыжей шерсти. Шевельнулась в глубинах озера безобразная гнусная тварь с оскаленной пастью и шестью мощными когтистыми лапами.

— Это остатки тумана. В цветах дерева есть какой-то наркотик. Сейчас опьянение проходит, и сознание рождает эти искаженные, причудливые образы, не надо их бояться. Пойдем.

Элия послушно уступила его просьбе. Рассвет уже окрасил верхушки деревьев. Лес затихал после бурной ночной жизни. Они медленно, задумчиво шли по тропинке, каждый погруженный в свои мысли. Вдруг Элия сказала:

— По-моему, в озере мы видели Каро. Предводителя летунгов. Того самого, которого ты ранил. Неужели нас ждет такая жестокая судьба?

Он успокаивал ее снова и снова, объясняя дурманящее действие цветов, и лишь сам себе ничего не мог объяснить. Лишь сам себя не мог успокоить. Потому что вдруг понял: «Не может быть двух абсолютно одинаковых видений, и, следовательно, там было все что угодно, кроме дурмана...»

4

Весь род Кфилонга с головой ушел в приготовление свадьбы Романа и Элии, назначенной через неделю после больших осенних торгов.

Свадьбы россов всегда назначались после этого осеннего праздника, и Роману, несмотря на все его нетерпение, снова пришлось ждать, впрочем, за хлопотами неделя должна была пролететь быстро.

Огорчал лишь запрет видеться с невестой, но в чужой монастырь со своими законами не ходят.

Больше никто не сторонился его на улицах города, не отворачивался, не называл чужаком. Теперь он мог зайти в любой дом и везде, кроме дома Кфилонга, считался самым желанным гостем.

«Жених приносит в наши дома счастье», — так говорили эти люди, стоило ему переступить порог.

Кфилонг, понимая, как огорчает молодого человека новая отсрочка со свадьбой, старался не оставлять его одного, ввести за эти дни в разнообразную общественную жизнь города, сделать из него полноправного члена общины. Они виделись почти каждый день, а вечером за бочонком хмельного напитка Кфилонг рассказывал множество любопытных историй об окружавших их племенах, о различных этапах в жизни Ангры, о взаимоотношениях россов с другими народами.

В один из таких вечеров Кфилонг завел разговор о предстоящем дне великого торга.

— Не удивляет тебя его название? — спросил он Романа. — Когда-то день торгов действительно был великим днем. На Ангру в те далекие времена приходили существа из отдаленных миров, им для этого не нужно было кораблей. Но мало что сохранилось в памяти о тех днях. Внутри башни стражей существа из разных миров обменивали плоды своего труда, умения и разума. Теперь все изменилось. Осталась лишь сама традиция. Народы не приносят больше на торг хитроумных машин или неведомых товаров из дальних миров. Лишь жалкие следы былого величия, лишь остатки могущества. Безделушки, назначение которых никто не может объяснить, старые книги, которые никто не может прочесть. Детали неведомых аппаратов, предметы непонятных культов. Все это не имеет никакой ценности, и все же каждый раз племена из дальних поселений приносят на ярмарку бесполезный хлам, надеясь на него выменять семена или сок арии, ядовитого растения, промысел которого сопряжен со смертельной опасностью.

Роман слушал Кфилонга не очень внимательно. В последние дни он все чаще ловил себя на мысли о том, что тревога Элии по поводу предсказания, сделанного у озера, может быть не такой уж беспочвенной.

Следовало подумать о том, как обезопасить себя и ее от летунгов. Оружие россов не казалось ему для этого достаточно надежным, и потому он спросил Кфилонга:

— Ты говоришь, на этих торгах бывают разные народы?

— Да, это так.

— И они приносят детали старых механизмов?

— И это правда.

— Я хотел бы участвовать в торгах. Когда они начнутся?

— Через пять дней, неужели ты забыл?

— У меня здесь нет ничего ценного для обмена, ничего такого, что принадлежало бы лично мне...

— Вот теперь ты заговорил как настоящий мужчина! Перед свадьбой стоит подумать о благополучии будущей семьи. Я одолжу тебе любые товары для обмена. У меня их много. Разумный человек может выменять во время торгов хороший инструмент, посуду для приема гостей, украшенную старинными мастерами, подарки невесте, да мало ли что подвернется! Каждый хочет испытать свою судьбу на торге! Там бывает такое! Бакон на прошлых торгах выменял у головачей странную игрушку. Не то шар, не то кубик. Ее отдельные части можно было вертеть во все стороны. Головачи сказали, что если ему удастся построить из этой кучи мусора знакомую вещь, — он ее получит. Головачи никогда не обманывают, это знает каждый, они просто не говорят всей правды. Поэтому Бакон очень старался...

Кфилонг молчал с минуту, разглядывая полупустой бочонок. Прежде чем он зачерпнул новый ковшик, Роман спросил:

— Так что же случилось с Баконом?

— А ничего. — Кфилонг махнул рукой. — Он собрал себе игрушечный гроб. Получил его в натуре и через два дня умер.

— Веселые игрушки продаются на вашей ярмарке... Придется все же в ней поучаствовать. Мне может понадобиться настоящее оружие, и, по-моему, очень скоро...

— Я об этом позабочусь! Можешь на меня положиться.

Не обращая внимания на слова Кфилонга, Роман встал и прошел в кладовую, где беспорядочной грудой валялись его вещи, те самые, в которых он явился в этот город.

Сейчас на нем красовался расшитый серебром кафтан горожанина россов, но где-то в карманах старой куртки завалялась тряпица с несколькими кристаллами мерлита, добытыми на рудниках Гридоса. Последнюю добычу перед побегом он так и не успел сдать и сейчас не знал, сохранились ли кристаллы или были потеряны по дороге. Рука нащупала несколько твердых, ребристых крупинок, завернутых в тряпку. И на его ладонь легли льдистые огоньки неизвестного минерала, стоившего на Гридосе не одну человеческую жизнь... Имеют ли они цену в этом мире?

— Я хочу показать тебе кое-что, — сказал Роман, критически разглядывая Кфилонга, успевшего-таки осушить свой последний ковш. В ответ Кфилонг промычал что-то нечленораздельное. Но едва увидел перед собой ладонь Романа с лежащими на ней голубыми, полными огня камнями, как сразу же пришел в себя.

— Ты спрашиваешь, годится ли этот товар для торга? На половину такого камня у нас можно купить имущество целого рода... Оказывается, мой родственник богаче меня. Извини, что предлагал тебе в долг свои товары. Этим я не хотел обидеть тебя. — Он говорил, с трудом подбирая выражения, и по тщательности, с которой это делалось, Роман понял, как сильно взволнован старый вождь.

— Возьми их себе. Для торгов мне хватит одного.

— Не говори так. Ты скоро станешь основателем нового рода. Береги свое имущество и не оскорбляй меня.

— Кфилонг, ты не должен забывать, что я еще не знаю многих ваших обычаев и правил. Я предложил тебе эти камни от чистого сердца. В конце концов ты лучше меня знаешь, как нужно позаботиться о благополучии собственной дочери, да и моем тоже. Я буду следовать твоим советам, а камни пусть останутся у тебя. Считай, что я отдал их тебе на хранение, как наше с Элией совместное имущество.

— Ну, коли так... Тебе скоро понадобится хороший конь, оружие. Я позабочусь об этом.

Едва Кфилонг ушел, как Роман вновь отправился в кладовую. На полке под грудой старой одежды лежал его лазерный пистолет, последним своим выстрелом отразивший нападение летунгов... Чтобы заставить работать его вновь, надо было найти напряжение в четыреста вольт: линию или батарею аккумуляторов, способных подавать на его клеммы ток силой в несколько десятков ампер, причем достаточно долго... Оставалось совсем немногое — найти такую батарею в мире, не знающем иного освещения, кроме коптящего фитиля жировых фонарей...

С утра, в день начала великого торга, караваны странных существ начали стекаться к башне стражей. Под ее неприступными стенами выросли холмы, похожие на селения гигантских термитов. Отдельными группами поблескивали какие-то стеклянные пузыри. Кое-где виднелись стены временных строений, сплетенные из сухих трав. Строения были столько же разнообразны, как и облик существ, ведущих свои торговые караваны мимо города россов.

С галереи, расположенной на верхнем ярусе стены, были видны мельчайшие детали. Роман и Кфилонг стояли рядом, наблюдая приготовления к открытию торгов и проход караванов, неторопливо подтягивавшихся к огромной площади, заваленной грудами разнообразных товаров.

На медленно ползущих гигантских вьючных червях прошли существа, серые, как скалы, и такие же неповоротливые.

— Это камноиды, — пояснял Кфилонг. — Их жизнь течет гораздо замедленнее нашей. Круг ее растянут на тысячи лет.

На ящероподобных рептилиях с востока показался караван головачей, о которых Кфилонг рассказывал ему раньше, и Роман сразу же узнал этих карликов с огромными головами — хитроумный народец, умеющий извлечь выгоду из любой ситуации.

Прыжками пронеслись существа совсем уж ни на что не похожие: не то стеклянные пузыри на ножках, не то воздушные шары, не то разумные растения, умеющие располагать свои ветви и корни так, чтобы ветер нес их в нужную сторону.

Мир разумных обитателей Ангры был столько же разнообразен и пестр, как толпа на перекрестке большого города. Роман пожалел, что ему не пришлось здесь бывать во времена былого величия, когда народы различных миров свободно встречались друг с другом на этой планете для торговли и общения.

Злая воля деймов многое изменила на звездных путях. Каким образом овладели они тайной дорог? Как сумели перекрыть бесчисленные вокзалы и перекрестки? Этого не знал никто.

Роман стоял на галерее, пока не стемнело, а с восходом солнца был уже в торговых рядах. Оказалось, что его способность слышать чужие мысли не позволяет ему понимать все языки. Многие существа обменивались каскадом зрительных образов с такой скоростью, что в этом водопаде красочных, пестрых вспышек он ничего не успевал разобрать. К счастью, для торга хватало и жестов.

Товар лежал прямо на земле или на подстилках из листьев растений. Каждый был волен выбирать то, что ему угодно, никто здесь никого не торопил, не навязывал ненужных покупок, и покупатели и продавцы вели себя степенно и неторопливо.

Ничего похожего на деньги не было, да и не могло быть в системе небольших изолированных поселений с различными социальными и биологическими структурами. Оторванные от родных цивилизаций многие столетия назад, общины были вынуждены вести натуральное хозяйство.

Остатки механизмов, привезенных когда-то из неимоверных далей пространства, постепенно износились, и теперь, если условия не изменятся, технические цивилизации на Ангре появятся лишь через многие тысячи лет.

Надежда Романа найти какие-то устройства, способные зарядить лазерную батарею, развеялись в первые же минуты торга. И хотя Кфилонг оказался прав, тут и там встречались части непонятных механизмов, сложные устройства неизвестного назначения, все это выглядело слишком запущенным и старым.

Извлечь энергию из этого заржавленного хлама было практически невозможно.

Некоторые продавцы, чтобы не отпугивать покупателей своим видом, носили так называемые «торговые маски»: наброшенный на голову мешок с прорезями. Покупателей в рядах толпилось немного, да и те старались держаться на почтительном расстоянии друг от друга, избегая взаимных прикосновений. Некоторые существа казались слишком горячими, другие, наоборот, слишком холодными и скользкими. Даже мимолетное прикосновение могло вызвать взаимную брезгливость, и потому все старались поддерживать выработанный веками кодекс торговой вежливости.

Плоды, неведомые кушанья и произведения местных ремесел не привлекали внимания Романа. Он искал оружие, способное отразить нападение летунгов. Встречались дротики, стальные колеса, режущие пропеллеры, запускаемые специальной катапультой, тяжелые и острые, как бритва. Колючие шары на цепях — все это уже было на Земле в позднее средневековье. Но повторялись условия существования — повторялись и предметы, которыми вынуждены пользоваться люди, чтобы посеять и собрать пищу, вырастить детей, защитить свой дом...

Против летунгов, стремительно падающих сверху, средневековое оружие казалось Роману малоэффективным. Разочарованный, он собрался уходить, когда заметил человека в торговой маске, упорно следующего за ним по пятам. Роман ускорил шаг, несколько раз переходя из ряда в ряд, но неизвестный соглядатай не отставал. Роману надоело бегство, и, неожиданно повернувшись, он схватил своего преследователя за плечо:

— Что тебе надо? Почему ты за мной ходишь?

— Ты есть человек Земли? — коверкая слова русского языка, спросило существо, скрывающееся под маской.

Роман ощутил под своей рукой стальные мускулы и понял, что, несмотря на малый рост, перед ним серьезный противник.

— Да, я землянин, что ты хочешь?

— Я продавать — ты покупать. Вижу, оружие много смотришь.

— Ты продаешь оружие?

— Оружия нет. Есть сила. Большая сила.

— Любопытно. Покажи.

Они разговаривали короткими, отрывистыми фразами, тщательно подбирая слова. Незнакомец все время оглядывался, словно высматривал кого-то в толпе.

— Здесь не можно. Походи за мной. — И, резко повернувшись, существо быстро пошло прочь.

Секунду Роман колебался, предложение показалось ему не таким уж безобидным. Зачем понадобилось выяснять, землянин он или нет? Откуда вообще торговец знает о землянах? Раздумывать было некогда, каждую секунду незнакомец мог затеряться в толпе, и заинтригованный Роман двинулся следом. Теперь они поменялись ролями. Незнакомец то и дело исчезал в толпе. Пользуясь своим малым ростом, он легко проныривал сквозь заторы, стремительно перебираясь из ряда в ряд.

Наконец торговая площадь кончилась, они шли через занятую временными постройками складскую и жилую часть ярмарки. Роман отставал шагов на десять, и ему никак не удавалось приблизиться. Теперь он пожалел, что послушался Кфилонга и не взял с собой ножа. Ситуация могла стать опасной, но отступать он не собирался.

Наконец его проводник остановился около небольшой куполообразной хижины, сплетенной из широкой, похожей на длинные ремни травы. Отдернув занавеску, незнакомец подождал Романа у входа. Подчинившись его жесту, не успев даже осмотреться, Роман шагнул внутрь, решив до конца разгадать эту загадку.

Сквозь неплотно сплетенные решетчатые стены пробивался свет. Окон не было, вообще ничего не было, если не считать какого-то подобия топчана. Хижина выглядела совершенно пустой. «Торги только начались, где же товары этого странного продавца?» — подумал Роман.

— У меня нет товаров. Я торгую мудростью прошлых веков, а она не занимает много места. — Теперь его речь звучала размеренно, певуче. Незнакомец больше не подбирал слов и хорошо слышал мысли Романа.

— А сила? — спросил Роман. — Мы, кажется, договаривались о силе.

— Будет тебе сила, не торопись...

Незнакомец извлек из складок плаща прозрачный флакон величиной чуть больше ладони, засверкавший на солнце фейерверком разноцветных огней. «Скорее всего, горный хрусталь, возможно, даже вырезанный из целого кристалла, — решил Роман. — Неплохая работа...» Он залюбовался игрой красок в многочисленных узорах и гранях флакона.

— Ты можешь посмотреть. Взять в руки. Это не опасно, пока пробка закрыта.

Роман взял флакон. И едва не уронил его. Сосуд оказался дьявольски тяжелым. Внутри, под массивной пробкой, виднелась совсем небольшая полость, заполненная изумрудно-зеленой жидкостью. Ее было там, наверно, с наперсток, не больше. Флакон удобно лежал в ладони и приятно тяготил руку, с ним не хотелось расставаться.

— Сколько это стоит? — машинально спросил Роман, понимая всю бессмысленность подобного вопроса. Взамен понравившегося товара покупатель на этих торгах всегда предлагал свой собственный. К своему величайшему изумлению, он услышал ответ:

— Один кристалл мерлита. Всего лишь один.

Откуда этот человек мог знать, что у него есть этот единственный кристалл? Откуда он вообще мог знать о мерлите?

— Кто ты? — охрипшим от волнения голосом спросил Роман.

— Если повернешь флакон другой стороной, увидишь древний знак моего народа.

Пробка флакона оказалась запечатанной, в специальном углублении Роман заметил оттиск. В полумраке трудно было разобрать в деталях, что там изображено: какие-то фантастические животные стояли на задних лапах, упершись передними в разделявшую их преграду.

— Я не знаю этого знака.

— Немудрено. Когда его отлили на свет, еще только родился твой далекий предок. Но уже тогда мы знали, что через несколько веков ты расплатишься за этот флакон кристаллом синего камня.

— Это невозможно.

— Возможно. Есть миры, в которых время течет в обратную сторону. Их прошлое — наше будущее, они его помнят. Когда-то очень давно мы общались с этими мирами, и потому предсказания моего народа всегда сбываются.

— Что же ждет меня в будущем?

— Этого я не могу сказать. Есть знание, способное разрушить будущее. Но флакон тебе пригодится.

— Что в нем, что там за жидкость?

— Эликсир абсолютной силы. Когда возникнут соответствующие обстоятельства, ты узнаешь, что с ним надо делать. Так берешь ты флакон или нет?

— Значит, я могу выбирать? Как же тогда твое предсказание?

— Почти всегда у будущего есть два пути. Предсказание все равно сбывается. Берешь ты флакон?

— Не слишком ли дорого ты просишь? — Сам не зная отчего, Роман решил поторговаться.

— Ничто не стоит дороже необходимого.

В голосе незнакомца Роману послышалась усмешка. Не раздумывая более, он достал камень. В конце концов он собирался выменять его на любую безделушку. Слишком неприятные воспоминания достались ему вместе с ним, и сейчас он словно подводил последнюю черту, навсегда прощаясь с Гридосом.

Даже не взглянув на кристалл мерлита, моментально исчезнувший в цепкой маленькой ладони, таинственный продавец повернулся и, не попрощавшись, вышел.

Роман остался один посреди пустой хижины, сжимая в руках резной хрустальный сосуд.

Всю дорогу до города россов он не мог понять, не сделал ли той же ошибки, которую, если верить рассказу Кфилонга, совершил в свое время Бакон, купивший на ярмарке миров всего лишь детскую игрушку...

5

Отряд всадников шел всю ночь. Роман на подаренном Кфилонгом коне, в полном боевом снаряжении чувствовал себя актером какой-то красочной постановки. Его театральный наряд сильно смахивал на одежду воина, но это был всего лишь обрядовый костюм.

Третий час они взбирались на высокую гору по узкой тропе, где лошади шли в один ряд. На вершине горы находилось святилище солнца, и лишь там, где его лучи в первые мгновения рассвета касаются земли, мог быть совершен древний обряд бракосочетания полноправного члена племени россов.

В предрассветном тумане далеко на западе желтели огоньки деревянного города, а на севере виднелась темная громада лесов, распростершаяся на тысячи километров до самого северного моря.

Когда отряд, постепенно поднимаясь по тропе, серпантином взбиравшейся к вершине, поворачивал к югу, взору открывалась величественная река, к берегам которой не смело приблизиться ни одно живое существо. Там начинались заповедные земли летунгов. Во мраке смутно угадывалась громада неприступной скалы, торчавшей посреди реки, на вершине которой расположился их мрачный город.

Впереди замелькали огни костров, горевших в святилище солнца. Элия жила там уже несколько дней и была главным действующим лицом какого-то сложного обряда, готовящего ее к предстоящей свадьбе.

Роман невольно подумал о том, как много их разделяет. Целая пропасть времени, культуры, истории. Сумеют ли они преодолеть ее в долгой совместной жизни? Племя россов не знало разводов...

После очередного поворота перед ними открылась площадь, где совершались все обряды племени, посвященные солнцу. Она оказалась гораздо просторней, чем ожидал Роман.

С запада ее ограничивала отвесная скальная стена, в которой виднелся вход в небольшую пещеру. Со всех остальных сторон между пропастью и краем площадки не было никакой преграды, лишь на востоке, где должно было взойти солнце, возвышался каменный постамент.

Их уже ждали. На площади образовалась плотная возбужденная толпа россов, но шум сразу же стих, как только на середину вышел высокий седой старик с деревянной клюкой в руке. Судя по ниспадающему до самой земли белому плащу с вышитыми на нем знаками солнца, луны и звезд, это был жрец солнца.

— Где Каралуни, богиня света?! — громовым голосом спросил жрец, и никто ему не ответил, толпа затаила дыхание.

— Она идет. Она уже близко, — провозгласил жрец. — Потушите костры. — Костры сразу же залили водой, и над собравшимися сгустилась тьма. Виднелись лишь светлые пятна жреческого плаща да его седой бороды.

— Пусть тот, кто ждет ее сегодня больше всех нас, подойдет ко мне! — сказал из темноты жрец.

Кто-то легонько подтолкнул Романа, и он понял, что слова жреца обращены к нему.

Едва он очутился рядом со стариком, как жрец взял его за руку и медленно, торжественно повел к возвышению, уже освещенному первыми проблесками надвигавшейся зари. Вместе они поднялись на постамент и с минуту стояли неподвижно, глядя на восток, туда, откуда из-за горизонта властно лился золотистый свет рассвета. За их спинами родилась странная величественная песня без слов. Хор пел гимн солнцу слаженно и торжественно. Роман чувствовал, как звуки песни зовут его за собой и уносят в сторону зари. Земля, заботы, опасения, мелочи жизни остались далеко внизу, а где-то рядом ощущалась та великая правда, которую каждый из нас ищет всю жизнь и находит так редко.

Жрец тронул его за плечи и тихо сказал:

— Сегодня твоя Каралуни там. — Он повернул его лицом к скале, находившейся на противоположном конце площади, и затем медленно и величественно спустился вниз к толпе. Роман остался на возвышении один. Гимн все еще продолжался. И потому, что песня не имела слов, а уста поющих оставались сомкнуты, казалось, поет само наполняющееся пурпуром зари пространство. Незаметно текли минуты, и вдруг вершина утеса, на которую смотрел Роман, ослепительно вспыхнула под первыми солнечными лучами. Гимн сразу же оборвался. Черта света и мрака стремительно опускалась вниз, к стоящим на площади людям. Едва она достигла входа в пещеру, как в ее глубине, у черной поверхности камня, словно засветилось обнаженное тело прекрасной женщины. Она стояла, гордо выпрямившись, подставив солнцу свое лицо. На ней была лишь прозрачная золотая сеть, которая спускалась до пят тонкими нитями, символизирующими солнечные лучи.

Сейчас эти золотые нити пылали в лучах солнца, и тело женщины казалось объятым огнем. Бриллиантовые капли росы, сверкая всеми цветами радуги, медленно стекали с прохладной поверхности камня и касались живого человеческого тела.

Только один Роман мог видеть с возвышения, на котором стоял, внутреннюю часть пещеры. Люди на площади все вскинули руки навстречу солнцу, приветствуя его новое рождение. Их лица были обращены к Роману, к встающему за его спиной светилу.

«Приди, приди, приди, Даждьбог!» — пели люди. Но на их призыв неожиданно метнулись темные тени, словно остатки тьмы, только что отброшенной солнцем. Они летели снизу, от границ пропасти, и одновременно сверху, из-за скалы, в которой зияло отверстие пещеры. Прежде чем Роман успел понять, что происходит, зазвенели тетивы луков, протяжно запели стрелы и несколько комков тьмы рухнуло вниз в пропасть. Но нападавших было слишком много, а стражей, не потерявших бдительность в эти торжественные минуты, слишком мало...

В несколько прыжков Роман преодолел расстояние, отделявшее его от пещеры, но было уже поздно. В двух шагах от него две черные тени, распростершие перепончатые крылья, рвались вверх, а между ними билось светлое беспомощное тело женщины... У него не было никакого оружия, кроме ритуального щита с изображением солнца.

И все же он бы, возможно, еще успел остановить их, задержать, но третья тень, отрезая ему путь, упала сверху.

Летунг, загораживая дорогу, взмахнул коротким кривым мечом. Роман принял удар щитом и, нырнув под него, вложил в выброшенную вперед руку всю силу, приобретенную во время долгих тренировок, всю свою ярость и все отчаяние. Противник, не выдержав удара, повалился назад. Сверху на помощь поверженному врагу бросился еще один. Роман успел схватить конец темного крыла, вывернул его, ломая, и в то же мгновение сзади на его незащищенную голову обрушился удар, и он упал, теряя сознание.

Солнце стояло высоко, когда Роман очнулся. На площади никого не было, у его изголовья сидел лишь старый жрец, прикладывая к ране на голове листья какого-то растения.

— Где она? — спросил Роман, открыв глаза.

Жрец беспомощно пожал плечами, и этот жест сказал Роману больше, чем любые слова.

Он попытался приподняться, но резкая боль в затылке сковывала движения.

— Где воины?

— Они осаждают скалу летунгов. Многие погибнут. С ними пошли кафры и сирины. Мир не простит летунгам такого кощунства.

— Мир прощает все. Ему нет до нас никакого дела.

Жрец молчал. Роман видел в его глазах печаль и сострадание, и это привело его в ярость.

— Если бы не ваши дурацкие обряды, если бы вы не лазили ночью по скалам, она была бы сейчас с нами! Где оно, ваше солнце? Почему оно не испепелило тех, кто посягнул на его святилище?

— Солнце рождается в каждом из нас и в каждом из нас умирает. Те, кто нарушает основные законы жизни, рано или поздно расплачиваются за это.

— Скажите это летунгам!

Жрец опять промолчал, и отчаяние Романа постепенно перешло в тупое безразличие. Он медленно поднялся, не обращая внимания на боль, побрел к краю площади.

— Можно хоть что-то сделать? Кому-нибудь удавалось добраться до них?

Жрец снова ничего не ответил.

— Я ухожу от вас. Ухожу навсегда. — Роман повернулся и медленно пошел к тому месту, где тропа начинала долгий спуск вниз. — Я хочу спросить того, кто все это предвидел, есть ли хоть какая-то справедливость в этом мире и в чем состоит вина Элии?

Жрец смотрел ему вслед долго, пока Роман не исчез за поворотом тропы, и лишь тогда его старые губы, сложившись в горькую складку, прошептали:

— Ты получишь ответ, сын мой, обязательно получишь...

До леса Роман добрался глубокой ночью. Ни одно живое существо не попалось ему по дороге. Может быть, потому, что он был бы рад встрече с любым врагом или хищником, чтобы закончить свой горестный путь.

Он боялся не найти нужной тропинки, которую видел один только раз, но она нашлась сразу, и едва взошла третья луна, из зарослей выглянула крона огромного дерева.

Он был у цели. В этот раз священный дуб показался ему еще больше. Хотя дерево не было дубом, россы упорно называли его именно так. Из-под корней вытекали три ручья, не замеченные им в прошлый раз. Не было на этот раз запаха огромных цветов, не было таинственных видений и не было с ним Элии... Вообще ничего не было, кроме сырого мрака и одиночества. Он сел на корень, прислонился к стволу и стал ждать, сам не зная чего. Ночь тихо шла мимо него. Под утро, устав от бессмысленного ожидания, он поднялся и проклял дерево за его предсказание и лишь тогда вспомнил о хрустальном флаконе, купленном на ярмарке миров. Достав флакон, Роман подумал, что он содержит как раз то, что ему нужно. Эликсир силы? Это можно проверить. Терять ему нечего, и претензий к продавцу, скорее всего, никто уже не предъявит. Роман не торопясь сломал печать и разорвал шелковую нить, соединяющую пробку с флаконом. Присохшая к горлышку пробка далеко не сразу уступила его усилиям. Наконец она хрустнула и открылась. Резкий, ни на что не похожий запах заставил его поморщиться, он поднял и осмотрел в свете луны зеленоватую жидкость. На какой организм рассчитана доза? Хватит ли здесь для него? Впрочем, он сейчас узнает...

— Понимаешь ли, что собираешься сделать? — спросил его голос, идущий от дерева.

Роман повернулся. Седой как лунь, согбенный старец выбрался из пещеры под корнями дерева. Странно, но его голос был глубоким и чистым, как у юноши, и такими же молодыми были его голубые глаза.

— Ваше предсказание сбылось. Ее больше нет со мной.

— Я знаю.

— Вы довольны?

— То, что ты держишь в руках, — не эликсир силы и не яд, как ты надеешься. Злая судьба ждет того, кто выпьет это страшное зелье.

— Злее той, что выпала ей? Это я ранил предводителя летунгов! Отчего же пострадала она? Почему всегда страдают невинные и добрые? Почему они в первую очередь? Молчишь? Или ты умеешь только предсказывать несчастья?

— Ты ожесточился, сын мой, а между тем у тебя в руках сила, способная изменить судьбу.

— Вот этот пузырек? — усмехнувшись, он поднес его к губам.

— Если ты его сейчас выпьешь, он убьет тебя. Я знаю, ты этого хочешь, но тогда уже никто не сможет помочь твоей Каралуни.

— Ты хочешь сказать, я смогу это сделать?

— Сможешь, если я научу тебя.

Роман повернулся к старцу, несколько секунд они молча смотрели друг на друга.

— Почему же ты медлишь?

— Закрой зелье пробкой. Оно будет тебе нужно. И не спеши. Такое дело не терпит торопливости. Сыны твоего племени слишком спешат и оттого часто выбирают неверную дорогу.

— Можешь ты мне помочь?! — почти прокричал Роман, теряя остатки терпения.

— Я могу помочь тебе, но не знаю, согласишься ли ты? Придется заплатить слишком высокую цену.

— Это я уже понял. В этом мире любые услуги стоят недешево.

— Я имел в виду другое. Судьбу можно изменить, все зависит от цены, которую ты согласен заплатить.

— Я не понимаю тебя. Без нее мне ничего не нужно.

— Тогда слушай. Слушай внимательно и не перебивай. Для того чтобы зелье подействовало, ты должен сначала подготовить себя. Семь дней ты будешь жить здесь, в пещере. Есть нельзя ничего. Пить можно только воду из этих источников. По глотку из каждого, один раз в день.

Через семь дней можешь проглотить свой эликсир. Сразу весь. Потом ты уснешь, а проснувшись, перестанешь быть человеком. Это и есть цена, о которой я говорил. Не повторяй лживые слова деймов, они сконструировали только твое тело. Душу человека сконструировать невозможно. Именно поэтому их власть над тобой продолжалась так недолго. То, о чем я тебя предупреждаю, гораздо страшнее. Ты можешь превратиться в животное не только внешне, и вот тогда... Впрочем, все будет зависеть от тебя самого. От того, добрый ты или злой, от того, для чего хотел ты использовать силу эликсира... Много причин, много условий — результат не может предсказать никто.

Одно могу обещать: если сумеешь справиться с черными силами, заложенными в каждом из вас, то сможешь победить летунгов и вернуть свободу своей девушке. Оставайся здесь и подумай. Подумай хорошенько, у тебя будет целых семь дней для того, чтобы переменить решение. Если ты выпьешь эликсир, Элия никогда не узнает ни тебя, ни того, что ты для нее сделал. Весь твой привычный мир, все, что ты знал, все, что помнил, все, что связывало тебя с этим миром, — все это ты потеряешь. А взамен приобретешь силу и возможность помочь своей Каралуни. Теперь прощай.

Никого уже не было в том месте, где только что сидел старец. Лишь легкое облачко пара уносил набежавший ветер.

6

Под корнями дерева, в глубине тесноватой пещерки, лежал пласт слежавшейся сухой травы. Здесь оказалось тепло, тихо. Здесь Роману снились странные сны. Есть хотелось лишь днем, а ночью в своих снах он был сыт. Он старался больше спать, чтобы быстрее прошли семь дней невыносимого ожидания.

На третий день чувство голода исчезло совершенно, появилась необычная легкость во всем теле и ясность мысли. Но нужно было выходить из пещеры, умываться. Вода в ключах, вытекавших с противоположной от пещеры стороны дерева, прохладная, почти ледяная, казалась ему самым вкусным напитком в мире. Он смаковал свои глотки так, словно совершал некое священнодействие. Возможно, так оно и было. Покончив с этим, шел к озеру. Озера — это глаза земли. В них иногда отражается будущее... Правда, здесь это бывало лишь ночью. Ночами Роман спал. Он спал и большую часть дня. Им овладела необычайная сонливость, а мир за пределами пещеры способствовал этому. Он притих, затаился. Не было слышно ни ветра, ни шагов зверей, ни голосов птиц, природа словно ждала чего-то... Подойдя к озеру, он всегда ощущал токи энергии, идущие от воды к дереву. Он купался в их невидимых лучах, они пропитывали каждую клеточку его существа с необычайной силой.

Когда настала последняя, шестая ночь, ему приснился вещий сон. В обычных снах человек никогда не осознает, что он спит. Но в этом сне у Романа появилась удивительная ясность памяти, позволявшая ему связывать многие события своей жизни и, основываясь на этом, в какой-то мере управлять самим сном — правда, это он понял не сразу...

Впереди простиралась степь, и лишь у самого горизонта смутно угадывалось некое странное сооружение, похожее на пирамиду, сложенную из разноцветных шаров. На самой вершине поблескивал в лучах солнца небольшой металлический шар. Взглянув на него, Роман ощутил знакомую боль в голове и одновременно — гнев. Руки его лихорадочно шарили по поясу в поисках оружия и нащупали то, что ему было нужно, — рукоятку меча. Он обнаружил меч и услышал странное шипение... Лезвие не было сделано из обычной стали. Вместо нее сверкал зеленый кристалл, испускавший испепеляющий свет. Там, куда падали лучи этого света, камни начинали разрушаться, превращаясь в пыль. Роман, осознав страшную силу своего оружия, спрятал его в ножны и подошел к пирамиде. Она стала как будто меньше.

Из верхнего металлического шара доносился шелест и шорох, похожий на шум насекомых. Роман оттолкнулся от земли носком ботинка и легко взмыл вверх, тело оказалось таким легким, каким он пожелал его увидеть. Тяготение более не властвовало над ним, он лишь слегка касался поверхности шаров, и этих легких толчков оказывалось достаточно, чтобы через несколько секунд оказаться рядом со стальным шаром. Он снова ощутил резкую боль в голове, словно прозвучало: «Я здесь, я жду, я тот самый, кто мучил тебя столько лет...» Из глубин шара донеслись до него теперь уже легко различимые голоса:

— Он совершенно выходит из-под контроля!

Кто-то другой, судя по голосу, хрипловатый и маленький, испуганно спросил:

— Это опасно?

— Не понимаю, в чем дело... — ответил первый голос, большой и мрачный. — Раньше никогда такого не было. Я совсем не могу к нему пробиться. Какая-то непреодолимая защита. Ни одно живое существо в известных нам мирах не способно создать такую защиту.

— Что же тогда? Что же там такое?

— Похоже, его прикрывают силы древней планеты.

— Она всегда подчинялась нам!

— Она не подчинялась. Ты не понимаешь. Эту планету невозможно подчинить даже нам. Какое-то время мы сотрудничали, но теперь что-то изменилось. В этом главная опасность.

— Что же нам делать?

— Вся надежда на летунгов, землянина необходимо уничтожить до того, как он поймет, что находится в узловой точке времени и от его действий зависит путь, по которому пойдет развитие его цивилизации. Сейчас с ним еще можно справиться. Чем позже, тем трудней это будет сделать. Свяжись с ним, пробуй снова и снова, я помогу тебе, если...

Голоса стихли, остался лишь шелест, и Роману послышались шепот, стон, свист перепончатых крыльев. Он выхватил меч и трижды стукнул его рукояткой по ответившей звонким гулом металлической поверхности шара. Память подсказала, как он должен поступить: «Не наносить первого удара из-за угла, а вызвать на бой своего врага так, как это делали древние витязи его страны».

И шар ответил не только звоном. Его поверхность дрогнула, раздалась в стороны, и в образовавшемся отверстии показалось существо из подземелий Гридоса. Перепончатые крылья облегали его мрачную темную фигуру наподобие плаща. Их края, увешанные драгоценными камнями, поблескивали в лучах красноватого солнца. Лицо, как и в пещере, скрывала тьма.

— Кто дал тебе власть проникнуть сюда? Как мог ты осмелиться, козявка?

От голоса мрачного великана основание пирамиды зашаталось, шары заходили ходуном, и, прежде чем Роман успел ответить хоть что-то, из-под складок плаща сверкнуло ослепительным алым светом лезвие меча. Не успев еще понять, что происходит, совершенно инстинктивно прикрываясь от удара, Роман выбросил вперед правую руку, сжимавшую рукоятку меча, и два луча, зеленый и красный, скрестились в воздухе.

Что-то произошло от их соединения. Что-то такое, что потрясло мир, в котором он находился: тот размазывался, искажался, свертывался, как свиток пергамента. Вращаясь, Роман падал в пустоту сквозь вой и грохот. Был ли то взрыв? Он не знал, но уже ничего не видел, кроме тьмы. Он просыпался.

В пещере под корнями священного дуба по-прежнему было тепло и тихо. Но что-то все-таки изменилось. Роман не сразу понял, что именно. Тишина стала другой. Исчезла сонная неподвижность воздуха. Он вспомнил: сегодня начинается седьмой день. Сегодня вечером он сможет выпить эликсир.

Он выбрался из пещеры, проверил свои зарубки на скале. Все правильно. Их оказалось ровно шесть. Он старательно выцарапал седьмую и впервые за все это время позволил себе подумать об Элии. Если бы он сделал это раньше, у него не хватило бы мужества на бездеятельное ожидание.

Шесть дней прошло с тех пор, как ее похитили. Она еще жива. Наверняка жива. Она будет жить ровно месяц, если жрец не ошибся, если не произойдет чего-нибудь непредвиденного. В ушах стоял ее последний крик: «Ро-о-ман!!» В минуту страшной опасности она именно его позвала на помощь. А он не сумел ей помочь. Хотя сделал все, что мог, все, что было в человеческих силах. Теперь он старается сделать то, что превышает эти силы... Лишь бы не опоздать, лишь бы она смогла дождаться...

Вернулся свист ветра. В листве деревьев завозились живые существа. Долгий семидневный сон леса кончился, как кончился и его вещий сон. Совершив утренний ритуал омовения, напившись из ключей — как ни странно, Роман научился тремя глотками утолять свою нестерпимую жажду, — он вновь вернулся в пещеру, сам не зная зачем. День только начинался и обещал быть бесконечно долгим. Сон бежал от его прояснившихся глаз, все стало другим. Появились острые запахи древесины, плесени, каких-то трав и грибов — он не замечал их раньше. Подстилка казалась теперь жесткой и неудобной, что-то все время упиралось в спину. Повернувшись на бок, он пошарил рукой в пласте сухой травы и нащупал какой-то предмет. Выбравшись с ним наружу к свету, он с удивлением увидел узорчатую резную рукоятку и не сразу сообразил, что держит в руках рукоятку меча. Бронзовая рукоятка в том месте, где когда-то начиналось лезвие, оплавилась. Роман помнил каждую мелочь из своего сна и теперь начинал догадываться почему. Какая-то часть сна могла оказаться такой же реальной, как окружающая его действительность.

Миры смещаются во времени и пространстве. Их великое множество вокруг, миры текут, превращаются в дымку воспоминаний, во что-то эфемерное. Он не был ученым и, побывав в одном из таких эфемерных миров, не мог полностью объяснить происходящие с ним странные вещи.

Но рукоятка меча оставалась непреложным фактом,

она была тяжела и холодила ладонь. В ее узорах бежали какие-то неведомые, ни на что не похожие животные.

Вдруг он вспомнил, что знает этих животных, видел их однажды... Он достал флакон с эликсиром и сравнил их с теми, что были изображены на печати... На рукоятке меча звери изображались в движении, потому он и не узнал их сразу. Это открытие растворило последние сомнения.

Наконец-то наступил вечер. Как только над горизонтом появилась первая луна, Роман направился к озеру, сжимая в руках флакон с эликсиром.

Он выполнил все условия и тем не менее понимал, что превращение может не удаться, что эликсир, рассчитанный на иных существ, может не подействовать на человека или подействовать как отрава.

Сомнения овладели Романом с новой силой. И хотя за эти семь дней ожиданий и снов ничего, в сущности, не изменилось, — он по-прежнему не боялся смерти, но знал, что если сейчас погибнет, то никто уже не сможет помочь Элии. Лишь вещий сон, лишь одинаковые изображения на рукоятке меча и печати флакона помогли ему сделать последний шаг. Озеро молчало, как молчало все эти дни. В отражениях, которые он часами рассматривал, свесившись с крутого берега, ничего нельзя было угадать заранее. То там возникали старинные замки и виднелись стены неведомых городов, то какие-то непонятные существа занимались своими непонятными делами — озеро было окном в иные миры. Иногда изображения сменялись, уходили в темную глубину, им на смену всплывали новые картины. Иногда озеро показывало только искаженную картину собственного берега. Так было и на этот раз. Роман видел высокую корягу, которой на самом деле на берегу не было. И не видел камня, у которого стоял. Не было и его собственного отражения.

Дождавшись выхода второй луны, он решил, что можно начинать. Время подошло. Семь полных суток остались позади. На этот раз пробка флакона открылась легко, и резкий нездешний запах поплыл над водой озера. Запах был так силен и резок, что Роману понадобилось несколько минут только для того, чтобы к нему привыкнуть. Наконец он поднес флакон к губам. Только тогда на том месте, где он должен был отражаться в озере, в воде появился лик старца.

— Я все помню, — сказал ему Роман. — Я помню все условия и последствия.

Но старец молчал, как молчали все отражения этого озера, и лишь внимательно смотрел в глаза Роману, словно сомневаясь, хватит ли у него мужества сделать последний шаг в мрачную бездну. Роман усмехнулся и одним глотком выпил эликсир.

Жидкое пламя пробежало по всем его членам. Он пошатнулся, выронил флакон, и тот без всплеска, с коротким бульканьем ушел на дно.

Роман осел на землю, погружаясь в мертвый сон без сновидений, в котором были только боль и мука.

Поверхность озера замутилась, и глухо заревел ветер в вершинах деревьев. Это был последний звук, который он слышал.

7

Элия очнулась в огромном сводчатом зале. Она лежала, плотно завернутая в серый плащ, на высоком ложе с балдахинами.

Гнев и боль вернулись вместе с сознанием. Она еще ощущала когтистые лапы, грубо впившиеся в ее плечи, синие отметины оставались в этих местах до сих пор.

Спрыгнув со своего ложа и волоча по полу огромный, нелепый плащ, она бросилась к окну, отдернула толстую пыльную штору и выглянула наружу. Перед ней простирался невиданный каменный град.

Она сразу поняла, что находится в граде летунгов, в граде, из которого живой не выйти.

Крыши строений напоминали резное кружево и заканчивались у монолитной стены, такой же серой, как стены домов и пролеты города.

Она знала о том, что ее ждет здесь, и готова была бороться до самого конца, до последнего момента, когда ее бездыханное, мертвое тело полетит вниз с огромной высоты и разобьется о камни.

Но даже эта картина, ярко вспыхнувшая в ее сознании, не смогла сломить волю к сопротивлению и безудержный гнев за нанесенное ей оскорбление. Элия была дочерью гордого народа. Похищение в день праздника солнца не может быть прощено или забыто. Все ее родичи как один будут мстить, пока не погибнут или не уничтожат летунгов. Все они наверняка здесь, внизу, под стенами этого города. Она не знала, какой высоты стены и что собой представляет скала, на вершине которой расположился город. Зато знала наверняка: тот, кого она любит, не остановится. Он скорее погибнет в неравной схватке с летунгами, а значит, и она поступит так же — отомстит или погибнет, иного пути у нее нет.

Она оглядела зал в поисках оружия или хотя бы более подходящей одежды: под плащом, кроме золотой сети, ничего не было.

Зал выглядел огромным и пустым. Старые облезлые гобелены местами поседели от плесени, огромные окна, закрытые плотными шторами, почти не пропускали свет, и потому здесь царил полумрак.

Зал производил впечатление заброшенности, запустения и несметного богатства его хозяев. Пол, вымощенный полированной перламутровой плиткой, все еще отсвечивал всеми цветами радуги, с трудом пробивавшимися из-под слоя грязи. Покрытая пылью паутина свешивалась с гобеленов, расшитых жемчугом и золотыми нитями. Лепные каменные украшения стен и потолка говорили об утраченном искусстве древних художников.

Вряд ли всю эту красоту могли создать похитившие ее дикари, здесь что-то не так. Она продолжала искать необходимые ей предметы, но чья-то рука предусмотрительно сняла со стены зала когда-то развешанное здесь оружие. Элия заметила несколько выцветших отметин на гобеленах, оставшихся на месте висевших здесь мечей и кинжалов. Вряд ли они помогли бы ей... Какое другое оружие может она противопоставить грубому насилию? Нужно найти способ выиграть время... Сейчас это главное для тех, кто штурмует стены.

Она услышала чьи-то шаги, гулко отдающиеся под высокими сводами зала, и, стремительно вернувшись к ложу, приняла прежнюю позу — ее враги не должны знать, что силы вернулись к ней. Она заранее сжалась от отвращения, ожидая вновь увидеть перед собой лицо Каро, но вошла женщина... Не в силах сдержать изумления, Элия приподнялась на ложе.

— Ты росска? Здесь? Почему я тебя не знаю?

— Я не росска. Я из племени нувов. Мне поручили объяснить тебе кое-что. Внизу мало знают о племени летунгов. Пугают ими детей, рассказывают всякие ужасы.

— Не говори мне о летунгах! Летунги должны погибнуть! — Элия не смогла сдержаться и сразу же пожалела о своем порыве. Опасно в ее положении высказывать вслух все, что она думает.

Нувка усмехнулась.

— Может быть, они и погибнут. Их осталось не так уж много и с каждым годом становится все меньше. Остатки древней могущественной расы, они знали немало тайн и владели несметными богатствами, кое-что у них еще осталось, ты в этом скоро убедишься.

— Зачем мне их богатства?

— Не спеши отвергать их даров и не показывай так открыто своих чувств, иначе тебе не прожить здесь и месяца. Я покажу тебе комнаты. Вообще-то в этом дворце никто не живет, так что можешь считать его своим.

— Спасибо за подарок!

— Побереги черную иронию для летунгов и не теряй времени. Ты должна одеться, привести себя в порядок. Каро ждет нас.

— Для него я не стану одеваться! — слишком поспешно заявила Элия.

— Тогда пойдем так. Думаю, ему это понравится, особенно если ты оставишь здесь этот мужской плащ.

Элия вспыхнула.

— Говори, где одежда!

— Она наверху, в твоих комнатах.

Странный город ждал их снаружи. Он состоял из нескольких ярусов. Дворец, из которого они вышли, находился в самой верхней части города. На улицах не было ни прохожих, ни экипажей. Лишь над их головами проносились черные тени летунгов. Но их казалось слишком мало для такого огромного города.

— В нижней части уже никто не живет. Старые здания постепенно разваливаются, только наружную стену время от времени ремонтируют.

Элия молчала, стараясь опрометчивым замечанием не прервать рассказ своей спутницы. Она дала себе слово впредь быть осторожней, накапливать сведения и искать выход. Искать возможность спастись или хотя бы выиграть время. С тоской она окинула взглядом массивные стены, словно высеченные из единого камня. Ни трещин, ни проемов. Их высота не меньше четырех человеческих ростов. Осаждающим нелегко будет прорваться...

Словно угадав ее мысли, нувка сказала:

— Там, внизу, за стенами, пропасть. Без крыльев сюда не добраться. Не жди помощи оттуда, надейся только на себя. — Элия с удивлением посмотрела на свою спутницу, она все никак не могла понять, кто она — друг или враг?

— Ты сама здесь давно ли?

— Давно.

— Зачем я понадобилась Каро? — не удержалась Элия от вопроса, в который уж раз выдававшего ее волнение и страх.

Нувка искоса посмотрела на нее и недобро усмехнулась.

— Он тебе скажет. И соглашайся, соглашайся со всем, что он предложит. Он полон ярости на твое племя. Много летунгов погибло во время последнего налета. Они слишком дорожат своими драгоценными жизнями. Некоторые из них помнят времена, когда здесь царствовали архи и звездными дорогами могли пользоваться все племена.

— Но это же было несколько тысяч кругов назад!

— Да. Для нас они бессмертны. Понимаешь теперь, что значит с их точки зрения смерть одного летунга? Детей-то у них не бывает...

— Зачем тогда им нужны женщины?

— Вовсе не затем, о чем ты думаешь. Только то, что тебе предложат, не лучше. Каро все объяснит. Мы уже пришли. Это его дворец.

Здание ничем не отличалось от остальных. Разве что лестницы выглядели почище.

Они прошли два пустых зала. Ни слуг, ни стражи. Только оружие на стенах да пышные ковры на полу отличали этот дворец от того, в котором находилась Элия.

— У них нет слуг. А стража им не нужна. Отсюда некуда бежать, врагу сюда не пробраться. Все они живут одиноко. Каждый в своем замке, и сами заботятся о себе. — Нувка в который уж раз ответила на ее мысли, словно умела их читать.

Они прошли последний коридор, высокая створчатая дверь распахнулась, и в глубине зала на высоком кресле Элия увидела своего врага, существо из мрачных предсказаний, разрушившее все надежды на счастье в самый радостный день ее жизни...

Каро сидел, угрюмо насупившись, завернувшись в свои огромные крылья, заменявшие в обыденной жизни летунгам почти всю одежду. Кроме этих крыльев и набедренных повязок, они вообще ничего не носили, если не считать перевязи с оружием на поясе.

Когда предводитель летунгов повернулся, она заметила у него на груди необычное украшение, какой-то талисман или медальон на тяжелой золотой цепи. Цепь сразу же бросилась в глаза, но было видно, что к самой вещице, прикрепленной к ней, она не имела никакого отношения.

Странные животные схватились в яростной схватке на поверхности медальона, а внизу у их лап сверкала зеленая звезда, и лучи от нее, разбегаясь по всей поверхности медальона, каким-то непостижимым образом продолжали свой путь за его пределами, придавая окружающим предметам и самому лицу летунга странный зеленоватый оттенок.

Лишь подойдя ближе, она поняла, что перед ней лицо глубокого старца. Седая белая шерсть на щеках и висках придавала ему выражение какого-то странного благообразия, а глубокий шрам, перечеркнувший правое крыло и изуродовавший плечо, напомнил ей о той первой схватке, когда Роман воспользовался оружием, принесенным из другого мира.

Глаза летунга были полуприкрыты. Казалось, он дремал, а когда веки поднялись, Элия прочла в его серых отрешенных глазах лишь бесконечную усталость и скуку.

— Сядь, женщина, — проговорил летунг грубым, хрипловатым голосом, привыкшим отдавать команды.

Нувка пододвинула небольшой стул, и Элия опустилась на него. Молчание затягивалось, оно длилось минуту-другую. Казалось, летунг заснул. Но вот наконец он вновь открыл глаза и заговорил, глядя куда-то в сторону:

— Я становлюсь слишком стар, моему народу нужен новый молодой вождь. Тебе придется вырастить его под своим сердцем. Будь проклят мир, заставивший нас доверять эту миссию женщинам ничтожных племен людей! — неожиданно воскликнул летунг, и глаза его гневно сверкнули. Видно, под внешностью благообразного старца не угас еще огонь злобы и презрения к иным существам.

Элия сдержалась и промолчала, решив выслушать его до конца. Летунг, возможно, устыженный ее сдержанностью, продолжил уже спокойно:

— Я не требую от тебя слишком многого. Только старание и подчинение тем немногим правилам, о которых тебе расскажут. К счастью, мне не понадобится для этого близость с тобой. Не понимаю, как существа твоего племени выносят эту отвратительную процедуру. Зародыш будущей жизни, моего сына, просто вложат в твое лоно, и ты должна будешь согреть его своей любовью и заботой. Это не так уж много, небольшая цена за тех, кто погиб, не правда ли?! — вновь прокричал Каро, вскакивая со своего кресла и становясь перед ней во весь свой огромный рост.

— Разве люди моего племени ворвались в твой город и убили твоих соотечественников? Разве это они подкрались, как ночные воры, в день моей свадьбы с человеком, которого я люблю, для детей которого я готовилась стать матерью? О какой же цене ты говоришь, предводитель ночных бандитов?

— Смелые речи — глупые речи, — проговорил летунг, неожиданно остывая и теряя к разговору всякий интерес. — К сожалению, я не могу тебя принудить. В твоей власти уничтожить единственный зародыш будущей жизни, который дается каждому из нас при рождении. Конечно, тебя потом убьют, но мне от этого не станет легче.

Поэтому необходимо твое согласие. Я могу заплатить за услугу хорошую цену. Мое племя богато. Затем, когда мой сын родится, тебя вернут обратно в город россов. Ты можешь определить свой выбор сама. Но женщины твоего племени глупы и нелогичны. Если ты мне откажешь — стены города к твоим услугам. Ты также можешь остаться здесь навсегда, как это сделала нувка. Нам нужны слуги и рабы. Но уже никогда ты не вернешься к своим, и еще одно в этом случае я тебе обещаю. Один небольшой подарок: голову твоего бесценного супруга. А теперь иди и подумай хорошенько. Через пять дней мы встретимся в последний раз, если ты не изменишь решения.

И вновь шли они вдвоем по пустынным улицам города. Элию била мелкая дрожь, и она зябко куталась в плащ, все ее силы ушли на этот разговор, и она мечтала лишь об одном — поскорей остаться одной. Отдохнуть, хоть немного прийти в себя. Нувка искоса поглядывала на нее и, очевидно, хорошо понимала ее состояние.

Лишь в замке, после того как нувка, укутав Элию теплым одеялом, принесла ей ужин и собралась уходить, Элия заметила одну поразившую ее странность — правая рука этой женщины была точной копией левой... Палец был обращен вниз, словно кто-то вывернул ей кисть левой руки, но и в этом случае большой палец не мог оказаться сверху... Никогда раньше Элии не приходилось сталкиваться с подобным уродством. Она хорошо знала племя нувов, все люди там были с нормальными руками... Не в силах преодолеть любопытство, она спросила:

— Что это? Что случилось с твоей рукой?

— Это долгая история...

— Мне теперь некуда спешить... Расскажи, — попросила Элия.

— Ну что же... Слушай, если тебе интересно. Меня похитили восемь лет назад. Летунги выбирают свои жертвы сразу после свадьбы... Им кажется, что так у них больше шансов приобрести над нами дополнительную власть, навязать свою волю. Они неглупы, но плохо понимают психологию людей. За долгие годы, проведенные здесь, я хорошо усвоила одну истину — летунги всегда выполняют свои обещания, если только у них есть хоть какая-то возможность это сделать. Но тогда, восемь лет назад, я этого не знала и отказалась от предложения их бывшего сотника Крава — выносить его ребенка. Теперь Крава уже нет в живых, он погиб в одной из схваток с россами. Однако после того как меня сделали прислугой или рабой — называй как хочешь, — он уже не имел надо мной особой власти. Каждый из них мог мне отдать любое приказание, и я обязана была их выполнять... Но это уже потом, когда я поняла, что у меня недостаточно мужества выбрать стену...

— Какую стену?

— Ту самую, которую предлагал тебе Каро. Стену этого города. Здесь нигде нет охраны, ты можешь ходить по всему городу, где тебе заблагорассудится. Ты можешь завтра же забраться на стену и посмотреть, как это будет легко...

— Что легко?.. — все еще не понимала Элия.

— Падать вниз, до самого дна этой страшной пропасти, представить, как твое тело, раздираемое камнями, превратится в кровавое месиво. Многие выбирали стену — их кости теперь белеют у подножия скалы, но у меня не хватило мужества, и я стала рабой.

Нувка надолго замолчала. Молчала и Элия, не решаясь мешать ее воспоминаниям и понимая уже, что не ей быть судьей этой женщине. Каждый сам выбирает свой путь... Выберет и она...

— Три дня спустя, после того как я отказалась от предложения Крава, он принес мне голову мужа... В тот день я сидела на стене до самого вечера и ничего не могла с собой поделать. По нашей вере, человек, убивший себя сам, попадает после смерти в плохое место. Туда, где не растет трава. Страх перед самоубийством сидит во мне с раннего детства. Возможно, я предвидела еще ребенком, что когда-нибудь мне придется решать, как поступить... Потом потянулись долгие годы унижений и жалкой рабской жизни впроголодь. Когда каждый кусок хлеба тебе бросают как собаке и обращаются с тобой, как с презренным существом самого низшего сорта... Да ладно, не об этом я собиралась тебе рассказать. Когда Крав был еще жив, в те первые дни, отпущенные мне на раздумье, он старался сделать все, чтобы убедить меня согласиться.

Для них возможность иметь наследника — это вопрос жизни и смерти. Они считают, что их драгоценная бессмертная душа переселяется в тело собственного младенца. Может, так оно и есть — я не знаю. За все восемь лет, что я здесь, не нашлось ни одной — слышишь, ни одной — нашей женщины, которая бы согласилась! — Глаза нувки гордо сверкнули. — Почти все они мертвы. Только я да еще трое влачим здесь жалкое существование. Так вот этот Крав, чтобы доказать, как могущественно его племя и как много я потеряю, отказавшись стать матерью одного из них, рассказал мне странную историю.

Он говорил, что их племя тысячи лет назад было связано с архами тесной дружбой. Архи якобы построили для них этот неприступный город на скале и передали часть своих древних тайн. Вообще-то я не знаю ни одного случая, чтобы летунги лгали, так что, скорей всего, это чистая правда. Тем более мне пришлось вскоре убедиться в истине его слов.

— Кто они такие на самом деле? Я столько слышала про архов разных историй...

— Они владели нашей планетой и многими другими. Говорят, это было справедливое и мудрое племя, никогда не навязывавшее свою волю другим народам. При них Ангра процветала, сюда стекались народы разных миров. Каждый имел право пользоваться дорогами, которые построили архи между звездами... Крав рассказывал мне, что далеко на севере, в долине Серых скал, есть заповедное место, откуда они управляли путями, соединявшими миры. Сейчас оно закрыто. Ни одно живое существо не может туда проникнуть. Нужен особый ключ... Потом началась война между архами и деймами. Архи проиграли войну, а может, просто устали от долгих сражений и ушли куда-то в иные миры. Здесь всем завладели деймы. И хотя их племя не может жить в наших мирах, они ухитряются как-то управлять нами.

Звездные дороги закрылись для всех, только деймы научились пользоваться ими; не знаю, как им это удалось, но место, откуда архи управляли путями миров, существует и поныне.

Дороги закрылись неожиданно, сразу после ухода архов, и летунги остались на неприступной скале отрезанными от своего родного мира. С ними не было ни одной их женщины, и через какое-то время они начали похищать чужих... Ничего хорошего из этого не вышло. Тогда они попробовали проникнуть в заповедное место, чтобы восстановить дорогу в родной мир. Не знаю, что там было, никто не вернулся оттуда. С тех пор в долине никто не бывал — это слишком опасно. Но ключ существует и поныне. Ты видела его — это тот талисман на шее у их нынешнего предводителя Каро. Его передают теперь как знак власти. В колдовской силе талисмана мне пришлось однажды убедиться...

Я часто убирала в доме Каро, там не было от мѐня секретов. Они вообще никогда не запирают своих домов и ничего не прячут. Каро предупредил меня, чтобы я никогда не прикасалась к этой вещи, но любопытство заложено в нас от рождения. Когда он пошел мыться, я хотела взять талисман, чтобы рассмотреть его получше... — Нувка протянула ей руку. — Даже боли не было. Кисть просто стала другой. Когда Каро заметил, он сказал, что в следующий раз меня всю вывернет наизнанку. Больше мне нечего рассказывать.

Теперь спи. Тебе надо хорошо отдохнуть. Желаю тебе вещих снов и счастья, хотя это пожелание здесь звучит глупо. Завтра утром я приду снова, принесу воду и пищу.

Она ушла. Элия осталась одна. На город летунгов наползали сумерки, такие же серые и непроглядные, как и то, что творилось у нее на душе. Она уже знала, какое решение примет завтра.

8

В мертвом сне, сковавшем душу Романа, появился какой-то просвет. Сознание вернулось к нему еще не полностью, и он холодно и отстраненно наблюдал себя как бы со стороны. Он лежал внутри пещеры. Сквозь неплотно закрытые веки Роман видел ее свод, сплетенный из корней, почти рядом со своим лицом. Он не помнил, как добрался сюда от берега озера.

Раньше свод был значительно выше.

Из омертвевшего тела поступали странные, едва различимые сигналы. Значит, оно жило. Эликсир не убил его. Во всяком случае, не убил до конца. Пора набраться мужества и принять свою новую судьбу. Но нет. Не сразу. Пусть пройдут минуты, часы, дни... Он еще слишком слаб, его новое тело не вынесет слишком резких перегрузок, слишком очевидных переходов от сна к яви...

Сильно чешется шестая лопатка на спине, но шевельнуться он боится, чтобы не вернуть неосторожным движением медленно уходящую вместе с туманом небытия боль.

Отчего так близок стал потолок пещеры? Может, он втиснулся в чье-то чужое логово? Или мир вокруг него уменьшился в несколько раз? Или он сам увеличился настолько, что... Не надо додумывать эту мысль. Не надо. Спокойно расслабиться, вот так, полностью закрыть глаза. Просыпаться необязательно. Он может лежать здесь сколько угодно, снаружи его никто не ждет. И сразу же, как протест против этого утверждения, на него волной хлынуло было отчаяние, притупленное недавней болью.

«Хватит, — сказал он себе, — хватит обманывать себя, этим все равно ничего не изменишь». Он поднес к лицу правую руку. Она с трудом втиснулась между потолком пещеры и его лицом. Это была не рука. Это была лапа с пятью полуметровыми изогнутыми и острыми, как лезвия ятаганов, когтями, покрытая отвратительной желтоватой чешуей.

Тогда он тихо заплакал без слез и медленно выполз из пещеры. Все еще светила третья луна, только теперь он не знал, какой ночи она принадлежит. Медленно, прихрамывая на все шесть лап, он пополз к озеру, волоча за собой обрывки корней, приросшие к телу. Он старался смотреть только вперед, чтобы не видеть частей своего нового тела, но все равно чувствовал, как за ним волочится тонкий, голый хвост, извивающийся по поверхности земли, как тело змеи.

Через его истонченную кожу он ощущал малейшую неровность почвы, запахи травы и камней. Возможно, теперь нос у него находился в хвосте.

Он перестал удивляться чему бы то ни было, в конце концов есть предел напряжению, которое способна выдержать его психика.

Он его перешел. Ради чего? Этого вспоминать не нужно. Если это не вспоминать, то, напившись воды, можно будет опять вернуться в пещеру, чтобы спать, чтобы не помнить, чтобы забыться... «Зачем же тогда начинал?» — спросил его голос укрытого за толстыми складками кожи сознания. «Я не знал, что это будет так страшно», — ответил он голосу. И голос замолк, отступил на время, оставив его один на один с новой жестокой судьбой.

Вода в озере, как всегда, выглядела совершенно прозрачной и отражала какой-то другой, несуществующий на самом деле берег. Он молил, чтобы она оставалась такой, пока он не напьется. И озеро вняло его мольбам. В нем не отразилось ничего, когда его морда с трехметровой высоты обрыва слепо ткнулась в поверхность воды. Роман лакал жадно, захлебываясь и повизгивая от наслаждения. Ему хотелось выпить все озеро. Напившись, он ощупал голову передней парой своих шести лап, голова показалась ему почти нормальной. «У меня должно остаться хотя бы лицо», — сказал он кому-то, незримо присутствующему рядом с ним.

Очевидно, этот невидимый судья так не считал, потому что носа Роман не обнаружил вообще, а узкая трубчатая пасть с мелкими треугольными зубьями, похожими на полотно пилы, вряд ли принадлежала человеческому лицу.

Отвалившись от воды, он ощутил чудовищный голод. Он уже осознал, что стал чудовищем, и знал теперь, каким бывает голод чудовищ. Он представил себе горы мяса, груды трепетной добычи, пробиравшейся сквозь лес, и его чуть не вырвало от отвращения.

Тогда он подумал о соках, струящихся в жилах растений, и это было уже гораздо лучше.

Он нащупал кончиком хвоста великолепно пахнущие сочные стебли каких-то растений и набросился на них с неописуемой жадностью.

Роман пасся на лугу весь остаток ночи, стараясь думать лишь о том, какое наслаждение может доставлять чудовищу его пища. Он обнаружил, что его пасть великолепно приспособлена для перемалывания растительных стеблей: в глубине гортани и на языке оказались нужные для перетирания травы костяные наросты. Его организм устроен не так неразумно, как показалось вначале. К утру, когда чувство голода значительно поутихло, ему стало легче мириться со своей новой судьбой.

Наевшись, он завалился спать прямо на лугу возле озера, нимало не заботясь об окружающих опасностях. Его шкура должна была служить неплохой защитой, к тому же он чувствовал в своих мышцах силу, способную сокрушить любого врага. Его желания и ощущения чрезвычайно упростились, а человеческих воспоминаний он тщательно избегал, поскольку они мешали пищеварению. Сон также упростился, стал теплым, бездумным и приятным. Растений на лугу было много, о чем еще беспокоиться? Остальное его не касалось.

Чудовище обязано вести простую инстинктивную жизнь. Этим он по крайней мере отомстит тем, кто проделал с ним такую мерзкую штуку. Впрочем, неизвестно еще, так ли уж плохо с ним поступили. Человеку гораздо трудней добывать себе пищу. Одежда и прочие блага цивилизации, по-видимому, не имеет теперь к нему ни малейшего отношения.

Перед тем как заснуть, он восхитился глубиной собственных мыслей.

Перед закатом, когда жара спала, Роман проснулся и отправился на водопой.

Идти к озеру показалось слишком далеко. Он нашел ключ, вода в нем оказалась горькой, и все же, не в силах преодолеть лень, он напился из него. Ничего больше не болело, ничего не тревожило. Вот только вода напоминала о чем-то неприятном.

Что-то в нем тем временем зрело. Что-то происходило в глубинах его огромного существа. Кровь чуть быстрей струилась по жилам, чуть осмысленней и трагичней стал взгляд огромных воловьих глаз, так хорошо приспособленных для того, чтобы отыскивать ночью кустики вкусной травы и видеть то, что творится за лугом, в соседнем лесу... «Если ты перестал быть человеком — это еще не значит, что мир изменился. Могла измениться лишь твоя точка зрения на него», — сказал в глубине Романа знакомый голос. В первый момент мысль показалась ему красивой, но слишком сложной для восприятия, и тогда он спросил у голоса, позволяя вовлечь себя в беседу, последствия которой было трудно предвидеть.

— Ну и что ты хочешь этим сказать?

— Только то, что, если ты стал равнодушной, тупой и неторопливой скотиной, это вовсе не означает, что Элия перестала надеяться. Перестала ждать от тебя помощи!

— Меня для нее больше нет, понимаешь, нет!

— А кроме себя самого ты уже ничего больше не можешь воспринимать?

— Оставь меня в покое. Помолчи, — попросил Роман устало.

— Хорошо. Я помолчу, — согласился голос. — Жри свою траву.

Это Романа задело, он надеялся, что его долго будут переубеждать, и он сможет блеснуть недавно приобретенным остроумием. Обиженный, он улегся среди мокрой травы, но сон впервые не коснулся его глаз. Сознание оставалось кристально ясным, и где-то вне его, над всем этим полем, над старым деревом, над озером, над всем миром, родился необычный, едва слышный для него звук, словно огромные часы тикали, отсчитывая секунды, те самые, что никогда потом не возвращаются обратно.

Роман тяжело вздохнул, встал и прошелся по лугу без всякой цели. Остановился под деревом. У его корней поблескивал знакомый предмет. Рукоятка меча без лезвия. Он попытался поднять ее. Лапа загребла целый ворох земли и травы, словно ковш экскаватора. Тогда он тщательно просеял землю между когтей, и рукоятка, отделенная от мусора, осталась лежать в его негибкой лапе, снабженной круглыми кожными наростами. Она показалась ему совсем крошечной, обломком детского меча. Но что-то, поразившее его в самое сердце, заставило повернуть рукоятку к солнцу и отодвинуть от морды на такое расстояние, чтобы оба его новых зорких глаза смогли рассмотреть на ней каждую трещинку, каждую деталь рисунка... Невиданные бронзовые животные переплелись в едином порыве схватки, наверное, это были львы чужого мира... У них было по шесть могучих когтистых лап, шишковатая голова с вытянутой мордой, покрытая мелкой чешуей кожа, а длинные, гибкие хвосты сжимали рукоятки мечей...

— Львы не жрут траву, — растерянно пробормотал Роман, не веря уже ни одному слову своего нового утробного голоса.

— Велика должна быть слава тех, чьи изображения вырезают на рукоятках оружия.

Словно какая-то глухая преграда лопнула в голове Романа, и в нее вползли вздохи и шорохи леса, шепот воды в озере, отчаянный крик жертвы, настигаемой в лесу неизвестным хищником, удары оружия и свист стрел вот уже вторую неделю бьющихся в неравном бою россов, истекающих кровью у подножия скалы летунгов, предпочитающих умереть, но смыть нанесенное племени оскорбление.

Конечно, он может продолжать жевать траву, но оскорбление нанесено не только племени россов. Оно нанесено тому, чье изображение рисуют на рукоятках оружия...

Он не знал, откуда вползают в него эти слова и мысли, разжигающие его ярость и забытую боль. Он лишь открыл глаза и слушал, и узнавал, как много несправедливости в мире, где он бездумно жевал свою жвачку и где часы отсчитывали последние секунды для той, что ждала от него помощи...

Стрелки этих часов подошли к заповедной черте, но удар еще не прогремел, только все вокруг напряглось в его ожидании. Роман почувствовал, как все его шесть лап наливаются силой. Они были созданы не для того, чтобы ползать по лугу, они предназначались для стремительного бега сквозь заросли, для лазания по скалам и для того, чтобы враги хрипели в их стальных, беспощадных объятиях.

И тогда он понесся вперед. Понесся, как направленная к цели торпеда, все сокрушая на своем пути. Земля вздрагивала от его прыжков, и на ее поверхности оставались глубокие рваные царапины, а Роман все наращивал скорость, не зная еще предельных возможностей своего нового тела. Стена леса постепенно превратилась в серую ленту, ветер засвистел в ушах льва нездешнего, чужого мира...

Пробивая головой сплошные, непроходимые заросли, переламывая, как спички, деревья, Роман несся вперед. Но даже теперь, в этом стремительном беге, он не мог остановить процесс, набиравший разгон в его сознании.

Процесс понимания. Процесс поиска истины. Ибо слишком уж простая картина складывается из внешних факторов — картина, которая не могла объяснить всего.

Элию похитили, но эликсир он купил еще раньше, именно он, и никто другой... И вот теперь он превращен в зверя, обладающего чудовищной силой. Для чего и кем?

Сам по себе эликсир мог разве что отравить его. Но вмешались какие-то могущественные силы. Что они от него хотели? Что им было нужно? Освобождение Элии? Вряд ли вообще их может интересовать подобная мелочь. Значит, за его превращением скрыт иной, непонятный пока смысл.

Кто они, эти силы? Старец с дерева? Само дерево? Вещее озеро? Скала солнца? Или все это разом? Вся планета целиком, со всеми ее озерами, реками, деревьями, духами гор... Тогда цель должна быть такой же огромной, как и усилия, затраченные на ее достижение.

И Элия, и сам он со своим новым телом — всего лишь эпизод в борьбе неведомых титанических сил. Игрушка в их руках. А его страдания? Его сомнения? Его разум и воля? Учли они их или тоже сбросили со счетов, как не имеющие значения мелочи?

Что, если он решит не подчиниться? Но как можно не подчиниться, если нет никакого приказа? Если их цели совпадают с его желаниями? Чего же они хотят? Уничтожения летунгов? Он тут же отбросил это предположение. У тех, кто сделал его зверем, наверняка существовали для этого более простые и действенные способы. Отравленные плоды, неведомая болезнь, землетрясение, наконец. Но если даже уничтожение целого народа для них мелочь, не стоящая серьезных усилий, — цель, для которой он предназначен, может стать для него непостижимой.

Вероятно, он лишь крохотное звено в огромной цепи причин и следствий, протянутой сквозь века. Тогда тем более невозможно понять смысл тому, кто видит лишь маленькую частицу истины. И все же он пытался...

С его сознанием сделали что-то такое, чего он не может понять до сих пор. Часть его личности как бы изъяли из обращения, а взамен вложили нечто другое. Маленький механический человек, составленный из двух особей. Особи идеально подходили друг другу в этой сложной конструкции. Иначе они просто не смогли бы взаимодействовать... Где можно найти такого двойника или близнеца? Этого он не знал. Его превратили в другого человека, Романа Гравова, восставшего в конце концов против воли тех, кто его создавал. Окончательный вызов им он бросил в подземелье. Сейчас во всей этой фантасмагории лишь память об Элии представлялась ему чем-то реальным и надежным. Прочным островом в туманном океане, затопившем его сознание, из которого выглядывали лишь химеры и ужасы, несбывшиеся мечты и бесцельное бегство от себя самого, от своей раздвоенности, которая казалась ему неполноценностью, а была на самом деле искусственно созданным уродством.

Им пытались управлять с помощью подселенного в сознание двойника, как простой механической куклой. Но у них не вышло. Может быть, виноват двойник, не пожелавший выполнить свою роль, или сознание донора оказалось не совсем таким, как они ожидали... Как бы там ни было, в конце концов он стал этим несущимся сквозь заросли зверем, однако в этом виноваты уже совсем другие силы...

Его словно заклинило между двух титанических стихий в непонятной для него игре.

И пожалуй, единственное, что он может сделать в своем положении, пока не поймет смысла хотя бы ближайшего хода, — это извлечь выгоду из тех сил и возможностей, которые ему подчинили в ходе игры.

Нет, не для себя... О себе он сейчас не думал. Он вспоминал ее улыбку потерянной девочки там, у подземного озера, ее беспомощный, но полный сочувствия взгляд. Он появился в ее судьбе, как игрушечный заяц, надетый на чью-то руку... А заяц влюбился — какая глупость!

У механической игрушки, составленной из двух сущностей и превращенной в зверя, не может быть никаких чувств! Но они были...

9

По шершавым, холодным от утреннего ветра ступеням Элия поднялась на городскую стену. Никто ей не препятствовал, и теперь она стояла лицом к пропасти на широком, не меньше метра, верхнем ребре стены.

Далеко внизу, куда едва достигал ее взгляд, река плавно изгибалась в предутреннем тумане, скрытая щетиной лесов.

Она подумала, что позже, когда ее не станет, река все так же будет равнодушно биться о берега.

Если пристально всмотреться, даже с такой высоты можно было рассмотреть под скалой нагромождение обломков, остатки оружия и трупы людей, которые не смогли унести ее соотечественники.

Осада окончена, россы отброшены, разбиты... Она не знала, жив ли еще Роман. Она этого так и не узнает.

Ее никто не торопил, никто не вынуждал к исполнению решения. Она сама выбрала это утро и теперь хотела дождаться восхода, чтобы в последний раз увидеть свет солнца. Человек, не увидевший его в последний день своей жизни, опускается в серый мир теней.

Солнце, словно понимая, что в это утро не следует торопиться, спряталось за грядой темных облаков. Время шло. На стене становилось холодно, усиливался предрассветный ветер. Оглянувшись, Элия видела позади себя ненавистный город летунгов. Время от времени силуэт человека-птицы появлялся над его крышами, но никто не обратил на нее внимания. «Каждый здесь полностью предоставлен своей судьбе», — подумала она словами нувки.

Никто не сложит для нее погребального костра, ее кости смешаются с костями воинов, погибших под скалой. По крайней мере, в смерти она не будет одинокой. Возможно, там уже лежит тело Романа, и тогда они все-таки будут вместе. Хорошо, если это так. Говорят, последнее желание всегда сбывается. Путь это ее желание сбудется...

Солнце, проломив наконец хребет туч, выползло из-за красноватого горизонта. Элия, почувствовав на своем лице прикосновение его лучей, сделала свой предпоследний шаг к краю стены.

Теперь между ней и пропастью не было даже узкой полоски камня. Она старалась не думать о предстоящем долгом падении. Хотя знала, что мужество ей не изменит в последний момент. Ей хотелось запомнить этот мир тихим и неподвижным, каким он был в эту минуту. Лишь у далекого изгиба реки кто-то скакал на белой лошади... Всадник нарушал общую картину покоя. Обычно лишь посыльные скачут на белых конях, какую весть он несет и кому?

Всадник между тем миновал последний перевал, отделявший его от поворота к скале летунгов. Его движение завораживало, приковывало внимание, мешало подготовиться к последнему шагу, и Элия решила подождать, пока он, закончив свой путь вдоль реки, не скроется из глаз.

Но как только всадник показался из-за поворота, она поняла, что это не всадник, а... левран! Животное, которого на самом деле не существует, он есть лишь в древних сказаниях. Его мифический силуэт иногда вырезали на рукоятках мечей тех, кто заслужил своей безудержной храбростью такую великую честь...

Но вот теперь живой левран мчался по берегу реки. Он повернул к ней. Пораженная Элия не могла понять, что происходит: неужели его прислали из далекого края, в котором живет солнце? Неужели левран пришел специально, чтобы забрать ее душу?

Левран между тем, не задерживаясь на берегу, повернул к скале летунгов. Казалось, он не плыл по поверхности воды, а мчался по ней гигантскими скачками — столь стремительным и бурным было его продвижение к цели. Едва выбравшись на узкую полоску берега перед скалой, он бросился вперед, словно не заметив препятствия. Секунду назад он перемещался вдоль поверхности земли, а теперь с такой же скоростью поднимался по отвесной скале... Элия не понимала, как у него это получилось, но он несся к ней навстречу по отвесной скале, он приближался... Человек в безвыходной ситуации, готовясь к самому последнему шагу, всегда надеется на чудо, и, если его надежда сильна, чудо иногда приходит...

Левран спешил, и клочья речной пены, слетая с влажной шкуры, оставляли на поверхности камня темные, четкие следы.

Стражи на стене наконец заметили его, и предупредительный крик тревоги понесся над городом. Дежурные летунги взмыли в воздух и бросились навстречу леврану.

Первый удар Роман почувствовал, когда был уже на середине скалы. «Теперь они не успеют», — подумал он.

Внизу у подножия он не потерял ни секунды, хотя до сих пор не понимал, почему не задумываясь бросился на отвесную стену.

Его тело само знало, что и как нужно делать. Круглые подушки на лапах оказались мощными присосками, а когти входили в твердый камень, как в масло, словно были сделаны из алмаза.

Роман поднимался по стене без всяких усилий, словно шел по ровной поверхности. Даже скорость почти не замедлилась, и потому его противники опоздали.

Два летунга кружили недалеко от его головы, не представляя, какая опасность им угрожает.

Укрепив в скале заднюю пару лап, он неожиданным рывком выбросил вперед четыре свободные. Оба летунга, разодранные в клочья ударами кинжалов его когтей, рухнули в пропасть.

Путь наверх был свободен. Где-то в стороне запоздало трубили тревогу. Они уже упустили возможность остановить его на отвесной плоскости.

Еще рывок, еще — край стены уже близок. Что-то его притягивало, звало к себе. Какое-то белое пятно на краю стены. Рассмотреть, что там было, не хватало времени.

Когда дежурная стража наконец опомнилась, скала кончилась. Роман был уже у подножия городской стены. Сверху на его бронированную шкуру обрушился град стрел и камней. Они отскакивали, не причиняя ни малейшего вреда. Под кожей переливалась могучая мускулатура, и, напрягая мышцы спины, он легко выдерживал удары самых крупных камней, однако движение сильно замедлилось. Пора было что-то предпринять, пока враги не опомнились и не поднесли настоящее оружие.

Размахнувшись изо всех сил, Роман ударил лапой в основание стены. Стена дрогнула, в месте удара образовалась глубокая вмятина, во все стороны от которой побежали змеистые трещины.

Тогда он дважды повторил удар, и стена не выдержала. В нижней ее части образовался пролом, целый пролет накренился и рухнул в пропасть, обдав Романа градом камней и увлекая за собой летунгов, стоявших между ее зубцами. Большинство из них взмыли в воздух и, как стая испуганных ворон, закружились над образовавшимся проломом.

Последним броском Роман преодолел отделявшие его от пролома метры и стоял теперь внутри города. Летунги упустили свой единственный шанс — сбить его со скалы во время подъема.

Разгоряченный схваткой, какое-то время он не думал о белом пятне на стене, но все время помнил о нем и наносил свои удары так, чтобы не повредить участок стены, где виднелся силуэт женщины... Теперь она оказалась у него за спиной. Парализованные стремительностью атаки летунги пока не представляли опасности, и он смог обернуться... Он увидел ее огромные синие глаза совсем близко, так, как видел каждую травинку в соседнем лесу за рекой... В них были восторг, радость, надежда, непонимание — все что угодно в них было, кроме страха перед его чудовищной внешностью.

— Ты пришел за мной? — спросила девушка.

— Как ты догадалась?

— Левраны приходят из страны солнца за теми, чей срок подошел... Но разве я достойна такой чести?

Значит, он ошибся. Ничего она не поняла, спутала его с каким-то легендарным животным и потому не испугалась. Так даже лучше. Сейчас некогда объясняться...

— Я пришел за тобой. Жди меня в этой башне, запри дверь изнутри и никого не пускай. Я найду тебя здесь и сам открою засов. Еще нужно разобраться с этими... — Он понимал, отступление сейчас невозможно. Летунги уже опомнились, их первые вооруженные отряды выстраивались в воздухе для атаки. Даже если его не собьют со скалы во время спуска, Элия наверняка не уцелеет.

Поэтому он не спешил. Едва за ней закрылась дверь наблюдательной башни, едва скрипнул засов, как на Романа обрушился новый град ударов. Теперь это были не только стрелы. Тяжелые лезвия секир не могли пробить шкуру, но все же причиняли сильную боль. А если они догадаются, где его уязвимое место, и начнут бить по глазам?.. Издав короткое яростное рычание, он прыгнул: они не могли предвидеть длину его прыжка. Тело леврана пронеслось в воздухе сквозь строй атакующих, они, как перья одной огромной птицы, кружась, стали падать на землю.

Одного урока оказалось достаточно. Теперь они держались на значительной высоте. Это его вполне устраивало, он вовсе не искал кровопролития. В несколько прыжков он достиг центральной площади.

Летунги всей стаей следовали за ним, осыпая сверху стрелами, не причинявшими никакого вреда. Настала пора расплаты: посреди площади он начал свой танец смерти — тот самый гипнотический танец, которым лишали воли свою добычу анаконды на далекой отсюда Земле...

Его шкура полыхала всеми цветами радуги. Узоры бежали по ней равномерными волнами, лишая врагов желания бороться. Их движения замедлились, круги становились все ниже, все беспомощней хлопали крылья, и вот уже первый летунг приземлился у края площади, за ним еще и еще.

— Садитесь! — прорычал он громовым голосом. — Все садитесь на площадь.

И они посыпались сверху, как клочья тьмы, гроздьями усыпая карнизы соседних крыш, дрожа от ужаса и не решаясь приблизиться.

— Ближе! — крикнул Роман, и они шагнули все разом. — Еще ближе! — Наконец на площади образовался их молчаливый плотный круг, в центре которого он стоял. На земле они были совершенно беспомощны и, склонив головы, покорно ждали решения своей судьбы.

Он почувствовал какую-то незавершенность, словно его ждало здесь еще одно не менее важное дело, не связанное с освобождением Элии.

— Пусть вперед выйдет Каро!

Предводитель летунгов с волочащимися по земле крыльями и жалко опущенной головой уже не вызывал в нем прежнего гнева. Какое-то другое чувство, гораздо более сильное и важное, руководило сейчас его поступками и словами.

— Подойди ближе!

Каро молча повиновался. Вот он стоял перед ним,

крылатое существо, причинившее ему столько горя. Луч света и тепла тянулся от маленькой золотой искорки, блеснувшей в густой шерсти на шее Каро. Здесь находилось что-то очень нужное ему. Нечто такое, что было не менее важно, чем освобождение Элии и восстановление попранной справедливости.

— Сними талисман архов! — приказал его голос, словно Роман давно знал, что именно нужно потребовать.

Каро безропотно повиновался.

— Ты и твое племя нарушили законы мира. Вы разучились уважать жизнь и права других существ. Вам было мало безграничной власти над этой планетой, и ваша безудержная жадность все погубила. Отныне вы лишаетесь поддержки архов и их покровительства. Положи талисман на землю!

Каро выполнил и это. Роман переключил свой правый глаз на тот внутренний взгляд, который позволял ему рассмотреть при желании любую букашку в лесу.

На золотой поверхности диска изогнулось изображение леврана. Так вот в чем дело! Он поднял талисман концом хвоста и долго раздумывал, что с ним делать дальше.

Место для талисмана нашлось между кожаными складками его необъятного живота. Летунги все так же неподвижно ждали его дальнейших распоряжений. Гипнотический транс еще продолжался.

— Повторяйте за мной! — приказал он. — Жизнь каждого живого существа и его право на счастье священны! Никто не смеет безнаказанно забывать об этом.

— Об этом! — эхом отозвалась площадь.

— А теперь спите. Спите до самого утра, а затем хорошенько подумайте над тем, что произошло с вами.

— Куда ты несешь меня, левран? Я устала. Я хочу есть и пить. Это только ты можешь обходиться без пищи, перенося из мира в мир, туда, где нужно восстановить справедливость...

«Красиво, — подумал Роман, — и нечего возразить. Она все равно не поверит. Каждый верит только в то, во что ему хочется верить. А вот есть действительно хочется, и пора уже сделать привал. Никто нас теперь не догонит, до города россов остался один дневной переход».

Он выбрал поляну с озером. Не с тем священным, у дуба, а с самым обычным. Пока Элия собирала плоды и орехи, он попробовал жевать свою траву. Вкус ее показался ему отвратительным, тогда он сорвал с ближайшего дерева пару небольших плодов, задумчиво разжевал их сочную мякоть и удовлетворенно кивнул своей большой головой.

Этого ничтожного количества пищи оказалось достаточно, чтобы утолить его чудовищный голод. «Я все время меняюсь», — подумал Роман. Откуда-то посреди головы появился нелепый рог, наверно, он нужен для того, чтобы Элии удобнее было держаться, когда она сидела на его толстой шее.

Когти на лапах стали короче и теперь не мешали бегу.

К утру лес расступился, и вдали на холмах показался деревянный город россов. Приближалась пора расставания. Правда, знал об этом только он один. Так ничего и не сказал ей, не ответил ни слова на ее многочисленные вопросы, не выдал себя ничем.

Ни к чему ей знать его тайну, и цена, которую он заплатил за ее спасение, касается его одного.

— Скажи, левран, отчего ты молчишь? Отчего ты все время молчишь?! — не оставляла Элия своих попыток. — Открой мне мою судьбу! Ты ведь знаешь все и все можешь, так говорят легенды, это правда?

«Правда, правда. Но помолчи. Не пугай тишину последних минут. Слушай лучше, как бьется мое сердце, впрочем, разве ты услышишь его за толстыми складками кожи?»

Вряд ли... Понимать несказанные речи могут лишь чудовища из древних легенд. Уши современных женщин заполнены иными звуками, и потому чаще всего они слышат лишь самих себя. Город между тем приблизился, их заметили, и отряд всадников вылетел из распахнувшихся ворот. Ехали навстречу с развернутыми боевыми вымпелами, на которых извивалось длинное тело чудовища из древних легенд, того, что неслось им навстречу. Отряд смешался, казалось, вот-вот они в панике бросятся обратно к воротам города. Но этого не произошло. Что-то их удержало. Быть может, гордость или фигурка женщины, восседавшей на шее могучего животного?

Левран тоже остановился. От всадников его отделяло теперь расстояние в несколько десятков метров, и он уже не думал о них. И в самом деле настала пора прощания...

Она легонько соскользнула с его плеч, так легко, что он не почувствовал разницы: ему все еще казалось, что этот легкий, как пушинка, и такой драгоценный груз тяготит его плечи... Но неслышные шаги гулко отдались в его сердце. Женщина уходила, уходила не оборачиваясь, не попрощавшись, словно невидимая нить протянулась между ней и всадниками и вела, вела ее прочь от него... Но так продолжалось недолго. Вдруг, опомнившись, Элия повернулась, бросилась назад и, поднявшись на цыпочки, подтянувшись к его толстой, неуклюжей морде, покрыла его поцелуями и прошептала:

— Выполни мое последнее желание! Верни моего жениха. Его нет среди встречающих, значит, нет и в городе, найди его, где бы он ни был, и верни, ты меня слышишь, левран?!

Он ее слышал и не знал, что ему делать — смеяться или плакать в ответ.

— Я попробую. Я все-таки попробую, — мрачно пообещал Роман и, вырвавшись из ее объятий, понесся к лесу.

ЧАСТЬ ПЯТАЯ

ВОССТАНОВЛЕНИЕ СИММЕТРИИ

1

На двадцатый день полета скорость угнанного Кленовым и Крестовым маленького разведчика приблизилась наконец к третьей девятке. Их никто не преследовал. Можно было начинать оверсайд.

В тесной кабине, привязанные к креслам, лишенные возможности двигаться, оба беглеца порядком устали и с нетерпением ждали перехода. Кжан снова и снова проверял на компьютере сделанные им предварительные курсовые расчеты. Во время оверсайда малейшая ошибка могла обернуться для них трагедией. Топливные отсеки этого корабля вмещали такое количество плазменного горючего, которого хватало только на один разгон. Если расчеты окажутся неточными и они выйдут за пределы зоны аварийных радиобуев Федерации, им уже никто не поможет. Такие случаи бывали, и именно поэтому был принят закон, запрещающий полеты в пространстве кораблей, не снабженных запасом аварийного топлива, достаточным для повторного перехода. К сожалению, те, кто снаряжал этот корабль, не очень-то заботились о соблюдении правил навигации.

Кжан с сомнением оглядел курсовой автомат, постучал ногтем по магнитной карте с результатами своих расчетов и спросил:

— Ну что, будем вставлять?

— Ты сомневаешься в расчетах?

— Я сомневаюсь в этом корыте. Странно, что оно вообще летит.

— Во время оверсайда кораблем нельзя управлять вручную, так что все равно придется попробовать, и чем скорее, тем лучше.

— Тебе виднее, только запомни, я предупреждал.

Кжан еще раз осмотрел автомат, вставил карту в приемную щель и нажал выключатель. На панели вспыхнул зеленый огонек.

— Программа принята. Во всяком случае, эта штука так считает.

Кленов не ответил: все его внимание поглотили последние приготовления — корабль был слишком старым и управление малознакомым. Приходилось во многом действовать интуитивно, но отступать уже было некуда, реакторы пожирали последние крохи топлива. Кленов хорошо знал, что несколько лишних секунд на разгоне дорого обойдутся на финише, если для посадки не хватит резервного топлива.

То, что происходило во время оверсайда, во многом оставалось неясным. Во всяком случае, для экипажа переход проходил мгновенно, и не успел Кленов нажать кнопку на пульте, как после секундной дурноты увидел перед собой панель управления с потухшими индикаторами всех двигателей. Корабль стоял. Вернее, едва-едва двигался. Вся его чудовищная энергия, помноженная на околосветовую скорость, ушла на прокол пространства.

Оверсайд прошел благополучно. Теперь они находились далеко от Гридоса. Оставалось выяснить — где именно?

Как только прогрелся рабочий реактор и ожили экраны обзорных локаторов, оба с недоумением уставились на голубую звезду, висящую перед ними в абсолютно черном пространстве.

— По-твоему, это солнце?

— Да непохоже...

Впереди не было видно ни одного созвездия.

— Так где же мы?

— Откуда я знаю! Хотя подожди... Сзади нас есть какие-то звезды. Если ты не будешь меня торопить...

— А я и не тороплю. Теперь нам абсолютно некуда торопиться. Горючее кончается, и обитаемых миров, насколько я понимаю, не предвидится. Интересно было бы узнать, почему мы сюда попали? — Кжан между тем, стиснув зубы, вводил в навигационный компьютер данные обзорных локаторов. Компьютер недовольно проворчал и брезгливо выплюнул на экран цепочку цифр.

— Если верить этой железной лоханке, мы в районе Альфы-двести восемьдесят шесть. Это светило Ангры...

— Ангра? Мы как будто собирались лететь в противоположную сторону. Ты случайно не знаешь, как мы здесь оказались?

— Сейчас я это выясню... — Кжан, ухватившись за рукоятки панели курсового компьютера, с такой силой рванул ее на себя, что пластмасса не выдержала. Панель хрустнула и разлетелась на несколько кусков. С минуту он молча разглядывал переплетения световодов и кристаллокодов.

— Я, конечно, не кибернетик. Но, по-моему, эта штука жестко запрограммирована на один-единственный маршрут. Сюда вставлено что-то вроде автопилота, который принимает любые программы, но выполняет только свою собственную. Видишь вот тот намертво приваренный блок? Вот почему не открылась крышка... Что будем делать?

— Садиться. Буев здесь нет. Спасателей не предвидится. На Ангре есть дикие поселения, планета рекомендована к заселению, а кроме того, после Гридоса «Руслан» собирался лететь на Ангру, так что в известном смысле нам все-таки повезло. Могло быть гораздо хуже. Не знаю, хватит ли топлива для посадки. По крайней мере координаты планеты ты можешь вычислить?

— Разве что вручную... Да зачем тебе координаты? Вот она, планета, в левом углу носового экрана.

— Какое слабое альбедо. Я ее даже не заметил... Похоже, в отличие от Гридоса, облаков там немного. Придется подтягиваться на остатках скорости, а садиться на аварийном запасе. На мягкую посадку не надейся, мне не хватит топлива на полное торможение.

— Не знаю, почему я вообще согласился на эту авантюру? Единственное утешение — здесь нет мерлитовых штолен.

— Думаю, здесь может оказаться кое-что похуже, не зря вставлен блок с жесткой программой. Видимо, гридяне не первый раз проделывают путь к Ангре.

Они тормозили всеми двигателями, однако Кленов, экономя последние крохи горючего, вынужден был то и дело отключать их, короткими и резкими толчками стараясь удержать корабль на грани, за которой начиналось разрушение обшивки от тепловых перегрузок.

— По-моему, мы слишком быстро снижаемся, — с сомнением проговорил Кжан, поглядывая на высотомер.

— Снижаемся? Да мы попросту падаем!

— Ну так сделай же что-нибудь!

— Я пытаюсь, но двигатели левого борта не работают. Антигравиаторы не работают, тормозные системы...

— Что-нибудь вообще у нас еще работает?

— По-моему, нет. — Кленов пытался шутить, надеясь взять ухудшающуюся с каждой секундой ситуацию под контроль, но системы отказывали одна за другой. Корабль давным-давно отслужил свой век. Проход через оверсайд оказался ему явно не по силам, и вот теперь на высоте двух тысяч метров над поверхностью Ангры он начал разваливаться.

Не выдержали нагрузок кормовые швы. Листы жаропрочной броневой обшивки отвалились один за другим, дал трещину и стирлинг центрального отсека.

Находиться дальше на борту становилось опасно. Реакторы каждую секунду могли пойти вразнос, и, чтобы не попасть в зону ядерного взрыва собственного корабля, Кленов заглушил их полностью. Теперь корабль превратился в свободно падающее тело. Безжалостная гравитация планеты, не встречая больше сопротивления, неумолимо тянула их вниз.

— Катапультируемся! — крикнул Кленов, разбивая предохранительную перемычку. Он рванул на себя рукоятку аварийного выброса пилотской кабины. Пиропатроны сработали, и их сразу же швырнуло в сторону от корабля вместе с креслами и прикрывшим кабину прозрачным защитным колпаком. Парашюты благополучно раскрылись. Честно говоря, Кленов на это уже не рассчитывал.

Кабина, плавно раскачиваясь под тремя решетчатыми грузовыми куполами парашютов, медленно шла вниз.

— Зря я все-таки согласился... — задумчиво проговорил Кжан, разглядывая сквозь предрассветный сумрак быстро приближающиеся к кабине красноватые заросли. — В какую часть планеты мы попали, ты хоть знаешь?

— Ну, видишь ли, я не штурман. На последнем экране, прежде чем он окончательно полетел, было что-то вроде экваториального пояса.

— Ты уверен, что нас здесь найдут?

— Это было бы нежелательно.

— Ты хочешь сказать, что до прилета «Руслана» мы будем скрываться в этом лесу?

— Вполне возможно. Здесь есть дикое поселение, но у нас нет транспорта. Не думаю, чтобы после такой посадки на корабле что-нибудь сохранилось от планетарного комплекса.

Внизу полыхнуло красноватое пламя взрыва. Кабину тряхнуло.

— Кажется, корабль приземлился...

— Да уж, влипли.

— Скажи спасибо, что не ядерный взрыв. Реакторы намертво дезактивировались, может, что-то и останется.

Кабина ткнулась в ветви деревьев, раздался треск, и упругий толчок швырнул их на предохранительные ремни.

— Прибыли... — Кленов взялся за рукоятки устройств, отделявших защитный колпак кабины.

— Анализов делать не будем?

— Здесь живут люди. Это установлено точно. Значит, проживем и мы.

Запоры щелкнули, и пружина оторвала колпак от вакуум-прокладок. Внутрь сразу же ворвался густой, пропитанный аммиаком воздух чужой планеты.

— Ну и аромат...

— Да уж, не Рио-де-Жанейро...

Пришлось надеть привычные на Гридосе маски с патронами, но еще долго обоих не отпускал мучительный кашель.

Кабина застряла на небольшой возвышенности среди мясистых желтоватых кустов, оканчивающихся неприятной бахромой. Солнце еще не взошло, но было уже достаточно светло.

— Эти кусты напоминают мне куски сырого мяса, помоему, и вонища идет именно от них, — проговорил Кжан, пристально разглядывая ближайший куст.

— Вполне возможно. Местная флора не изучена, так что лучше к ним не соваться и соблюдать максимальную осторожность.

— Что вообще мы должны делать дальше?

— Надо посмотреть, сохранился ли в кабине аварийный запас, и пробираться к месту падения корабля. По моим наблюдениям, нас отнесло километров на семь-восемь в сторону, так что к вечеру, несмотря на густые заросли, мы должны дойти.

— Думаешь, там что-то уцелело?

— Наверняка, раз не взорвались реакторы. В корабле много довольно прочных предметов, без которых нам здесь не выжить. Сомневаюсь даже, протянем ли мы до следующего утра, если не найдем корабль, так что придется поторапливаться.

Первые километры, пока не взошло солнце и поднявшийся ветер не развеял удушливую вонь, они прошли в угрюмом молчании. Но дорога постепенно взбиралась на пологий подъем, изрезанный мелкими складками. Болотистые низины остались позади, горизонт несколько раздвинулся, и наконец появилась возможность снять порядком уже надоевшие масочные фильтры.

Пейзаж оставался удручающе однообразен: тут и там из-под каждого камня, из каждой трещины вылезали толстые влажноватые гребни желтых растений. Почва была слишком каменистой, и порой белым жгутообразным корням, тянущимся вниз на многие десятки метров, просто не за что было зацепиться.

Вблизи гребни зарослей выглядели скользкими, а розоватые жилы, пронизавшие всю их студенистую ткань, производили неприятное впечатление чего-то живого. Им все время вспоминалось первое сравнение Кжана этих кустов с сырым мясом. Казалось, уродливые желтые наросты на скалах живут самостоятельной тайной жизнью, и стоит отвернуться, как за спиной людей они начинают двигаться, менять свое положение в пространстве. Инстинктивно оба старались не наступать на желтые гребни, обходить их стороной. Собственно, эти выросты не были растениями. В них не содержалось хлорофилла. Скорее уж они походили на дальних родственников грибов, да и то весьма отдаленно.

— Не воздух, а какой-то бульон, — проворчал Кжан, старательно обходя очередной куст, обдавший его волной неприятного запаха.

— Скорей уж грибной суп, — поддержал его гастрономические фантазии Кленов. — Не понимаю, что хорошего нашли дикие поселенцы на этой планете, зачем их сюда занесло.

— Ну, у них не было большого выбора. Обычно старые корабли брали топливо лишь на один оверсайд, а автоматический разведчик, который обычно посылают перед таким перелетом, не всегда дает полную и точную картину обстановки. Скорей всего, они оказались в нашем положении.

Солнце Ангры взошло за их спинами, и под его лучами растения сразу же начали съеживаться, сворачиваться, уменьшая поверхность испарения. Шуршащие, чавкающие, булькающие заросли притихли, затаились. Длинные прозрачные тени легли поверх волнообразной, покрытой мелкими складками почвы.

— Дождей почти нет, селевых потоков тем более. Откуда такая размытая поверхность?

— Вероятно, здесь обнажилось дно какого-то древнего моря.

До низкого горизонта, насколько хватало глаз, тянулись одинаковые мелкие холмы, переходящие в крутые, порой плотно сжатые складки, словно почву здесь жевало какое-то гигантское животное. Пейзаж больше напоминал стиральную доску, покрытую бахромой желтых растений.

— Здесь везде так уныло?

— Не думаю. Мы видели лишь крохотную часть планеты. Даже за несколько километров, которые мы прошли, пейзаж изменился. Скорей всего, в лесу, где упал корабль, картина другая. Мы пока что находимся в болотистой низине, но почва все время повышается, меняется и характер растительности. Нужно торопиться, нам придется идти без привалов, до заката во что бы то ни стало надо найти корабль.

— Он мог уйти в почву метров на тридцать.

— Высота для этого недостаточна, а скорость мы почти полностью погасили, да и взрыв... Нет, не думаю.

Часа через два заросли уплотнились настолько, что продираться сквозь них стало почти невозможно. Кленов собрался было изменить маршрут, чтобы обойти непроходимую чащу, как вдруг растения сами расступились перед ними, открыв взгляду зияющее черное пятно гари.

Оба остановились, все еще не веря в то, что изнурительный путь окончен и они у цели.

В центре выгоревшего пятна выжженного леса поблескивало искореженное тело корабля.

Автоматика продолжала действовать до самого последнего момента. Она успела даже выбросить посадочные амортизаторы, и, хотя удар оказался слишком силен, стальные ноги подломились, и корабль рухнул на бок, тем не менее они сделали что могли.

Дверь в грузовой отсек заклинило, ни один механизм не работал. Быстро темнело, и оба путешественника, измученные переходом и отчаянными попытками вломиться в грузовой отсек, без лишних слов решили отложить попытки пробиться к планетарному комплексу до утра. Следовало подумать о безопасном ночлеге.

Выгоревшее пятно отодвинуло стену леса метров на сто. Находясь в центре открытого пространства, они чувствовали себя в относительной безопасности. Не работал ни один фонарь, впрочем, местные луны, одна из которых, не дожидаясь захода солнца, уже появилась на горизонте, обещали достаточно светлую ночь.

Дежурить решили по очереди. Это упрощало оборудование спального места. В тесном пространстве бывшей рубки, заполненной развороченными внутренностями корабля, с трудом помещался один человек.

Если бы не выброшенная катапультой кабина, им бы вообще не удалось пробиться внутрь. Теперь же с четырех сторон их защищали титанитовые плиты корпуса, и лишь сверху над головами зияла овальная дыра.

Наблюдательный пост нужно было оборудовать где-то сверху над этой дырой, чтобы видеть подходы к кораблю. Крестов предложил дождаться рассвета в какой-нибудь пещере, на что Кленов лишь мрачно усмехнулся.

— Можно подумать, пещеры здесь попадаются на каждом шагу. К тому же взрыв и падение корабля распугали зверье во всей округе. Вряд ли кто-нибудь из опасных хищников осмелится сегодня подойти к этому месту.

— А радиация? Ты уверен, что реакторы не потекли?

— Уверен. Я проверял. В одном из комбинезонов вшит пленчатый радиометр. Можешь спать спокойно.

Бросили жребий, первое дежурство выпало Кленову, и, хотя оба едва держались на ногах от усталости, они нашли силы соорудить из листов обшивки небольшое ограждение прямо на корпусе корабля. Кленов здесь устроился довольно удобно, в сидячем положении, положив рядом с собой полуразряженный лазерный пистолет, захваченный во время схватки с охраной рудника. Теперь это было их единственное оружие.

Внизу, в темном провале, оставшемся от рубки, Крестов повозился недолго, покряхтел, и вскоре снизу донеся его могучий храп. Ночь постепенно, вкрадчиво вступала в свои права.

Закат на этой планете мягко и незаметно переходил в сумерки, и так же постепенно, без резкой границы, наступала ночь. Скорее всего, это впечатление создавали следующие друг за другом многочисленные луны планеты.

Запах гари от обуглениых местиых растеиий был резок и неприятен, но все же лучше, чем аммиачная вонь, преследовавшая их всю дорогу через живой лес.

Черное выжженное пятно в лунном свете выглядело еще темней, резче выступили тени обуглившихся стволов. На усыпанной пеплом и сажей земле можно было рассмотреть каждый камешек.

Чужой лес стоял рядом тихо и равнодушно. Растения сомкнули кольцо вокруг своих уничтоженных пожаром братьев и теперь напряженно ждали чего-то.

Лес казался Кленову живым существом. Чуткие уши прислушивались в его темных ветвях к малейшему шороху, рожденному чужаками, притаившимися внутри кучи металлолома, некогда называвшейся кораблем.

Чьи-то зоркие глаза, легко пронзавшие ночной полумрак, следили за каждым их движением.

Напряженное ожидание не могло продолжаться слишком долго. Рано или поздно должны были раздаться чьи-то шаги, идущие из глубины этого черного, враждебного людям массива. Кленов их услышал... Треск ветки, шум рухнувшего ствола, и снова шаги — тяжелые, чавкающие. Словно там, невидимый за темной массой деревьев, пробивал себе путь носорог или слон.

Существо вышло на поляну и, не изменяя направления, медленно и уверенно, как танк, идущий к выбранной цели, двинулось к кораблю. На таком расстоянии его нельзя было рассмотреть, но уже стало ясно, что оно огромно и обладает колоссальной силой.

Кленов подумал, что двух-трех выстрелов для этого монстра окажется недостаточно, и поэтому, стиснув рукоятку лазерного пистолета похолодевшими пальцами, решил использовать оружие лишь в самом крайнем случае, когда не останется другого выхода. Кленов видел согбенную спину чудовища, изуродованную горой напряженных мускулов. Видел поблескивающую в лунном свете белесую чешую. Непропорционально большая голова, вся покрытая шишковатыми наростами, высоко сидела на короткой мощной шее. Передние конечности, приподнятые над землей могучими плечами, заканчивались гибкими, висящими в воздухе лапами, на которых играли мускулы.

Огромные, с тарелку, красноватые глаза сверкали на ужасной оскаленной морде.

Пена клочьями падала с клыков на землю и растекалась на ней темными пятнами. Чудище шло медленно, но уверенно, словно заранее наметило себе какую-то определенную цель. Что ему было нужно? Неужели сквозь запах чужого металла оно смогло почуять добычу?

Может быть, разбудить Крестова? Но чем он ему поможет? В предстоящем поединке понадобятся крепкие нервы — у него не больше двух выстрелов, нужно все время помнить об этом. Бегством на открытом пространстве им не спастись. Значит, остается одно — ждать.

И он ждал. Существо приблизилось. Подойдя к кораблю, оно встало на задние лапы, и только теперь Кленов заметил, что передние не висят беспомощно и нелепо, как это бывает у всех животных, привыкших ходить на четырех лапах. Плечи чудовища заканчивались двумя могучими руками, снабженными кистями с гибкими пальцами.

Захватив одной рукой мешающий ему лист обшивки,

чудовище без всякого видимого напряжения согнуло руку. Раздался скрежет раздираемого металла. Кленову пришлось себе напомнить, что в разорванном титаните, способном противостоять прямому удару снаряда, было не меньше трех дюймов толщины.

Морда чудовища оказалась в тени, и Кленов видел теперь лишь обращенные к себе сверкающие отраженным красным светом неестественно огромные глаза.

Прежде чем лапа чудовища протянулась вперед и нащупала корпус корабля, он успел подумать, что стрелять вообще бесполезно. Сверкающий панцирь из блестящей чешуи, скорее всего, попросту отразит заряд.

— Чего ты ждешь? — услышал он над ухом охрипший от волнения голос Крестова.

— У нас всего два заряда. Мы только разъярим его.

— Сейчас оно перевернет корабль.

— Четыреста тонн? Это не так-то просто... — И тем не менее корпус завибрировал, словно обшивка была сделана из обыкновенной фанеры.

— Сможет оно подняться к нам?

— Откуда я знаю?

Сейчас большая часть туловища животного скрылась от них за корпусом корабля, и они видели под собой лишь широкую спину и плоскую макушку массивного черепа.

— Что оно там делает?

— Скорее всего, пробует на зуб титанит, слышишь скрежет? — Снизу долетел звонкий металлический щелчок, еще один, еще... — Это еще что за новости? Помоему, оно...

— Подожди! — остановил его Кленов, он внимательно слушал. Щелчок — пауза, щелчок — долгая пауза, три щелчка подряд...

— Этого не может быть!

— Конечно, не может. И тем не менее оно спрашивает, есть ли на корабле живые люди... Это международный аварийный код...

— Ну так спрячь пистолет и ответь ему, — неожиданно спокойно предложил Кжан.

2

Костер горел вяло. Сильно дымили сырые обугленные ветви. Из леса тянуло запахом аммиака и гари. Вторая луна светила тускло, а третья еще не взошла. Это было самое неудачное время ночи. У костра на обломке дерева сидели два человека и нахохлившийся, замерзший монстр.

Роман протянул к костру две из своих шести лап, и этот человеческий жест больше чем что-либо другое заставил Кленова подумать, что оболочка, в общем-то, не имеет решающего значения.

— Значит, вы утверждаете, что вы Роман Гравов? — Даже в этой нереальной обстановке он никак не мог избавиться от казенного стиля своих официальных фраз. В ответ Роман лишь печально кивнул. — Каким образом вы нас нашли, как вы узнали о нашем прилете?

— После превращения я многое слышу и вижу иначе. Слышу лес, например. Особенно когда он горит, вы не очень-то церемонились во время посадки.

Хотя губы монстра оставались неподвижны, Кленов никак не мог привыкнуть к его телепатическому бесцветному голосу и пытался выделить в нем хоть какие-то интонации. Сейчас ему показалось, что чудовище говорит с хрипотцой, устало и равнодушно. Он не мог набраться духу даже про себя называть его человеческим именем.

Один Кжан в этой странной ситуации чувствовал себя естественно. Он вскрыл коробку с гуляшом из неприкосновенного запаса, нанизал его на прутики и пытался жарить шашлык. Как только мясо, с его точки зрения, достаточно обуглилось, он протянул прутик Роману, но тот отрицательно мотнул головой.

— Что-то у тебя с аппетитом, старик, не все в порядке. На Мортоне мы жарили неплохие шашлыки.

— У меня изменился метаболизм.

— Мета... что?

— Неважно. На Мортоне у тебя не было даже синтетического мяса. И никакого шашлыка мы не жарили. Ты лучше скажи, как твоя астма? Аптечка мне потом очень пригодилась...

Кжан выронил прутик в костер и долго, внимательно смотрел в большие печальные глаза чудовища, потом сказал, повернувшись к Кленову:

— Перестань ты его допрашивать. Похоже, все, что он нам рассказал, — самая настоящая правда.

— Возможно. Одного я не понимаю, зачем мы ему понадобились?

— А ты походи по лесу в его шкуре — узнаешь! — неожиданно зло сказал Кжан.

Но Роман отрицательно покачал головой.

— Дело не в этом. Мне нужна ваша помощь. — В огромной лапе Романа блеснула маленькая золотая искорка. — Это талисман архов. Ему больше тысячи лет. Внизу есть небольшая круглая крышка, скрывающая зеленый камень. Только осторожней! Его свет изменяет симметрию предметов на расстоянии в несколько десятков сантиметров.

Кленов осторожно взял талисман и теперь внимательно его разглядывал, проводя пальцем по изображениям левранов.

— Луч этого светящегося камня, как стрелка компаса, все время направлен к одному и тому же месту, словно здесь, на Ангре, есть какой-то полюс, притягивающий его свет...

— Вам знакомы изображенные здесь животные? — Кленов никак не мог избавиться от своей неприятной манеры задавать наводящие вопросы.

— Да, это легендарные левраны. Символические сказочные животные. В обыденной жизни не встречаются, если не считать, конечно, меня самого.

— Левый — зеркальное отражение правого, а между ними проходит черта. Что вы думаете об этом рисунке?

— Я думаю, это символическое изображение двух параллельных миров. В том месте, где лапы левранов соприкасаются, выгравированы рисунки созвездий...

— Ну-ка, ну-ка! — Только теперь Кжан заинтересованно потянулся к талисману. — Но это же небо Ангры! Вот бета 327, вот гамма 476... Солнце Ангры находится прямо между лапами этих зверей, вот оно!

— Это так и есть. Существуют зоны, где параллельные миры подходят очень близко друг к другу. Ангра — одна из таких зон.

— Откуда у вас такая информация?

— Многое мне открывается в видениях, снах.

— Это ненадежный источник!

— Ну что ты привязался к парню!

— Это вовсе не парень. Это сотрудник УВИВБа, у нас с ним есть соответствующий договор, и он обязан быть точен в наблюдениях и выводах!

— Странно, однако, выглядят твои сотрудники!

— Ну, с его нынешним статусом действительно не все ясно... — Кленов задумчиво ворошил в костре угли. — Дело в том, что такая же зона существует и на Гридосе. Мне пришлось познакомиться с ней довольно близко...

— За это тебя сослали на Мортон?

— Да. Я проявил слишком большой интерес к делам фирмы, поставлявшей уравнил. У них есть зал с изображением двойников. Раньше я только догадывался о том, что они собой представляют, а теперь в связи с этими новыми фактами...

— Видимо, зона контакта миров прежде напоминала плоскость. Потом искусственно из нее были вытянуты два рукава в сторону нашего мира. Те, кто это сделал, не посчитались с затратами колоссальной энергии. Им во что бы то ни стало нужно было ввести в сферу своего влияния очень важную планету из нашего мира. И даже не саму планету. Определенную зону здесь. На Ангре.

— А Гридос?

— Такой рукав должен обладать симметрией, и вторая его часть пришлась на Гридос. Создание этих искусственных зон повлекло за собой множество искажений во временном ходе процессов в нашем мире. Оно вызвало непредсказуемый ход эволюции на этих двух планетах, замедлило время, нарушило причинно-следственную связь, исказив развитие цивилизаций в обоих мирах.

— Кому это понадобилось?

— Тому, кто бесконтрольно жаждал власти и не ощущал никакой моральной преграды. Архи когда-то управляли здешним миром. Неплохо управляли, но, подчиняясь колоссальному давлению со стороны параллельного мира, были вынуждены уступить и сошли со сцены. Однако нарушение симметрии долго продолжаться не может. За каждую искусственно созданную уродливую конструкцию, нарушающую основные законы природы, приходится дорого платить. Но в конце концов она все равно разрушается.

— Если зона, ради захвата которой предприняты такие усилия, действительно находится здесь, на Ангре, тут должно быть что-то весьма интересное.

— Я тоже так думаю, — подтвердил Роман. — Чтобы это выяснить, мне и понадобится ваша помощь. Место называется у местных племен долиной Серых скал. Здесь серый цвет — это цвет смерти. Ни одно живое существо не может туда проникнуть. Тут повсюду средневековье, а там... — Роман махнул в сторону леса, из которого пришел. — Там силовые барьеры, лазерные установки, энергетические ключи, асимметраторы. Одному мне там не пройти.

— Может быть, подождем подхода «Руслана»?

— Ждать нельзя. Если верить архам, не без помощи которых я превратился в этого легендарного зверя, следующий цикл, во время которого расположение звезд и планет на небе Ангры благоприятствует восстановлению симметрии, повторится лишь через тысячу лет. И все это время зона контакта вообще недоступна воздействию извне. Сейчас у нас есть хоть какой-то шанс.

С утра началась работа. Романа использовали то как подъемный кран, то как универсального робота.

Один за другим на поляне появлялись герметично упакованные пластиковые ящики с номерами планетарного комплекса.

Кжан замогильным голосом из глубин трюма ругал тех, кто собирал комплект и обслуживал корабль. Не могли найти ящики девять «а» четыре «с» из первой группы. Остальные были перепутаны, некоторые разбиты и превратились в груду изувеченного барахла, но большинство оборудования, как ни странно, сохранилось.

— Я вообще не надеялся, что мы что-нибудь здесь найдем, — признался Кленов, — корабль не предназначался для дальних рейсов. Он был замаскирован под орбитальный планетолет, но, как я теперь понимаю, совершил не один рейс к этой планете. Прежде всего нам понадобится хорошо защищенный транспорт с мощным вооружением. В планетарном комплексе есть гравилет — я видел его корпус в нижнем отсеке трюма, это то, что нам нужно.

— Без универсального робота мы не сможем открыть грузовой люк, нужные плазменные резаки, — отозвался Кжан.

— Нет их. Я просмотрел все, что нам удалось извлечь.

— У меня есть идея, — задумчиво произнес Роман. — Дай-ка талисман архов... — Кленов, не возражая и ни о чем не спрашивая, протянул ему круглый золотой диск.

После ночных разговоров и особенно сейчас, в процессе напряженной совместной работы, он как-то перестал замечать необычный облик Романа, притерпелся к нему.

Роман между тем, осторожно отодвинув закрывавшую зеленый камень пластинку, направил его луч на край грузового люка и неторопливо провел камнем сверху вниз, вдоль шва, соединяющего дверь с корпусом. Послышался странный хруст, словно неведомая сила ломала металл. Как только была закончена вторая линия, люк дрогнул и медленно пошел вниз. Пораженный Кленов, еще не понимая, что произошло, подошел к люку и внимательно осмотрел кромку. Поверхность металла, находившаяся раньше внутри корпуса, оказалась вывернутой наружу. Никакой лазерный резак не смог бы проделать подобной штуки с титанитовой дверью. На всем протяжении действия луча внутренняя и внешняя кромки поменялись местами. Только теперь Кленов ясно представил, с какими чудовищными силами им предстоит столкнуться.

Дальнейшая задача уже не представляла сложности. Роман, просунув в люк верхнюю часть своего огромного тела, ухватил корпус гравилета и легко, как игрушку, выдвинул его на крышку, ставшую теперь стартовым пандусом. Оставалось укомплектовать аппарат, проверить двигатели и снаряжение. Почти все агрегаты этого основного устройства планетарного комплекса дублировались, и к вечеру второго дня им удалось разыскать большинство самых необходимых узлов. Когда начали монтаж лазерных пушек и генераторов защитных полей, Крестов спросил, обращаясь к Роману:

— С кем, собственно, мы собираемся сражаться? Там есть что-нибудь, кроме механизмов, в этой закрытой зоне?

— Биороботы. Только эти искусственные существа, выращенные из материи нашего мира, способны действовать без защиты. Они полностью подчинены заложенной в них программе и не представляют особой опасности. Я боюсь другого. Неожиданностей, неприятных сюрпризов. Тех факторов, которые мы сейчас не в состоянии предвидеть.

— Я не уверен, что наша защита сможет нейтрализовать луч подобного мощного асимметратора, — Кжан кивнул на изуродованную дверь, — не говоря уж о сюрпризах... Мы собираемся ломиться сами не зная куда. Имеем ли мы на это право?

— Зоны параллельного мира, искусственно вклиненные в границы нашего, имеют самое непосредственное отношение к делам Федерации. Так что в вопросах права... — Кленов поморщился. — Они научились превращать людей в управляемых кукол и использовать их биополя для воздействия на граждан нашего мира. Ради того, чтобы узнать что-то о тех, кто это затеял и осуществил, я готов ломиться куда угодно.

Роман дважды пытался прорваться в долину Серых скал. Но пройти не удалось, не помогла его неукротимая сила...

Синий смертельный огонь защитных полей опалил его шкуру. А то, что ранило его гораздо глубже и заставило метаться по лесам в поисках неведомых опасностей, произошло у стен деревянного города.

«Ну что ты ноешь теперь? — спросил он себя. — Ты же знал, на что идешь, тебя предупреждали. Не могла она разглядеть под шкурой этого животного, кто ты есть на самом деле, нельзя требовать от женщины невозможного, как бы ни ныло сердце. Даже проститься с ней не удастся».

И, стараясь отвлечься от горьких мыслей, он еще

яростней принимался за работу, отрывая крышки намертво заваренных ящиков и перетаскивая тяжелые детали механизмов.

К вечеру сборка универсального гравилета была закончена. Кжан включил двигатели и опробовал электромагнитную подушку.

Соскользнув с пандуса, аппарат медленно поплыл над выжженной землей. Внешне он напоминал черепаху. На гладком металле полусферы не было видно ни одного отверстия. Только глазки приборов да раструбы боевых генераторов поблескивали угрюмо и угрожающе.

— Какая у него мощность генераторов защиты?

— Немалая. Проблема в другом: у нас не полностью заряжены накопители и подзарядить их не удастся — реакторы вышли из строя. Энергии хватит ненадолго, если придется интенсивно пользоваться защитой. А вообще-то я не знаю ни одного случая, чтобы гравилет этого типа где-нибудь не прошел.

Неожиданно металлическая черепаха резко остановилась, крышка люка откинулась, и из него показалось возбужденное, недоумевающее лицо Кжана.

— Что-то непонятное происходит с аппаратурой связи, я пытался ее отрегулировать, но там какие-то импульсы...

Кленов уже бежал к гравилету, вместе с Кжаном они скрылись в рубке, и Роман остался на поляне один. Тревожное предчувствие сжало его большое сердце.

Через несколько минут из глубин стальной черепахи донеслись знакомые импульсы универсального радиокода Федерации. Чуткие антенны звездолетов нащупали металлическое тело гравилета на поверхности планеты и послали к нему свой вызов... Откуда они здесь взялись? Как узнали, как смогли успеть? Все это уже не имело особого значения. Роман слышал захлебывающийся от восторга голос Кжана, вопросы-ответы Кленова... Вспышки морзянки, перебивающие человеческую речь, и из этой мешанины звуков, постепенно отбирая главное, отбрасывая лишнее и выстраивая суть происшедшего в единую логическую линию, он понял, что Федерация ответила наконец на вызов противника. Эскадра из четырнадцати кораблей, возглавляемая «Русланом», побив все рекорды скорости, уже висела над Ангрой.

Роман думал о том, что события уходят от него в другое русло, как уходит иногда река, навсегда изменив прежнее направление своего течения и оставив на прежнем пути лишь зарастающие болота стариц. Больше им не понадобится его помощь. Теперь они справятся сами. Медленно повернувшись, Роман побрел к лесу, никто его не остановил, не обратил внимания на его уход. Когда он уже был у самой опушки, что-то ухнуло у него за спиной. Роман обернулся и увидел сияющий голубой ствол, словно копье пронзивший горизонт от неба до земли.

Эскадра не теряла времени даром. Через пространственный мост началась подзарядка накопителей уникара. Завтра они поддержат его всей своей энергетической мощью, и никакие защитные поля не смогут им противостоять. С Земли прибыли лучшие специалисты, они разберутся в ситуации скорее, чем он. Там будут и ученые, которые наверняка заинтересуются уникальным случаем превращения человека в монстра.

Что-то ему не очень хотелось становиться бесценным подарком для науки, и потому он уходил все дальше в глубь леса, легко переставляя свои большие мягкие лапы, почти не оставлявшие следов на траве.

Часа через два, окончательно запутав след и почти инстинктивно повернув на запад, к городу россов, Роман вдруг вспомнил, что талисман архов остался у него. Постояв с минуту в раздумье, он пошел дальше. Вряд ли это теперь имело значение. Он хорошо представлял себе, что такое объединенная мощь накопителей четырнадцати звездолетов. Они пробьют туннель сквозь защитные поля, прикрывающие долину Серых скал, так же легко, как раскаленный нож пронзает кусок масла. Им не понадобятся для этого никакие ключи.

Правда, в самой долине после этого ничего не останется, но, может быть, это к лучшему? Мир вернется в свое естественное состояние. Что же касается межзвездных путей, пронизавших пространство, вряд ли они понадобятся людям с их техникой, с их кораблями. У архов был другой путь развития, чуждый человеческой цивилизации. Вряд ли люди когда-нибудь поймут его, вряд ли примут и сумеют им воспользоваться... Стоит ли слушать шепот леса и скал там, где можно идти напролом?

Люди построят собственные дороги, и, возможно, со временем их дороги не уступят дорогам архов. И уж не ему, во всяком случае, решать, чей путь вернее.

Левран вышел на восточную опушку леса уже в сумерках. Отсюда ему хорошо были видны высокие остроконечные башни, вознесшиеся над деревянными стенами города россов. Левран медленно и аккуратно уложил свое большое тело на мокрую прохладную траву. Шишковатая голова уютно разместилась на передних лапах, и, если не прищуривать глаза, можно все время видеть сквозь разрыв между кустарником этот простой и недоступный для него город. Город, в котором он был счастлив.

Силы трав, лесов и солнечного света, силы озерной воды и зрелых плодов, сложная мозаика электромагнитных полей, управляющая ритмом сердца, — все то, что составляет неуловимую суть жизни, медленно стало покидать огромное тело леврана, выливаясь незримым потоком.

Если человек иногда еще может жить, потеряв смысл и цель самой жизни, то левраны лишены этого свойства.

3

Операция высадки и развертывания силового десанта началась в шесть часов утра по местному времени.

Командующий эскадрой Райков из флагманской рубки «Руслана» поддерживал связь и управлял автоматикой высадки всех четырнадцати кораблей. На объемном экране центрального компьютера, суммирующего данные всех датчиков от постов наружного наблюдения, горела схематическая цветная карта планеты.

На восьми уникарах уже закончили монтаж энергетических антенн, и они доложили о готовности к приему плазменных потоков.

Генераторы четырнадцати кораблей, зависших над районом предстоящей операции, прогоняли на форсированном режиме, проверяли готовность всех систем к переброске мощности на планетарные приемники силового щита и на генераторы кинжальных полей, чтобы расколоть, смять и подавить любое противодействие противника.

Восемь зеленых точек и шесть желтых отмечали на карте район высадки десанта. Они опоясывали широким кольцом район будущих боевых действий. Пока что ни один из наземных комплексов не вошел в прямое соприкосновение с противником.

Задержка с монтажом шести комплексов грозила сорвать срок начала операции. Райков представил себе то огромное напряжение, которое царило сейчас в энергетических отсеках всех четырнадцати кораблей, работающих в режиме форсажа и вынужденных то и дело выбрасывать из своих переполненных накопителей избытки энергии.

Цветные радужные всполохи время от времени окутывали корабли.

Все корабли эскадры доложили о нулевой готовности почти час назад.

— Энергопосты: семь, восемь, четырнадцать, два. Ваше резервное время истекает. Почему не докладываете о готовности? — негромко произнес Райков в невидимый среди приборов главного пульта микрофон селекторной связи с планетарным десантом.

— Седьмой готов.

На главной карте один из оранжевых огоньков сразу же сменился зеленым.

— На восьмом обнаружены некомплектные пластины накопителей. Доставка резерва задерживается.

— «Денеб», в чем дело?

— Мы не можем найти эти чертовы пластины! В резерве планетарного комплекса их не оказалось.

— Почему не запросили помощь у соседей?

— Они не хотели одалживаться, Игорь Сергеевич. Уже все сделано, «Росток» выслал шлюпку с пластинками пятнадцать минут назад.

— Впредь потрудитесь докладывать обо всех задержках немедленно! Я не слышу ответов остальных постов.

— Четырнадцатый готов.

— На втором вышел из строя координатор.

— Сколько времени вам потребуется на замену блоков?

— Не меньше часа.

— В таком случае я вас снимаю с операции. Второй, отключайтесь. Восьмой и шестой, возьмите зону второго на свои излучатели.

На пульте вспыхнул огонек экстренного вызова. Должно было случиться что-то чрезвычайно важное для того, чтобы диспетчерская пропустила к нему сейчас этот вызов.

— Слушаю.

— Кленов настаивает на встрече с вами до начала операции.

Райков на секунду задумался. В суматохе посадочных операций и развертывания планетарных служб у него так и не нашлось времени для встречи с Кленовым, а говорить по каналам связи тот отказался. Ох уж этот УВИВБ со своими секретами, придется все же его принять! Он пробыл на планете больше недели, знает местную обстановку. Его наблюдения могут пригодиться во время штурма. Пока отстающие посты не доложили о готовности, минут пятнадцать у него найдется.

— Дайте ему «добро».

Кленов вошел подтянутый и даже как будто помолодевший с той последней встречи на Земле, когда он руководил сложнейшей операцией «Прорыв».

— Рад приветствовать вас в качестве командира эскадры, Игорь Сергеевич.

Они обнялись.

— Прости, что не смог увидеться с тобой раньше. Что такое первые «причальные» сутки, ты и сам хорошо знаешь. Совет получил твое сообщение, вся информация изучена. Кроме того, был еще и ультиматум. Нам предложено убраться с Ангры, ну да это ты и сам уже знаешь.

— Знаю и не согласен с решением Совета.

— Я ждал чего-нибудь подобного. Не зря ты ко мне так рвался и не хотел говорить по вифону. У тебя есть новые данные?

— Нет. Только интуиция, здесь силой ничего не добьешься. Нужно искать другие пути.

— Поиск путей — одна из задач вашей конторы. Мое дело — исполнять решение Совета. Какую альтернативу ты предлагаешь?

— Подождать. Разобраться в обстановке.

— Сколько ждать? Ты знаком с этим? — Райков взял с пульта небольшую фишку голограммы, нажал кнопку, и в воздухе возник сложный пространственный чертеж.

Кленов сразу же узнал Ангру, снятую из космоса. Вокруг планеты змеились линии напряжений магнитных и гравитационных полей, грубо разорванные в одном-единственном месте.

— Это последние данные нашей съемки. Дыра в магнитном поле планеты все время расширяется. А вот эта присоска, выступ, рог — называй как хочешь, — каким-то образом связана с движением местного солнца и трех лун Ангры. Ученые пришли к выводу, что, если мы немедленно не примем мер, ситуация уйдет из-под нашего контроля, и мы навсегда потеряем планету.

— Она нам и раньше не принадлежала. Ангра не входит в состав Федерации. Здесь есть лишь дикие независимые поселения.

— Зато Гридос принадлежит... Пространство вокруг него начинает свертываться. Мы даже близко не смогли подойти к планете. То же самое произойдет здесь. Кто-то стремится закрыть от нас обе эти планеты. Кое-кто из ученых считает, что производится попытка перевести Ангру в другое измерение, увести ее в параллельный мир. Очень она им нужна... Ты, случайно, не знаешь, зачем?

— Во всяком случае, догадываюсь.

— Вот и я догадываюсь. Ключ здесь, мой дорогой,

ключ ко всем внепространственным путям, проложенным цивилизацией архов. Может быть, управляющий центр или что-нибудь подобное, я не знаю, что именно, но в открытой тобой зоне находится нечто такое, ради чего неизвестная нам цивилизация готова поставить на карту все что угодно, а ты говоришь — подождать, сделать им такой подарок. Подождать, пока у нас из-под носа уведут Ангру, свернут пространство и закроют к ней все подходы.

— Мы можем погубить планету и ничего не добиться.

— Во всяком случае, тогда управляющий центр не достанется нашим врагам.

— А жители Ангры?

— Они воины. Им тоже нужны эти дороги. Их Совет проголосовал за поход. И никто не знает, что с ними станет, если Ангра перейдет в параллельный мир. Так что выбор у них небольшой... Я сделаю все от меня зависящее, чтобы локализовать конфликт, ограничить его районом Серых скал. Но если нас атакуют, нам придется защищаться всеми доступными средствами. Времени на разговоры и раздумья уже не осталось. Наступила пора действовать. Для того нас сюда и прислали. Давай этим и будем заниматься каждый на своем месте.

Переубедить Райкова Кленову так и не удалось. Этого следовало ожидать. У него не было ни одного серьезного аргумента, лишь предчувствия да предположения. А тут еще Роман пропал...

Время стремительно покатилось в сторону войны, как снежная лавина, наращивая скорость и мощь, теперь ее уже не остановишь.

Кленов смотрел в иллюминатор на пока еще зеленую планету. В ее живой шкуре есть уже одна черная дыра от их неудачной посадки. Ее видно даже с такой высоты. Сколько их еще прибавится? Неужели Ангре суждено погибнуть?

Бурная, кипучая, странная жизнь шла внизу своими тайными путями. Жизнь, движение и полноту которой за эти несколько дней, проведенных на Ангре, он уже успел ощутить.

Еще вчера казалось, что спешить особенно некуда, впереди достаточно времени для раздумий, и вдруг все круто изменилось. Поздно просить россов отложить поход к Серым скалам, даже Романа искать поздно... А ведь, наверно, случилось что-то чрезвычайно важное, раз он ушел от них не попрощавшись, ничего не сказав... Что-то такое, о чем они даже не догадываются. Когда приходится принимать важные решения без учета всех обстоятельств, это может привести к трагическому финалу. Так уже бывало не раз в нашей собственной истории. Теперь мы рискуем повторить наш печальный опыт на этой чужой планете...

Кленов не мог сдержать нарастающую тревогу, мысль все время возвращалась к Роману, стараясь пробиться через барьер непонимания. Словно уже не было поздно, словно можно было еще что-то изменить...

Над лесом тихо падал холодный дождь, а может быть, это была роса? Раньше Роман не задумывался над такими вещами, всем своим существом ощущая малейшие изменения в природе, но теперь его чувства притупились.

Мир постепенно отодвигался от него куда-то в сторону, становился тусклым, порой едва различимым, на смену ощущениям приходил сонный покой, которого он так ждал всем своим огромным измученным телом, а может быть, вовсе не тело у него так ныло? Может быть. Какая разница? Покой приглушает любую боль. Сквозь прищуренные веки его взгляд продолжал скользить вдоль пустынного тракта, идущего от города россов, и светлая линия дороги не желала гаснуть в его сознании, словно он все еще чего-то ждал от нее... И в конце концов дождался.

Фигура всадника, укутанного в серый, сливающийся с сумерками плащ, отделилась от городских ворот и медленно двинулась к лесу. Всадник ехал неуверенно, часто останавливался, подолгу стоял у обочины, опустив поводья и предоставив коню полную свободу.

Может быть, он никуда не спешил или искал кого-то? Кто знает. Так или иначе, всадник постепенно приближался к тому месту, где лежал левран. Когда между ними осталось не больше десятка метров, что-то вновь остановило всадника. На этот раз он даже откинул с головы капюшон плаща, чтобы лучше слышать звуки леса, и долго всматривался в придорожные кусты, словно можно было заметить лежащего неподвижно леврана, словно можно было его услышать.

В конце концов левран чем-то выдал себя. Вздохом, движением или неосторожным обрывком мысли, слишком четко мелькнувшим в сознании и передавшимся его телепатическими способностями.

Возможно, всадник казался ему пришедшим из далеких снов, и он не верил в его реальное существование.

Как бы там ни было, сидящий на лошади человек вздрогнул, словно его позвали, и, пришпорив коня, направил его прямо к леврану. Тот не шелохнулся и тогда, когда теплая лошадиная морда вздохнула над самым его ухом.

— Левран... — тихо прозвучал знакомый голос. — Значит, я не обманулась, значит, ты в самом деле звал меня... Почему ты молчишь? Почему не отвечаешь мне? — Элия спрыгнула с коня и подошла вплотную к огромной морде зверя.

Печальный глаз приоткрылся и глянул куда-то в сторону, не замечая ее.

— Ты меня не слышишь? Ты не хочешь со мной разговаривать? Все эти дни с тех пор, как мы расстались, я не знала ни минуты покоя. Что-то было неправильно. Я не знала что и пошла к жрецу, хранителю Солнца... Он рассказал мне старую легенду. В древности, когда здесь правили архи, каждый мог превратиться в леврана. Каждый, кто хотел пожертвовать собой ради своего племени или ради любимой... никто не знает, откуда ты взялся и куда девался Роман. Левранов никто не видел со времени архов. И сегодня, когда я почувствовала, что ты близко... Мне удалось обмануть стражу у городских ворот, все заняты сборами в поход, завтра на рассвете россы выходят. Наверно, мы видимся в последний раз. Твои друзья на огненных колесницах начинают войну, мы пойдем с ними...

В лесу стояло долгое молчание.

— Ответь мне хоть что-нибудь, — попросила девушка. Но левран по-прежнему молчал. И с отчаянием, обостренным предстоящей разлукой, она вдруг увидела будущее. Годы пронесутся, прошумят, протекут, как вода. Вновь она будет стоять на этом месте, так же неслышно будут качаться от ветра ветви деревьев, в полумраке так же будет змеиться в стороне дорога. Только леврана здесь уже не будет. Но что бы ни изменилось в ней или в этом месте, она всегда будет видеть его таким, как сейчас. Будет помнить этого огромного, прекрасного и печального зверя, пришедшего к ней на помощь из далекой легенды архов.

— Скажи мне, левран, — попросила она в последний раз, — не оставляй меня так. Я должна знать. Я должна это услышать от тебя самого...

Но левран молчал, и лишь где-то за горизонтом прогрохотал гром, а может быть, то был не гром. Пришел звук, сухой, яростный, похожий на удар бича, и земля содрогнулась под ногами.

4

Атака началась одновременно из четырнадцати пунктов. Все передвижные энергетические установки работали на полную мощность и составляли второй эшелон поддержки. Впереди, выдвинутые на несколько сотен метров, шли автоматические кары защиты, а еще дальше, на первой линии атаки, находились два territory уникара, оснащенные инициаторами узкого энергетического луча, лазерными пушками и генераторами антипротонов.

Эти машины, покрытые собственной силовой защитой, составляли основную ударную силу отряда. Эскадра, зависнув над местом атаки на серенгерической орбите, осуществляла энергетическую поддержку планетарного десанта, но пока активного участия в развертывающей атаке не принимала.

Собственно, передвижение механизмов трудно было назвать атакой, поскольку пока что никакого сопротивления им не оказывали, и они постепенно стягивали огромное многокилометровое кольцо, в центре которого находилась долина Серых скал.

Но так продолжалось недолго. Уже через полчаса идущие впереди кары натолкнулись на энергетическое сопротивление. Обе машины одновременно.

Инженеры затруднялись определить характер противодействующего поля, во всяком случае, оно было не электромагнитным и не гравитационным. Его природа не имела никакого значения. Решающим фактором в столкновении противоборствующих автоматов являлась лишь мощность установок и способность излучателей быстро концентрировать ее в узких зонах. Но пока в этом не было необходимости. Кары, замедлив движение, окутались пузырями силовой защиты, ставшей видимой. На границе двух противоборствующих энергетических сил воздух светился.

Не имея полного представления о возможностях противника и о тех средствах, которыми он располагал на планете, Райков не спешил. Он распорядился еще больше увеличить дистанцию между атакующими карами и эшелонами поддержки и вместо наращивания мощности своего энергетического щита лишь замедлял скорость продвижения машин, не желая раньше времени показывать противнику все их возможности.

За его спиной в главной управляющей рубке «Руслана» расположились операторы основных постов и водители автоматических уникаров. Одним из них был Кленов, его нестандартный уникар устаревшей конструкции решено было использовать в первом эшелоне, чтобы не рисковать более мощными машинами. Кленов с момента начала операции не промолвил ни одного слова, но даже спиной Райков ощущал его неодобрение и пожалел, что разрешил ему участвовать в операции.

Внизу, в районе атаки, произошло между тем какое-то изменение. Противник впервые проявил активность. Прямо перед уникаром Кленова появилась черная труба, которую несли на плечах два биона. На какую-то долю секунды оператор, меняя объективы, перестарался с увеличением, и во весь экран мелькнули плоские лица-маски, лишенные рта и носа. Вместо глаз зловеще сверкнули стекла оптических датчиков, и сразу же изображение отдалилось, приобрело масштабность.

Теперь стало видно, что от этой странной и с виду совершенно беспомощной группы противника до передней, закованной в броню силовых полей машины оставалось не больше двадцати метров.

— Остановить их? — спросил Кленов.

— Не надо. Пусть покажут, на что они способны.

В ту же секунду идущий впереди бион опустился на одно колено, и из раструба лежащего на его плече излучателя вырвался белый луч света. Скользнув по плоским камням, он, свободно пройдя сквозь кокон защитного поля, уперся в лобовую броню уникара.

— Что это такое? Лазер?

— Не похоже. Слишком широкий луч. Скорее, обычный прожектор.

Второй бион, направляющий раструб этого странного длинного фонаря, нажал на какую-то невидимую ручку. Цвет луча начал постепенно меняться, приобретая зловещий красноватый оттенок.

— Что с температурой? — спросил Райков, стараясь следить за данными всех четырнадцати экранов сразу и ни на минуту не забывая, что эта импровизированная атака могла быть всего лишь отвлекающим маневром. Оператор за его спиной сразу же отозвался:

— Все в норме. Это по-прежнему всего лишь световой луч. Вот только...

— Ну что там?

— С машиной происходит что-то странное...

— Дайте увеличение первого уникара на центральный экран.

Контуры машины странным образом изменились. Куполообразный горб брони с правой стороны слегка вспучился. Левая сторона, наоборот, словно уменьшилась. Если верить датчикам уникара — давление, температура, радиация, — все было в норме, и вдруг машина взорвалась. Собственно, это был даже не взрыв. Во все стороны из разрывов расползавшейся брони брызнули разваливающиеся на глазах приборы и механические внутренности. Не было ни вспышки, ни ударной волны.

— Дайте временную развертку показаний всех приборов перед взрывом, — попросил Райков. От уникара осталась лишь бесформенная груда металлолома, продолжавшая медленно расползаться.

За три десятых секунды до того, как это случилось, цифры в окошечках индикаторов дернулись и ушли к нулям.

— Начинаем терять машины, — мрачно проговорил за его спиной Кленов. Это был его уникар.

— Почему луч прошел через защиту? — спросил Райков.

Главный инженер отозвался не сразу, он что-то лихорадочно подсчитывал на своем пульте связи с главным компьютером корабля.

— Кванты света, не обладая массой, свободно проходят через силовое поле такой мощности, — сказал он, все еще не отрываясь от пульта. — До самого последнего момента там был обыкновенный свет. А потом нечто совершенно невообразимое, я не знаю, какой вид оружия они применили.

— Зато я знаю, — все так же мрачно проговорил Кленов. — Это асимметратор. Прибор, искажающий симметрию всех предметов, попадающих в зону действия его луча. Я докладывал об этом новом оружии в своем отчете. Наше счастье, что луч действует всего на несколько десятков метров. Как только второй уникар подойдет на дистанцию поражения, они уничтожат и его.

— Оператору разрешаю открыть огонь по противнику, — негромко произнес Райков. И все равно его голос, усиленный в каналах связи, отдался под потолком рубки излишне громко.

Сразу же цепочки световых импульсов потянулись от второй машины туда, где стояли бионы. В тех местах, где лазерные лучи коснулись земли, во все стороны полетели ослепительные брызги расплавленного камня. Через несколько секунд лазеры накрыли группу бионов вместе с асимметратором. Оба робота почти мгновенно превратились в облако пара. Несколько минут на том месте, где они стояли, все еще продолжала светиться лужица расплавленной горной породы. Оператор второго уникара не пожалел мощности для своих лазерных пушек.

Кленов, лишившись машины, которой он управлял, превратился в простого зрителя разворачивающихся на обзорных экранах событий.

Внизу, под главным пультом, горела целая цепочка маленьких информационных экранов всех постов. Время от времени центральный компьютер перебрасывал от них на главный экран информацию, которая казалась ему важной. У операторов, занятых своим делом, не было времени заниматься второстепенными экранами, не содержащими, как правило, новой информации, и потому Кленов был первым, кто заметил странное облако, появившееся на боковом нижнем экране с индексом «48». Это был дубликат носового экрана впереди идущего «Севастьянова».

— Седьмой — первому, — негромко произнес он, перебросив на себя канал общей связи, — по курсу эскадры какое-то облако. Нельзя ли определить его состав?

— Пылевые частицы, плотность незначительна. Для нашей защиты не представляет угрозы.

— Откуда оно здесь взялось? — продолжал настаивать Кленов. — На такой высоте над планетой не бывает пылевых облаков.

Вмешался Райков:

— Сделайте экспресс-анализ пылевых частиц.

— Уже сделан. Кислород, водород, гелий, частично азот, инертные газы. Скорее всего, это остатки кометного хвоста.

Все снова занялись развернувшейся внизу внушительной панорамой наступления. Кольцо силового поля сжималось все больше, отдельные очаги сопротивления оперативно подавлялись, и, казалось, ничто уже не помешает победному шествию машин.

Одному Кленову не давало покоя странное облако, неумолимо приближающееся к эскадре: нижняя граница его слегка светилась.

— Нельзя ли сменить эшелон, чтобы уйти от контакта с пылевыми частицами? — обратился он непосредственно к Райкову, но отозвался энергетик:

— Маневр обойдется слишком дорого. На какое-то время мы вообще потеряем контакт с нашим десантом на планете и лишим его поддержки. Энергетические каналы придется погасить и использовать накопители для собственных двигателей. Наша защита даже не заметит пылевых частиц такой плотности.

— Почему они светятся? — не унимался Кленов.

— Очевидно, ионизация.

— На такой высоте не может быть ионизации! — взорвался Кленов.

— Вышлите в это облако автоматический разведчик, — распорядился Райков, все еще не переключая изображения облака на главный экран. И потому один лишь Кленов из всех присутствующих в главной рубке специалистов видел весь эпизод от начала до конца.

Крохотная светлая точка разведчиков отделилась от корпуса «Севастьянова» и, стремительно наращивая скорость, отдалилась от эскадры. Для начала маневра у них оставалось всего несколько минут, потом уже будет поздно, они не успеют изменить орбиту. С нарастающим волнением Райков следил за этой крохотной частичкой эскадры, уходящей вперед.

Взрыв произошел на самой границе облака, еще до того как разведчик вошел в его плотные слои. Он был такой неожиданной силы, что экран, запылавший ослепительно голубым огнем, сразу же почернел, тут же завыли и замигали сигналы общей тревоги. Голоса операторов, перебивая друг друга, докладывали цифры мощности, плотности потоков, скоростей. Не дожидаясь команды, управляющие автоматы всех кораблей, оценив ситуацию быстрее людей, уже начали операцию расхождения. На всех кораблях заработали двигатели.

— Всю мощность — на силовую защиту. Веерный огонь протонами по курсу всех кораблей!

— Антипротонами? — не понял оператор.

Райков пояснил:

— Обычными протонами. Перед нами антиматерия. Один Кленов это вовремя понял.

— Просто я один знал, чего от них ждать... — тихо проговорил Кленов, вцепившись в подлокотники кресла.

Они едва успевали. Огонь полыхал теперь внизу под всеми кораблями, сплошное море огня было и впереди по курсу, но там он постепенно бледнел, нос корабля задирался все выше, появились первые огоньки звезд.

— Кажется, проскочили...

— У нас был еще солидный резерв мощности, — обиженно проговорил энергетик.

— Скажите спасибо Кленову, — резко проговорил Райков. — Посмотрел бы я на вашу мощность в центре этого облака! Даже здесь наружная температура на пределе!

— Будем возвращаться на прежний курс?

— Оставаться на этой орбите и следить за носовыми экранами! Вышлите вперед автоматическую разведку.

Сразу же, как только восстановили энергетический контакт с планетарным десантом, наступление на долину Серых скал продолжилось. Убедившись, что атака на эскадру не имела успеха, противник стал проявлять нервозность. Впрочем, была ли это атака? Так, обыкновенное облако пыли.

Сопротивление внизу становилось все отчаяннее, все жестче, но ведь сопротивление само по себе еще не война. Это лишь следствие их собственного давления. Стоит им его прекратить, как все закончится тихо и мирно... Зал, правда, останется. Зал с двойниками. И останется ультиматум с требованием покинуть Ангру. И никто не знает, что последует дальше, какая из планет может им понадобиться после Гридоса...

«Можно возражать против демонстрации силы, можно спорить с Райковым, пока тебе не приходится решать и не на тебе лежит ответственность за последствия подобных решений», — подумал Кленов.

Кольцо вокруг Серых скал сжималось все плотнее, и все дороже обходился им каждый метр продвижения к цели. Огненные столбы энергетической поддержки теперь не гасли ни на секунду, отдавая атакующим машинам полную мощность генераторов всех четырнадцати кораблей. Пузырь силовой защиты, приняв на себя давление десятков гигаватт, препятствующих продвижению, наливался малиновым светом. Время от времени на границе противоборствующих сил проскальзывали ослепительные сполохи статических электрических разрядов, сопровождаемые грохотом, от которого содрогались соседние скалы.

Потерпев неудачу с несколькими вылазками бионов, противник больше не пытался использовать асимметраторы за пределами очерченной силовой защитой зоны.

К сожалению, о том, что происходило за огненной стеной, они не могли даже догадываться. Купол защиты колебался, иногда в отдельных местах напряжение слабело, и туда сразу же вдавливалось, вливалось поле атакующих машин, стремясь разорвать купол, ворваться в его пределы, смять и уничтожить сопротивление.

Энергетическое напряжение атаки и противостоящей ей защиты достигло таких запредельных величин, когда простая остановка стала уже невозможной. Слишком мало пространство, на котором столкнулись чудовищные силы. Казалось, этому не будет конца.

«Да прекратите же! — хотелось крикнуть Кленову. — Неужели вы не видите, как далеко все зашло, в какую пропасть заносит нас раскрученная спираль атаки?!»

Вот-вот все это должно было кончиться катастрофой...

Крошечный огненный шарик отделился между тем от купола защиты и стремительно двинулся навстречу атакующим машинам. Это казалось невероятным, невозможным, и тем не менее это было так.

Несмотря на чудовищное давление, у оборонявшихся нашлись силы для того, чтобы выдвинуть вперед этот объект, прикрытый индивидуальной защитой такой мощности, что он смог прорваться сквозь поле атаки.

Что там было, внутри этого огненного шара, катящегося навстречу уникарам? Ни один датчик не мог дать ответа на этот вопрос при такой интенсивности энергетического взаимодействия.

С орбитальной высоты происходящее внизу казалось всего лишь театральным действием, игрой.

Но вот огненный пузырек лопнул, раскололся, как грецкий орех, исчез. На какую-то долю секунды стремительно сменившие объективы автоматы выдали на всех центральных экранах усмехающееся нечеловеческое лицо.

Они успели рассмотреть и запомнить лишь эту противоестественную усмешку, на которую способно лишь существо, знающее, что такое смерть, и понимающее все, что должно последовать за исчезновением защиты.

Казалось, огненному грибу, выраставшему из этого крошечного черного семечка, еще секунду назад бывшего живым разумным существом, не будет конца. Гриб все рос и рос вверх, пробивая верхние слои атмосферы, наполняясь яростным фиолетовым клубением, обрастая черными отметинами пыли и газов, раздуваясь вширь и закрывая от них все происходящее внизу. Один за другим вонзаясь в поверхность ядовитой белесой шляпы термоядерного взрыва, гасли фиолетовые копья энергетической подпитки в эпицентре взрыва. Разрушалась структура всех энергетических каналов.

— Будем продолжать? — тихо спросил главный энергетик. Он был мертвенно бледен. Кленов видел, как мелко дрожали пальцы его правой руки, скорчившиеся возле инициаторов мощности.

— Что это было, аннигиляция? — спросил Райков.

Мельком глянув на приборы, физик кивнул:

— Примерно восемьдесят килограммов эквивалентной

массы; сто пятьдесят — двести килотонн. Защита на танках могла выдержать. Остальные автоматы, скорее всего, уничтожены.

— Выключить все генераторы, — угрюмо проговорил Райков. — Я свертываю операцию. Возвращайте все, что осталось от десанта, на корабли.

Тишина, повисшая в рубке, словно подчеркнула всю меру ответственности, которую только что взял на себя один человек.

— Мы не использовали и десятой доли наших возможностей! — возразил главный энергетик, не желая мириться с поражением.

— Я знаю. Выполняйте приказ, — сухо распорядился Райков, и Кленов подумал: «Не этой ли минуты так боялись те, кто любыми средствами стремился не допустить участия в рейде именно этого человека? Чего они добивались? Окончательной расстановки сил? Уничтожения Ангры? Ведь если бы на месте Райкова сидел сейчас другой человек, можно было бы и продолжить штурм...

Еще один-два таких удара, и кора планеты не выдержит. Над лесами Ангры, над поселениями людей и всех других существ, представлявших здесь десятки разных миров, пронесется смерть, и виноватыми в этом окажутся люди. Не этого ли с таким упорством добивались их противники? Ведь они в какой-то степени могли предвидеть будущее и не зря так боялись этого человека. Там, где время течет в обратную сторону, будущее становится прошлым, не успев еще даже родиться. Так чего же они все-таки хотели?» Этого он не знал. Этого он не мог понять и чувствовал лишь неумолимый ход времени. Рождались и таяли в наступившей тишине те самые неповторимые мгновения, которые несли с собой начало какой-то новой и пока еще неведомой эры.

5

Роман проснулся от боли. Это была не его боль. Болела земля, на которой он лежал. Ощущение было таким резким и сильным, словно кто-то вонзил в планету огромный раскаленный меч и потом повернул его в ране.

Боль пульсировала теперь в теле Романа, проникала в его жилы и нервы, она рвала путы забытья, наполняла его мускулы стрессовой, запредельной силой.

Роман вскочил на ноги и осмотрелся. Лес горел, деревья обуглились и стали похожи на черные факелы. Кругом валялись комья земли, пепла и обгоревших ветвей. Там, где кончалась дорога, пылал деревянный город россов. Все застилал низкий плотный дым, казалось, горела вся планета.

Роман повернул голову к западу, откуда несколько минут назад пришел раскаленный ураган. На него повеяло смертельным дыханием радиации. В той стороне не было ничего: ни одного дерева, ни одного растения. Только хлопья серого пепла да клубы желтоватого дыма. Он смотрел долго, пока глаза не стали слезиться.

Что-то старался вспомнить, что-то важное, какой-то сон. Но сны кончились. Его окружала безжалостная, смертоносная реальность. Он внимательно осмотрел место, на котором лежал, и все пространство вокруг. Ничего. Никого. Он был один на один с раскаленным ураганом. Он набрал в легкие воздух, стараясь пробиться своим чутким обонянием сквозь запахи гари и дыма. Пахло сгоревшим деревом, сгоревшей травой, сгоревшей землей. Среди этих запахов не было самого страшного. Значит, она ушла, даже если это был не сон. Теперь он остался один на один с раскаленным ураганом и знал, что ему необходимо сделать. Надо уменьшить нестерпимую боль земли, спасти тех, кого еще можно спасти.

Медленно он двинулся вперед, почти насильно переставляя лапы. Тело не желало подчиняться, оно не хотело идти в раскаленный ад, из которого вырвался смертельный ураган, но где-то еще оставалось его жало. Только он один может до него добраться... И он шел. Земля под ногами постепенно превращалась в оплавленную, потрескавшуюся корку. Она была еще слишком горяча и прожигала толстые подошвы его ног. Но эта боль казалась слишком слабой по сравнению с той, что жила в нем с момента взрыва и ничего не могла уже добавить к его ощущениям. Легким не хватало воздуха. Воздух сгорел, превратившись из живительного газа в свою ядовитую противоположность. Мучительный кашель то и дело сбивал леврана с ритма, заставляя смотреть по сторонам. Он понимал, что этого делать нельзя. Если он хочет дойти до цели, нужно сосредоточиться только на этом. Не замечать, не видеть ничего вокруг, постараться даже не чувствовать, как будто он мог не чувствовать...

Сейчас его главным проклятием стала его обостренная способность ощущать чужую боль. Напрасно он надеется, что ему удастся выдержать. Это безнадежно. Ему давно следовало повернуть обратно и бежать прочь из зоны смерти туда, где остались живая вода, листья растений, воздух.

Он все еще бежал вперед. Он и сам не знал, почему это так, откуда берутся силы на эту безнадежную борьбу. Даже если ему удастся совершить невозможное и вопреки всему добраться до цели, это ничего не изменит, он даже не знает, что именно нужно сделать, он даже не знает, куда бежит. Это самоубийство. Глупое, бессмысленное самоубийство.

Радиация достигла такой степени, когда начинает светиться воздух, соприкасаясь с насыщенной смертью почвой. Такой концентрации не может выдержать ни одно живое существо.

Он все еще бежал на запад. Температура постепенно повышалась. Зато раскаленные остатки смертоносной атмосферы были здесь кристально прозрачны. Пыль и дым ударная волна унесла далеко назад.

Он был уже близок к эпицентру взрыва и не понимал, почему до сих пор не лопнули его легкие, не разорвалось сердце, кто и для чего наделил его такой несказанной силой — переносить мучения и двигаться только на запад, только вперед, только к намеченной цели.

Наконец почва стала понижаться. Эпицентр взрыва остался у леврана за спиной. Он двигался теперь по дну западного ущелья. Его стены плавились, однако самые страшные световой и радиационный удары прошли здесь поверху, не добравшись до дна ущелья. Тут осталось даже немного воздуха. Не такого чистого, как ему бы хотелось, но все же пригодного для дыхания.

Боль стала настолько привычной, что уже не мешала думать. В какой-то мере он подчинил ее своей воле. Левран думал о том, что сделает с теми, кто нанес планете такую жестокую рану, это помогало ему продвигаться вперед, но ненадолго: ненависть — плохой помощник.

Внутренним зрением, легко проникающим сквозь багровые тучи, заполнившие небо Ангры, он видел светлые звездочки кораблей, удаляющихся от планеты, их было четырнадцать. Четырнадцать звездочек, пришедших из далекого далека, оттуда, где была его человеческая родина. Левран тяжело вздохнул и мысленно спросил Кленова: «Уходишь?» — «Ухожу, друг. Ничего у нас не вышло, ты уж прости...» — «Да ладно. Я попробую сам. Уже немного осталось, может быть, мне удастся до них добраться...»

Он вынул талисман архов. Лучик удлинился, стал ярче и по-прежнему показывал на запад.

От талисмана по измученному телу разлилась приятная прохлада. Что-то в нем происходило. Рвались какие-то связи. Клетки изменялись, мутировали под радиоактивным ливнем с огромной скоростью. После превращения его тело стало удивительно пластичным, оно легко приспосабливалось к меняющимся внешним обстоятельствам. Если бы у него было больше времени, он бы, наверное, сумел справиться даже с радиацией, но времени не было. В него словно вложили огромные безжалостные часы, и они тикали, отмеряя последние оставшиеся в его распоряжении минуты. Что случится потом, когда они истекут? В точности он этого не знал, но понимал, что долина Серых скал доступна лишь на короткое время, и, если он не успеет, ждать придется тысячу лет. Тысячу лет нового безжалостного владычества деймов. Он двинулся вперед, ковыляя по дну ущелья, обессиленно припадая на передние лапы.

Поворот, еще поворот. Ущелье кончилось, но путь закрыла скала.

Он достал талисман. Звездочка стала еще ярче, луч удлинился, но теперь он неуверенно качался из стороны в сторону, словно не знал, какое направление выбрать. Так ведет себя стрелка компаса на полюсе, когда цель достигнута и дальше идти некуда. Он был в центре зоны, перед ним возвышалась скала, но он, одолев и эту преграду, стоял теперь на вершине утеса. Вокруг простирались смертоносные поля, вспучивалась оплавленная кора планеты. Здесь не осталось ничего, кроме ущелья и этого одинокого утеса. Стрелка талисмана указывала теперь вниз, туда, откуда он только что пришел. Если проход существовал, он был внизу, на дне ущелья.

Нужно убираться с вершины, здесь радиация усилилась, у него уже кружилась голова, с минуты на минуту он мог потерять сознание.

Медленно, срываясь, то и дело соскальзывая с оплавленной поверхности скалы, он пополз вниз. Последний десяток метров, сорвавшись, он преодолел в беспорядочном падении. К счастью, поверхность скалы оказалась здесь более пологой, и все равно удар оказался слишком сильным.

Несколько минут он лежал неподвижно, собираясь с силами, не зная, что делать дальше. Похоже, он проиграл. Прохода внутрь долины ему не найти, если он вообще существует. Сил на обратный путь не хватит. Лучше всего остаться там, где он теперь лежит. Мертвый сон не заставит себя ждать слишком долго.

Он сделал все что мог. Все что было в его силах.

«Сквозь скалу мне не пройти», — снова повторил он эту фразу, прислушался к ней и, шатаясь, поднялся на ноги.

Если бы он был только левраном, наверно, это было бы именно так. Но раньше, когда он был человеком, однажды ему удалось пройти сквозь скалу... Правда, там была другая скала, соединенная со звездными путями, ведущими к иным мирам... Тысячами неведомых нитей... Все же он подошел к скале, закрывавшей выход из ущелья, и внимательно осмотрел ее поверхность.

Она была серой. Чудовищные звездные температуры, свирепствовавшие здесь несколько часов назад, не оставили на ней ни малейшего следа. Если прижаться к камню обожженным телом, можно ощутить прохладу и легкую вибрацию...

Это была не простая скала. В ее левом нижнем углу что-то едва заметно блестело... Он подошел ближе, разгреб обвалившиеся сверху комья оплавленной, спекшейся земли и увидел оттиск. Четкий круглый след, вдавленный в поверхность камня. Он был не больше ладони. Казалось, кто-то приложил к скале печать или, например, талисман...

Он очистил оттиск от копоти и увидел двух стоящих на задних лапах левранов, отделенных один от другого чертой, идущей сверху вниз. Перед ним было зеркальное изображение его талисмана. Его оттиск.

Стараясь справиться с волнением, с неожиданно появившейся надеждой, он достал талисман. Размеры совпадали, и теперь он заметил в центре оттиска под слоем гари, в том месте, где на его талисмане горела зеленая звездочка, необычный красноватый блеск... Он прочистил его сбоку осколком камня, стараясь не прикасаться к этому опасному месту, и увидел яркий блеск красного камня. Все совпало, кроме цвета камня. Сомнений больше не оставалось.

Он совместил изображение на талисмане с оттиском и вложил его в углубление. Камни соприкоснулись. Послышался легкий шорох, словно тысячи бабочек одновременно взмахнули крыльями. Нижняя часть скалы перед ним исчезла. Вход открылся. В лицо ему пахнуло чистым, не зараженным радиацией воздухом, прохладным запахом живой земли. Он вошел внутрь.

Перед ним был огромный, почти пустой зал, освещенный ярким зеленым светом стоящего на постаменте метрового кристалла. С тихим шелестом проход за спиной Романа сомкнулся вновь. Путь был окончен. Он стоял перед светящимся камнем, ничего не понимая и не зная, что делать дальше. Зал оканчивался стеной. В ее полированном граните едва заметно проступало отражение зала и его собственное. Взглянув на себя в этом каменном зеркале, он понял, насколько обезображено и изувечено его тело, сплошь покрытое язвами ожогов. От бронированной блестящей шкуры леврана ничего не осталось. Кое-где клочьями свисало розоватое мертвое мясо.

Только сейчас, увидев себя, он по-настоящему, до конца осознал, что путь для него окончен, и этот зал — последнее, что он видит в своей жизни.

Ни отчаяния, ни горечи не испытала его измученная душа, только сожаление от бесполезности пройденного пути, от того, что он так и не смог разрешить загадку и ничего не сумел изменить. Когда его не станет, здесь пронесутся века, и через тысячу лет, быть может, кто-то другой окажется умнее.

Он обернулся. Камень. Ничего, кроме камня и замкнутого овального зала с одной-единственной ровной стеной, похожей на черное зеркало... Стена стояла вроде бы не на месте, нарушая симметрию зала и разделяя его на две половины. Возможно, за ней было пустое пространство, но несокрушимая толщина мертвого холодного гранита не оставляла ни малейшей надежды — туда ему не проникнуть.

Оставался еще камень. Формой и размером светящийся зеленый кристалл напоминал лезвие меча. Снизу, между ним и постаментом, расположилась каменная чаша. Вначале Роман принял ее за украшение, но теперь подумал, что это, скорее всего, отражатель. Его вогнутая полированная поверхность отбрасывала зеленые лучи кристалла на гранитную стену, не давая им распространяться по залу. Вполне понятная предосторожность, если вспомнить, что мог сделать маленький кусочек такого камня с титанитовой дверью звездолета.

Что-то ему напоминала сама форма кристалла, что-то важное... Ну да, была же рукоятка меча, найденная в пещере под деревом, с таким же изображением, как на талисмане архов, которую он нашел после одного из своих вещих снов. Там была рукоятка, здесь — лезвие.

Вместо рукоятки — каменный постамент. Но и он располагает силой леврана и, несмотря на все свои раны... Он уперся плечом в основание, и неожиданно каменная глыба, не прикрепленная к полу, поддалась его усилиям. Наклоненное вперед лезвие угрожающе придвинулось к стене.

Если маленькая частица такого камня справилась с титанитовой дверью... Он удвоил усилия, вспомнив, что сила воздействия камня зависит от расстояния. Чем ближе продвигал он зеленый меч кристалла к стене, тем ярче становилось пятно падавшего от нее света. В его оттенке появились какие-то новые, зеркальные блики.

Постамент все же оказался для него слишком тяжел, и теперь он боялся, что сил завершить начатую работу не хватит, каждый следующий сантиметр продвижения давался ему все с большим трудом, словно стена отталкивала кристалл. А может быть, силы уже окончательно оставляли его. От напряжения из его многочисленных ран начала сочиться кровь, и на полу отпечатывались четкие следы всех его шести лап.

В космической тишине подземного зала слышалось только измученное дыхание леврана и скрип каменной глыбы, оставлявшей на полу глубокие царапины. В конце концов он вынужден был остановиться, чтобы немного отдохнуть.

В каменном зеркале происходили какие-то изменения. Отражение стало четче, рельефнее. Изменился цвет стены, словно в камень добавили серебра. Зеркальная пленка стала ярче. Но больше всего бросался в глаза изменившийся цвет отраженного в стене лезвия меча. Он приобретал явный красноватый оттенок.

Это показалось Роману настолько важным, что, превозмогая боль, он отполз на безопасное расстояние в противоположный конец зала и заглянул за край чаши, закрывавшей кристалл. Светящееся лезвие кристалла на его стороне оставалось ярко-зеленым, и, значит, изменения происходили только в отражении. Этого не могло быть, и тем не менее, как только он возобновил продвижение зеленого меча к стене, сразу понял, что отражение в каменном зеркале постепенно приобретает все большую самостоятельность.

Например, левран, двигавший ему навстречу красный кристалл, прихрамывал на правую переднюю лапу. Когти на ней были сломаны и зияла огромная рана. Передние лапы Романа пострадали меньше всего... Да и в самом отраженном зале проступали новые, не соответствующие помещению, в котором находился Роман, детали. Казалось, зеркало превращается постепенно в прозрачное стекло, и он видит за ним какой-то новый, незнакомый, живущий самостоятельной жизнью мир.

Стена становилась все более зыбкой, по ней пробегала рябь, словно перед ним был не камень, а отражение в озерной воде... Стена колебалась, сминалась и распрямлялась вновь.

От лезвия зеленого меча до красного кристалла на той стороне оставались теперь считанные сантиметры, одно последнее усилие. Но Роман остановился вновь. Не так-то просто было на него решиться.

Он слишком хорошо помнил свой сон. Что произойдет с миром, отчетливо видимым за полупрозрачной пленкой зеркала? С этим залом, со всем окружающим пространством? С Ангрой, наконец?

И тут левран за пленкой зеркала убрал свои лапы с каменного постамента и, обретая самостоятельность, шагнул вперед. Он приник к разделявшей их прозрачной преграде и долго пристально смотрел в глаза Роману. Взгляд его больших влажных глаз был печален и мудр. Что-то он хотел ему сказать этим взглядом, о чем-то поведать.

Роман, невольно подчиняясь его немому зову, придвинулся навстречу, их передние лапы соприкоснулись, взаимно поддерживая друг друга. Поверхность, разделявшая их, потеряла свою несокрушимую монолитность, стала гибкой и податливой, как резиновая мембрана.

И все же это была граница между мирами. Черта. Если бы они смогли видеть себя со стороны, они поняли бы, что их тела в точности повторили в эту минуту символическое изображение талисмана.

Два леврана стояли на задних лапах друг перед другом, с двух сторон упираясь в черту.

И черта дрогнула, поддалась их взаимным усилиям. Кристаллы соприкоснулись друг с другом.

Круг старого замороженного времени кончился и уходил теперь в небытие. Начиналась другая эпоха. Словно бесшумный вихрь пронесся по залу.

Заколебались стены, смазалась граница, заворачиваясь в огромный рулон, и, свертываясь, вытолкнула чужое пространство в его собственные пределы.

На какие-то доли мгновения Романа накрыл полный и беспросветный мрак, тот самый, что стоит у предела всякой жизни, а когда он развеялся, не было уже леврана и не было старого зала.

Человек стоял перед беспредельной серебристой дорогой, уходившей от него в бесконечность, соединявшую звезды. Прежде чем ступить на нее, человек почему-то оглянулся... Но сзади не было уже ничего: ни прошлого, ни пространства, ни самой Ангры.

Книга 2

Изгнанник

ЧАСТЬ ПЕРВАЯ

ТРЕТИЙ КРУГ

1

Время в истории измеряется иными, отличными от столетий мерками. Даже тысячелетие для развития цивилизации — всего лишь краткий миг...

Минуло несколько таких мгновений, и от Федерации Свободных Планет не осталось и следа. На ее осколках возникали и рушились новые звездные империи, новые государства рождались и бесследно исчезали в переплетении прошлых пространств. Лишь одно оставалось неизменным — извечная борьба между силами света и тьмы. Два невидимых полюса, управлявших внешними аспектами развития миров, по-прежнему противостояли друг другу.

Лима выглядела мрачно, как и большинство столиц на недавно освоенных мирах, взявших курс на создание собственной индустриальной базы.

Колонисты стремились к независимости, прежде всего к независимости... Но это слово содержало слишком много оттенков, и часто за ним скрывалось элементарное желание местных управлений захватить побольше власти, что и привело в конце концов к развалу гигантской космической империи Комора.

Игорь Крайнов, штурман первого класса, только что сошедший с уже покинувшего звездопорт Лимы грузового транспортника, шел по улицам Лимы, не обращая внимания на проносящиеся мимо кабины автотаксов. Прочь от порта, от биржи труда — в дальние трущобы, туда, где не требуется много кредосов для того, чтобы отыскать крышу над головой, а если повезет, то можно будет найти и целое здание, занятое такими же бездомными босяками, каким он стал два часа назад.

Придавленные тяжелым смогом здания казались слепыми серыми тушами. Прямые стрелы улиц таяли в синеватой дымке тумана. Без респиратора здесь давно уже никто не выходил наружу. Немногие встречные пешеходы выглядели совершенно одинаково.

Нет, найти меня в этой толпе будет не просто... Я восстановил в памяти события последней недели.

Что-то было не так с моим увольнением с «Тандера». Впрочем, последние полгода все у меня шло «не так». Взять хоть этот крупный проигрыш в лотерее на Кридосе или исчезнувший без следа почтовый перевод из Стореллы. А замороженный счет в Лиме? И все же мои финансовые проблемы никак не могли сказаться на решении капитана «Тандера» расстаться со своим лучшим специалистом.

Я тяжело вздохнул, пытаясь избавиться от круговерти безрадостных мыслей. Какое все это теперь имело значение? «Тандер» давно стартовал без меня...

Я чувствовал ненависть и ярость. Ненависть к этому городу, к его слепым глазам, притаившимся за стенами лишенных окон зданий. К одинаковым безликим маскам его жителей. К тем, кто, оставаясь невидимым, пытался незримо руководить моей судьбой. «У меня есть для тебя совет, Игорь, только совет, — сказал на прощание мой бывший друг, второй помощник капитана Джон Ригас. — Зайди в корпорацию. По-моему, им срочно понадобился штурман».

Это объясняло многое, если не все. И я прекрасно понимал, чем рискую, не явившись немедленно по указанному Ригасом адресу. Советами такой организации, как космическая корпорация, не следовало пренебрегать. Во всяком случае, это никогда еще не оставалось безнаказанным.

Услышав резкий звук полицейского кара, я инстинктивно рванулся в боковой переулок, но тут же остановился — не следовало так явно проявлять беспокойство. К тому же со стороны полиции мне вряд ли грозила какая-нибудь опасность. Корпорация никогда не проявляла себя открыто. Труп, найденный ночью, исчезнувший без следа корабль, планета, разграбленная неведомыми налетчиками, установить государственную принадлежность которых никогда не удавалось... Неужели все это правда? И не потому ли, что все это правда, у корпорации так часто возникали сложности с наймом рабочей силы? В особенности это касалось классных космических специалистов...

Мне, возможно, придется проверить мрачные слухи о корпорации на собственной шкуре. И если я хотел этого избежать, то следовало немедленно исчезнуть, раствориться в огромном городе.

Я старался всегда оставлять у себя за кормой резервную зону, и поэтому был некоторый шанс осуществить такое намерение. Поддельная компьютерная карта личности, состряпанная три года назад на Раймосе скорее из озорства, в качестве сувенира с этой известной на всю империю колонии преступников, похоже, сослужит, в конце концов, неплохую службу...

О карте не знал никто, даже Ригас. К сожалению, с деньгами все обстояло далеко не так благополучно. Те немногие наличные, которыми я располагал, позволят продержаться всего несколько дней, может быть, неделю — больше мне не высидеть даже в трущобах: питание и чистая вода на Лиме стоят дорого, и тот, кто заморозил мою расходную карточку, прекрасно это понимал.

Я миновал наиболее оживленные улицы Лимы и, кажется, достаточно запутал свой след по дороге от космопорта. Теперь, пожалуй, можно было воспользоваться общественным транспортом, несмотря на то, что там придется снять респиратор и открыть лицо. Вероятность скрытой слежки все еще оставалась, но я слишком устал от пеших блужданий по закоулкам столицы и, в конце концов, решился на этот рискованный шаг.

Поясной модуль магнитокара вылетел на окраину через несколько минут без всяких происшествий. И, смешавшись с толпой рабочих, спешащих по домам после смены, я вновь затерялся в безликой серой массе носатых чудовищ, в которых превращались все прохожие, как только натягивали на лица маски респираторов. Ободренный этим успехом, я едва не решился воспользоваться фальшивой карточкой личности, чтобы остановиться в какой-нибудь платной ночлежке. Однако благоразумие взяло верх. В ночлежках слишком часто случались проверки... А сейчас мне важнее всего затаиться и не привлекать к себе внимания. Надо искать нору, в которую можно забиться.

Столица словно несла на себе печать недавних поражений, поспешных отступлений, судорожных попыток вернуть былую славу империи, которая ее породила... Заброшенных нежилых зданий на окраинах Лимы встречалось сколько угодно. Но полицейские кары наверняка оснащены биодетекторами, и здесь меня сразу же обнаружат.

Надо искать поселение бездомных бродяг. Скорее всего, это окажется шайка наркоманов или банда грабителей. Вряд они они пустят к себе чужака, но если мне повезет, лучшего места для временного укрытия от всевидящего ока Федерации не придумаешь.

Вскоре я заметил несколько подходящих личностей. Их нетрудно было отличить от обычных прохожих по привычке все время оглядываться и по одежде, слишком рваной и грязной даже для Лимы.

Последовав за одной из таких фигур, я очутился в полуразрушенном подъезде затемненного ветхого здания. Центральное воздухоснабжение здесь, к моему удивлению, еще действовало. Пришлось пройти целых два шлюза, прежде чем я попал во внутреннюю часть здания.

— Сними маску! — Чей-то требовательный окрик заставил меня замереть на месте и почти сразу же повиноваться. Совершенно неожиданно из темноты мог сверкнуть выстрел. — Я его не знаю, — спокойно констатировал все тот же грубый голос. — Он за тобой вошел, Фан?

— Я его тоже не знаю! Это наверняка шпик. Ковырни его, чего ты ждешь!

— Успеем. Пусть сначала скажет, чего ему от нас нужно.

Под потолком тускло, вполнакала высветилась световая панель, и я смог наконец осмотреться. Мы находились в большом овальном зале, предназначенном для каких-то былых собраний. На изломанных, ободранных скамьях валялись кучи газет и тряпья. Обитатели этого мрачного места, человек двадцать, не меньше, стояли вокруг меня полукольцом, отрезая дорогу к выходу.

— Что, не нравится? Чего уставился? — Громоздкий верзила, угрожающе играя мускулами, придвинулся вплотную, остальные одобрительно загалдели, предвкушая хорошее развлечение.

— Смотрите! У него знак! Это космик!

— Да? Мне еще не приходилось отличать космика.

Удар последовал неожиданно. Мне удалось парировать его лишь частично, зато моя ответная подсечка оказалась успешной, и туша нападавшего с грохотом рухнула на пол, подняв целую тучу пыли.

Долгие годы тренировок в группах спецназа, стажироваться в которых во время учебы обязаны были все специалисты начиная со второго класса, не пропали даром.

Дальнейшее развитие схватки, однако, пошло не совсем так, как я рассчитывал. Нападавший быстро оказался на ногах, и последовавшая серия коротких стремительных выпадов, уходов, бросков сразу же показала, что мой противник — профессионал высокого класса, знакомый со всеми приемами ведения боя, в том числе и запрещенными.

Уже через несколько секунд, пропустив прямой удар в солнечное сплетение, я понял, что влип окончательно. Толпа одобрительно взревела, ожидая кровавой развязки. И становилось все более очевидно — ждать ей придется совсем недолго.

Я уже потерял дыхание и плохо соображал от боли, когда входная дверь, такая желанная и такая недосягаемая теперь для меня, неожиданно распахнулась. И голос, усиленный мегафоном, рявкнул:

— Всем стоять на месте! Руки за голову!

Но даже это неожиданное нападение не застало банду врасплох, окружающие меня люди мгновенно оказались на полу, и со стороны верхних анфилад зала сверкнули огоньки бластеров. Стрелки там были неважные, или целились поверх голов, но нападавшие уцелели. Огненный шквал прошелся над ними.

— Не стрелять! — Снова рявкнул мегафон. — Вы можете уходить. Нам нужен только космик!

— Важная ты, оказывается, персона, — тихо проговорил лежавший рядом со мной предводитель и что-то коротко выкрикнул на незнакомом языке.

В зале погас свет. Прежде чем лучи полицейских прожекторов успели нас нащупать, несколько пар сильных рук подхватили меня и рванули куда-то в сторону. Мы бежали, низко пригнувшись, по вентиляционному туннелю. Сбоку, поддерживая и упорно проталкивая меня вперед, несся предводитель банды.

— Здесь нас не достать, — прохрипел он, не снижая темпа. — Все подземельное хозяйство города принадлежит только нам!

Тем не менее сзади вновь послышались выстрелы и топот погони. Человек, бежавший слева от меня, со стоном выронил бластер и упал. Почувствовал, что руки сопровождающих людей на секунду разжались, я на ходу успел подхватить оружие и дважды выстрелить туда, где только что сверкали огоньки выстрелов настигавших нас полицейских. У преследователей кто-то громко вскрикнул от боли, они замешкались, и этого оказалось достаточно, чтобы нам от них оторваться. Бежавшие рядом и чуть впереди меня люди свернули в узкий боковой проход. Стальная заслонка за нашими спинами со скрежетом задвинулась, отрезая нас от преследователей. Повинуясь знаку предводителя, все стояли несколько секунд совершенно неподвижно, не производя ни звука и слушая, как вдали затихают звуки погони.

— Ну вот. Кажется, все, — тихо проговорил предводитель. Я по-прежнему сжимал в руке рукоятку бластера и теперь протянул оружие своему спутнику.

— Можешь оставить у себя. Ты смелый парень, не каждый решится выстрелить в кростов...

— Кто они, полиция?

— Люди корпорации. Ее ночная гвардия. Редко кому удается от них уйти. Но здесь они не властны. Эти катакомбы простираются вниз на полкилометра. Они остались еще со времен серебристой империи и теперь принадлежат нам. Для того, чтобы кросты рискнули войти сюда, нужна очень серьезная причина...

Он с интересом уставился на меня, стараясь в неверном блеске переносных фонарей рассмотреть мое лицо под коркой засохшей грязи и крови.

— Кто ты такой?

— Всего лишь штурман звездофлота. Зачем-то я им понадобился. Они устроили так, чтобы меня списали с корабля, и, видимо, следили за мной до самого космопорта, хотя я этого не заметил...

— Еще бы ты заметил... Значит, штурман... А еще говорят: нет судьбы... — В голосе этого грубого сильного человека послышалось неподдельное волнение.

— Что ты имеешь в виду?

— Позже поговорим. Здесь нельзя задерживаться — они могут вернуться. Надо идти вниз, на третий ярус. Только там мы будем в безопасности. Ты даже не знаешь, какая ты дорогая добыча и как мы тебя теперь будем беречь.

Снова начался стремительный спуск по узким металлическим лестницам, на старых полуразрушенных подъемниках, механизмы которых тем не менее работали, смазанные чьими-то заботливыми руками. Мы спускались так не меньше часа, прежде чем Ловинский — так звали командира нашей группы — объявил первую большую остановку. Почему-то они все обращались к своему предводителю по фамилии, если, конечно, это не была кличка.

В огромном подземном зале дышалось с трудом. Воздух был затхлый, но много чище, чем наверху. Нас осталось человек пять, остальные отсеялись во время сумасшедшего продвижения по катакомбам Лимы, выполняя распоряжения своего командира. Меня удивляло непривычное сочетание внешней расхлябанности и строгой внутренней дисциплины среди людей Ловинского. Все его приказы выполнялись быстро и четко, без лишних вопросов и ненужного подобострастия.

Расположились прямо на земле. Когда из заплечных сумок появились свертки с едой, я вдруг понял, как сильно проголодался. У меня не было с собой даже воды, а пить хотелось давно, задолго до остановки...

Я не знал, как себя держать с этими людьми. Кем я был среди них — пленником или равноправным членом команды? Что означали эти слова Ловинского «о дорогой добыче»? И каким образом я должен добывать теперь себе пропитание и воду? Может быть, предложить им деньги?

И тут я заметил, что Ловинский внимательно за мной наблюдает.

— Гордый, значит. Не попросить воды, когда хочется пить, у нас считается оскорблением.

— Я не знаю ваших порядков. Я родился на Земле и никогда не был в Лиме.

Ловинский кивнул, соглашаясь, и протянул флягу.

— Никогда не слышал о Земле. Тебе придется изучить наши правила, если хочешь выжить в Лиме.

Я жадно приник к драгоценному сосуду, стараясь не расплескать ни капли.

Еда оказалась излишне солоноватой и сухой. Впрочем, иной она и не могла быть. Скорее всего, эти жесткие волокнистые ломти не что иное, как самодельные консервы.

— Сами запасаете еду впрок?

— Мы почти все делаем здесь сами.

— Зачем я вам понадобился? Почему вы помогли мне? — наконец решился я задать самый важный вопрос.

— С чего ты взял, что мы тебе помогали? — Несколько секунд Ловинский молча прожевывал хрустящий ломоть. — Что ты знаешь о Коморе?

— В каком смысле?

— В самом прямом. Чему тебя учили в школе?

— Меня многому учили... Комора на Земле не любят, как и везде, да только не знают, как от него избавиться.

— Комор нахватал кусков, проглотить которые он уже не в силах. Большие расстояния между колониями, проблемы транспорта и связи, необходимость содержать огромный флот постепенно подорвали экономическую мощь империи. Уже сегодня от нее ничего бы не осталось, если бы не корпорация...

— Мы это давно поняли на Земле. Посылали даже экспедицию в Темную область, но она не вернулась.

— Зачем?

— Хотели найти место, недоступное для кораблей Комора.

— Да, такое место нужно не только землянам.

Ловинский обладал завидным умением с разными людьми говорить на их языке и, кроме жаргонных словечек, которыми он усыпал свои краткие обращения к подчиненным, знал многое другое.

— Ты, кажется, не всегда был предводителем крысантов?

— Не всегда. Пять лет назад я был капитаном «Атлана». — Это было слишком неожиданно. История с «Атланом» стала притчей во языцех во всем звездофлоте.

— Там же был бунт!

— Совершенно верно. Только не бунт. Восстание. Мы хотели уйти от имперского флота. Независимый от империи рейдер... Пять лет назад эта мечта не могла осуществиться. Был суд, рудники, побег, — много чего было за эти годы...

— Значит, ты — тот самый Ловинский...

— Тот самый.

— Но при чем здесь корпорация? Какое отношение космический транспорт имеет к имперским проблемам?

— Транспорт? Значит, ты веришь всем этим басням, придуманным для доверчивых простачков? Тогда скажи мне, куда подевались все военные крейсеры империи?

— С тех пор, как большинство поселений подписали с Комором договор о сотрудничестве, весь военный флот был разоружен и переведен на каботажные линии.

— И для этого понадобилась специальная корпорация. И именно тогда на этих самых каботажных линиях появились невесть откуда взявшиеся пиратские военные корабли.

— Ты хочешь сказать, что пираты принадлежат империи?

— А как, по-твоему, проще всего держать в узде непокорные колонии, если открытые военные действия становятся невыгодны? К тому же корпорация приносит солидный доход.

— Я слышал об этом, но как-то... Все это было далеко.

— Конечно, все мы так. Пока не коснется лично, можно считать, что проблемы не существует. Ладно. Разговор о корпорации особый. Пора заканчивать привал, путь у нас еще не близкий.

Последние сопровождающие нас люди один за другим, повинуясь приказам Ловинского, исчезали в боковых проходах, и в конце концов я остался наедине с Ловинским.

Новичку не так-то просто освоиться с подземельями Лимы. Одна мысль о том, что все эти гигантские подземные полости, пещеры, запутанные переходы созданы не руками людей, а какими-то неведомыми силами природы и существовали здесь, по крайней мере, несколько миллионов лет, задолго до появления человека, приводила в трепет того, кто впервые видел эти стены, усыпанные то алыми, то зелеными кристаллами минералов, хрупкими друзами солей, покрытые ослепительными красками, на секунду оживавшими в неверном свете фонарей.

— Ты уверен, что мы идем правильно? — Я уже не скрывал своей тревоги. Подземные катакомбы Лимы могли лишить мужества кого угодно.

Ловинский, ничего не ответив, остановился, достал маленький аппаратик, уместившийся у него на ладони, и, прижав палец к губам, подошел ко мне вплотную. На аппаратике вспыхнул красный огонек. Жестами Ловинский предложил мне снять куртку и осторожно, словно в ее складках скрывалась гремучая змея, положил на пол. Затем провел аппаратом по стальной моей одежде и вслед за этим проверил свою.

Только после того как мы отошли от этого места на добрый десяток поворотов и спустились на другой уровень, Ловинский наконец остановился и объяснил:

— Там было по меньшей мере два слухача. Я оставил им кристалл с записью, пусть теперь слушают...

— Почему они оказались в моей одежде? Не думаешь ли ты, что я?..

— Если бы я подозревал, что ты агент Комора, мы бы сейчас не разговаривали. Методика работы разведки корпорации достигла такого уровня, когда секреты фактически перестали существовать. Этот аппарат могли подложить, когда ты ехал в общественном транспорте, или позже, когда мы были уже здесь, в подземелье. Агенты перекупаются по нескольку раз, и мы слишком часто не знаем, кто есть кто. Работать в Лиме становится все трудней. Корпорация давно бы с нами покончила, если бы не боялась потерять ценный источник информации о деятельности союза. Пока они знают, что у союза нет боевых кораблей, они готовы терпеть нас, потому что понимают: так долго продолжаться не может. В конце концов союз найдет подходящую планету, построит там тайно от Комора базу и начнет создавать свой флот. Вот корпорация и надеется благодаря нам узнать об этом не слишком поздно.

Я давно утратил всякую ориентацию в подземном лабиринте и, когда мы двинулись дальше, старался держаться к Ловинскому как можно ближе, ступая за ним буквально шаг в шаг. Туннель теперь стал слишком узким и, петляя из стороны в сторону, все время менял направление.

После одного из таких поворотов Ловинский споткнулся и, падая, что-то крикнул. Далеко впереди засветился маленький зеленый огонек сонара, я услышал в ушах отвратительный визг, переходящий в инфразвук, и почти сразу же потерял сознание.

2

В окно светило тусклое солнце Лимы. Я лежал в чистой кровати, на хрустящем белом белье. Даже в пижаме. Кто-то аккуратно развесил на стульях мою одежду. Похоже, с того момента, как я потерял сознание, времени прошло немало...

Голова раскалывалась. Но про боль я забыл, едва вспомнив, чем закончилось вчерашнее путешествие по катакомбам Лимы. Кто вытащил меня наверх? Люди Ловинского или боевики корпорации? Где я, черт возьми, нахожусь? На тюремную больницу помещение явно не походило...

Дверь открылась. Вошла молодая женщина с подносом в руках. Полупрозрачный халат из термопласта с яркими маками, скрывающими лишь небольшую часть ее груди, давал возможность увидеть гораздо больше, чем могла себе позволить простая медсестра...

— Проснулись? Долго вы спите.

— Где я?

— На конспиративной квартире. Здесь вы в полной безопасности. Ловинский поручил мне о вас позаботиться. — Она поставила поднос и поправила разлетевшиеся волосы. Цветы на груди халата при этом жесте несколько сместились, открыв моему взору маленькие розовые соски. Жест, очевидно, был случаен, потому что она смутилась, перехватила мой взгляд и торопливо опустила руки.

— Выпейте тоник. Он поможет вам прийти в форму.

Мне с трудом удавалось не пялиться на нее. В этом не было ничего удивительного. Женщин я не видел во время всей своей долгой шестимесячной вахты на «Тендере», а таких женщин вряд ли встречал и раньше. Мягкие волосы рассыпались по плечам. Серые глаза блестели под широким разлетом бровей, а высокая округлая грудь даже сейчас, после того как она поправила халат, позволяла получить достаточно полное представление о том, что скрывалось под двумя цветками маков. Надеть с утра бюстгальтер ей, очевидно, было просто недосуг.

— Давно я у вас тут валяюсь?

— Вас привезли вчера ночью. Был врач. Вы хорошо выспались и теперь уже все в порядке. Одевайтесь, я вернусь минут через пять.

— Могу я видеть Ловинского?

— Думаю, нет. Он сейчас очень занят.

— А вас как я должен называть?

— Меня зовут Илен.

Оставшись один, я залпом осушил бокал желтоватой, пахнущей лимоном жидкости и как был, босиком, подошел к окну. Примерно шестнадцатый этаж... Высоковато для конспиративной квартиры. Значит, запасного выхода отсюда нет.

Что-то мне во всем этом не нравилось. Прежде всего, конечно, чрезмерная занятость Ловинского. Мне нужно придумать какой-то способ установить, в чьих руках я оказался. Кто использовал сонар в подземелье? Вряд ли это были люди Ловинского, скорее всего, он сам попал под удар и, возможно, теперь тоже находится под арестом... Хотя место, в котором я оказался, мало походило на тюрьму, мне придется соблюдать чрезвычайную осторожность. Лучше всего притвориться, что я им полностью поверил. Разыграть из себя этакого глуповатого малого и узнать как можно больше. Пока ясно одно: здесь, в Лиме, я стал объектом слишком пристального внимания могущественных соперничающих организаций. Если я хочу сохранить свободу собственных поступков и как-то выпутаться из гнусной ситуации, в которую попал, надо разобраться во всем как можно скорее.

Илен вернулась подтянутой и преобразившейся. Костюм деловой женщины, сидевший на ней так, словно она в нем родилась, не давал ни малейшего повода вспомнить мимолетное цветастое видение, мелькнувшее у моей кровати несколько минут назад. Разговор тоже получился какой-то странный, совсем не в русле той искорки зарождающейся симпатии, которая проскользнула между нами, хотя, возможно, я просто принимал желаемое за действительное.

— Мне поручено узнать о вас как можно больше, — сказала Илен, избегая моего взгляда.

— Спасибо за откровенность. Но почему вы решили, что мне это должно понравиться?

— Вы нуждаетесь в нашей помощи. И в ваших же интересах проявлять большее желание к сотрудничеству.

Она права, если, конечно, это не спектакль, разыгранный спецслужбами корпорации, чтобы выудить примитивным, но достаточно действенным способом нужную им информацию. Хотя я до сих пор не мог понять, почему представляю для них такой интерес. Это должно в ближайшее время проясниться. Не могут они все время ходить вокруг да около. И если я буду вести себя недостаточно доброжелательно, они сменят метод обработки на гораздо менее приятный.

— Что, собственно, вы хотите узнать? Анкетные данные?

Она поморщилась.

— Конечно, нет. Вашими анкетами занимаются специалисты.

— А откуда у вас мои анкеты? Не помню, чтобы я...

— У нас неплохие компьютерные службы.

— И система шпионажа... Понимаю.

— Вы странно ведете себя, Игорь Леонидович, для безработного, нуждающегося в нашей защите. Я ведь не только должна подготовить вас к отлету — оформить документы, купить необходимые вещи, заказать билеты; мне поручено также решить, стоит ли нашей организации тратить на вас время и деньги. Может, лучше предоставить вас вашей собственной судьбе?

С минуту она молча смотрела на меня, и я, забыв о ее вопросе, внимательно ее разглядывал. Она была безусловно красива и умела к тому же не выпячивать свою красоту, если не считать того халата, который, наверное, мне просто почудился в утреннем полусне. Сейчас ее подчеркнутая строгость лишь увеличивала ощущение опасности, которое от нее исходило. Все же мне удалось выиграть наш маленький поединок. Она отвела глаза и даже смутилась.

Собственно, мне было наплевать на то, что кто-то все решил за меня. Я до такой степени устал от Лимы, что был рад покинуть ее любым возможным способом. И коль скоро наши желания в этом главном пункте совпадали — остальное не имело существенного значения. К тому же вряд ли Илен, несмотря на ее заявления, могла повлиять на подобные решения. Они принимались на другом уровне. Да и какое мне, в конце концов, дело, кто за ней стоит? Я не присягал на верность Ловинскому и не очень-то верил в благородные цели его организации, хотя сам Ловинский и произвел на меня впечатление порядочного человека.

— Кластер, на котором вы должны лететь, отправляется завтра, в восемь утра. Нам еще нужно закупить для вас необходимые вещи. Придется поторопиться.

По крайней мере выяснилось, что я не был здесь пленником.

Мы сошли на остановке магнитокара недалеко от торгового центра. Над домами вздымалась стеклянная громада его купола. Внутри центра люди ходили без респираторов, и я вдруг остро почувствовал собственную уязвимость. Илен вела себя слишком уж беспечно для агента тайной организации.

— Вам не кажется, что здесь может быть опасно? Вы не боитесь слежки?

— Нет. Мы находимся под защитой.

— Под защитой кого?

— Скорее «чего». Защита — это целый комплекс электронных устройств и сложных, хорошо отработанных приемов. Ею пользуются чрезвычайно редко, потому что после каждого ввода в действие все приходится перестраивать. И мне не совсем понятно, почему ее задействовали ради вас...

— Что она собой представляет?

Кто именно ее организовал и для чего, также чрезвычайно меня интересовало, но об этом спрашивать Илен было пока рано.

— Ну, в целом с ее организацией знаком только сам Ловинский. Я знаю, что там есть специальное электронное устройство, выдающее ложные сигналы на запросы поисковых полицейских детекторов, и еще куча всякой техники. А почему вы спросили?

— Мне кажется, вон тот мужчина у стойки с туалетными ионизаторами за нами наблюдает. Я вижу его не в первый раз.

— Он и не думает скрываться. Профессионала, ведущего слежку, увидеть невозможно, если только он сам, специально, не захочет вам показаться. Иногда это практикуется, чтобы вызвать нервозность у объекта наблюдения.

Мне едва удалось скрыть, насколько я был потрясен разносторонностью и глубиной ее познаний.

— Так, значит, это профессионал...

— Это просто часть нашей защиты. Одно из звеньев прикрытия. Сейчас на вашу безопасность работает больше десятка человек. Не знаю, зачем Ловинскому понадобились такие меры предосторожности. Он вам что-нибудь говорил о вашей будущей работе в организации?

Вопрос был задан вскользь, мимоходом. За ним могло скрываться простое любопытство, хотя все связанное с Илен давно не казалось мне простым. Вполне возможно, это был своеобразный психологический тест. Так сказать, проверка на болтливость. В ответ я вполне естественно пожал плечами.

— Сам все время удивляюсь, почему к моей персоне проявили интерес такие солидные профессионалы. Сначала корпорация, теперь вот вы.

Я не ожидал, что она так близко к сердцу примет мою иронию, но она покраснела и отвернулась, словно я сказал что-то неприличное. С минуту мы молчали, а затем, как ни в чем не бывало, Илен начала рассказ о Тетрасоюзе. С ее слов, история его возникновения выглядела примерно так.

Союз возник в результате естественного сотрудничества дальних поселений землян, желавших оградить свои экономические связи от чрезмерных аппетитов Комора, и вскоре перестал быть тайной для имперских спецслужб.

Экономическую независимость союзу обеспечили удаленность от центральных космопортов империи его основных отделений и, в какой-то степени, — обыкновенное везение. До тех пор, пока союз не вмешивался напрямую в дела Комора, оставаясь периферийной организацией четырех провинций, империя согласна была его терпеть. Но долго это неустойчивое равновесие продолжаться не могло. С каждым днем становясь все сильнее, союз стремился к полной экономической и политической независимости, то и дело выступая против имперских интересов Комора.

— Одно время я работала в разведке корпорации. Между нашими организациями довольно часто происходит взаимный обмен агентами. Это делается почти официально, и я...

— Зачем вы мне все это рассказываете? — Я внимательно посмотрел на нее. — Или подобная откровенность — часть вашей методики?

— Вы почти угадали. Я считаю, что работать в контакте гораздо продуктивней. К тому же вы мне симпатичны.

— Вы имеете в виду меня как психологический объект или как мужчину?

— А если и то и другое? — Впервые она позволила себе нечто, похожее на шутливый флирт, и сразу же попробовала получить за это соответствующую компенсацию. — Вы догадываетесь, почему наша организация проявила к вам такой интерес? Обычно Ловинский очень осторожно относится к новым людям, а во всем, что касается вас, то и дело нарушаются правила.

— Однако вы нахалка, Илен. Вы почти признались, что используете меня в качестве рабочего объекта для выполнения задания, и ждете в ответ откровенности. С какой стати?

— Разве вам есть что скрывать?

— Допустим, нет. Почему я вообще должен с вами говорить на эту тему?

— Но вы же официально согласились с нами сотрудничать.

— Конечно. Однако в нашем разговоре с Ловинским... — Я осекся и растерянно посмотрел на нее. — Простите, а вы-то откуда знаете о том, что я вообще давал какое-то согласие на сотрудничество? Не хотите ли вы сказать, что Ловинский вам об этом сообщил?

— Я многое знаю не от Ловинского. Но не все, к сожалению. Например, мне совершенно непонятно, что он имел в виду, когда сказал, что вы для него дорогая добыча? После того как узнал о вашей специальности, помните?

Эти слова Говарда я вспомнил с трудом, и немудрено. Они были последними перед тем, как с моей куртки он снял подслушивающее устройство. Я посмотрел на Илен почти с ненавистью, потому что начал наконец понимать, что она собой представляет и какую роль собирается играть в моей судьбе...

— Так вы агент Комора...

— Официально я занимаю должность психолога Тетрасоюза, и мне поручено сделать заключение о вашей благонадежности.

— Так, значит, вы все-таки агент Комора. Двойной агент.

Она уловила в моем тоне нотку презрения и поэтому долго обдумывала ответ.

— Давайте рассмотрим две возможности, — наконец сказала Илен, прикусив свою красивую полную губку и невольно ускорив шаг. — Допустим, завтра я напишу о вас неблагоприятный отзыв, и Тетрасоюз откажется от ваших услуг. Вы снова превратитесь в объект охоты для корпорации. Затем вас неизбежно заставят выложить все, что вам известно, только гораздо более грубыми методами. Потом вам придется подписать контракт, в котором вас обяжут выполнять неприемлемую или даже отвратительную работу.

— Ну, такое им вряд ли удастся! — Я не очень верил в собственные слова. И она это наверняка почувствовала.

— Еще как удастся. Один человек не в состоянии противостоять хорошо отлаженной системе; поверьте, я знаю о чем говорю. И не перебивайте меня, пожалуйста.

— Хорошо. Не буду. Вы, кажется, упомянули о второй возможности?

— Отложим этот разговор до вечера. Тем более, мы уже пришли. В этой секции можно найти все, что нам нужно.

— Вы думаете, в наших закупках еще есть необходимость?

— В Лиме мало кто знает, что с ним случится через несколько часов. Я должна выполнить полученное от Ловинского распоряжение. Давайте посмотрим, что нам здесь может понадобиться. — Она вынула заготовленный заранее список и стала внимательно его изучать. — Белье, дорожные принадлежности... Два костюма...

Не заинтересовавшись покупками, я внимательно за ней наблюдал, обдумывал ее слова, манеру поведения и все никак не мог избавиться от ощущения некоего несоответствия в ее безупречно выверенной роли. Зачем, например, она так просто раскрыла себя, почти навязав мне вывод о том, что она может быть агентом Комора?.. Что за этим? Желание предупредить об опасности или еще один психологический трюк, очередной тест проверки?

Наконец она попросила завернуть товар и начала расчитываться с кассиром.

— Зачем столько закупок? — спросил я.

— Я вам разве не сказала? Вы солидный коммерсант, вояжер, возвращающийся из деловой поездки. Сомневаюсь, что вы справитесь с этой ролью даже на время проверки в космопорту.

Я едва сдержался, чтобы не сказать что-нибудь вроде: «Я вас тоже очень сильно люблю».

Автотакс довольно быстро доставил нас к подъезду вполне приличного с виду, хотя и не слишком дорогого отеля. Именно его Илен выбрала мне в качестве временной резиденции до отлета. К моему большому разочарованию, ее квартира для этого не предназначалась. Мне там было совсем неплохо. Похоже, сейчас она распрощается и уедет, оставив меня в грустном одиночестве.

Однако на предложение продолжить беседу в баре за рюмкой ланго она ответила согласием, хотя я заметил секундное колебание. Видимо, я вел себя достаточно тактично, сделав вид, что начисто забыл наш утренний разговор, намек на Комора, ее предстоящий отчет и предложенный выбор из двух возможностей. Во всяком случае, пока, к моему удовлетворению, увлекательная игра в двойного агента была продолжена.

Внутри отель не оправдывал обещаний фасада. Здесь все кричало о вокзальной забегаловке. Я начал опасаться, что не найду приличного бара и Илен в последнюю минуту передумает.

Но после того секундного колебания в автотаксе она ни на минуту не дала мне повода усомниться в серьезности своего решения.

Правда, в баре она все же попыталась если не вытянуть

из меня нужные сведения, то, по крайней мере, убедиться, что не напрасно тратит на меня время.

Официант, поставив перед нами тарелку с синтетическими бутербродами и плохо вымытые рюмки, величественно удалился к другому, видимо более многообещающему столику. Но не мог же я проявлять щедрость за чужой счет? Хотя, наверное, мог. За все, конечно, платила фирма. Вот только какая?

— Я жду вашего рассказа, — напомнила Илен.

Решившись довести эту увлекательную и достаточно опасную игру до конца, я откровенно разглядывал свою спутницу.

Она отнюдь не походила на манекенщицу или на одну из тех стандартных девиц, которых многие фирмы держат специально для представительства. Скорее уж на провинциальную преподавательницу из сельского колледжа.

Сейчас она держалась чопорно и стеснительно. Она была или гениальной актрисой, или совершенно не той роковой женщиной, за которую старалась себя выдать. Мне запомнился ее жест, когда она попыталась натянуть слишком короткое платьице на свои округлые коленки, достаточно призывно обозначившиеся под нашим крошечным столиком. А когда ей это не удалось, то попросту прикрыла их салфеткой. На меня бы это наверняка подействовало, если бы перед глазами вовремя не всплыли маки ее утреннего халата.

И при всем том она была чертовски красива и к тому ж умна... Это последнее обстоятельство все время ставило меня в тупик, разбивая готовые стереотипы, которые я, сам того не замечая, то и дело старался к ней примерить.

— Я расскажу вам все, что знаю, за чашкой кофе в своем номере, — сказал я, отбросив последние сомнения и решившись сразу все расставить по своим местам.

Она посмотрела на меня долгим печальным взглядом, за которым могло скрываться все что угодно, и произнесла банальнейшую фразу, которую говорят малознакомому мужчине большинство женщин, позволив ему расстегнуть первую пуговицу на своей блузке:

— А я думала, вы не такой, как остальные...

После этого оставалось только рассчитаться и подняться в номер. На секунду я подумал о том, что меня ждет, когда она узнает, что, в сущности, сказать мне нечего. А все те сведения, которые она рассчитывала получить от меня, всего лишь плод ее воображения.

Расплата оказалась весьма жестокой, гораздо серьезнее, чем я мог себе представить в тот момент.

3

Оставшись один, я открыл коробочку с маленькими серыми таблетками кренга. Тщательно размял одну из них, смешал порошок с табаком, и душистые клубы дыма вскоре наполнили гостиничный номер нездешним ароматом.

Кренга почти не осталось. Пять лет назад я достал его по случаю, на Четвертой Лебедя, и берег как зеницу ока. Кренг — легкий наркотик, без всяких побочных действий. Он стоил очень дорого, и я не мог сделать большого запаса. Я разрешал открывать себе эту коробку, только когда чувствовал, что жизнь становится совершенно невыносимой — такой, как сейчас.

Я окончательно запутался. Увольнение с корабля, корпорация, Ловинский и теперь вот еще Илен... В комнате до сих пор, несмотря на кренг, стоял аромат духов. Или так пахли ее губы?

Всего несколько часов понадобилось этой женщине, чтобы обратить мою победу в поражение. Тем не менее жизнь продолжалась и нужно было принимать какое-то решение.

Ловинский со своим союзом, скорее всего, бросил меня на произвол судьбы. Или сам попал в беду. В конце концов, никто не мог в открытую бороться с корпорацией.

Работы нет. Вещи и документы для отлета с Лимы, увы, исчезли вместе с Илен, и я остался один на один со своим могущественным противником... Даже если я ошибался, даже если Илен не агент Комора — чтобы найти меня, корпорации не понадобится слишком много времени.

Через несколько часов придется покинуть отель, и я вновь окажусь на улицах Лимы без копейки денег. Три дня назад я начинал именно с этого. Можно попробовать еще раз, но только теперь мне вряд ли удастся уйти дальше подъезда.

— Илен...

По глубине тоски, охватившей меня от одного только имени этой женщины, я понял, что мое поражение оказалось гораздо значительней, чем я мог предположить.

Сейчас я испытывал раскаяние и стыд, от которых не было никакого толку. Ведь я знал с самого начала, что веду нечестную игру. Что она не получит от меня нужной информации, в то время как я получил от нее все, чего добивался.

Я вспомнил ее усмешку. Прежде чем уйти, она улыбнулась. Бывают иногда улыбки, когда одной стороной лица человек улыбается чуть больше, чем другой.

Она улыбнулась именно так. Не мне даже — своим мыслям. Невеселая вышла улыбка. А потом взяла и ушла. Ни одного слова упрека, ни одной угрозы — просто встала, взяла сумочку и вышла...

И, словно подводя итоги моим грустным мыслям, за дверью послышался скрип. Они не стали утруждать себя стуком. Дверь ликвидировали разрядом интерверда. Еще не успело осесть облако пыли, а около меня с двух сторон уже стояли одетые в форменные комбинезоны люди.

От кренга реакция замедляется, и время начинает выкидывать странные штуки. Только что мы были в гостинице, и вот я уже стоял в кабинете секронга Гравса. Охранники выворачивают мне руки, но мне не больно. После кренга человек еще долго не чувствует боли.

Голова становится кристально ясной, и я понимаю, что этого они не должны знать ни в коем случае — иначе допрос отложат, дождутся, пока я приду в норму...

Я начинаю извиваться ужом, тонко притворно вскрикиваю. Секронг морщится.

— Оставьте нас.

И вот мы одни. Клубы тумана наплывают из углов кабинета. Стены качаются, плывут, я с трудом обретаю почву под ногами. Голос секронга звучит словно из-за стены:

— Тебе разве не сказали, что корпорации нужен штурман?

— Да, мне сказали. — Все мои силы уходят на то, чтобы не грохнуться перед ним на пыльный ковер. Стоять прямо нет сил.

— Тогда в чем дело? Или ты думаешь, что у моих людей есть лишнее время гоняться за тобой по всей Лиме?

— Я не подозревал, не думал, что лично вы... Так высоко я не смел...

У меня заплетается язык, и я не имею над собственными словами почти никакой власти. Что я лепечу?! И почему так вялы, нелепы мои движения, жесты, слова? Почему сознание уходит в почти неосязаемый мир и почему Гравс никак не поймет, что меня необходимо оставить в покое?

— Теперь ты знаешь. Не будем терять времени. — Он идет к столу, протягивает мне магнитокарту. — Подпиши. Это твой контракт. Ты будешь получать сто кредотов в неделю.

Это в четыре раза больше того, что я получал на «Тандере», но цифра не производит на меня никакого впечатления. Я прекрасно осознаю все, что происходит. Я вижу себя словно со стороны: я насосался кренга и подпишу этот чертов контракт, не читая. Потому, что всего важней для меня сейчас покой. И потом человек должен кому-то служить, зарабатывать себе на хлеб. Мне предлагают хлеб с маслом, зачем же отказываться? Я и не отказываюсь. Я даже знаю, что позже, когда действие кренга отпустит меня, я жестоко пожалею об этой минуте, и все же подписываю контракт. Кажется, один раз я уже это сделал... В другое время, в другом месте... Тогда мне, видите ли, захотелось романтики... О чем это я? Ах да, кренг...

Секронг мной доволен. Он прячет магнитокарту в стол. По длинным коридорам меня почти несут на руках.

Через какое-то время я понимаю, что хорошо выспался. Что мне приснился дурацкий сон. И что, наконец, теперь я проснулся в своей каюте на «Тандере». Вот только потолок, пожалуй, низковат. Да и стены... Я чувствую, как холодный пот заливает мне спину. Это не «Тандер»...

Переборки дрожали от ровного гула двигателей. И, значит, мы на форсаже уходили в открытый космос, с каждой секундой все дальше от Лимы, которую я так мечтал покинуть, и от той, что лишь улыбнулась мне на прощание. В надсадном реве двигателей отчетливо слышались слова, которые она так и не сказала... «Навсегда! Навсегда! Навсегда!» И потому, что это было для меня важней всего остального, важней даже желания выяснить, где я нахожусь, по всему этому я понял: ее месть оказалась сильней, чем все, на что она могла рассчитывать, отдавая меня в лапы корпорации.

«Рендболл» был грязным кораблем. Грязным и жестоким. Третью неделю он шел, грубо вспарывая пространство, от пояса внешнего защитного кольца системы Акмы, нимало не заботясь о маскировке. Его капитан привык к безнаказанности. Десятки лет боевые крейсеры империи хозяйничали в этих пространствах, не встречая никакого противодействия. Но времена медленно менялись. Сегодня уже приходилось выполнять некоторые элементарные правила: корабль не мог нести на себе опознавательных знаков Комора, соблюдал радиомолчание в зоне охоты, а дома перестали бурно отмечать их победы, как это бывало раньше. Официально флота «икс» не существовало вообще.

Зато теперь их труд лучше оплачивался, и к концу службы каждый из них, не считая, разумеется, рабостов, мог получить солидный кусок из тех благ, добытчиками которых они являлись для Комора. Законные налоги империи сегодня приходилось собирать с помощью боевых кораблей, но в этом не было вины флота. В этом виноваты те, кто не понимал, что только под руководством Комора возможно их нормальное существование. У империи, правда, не осталось внешних врагов, и сама функция защиты приобрела поэтому некую эфемерность, но это уж дело большой политики. Задача флота проще и конкретней: в страхе держать непокорные колонии и продолжать снабжать империю необходимым сырьем, товарами, энергией — всем тем, чем они привыкли пользоваться многие столетия и что, в силу уже одной только этой привычки, безусловно принадлежало им.

Гагаров — капитан «Рендболла» — маленький человек лет пятидесяти, занимался выверкой курса. Он вовсе не обязан был это делать, но его штурман, пьяница Горенс, вновь ошибся в счислении на несколько сотых градианта. И теперь выяснилось, что орбита корабля подходит слишком близко к планете. Перемена траектории в гравитационном поле системы — удовольствие слишком дорогое и к тому же небезопасное.

Процедив несколько проклятий, Гагаров решил все оставить как есть, удовлетворившись сознанием того, что это последняя ошибка Горенса. В министерстве кадров их наконец-то снабдили новым классным специалистом. Неизвестно, правда, каким он окажется в деле. Эти интеллигентные мозгляки из технологических миров и окраинных зон империи слишком часто не могли приспособиться к суровому корабельному быту. Уже через несколько месяцев они ни на что не годились. Их приходилось снова и снова списывать. Впрочем, надо отдать должное министерству флота — оно на это закрывало глаза.

Гагаров жадно всматривался в раскинувшийся на корабельных экранах пейзаж беззащитной планеты. Лакомый кусочек, сверкающий на западе, из затемненной ночной части, заманчивыми блестками городов. Самой планетой, к сожалению, они заняться не смогут.

Вот уже более десяти лет корабли «икс»-флота осуществляли свои операции только в открытом космосе, избегая слишком явного вмешательства в дела колоний. Им приходилось довольствоваться сырьем с лимейских рудников, захватом его с транспортов да редкими экспедициями в отдаленные поселения, слишком уж явно цеплявшиеся за собственную независимость. Время от времени таким поселениям приходилось напоминать, кто является истинным хозяином в этой части космоса. Командование флота, озабоченное ухудшающейся с каждым годом политической ситуацией, требовало все более строгого соблюдения правил.

Если бы не ошибка штурмана, они смогли бы перехватить очередной акменский транспорт после того, как он войдет в рейсовый режим, в стороне от охраняемых внешними станциями орбитальных трасс. Но проклятый Горенс был пьян в стельку третий день! А чтобы рассчитать маневр корабля в сто тысяч тонн массы покоя в такой близости от планеты, нужен был специалист высокого класса.

Капитан терпеть не мог разговаривать с новичками до тех пор, пока их полностью не подготовят к службе, но сейчас понял, что для нового штурмана придется сделать исключение.

К капитанской рубке меня доставил посыльный. На кораблях класса «Рендболла» это целые апартаменты. Так было и здесь. Ожидая в приемной, я подытожил полученные на дороге впечатления: итак, я все-таки попал на военный имперский крейсер. На один из тех кораблей-призраков, существование которых упорно отрицалось официальной пропагандой Комора.

Название и регистрационный номер крейсера не трудно было установить — они выбивались почти на всем оборудовании. Память услужливо подсказала его энергетический запас: сто сорок тысяч гигаватт. Таких кораблей в реестре империи было всего шесть, неудивительно, что я его запомнил. Я помнил и еще одно немаловажное обстоятельство — «Рендболл» был списан и отправлен на переплавку примерно года два назад, и в настоящий момент официально такого корабля не существовало...

Наконец дежурный офицер по поручениям пригласил меня в приемную. Капитан «Рендболла» восседал за огромным столом, вокруг которого полукругом стояли старинные кресла. На стенах висели картины известных мастеров, и я готов был поклясться — это подлинники. В целом же обстановка кабинета производила впечатление склада антиквариата. Может быть, хозяин пытался воспроизвести интерьер двадцать шестого века, когда в ходу было такое смешение стилей? Вряд ли. Скорее всего, эти вещи оказались здесь вместе совершенно случайно.

Сам капитан, занятый какими-то терминалами и грудой бумаг, не обращал на меня внимания, слишком явно показывая, как немного значит для него моя особа. Это был маленький человечек, неряшливо одетый, со сломанной, видимо еще в юности, переносицей. Последующая пластическая операция не удалась, или ее делали дилетанты. Косоглазие осталось, и теперь, когда Гагаров в упор разглядывал собеседника, создавалось странное впечатление, что капитан разговаривает с кем-то невидимым, поскольку оба его глаза смотрели куда угодно, только не на человека, с которым он говорил.

Закончив наконец свои дела, капитан обратился ко мне, так и не предложив сесть. На торговом флоте не принято навытяжку стоять перед начальством. И хотя «Рендболл» являлся военным кораблем, мне звания никто не присваивал. Поэтому, едва капитан отложил в сторону свои бумаги, как я позволил себе пересечь его роскошный кабинет и весьма непринужденно развалиться в одном из антикварных кресел.

Он даже поперхнулся от подобной наглости и несколько секунд собирался с мыслями. Я отметил, что когда он продолжил, у него хватило ума не обсуждать со старшим офицером мелочные вопросы субординации. Я был знаком с табелью о рангах военного флота и знал, что штурман по должности и там считается вторым помощником капитана.

— Из вашего послужного списка видно, что вы исполняли обязанности штурмана на трех кораблях торгового флота. Однако мне неясно, где вы находились в период с тридцать второго по тридцать шестой. Об этих четырех годах здесь нет ни слова! — С неудовольствием он швырнул на стол мою магнитокарту и выжидательно уставился в пространство.

— Прежде чем мы перейдем к обсуждению моего послужного списка, я хотел бы напомнить, что оказался на вашем корабле не по собственной воле.

— Разве вы не подписали контракт?

— От меня добились подписи незаконным путем, воспользовавшись моим беспомощным состоянием.

— Бросьте, Крайнов! То, что вы насосались кренга, — это ваше личное дело. Подписывали контракт вы совершенно добровольно. К тому же в нашем случае это не имеет ни малейшего значения.

Впервые за время беседы я почувствовал холодок настоящей опасности. Гагаров знал все обстоятельства моего так называемого найма. И, похоже, его совершенно не интересовало ни мое мнение, ни причина, по которой я очутился у него на борту.

— Вы можете отказаться от своей подписи на контракте в любую минуту. У секронга просто не было времени известить вас об этом.

Жутковатая улыбка Гагарова лишь увеличила мою тревогу, и я молча ожидал продолжения, стараясь ничем не выдать своего волнения.

— Дело в том, что, как мы оба хорошо понимаем, никто не может принудить классного специалиста исполнять свои обязанности силой. Поэтому за вами сохраняется выбор. Более того, если вы будете недостаточно добросовестны, мы сами откажемся от ваших услуг и расторгнем контракт. В таком случае...

— В таком случае? — спросил я, так и не дождавшись продолжения, а Гагаров, полностью насладившись эффектной паузой, неожиданно спросил:

— Сколько вам лет, Крайнов?

— Тридцать пять, насколько я помню... Какое это имеет значение?

— В каком же году вы родились?

— В две тысяча триста восьмом.

— Ну, я так и думал... В личной карточке почему-то пропущена тройка. Ее наверняка выдавали не в нашем ведомстве. У нас за такую небрежность клерков строго наказывают. Например, направляя их на «Рендболл». Здесь они становятся рабостами. Так мы называем тех, кто выполняет тяжелые и опасные поручения. В радиационных зонах, например.

— Даже в законах Комора использование людей в опасных для жизни местах запрещено!

— Для законов Комора моего корабля попросту не существует. Поэтому у меня здесь действуют свои законы. Я не слышал, чтобы кому-то из рабостов удавалось дожить до ближайшего порта и подать жалобу в суд. — Вновь усмехнувшись своей жутковатой улыбкой, он закончил: — У вас будет возможность обдумать свое положение и принять разумное решение. Я дам вам на размышление ровно... — он взглянул на настенное табло, — двадцать четыре часа. Как раз столько времени понадобится, чтобы закончить разворот и выйти в точку встречи с кораблем, который я собираюсь захватить. К этому времени у меня будет либо новый штурман, либо еще один рабост. — Он придавил ладонью панель стола, и внезапно появившиеся за моей спиной охранники не оставили ни малейшего сомнения в том, что разговор закончен.

4

Меня довольно долго вели вниз, в кормовую часть корабля. Транспортные кабины на многих переходах не работали, электрокары бездействовали. Воздух подавался в воздуховоды с замогильным хрипом, и даже плафоны горели не во всех переходах. Похоже, «Рендболл» уже лет десять не проходил проверки. Списанный корабль не подвергался ежегодным комиссиям. На его штатной профилактике сэкономлены немалые суммы, наверняка вписанные в расходные гроссбухи коморского флота и бесследно исчезнувшие в карманах многочисленных чиновников.

Похоже, здесь в самом деле недостаточно автоматов для горячих зон. Обещание Гагарова перевести меня в рабосты вовсе не пустая угроза. Я подумал о том, что скорее всего у корпорации были свои, неизвестные мне причины, заставившие ее предпринять столь сложную и дорогостоящую операцию по моему розыску и доставке именно на этот корабль. Штурман им, конечно, нужен, но главное не в этом. Человек, попавший в эти металлические катакомбы, превращается в ничто, в фикцию, в строчку штатного расписания несуществующего корабля.

Вряд ли я доживу до конца этого рейса, если не приму решительных мер. Строчку из штатного расписания так просто вычеркнуть... У меня нет могущественных друзей или родственников. Никто не заинтересуется судьбой простого штурмана, не вернувшегося из дальнего рейса. Гагаров, конечно, не захочет оставить в живых постороннего свидетеля своего пиратского рейда. На базу вернутся лишь те, кому он доверяет.

Я чувствовал, как мной постепенно овладевает самая обыкновенная паника. Но сейчас мне как никогда нужна была ясная голова, чтобы обдумать свое положение, выработать какой-то план, найти выход из этой гнусной ситуации.

Наконец маршрут, по которому меня вели двое откормленных молодчиков из личной охраны Гагарова, закончился. За мной закрылась стальная дверь крошечной каюты. На всем виднелись следы запустения. Это место посещалось нечасто. О человеке здесь можно попросту забыть, никто не услышит его криков о помощи, никто не придет, не откроется дверь, не будет ни воды, ни пищи... Не эти ли мысли хотел внушить мне Гагаров? Тогда он преуспел... Я стряхнул с тюфяка толстый слой пыли и как был, в сапогах, не раздеваясь, развалился на приваренной к стальному полу койке.

Я должен был предвидеть такой конец еще там, в гостинице Лимы, когда позволил Илен вовлечь себя в увлекательную игру с переодеваниями и подпольными организациями. Собственно, и в Лиме у меня не было особого выбора, а что касается предвидения, так какой от него толк, если ты бессилен изменить что-либо в собственной судьбе!

Тяжелое это чувство — ненависть не к кому-то конкретному, но к целому государству, к системе, его породившей. Тяжелое и опустошающе бесплодное. Я ненавидел их всех скопом, начиная от премьера и кончая капитаном везущего меня корабля. Всех тех, кто управлял чужими жизнями так, словно имел на это право. Всех, кто лгал безоглядно десятки лет и кормился этой ложью.

Некоторое время я думал, что внутри организации Ловинского мне удастся отплатить им хотя бы частично за то безликое расплывчатое зло, которым они переполнили окружающий мир. Но, кажется, я ошибся и здесь.

Таким неудачникам, как я, редко везет даже в выборе собственного конца. У меня не осталось никаких ориентиров. Ни малейшей точки опоры, никакой надежды на будущее.

Я ступил на опасную тропу, ввязался в чужие политические игры, выбрал себе могущественных противников и успешно приумножил их число.

Эти мрачные мысли накатывали на меня волнами вместе с отдаленным грохотом корабельных машин, от которых содрогался корпус. В их звуке я вдруг ощутил некий внятный, все более четкий ритм.

И тут со мной произошло нечто странное. Стены корабля словно растаяли на мгновение, и я увидел хмурую долину с низко нависшими тучами. По дну ущелья змеилась холодная голубая речка, а на вершине, у самого горизонта, высился величественный замок, от стен которого исходило мягкое желтоватое сияние.

Видение мелькнуло столь мимолетно, что уже через минуту я стал сомневаться в том, было ли оно вообще. Правда, я знал — такое иногда случается с теми, кто находится в гипноблоке и невзначай коснется закрытой области подсознания. Но ведь мне-то никто не ставил гипноблока? Или все-таки ставили? Я довольно долго был без сознания, перед тем как попал к Илен... Нет, так просто это не делается. Нужна длительная подготовка, я бы запомнил врачей. Да и какое отношение к Ловинскому может иметь этот замок? Тут что-то сосем другое.

Честно говоря, вначале я попросту испугался. Слишком странной казалась увиденная картина, слишком сильно она меня взволновала, и я не мог понять почему. И ничего, имеющего отношения к замку, я вспомнить не мог. Лишь ощущал какой-то провал в памяти, словно топтался на краю ямы и не смел заглянуть внутрь. В конце концов мне это надоело, и, чтобы сорвать на чем-то свое раздражение, я забарабанил в дверь. Любой заключенный имеет право на ужин. Никто не отозвался. Неизвестно, были ли здесь охранники. И тогда, чтобы проверить свои худшие предположения, я всерьез принялся обрабатывать дверь. Минут через пятнадцать появился корабельный стюард, парень лет двадцати, невысокий и косоглазый.

— Не надо стучать. Никто не услышит однако.

Протянув поднос, стюард настороженно взглянул на меня и попятился. За его спиной в приоткрытом проеме двери я не увидел охранников, и это одновременно и успокоило меня, и встревожило.

— Как тебя зовут?

— Вонг-Ли.

— Почему ты меня боишься, Вонг-Ли?

— Ты из шайки Голована из Лимы, я слышал...

— Ошибаешься. Это не шайка. Впрочем, как посмотреть... Я не имею к этим людям никакого отношения. Тебе сказали неправду, чтобы ты держался от меня подальше.

С минуту он молчал, видимо, решая, можно ли доверять моим словам. Затем неожиданно проговорил:

— Плохой корабль, грязный.

— Это я заметил.

— Офицер не знает... Он внутри совсем грязный. Черные дела. Много крови...

— Вот даже как...

— Люди здесь легко умирают.

— А ты не боишься, что нас услышат? — Я кивнул в сторону телесканеров, которые никто не удосужился даже замаскировать.

Он презрительно пожал плечами.

— Не работают. Здесь нет ушей. Они там. — Он кивнул в сторону центральных переборок. — Большой корабль, наполовину мертвый. Много пустых мест. Человека трудно найти.

Зачем он мне это сказал? Не провокация ли наш разговор? Я сделал вид, что сообщение меня не заинтересовало, и занялся ужином.

Как только стюард ушел, мои мысли вновь невольно вернулись к долине, в которой стоял замок. Что-то в нем было чрезвычайно знакомое. Эти четыре резные башни по углам, эти белые флаги с голубыми крестами и золотистый отблеск на стенах...

Интуитивно я понимал: увиденная картина чрезвычайно важна для меня. Она как-то связана со всей моей судьбой.

Управление безопасности всемогущей космической корпорации Комора располагалось в респектабельной вилле на побережье Ларгского моря. Этот райский уголок вполне соответствовал характеру шефа отдела безопасности комодора Шифта, справедливо полагавшего, что чем легкомысленнее выглядит с первого взгляда его учреждение, тем лучше.

В огромном раскидистом парке и на двух гектарах газона, перед самим зданием, размещалось незаметное для глаза тройное кольцо безопасности с тремя постепенно повышающимися уровнями энергетической защиты и автоматическим обнаружением посторонних объектов.

Неусыпное внимание к этой системе шефа, сменившего уже двух инженеров из группы ее обслуживания, привело к тому, что за пять лет пребывания Шифта на посту комодора отдела безопасности корпорации, кроме мелких инцидентов и ложных тревог, неизбежных при таком уровне автоматизации, не произошло ни одного серьезного сбоя в работе системы охраны. На виллу не только ни разу не удалось проникнуть постороннему или случайному посетителю, но ни один из местных жителей даже не догадывался о том, что в этом гнездышке богатых бездельников вершатся какие-то тайные дела. И уж совсем невозможно было предположить, что именно здесь располагался один из важнейших отделов корпорации.

Такая глубокая конспирация, в том числе и от правительственных служб, постоянно интересующихся деятельностью отделов корпорации, обеспечивала комодору изрядную долю независимости при принятии любого значительного решения.

Когда появляется возможность увеличить за государственный счет пределы личной власти, редкий чиновник способен от этого отказаться. Беда всех тоталитарных режимов как раз в том и заключается, что в конце концов они начинают разваливаться от чрезмерных стараний их верных апологетов. Впрочем, Комору это пока еще не грозило. Во всяком случае, корпорация не ощущала затруднений ни в финансовых, ни в людских ресурсах.

Сегодня комодор в полной мере почувствовал все достоинства созданной им хорошо отлаженной машины. На ежегодной телеоперативке он потребовал от своих сотрудников срочной отправки внеочередного рейдера. И когда начальник финансовой службы попробовал заикнуться о том, что полмиллиона энергетических единиц не высосать из пальца в конце квартала, Шифту оказалось достаточно небрежно бросить: «Снимите со счета особых операций, по нему вам нет необходимости отчитываться».

— В конце концов, — мрачно подытожил комодор, — отправка необходима для того, чтобы исправить огрехи в работе наших же сотрудников. Не будем выносить сор из избы, а секронга Гравса при первой возможности переведите подальше. На Зеру, например. Там его беспробудная глупость принесет нам наименьший вред.

Для мрачного настроения у комодора причин было более чем достаточно. На один из рейдов флота «икс» только что был назначен штурманом человек, в личной карточке которого центральный компьютер не нашел ни одной записи. Более того — не было и самой карточки. Потребовалось немедленное специальное расследование. Страшно подумать, какой шум поднимется, если под вымышленной фамилией на рейдер проник какой-нибудь журналист из новоявленных левых.

— Крайнова немедленно арестовать и доставить в наш отдел. Я сам возьму под контроль его дело. Отправку рейдера оформите под правительственный рейс. Наши люди не должны засвечиваться во время этой операции. Действовать быстро. О результатах доложите лично мне.

После того как совещание закончилось, с комодором остался только его личный секретарь и старый друг Гросул. Едва погас последний монитор связи, Гросул недоуменно пожал плечами:

— Столько шума из-за какого-то космика.

— Ты не понимаешь, Арнс. Ты недавно работаешь в разведке. Опасней всего тот противник, про которого мы ничего не знаем.

— Но почему обязательно противник?

— Потому, что ради простого космика никто не станет изымать из центрального компьютера его данные. Такого вообще еще не случалось на моей памяти! — Комодор с ожесточением стукнул кулаком по ручке кресла. — И инженерная служба утверждает, что это вообще невозможно! И этот неизвестно кем подосланный агент на одном из наших рейдеров! Только этого сейчас не хватало.

— Разве нельзя связаться с капитаном и попросить его без шума ликвидировать Крайнова?

— Во-первых, линии космической связи можно прослушать, во-вторых, в таком случае мы вообще никогда не узнаем, кто его подослал.

— Кто же еще, кроме Тетрасоюза?

— Тетрасоюз? — Комодор усмехнулся. — Если бы это был Тетрасоюз, я бы не шевельнул и пальцем. Все намного серьезней, Арнс. Вот уже четвертый год, как мы обнаружили, что внутри империи действуют агенты неизвестной нам организации. До сих пор мы не смогли даже выяснить ее название, не смогли поймать и обезвредить ни одного ее сотрудника. Это при нашей-то сети осведомителей! Происходит нечто такое, что я не могу даже объяснить. Возможно, этот человек на «Рендболле» — первый за эти годы шанс хотя бы узнать, что собой представляют наши противники.

— Кого ты собираешься послать на «Рендболл»?

— Нашу лучшую группу. Они должны действовать крайне осторожно и подготовиться к любым неожиданностям. Пусть сразу не раскрываются, осмотрятся, оценят обстановку. Крайнов чрезвычайно опасен, мы не можем допустить здесь прокола. Необходимо выяснить, кто за ним стоит.

— Вы сами проинструктируете оперативников?

— Нет. Пусть этим займется Никольский. Никто не должен догадаться о том чрезвычайном значении, которое имеет для нас эта операция. Если правительственные службы получат о ней информацию — поднимется скандал похлеще того, который разразился в связи с делом Ренца.

5

Для узника время течет медленно, и я мог себе позволить неторопливо обдумать все странные вещи, приключившиеся со мной за последние месяцы. Чего стоит, к примеру, история с датой рождения в моей карточке? Если Гагаров ее выдумал — то зачем? Если нет, то почему я об этом ничего не знаю? Хотя карточка личного учета никогда не выдается на руки, должны же были раньше обратить внимание на такой ляп! Нынче две тысячи триста сорок шестой, и выходит, если верить карте, я родился триста лет назад, в две тысячи восьмом... Что-то мне эта дата напоминала. Что-то чрезвычайно важное, и мне никак не удавалось вспомнить — что именно. События до двадцать восьмого года помнил отлично. Лицей космонавтики на Земле, общежитие, лица студенческих друзей. Долгие политические споры по вечерам о национальной независимости, об интервенции Комора, не знающего предела для собственных аппетитов. Но дальше в памяти провал — словно наглухо закрытая дверь... За ним лишь лица незнакомых людей, обрывки непонятных фраз...

Конечно, это все шуточки гипноблока. Насилие над человеческой психикой не проходит бесследно. Узнать бы, кто мне его поставил... после того как я потерял сознание в подземельях Лимы. Прошло не меньше шести часов, прежде чем я вновь обрел контроль над собой. Многовато для простого сонара. За это время могло произойти все что угодно... И опять мои мысли, в который уж раз, вернулись к Илен.

Видимо, мне никогда теперь не удастся избавиться от этого воспоминания... Я видел ее обнаженной в своем гостиничном номере, когда побежденная наконец моими ласками, она не смогла уже скрывать ответной страсти. Хотя, надо отдать ей должное, старалась оставаться простой статисткой до самого последнего момента. Словно хотела подчеркнуть, что ни на что большее, кроме ее обманом полученного тела, я не имею права...

Теперь эта сцена приобрела надо мной странную власть. Я вновь видел лицо Илен, за минуту до того, как она повернулась, открыла дверь и молча, навсегда ушла из моей жизни. Лицо ее чуть заострилось, чуть смазались его черты, удлинились волосы — сейчас это было лицо другой женщины. До боли знакомое и незнакомое — одновременно. Я видел ее так ясно, словно она стояла тут, в моей замусоренной железной клетке.

Она взглянула на меня перед тем, как выйти, и от ее василькового взгляда мной овладело необъяснимое оцепенение. Полусон-полуявь. Воздухопроводы работали плохо, и затхлый, пахнувший горелым пластиком воздух донимал меня даже во сне. В конце концов я окончательно проснулся от вони. Пахло чем-то едва ощутимым, отвратительно мерзким, но не горелым пластиком. Самым неприятным показалось то, что запах был мне определенно знаком, но я никак не мог вспомнить, что он должен означать. Хотя в минуту пробуждения на какую-то долю мгновения мелькнула и пропала странная мысль о том, что я совершенно точно знаю все об этом запахе. А потом, проснувшись окончательно, ничего не мог вспомнить. Опять гипноблок? И тут я почувствовал, что дело здесь совсем не в гипноблоке...

Двенадцать витязей, стоя спиной к спине у скалы, высокой и узкой, отражали атаку. Они стояли здесь давно и рубились яростно. Им некуда было отступать, потому что позади была отвесная скала, а на ней замок, который они охраняли...

Битва продолжалась долго. Слишком долго. И усталость я чувствовал такую, словно стоял среди них...

Картина казалась яркой и сочной, будто я ощущал на себе самом всю тяжесть этой битвы. Неумолимый натиск врагов и безмятежность... Самое непонятное — безмятежность. Потому что в их сердцах не было ни ненависти, ни горечи. Я знал это совершенно точно, как и то, что битва уже проиграна и враги через несколько бесконечных минут ворвутся в замок, переступив через наши поверженные тела. И это ничего не меняло, значение имела лишь сама битва, лишь то, по какую сторону скалы стоял каждый из нас...

Сталь звенела от ударов, и искры, голубые, яркие, вместе с каплями нашей крови падали в траву, оставляя на ней несмываемый след...

Замерев, я всматривался в эту не имеющую отношения к данности картину. Но наваждение уже не отпускало, таяли стены замка, похожие теперь на разорванные ветром клочья тумана. В последний миг мне показалось, что остатки видения уходят сквозь многометровую титанитовую стену корабельного борта, не ощущая преграды. И оттуда, им навстречу, тянутся длинные лучи звезд...

Окончательно я очнулся от гулкого удара, потрясшего корпус «Рендболла». Казалось, гигантская металлическая туша корабля содрогнулась всем своим нутром. Характерный протяжный вой тормозных и поворотных двигателей, скрежет металла от переходных причальных тамбуров означали, что к нам прибыли гости.

Встреча в космосе с другим кораблем не такое уж частое событие. Но сколько я ни прислушивался, толстенные переборки не донесли до меня больше ни единого звука.

Утром стюард, подавая завтрак, тихо прошептал: «Ночью пришел рейдер из Лимы. С вами хотят говорить. Тайные люди — очень важный беседа».

Больше мне ничего не удалось узнать, несмотря на все старания. Стюард лишь прижимал палец к губам да кивал на неработающие телесканеры, словно не он сам в прошлый раз сказал мне о том, что они неисправны. Выскальзывая за дверь, он шепнул лишь одно слово: «Ждите!»

Одетый в новую, недавно выданную форму, начальник службы безопасности «Рендболла» лейтенант Лоуэлл сидел в своем кабинете один и, пощипывая верхнюю губу, усы на которой все никак не могли занять отведенное им в мечтах место, читал новый, только что полученный из центра приказ. Приказ пришел нарочным с рейдера, и поскольку такого никогда не случалось, Лоуэлл читал приказ старательно, как криптограмму, желая уловить скрытый между строчками смысл.

Но то ли такого смысла не было вообще, то ли у Лоуэлла не хватало для этого опыта, ничего, кроме банальнейших казенных фраз, извлечь из документа ему не удавалось.

«Вам предписывается... Обеспечить необходимую секретность... Предоставить полную самостоятельность... Поступаете в распоряжение...»

— Я им что, кукла? — спросил Лоуэлл, обращаясь к письменному столу, на что тот, естественно, ничего не ответил. Тогда лейтенант решительно встал и прошелся по кабинету, все убыстряя шаг. В голове почти мгновенно сложился отличный план предстоящей операции, не той, которая предписывалась ему приказом, а придуманной самостоятельно и предназначенной обеспечить полную ясность происходящего для него лично.

Гости пожаловали минут через сорок. Двое — в форме инженерной службы крейсера, третий оказался моим старым знакомым, боевиком Ловинского, тем самым, с которым мне пришлось драться. Критонов сопровождал нас и в подземельях Лимы, однако сейчас сделал вид, что не узнал меня. Я охотно последовал его примеру, поскольку человек этот мне не понравился своей жестокостью и непредсказуемостью поступков. А после случая с сонаром я вообще не слишком доверял людям Ловинского.

Совершенно непонятно, как этот человек очутился на «Рендболле». Неужели для его доставки отправили специальный корабль? Это казалось слишком невероятным. Сдержав свое любопытство, я промолчал, внимательно разглядывая своих гостей. Тот инженер, что был постарше, держался непринужденно и своей улыбкой, показным добродушием старался заранее расположить меня к себе. Второй, совсем почти мальчишка, с едва пробивающимися усиками, прятал взгляд и топтался у самого входа, почему-то не желая, чтобы я обратил на него внимание, и тем самым, разумеется, вызывал к себе наибольший интерес. Форма на нем сидела мешковато, словно наспех подбиралась с чужого плеча. Он не задавал вопросов и ни разу не поднял глаз.

Разговор начал тот, что постарше. Представился он как уполномоченный Тетрасоюза Ларсон. Выходило, Комор отправил рейдер за четыреста парсеков, чтобы любезно предоставить своим политическим противникам возможность встретиться со мной. Критонов предпочел в разговор не вмешиваться, и все это начинало сильно смахивать на плохой любительский спектакль с переодеванием.

Ларсон говорил о чести, о том, что я в неоплатном долгу перед Тетрасоюзом, спасшим мне жизнь, организовавшим побег с Лимы. Суть его путаного монолога в конце концов свелась к тому, что настала пора действовать. На «Рендболле» все готово для захвата корабля людьми Тетрасоюза, а мне предназначена во всей этой детективной истории роль штурмана, которую я якобы уже обещал Ловинскому.

— Бунт в открытом космосе по законам Комора карается смертью. Рисковать жизнью ради интересов Тетрасоюза, к которому я не имею ни малейшего отношения, не такая уж малая цена. Почему, собственно, вы думаете, что я соглашусь на такое предложение? Что касается бегства с Лимы, то, мне помнится, меня доставила на этот корабль полицейская служба корпорации.

Ловинский преспокойно позволил корпорации загнать меня в угол, чтобы удобней было потом из него выуживать. Это злило меня больше всего. Мною просто пытались воспользоваться в своих интересах деятели Тетрасоюза и любезно предоставили мне роль пешки в своих непонятных играх.

— Послушайте, Крайнов, в конце концов, мы можем найти другого человека. На рудниках Сверсона живут недолго... И выбор у вас небольшой.

— Выбор у меня действительно небольшой. Но тем не менее я отказываюсь от вашего предложения.

— Вы не можете этого сделать! Мы готовили всю операцию в расчете на вас, мы затратили массу средств, времени, мы рисковали жизнью наших сотрудников!

— Очень сожалею. Меня просто забыли спросить о согласии вовремя.

— Может быть, мне просто пришить его? — спросил Критонов.

— А корабль поведешь ты, что ли? Скажите прямо, Крайнов, чего вы хотите? Денег?

Ларсон уже с трудом владел собой. Я вовсе не собирался провоцировать его на непродуманные крайние действия. В конце концов, Критонову ничего не стоило воткнуть нож в любого человека.

— Мне хватает моего заработка. Но если вы отдадите «Рендболл» под мое начало, тогда, я возможно, соглашусь.

Честно говоря, я сам удивился этой фразе, она прозвучала неожиданно, помимо моей воли. Я не собирался становиться капитаном, даже не думал об этом — и вдруг на тебе!

— Я не могу этого сделать без согласия штаба! У нас уже есть человек, которому будет поручено командование кораблем...

— Кто он? — впервые вмешался в разговор тот молодой инженер, что все время держался в сторонке. Его вопрос явно не понравился Ларсону.

— Когда придет время, вам сообщат!

— Видите, как мало вы доверяете собственным сотрудникам! — Я сразу же воспользовался подвернувшейся возможностью. — А еще хотите, чтобы я вам доверял! Нет уж, только если управление кораблем будет в моих руках — я соглашусь рискнуть.

— Я предупреждал вас о том, что Крайнов ненадежен! Мы не можем ему доверять. А теперь он знает слишком много и его придется ликвидировать! — гнул свое Критонов.

— Откуда вы знаете о его неблагонадежности? Это ваша собственная выдумка?

— Нет! Это данные разведотдела, он хочет использовать Тетрасоюз в своих личных целях!

— «Опять Илен! — подумал я. — Сколько еще раз мне придется жалеть о своем опрометчивом поступке?»

— Сейчас бесполезно спорить о том, кто будет командовать кораблем. Сначала нужно его захватить. Потом я свяжусь со штабом, и мы решим эту проблему. — Ларсон попробовал еще раз обойти мое условие, но я твердо стоял на своем.

— Так дело не пойдет. Мне нужны гарантии.

— Вы даже не представляете, к чему меня вынуждаете и какие трудности нас ждут! Проще всего мне было бы пообещать вам сейчас все что угодно! — В его голосе слышалось отчаяние.

— Вы прекрасно знаете, что это не так. В любом случае, кроме меня, управлять «Рендболлом» у вас некому, иначе вас бы здесь не было. Ну а в штурманской рубке у меня всегда будет возможность проверить, как выполняются мои приказы.

— Чего вы добиваетесь, Крайнов? Славы? Она весьма сомнительна. Шансов довести операцию до успешного конца у нас не так уж много! Центральный компьютер напичкан защитными блоками, еще до начала операции его придется вырубить, иначе автоматика пошлет на базу аварийный сигнал. «Рендболл» поведут вручную.

— Это невозможно. Это просто за пределами человеческих возможностей.

— Я ведь не говорил, что мы останемся вовсе без техники. Все вспомогательные системы сохранят работоспособность, будет нарушена лишь общая координация их взаимодействия.

— Даже в этом случае мы, скорее всего, попросту разрушим корабль. Человеческий мозг не способен работать со скоростью, необходимой для управления кораблем в момент перехода.

— Нам понадобится всего лишь сменить координаты и выиграть время. Кибернетики у нас опытные. В конце концов они овладевают ситуацией, для этого необходимо лишь несколько часов.

— Ну хорошо. Давайте на время забудем о технических проблемах и предположим, что все удалось. Корабль захвачен, кибернетики справились с программами центрального компьютера. Что дальше? Что вы собираетесь делать с «Рендболлом», если все удастся?

— Но я же вам говорил...

— Нет, я спрашиваю не о стратегических планах Тетрасоюза. Меня интересует, что будет с нами со всеми после того, как весь флот Комора бросится за нами в погоню? Не могут же они оставить без последствий подобный инцидент! Они сделают все от них зависящее, чтобы уничтожить мятежный крейсер как можно скорее.

— Мы не будем ввязываться в драку с флотом Комора. У нас есть план, на разработку которого ушло немало сил и времени. Мы слишком дорого заплатили за излишнюю доверчивость и не собираемся повторять ошибок. Вам достаточно знать, что для осуществления нашего замысла нужен не просто штурман, а специалист, способный вывести «Рендболл» вручную, без центрального компьютера, хотя бы в мертвую зону гиперперехода.

И тогда я снова с чистой совестью отказался. Они требовали от меня невозможного.

Тем не менее они попросили меня еще раз подумать и дали на размышление несколько часов. Значительно меньше Гагарова. Время поджимало. Всем нужен был штурман. Но за этим скрывалось и нечто иное. Слишком повышенный интерес к моей особе, начиная с Лимы. Наличие следов гипноблока в моей памяти... Похоже, сведения, которыми я располагал, представляли для кого-то чрезвычайную ценность, к сожалению, я и сам не мог ими воспользоваться.

Корпорации Комора, Тетрасоюз... Сейчас оба эти понятия слились для меня, и я затруднялся определить, где кончается одна организация и начинается другая... Может быть, этой границы не было вообще. Может быть, организация Ловинского — фикция, пустышка для обмана простаков вроде меня... Может быть, Тетрасоюз — всего лишь один из отделов все той же вездесущей тайной корпорации? Слишком много у них было общего, и потом, если реального противника не существовало — его следовало создать искусственно.

Эта не такая уж сложная мысль могла прийти в голову кому-то из руководителей корпорации, и тогда появился Ловинский со своим разветвленным и крайне «опасным» для Комора Тетрасоюзом. Подобная идея могла принести корпорации много субсидий и дополнительных правительственных фондов.

Не в этом ли причина моего неожиданно возникшего стремления к самостоятельности? Я не доверял Ловинскому и не желал больше рабски трудиться на интересы Комора. Я мог рассчитывать только на себя — но в одиночку невозможно установить контроль над «Рендболлом». Нужны были новые союзники, новые друзья. Сидя взаперти, немного добьешься.

И тут я впервые заметил, что не работавшие до сих пор сканеры в моей камере включены... Наш разговор подслушивался. События начали развиваться стремительно, словно кто-то отпустил туго натянутую тетиву.

6

Лоуэлл вернулся в кабинет раздосадованный и совершенно не удовлетворенный ходом своей собственной операции. Несмотря на хорошо продуманный план, узнать ничего стоящего так и не удалось. Ни его личное присутствие на совещании заговорщиков с Крайновым, ни организованное без ведома капитана прослушивание не помогли ему установить главного — чем простой штурман мог до такой степени заинтересовать две самые могущественные организации империи.

А время поджимало. Лоуэлл прекрасно понимал, что скрытое на рейдере спецподразделение долго там не останется. Оно вот-вот приступит к выполнению основного задания, и Крайнов вместе со своей тайной уплывет от него навсегда. Все честолюбивые планы придется тогда отставить.

Конечно, можно было сыграть в хорошего служаку, доложить в центр о готовящемся восстании, о раскрытии им лично целого заговора — это принесло бы ему повышение в звании по крайней мере на два пункта. Но не более того... Такая перспектива совершенно не удовлетворяла неожиданно пробудившиеся аппетиты молодого лейтенанта.

Сбросив отвратительный синий костюм инженерной службы, Лоуэлл облачился в привычную и удобную форму. Сама одежда не много значила, но она помогла ему вновь обрести утраченную уверенность в себе.

Единственное, что сулило хоть какой-то успех в сложившейся ситуации, — это оттяжка или срыв задания спецгруппы. Только это позволило бы ему выиграть необходимое время и самому разобраться с Крайновым. Но как это сделать? С космодесантниками шутки плохи...

— Я придумаю что-нибудь. Я обязательно придумаю! — как заклинание произнес Лоуэлл вслух и не заметил, что после этой фразы экран давно сгоревшего монитора на нижней полке стеллажа непонятным образом замерцал под толстым слоем пыли и давно обесточенный прибор вновь обрел утраченную жизнь.

Шестеро десантников из спецподразделения капитана Мейлера отчаянно скучали, полностью изолированные от команды крейсера.

Изматывающее нервы непонятное ожидание, соблюдение первой группы секретности и вообще вся эта странная операция по захвату одного-единственного человека, находящегося к тому же под арестом, действовали на людей не лучшим образом. Задание на первый взгляд казалось слишком простым для полностью укомплектованного десантного звена. Такое подразделение в случае необходимости могло захватить город или взять под свой контроль корабль типа «Рендболл» — и вдруг приказ: доставить на базу одного-единственного человека. Они привыкли не доверять простым и легким с первого взгляда заданиям. Разговоры в кубрике давно уже не нравились Мейлеру. Он ждал лишь повода, чтобы вмешаться и пресечь подспудно зреющее недовольство.

— Сидим тут, как крысы в мешке, а наверху решают, когда нас бросить в очередное пекло!

— Кто он такой, этот космик, ради которого нас сюда прислали?

— Начальству видней, кто он и зачем понадобился! — решительно вмешался Мейлер. — Наше дело выполнять приказ! Начинаем через пятнадцать минут!

Эта долгожданная фраза вызвала в кубрике десантников оживление, которое можно было сравнить разве что с получением внеочередной увольнительной на берег.

Мейлер, считавший излишним любые напутствия и указания перед самым началом операции, на этот раз не удержался от замечания:

— Чтобы все было тихо. Арестованного доставите на рейдер без единой царапины.

Они бежали по кормовым палубам «Рендболла», разбившись на три двойки, в точном соответствии с инструкцией.

Случайно встреченные матросы палубных команд мгновенно отключались выстрелами парализаторов. Придя в себя через час, они могли лишь вспомнить сверкнувшую перед глазами синеватую вспышку да каких-то крабообразных чудищ, на которых походили люди, облаченные в скафандры высшей биологической защиты.

Один только Мейлер выглядел в этой стремительно передвигающейся группе инородным телом. Он был в темном облегающем спецкостюме без защиты и походил скорее на аквалангиста, чем на десантника. Но внешний вид этого седого, слегка сгорбленного от постоянных тренировок воина был обманчив. В случае необходимости он мог, воспользовавшись только ему одному доверенной прямой телепа-связью с центральным компьютером корабля, вызвать для их поддержки всю энергетическую мощь генераторов крейсера.

На четвертой палубе, последней перед коридором с каютой, в которой содержался Крайнов, они, следуя заранее разработанному плану, разделились. После начала операции любые команды, уточнения или изменения невозможны или, во всяком случае, бессмысленны — шесть человек сливались в единый, заранее отлаженный и запрограммированный механизм, остановить который, казалось, не могли уже никакие внешние препятствия.

Пронзительный звенящий звук обрушился на первую двойку десантников сверху. Шрастов среагировал мгновенно, отшатнулся, рванулся назад и столкнулся с бегущим за ним Кнутсом.

Лопнувшая под потолком стальная балка медлила, словно специально дожидаясь момента, когда, столкнувшись друг с другом, оба десантника на долю секунды потеряли свободу маневра. Она обрушилась на них именно в это мгновение. Скафандры биологической защиты не рассчитаны на падающие с потолка металлические балки. В радиусе ста метров вокруг не было биологических объектов, и защита не сработала.

Удар был страшен. Кнутсу раздробило плечо и повредило позвоночник. Шрастов получил тяжелую травму черепа. Оба мгновенно были выведены из строя и неподвижными грудами застыли на полу. В наступившей тишине лишь безответно пищал аварийный радиовызов...

Вторая пара Дэвидсона обеспечивала прикрытие при отходе группы после завершения операции. Непосредственно в атаке она не участвовала. Поэтому ей повезло больше. Лопнувший в скафандре Дэвидсона воздухопровод лишь ненадолго лишил его сознания, а его напарник, безуспешно попытавшись связаться с капитаном, занялся своим товарищем и в дальнейшей операции не участвовал, так и не получив нового распоряжения Мейлера. Через минуту после начала атаки связь между десантниками прервалась полностью.

Двери каюты, в которой содержался арестованный, достигла лишь пара Кэтлина, да и то благодаря фантастически быстрой реакции самого капитана, следовавшего за ними вплотную и в самый последний момент успевшего прикрыть их защитным полем от хлынувшего в коридор раскаленного пара из лопнувшего тепловода крейсера. Температура и давление оказались настолько высоки, что для нейтрализации удара понадобилось, как потом выяснилось, восемь тетраватт мощности.

Как бы то ни было, этой последней паре и самому капитану удалось достичь дверей каюты Крайнова. Взбешенный постыдным ходом всей операции, Мейлер разнес дверь выстрелом из бластера и сразу же, не тратя времени на лишние объяснения, бросился на арестованного. Однако его молниеносный прыжок пришелся по пустому месту — противник успел переместиться в сторону в ту самую долю мгновения, когда тело Мейлера уже оторвалось от пола. Капитан с грохотом врезался в противоположную стену крошечной каюты и бесславно растянулся на полу. Ворвавшийся вслед за ним Кэтлин увидел упавшего капитана и, не разобравшись в ситуации, нарушив все полученные инструкции, почти рефлекторно нажал на курок бластера.

Шифт метался по кабинету, словно запертый зверь. Он даже не пытался скрыть своей ярости от трех высокопоставленных правительственных чиновников, прибывших для расследования инцидента бесследно исчезнувшего рейдера со специальной десантной группой на борту.

— Эти сведения я должен был получить до начала операции! До, а не после! — прерывающимся от бешенства голосом прокричал Шифт.

— Их не было в корпорации, — мягко сказал один из чиновников, пытаясь разрядить обстановку. — Мы получили их восемь часов назад и, как вы понимаете, не могли доверить ни каналам связи, ни даже специальному нарочному. Собственно, одна из целей нашего прибытия состоит как раз в том, чтобы ознакомить вас с этой информацией.

— Какой от нее теперь толк! Ваша мания сверхсекретности делает невозможной нормальную работу! Если бы я получил эти данные сразу — я бы успел отозвать группу Мейлера!

— Отозвать? Зачем? Она выполнила свою роль. Теперь, по крайней мере, почти со стопроцентной гарантией мы можем быть уверены, что имеем дело не с обычным вражеским агентом, не с заговорщиками и даже не с Тетрасоюзом...

— Так этот человек, этот штурман Крайнов — он что, землянин? — Шифт все еще не мог поверить, не хотел признать неумолимую логику фактов.

— Во всяком случае, был им триста лет назад.

— Триста лет, вы уверены?

— Да. Именно столько.

— Где он находился все эти годы?

— Со всей определенностью можно сказать, что на территории империи его не было. Мы провели огромную работу, чтобы подтвердить этот факт. Именно тогда и была совершенно точно установлена дата его рождения.

— Родившись, он исчезает и через триста лет появляется вновь?

— Не совсем так. Он успел окончить колледж, затем на триста лет пропал без вести. Сохранились косвенные свидетельства о его гибели; три года назад торговый корабль подобрал его на Риде. Им очень был нужен штурман.

— А документы?

— Они были у него в полном порядке, за исключением даты рождения.

— Каким же образом ему удалось с такой фальшивкой работать в системе флота корпорации в течение трех лет?

— Документы были подлинными. А что касается даты рождения — такие ошибки иногда случаются. В конце концов мы взяли его под наблюдение.

В комнате надолго повисло угрюмое молчание. Наконец глава комиссии полковник Кравст, впервые обратившись непосредственно к Шифту, спросил:

— Что собой представляет планета, откуда он родом?

Шифт прикусил губу, не без основания полагая, что эти чинуши из центра устраивают ему нечто вроде экзамена. Однако он не был бы главой отдела безопасности, если бы не умел сдерживаться в подобных обстоятельствах.

— Это старый, окраинный мир. Глухая провинция. Когда-то там была мощная космическая цивилизация. В некоторых вполне серьезных работах утверждается, что именно оттуда произошла вся человеческая раса. К моменту вступления в Союз Свободных Государств Комора их промышленность пришла в полный упадок.

— Они что, добровольно вступили в наше объединение?

— Как и все остальные. — Шифт нехорошо усмехнулся. — Этот парень всего лишь выходец из старого, давно подчиненного нами мира.

— Что вы о нем думаете на самом деле? Вы верите во все это?

— Крайнову сейчас примерно триста сорок лет, факт его рождения и его полная идентификация с пропавшим без вести человеком не вызывают сомнения. Кроме того, с «Рендболла» не вернулась наша лучшая десантная группа...

— Давно вы начали его подозревать?

— Мы следим за ним года два. У меня ведь не было этих данных! — На этот раз Шифт даже не скрывал раздражения, кивнув на привезенную его гостями дискету. — Одни предположения. Исходя из них, я решил, что «Рендболл» вполне подходящее для него место.

Решил это, правда, не он, а секронг Гравс. Но Шифт не любил выносить сор из избы. С Гравсом он уже разобрался.

— Свяжитесь с Гагаровым. Пусть они немедленно возвращаются на базу!

— Все не так просто. Наша диспетчерская служба сообщила, что «Рендболл», передав первую букву сообщения, неожиданно замолчал и молчит до сих пор.

— Что же это за буква?

— «С».

— SOS?

— Вполне возможно.

— Какие меры вы приняли?

— Мы выслали в район, откуда принято сообщение, ближайший патруль.

— И это все?

— Я не распоряжаюсь флотом. — Шифту надоело играть роль экзаменуемого мальчишки. Он опустился в свое глубокое удобное кресло, не торопясь достал табакерку с запрещенным кренгом и хорошенько им затянулся.

— Так что же все это, по-вашему, должно означать?

— Это означает, что империя скорее всего лишилась своего лучшего крейсера, а мы упустили наш единственный шанс выяснить, что собой представляют силы, стоящие за Крайновым.

— Мне не нравится ваше отношение к этому инциденту, — слегка поморщившись, произнес теневой министр финансов Павловский. — В конце концов, это ваша вина, что подозреваемый был выпущен из-под непосредственного наблюдения. Ситуацию необходимо взять под контроль во что бы то ни стало. Я подозреваю наличие международного заговора. Шпионы банкиров Тетрасоюза повсюду. Мы обязаны их нейтрализовать, не считаясь ни с какими затратами. Поэтому я уполномочиваю вас немедленно восстановить контроль над «Рендболлом», используя для этого любые средства.

— Вы имеете в виду флот? — уточнил Шифт.

— Если понадобится — и флот.

7

Боль в левом боку после удара бластерного луча казалась нестерпимой, я чувствовал только, как она неотступно преследует меня, не давая полностью уйти в спасительное забытье.

Когда огромным усилием воли мне удалось на секунду ослабить болевые тиски, чтобы схватить глоток воздуха, мрак, окружавший меня, слегка отступил, и я увидел вместо электрической панели на потолке своей камеры бледные лучи пробивавшегося сквозь туман солнца. Это открытие не удивило и не обрадовало меня. Я ждал каждую минуту, что боль снова вернется, но она почему-то медлила.

Краешком сознания я отметил, что мир вокруг выглядит сурово и величественно. Сейчас меня не слишком занимал вопрос о том, как я здесь очутился. Сил для анализа ситуации просто не оставалось.

Я боялся взглянуть на свой изувеченный бок, но сквозь одежду чувствовал корку запекшейся крови. Это было странно, потому что после удара бластера не бывает никакой крови. Разрушенные высокой температурой ткани попросту обугливаются. Выжить при таком попадании практически невозможно, и, поскольку мое сознание работало достаточно четко, я подумал, что это скорее всего тот самый предсмертный всплеск просветления, о котором я столько слышал. Тем не менее боль, потеряв прежнюю силу, с каждой минутой отступала.

Без особого труда я приподнялся на локте и осмотрелся. Я лежал на дне узкого горного ущелья, освещенного тусклым солнцем, едва пробивавшимся сквозь хребты скалистых вершин, задернутых, как ширмой, мрачными низкими облаками. Неподалеку протекал ручей, вдоль него змеилась тропа, по которой, видимо, недавно прошел вооруженный отряд.

Шел он с боем, прорываясь через заставу, перекрывшую единственный в этой стороне горный проход. Повсюду валялись шлемы, обломки копий, окровавленные тела в черных доспехах. Сейчас застава была разрушена, враги уничтожили ее и ушли дальше, вверх...

Меня не удивили ни исчезновение «Рендболла», ни старинные доспехи, валявшиеся вокруг. Самым важным почему-то казался факт прорыва вражеского отряда, словно я был одним из защитников этой горной заставы, одним из тех, кто проиграл схватку, и меч, вонзившийся мне в бок... Меч? Разве это был меч?

Преодолев внутреннее сопротивление, я взглянул на свою рану. Сквозь прорезь в одежде зияло широкое резаное отверстие в бедре и выше... Это, безусловно, был удар меча, и, судя по характеру раны, определенно смертельный. Непонятно, почему я до сих пор жив.

Краем глаза я уловил мелькнувшую тень за круглыми валунами, наваленными поперек тропы. Заученным жестом человека, привыкшего к внезапной опасности, я повернулся, превозмогая боль от резкого движения. Правая рука уже шарила в траве среди обломков в поисках какого-нибудь оружия.

— Оставь. Оно тебе не понадобится, — произнес голос из-за валуна. — Час назад мы вместе с тобой защищали здесь заставу.

Наконец я увидел того, кому принадлежал голос, — воина в искрошенных белых доспехах, со следами многочисленных ран. Искореженный шлем с приподнятым забралом открывал приятное, простое лицо. Серые глаза, затуманенные перенесенной болью, смотрели на меня пристально и чуть печально. Шатаясь, он подошел и сел рядом, бросив в траву свою окровавленную секиру.

— Как тебя зовут? — спросил незнакомец.

— Но ты же сказал, что мы вместе сражались у этой заставы!

— Конечно, сражались. Только при такой ране, как у тебя... Каждый раз, когда один из нас падает на поле боя со смертельной раной, он встает снова. Правда, после этого его зовут иначе... Затем все повторяется вновь.

— Выходит, я умер?

— В своем мире — да. Но здесь, можно сказать, ты только что родился. И воевода захочет узнать, почему ты здесь оказался. Почему именно ты.

Стараясь справиться с лавиной обрушившихся открытий, я неосторожно повернулся, ища в окружающем пейзаже нечто, способное опровергнуть его слова. И застонал от вернувшейся боли.

— Боль сейчас пройдет. От раны не останется даже следа, даже шрама.

Скорее всего, это правда... И я действительно умер. Почему-то это открытие не слишком потрясло меня, словно я умирал не в первый раз. Значит, полностью человек все-таки не исчезает после смерти...

— Выходит, я нахожусь на том свете?

— Вернее, на этом. Во всяком случае, в другом мире.

— Там, наверху, за перевалом — замок?

— Ты знаешь? Тогда причина твоего появления именно в этом. Есть люди, связанные с нами настолько сильно, что их жизнь в предыдущем круге — лишь ожидание здешнего рождения. Если я не ошибся — тебя ждет здесь необычная судьба. Сейчас надо встать и дойти со мной до реки.

Он осторожно поддержал меня, помог подняться. Я совершенно не чувствовал слабости — только боль, которая теперь стала глуше и уже не занимала всего моего сознания. Он сказал, чтобы я называл его Мстиславом. Я заметил темный гранит под ногами, клочки сероватого длинного мха, забрызганного кровью. И тишина. Ни щебета птиц, ни посвиста ветра. Слышался лишь рокот воды в реке, переходящий вдали в грозный гул водопада. Это был суровый мир. Суровый и простой.

Словно услышав мои мысли, Мстислав сказал:

— Здесь нет ничего лишнего. Только сконцентрированная сущность.

— Сущность чего?

— Сущность мира. Позже ты поймешь.

Проводив меня до реки, Мстислав помог умыться, обмыть раны, а потом и напиться рокочущей, бегущей с гор воды. И только тогда я понял, как сильна была моя жажда. Боль прошла, исчезла, растворилась в свежести и прохладе этой воды.

— Теперь нам пора. Нас ждут. Ты уже можешь идти?

Мы прошли не меньше двух километров по узкой горной тропе вдоль реки, прежде чем местность стала заметно повышаться. Повсюду, у каждого поворота тропы, я видел все новые и новые следы прорвавшейся сквозь заставу орды.

— Они дойдут до самого замка?

— Они давно уже там.

— Насколько это опасно? Они смогут прорвать оборону?

— Этого я не знаю. Все зависит от того, успел ли Самгри предупредить наших о прорыве. А также и от того, чей флот одержит победу в схватке у дельты Лебедя.

— Чей флот?.. При чем здесь дельта?

— Ты все еще не понимаешь? События вашего мира отражаются в нашем, как в зеркале. Но и победа флота Комора зависит от того, прорвутся ли черные сквозь вторую линию застав. Все взаимосвязано в наших мирах. Сущности пронизывают одна другую.

— Если вы знаете о нашем мире так много, почему вы не измените ход битвы, не создадите более совершенного оружия?

— Здесь только честная схватка имеет значение. Только равным оружием ты можешь победить врага. Есть лишь одно-единственное исключение.

Он внезапно замолчал, и мне показалось, что случайно Мстислав коснулся некой тайны, говорить о которой не имел права. Чтобы прервать затянувшееся неловкое молчание, я указал на золотистое зарево, окрасившее небо за вершиной утеса, закрывавшего ущелье.

— Там замок? — Он лишь молча кивнул в ответ. — И мы войдем внутрь?

Он, видимо, почувствовал неподдельное волнение в моем вопросе, потому что усмехнулся и сказал:

— Конечно. Ведь ты теперь один из нас.

Подъем длился еще часа два, и лишь потом, как-то неожиданно, сразу, замок возник передо мной так, как не раз возникал во сне. Со всеми своими резными башнями, с тусклым блеском червонного золота, отраженного от стен, с лебединой шеей моста, с флагами на башнях и звуками боевого рога, затрубившего при нашем появлении.

— Где же черные витязи? — спросил я, пораженный тишиной и покоем, наполнявшими долину у подножия замка.

— У нас битвы отделены от остального.

Я не совсем понял, что он имел в виду, но переспрашивать не стал.

То ли я отвлекся от окружающего пейзажа, разглядывая замок, то ли время здесь обладало необычными свойствами, но как-то неожиданно, сразу мы оказались у ворот замка.

Проходя мимо золотой стены, я не удержался и погладил ее холодную, льдистую поверхность. Одна из легенд получила свое осязаемое подтверждение — внешние стены замка были отлиты из червонного золота, высотой в три человеческих роста и толщиной не меньше метра. Они, казалось, выросли из диких скал и были превращены в золото силой, не подвластной моему воображению. Я не увидел в них ни единого шва, никаких следов кладки или сварки, нужную форму им придали руки нечеловеческих мастеров.

Скорее всего, я воспринимал окружающее как сон, как бред тяжело раненного человека, и все равно хотел запомнить каждую мелочь, унести в памяти каждую деталь своего колдовского видения...

Четверо витязей стояли вокруг большого стола, заваленного картами и древними свитками. Они были в мягких одеждах из грубо сотканной шерсти. Их белые плащи казались мятыми и чрезмерно тяжелыми, словно стальные кольчуги. Витязи выглядели устало. Битва, которую они вели бесчисленное количество лет, оставила на их лицах неизгладимый отпечаток печали.

Когда в зал вошли мы с Мстиславом, никто даже не повернул головы. Только у самого стола на нас обратили внимание. Но еще прежде я заметил, что лишь звук моих шагов отражается под сводами замка. Мстислав ступал совершенно бесшумно — словно был тенью.

— Кого ты привел сегодня, Мстислав? — спросил старший из витязей, и я заметил в его взгляде нескрываемую грусть. — Анжел был хорошим воином... Мир пути его. — Они склонили головы в минутной скорби, и я почувствовал, как нелегко предстать в чужой личине перед глазами тех, кто знал тебя иным. В личине того, с кем они прощались.

Я был не просто чужаком. В этом мире я был никем. Я не был больше Анжелом и не совершил еще ни одного поступка, чтобы стать здесь кем-то иным. Мое собственное имя казалось мне сейчас бессмысленным звуком. И потому, стиснув зубы, я ждал их вопросов. Но они молчали, и тогда я произнес свои первые под этими сводами слова, точно хотел оправдаться...

— В том, что я очутился в замке, нет моей вины.

— Вины? — Орест-воевода приподнял голову от карты, с удивлением разглядывая меня. — Попасть сюда — большая честь. Немалая заслуга для того, кто сумел это сделать. Подойди сюда, —произнес он, повернувшись к амбразуре.

Молча повиновавшись, я встал рядом с ним. Отсюда хорошо был виден нижний двор, хранивший на себе следы многочисленных битв, не замеченный мной в то время, когда мы с Мстиславом поднимались по нижним лестницам; но, может быть, то был совершенно другой двор? Другой, потому что вместо сумерек вечера здесь сияло яркое полуденное солнце, а вместе тишины и покоя у стен замка бушевала битва. Позже я узнал, что из каждого окна открывался свой собственный вид, словно выход в иное время...

Двор, который лежал перед моим изумленным взором, был весь завален изломанным оружием и телами павших. Шесть белых витязей отчаянно рубились у шести внутренних ворот замка. Каждый из них противостоял целой толпе врагов в черных доспехах. Полчища черных витязей вливались сквозь широкие проломы наружной стены, полностью заполняя внутренний двор.

— Нам пришлось отступить от внешних стен, и теперь участь замка предрешена. Нас слишком мало, чтобы выстоять сразу у шести ворот. Что ты думаешь об этом?

— А если решиться на вылазку? И всем сразу попытаться отбросить их обратно к стене, может быть, дальше... — Я остановился, не смея продолжать и думая о том, что не мне учить правилам боевого искусства здешних воинов.

Орест, заметив мою заминку, сказал:

— Мы спрашиваем об этом каждого, кто к нам приходит. Мы обобщаем опыт и выбираем лучшие решения, не пренебрегая ничем. Для вылазки у нас слишком мало сил. Сотню-другую лет назад это еще могло получиться... Сегодня остался лишь один-единственный способ, слишком трудный для того, чтобы воплотить его в реальность.

Он долго молчал, и я не смел прервать его раздумья, понимая, как мало значу в этом новом для меня мире. Тем не менее мне показалось, что Орест ждал от меня чего-то и был явно разочарован моим молчанием. Наконец он продолжил:

— Все последние годы дела у нас шли все хуже и хуже. Причина, возможно, в самой натуре человека, в его алчности, в обострившейся борьбе за власть во внешнем мире.

— Значит, победа черных предрешена?

— Ничто не предрешено, пока продолжается битва. Примерно раз в тысячу лет одному из нас удается вернуться обратно в свой прежний мир. И каждый раз, когда это происходит, мы надеемся на перемены, потому что только из внешнего мира, от того, кто прошел наш путь дважды, можем мы ждать действенной помощи. Но, видимо, время еще не пришло... Хотя то, что ты появился без собственного оружия, — хороший знак. Чтобы найти силы для попытки вернуться, нужны привязанность к прежнему миру, любовь и желание помочь. Я не знаю, есть ли у тебя все это.

— Но если я не оправдаю ваших надежд, оставшись здесь... — Я почувствовал внезапный холод от своих слов. Побывать в замке своей мечты — одно дело, совсем другое — остаться здесь навсегда. — В чем будут состоять мои обязанности? — закончил я свой вопрос, скрывая от Ореста бешеный хоровод своих противоречивых мыслей.

— Обязанности просты — сражаться и уйти, как уйдем мы все. Подробно тебе все расскажет Мстислав. Он будет твоим напарником, как раньше был напарником Анжела. Очень скоро ты и сам поймешь все наши простые, неизменные правила.

Воевода отошел, и на какое-то время я оказался предоставлен самому себе. Все пятеро витязей собрались у стола, обсуждая планы очередной схватки. До меня долетали лишь гул голосов и обрывки отдельных фраз. С горечью я подумал о том, что не смогу быть им полезным. Не смогу сравниться с самым младшим из них по опыту схваток и по приемам владения их древним оружием, давно уже забытым на Земле. Мне придется заново учиться здесь всему.

Остановив взгляд на старинном оружии, развешанном по стенам, я отметил, что изнутри замок сложен из обычного серого гранита, потрескавшегося и потемневшего от времени. Ничто здесь не напоминало о золоте, разве что свет, струившийся из одного окна замка, и глубокий мрак, притаившийся за противоположным.

От раздумий над этой неразрешимой загадкой меня оторвал голос Ореста:

— Пора, братья. Четвертая труба, слышите? — Из окна до меня донеслось пение серебряного рога.

— Нужно отдохнуть. Завтра будет нелегкий день.

Мстислав проводил меня по лестнице до маленькой кельи в угловой башне. В ее единственное окно пробивался снаружи лишь слабый лунный свет.

— Старайся не слишком часто выглядывать в окно. Это может оказаться опасным. Спи спокойно. — Мстислав поставил свечу и вышел. Почти сразу же, пренебрегши его предупреждением, я оказался у окна.

Двор замка, погруженный в ночь, освещался слабым светом луны. Не было ни малейших следов битвы, продолжавшейся в том же дворе, под сводами южного портала... Больше всего поражало то, что из своего окна я видел ту же часть двора, что из амбразуры. Только время оказалось иным.

Вдалеке, над самой стеной, там, куда не доставал неверный свет луны, я уловил какое-то движение. Как только я его заметил, тьма в этом места стала гуще. В непроницаемом мраке медленно и бесшумно подкрадывался огромный кот. Но это был не кот... Я почувствовал, как от пятна потянулись ко мне невидимые токи. Рванувшись, я обнаружил, что тело не повинуется, и тогда панический ужас парализовал меня полностью. Человеческий глаз, полный ненависти и угрозы, заполнил весь двухметровый пролет окна.

Я видел каждую жилку в его налитом кровью белке, ощущал ледяное жало зрачка, погружавшееся в меня все глубже. Я хотел закричать, позвать на помощь, но не смог произнести ни звука. Повинуясь неслышному приказу глаза, я сделал по направлению к окну еще один шаг. Не знаю, что меня спасло. Может быть, некий символ, знак, которым я мысленно перечеркнул чудовищное око? Рука случайно задела бронзовый подсвечник. С грохотом он рухнул на каменный пол. Наваждение исчезло. За окном не осталось ничего, кроме пустого двора. Ощущение ужаса и пережитой смертельной опасности все еще преследовало меня. Весь в холодном поту, я пробрался к своему ложу и с головой закутался в меховое одеяло, решив впредь не пренебрегать так легкомысленно предостережениями Мстислава.

8

Я проснулся, когда первые лучи солнца упали на мое лицо из окна кельи.

Рана совершенно перестала беспокоить, и, взглянув на то место, где вчера еще зияло страшное резаное отверстие, я обнаружил едва заметный тонкий рубец. Мстислав оказался прав, раны здесь заживали быстро. Подойдя к окну, я убедился, что под стеной башни по-прежнему лежал пустынный двор без малейших следов сражений, на этот раз освещенный солнцем. Не было ничего, что напоминало бы о вчерашнем кошмаре. Окно, закрытое прозрачной пленкой, похожей на слюду, тонко зазвенело от моего прикосновения. Судя по упругому сопротивлению, пленка обладала достаточным запасом прочности.

Сейчас ночное приключение казалось плодом пустого воображения. Если же визит гигантского ночного глаза имел какое-то отношение к местной реальности, то я, скорее всего, покажусь смешным, начав об этом расспрашивать. Слишком уж я привык в своей прежней жизни полагаться только на себя.

Открыв дверь, я оказался на узкой винтовой лестнице. В нижнем помещении башни Мстислав куском ветоши чистил свой длинный и тяжелый, как молот, меч.

— Проснулся?

— Я молча кивнул, отводя глаза в сторону.

— Ночь прошла спокойно?

— Да. Все в порядке.

Теперь я окончательно скрыл свое ночное приключение. Скорее всего, из-за дурацкого чувства неловкости. Мстислав ведь меня предупреждал не лезть к окну. Так я совершил свою первую значительную ошибку в этом мире.

— Разве у вас не полагается завтракать? — постарался я перевести разговор на другое.

— Это несовершенный способ получения энергии. Слишком много сил расходуется на усвоение пищи, но если ты хочешь...

— Нет. Это не обязательно. Я постараюсь делать здесь все так же, как вы.

— Тогда ты должен обзавестись собственным оружием.

— Бластером, например? — попробовал я пошутить.

— Название не имеет значения, но найти его нелегко.

— Когда я служил на «Тандере», у меня было оружие.

— Это казенное оружие. Вот найдешь свое собственное, и у тебя не останется ни малейших сомнений в том, что оно предназначено именно для тебя. А пока выбери себе что-нибудь отсюда. — Он кивнул на груду, лежавшую у стены. — И поспеши. Нам пора заступать на пост. До утренней атаки черных остается меньше часа.

С нескрываемой опаской я подошел к доспехам, в беспорядке сваленным на полу башни. Во все стороны торчали наконечники копий, слишком тяжелые и длинные для моих слабых рук. Мечи, которые я вряд ли смог бы даже поднять. Вдруг я вспомнил, что мое теперешнее тело — это тело витязя, закаленное в многочисленных схватках, и я напрасно ему не доверяю. Какая-то память владения оружием наверняка осталась в рефлексах, а уж силы в моих мускулах больше чем достаточно. И все же я понимал, что для настоящего боя необходимы специальные тренировки, рассчитанные на выработку автоматических рефлексов, которых у меня не было, и, если даже сил хватит, в ответственный момент подведет отсутствие опыта.

Мне не хотелось предстать перед Мстиславом в невыгодном свете. Он и так относился ко мне с заметным скептицизмом.

Разворошив всю груду, почти на самом дне я нашел наконец что-то подходящее. Это был маленький черный самострел из полированного металла с пружинным спуском и хорошим рамочным прицелом. Когда-то в школе космонавтов я неплохо сдавал зачеты по стрельбе, сейчас это могло пригодиться. Покопавшись еще, я обнаружил колчан с нужными мне короткими и тяжелыми стрелами, а затем и облегченный полумеч, которым решил закончить свою экипировку.

Скептически оценив мой выбор, Мстислав, однако, ничего не возразил, и вскоре мы покинули двор замка, как и в прошлый раз, когда пришли сюда, не встретив ни одного человека.

Довольно долго мы продвигались по плоскогорью вниз, в противоположную сторону от того места, где располагалась вчерашняя застава.

— Чем еще вы тут занимаетесь, кроме сражений? Есть ли у вас книги, как вообще проводите вы часы досуга и раздумий?

— Досуга? — Он усмехнулся. — Здесь не бывает досуга. Схватка, смертельная усталость, отдых и снова схватка.

— В своем мире я предпочитал простые и осязаемые вещи. Есть, пить. Случалось, любил женщин... Там я ощущал вкус жизни и, по-моему, не умел ценить то, что было рядом.

— Осторожней! Мысли, слова, желания — все это не менее реально, чем любое действие. В нашем мире — в особенности.

— Разве так можно жить?

— Здесь не задерживаются подолгу. Самое большее — несколько дней.

— А потом?

— Следующий уровень — тот, на который тебе удастся подняться, или, быть может, опуститься.

— А что там?

— Не знаю. У каждого свое место. Для того, чтобы попасть на следующий уровень, надо хорошо выполнить свой долг здесь.

— Долг? Перед кем?

— Перед твоими потомками. Перед цивилизацией, в которой ты родился. Каждый твой поступок, совершенный в этом мире, будет иметь для них многократно усиленное значение!

— Но если можно подняться на следующий уровень, значит, можно спуститься и на предыдущий?

Мстислав остановился и долго пристально разглядывал меня, словно увидел впервые.

— То, что ты сказал сейчас, очень важно. Ты даже не представляешь насколько. Но ты должен научиться полностью контролировать свои мысли и желания. Иначе, вопреки твоей воле, неожиданно может исполниться то, чего ты вовсе не хотел.

— Ладно, мои желания останутся при мне. Куда нам теперь?

— Мы пришли. Сегодня наша застава будет на этой тропе.

Ждали долго в полном молчании. По замкнутому и суровому виду Мстислава я понял, что, поделившись своими сокровенными мыслями, добился лишь одного — еще большего отчуждения для себя в этом и без того чужом и холодном мире, в который еще совсем недавно так стремился попасть...

Вскоре на тропе появилась первая колонна черных витязей, и времени для раздумий не осталось. Я натянул тетиву своего арбалета, вложил стрелу и поймал в рамку прицела грудь впереди идущего командира — но палец медлил, не решаясь послать смерть в живое тело незнакомого мне, ни в чем не повинного человека. Я даже не знал толком, за что должен буду сражаться... Нечто темное, оставшееся от того клубка за окном, нашептывало мне мелкие оправдания моего самого обыкновенного страха.

Словно угадав мои мысли, Мстислав сказал, нахмурившись:

— Ты не убьешь его. Здесь никто не умирает. Все это скорее игра. Для нас, во всяком случае. Правда, боль одинакова повсюду. — Он выхватил меч, выпрыгнул из-за укрытия и с яростным криком врезался в переднюю шеренгу врагов. Мне ничего не осталось, как спустить тетиву и последовать за ним.

Воин, в которого я выстрелил, пошатнулся и рухнул на тропу. Передние ряды нападавших смешались. Часть из них, окружив Мстислава плотным кольцом, медленно оттесняла его в сторону. Другая часть, держась от меня в стороне, замыкала круг, отрезая все пути к отступлению.

Расстояние между нападавшими и мною сократилось настолько, что арбалет стал бесполезен. Бросив его на землю, я обнажил свой короткий и легкий меч, понимая, что с таким оружием не выстою против десятка противников и несколько минут. Но они почему-то медлили с решающей атакой. Из задних рядов выдвинулись несколько человек с сетями и короткими палицами в руках. Похоже, меня решили захватить в плен живым.

Я защищался яростно и небезуспешно, пользуясь в полной мере тем, что мои противники не наносили серьезных ударов. Они лишь старались оглушить меня и запутать сетями. Значительно уступая им в искусстве боя, я превосходил многих из них в быстроте реакции, да и в силе тоже. Поэтому какое-то время мне удавалось ускользать от их выпадов и наносить ответные удары, от которых нападавшие падали вокруг меня один за другим.

В условиях, когда мои противники практически не пользовались своими длинными и тяжелыми мечами, опасаясь нанести мне серьезную рану, короткий меч оказался не таким уж плохим оружием.

Но долго этот неравный поединок продолжаться не мог. После неудачного выпада на мою голову обрушился, в конце концов, удар боевой палицы.

Очнулся я глубокой ночью. Голова не болела. Вообще ничего не болело, несмотря на то, что после такой схватки у меня должно быть переломано немало костей. Я попробовал двинуться и даже сумел приподняться.

Теперь я сидел, опершись на ствол дерева, перед жарко пылавшим в двух шагах от меня костром. Его пламя скрывало контуры какой-то темной фигуры на противоположной стороне, и, как я ни всматривался, ничего не мог рассмотреть, кроме самого пламени и нерезких теней.

Со всех сторон из мрака доносились звуки ночного привала, всхрапывание лошадей, звон оружия... Я находился внутри военного лагеря — сомнений больше не оставалось: я попал в плен к черным витязям... Впрочем, я слишком плохо представлял тогда, что это может означать. Я подумал еще, что мое пребывание здесь похоже на слишком затянувшийся сон. Настоящая жизнь, со всеми ее красками, радостями и горестями, осталась по другую его сторону. Мне захотелось вернуться. Я побывал в замке своей мечты, я сражался рядом с белыми витязями. Об этом я не смел и мечтать. Но теперь пора бы уже проснуться...

Пламя опало, остались лишь красноватые отсветы углей. В их неровном свете я смог рассмотреть фигуру угрюмого великана, сидевшего по ту сторону костра. На нем не было военных доспехов. Свободный синий плащ скрадывал линии его непропорциональной фигуры. Мне показалось, что под складками плаща скрыто что-то вроде сложенных крыльев — где-то я уже видел такие крылья... Но я тут же забыл об этом, потому что услышал пришедшие из мрака слова:

— Ты, кажется, выразил желание вернуться в свой прежний мир? — Голос был глубокий, рокочущий, с вкрадчивыми, бархатными басами. Он словно шел одновременно со всех сторон.

— Я этого не говорил, — произнес я в пространство, не зная точно, кому должен отвечать.

Великан усмехнулся:

— Говорить не обязательно. Достаточно думать.

Он протянул к костру руку и поворошил ею угли, словно не чувствовал жара. Пламя вспыхнуло ярче, осветив его высокий лоб, нахмуренные брови — во всем его облике было что-то трагическое и величественное одновременно.

— От человека, так сильно привязанного к прошлому миру, можно получить немало пользы.

— Что может от меня зависеть?

— Само существование империи Комора, например, судьба твоего народа, дорога, которую ты ему выберешь.

— Я не император, чтобы выбирать дороги народам.

— Ты мог бы им стать.

— Меня не прельщает власть.

— Сама по себе — да, но как средство она бывает необходима. С ее помощью можно сделать счастливыми многих.

— Такое не удавалось еще никому.

— Но, может быть, они не знали, как воспользоваться властью? Может быть, ты это знаешь лучше других? Разве ты никогда не задумывался над этим? — Казалось, он читал мои самые сокровенные мысли.

— Для того, чтобы это стало возможно, необходима совсем другая, не императорская власть.

Он оживился и как-то неожиданно, сразу, оказался рядом со мной, переместившись с противоположной стороны костра.

— Конечно! Конечно, другая! Хорошо, что ты это понял. Такая власть существует. Безмерная, лишенная внешних атрибутов и жалкой мишуры, в которую так любят наряжаться лжепророки и лжеправители.

— Но ведь и расплата за такую власть должна быть безмерной...

— Да, это так, — просто ответил он, — но мне почему-то казалось, что ты не из тех, кто заранее подсчитывает цену любого шага.

Отблески красноватого пламени костра плясали на его лице, выхватывая из темноты то капризно изогнутую бровь, то нахмуренный лоб, то его сверкающие, полные мрака глаза. Его взгляд лишь слегка прошелся по мне, лишь задел меня самым своим краешком, но я испытал волну парализующего темного ужаса, словно ребенком заглянул в бездонный колодец, на дне которого не отражались даже звезды.

— Я мог бы предоставить тебе такую власть, а уж как ты ею воспользуешься и какова будет расплата — все будет зависеть только от тебя.

— Не понимаю... Если вы обладаете подобной властью, зачем вам нужны посредники? Пользуйтесь ею сами!

— Все не так просто. Мы не можем управлять прошлым миром. Для нас он уже не существует, хотя все, что в нем произошло, оказывает прямое влияние на состояние нашего. Это что-то вроде вашей истории. Представь, что ты мог бы отправить посланца с каким-нибудь поручением в свою историю...

— И каким будет результат?

— Я не могу тебе на это ответить. Просто потому, что ты не поймешь. А если поймешь, — не поверишь. Много сотен тысяч лет назад на одной-единственной планете этой Галактики возник человеческий разум... Мы все — порождение этого разума.

— Ты хочешь сказать, что нас связывают кровные узы братства?

— Вот видишь! Я был прав. Слишком много легенд, суеверий, предвзятости и тысячелетий вражды разделили наши народы. Черных витязей вы считаете исчадиями ада — и все это лишь потому, что мы проиграли одно-единственное сражение! Только худшие из вас попадают в наш лагерь — вот почему я трачу столько времени на убеждения!

В его глазах сверкнул огонь. Мне показалось, он с трудом сдерживает гнев. И, конечно, не потому, что он вдруг вспомнил о своих «меньших братьях», покинутых на далекой, заброшенной и опустевшей планете. Зачем-то я ему был очень нужен. Для чего-то гораздо более конкретного и страшного. И я прекрасно понимал: мне не уйти от предназначенного им для меня жребия. Никому еще не удавалось уйти! И потому я усмехнулся ему в лицо и похрустел своими связанными руками. Он лишь недовольно поморщился — путы упали сами собой.

— Любые изменения, внесенные в ваш мир, немедленно отражаются здесь. Вот для чего ты мне понадобился. Далеко не каждый способен вернуться. Лишь один раз в тысячу лет попадается подходящий материал. Собственно, договор тобой уже подписан. Остается пустая формальность.

Он протянул руку и коснулся ею моего безымянного пальца — я вздрогнул от ледяного холода, пронзившего все мое существо. На месте его прикосновения тусклым холодным блеском сверкнуло кольцо. Он хотел еще что-то сказать, но слева от нас из темноты донесся звук боевого рога, лязг мечей и яростные крики схватки. Казалось, там, за чертой света костра, сошлись лицом к лицу невидимые легионы.

Бой был чудовищен по своему накалу и ярости, но он не произвел должного впечатления на моего собеседника, тот лишь поморщился и сказал:

— Нам помешали. Мы продолжим беседу в более подходящем месте.

Кто-то рвался к костру сквозь рев этой кромешной сечи, и, когда тень невидимого в темноте воина выросла перед нами, черный витязь встал навстречу ему во весь свой огромный рост.

Воспользовавшись тем, что его внимание отвлекли, я, не дожидаясь начала предстоящей схватки, нырнул в спасительную темноту и почти сразу наткнулся на Мстислава. Он схватил меня за руку и потянул в сторону, прочь от грохота боя.

— Скорее, скорее! Мы должны уйти, мы должны выиграть хотя бы несколько секунд!

— Объясни мне, что происходит?

— Он говорил с тобой? — вопросом на вопрос ответил Мстислав.

— Кто — он?

— Значит, говорил... А это что, кольцо? Вот даже как... Что же это мы не разглядели, не поняли сразу...

— Да кто он такой, черт возьми!

— Поздно. Все теперь поздно... Есть одно-единственное место, где существует хоть какая-то надежда избавиться от Его непомерной власти. Темная зона. Запомни — Темная зона.

Черный витязь уже возник перед нами. Теперь он был вооружен, и едва обнажил свой клинок, как вокруг все осветилось. Казалось, черный великан держал в руке луч красноватого пламени, и не целясь, подходя, он хлестнул им небрежно в сторону Мстислава. Тот, однако, успел прикрыться щитом. Но щит разлетелся на тысячу осколков, а сам Мстислав, не выдержав тяжести оставшегося на его долю удара, качнулся и канул во мрак. Вновь мы остались один на один, и лицо черного великана приблизилось, искаженное теперь гримасой гнева.

— Так ты решился противиться мне, жалкая козявка?

Он даже не замахнулся — лишь направил острие меча в мою сторону, и чудовищная боль вошла в меня, пронзив левый бок. Смертный холод медленно пополз от моих раздираемых внутренностей выше, к самому сердцу. Холод и боль. Я закричал от этой дикой, нечеловеческой боли, и, казалось, мой крик доставил ему настоящее удовольствие. Его лицо приблизилось еще больше, стало отчетливей, и губы беззвучно произнесли:

— Теперь ты забудешь все. Лишь одно не дано тебе забыть — этой боли. А она ничто. Жалкая капля по сравнению с тем, что тебя ждет, если ты осмелишься проникнуть в Темную зону.

9

— Он приходит в себя.

— Этого не может быть, минуту назад он был мертв.

— Клиническая смерть?

— Слишком долго для клинической смерти!

— Но теперь он приходит в себя. Пульс появился! Ты видишь?

— Я вижу... И все же это невозможно. Если бы я не был простым корабельным врачом, я бы описал этот уникальный случай в медицинском корабельном вестнике. Впрочем, мне бы все равно никто не поверил.

— Но мы же сообщили о его смерти! Ты подписал официальное заключение!

— Конечно, я подписал, и правильно сделал.

— Но если об этом узнают, нас ждут крупные неприятности!

— Мертвецы никого не интересуют.

— Что ты собираешься с ним делать?

— Продам Барету. Барет платит за одного рабоста четыреста кредосов. Официально он мертв, ты понял?

Я слышал каждое слово. Я не мог шевельнуться, не мог произнести ни звука. Но я слышал все и все понимал. Мысль работала четко, словно не было ни шока после выстрела бластера, ни потери сознания. Похоже, пророчеству капитана «Рендболла» суждено сбыться — не миновать мне горячей зоны реакторов! Эти двое торговцев людьми в белых халатах сделают все, чтобы их заключение о моей смерти оказалось подлинным, и при этом еще извлекут выгоду...

Я не знал, серьезна ли моя рана, но понял уже, что в ближайшее время мне понадобятся все силы для борьбы за собственную жизнь.

Сейчас камера, в которой я находился несколько часов назад, казалась мне пределом мечтаний, далеким и недоступным убежищем... Но неужели с тех пор прошло всего несколько часов?

Где-то за гранью, отделившей в моем сознании время выстрела, копошились странные обрывки воспоминаний, непонятные клочки теней; но стоило вглядеться в них пристально, как оставалась одна только боль.

— Сними с него кольцо! Оно мешает мне ввести датчик!

— Не снимается. Я уже пробовал. Может быть, распилить?

— Черт с ним! Это просто медь.

— Медь?

— Да. Сейчас многие носят. Говорят, медь улучшает кровообращение. Я не верю этой чепухе.

У меня нет никакого кольца! О чем они? Я не мог посмотреть на собственную руку, она не сгибалась. Я оставался абсолютно неподвижным и беспомощным. Не знаю, сколько часов они со мной провозились, зарабатывая свои четыреста кредосов. Время в моем теперешнем состоянии не играло ни малейшего значения. В конце концов, задернув ширму у кровати, они ушли. Я слышал удаляющиеся шаги и их последние слова:

— Ты сделал ему инъекцию?

— Да.

— Тогда он будет спать. Пойдем договоримся с Баретом.

Я полностью отключился на какое-то время и очнулся в грязном кубрике, переполненном людьми.

На трехъярусных нарах лежало не меньше ста человек. Изгоев, обреченных на медленное умирание. Несчастных, о которых команда наверху даже не подозревала... Теперь я один из них. На «Рендболле» человеческая жизнь не стоила ломаного гроша.

Прогрохотав сапогами по узкому железному трапу, в кубрик спустился рыжеволосый бородатый человек в синей форме старшего палубной команды. Все, кроме меня, вскочили с нар. Поддавшись общему порыву, я тоже невольно приподнялся и, к собственному удивлению, понял, что движение удается мне без особого труда. Однако, прежде чем это заметил кто-нибудь из окружающих, я вновь неподвижно распластался на своем тюфяке.

— Ко второму блоку пойдет усиленный наряд из двадцати человек. Остальных распределят старосты. Чтобы через пятнадцать минут все были на своих местах!

Старший вышел, и вокруг меня началась суета сборов. Кряхтенье, стоны, проклятия... Одни натягивали старые брезентовые робы, другие — легкие, изрядно потрепанные костюмы радиационной защиты. Сквозь прорехи ткани там и тут просвечивала разорванная алюминиевая фольга.

— Что делать с новеньким? — спросил кто-то у моего изголовья.

— Доктор сказал, что он будет спать до девятых склянок. Пусть остается в кубрике.

— Смотри, у него кольцо!

— Тише! Я не слепой!

— Значит, это тот, которого мы ждали, теперь можно начинать?

— Нужно сказать Стриму. Может, это не тот.

— Но ведь у него кольцо!

— Кольцо, кольцо! Кольцо может быть у кого угодно!

Не выдержав, я открыл глаза и спросил:

— Кто вы? Что это за чертово... — Я не договорил, потому что теперь и сам увидел на своем безымянном пальце полосу красноватого металла.

— Он пришел в себя!

— Тише. Не двигайся, сделай вид, что ты еще без сознания. Я приведу Кэла Стрима. Когда здесь никого не будет, поговоришь с ним.

Лишь после того, как затих грохот сапог по трапу, я позволил себе осмотреть пустое помещение.

Здесь не было ничего, кроме жалкого скарба этих несчастных да груды старой рабочей одежды, беспорядочно сваленной на длинных скамьях. Я надеялся, что мне не придется ждать слишком долго их возвращения. Бездействие и ощущение опасности угнетало меня. Но и действовать в одиночку я был не в состоянии — надо хотя бы окрепнуть после ранения. Представится ли такая возможность?

Что-то у них здесь готовилось, и меня ждали... Впрочем, меня ли? Может, это ошибка? Меня приняли за кого-то другого из-за кольца! Все дело в нем... Но откуда оно, черт возьми, взялось?

Гладкий красноватый металл без единого украшения — скорее всего, медь. Да, медь, врачи были правы. Вот и патину видно. Местами тронула кольцо зеленца — старая вещица... Я повернул на безымянном пальце тускло блеснувший кусочек металла. Он легко подался, заскользил по пальцу, но не снялся, упершись в фалангу. Превозмогая боль, потянул изо всех сил, но и это не помогло. Кольцо сидело на пальце как влитое, словно я с ним родился.

«Неудачник, да к тому же меченый! — подумал я про себя с непонятной горечью, припомнив сразу все странные события последних дней. Сообщение капитана о моей более чем непонятой дате рождения, камеру, визит представителей Тетрасоюза, ворвавшихся ко мне вооруженных людей, выстрел в темноту... Похоже, кольцо надели на палец в бессознательном состоянии. Может быть, поработали люди Ловинского, передав таким образом знак своим сторонникам среди рабостов, что я именно тот самый, нужный им человек. Все казалось вполне логичным. По крайней мере, эта загадка должна была разрешиться в самое ближайшее время.

Рабосты вернулись, как обещали, минут через пятнадцать. Невысокого роста, сильно облысевший, но еще крепкий человек лет сорока был среди них, похоже, за главного. И чтобы избежать дальнейших недоразумений, я спросил его, пренебрегая всякой конспирацией:

— Вы из организации Ловинского?

— Кто такой Ловинский?

Совершенно неожиданный вопрос заставил меня надолго замолчать. Мои знакомые, соблюдая естественную в их положении осторожность, ждали продолжения, и мне не осталось ничего иного как пояснить:

— Ловинский один из руководителей Тетрасоюза.

— Мы не относимся к Тетрасоюзу. Вообще ни к какому «союзу». На этом корабле мы просто смертники, вынужденные бороться за свою жизнь. Тем не менее у нас есть реальный шанс захватить корабль, и если вы тот человек, которого мы ждем...

— Откуда, в таком случае, вы вообще могли узнать о моем появлении на борту? Кто мог предоставить вам подобную информацию?

— Это не так просто объяснить. Иногда в горячей зоне реактора происходят странные вещи. Вам достаточно знать, что один из нас предвидит будущее. Он сказал, что, когда среди рабостов появится человек с кольцом, можно начать восстание. Среди рабостов нет ни одного офицера, никого, кто бы смог увести захваченный корабль в безопасное место. А вы действительно... — вдруг засомневался он, — вы сможете это сделать?

— Смогу. Вот только не пойму, при чем здесь кольцо... У вас есть план захвата «Рендболла»?

— Нет. У нас нет плана. Но зато у нас есть четыреста человек, готовых на все. Им совершенно нечего терять.

— И все же этого может оказаться недостаточно. Похоже, вы не представляете всей сложности задачи.

— Зато я знаю кое-что гораздо более важное.

— Что же именно?

— Мы выиграем этот бой. И вы будете с нами, Крайнов. Так сказал предсказатель.

Я не стал скрывать иронической усмешки.

— Наверное, у вас неплохой предсказатель, — произнес я, внимательно вглядываясь в заросшее, грязное лицо Стрима. Он оказался совсем не так прост, как показалось мне с первого взгляда. Особенно не нравилось мне во всей этой истории таинственное появление кольца и мой весьма своевременный перевод в рабосты. Я вновь, как тогда в Лиме, почувствовал себя игрушкой в чужих руках. Если здесь штучки Тетрасоюза, то, пожалуй, это можно проверить...

— Относительно меня ваш предсказатель ошибся. Я уже дал согласие участвовать в операции по захвату «Рендболла» другой организации. — Я с интересом ожидал реакции на мое сообщение.

— Имеется в виду Тетрасоюз? Но вы ведь уже наверняка догадались, что он всего лишь ширма для корпорации, которая ведет за вами упорную охоту. Вас едва не убили, Крайнов, не забывайте об этом.

— А это откуда вам стало известно? Тоже от предсказателя?

— Нет. Прежде чем меня перевели сюда, в горячую зону, прежде чем они решили от меня избавиться, я был одним из руководителей Тетрасоюза. И как только понял, что он собой представляет на самом деле, очутился здесь. Кстати, год назад в руководстве Тетрасоюза не было никакого Ловинского.

— Зачем тогда понадобилась эта дурацкая история с кольцом?

— Ну, во-первых, у нас действительно есть предсказатель. Это он нас предупредил, что в скором времени на «Рендболле» появится человек с медным кольцом на безымянном пальце, он назвал даже вашу фамилию, и тогда через свои старые связи я собрал о вас всю возможную информацию. Без этого я бы не решился на откровенный разговор. Даже среди нас наверняка есть агенты корпорации. Могу сказать определенно: выбора у вас нет. Если хотите выжить, вам придется присоединиться к нам. Как только появится не известие, нет, — всего лишь тень догадки о том, что вы живы и атака целого десантного подразделения хорошо обученных громил, направленная на одного-единственного человека, безоружного заключенного, не увенчалась успехом,— как только это станет известно, здесь окажется не один десантный бот. Это всего лишь вопрос времени, и нужно убрать «Рендболл» из этого района как можно скорее. Заодно вы спасете моих людей от смерти в горячих зонах реакторов.

В его словах была несомненная логика, и знал этот парень слишком много для простого рабоста. В конце концов, я ведь не был уверен даже в том, что трое, нанесшие визит в мою камеру перед тем, как туда пожаловали десантники, действительно были людьми Ловинского. Это могла быть примитивная ловушка все той же корпорации. И, пожалуй, меньше всего я рисковал, доверившись людям, у которых, так же как и у меня, выбор был не слишком велик... Если только они настоящие рабосты... Но, кажется, у меня был способ проверить хотя бы это.

— Начинать подобную операцию без единого руководства невозможно. Могу я узнать, кто будет отвечать за весь ее ход и за нашу дальнейшую судьбу?

— Разумеется, можете, поскольку это вы сами. Мы собирались предложить командование крейсером, в случае победы, самому опытному среди нас, но как только здесь появились вы — штурман первого класса, этот вопрос ни у кого не вызвал сомнений.

Люди Ловинского мне в этой чести отказали... Похоже, он говорил правду. Его предложение польстило моему самолюбию, но я хорошо понимал, какую огромную ответственность возьму на себя, если соглашусь. И все же... Впервые мне предлагали полную самостоятельность. Если удастся заполучить такой корабль, как «Рендболл», то с его помощью, при умелом использовании своего нового положения, можно противостоять не только флоту корпорации, но и ее тайным агентам здесь, на борту «Рендболла», пытавшимся сделать из меня послушного и беспрекословного исполнителя своих неведомых планов. Как только я стану капитаном «Рендболла», они потеряют надо мной всякий контроль. Я слишком хорошо знал, как велика может быть власть капитана в открытом космосе на корабле, оторванном от всяких баз...

— Есть одна сложность... — проговорил я, внимательно вглядываясь в Стрима и стараясь не пропустить на его лице малейшие следы сомнений и колебаний. Мне все еще не верилось в невероятную удачу, неожиданно свалившуюся на меня. — При любой попытке захвата центральный компьютер берет управление кораблем на себя, блокируя все управляющие системы.

— Я предполагал, что они придумают что-нибудь подобное. Комор не доверяет своим офицерам. Однако у нас есть нечто такое, чего они не смогут предусмотреть. — Он похлопал по трубе энерговода. — Под нашим контролем вся энергия корабля.

— В случае аварии компьютер переключается на автономное энергоснабжение.

— Конечно. Конечно, он переключится. Ну а если по одному из таких энерговодов, прежде чем начнется операция, будет послан точно рассчитанный заряд, который сработает в определенном месте, в заданное время и выведет из строя энергетический распределительный щит? Что тогда?

— Тогда компьютер останется без энергии... Пожалуй, это может получиться.

— Это обязательно получится. Получится, потому что они никогда не принимали нас всерьез в своих расчетах и планах. Те, кто попадает в рабосты или на рудники, вычеркиваются из всех учетных карточек Комора. Мы для них больше не существуем, кто же будет считаться с мертвецами?

— Но вам потребуется немало времени для того, чтобы пробиться с нижних палуб к управляющей рубке корабля. С помощью ремонтных работ новый щит можно смонтировать за полчаса.

— Вот тут вы правы. И поэтому кто-то должен будет заранее проникнуть в рубку. Забаррикадироваться там и взять на себя управление кораблем вручную, на то время, пока мы захватим все палубы. Иначе они перекроют проходы и изолируют нас в отдельных отсеках.

— И этим человеком может быть лишь тот, кто сумеет осуществить подобное управление.

— И тут вы правы. Им может быть только новый капитан этого корабля.

— Спасибо за честь. Однако не думаю, что у меня много шансов слишком долго удержаться в этой должности.

И он еще говорил мне об отсутствии плана! Этот человек точно знал, чего хотел, и все рассчитал наперед.

— Когда вы собираетесь начать?

— Как только вы поправитесь.

— Я чувствую себя вполне терпимо и не слишком задержу вас.

— Несколько дней не имеют значения. Здесь у нас есть достаточно мест, в которых можно спрятать человека. Официально, в одном из рапортов, упомянут о вашей гибели.

10

По совету Стрима я не взял в собой никакого оружия. Так у меня было больше шансов добраться до верхних палуб. Там я надеялся проникнуть к Гагарову и, согласившись со всеми его требованиями, в качестве штурмана получить реальный шанс попасть в управляющую рубку.

Задача осложнялась необходимостью строго выдерживать график. Как только я поднимусь выше шестого яруса, всякая связь с нижними палубами будет прервана. Я должен оказаться в рубке в точно назначенное время. Мне не удастся продержаться там слишком долго, а если я начну действовать до того, как центральный компьютер выведут из строя, меня уничтожат его защитные системы.

Вообще говоря, вся эта затея имела слишком мало шансов на успех, и все же я чувствовал необычайный подъем, почти радость — радость оттого, что наконец мог поступать по собственной воле, без невидимой направляющей руки всемогущей корпорации.

Продвигаясь по бесконечным пустынным коридорам захламленных нижних палуб, производивших впечатление каких-то старинных свалок металлолома, я думал о том, что если этот старый, но все еще могучий корабль окажется под моей командой, я сумею навести здесь порядок.

И еще я прикидывал, как можно использовать крейсер, после того как мы его захватим, уведем в безопасный район, восстановим все повреждения. Что потом?

Какое-то время нам придется осуществлять рейды для захвата транспортников Комора, чтобы восстановить запасы топлива и подготовить корабль к дальнему рейсу, а затем... Я усвоил в жизни одно простое правило: если возникшая передо мной задача оказывалась слишком сложной, ее следовало разбить на множество простых, маленьких, легко выполнимых условий. И постепенное накопление под ногами необходимого фундамента рано или поздно возносит на вершину. Но прежде чем думать о следующем восхождении, следовало закончить начатое.

Я поправил все время сползавший на бок тяжелый футляр с лазерным паяльником. Этот универсальный инструмент поможет мне справиться с любым замком, а в случае необходимости послужит неплохим оружием в рукопашной схватке. Сделав несколько глотков горьковатой воды из маленькой пластиковой фляжки, прикрепленной к грязной защитной робе, я двинулся дальше. Эта роба внешне ничем не отличалась от стандартной одежды рабоста, но под ней скрывалась защитная пленка, снятая с костюма охранника. Она способна выдержать удар холодного оружия и даже небольшое излучение. Это была лучшая защитная одежда, которой располагали рабосты. В ней я мог подниматься приблизительно до шестого уровня, не вызывая особых подозрений. Затем придется любым способом раздобыть новую одежду.

Очередной подъем по аварийному межпалубному трапу закончился у круглого люка, ведущего в верхний коридор. Мне все время приходилось двигаться по запасным переходам — так было больше шансов не столкнуться с охраной. Сверившись со схемой, полученной от Стрима, я осторожно приподнял крышку и осмотрелся. Мне опять повезло: коридор был пуст. Чем ближе удастся пробраться к центральным палубам, тем больше вероятность того, что меня хотя бы выслушают. Здесь охрана не будет даже разговаривать с разгуливающим на свободе рабостом...

Едва я вылез из люка, как металлический голос корабельных динамиков гулко покатился вдоль коридора:

— Рабост номер четыреста семь! Немедленно вернитесь на свое место!

Проклятие! Здесь работали охранные сканеры, и теперь компьютер не оставит меня в покое, пока я не выполню команду... Что же делать? Стюард говорил, что на корабле много заброшенных помещений, в которых датчики не работают. Если мне удастся разыскать поблизости что-нибудь подобное, прежде чем мной всерьез займется охрана, у меня появится шанс. Я бросился вперед, стараясь как можно быстрее проскочить открытый коридор.

— Рабост номер четыреста семь! Немедленно вернитесь на нижнюю палубу! — назойливо повторил компьютер. Теперь он наверняка включит тревогу — но конец коридора был уже совсем рядом!

За поворотом, буквально в двух шагах от меня, стоял ухмыляющийся охранник. Он стоял здесь, видимо, уже давно, затаился, как только включились динамики, и ждал свою жертву, словно охотник в засаде. Ствол лучевого пистолета, направленный в мою сторону, дрогнул и выплюнул раскаленный добела сгусток протонов.

На груди у меня вспыхнуло ослепительное пятно разряда, я почувствовал легкий толчок. Охранник пошатнулся и упал. Я стоял оглушенный, ничего не понимая, а мой противник неподвижно лежал у моих ног с выпавшим из рук пистолетом. Защитная пленка в моей робе не способна отразить заряд лучевого пистолета. Что же произошло? Выглядело это так, словно в момент выстрела меня прикрыли защитным полем. Человек не сумел бы это сделать достаточно быстро. Компьютер? Это единственное правдоподобное объяснение. Но почему? Этого я не знал. И скорее всего, никогда не узнаю. Что-то в его схемах сработало не так. Рабост должен был выполнить распоряжение машины и вернуться на нижние палубы, но для этого необходимо сохранить ему жизнь, не в этом ли дело? Я не знал. Я нагнулся над охранником. Он был мертв. Отраженный от моей робы лучевой выстрел попал ему прямо в лицо, и теперь оно походило на спекшуюся черную маску.

Вот она, нужная мне одежда... Что ж, мне оставалось только воспользоваться еще одним предоставленным судьбой счастливым шансом. Не слишком ли их много выпадало на мою долю? Впечатление складывалось такое, словно некто невидимый весьма настойчиво и любезно крутил колесо случая в благоприятную для меня сторону...

Спустя минуту на полу коридора лежал в робе рабоста мертвый охранник. Вряд ли им здесь заинтересуется кто-нибудь, кроме уборщиков. Проверив заряды, я вложил пистолет в кобуру и пошел дальше не торопясь, как и положено ходить знающему себе цену охраннику. Компьютер после этого переодевания, похоже, потерял ко мне всякий интерес.

Однако на этом мое везение закончилось. Через несколько минут, добравшись до следующего уровня, я натолкнулся на вооруженный наряд. Их было четверо, и искали они, судя по всему, именно меня. Во всяком случае, они не стали вступать со мной в переговоры, а сразу же заблокировали проходы по обе стороны коридора и ощетинились стволами лучевиков, грозно темневшими над жилетами самозащиты. Только после этого командир отряда обратился ко мне через корабельный интерком, разнесший его голос по всей палубе металлическим рыком:

— Сопротивление бесполезно. Бросьте оружие.

Поскольку я не торопился выполнить его требование, он продолжил:

— Если вы немедленно не подчинитесь, мы заблокируем коридор и прекратим подачу воздуха!

Из этого следовало, что чувствовали себя мои противники не слишком уверенно, они даже не пытались угрожать мне немедленным открытием огня. Очевидно, результат предыдущего выстрела по моей персоне был им отлично известен. В таком случае, мной заинтересовались всерьез, они воспользуются всей мощью корабельной техники, и, похоже, они меня очень боятся. С чего бы? Во всяком случае, именно страх делал их по-настоящему опасными, и я решил не искушать судьбу.

Пистолет звякнул о металлическую плиту палубы, я отодвинул его в сторону и показал им пустые ладони.

Начальник корабельной службы безопасности лейтенант Лоуэлл был худ и излишне молод. Его сухие руки, без всякого видимого смысла, перебегали по разложенным на столе бумагам, словно не знали, на какой из них следует остановиться.

Я сразу же узнал в нем того самого представителя Тетрасоюза, что держался в стороне во время посещения моей камеры, и понял, что наш словесный поединок окажется не из легких. Меня обнадеживало лишь то, что Гагарову сейчас очень нужен штурман, и если мне все же удастся добраться до управляющей рубки — мы вполне можем поменяться с этим мальчишкой местами на следующем допросе.

Наконец он заговорил куда-то в сторону, стараясь не смотреть на меня, словно я был ядовитой гадиной и он боялся заразиться исходящими от меня миазмами даже на расстоянии.

— Мы получили медицинское заключение о вашей смерти. И, должен сознаться, вы неплохо выглядите для трупа.

— Надеюсь, в этом меня не обвиняют?

— Вас обвиняют в убийстве работника корабельной охраны и еще во многом, гораздо более существенном.

— В чем же?

— Например, в государственной измене.

— Я хотел бы встретиться с капитаном.

— В этом нет ни малейшей необходимости. Государственной изменой занимается служба безопасности.

— Возможно, вы правы, но я буду разговаривать только с капитаном.

Он продолжал так, словно не слышал моего требования:

— Вашему положению не позавидуешь, Крайнов. Из досье явствует, что вы заговорщик. Кроме того, вы убийца, и уже одно это дает мне право расстрелять вас без всякого суда. К тому же официально вы уже мертвы. — Он демонстративно подержал в руке медицинское заключение. — Мне даже не придется отчитываться за ваше исчезновение перед своим начальством. Я хочу, чтобы вы поняли одну вещь, Крайнов, — сейчас ваша судьба полностью зависит от того, какое решение я приму. А ведь мы могли бы договориться... Например, я мог бы оставить на вас эту форму... Мне нужны хорошие охранники.

— Чего вы хотите?

Он подался вперед, и в лицо мне пахнул запах несвежих зубов этого юноши, жаждущего очередного повышения на своей долгой, ведущей в никуда служебной лестнице.

— За вами присылали специальный скуттер с группой космодесантников. Ни один преступник за всю историю Комора не удостаивался такой чести. Я хотел знать, почему это было сделано?

К сожалению, я и сам этого не знаю. У Лоуэлла неплохое чутье. Он понял, что судьба предоставила ему в руки кусок важной государственной тайны, он не желал оставаться в стороне. И, похоже, понимал, насколько велик этот кусок...

— Возможно, Комор испытывает огромную нужду в штурманах.

Наверно, мне не следовало иронизировать. Есть люди, совершенно не понимающие юмора. Он размахнулся и ударил меня по лицу. Впрочем, и ему не следовало столь грубо обращаться с человеком, о котором он знал не слишком много. Удар был слабым, я почти не почувствовал боли, но зато ощутил гнев, естественный для каждого мужчины, оказавшегося на моем месте.

Не знаю, что со мной случилось, — может быть, сработали какие-то скрытые подсознательные рефлексы или сказалась практика, приобретенная в подземельях Лимы. Неожиданно для самого себя точно рассчитанным движением я выбросил под столом ногу и попал носком ботинка в коленную чашечку лейтенанта. Он громко вскрикнул от боли и согнулся, открыв шею для второго удара, после которого рухнул лицом на стол. Я двигался стремительно, не раздумывая, словно всю жизнь только этим и занимался.

Прежде чем стоявший за дверью охранник успел ее распахнуть, я уже был под столом. Ему потребовались какие-то доли секунды, чтобы оценить обстановку и понять, куда я делся. Этого оказалось достаточно. Я вытащил пистолет из кобуры на поясе у лейтенанта и успел выстрелить практически одновременно с охранником. Поскольку тот стрелял через крышку стола, мой выстрел получился удачнее.

В прихожей никого больше не было. Я бросился к офицерской транспортной кабине. Слава богу, Стрим снабдил меня ключевым кодом. Слишком мало оставалось времени, и координаты следовало задать так, чтобы меня не успели заблокировать во время движения. С другой стороны, хорошо бы уйти как можно дальше... В конце концов я рискнул подняться на два яруса, наугад набрав остальные цифры. Я знал код запуска, но не имел представления о том, в каком именно помещении остановится кабина. Это походило на игру в русскую рулетку. Смертельный риск и надежда на удачу...

Прежде чем нажать кнопку старта, я бросил взгляд на свой наручный секундомер. Он показывал сто восемьдесят минут, отделявших меня от начала операции. Мы долго ломали голову над тем, какой резерв времени оставить, чтобы мне успеть добраться до управляющей рубки. Слишком большой срок был так же опасен, как и недостаточный.

В конце концов, после долгих споров и расчетов, остановились на двенадцати часах, теперь я, к собственному ужасу, обнаружил, что уже истратил большую часть этого времени. Правда, мне удалось пробиться на верхние палубы. В девятом ярусе, куда несла меня транспортная кабина, располагались все основные управляющие помещений крейсера.

Теперь все зависело от удачи. К счастью, она не подвела меня на этот раз.

С легким шипением двери кабины раздвинулись, и я оказался в роскошном холле приемной капитанской каюты.

Дежурный офицер еще только поднимался со своего места мне навстречу, когда я, небрежно козырнув, преодолел два шага, отделявшие меня от двери капитанского кубрика.

— Остановитесь! — прогремел за моей спиной решительный приказ. Я нажал ручку, и она, конечно, не поддалась, заблокированная с дежурного пульта. Моя рука тянулась к оружию, и я весь похолодел, понимая, что, начав здесь стрельбу, я ни за что не попаду ни к Гагарову, ни в управляющую рубку корабля...

Но удача не покидала меня сегодня. Прежде чем дежурный офицер успел разобраться в моих намерениях, дверь, открытая изнутри, распахнулась. Едва не сбив выходящего из кабинета Гагарова человека, я очутился перед его столом.

— Какого черта?! — Глаза Гагарова, смотревшие в разные стороны, медленно наливались гневом.

— Я решил согласиться с вашим предложением.

— Да неужели? В эту комнату без моего вызова не может войти ни один человек!

Я пожал плечами.

— Уверен, что среди ваших бумаг есть рапорт о моей смерти. И это не первый такой рапорт. Ваши медики продавали людей Барету, и он использовал их в горячих помещениях. Когда защищаешь свою жизнь, можно пренебречь субординацией.

Гагаров встал, резким движением оттолкнул кресло.

Несколько секунд мы стояли, впившись глазами друг в друга. Рука Гагарова медленно потянулась к интеркому.

— С вами, Крайнов, связано слишком много странных событий. И слишком много беспокойства. Не сдать ли мне вас попросту службе безопасности?

— Служба безопасности будет только рада такому случаю. Лоуэлл давно его ждет...

Рука слегка замедлила свое движение.

— Что вы знаете про Лоуэлла?

— Достаточно, чтобы понять, что этот юноша готов использовать любой шанс в своих собственных интересах и не слишком считается с вашими.

— Хорошо. Давайте сначала поговорим. Начнем с того, что вы не могли выйти из машинного отделения без специального пропуска. Как вы здесь оказались?

— В моем положении выбирать не приходилось. Как вы понимаете, Барет и лейтенант Лоуэлл сделали все от них зависящее, чтобы воспрепятствовать нашей встрече. Мне пришлось применить силу.

Я отлично понимал, что именно это в глазах Гагарова должно служить мне лучшей рекомендацией.

— И что же, Лоуэлл со своими головорезами не сумел вас остановить?

— Он вовремя потерял сознание.

Гагаров усмехнулся.

— Значит, теперь вы согласны занять должность штурмана?

— Близкое знакомство с жизнью рабостов не оставило мне другого выбора.

— Похвально. Весьма похвально. Мне нужны решительные и разумные люди. Можете быть свободны. Я отдам соответствующий приказ.

— Еще только одно, капитан. Я хотел бы осмотреть рубку. Если можно, прямо сейчас.

— Что за спешка? Туда нужен специальный пропуск. Завтра заступите на вахту, тогда и осмотрите.

— А если тревога? Я даже не знаю, где она находится. Вы, помнится, собирались подготовить какой-то сложный маневр?

Почти с минуту Гагаров что-то прикидывал, рассматривая панели у меня за спиной. Я старался казаться этаким исправным служакой: стоял навытяжку, напустив на себя все равнодушие, на какое был способен.

— В этом уже нет необходимости. Ждите моих дальнейших распоряжений.

И это было все, чего я добился. По-военному козырнув, я повернулся и вышел. Настаивать в сложившейся ситуации показалось мне слишком опасно, я и так получил больше того, на что смел рассчитывать. А заодно и пробудил в Гагарове немало весьма обоснованных подозрений...

11

Время на моем секундомере неумолимо приближалось к красной черте. Оставалось не больше получаса. Не обращая внимания на недоуменные взгляды охраны в приемной Гагарова, я направился прямо к транспортной кабине капитана, не сомневаясь, что она связана с рубкой. Лихорадочно нажав единственную кнопку на ее пусковой панели, я понял, что смертельно опасная игра, которую я затеял, вступила в свою завершающую фазу и обратного пути не будет.

Кабина с визгом остановилась в тамбуре перед массивными титанитовыми дверями рубки. Хоть она меня не подвела, но преодолеть последнее препятствие не было ни малейшей надежды. Я понял, что проиграл окончательно, сразу же, как только увидел лейтенанта Лоуэлла на месте обычного охранника.

Его ледяной взгляд, без всякого намека на злорадную усмешку, не предвещал ничего хорошего. Я не двигался, понимая, что он воспользуется малейшим поводом с моей стороны и нажмет на спуск пистолета.

— Ну, вот и ты... — с ненавистью произнес Лоуэлл. — Медленно повернись спиной ко мне и положи оружие на пол.

Я молча повиновался. Теперь ждать выстрела в затылок оставалось недолго. Он все еще колебался, все еще надеялся что-то выведать. Но как только прогремит взрыв энергетической торпеды, ударит и этот, последний для меня выстрел... Казалось, я слышу сквозь толстую ткань своей куртки неумолимое щелканье секундомера.

Корабль тряхнуло. Глухой стон металла эхом отозвался в переборках. Плиты титанитовой палубы заходили под ногами, свет в тамбуре мигнул и погас.

В то самое мгновение, когда торпеда, оторвавшись от создавшего ее аппарата, вошла в энерговод, управляющий компьютер переключился на анализ неожиданно возникшей опасной ситуации. И хотя торпеда, представлявшая собой сгусток энергии, заключенный в кокон магнитных полей, двигалась по энерговоду с огромной скоростью, аналитические цепи компьютера работали еще быстрей.

За ничтожные доли секунды, понадобившиеся торпеде для того, чтобы преодолеть половину пути, отделявшего ее от распределительного щита, компьютер не только успел полностью оценить опасную для себя ситуацию, но и, подключив к своим аналитическим цепям колоссальные резервы информации, хранящиеся в банках аппаратных данных, пришел к выводу о нарушении устава корабельной службы и попытке диверсии. Согласно главной программе, содержавшей инструкции для всех подобных случаев, управление взяла на себя подпрограмма «Г», которая потребовала немедленной отправки аварийного сигнала базе.

На это не оставалось времени. Если бы компьютер, используя все возможности, продолжил борьбу с движущейся по энерговодам торпедой, он наверняка сумел бы ее обезвредить, и уж, во всяком случае, отвести удар от своих жизненно важных центров. Однако он был всего лишь машиной и, неукоснительно выполняя программу, начал отправку SOS. После первой же буквы сообщения прогремел взрыв в помещении распределительного энергетического щита, и передача прервалась.

Я упал на пол в то самое мгновение, как погас свет. Я хорошо помнил место, куда бросил свой пистолет, и нащупал его почти сразу. Теперь, по крайней мере, я перестал быть беспомощной жертвой. Шансы уравнялись. Не особенно надеясь на успех, я все же сказал:

— Лейтенант, началось восстание работов. Если вы пропустите меня в рубку, я гарантирую, что вам сохранят жизнь.

Ответом была синеватая вспышка выстрела. Предвидя это, я перекатился в сторону и, целясь по вспышке, нажал на спуск. Для Лоуэлла мой выстрел был полной неожиданностью. Он не предполагал, что я так быстро вновь воспользуюсь своим оружием. Я услышал проклятие, потом вскрик и тишину. Но он закричал не от моего попадания...

Что-то происходило в темноте. Кто-то здесь был еще. Кто-то огромный. В тесном пространстве тамбура распространился запах зверя, до меня донеслись похожие на чавканье звуки. Я выстрелил в потолок три раза подряд, надеясь при свете коротких вспышек выстрелов рассмотреть хоть что-нибудь. Но каждый раз отчетливо видел лишь пустой тамбур. Никого тут не было, кроме меня. Не было даже Лоуэлла. Он исчез, растворился в этом кошмарном, полном звериной вони мраке. Запах постепенно рассеивался. Вскоре под потолком слабо засветилась лампочка аварийного освещения.

Я был один в тесной металлической коробке тамбура. Только черное пятно свежей крови все еще напоминало о разыгравшейся здесь трагедии. Лоуэлл бесследно исчез. Судя по восстановленному освещению, аварийные системы корабля действовали и неплохо справлялись со своими обязанностями. Если ремонтникам удастся проложить резервную линию питания на компьютер до того, как я проникну в рубку, наша песенка спета. Восставших рабостов разделят на маленькие группы и поодиночке удушат, перекрывая подачу воздуха. А потом они займутся мной.

Лихорадочными движениями я рылся в своей сумке, отыскивая лазерный паяльник; но пытаться открыть им дверь главного тамбура рубки — все равно что ковырять зубочисткой в ухе слона. До того, как кончился заряд в батарее паяльника, мне не удалось вскрыть даже первый защитный слой. А время продолжало свой неумолимый бег, и где-то внизу захлебывалось обескровленное восстание. Гибли доверившиеся мне люди...

Я метался по узкому пространству лифтовой площадки, каждую секунду ожидая нового нападения. Странно, что они медлили, странно, что Лоуэлл был один и что он бесследно исчез. Слишком много странностей накладывались одна на другую в этой невероятной истории, и, кажется, я кое-что начинал понимать.

В плотной, сопротивляющейся пелене мой мозг упрямо складывал отдельные фрагменты фактов. Сквозь боль и глухую блокаду извлекал разрозненные куски воспоминаний. Я словно видел огромную черную руку, ведущую меня сквозь все препятствия к известной только ее хозяину цели...

И вдруг, будто подтверждая мою ужасную догадку, дверь рубки медленно, со скрипом поползла в сторону. Сработал обесточенный механизм, уступая неведомой силе. С кряхтеньем подалась метровая металлическая плита, и, как только щель стала достаточной, я бросился в рубку, забыв про все свои опасения. За моей спиной дверь с глухим стуком встала на место, словно сила, давившая на нее, внезапно исчезла, и сжатые гидравлические поршни с лязгом захлопнули многотонную громаду...

В рубке стояла замогильная тишина. Светилась лишь та часть панелей, где располагалось ручное управление.

Что бы ни случилось со мной, я не мог обмануть ожиданий тех, кто мне доверился. Чего бы это ни стоило, я должен был довести план до конца.

Восстановив ситуацию на перекрытых нижних палубах, я намертво заблокировал входную дверь... Теперь следовало запустить двигатели и вручную увести корабль из опасной зоны. Вахтенный журнал уже сообщил мне, что компьютер успел-таки приступить к отправке аварийного сообщения до того, как взрыв оборвал питание. Даже нескольких букв этого сообщения будет достаточно, чтобы здесь оказалась экскадра патруля.

Мониторы, напрямую не связанные с обесточенным центральным компьютером, услужливо развертывали передо мной картину завершающегося сражения.

Отряды Стрима уже очистили от охранников нижние палубы. Обошлось им это недешево. Хорошо вооруженные солдаты отчаянно сопротивлялись, не надеясь на пощаду от своих бывших рабов. Лишь после того как группа отборных бойцов во главе со Стримом захватила арсенал «Рендболла», положение решительно изменилось.

В конце концов Гагаров отдал приказ штурмовать рубку, поняв наконец, откуда исходит главная опасность. С гораздо большим успехом его ремонтные роботы могли бы попытаться взобраться на вершину Монблана. Им не удалось даже пробиться через коридор.

Включенные мной вручную автоматы защиты уничтожали всех роботов еще до того, как они приступали к делу. Эта неудача окончательно деморализовала противника. Гагаров капитулировал. Оставалось последнее, самое важное дело: найти надежное укрытие для «Рендболла».

На экране картограммы одна за другой проплывали схемы ближайших созвездий. Все они были слишком далеки для нас.

Невозможность оверсайда сделала огромный корабль совершенно беспомощным. И только сейчас, наверное, впервые в своей штурманской практике, я почувствовал, какие гигантские расстояния отделяли звезды друг от друга. Я не успел еще прийти ни к какому решению, когда у дверного табло вспыхнул сигнал вызова. Схватка закончилась. Пора было подводить итоги и вырабатывать план дальнейших действий.

Совет командирской тройки подытожил наши достижения: полный контроль над кораблем, исправное вооружение, примерно четверть нормальных запасов топлива и выведенный из строя компьютер — это то, что мы получили. Над восстановлением компьютера уже работали кибернетики, согласившиеся перейти на нашу сторону. Я им не слишком доверял, да и проводить рискованные эксперименты с компьютером все равно не стоило, пока мы не нашли надежного убежища для корабля, — слишком велик риск посылки в эфир наших координат.

В ближайших, доступных нам без оверсайда районах не наблюдалось ни одного подходящего объекта, где можно было, хотя бы временно, укрыть «Рендболл». Пылевое облако да метеоритный рой — остатки какой-то развалившейся кометы — вот и все, что оказалось в пределах нашей досягаемости.

После того как я подробно объяснил членам командирского совета сложившуюся ситуацию, они надолго задумались. Наконец Стрим сказал:

— Тебе решать. Все со мной согласны, чтобы ты стал капитаном.

— Патруль будет здесь максимум через шесть часов. Без компьютера мы не способны вести серьезный бой.

— Но это же крейсер, черт возьми! Все его вооружение в порядке!

— Вы не понимаете. У нас нет опытных канониров. И даже если бы они были, ни один человек не сможет соревноваться с компьютером в точности и результативности стрельбы. Через несколько секунд после начала боя корабль превратится в облако раскаленных газов!

— А защита?

— Защита! Надолго ли ее хватит при нашем неполном запасе топлива? И здесь опять все упирается в компьютер. Операторы не смогут манипулировать плотностью защитных полей. Придется ограничиться сплошным заслоном, а он очень скоро вытянет из нас все остатки энергии. Я предупреждал вас, насколько это рискованно. Следовало дождаться, пока корабль покажется в подходящем районе!

— Как будто у нас было на это время! — Стрим покачал головой. — Нет, Игорь Леонидович. Все правильно. Даже если мы проиграем этот последний бой.

Но я не собирался так просто его проигрывать. Мне пришлось воспользоваться всем своим умением, чтобы привести в действие полумертвую громаду крейсера.

Один за другим оживали посты управления. Все больше специалистов соглашались с нами сотрудничать. Им был предоставлен выбор: или немедленно покинуть крейсер на спасательных шлюпках, или присоединиться к восставшим. И постепенно, по мере того как на пульте загорались все новые огоньки постов, у меня появлялась надежда на то, что мы хотя бы уцелеем, хотя бы выберемся живыми из этой почти безнадежной ситуации.

— Мы идем к пылевому облаку? — посмотрев на носовой экран, спросил Стрим. Я отрицательно покачал головой.

— Так кажется потому, что не закончен разворот. Облако слишком редкое, сквозь него нас легко засекут локаторы патруля.

— Тогда что же?

— Остается только эта рассыпавшаяся комета. Она большая — несколько километров в длину и около двух в поперечнике. Если нам удастся подойти к ней достаточно близко...

— Что же может нам помешать?

— Ненадежная защита и осколки. Даже при стопроцентном запасе энергии только сумасшедший направит корабль в это каменное крошево. Но мы слишком далеко, чтобы полностью оценить ситуацию. Выбирать не приходится. Возможно, во время боя удастся прикрыться от атаки, хотя бы с одной стороны. Я подведу «Рендболл» как можно ближе, и там будем ждать появления патрулей. Если кибернетики справятся к этому времени с компьютером, мы попробуем включить его одновременно с появлением патрульных кораблей.

— Но Дарис говорил, это слишком рискованно. Если не все программы-ловушки ликвидированы, мы можем полностью утратить контроль над кораблем.

— Он прав. Включать компьютер придется с большим риском, предварительно заложив под распределительный щит хороший заряд взрывчатки.

Я нес свою изматывающую вахту шестой час подряд. Никто из оставшихся у нас специалистов не мог меня заменить.

Пусть и медленно, но мы все же приближались к метеоритному рою. Теперь он был от нас на расстоянии всего в несколько десятков тысяч километров. Не решаясь подойти ближе, я отработал бортовыми двигателями маневр обхода, закручивая вокруг разрушенной кометы пологую спираль. К сожалению, крейсер был слишком неповоротлив, а мне приходилось все время подправлять траекторию, компенсируя гравитационные силы роя, рассчитать которые без компьютера у меня не было ни малейшей возможности.

От постоянного многочасового напряжения я чувствовал себя, как усталая собака. Во рту пересохло, и, когда Стрим попросил кого-то из техников принести поднос с едой, я так и не сумел воспользоваться его любезностью. Удалось отвлечься лишь на несколько секунд, чтобы глотнуть ледяного лимонного сока. Кораблей патруля все еще не было, и у меня появилась крохотная надежда.

— Если нам удастся выбраться из этой переделки, скажи, чтобы нашли лейтенанта Лоуэлла, все равно, среди мертвых или живых, — попросил я Стрима.

— Я уже распорядился об этом.

— И что же?

— Его нигде нет. Мои люди очень тщательно выполнили твое поручение, хотя и не понимали, для чего это нужно. Признаться, и я не совсем понимаю, почему тебя так беспокоит судьба этого человека.

— Меня беспокоит не его судьба, а то, почему он исчез.

— Ну это как раз не так уж трудно объяснить. На корабле достаточно заброшенных помещений. Когда началась заварушка, он мог укрыться и переждать.

— Ни один нормальный человек не станет этого делать, — возразил один из кибернетиков. — В нежилых отсеках слишком много разной нечисти и слишком мало шансов остаться в живых.

— Сколько же лет не чистили этот корабль?

— Лет двадцать, не меньше...

«Но даже и за этот срок на нем не могли завестись твари, способные проходить сквозь металлические стены...» — подумал я про себя.

Наконец мне удалось уравнять скорость корабля по отношению к метеоритному рою. Это позволило пристроиться ему в хвост и перейти к облету по инерции, но прежде чем позволить себе расслабиться, прежде чем я смог осуществить свое давнее желание — покинуть пульт и рухнуть на кушетку, стоящую в углу рубки, я в последний раз глянул на экран локатора, направленного в покинутый нами квадрат, и вздрогнул: в его левом углу появились шесть светлых пятнышек со знакомыми очертаниями патрульных кораблей Комора. Следом за ними выползали все новые. В конце концов я сбился со счета.

12

В нижних отсеках корабля, там, где накопители энергии создавали убийственный радиационный фон, там, где без специальной защиты более трех минут не могло находиться ничего живого, пятые сутки подряд спал старик.

Он спал прямо на замусоренном полу, завернувшись в старый, видавший виды плащ, служивший ему единственной защитой и от радиации, и от холода. Впрочем, и в этой иллюзорной защите он не нуждался и пользовался плащом скорее по привычке, чем по необходимости.

Он спал, свернувшись клубком, словно большое раненое животное, подогнув худые ноги почти под самый подбородок, тревожно вздрагивая и шепча во сне неразборчивые слова.

Самым главным для него в той невидимой битве, которую он вел, и самым трудным оказалось сохранить контроль над конструкцией сна, не позволив ему при этом прерваться. Он видел во сне далекую, никому не известную страну на забытой всеми планете. Он видел ее старые, запыленные пустыней горы. Низко висящее солнце золотистым светом окрашивало кусты опунций, ласковый ветерок овевал усталое тело старика и приносил к нему снизу, из предгорий, столь необходимую силу.

Человек, если очень этого захочет, может сконцентрировать внутри себя внешнюю энергию. Магистр шестого круга способен стать фокусом, центром, внутри которого создается иная реальность.

Самым сложным делом оказалось вплавить в созданный воображением Сейроса мир металлическую коробку корабля. Слишком уж инородным выглядело его тело, слишком чуждым тихому миру опунций и ласкового вечернего солнца.

В конце концов Сейрос воссоздал корабль в виде одного из холмов, поросшего вереском и кустами мескаля. Глубоко внутри, под многометровым слоем земли, затаив его тушу.

Столь сложный прием и вся эта несовместимая конструкция понадобились Сейросу с одной-единственной целью — оттянуть неизбежную гибель «Рендболла».

Удары следовали один за другим. Наносимые могущественной волей его врагов, они меняли направление и свое видимое проявление.

Вначале это был всего лишь поток метеоритов, неожиданно выпроставшийся из пустоты в нескольких километрах от «Рендболла» и отмеченный его приборами уже после того, как, отклоненный концентрированной волей Сейроса, он оказался за кормой корабля.

Дважды повторив этот прием, деймы сменили тактику. Слишком многое было поставлено на карту. Слишком многое зависело от того, чем закончится последний рейс старого крейсера.

Рядом с холмом, который вырастил Сейрос, появился еще один. От него к холму Сейроса под землей пошел вал вспученного песка, словно огромный крот пробивал себе туннель к кораблю. Скорее всего, это означало еще один корабль и серьезную опасность в будущем, но пока на это можно не отвлекаться. Холм, воздвигаемый его врагами, еще не обрел четких очертаний, сквозь него просвечивала долина и восходящее за горами солнце.

Зато появились грибы. Они казались плотными и тяжелыми, словно валуны. С ними нужно было что-то немедленно делать. Вся поверхность холма, под которым он спрятал корпус «Рендболла», покрылась ядовитыми грибами. Целые полчища их упорно лезли наверх бесчисленными кругами, а в глубины холма тянулись ядовитые гифы. Сейросу никак не удавалось увидеть, глубоко ли удалось им проникнуть, и, самое главное, он не мог определить, каково воплощение их ядовитых воздействий в той реальности, в которой двигался «Рендболл». Все его силы уходили на создание преград, но они падали, разъедаемые ядом, одна за другой.

Слишком долгое время провел он внутри всего бесконечного сна, слишком велика была концентрация его воли и слишком мало оставалось сил. Ему необходимо было проснуться хотя бы на несколько часов, но он знал, что, как только это произойдет, «Рендболл» перестанет существовать.

Если бы не его магический сон, он бы уже давно проиграл битву. Внутри железных отсеков корабля не на что было опереться и неоткуда было черпать силу. Здесь он оставался один на один с мертвым миром железа, без своих многочисленных помощников, без духов воды и гор.

Если он проиграет, вместе с ним исчезнет из основной реальности человек, от которого зависело теперь так много. Два круга назад Сейрос воспитал из него неплохого воина. Он встретил в пустыне заблудившегося, испуганного паренька и не мог предположить, что придет время, когда на нем сойдется перекрестье путей и от его поступков будет зависеть так много...

Предсказатели деймов не ошибаются почти никогда. А ведь вначале он даже не верил, что из Степана может получиться воин. Но первый же его самостоятельный поступок показал, какого грозного противника в его лице получили черные силы. У него хватило мужества ступить на безвозвратную дорогу деймов, чтобы обрести силу или погибнуть. Сейрос простился с ним навсегда, но спустя два круга Степан вернулся, и сразу же рядом с ним завязался тугой узел борьбы. Что-то важное с ним произошло на дороге деймов. Что-то такое, что изменило самую его сущность. И Сейрос жалел, что ничего не знает об этом. Даже магистру шестого круга не под силу подчинить своему воображению многочисленные миры звездной дороги. Узнать о них может лишь тот, кто там побывал.

В истории развития цивилизаций бывают времена, когда небольшого усилия оказывается достаточно, чтобы изменить направление развития и будущее многих планет. «Рендболл» находился на одной из подобных развилок. В такие моменты будущее непредсказуемо. В истории его страны был случай, когда с корабля на берег для продажи свели огромных и страшных животных. От одного-единственного человека зависело тогда, купить эту пару или позволить увести ее обратно. Он предпочел второе. Народ ацтеков так и не узнал лошадей. А затем, благодаря этим самым лошадям, победили испанцы, и будущее его страны пошло совсем по другой дороге... Все теперь зависело от Степана и от того, удастся ли Сейросу удержать на своих плечах непомерную ношу обреченного корабля. А тут еще появились крысы... Двадцать четыре огромные крысы стройными рядами, как на параде, подошли к холму с «Рендболлом» и начали вгрызаться в землю сразу с нескольких сторон. Теперь, если Степан вовремя не придет ему на помощь, «Рендболл» обречен. Одному ему больше не совладать со всеми врагами сразу...

Стрим, внимательно следивший на дисплее за патрульными кораблями Комора, спросил, не пытаясь скрыть охватившей его тревоги:

— Почему их так много? Двадцать четыре корабля — это же больше экскадры!

— Я же говорил тебе, что как только они догадаются о захвате «Рендболла», — здесь окажется весь флот.

— Их как будто закрывает хвостовая часть роя... Может быть, они нас не видят?

Я отрицательно покачал головой.

— Они видят нас так же ясно, как мы их. Головной корабль передового звена уже изменил курс.

— Сколько им понадобится времени, чтобы подойти на дистанцию огня?

— Часа четыре.

— Значит, схватки не избежать?

— Это будет не схватка, а мясорубка. Они смогут стрелять по «Рендболлу» как в тире. Без компьютера ни один наш ответный выстрел на найдет цели...

Я мучительно искал выхода, и, инстинктивно сжимая тумблер форсажа, все увеличивал скорость, словно собирался вогнать гигантский корабль в каменное крошево обломков.

Крайние астероиды уже можно было рассмотреть на оптических экранах во всех подробностях. Между ними беспорядочно кувыркалось множество мелких камней, осколков, пыли, наконец, — рой был достаточно плотным и неоднородным, если бы нам удалось прикрыться его массой от нападающих кораблей, — у нас появился бы шанс.

Вдруг я понял нечто очень важное. Рой довольно быстро вращался вокруг своей оси, а это означало, что в его глубине действовали значительные центробежные силы. Они должны были вытеснить все крупные обломки в наружные слои. Возможно, даже в глубине этого каменного облака образовались значительные по объему полости. Если это действительно так...

— Всем носовым постам приготовиться к открытию огня! — резко произнес я в мегафон свою первую боевую команду.

— Кого ты собираешься атаковать? — недоуменно спросил Стрим. — Флот еще слишком далеко!

— Сейчас увидишь. — Я нажал гашетки носовых энергетических пушек, и впереди, по курсу корабля, встала белая стена огня.

Понадобилось всего четыре залпа, чтобы прогрызть во внешней стене метеоритного роя отверстие, достаточное для прохода «Рендболла». Весь фокус состоял в том, чтобы пробить эту дыру точно по оси вращения роя. Кажется, я не ошибся. Оставшиеся по краям камни описывали круги по внешней границе образовавшегося отверстия, а за ним, внутри роя, темнела пустота свободного пространства.

— Они что, спятили?! — всемогущий шеф разведки корпорации смотрел на контр-капитана Алдова так, словно это Алдов устроил непонятный фейерверк перед носом «Рендболла».

— Я не думаю, комодор. Этим кораблем руководит человек незаурядного мужества и находчивости. По-моему, он использует единственный оставшийся у них шанс.

— Какой шанс?

— Укрыться внутри метеоритного роя от нашей атаки.

— Так упредите его! Сделайте что-нибудь!

— Боюсь, мы не успеем. Они завершат маневр, прежде чем мы подойдем.

— Тем хуже для них. Мы разнесем этот каменный мешок в пыль!

— Это не так просто сделать. Слишком велика его масса.

— Тогда прорывайтесь к ним сбоку по прямой, не меняя траекторию атаки!

— Единственно возможный путь —по оси вращения метеоритного роя.

— Это слишком долго!

— Вы правы, комодор. Но если мы попытаемся атаковать их сбоку, вся масса метеоритного потока обрушится на наши корабли. Вокруг собственной оси этот бешеный рой вращается со скоростью двух километров в секунду. Наших силовых полей не хватит, чтобы сдержать натиск такого каменного урагана.

— Но ведь «Рендболл» вошел в рой!

— Мы тоже сможем это сделать — но только вслед за ним, по оси вращения.

Проломив внешний беспорядочный слой метеоритов, «Рендболл» шел теперь внутри бешено вращающегося каменного мешка. Мы попали в довольно узкий туннель, уходящий глубоко внутрь роя. Вокруг корабля с огромной скоростью низвергался водопад обломков. С такого расстояния рассмотреть отдельные глыбы не представлялось возможным, но резкие толчки гравитационных возмущений напоминали о том, что малейшая ошибка может стать здесь последней.

— Капитан! Кибернетики докладывают, что они готовы к пробному запуску центрального компьютера.

— Подождем. Сейчас не время для экспериментов.

Внимательно разглядывая на дисплее внешнего обзора схематическое изображение значительно расширившегося позади нас прохода, я вдруг подумал, что если заткнуть узкое бутылочное горло входа, по которому только что прошел корабль, мы смогли бы на какое-то время избавиться от преследователей, выиграть несколько часов и закончить ремонт.

— Есть среди наших людей хороший канонир, человек мужественный, способный управлять боевой шлюпкой? — спросил я Стрима.

Тот ненадолго задумался.

— Пожалуй, подойдет Гринсон.

— Вызовите его!

— Что ты задумал, капитан?

— Если заткнуть туннель, по которому мы сейчас движемся, ни один корабль не сможет нас догнать.

— Но это слишком рискованно. У того, кто это сделает, практически не останется ни одного шанса, чтобы уцелеть. Если начать стрельбу внутри облака, его равновесие нарушится, орбиты всех осколков сместятся и шлюпку в образовавшемся хаосе сотрет в порошок.

— Я это понимаю. Бывают моменты, когда нужно рискнуть жизнью одного человека ради того, чтобы спасти корабль. Именно капитану приходится принимать подобные решения. Это наша единственная возможность оторваться от преследования.

Я говорил все эти правильные слова с чувством необычного удовлетворения. Я почти любовался собой и своим безупречным, с точки зрения логики, решением. Во мне словно удовлетворенно мурлыкал сытый и довольный кот. Что-то было не так. Что-то здорово было не так...

Когда вместо Гринсона в управляющей рубке появились шестеро представителей команды и, замявшись, остановились поодаль, я понял, что дела наши плохи. Дисциплина на корабле, только что прошедшем через бунт, — понятие весьма относительное. И мой первый приказ, от которого зависела наша дальнейшая судьба, натолкнулся на непонимание, а может быть, и на прямое противодействие команды. Мне предстояло немало сделать, чтобы восстановить должный порядок и работоспособность всех служб, и я слишком хорошо понимал, что ни окриками, ни применением силы ничего не добьюсь.

— Капитан, — вновь подчеркнув, не скрывая иронии, мое новое звание, старший из них наконец начал излагать цель их визита. — Гринсон неплохой парень. Он давно служит на «Рендболле». Почему ты решил от него избавиться?

— Кто сказал, что я хочу от него избавиться?

— Разве может уцелеть шлюпка в такой мешанине?

— Может быть, и нет. Но если вы не научитесь выполнять приказы, мы все погибнем наверняка. Корабль будет попросту уничтожен. Вы один раз должны решить, кто здесь командует. Это ваше право. Я не просил для себя звания капитана и охотно уступлю его тому, кого вы выберете, но и тогда необходимо будет выполнять приказы этого человека.

— Мы вас не знаем. Вы появились на борту всего месяц назад. Среди нас не нашлось никого, кто способен вести «Рендболл». Только поэтому вы стали капитаном. А теперь вы решили, что Гринсон должен погибнуть!

— Я пытаюсь спасти «Рендболл» в безнадежной ситуации, когда против нас выступил почти весь флот Комора! Объясняю это первый и последний раз. Еще один такой случай, и я сам откажусь от обязанностей капитана.

Я говорил все эти трескучие верные слова, словно бил в огромный пустой барабан. Я точно оправдывался перед кем-то.

— Расстреливать будем всякого, кто попробует в боевой обстановке нарушать дисциплину! — мрачно пообещал Стрим.

— Скажите, капитан, только честно, если бы вы сами оказались на месте Гринсона, смогли бы вы посадить шлюпку на один из астероидов внутри метеорного роя? Ведь именно это ему придется сделать, чтобы открыть прицельный огонь.

Я слишком хорошо понимал, что от ответа на их вопрос зависел не только мой авторитет, но и дальнейшая судьба корабля.

И вдруг, прежде чем я успел сказать хоть слово, на меня накатило «нечто». Это «нечто» не имело формы в реальном мире, но оно сковывало волю, мешало произнести слова, которые уже готовы были сорваться с моих губ. Ощущение было такое, словно мое собственное тело отказалось мне повиноваться. А где-то в глубине, в районе старой раны, шевельнулась боль — лишь слегка, будто напомнила о чем-то... И тогда я пришел в ярость оттого, что кто-то вновь пытается управлять мной, как куклой. И желание, точное и холодно рассчитанное желание поступить именно так, как я только что решил.

Я словно брел в глубокой темной воде наугад, спотыкался, терял направление и вдруг, нащупав верный путь к берегу, обнаружил, что встречное течение мешает мне сделать решающий шаг.

— Что с вами, капитан? — спросил Стрим. — На вас лица нет.

— Уже все в порядке. Давайте посмотрим, смогу ли я посадить шлюпку внутри метеорного роя.

13

В огромном помещении стартового шлюза стояла на аппарелях одна-единственная шлюпка.

Ожидание казалось мучительно долгим. Воздух постепенно и слишком медленно отгонялся насосами в резервные емкости.

Мне пришлось приложить немалые усилия, чтобы убедить Стрима в необходимости самому заменить Гринсона. По-моему, в конце концов у него тоже возникли серьезные сомнения по поводу правильного выбора капитана.

Но я воспользовался случаем и не хотел останавливаться. Возможно, скрытая причина моего неожиданного поступка заключалась в том, что я бросил наконец вызов тем, кто пустил по моим следам в Лиме ищеек Комора... Тем, кто оставил меня в живых у дверей рубки, когда исчез Лоуэлл... Тем, кому позарез было нужно, чтобы я стал капитаном «Рендболла». И, кажется, я уже начинал догадываться, для чего...

Стартовый механизм наконец сработал, выбросив шлюпку наружу. В лучах кормовых прожекторов «Рендболла» передо мной открылось нереальное и жутковатое зрелище.

Полость внутри метеорного роя, по которой теперь, медленно удаляясь от меня, шел «Рендболл», напоминала внутренние стены гигантского водоворота, в глубине которого, в полной тишине, вспыхивали отсветы коротких и беззвучных столкновений. Эти вспышки я принял вначале за звезды. Но их здесь не было. Здесь не было ни одного привычного ориентира.

Корабль, словно некое подводное чудище, медленно и величественно удалялся от меня, двигаясь точно по оси огромной каменной воронки. С трудом мне удалось подавить вполне естественное желание догнать «Рендболл». Я начал осторожно разгонять шлюпку. Оторвавшись от корабля, я теперь вместе с облаком камней и пыли двигался вперед с огромной скоростью, но это совершенно не ощущалось, поскольку наши скорости относительно друг друга оставались неизменными — рой казался неподвижным, если не считать его вращения вокруг собственной оси. Эта составляющая к моему маленькому кораблику не имела пока еще отношения. Именно ее мне и предстояло уравнять, разогнав шлюпку вокруг оси роя. Если это удастся, она повиснет среди малоподвижных обломков. Только после этого станет возможна посадка на один из них. Спираль траектории шлюпки, начавшись внутри полости, теперь все ближе подходила к потоку камней.

Необходимо было направлять шлюпку так, чтобы не врезаться в какой-нибудь почти невидимый при таких скоростях вращения камень. Я почувствовал, что для подобного ювелирного пилотирования моего опыта совершенно недостаточно. Шлюпка повиновалась с заметным опозданием, она то и дело рыскала, срываясь с курса. Рано или поздно это должно было закончиться еще одной вспышкой столкновения...

К счастью, как только я начал маневр, все внимание сосредоточилось на пульте управления. Времени для анализа собственных ощущений совершенно не осталось.

«Рендболл» все еще находился в поле моего зрения. Но чем больше наращивалась скорость движения шлюпки, тем неопределенней, размытей выглядели очертания корабля. Вначале он показался мне подобием вытянутого веретена без антенн и наружных конструкций, опоясанного огненными кругами бортовых огней, а потом и вовсе превратился в бесформенное облако.

Вообще все вокруг стало полностью нереальным, аморфным, расплывчатым, и я не был уверен, что причина этого явления заключалась только в увеличившейся скорости. Скорее всего, изменилось само восприятие мира как такового.

Силы инерции все сильнее искажали траекторию шлюпки, прижимая ее плотнее к внутреннему слою кометных осколков. С ужасом я чувствовал, как постепенно теряю контроль над своим хрупким суденышком. Скорости уравнялись уже настолько, что я видел отдельные, наиболее крупные глыбы, беспорядочно вращавшиеся подо мной. Шлюпка, ставшая теперь частью каменного потока, медленно, но неуклюже продолжала снижаться или подниматься. Я хотел затормозить, уменьшить скорость и вырваться из опасной спирали инерции, толкавшей меня в самую гущу потока, но времени на этот маневр уже не оставалось. По моим расчетам, с минуты на минуту в проходе могли появиться корабли Комора. Если к этому моменту я не буду готов открыть огонь, все мои усилия окажутся напрасными.

Оставалось одно — садиться на ближайший обломок, пока меня не втянуло в глубь роя. В принципе мне подходила любая точка, оставлявшая открытой траекторию стрельбы. Лишь одно условие необходимо соблюсти — глыба, на которую я сяду, не должна вращаться вокруг собственной оси слишком быстро, иначе мне не удастся прицелиться с достаточной точностью.

Внутри меня тем временем происходило нечто странное. Прозрачней становились мысли, светлела память, словно весь наносный сор выметался прочь этим бешеным вращением шлюпки.

Возможно, это происходило потому, что изменилась сама стоимость жизни, поставленной мною на карту в одном азартном порыве.

Даже если я не промахнусь, для меня мало что изменится после начала стрельбы: взрывные газы, ударив по ближайшим камням, нарушат веками складывавшееся равновесие в их взаимном движении, и весь этот каменный поток обрушится на шлюпку. Вспомнилась почему-то застава у белого замка, где мы стояли вместе с Мстиславом. Не слишком-то я сумел ему помочь в тот день, но сегодня, кажется, я снова стану в строй...

Через рамку электронного прицела я попытался разглядеть горловину метеоритного роя, в которой вот-вот должны были показаться корабли Комора. Нельзя было увидеть ни одного устойчивого, неподвижного предмета. Перед глазами все плыло. Я плохо соображал, в какую сторону нужно стрелять, и все больше терял ориентировку.

С каждой минутой задача становилась сложней. Теперь шлюпка частично погрузилась внутрь облака, и первые темные силуэты обломков начали проскальзывать между мной и проходом. Медлить больше нельзя ни одной секунды. Я направил шлюпку вбок, к ближайшей, наиболее массивной глыбе. Диаметр этого астероида составлял несколько сот метров — площадь вполне достаточная для посадки. Из-за относительно большой массы он вращался несколько медленней остальных.

Визг посадочных амортизаторов, ослепительные фонтаны искр из-под зацепных крючьев... Как только пелена от ударной нагрузки рассеялась, мир вокруг, в который уже раз за эти несколько часов, неузнаваемо изменился. Многие астероиды, попавшие под энергетические удары защиты «Рендболла», слабо светились, и этого света оказалось достаточно, чтобы придать окружающему пейзажу нереальный, фантастический облик. Самого корабля давно уже не было видно... Фосфорические куски света на моем новом небосклоне не с чем было сравнить, поскольку они не походили ни на облако, ни на звезды. Потрясенное сознание отказывалось ориентироваться в новой обстановке. Мне казалось, что сполохи огня стремительно несутся на меня отовсюду. Память решительно отказывалась подсказать даже направление, в котором теперь находился проход. Все вокруг стало одинаково неузнаваемо, одинаково нереально. Даже навигационные приборы шлюпки, казалось, сошли с ума в этой бешеной круговерти.

«Рендболл» соблюдал договоренность о полном радиомолчании: в наушниках слышались лишь трески бесчисленных помех да раскаты электрических разрядов, сопровождавших столкновения обломков. Проникновение внутрь роя массивного корабля уже частично нарушило равновесие, и я еще раз представил, что здесь начнется после того, как я открою огонь.

Только сейчас я оценил всю сложность, всю практическую невыполнимость взятой на себя задачи. Вернуться из этого каменного хаоса невозможно. Обратного пути не будет — его уже нет.

И все же я еще боролся, не позволяя панике полностью овладеть своим сознанием. Я убеждал себя, что «Рендболл» где-то здесь, рядом, что в нужный момент он выйдет на связь и я вновь услышу человеческие голоса в этом мире вертящейся смерти. Я старался ни на секунду не снимать наушники, не обращая внимания на визгливые скрипы помех, чтобы не разорвать последней ниточки, хоть как-то связывающей меня с реальностью. И вдруг оглушительный рев ударил в мои барабанные перепонки.

Где-то за сверкающей чертой огненного горизонта в проход входили невидимые корабли Комора. Время атаки приблизилось и сомкнулось вокруг меня... Плохо сознавая, что делаю, борясь с головокружением и тошнотой, я отдал бортовому компьютеру шлюпки приказ рассчитать направление на источник самых мощных помех, и затем, совершенно механически, ввел длинный ряд цифр в приемное устройство порта огня.

Энергетический импульс выстрела, оторвавшись от носа моего крошечного суденышка, ушел в неведомую зону пространства, и там, куда он ушел, в некоем немыслимом далеке, через секунду разлилось море огня.

Беззвучный грохот взрыва потряс весь рой до основания, разметав обломки и окончательно разрушив подобие какого-то порядка в их движении. Полости в центре роя больше не существовало. Только каскад столкновений, хаотически разлетавшихся обломков и отзвук нового взрыва... Я мог лишь догадываться о том, что творилось в горловине туннеля.

Корабли патруля, двигавшиеся по узкому проходу и не видевшие на своих радарах противника, не ожидали нападения. Видимо, они не хотели расходовать энергию на столкновения своих защитных полей с бесчисленными обломками, берегли ее для атаки... Скорее всего, они вовсе отключили боковые экраны и теперь попали под ураганный шквал каменных осколков, разметанных ударом первого взрыва.

Вдруг я понял, что ударная волна все еще не дошла до меня и что она, судя по всему, будет ужасной. Даже если шлюпка выдержит первый удар, на меня обрушатся осколки, только что уничтожившие корабли Комора. Защита была включена, но мощность слабеньких шлюпочных генераторов при такой интенсивности воздействия можно было не принимать в расчет...

И тут она пришла. Астероид подо мной разлетелся на мелкие осколки. Удар был страшен, я почувствовал, что крик замер у меня на губах. Шлюпку тряхнуло так, словно она со всего маху врезалась в булыжную мостовую.

Кулак перегрузок обрушился на меня, вдавил в кресло. Я слышал какой-то отвратительный треск. Возможно, не выдержали крепления. Но, скорей всего, это хрустели мои суставы. Наконец сквозь багровую завесу боли хлынула спасительная темнота, и тогда, в момент последнего всплеска сознания, я увидел в уже обступившей меня тьме знакомое лицо Сейроса.

— Ты знаешь, что нужно делать? — спросил голос учителя.

Я пытался разомкнуть непослушные губы, но не сумел издать ни звука и лишь отрицательно мотнул головой.

Его глаза, словно два холодных голубых клинка, не встречая преграды, погрузились на самое дно моего существа...

— Выходит, они взялись за тебя всерьез. Кольцо на твоей руке очень опасно. До этого момента я сомневался в том, что Аристарх решится расстаться с вещью такой огромной силы. Но это произошло. Ты ему слишком нужен. Сейчас оно закрыто, но стоит тебе неосторожным желанием разбудить его силу — тебе с ним не совладать. Тогда ты действительно превратишься в раба.

— Может быть, ты объяснишь? Я не понимаю ни слова...

— Это не имеет значения. Еще не пришло время знаний.

Вокруг все замерло. Не было ничего, кроме полной тишины и огромного, слегка освещенного собственной аурой, лица учителя. Я уже слышал подобные слова. И тогда они значили для меня немало! Я боролся изо всех сил с дымчатым стеклом, закрывавшим память... «Приходит время слов, и лишь потом, далеко не сразу, начинается время знаний... А за ним, также неизбежно для воина, следует время действий». Именно это я слышал от него где-то там, за гранью памяти, в ином измерении времени...

— Что я должен сделать?

В глазах Сейроса появился насмешливый огонек.

— Значит, ты научился хотя бы этому — не произносить ненужных слов, время которых еще не пришло.

— Так что же мне делать?

Сейрос пожал плечами.

— Это зависит только от тебя. Воин сам решает, встретиться ли ему со своей смертью еще раз. После второго круга она все время стоит за его левым плечом, и можно научиться видеть ее лицо.

Я невольно оглянулся и ничего не увидел, кроме ржавой переборки своей полуразрушенной шлюпки, почему-то вынырнувшей в этот момент из полной тьмы, словно в насмешку.

Сейрос улыбнулся.

— Ты мало тренируешься. Ты израсходовал всю свою жизненную энергию при переходе в следующий круг и слишком медленно накапливаешь новую. Если так будет продолжаться, из охотника ты превратишься в дичь. Помнишь, почему ты в первый раз решился вступить на дорогу деймов?

— Кажется, я хотел обрести свободу.

— Свободу от чего?

— Я подписал какой-то кабальный договор и хотел от него избавиться.

— Ты подписал его уже дважды.

— Секронг Гравс?..

— Слугу деймов невозможно отличить от обычного человека.

— Что же теперь будет?

— Ты хотел обрести могущество достаточное, чтобы противостоять деймам. Это почти невозможно, но это единственный в твоем положении способ. Ты сопротивлялся им настолько успешно, что они сочли необходимым подтвердить договор вторично. Я не знаю другого такого случая. По-моему, ты был на правильном пути. В судьбе Воина почти не бывает случайностей. Вспомни, что тебе сказал Мстислав на прощание. Вспомни все, что ты знаешь о Темной зоне. Это очень важно.

Сознание вернулось сразу, словно кто-то повернул выключатель. Так всегда бывает после ввода танзема. Я лежал в каюте медицинского отсека «Рендболла».

У моей койки толпилось человек пять исполняющих обязанности старших офицеров крейсера. Голова раскалывалась от боли. И я никак не мог сообразить, сколько времени прошло с тех пор, как грохнул взрыв после моего первого и единственного выстрела.

— Капитан, вы их остановили!

— Мы нашли вас только благодаря чуду. Рация шлюпки все время работала. Там творился настоящий ад, но шлюпка уцелела, хотя это казалось совершенно невозможным.

— Что с кораблями Комора?

— Те, которые успели войти в рой, все уничтожены. «Рендболл» выдержал потому, что по вашему приказу защитные поля работали на всех боковых экранах. Метеоритный рой разбросало взрывом на многие километры.

— Впереди шел только патруль. Скоро здесь появится вся эскадра, и на этот раз они будут осторожней.

— Компьютер работает. Мы готовы к оверсайду.

Только сейчас я начинал верить в то, что можно выиграть и тогда, когда у тебя лишь один шанс из тысячи, если очень сильно повезет и если рядом неожиданно окажется старый, ворчливый друг...

— Вы хорошо проверили? В компьютере не осталось скрытых программ-ловушек?

— Все чисто. Мы сделали даже пробный разгон. Картов заменил двенадцать подозрительных блоков.

— Что мы будем делать дальше, капитан?

Чаще, чем нужно, они произносили мое новое звание, словно лишний раз хотели подтвердить, что сейчас я владею им по праву. И вдруг я понял, что так оно и есть. Только теперь я наконец-то получил этот корабль. Только так и мог его получить...

14

«Рендболл» шел в пустоте легко, не оставляя в пространстве ни малейшего радиоследа. Работало центральное автоматическое управление. Не было той изматывающей напряженности, когда я много часов подряд вынужден был вручную протискивать сквозь пространство стальную громаду крейсера.

Во время ночной вахты, впервые с момента восстания, у меня появилось время привести в порядок собственные мысли и планы. После того как мы сделали первый прыжок в пространство, задав бортовому компьютеру случайное сочетание координат, мы стали практически недосягаемы для кораблей Комора. Но это лишь до тех пор, пока соблюдается полное радиомолчание. Пока мы далеко от зон, в которых расположены поисковые локаторы. Долго так продолжаться не может. Скоро нам понадобится пополнить запасы воды и пищи. Военный корабль не несет на себе сложных гидропонных устройств замкнутого цикла жизнеобеспечения и уже только поэтому должен иметь постоянную базу. Кроме того, очень скоро «Рендболлу» понадобится топливо.

Как только мы будем вынуждены подойти к обитаемым районам, флот Комора немедленно атакует нас. Их вахтенные наверняка днем и ночью прослушивают эфир, вылавливая малейший подозрительный шорох.

Можно было попытаться установить контроль над какой-нибудь окраинной полудикой колонией — таких в империи достаточно. Однако в любой колонии найдутся агенты корпорации либо просто люди, желающие хорошо заработать. Ни Тетрасоюз, ни корпорация не откажутся от такого лакомого куска, каким является для них «Рендболл».

Я представил долгие дни, месяцы, а может быть, и годы постоянного, изматывающего ожидания опасности... Наверняка мне не удастся все это время поддерживать крейсер в состоянии боевой готовности. И они нападут на нас, когда мы меньше всего будем этого ожидать. Тетрасоюз собирался создать собственную базу для флота. Располагая несколькими кораблями и ресурсами четырех планет, они могли себе это позволить. Но согласиться на союз с Тетрой значило потерять сначала корабль, а затем и свободу. В этом я не сомневался.

Оставалось лишь уйти в совершенно не исследованные области Галактики, попытаться найти и приспособить для базы новую, не открытую Комором планету. Таких районов достаточно, но полной гарантии от случайных визитов разведывательных кораблей империи не будет нигде, кроме, пожалуй, одного-единственного места...

Едва я подумал о нем, как знакомая боль встрепенулась в левом боку, словно напомнила: тебя ведь предупреждали...

Мне не нужно было вспоминать последних слов Мстислава, я помнил их наизусть. К тому же это место давно интересовало меня самого, с тех пор как земной совет моей родной планеты решил найти систему, недоступную для имперского флота... Это было еще до того, как я стал бездомным скитальцем, человеком без рода и племени. Когда же? Кажется, в две тысячи двадцать втором — опять эта путаница дат... Мне казалось, что холодные льдистые точки далеких звезд на экранах курсовых локаторов усмехаются мне в лицо. Или это было не мое лицо?

Где-то там, между альфой Кассиопеи и пятнадцатой Лебедя, лежала часть пространства, неподвластная обычным законам нашей Галактики. Параллельный мир? Вывернутая наизнанку Вселенная? Провал, оставшийся после прохода черного квазара? Можно было только гадать.

Вспомнились строки из лоцманского свода: «Темная зона — закрытая для кораблей область пространства. Проход в обычном режиме невозможен. Оверсайд только в одну сторону».

И сейчас эта дорога без возврата притягивала меня, как магнит. Самое странное, самое непонятное было то, что, готовя корабль к очередному прыжку, я едва сдерживался, чтобы не ввести в приемное устройство ходового расчетчика знакомые координаты. Не знаю, что меня удержало. Может быть, удивление. Из биллиона ненужных цифр память услужливо подсовывала именно координаты входа в Темную зону... Точных сведений о ней не было, их место заполняли домыслы, легенды, слухи...

Считалось, например, что, несмотря на все разглагольствования ученых, вернуться оттуда все-таки можно. Существовали какие-то тайные секты «приобщенных», якобы знающих о зоне больше простых смертных и, возможно, даже побывавших в ее пределах. Прямо они этого не утверждали, но намекали весьма прозрачно. Впрочем, подобные теории и подобные люди существовали во все времена долгой истории человечества.

С годами межзвездных полетов исчезнувших в зоне кораблей накапливалось все больше. И лишь небольшую часть исчезновений можно объяснить трагической случайностью или ошибкой. Большинство из них уходили добровольно. Знали они хоть что-нибудь? Или просто бежали от нашего жестокого мира, бежали потому, что предпочитали погибнуть, но не оставаться с нами?.. А может быть, с ними случилось то, что происходило сейчас со мной?

Я представил себе капитана, принимавшего подобное решение. Наверняка он, как и я, взвесил все обстоятельства, наверняка, как и я, решил, что иного выхода нет. И было что-то еще, едва ощутимое... Неуловимое стечение обстоятельств, последовательное наслоение событий, подсознательное желание очутиться именно в этом месте... Нечто, идущее извне — словно радиоэхо далеких звезд...

На секунду я словно бы увидел наш корабль весь целиком, как он выглядит снаружи, под равнодушным посторонним взглядом. Секция за секцией словно переливались из одной части пустоты в другую. В его движении, в самом нахождении его здесь, где десяток атомов едва ли можно насчитать в кубическом километре пространства, было что-то противоестественное.

Преодолевая внутреннее сопротивление, почти физически его ощущая, я встал и отошел от пульта. В любом случае подобное решение могла принять только вся команда. Никто не давал мне права единолично распоряжаться чужими судьбами. Включив интерком, я проговорил в микрофон:

— Соберите всех в кают-компании. Мне нужно срочно поговорить с командой.

В самом большом на «Рендболле» помещении, напоминавшем холл старинной гостиницы, собралось человек двести. Впервые я увидел, насколько уменьшился экипаж «Рендболла», и подумал, как трудно нам будет справляться с таким огромным кораблем.

Я не знал, с чего начать разговор. Техники, механики, бывшие рабосты, развалившись, сидели в старинных дорогих креслах. Пестрые, по большей части изодранные мундиры и грязные, но внимательные лица окружали меня. Поймут ли они? Захотят ли меня поддержать, или после всех испытаний нам предстоит в конце концов стать добычей имперского флота?

Я не чувствовал контакта с окружающими людьми и потому начал неуверенно:

— Вот уже несколько дней этот корабль принадлежит нам. Ни Комор, ни Тетрасоюз больше не властны над нашими судьбами. Теперь мы должны решить, что делать дальше. Свобода слишком дорого досталась, и ее придется защищать. Для этого «Рендболл» должен оставаться боевым кораблем. Вы знаете, что это значит. Наверное, те из вас, кто ждал после победы легкой жизни, сладкого куска пирога, отобранного у других, будут разочарованы. Они могут покинуть корабль. Спасательные шлюпки и запас провизии для них найдутся. Недалеко от нас система Зет Лиры. Там есть старые дикие поселения. Может быть, им повезет и ищейки Комора найдут их не сразу. В любом случае они сами будут отвечать за свою судьбу.

Меня слушали молча, внимательно, но равнодушно, словно все, что я говорил, не имело к ним отношения.

— Нам нужно топливо. Нам нужен провиант и запас воды. Как только мы подойдем к каботажным линиям, рир-локаторы засекут нас. Даже если этого не произойдет, во время атаки на транспортник он обязательно пошлет сигнал бедствия.

— Для того чтобы уничтожить транспортник, нужно не больше двух секунд. Никакой радист не успеет... — произнес волосатый детина из первого ряда. Всмотревшись в него, я узнал Гринсона. Артиллериста, из-за которого мне пришлось самому сесть в боевую шлюпку. Видимо, он пользовался среди команды большим авторитетом, и потому я продолжил очень осторожно, внимательно наблюдая за его реакцией.

— Но ведь нам не надо его уничтожать. Я уже говорил: нам нужны вода, продовольствие, топливо. Для того чтобы получить их, надо захватить транспортник по возможности целым.

— Огнем наших пушек можно сбить все его антенны!

— Для передачи пакетного сигнала компьютеру нужно меньше секунды. Прежде чем вы сделаете второй выстрел, сообщение уже уйдет. И тогда у нас останется меньше часа времени, самое большее два, если эскадра выйдет из оверсайда не совсем точно. Но они наготове, они ждут этого сигнала, и значит, за час мы должны будем перегрузить на «Рендболл» все необходимое. Это на пределе наших возможностей. Но даже если мы уложимся в час — от преследования крейсеров нам не уйти. Они засекут нас своими рир-локаторами, они сядут нам на хвост, и, выходя из оверсайда, мы сразу же попадем под огневой залп. Или я не прав?

Тягостное молчание было ответом. Один Гринсон все еще не сдавался.

— Мы можем захватить какую-нибудь планетарную базу!

— Можем. Только там, скорей всего, не окажется нужного топлива, а сигнал все равно будет послан, и даже еще скорее.

Они возбужденно и недовольно зашумели. Я ждал, пока пройдет первый шок от моих сообщений, пока улягутся первые, самые бурные эмоции. Я все еще надеялся на то, что они сами, без моей подсказки придут к нужному решению. Не дождавшись, я вынужден был продолжить:

— Есть только одно место, где Комор никогда не сможет до нас добраться.

— Где же это? Где?! — послышались выкрики.

— Темная зона...

Наконец это слово было произнесено. Долгое мрачное молчание повисло в кают-компании. Слышно было, как жужжала под потолком разладившаяся световая панель.

— Темная зона — единственное место, куда флот Комора после захвата транспортника не захочет последовать за нами.

— Зачем? — Стрим смотрел на меня прищурившись, и впервые я заметил в его глазах искорки недоверия. Одно-единственное слово «зачем»? Я мог бы долго им рассказывать о том, что только там появится у нас реальный шанс выжить, уйдя от преследований Комора... Или, быть может, умереть? Никто ведь не возвращался из темных областей, чтобы рассказать о том, что в них происходит... Нужно суметь сохранить столь желанную нам свободу... Они считали, что уже добились ее, но это была всего лишь иллюзия.

Секунду кают-компания молчала, ошарашенная моим предложением, а потом тишина взорвалась возгласами протеста, возмущения и недовольства. Первым начал, конечно, Стрим:

— Я слышал эту легенду. О темных областях сложено немало легенд, их еще никому не удалось проверить. И если ты решил погибнуть, это ведь еще не значит, что мы должны последовать за тобой.

В этот ответственный момент, когда большинство колебалось, но у меня все еще оставалась надежда переубедить их, к столу протиснулся человек. Я узнал его с первого взгляда и сожалел, что не вспомнил о нем до сих пор. Это был Ларсон, уполномоченный Тетрасоюза, навестивший меня во время ареста и предложивший сотрудничество. События развернулись так стремительно, что у меня не осталось времени выяснить, чем, собственно, он занимался на корабле все эти дни.

Повернувшись ко мне спиной, Ларсон начал говорить решительно и громко. Опытный оратор, он прекрасно знал, как завладеть вниманием аудитории.

— Братья-рабосты! Всю свою жизнь вы влачили жалкое, подневольное существование, вас преследовали, загоняли на рудники и в радиоактивные погреба кораблей. И вот сегодня, когда у вас наконец появился шанс отомстить за все ненавистным эксплуататорам, бросить вызов проклятому всевластию Комора и получить то, что вы давно заслужили, появляется человек, зовущий вас за собой к гибели! Кто он, этот человек? Стоял ли он вместе с вами долгие радиоактивные вахты? Откуда он явился? Что вы знаете о нем и чего он, наконец, хочет?

Ответом Ларсону было долгое напряженное молчание. Он оказался неплохим демагогом. Шансы повернуть корабль в нужном направлении стремительно уменьшались.

На моложавом лице Ларсона, со сверкающими глазами фанатика, читалось искреннее негодование. По реакции команды я понял, что его слова достигли цели.

Нет ничего проще, чем заставить толпу поверить в предательство того, кто призывает людей делать неприятные для них вещи. Тем более если не говорить о предательстве прямо, а лишь намекнуть на него, предоставив возможность самим додумать остальное. Ларсон был не только демагогом, но и неплохим психологом.

Не знаю, что именно подсказало мне правильную линию поведения. Может быть, сильное возмущение. Но, скорее всего, надоело ощущать вокруг себя постоянный узел интриги, и я пошел напролом:

— А ведь мне ничего не стоило во время первой же вахты заложить в компьютер любой маршрут, и никто не мог мне помешать пропустить патрульные крейсеры вслед за «Рендболлом», вместо того, чтобы, рискуя жизнью, прикрывать вас.

Это было настолько очевидно, что мой противник растерялся. Пока он собирался с мыслями, я неожиданно спросил:

— А вы знаете, как избежать тех опасностей, о которых я говорил?

— У Тетрасоюза есть секретная база, полностью защищенная от посягательств Комора. Там нам обеспечат безопасность, создадут все условия и к тому же неплохо заплатят.

Кают-компания одобрительно зашумела. У Тетры здесь немало сторонников, недаром же она столь долго и тщательно готовилась к захвату корабля, и вдруг, в последний момент, я перехватил инициативу. Естественно, они старались взять реванш. Если сейчас я открыто буду настаивать на своем плане, меня вообще не допустят к управлению. При работающем компьютере они смогут обойтись без меня. К счастью, впереди еще немало сложностей, им не было никакого смысла вступать со мной в открытый конфликт. Мне нужно подождать, сделать вид, что я согласен с их предложением.

— Если, как вы говорите, ваша база надежно защищена от Комора, то, конечно, мы должны идти туда, — поддержал я Ларсона, сразу же разрядив обстановку. — Сколько до нее? Хватит ли у нас топлива?

— Сорок мегапарсеков.

— В таком случае, нам все равно сначала придется провести операцию по захвату транспорта. Топлива осталось всего на два броска, а это не больше десяти мегапарсеков.

— Будем готовить корабль к бою, — согласился Ларсон, и это означало, что мое не высказанное прямо предложение о перемирии принято и руководство кораблем по-прежнему остается пока за мной. Вот только появиться в рубке одному с этого момента мне будет трудновато...

15

— Итак, вы снова его упустили. — Шифт выловил тонкой серебряной ложечкой вишню из своего бокала, медленно ее разжевал и со вздохом откинулся в кресле. Старость постепенно разъедала его жирное тело, притупляла желания и страсти. И только тщательно скрываемое властолюбие так и не смогла победить.

Адмирал флота Келиндер, хоть и держался непринужденно, невольно отводил взгляд от этих непроницаемых, словно подернутых дымкой времени глаз, всегда невозмутимых и с виду таких равнодушных.

Приглашение на виллу Шифта могло означать все что угодно. Конец карьеры, например, или даже арест. У Келиндера был хорошо разработанный план, способный исправить положение, но он не спешил использовать свой главный козырь и потому лишь возразил:

— Это не совсем так. Мне доложили о смерти человека, который вас интересует.

Шифт поморщился:

— Слишком просто, чтобы быть правдой. Те, кто использует подобные штучки, не утруждает себя особой выдумкой. Почти каждое невыполненное задание заканчивается чьей-нибудь смертью. Иногда такие мертвецы появляются потом в самых неподходящих местах.

Адмирал побледнел от хорошо разыгранного негодования.

— Мое ведомство!..

— Не надо громких слов, — остановил его Шифт, поморщившись. — Лучше скажите, мой друг, что вы собираетесь делать с «Рендболлом»?

— Мы его захватим!

— Каким образом?

— Пошлем в район последнего контакта корабль-ловушку. На «Рендболле» очень мало топлива, и на одинокий транспорт, я думаю, они клюнут.

— Если «Рендболл» так просто найти, почему не послать туда военные корабли?

— Я не говорил, что его просто найти. Своими локаторами дальнего обнаружения он засечет выход наших кораблей в открытый космос и сразу же уйдет в оверсайд. Для того чтобы появилась возможность использовать рир-локаторы, мы должны подойти к нему почти вплотную.

— А что сможет сделать одинокий транспорт с крейсером?

— Очень многое. Например, оснастит его скрытым рир-передатчиком.

С минуту Шифт все так же задумчиво и равнодушно, как в начале беседы, обсасывал вишневую косточку; казалось, это занятие поглотило все его внимание, но Келиндер знал комодора не первый год и напряженно ждал оценки своего предложения.

— Это может получиться. На транспорт, для подстраховки, возьмете нашего агента.

Всхлип или стон, похожий на звук лопнувшей струны, но в миллиарды раз более мощный и совершенно неслышимый, достиг чутких приборов крейсера. Алый огонек на пульте известил капитана о том, что в досягаемости прямого хода из оверсайда вышел корабль.

Он находился еще слишком далеко для того, чтобы локаторы смогли определить его тип, но поскольку риры не уловили больше ни одного отраженного входа в оверсайд, я знал, что в течение, по крайней мере, нескольких часов в этом районе не появятся другие корабли.

Как только компьютер подтвердил мои выводы, «Рендболл», закончив маневр разворота, словно гигантская хищная рыба, осторожно двинулся навстречу намеченной жертве.

Я знал, что в коморском флоте нет ни оного корабля, способного в одиночку противостоять «Рендболлу».

Пока мы шли в обычном пространстве, прикрывшись маскировочным щитом, противник не мог нас видеть на своих экранах, хотя сам отчетливо читался нашими дальними локаторами. Я переключился на рассеянное отражение, и силуэт корабля смазался, расплылся в бесформенное пятно, — зато теперь противник не мог уловить наших локаторных лучей.

Ничтожной доли секунды оказалось достаточно для анализаторов «Рендболла», чтобы определить тип корабля и его реестровый индекс: перед нами находился транспорт «Хитак», оборудованный каютами для перевозки людей, но сохранивший обширные грузовые трюмы — такой тип судов, наиболее удобный для дальних перевозок, был самым распространенным в каботажном флоте. Его топливо вполне могло подойти для нас. Однако чем больше фактов говорило в пользу начала атаки, тем подозрительней казалось мне появление в стороне от обычных торговых путей этого одинокого транспортника. И все же стоило рискнуть, второго такого случая нам могло не представиться вовсе. В конце концов корабельный совет решил начать операцию по его захвату.

Приказ был отдан, и боевые абордажные шлюпки покинули свои гнезда на ботах крейсера. Словно рой рассерженных ос, они устремились вслед за транспортом. Теперь все зависело от скорости. Уже не было никакой необходимости в маскировочном щите, и я его отключил, надеясь, что размеры и сам вид стальной громады нашего корабля, предназначенного для уничтожения, устрашат противника, вынудят его к капитуляции. Однако этого не произошло.

Телесканеры, установленные на шлюпках, доносили до меня все подробности схватки. Когда до цели оставалось не более четверти парсека, со стороны транспорта навстречу атакующим вырвался поток пламени. Этот мирный грузовой звездоплан был вооружен по меньшей мере излучателем антиматерии. Оправдались мои худшие опасения.

Я приказал поставить перед нашими шлюпками упреждающую завесу из протонов. Протонные излучатели на «Рендболле» с глухим рокотом выбросили вперед веерное излучение, состоящее из обычной материи. Столкнувшись с летящей навстречу шлюпкам стеной огня, возникшей на границе аннигиляции, наш залп остановил ее продвижение. Однако это резко замедлило скорость атаки. Шлюпки почти не продвигались. Но крейсер подошел уже достаточно близко, чтобы сказать свое веское слово в начавшемся сражении. Развернув узкий клин силовых полей, мы двинулись прямо сквозь огненную стену. Теперь шлюпки держались позади, под надежным прикрытием нашей защиты.

Вскоре мы сблизились с противником настолько, что смогли нанести удар из лазерных пушек, стараясь сбить его излучатели и антенны, — запоздалая мера. SOS давно послан, а мы тратим драгоценное время на то, чтобы пробиться через заградительный огонь. По плану операции десять минут назад должна была начаться выгрузка топлива.

В конце концов, тщательно рассчитав заряд, я приказал выпустить энергетическую торпеду по носовой части транспорта, откуда били его излучатели. Выстрел получился удачным. Огонь сразу же прекратился. Корпус транспорта оказался разгерметизированным во многих местах, и уже через минуту на его борту вспыхнул желтый прожектор — символ капитуляции. Мы все еще могли успеть. Волна абордажных шлюпок, обогнав «Рендболл», вцепилась в противника сразу с нескольких сторон. Я приказал подготовить к старту капитанский ракетный катер, чтобы самому осмотреть захваченный корабль.

Разрушения транспорта выглядели даже серьезней, чем я предполагал. Носовая часть с вывернутыми наружу рваными краями обшивки выглядела ужасно, команда «Хитака» вела себе мужественно и умело. Во всем чувствовалась военная дисциплина. За те несколько минут, что мне понадобились для швартовки, пробоину успели закрыть временным щитом. Несмотря на большую потерю воздуха и пониженное давление, внутри корабля можно было обходиться без маски. Я прошел по короткому коридору шлюза к шахтовому лифту. Четверо сопровождавших меня матросов держали наготове лучеметы, каждую минуту ожидая нападения. Однако наши недавние противники вели себя тихо. Во всяком случае, нам не оказывали никакого видимого сопротивления.

Прежде всего требовалось осмотреть машинное отделение, чтобы определить, чего мы, собственно, достигли захватом транспорта. Топлива оказалось в избытке, вот только его сорт не подходил для генераторов крейсера. Ловушка, скорее всего, была рассчитана на то, чтобы мы потеряли время. Внешне аккумуляторы энергана практически неотличимы. Они надеялись, что мы не обратим внимания на разницу марок и сразу же займемся погрузкой. Однако наш главный энергетик долгое время был рабостом, а эти люди научились выходить из труднейших положений и лучше всех знали особенности своего корабля.

Энергетик ручался, что придумает, как использовать это топливо, если нам удастся вовремя его перегрузить.

В конце концов, с помощью преобразователя самого транспорта нам удалось наладить перекачку энергана в свои контейнеры. Это упростило транспортировку и хоть немного помогло нам наверстать упущенное во время атаки время.

Во избежание столкновений по договоренности с капитаном «Хитака» команда транспортника была заперта в грузовых трюмах, где должна была оставаться до прибытия патрулей. Ждать ей придется недолго...

Мы очень спешили, но нас задержала находка в трюмах «Хитака» большого количества консервов и кристаллизированной воды. Можно было считать, что нам сказочно повезло. Пожалуй, даже слишком, и потому сомнения не оставляли меня. Что-то было не так с этим, в буквальном смысле слова, небесным посланием. И, понимая весь риск, на который идем, мы все же продолжали перегрузку захваченных богатств. Без этих первейших средств жизнеобеспечения нечего было и думать отправляться в неисследованные области космоса.

Оставив охрану внизу, я один поднялся в верхние отсеки транспорта, где размещались управляющая рубка и каюты старших офицеров. Их двери были заперты. Офицеры не пожелали остаться с командой, и мы согласились на их изоляцию в собственных каютах.

«Хитаку» дьявольски повезло, потому что основной удар нашей торпеды пришелся на его транспортный и боевой отсеки. Метра на два выше, и была бы разгерметизирована рубка, а с нею и все жилые палубы.

Продвигаясь по узкому, тускло освещенному аварийными лампочками коридору, я испытывал невольную жалость к невинно погибшим людям, выполнившим свой долг до конца... Одно дело — видеть неприятельский корабль в перекрестье прицелов и совсем другое — побывать на его борту, где на полу еще не высохли пятна крови.

«Мы в этом не виноваты. Мы всего лишь боремся за свою жизнь. Ну да, и спасаем ее за счет других жизней», — тут же поправил я сам себя. Где-то в глубине меня не оставляла уверенность, что за эти жертвы в недалеком будущем нам предстоит расплата...

Я вошел в рубку, все еще надеясь разобраться с загадкой «Хитака». В том, что это специально подосланная ловушка, я уже не сомневался. Нужно было понять замысел наших противников и хотя бы частично его нейтрализовать.

Короткий допрос пленных не дал почти никаких новых сведений. Возиться с ними всерьез у нас не было времени, и не хотелось брать их с собой — лишняя обуза. Оставался бортовой журнал, но в нем, если судить по беглому осмотру, такая проверка предусматривалась. Обычный транспорт, с обычным грузом... Я чувствовал, что дело здесь не только в том, что нас старались задержать и подставить под удар флота. Была еще какая-то неизвестная опасность. А мы до сих пор не заметили ее.

В рубке пахло пластиком и горелой изоляцией — обычные запахи аварии. Ходовые генераторы заглушены. Обесточены все управляющие линии. Тем не менее резервные мониторы позволили мне удостовериться, что загрузка нашего последнего бота все еще не закончена. Времени до вероятного появления боевых кораблей Комора оставалось совсем немного. Пора было убираться отсюда.

Я отдал команду прекратить погрузку и решительно направился к шахтному лифту.

Я прошел почти весь коридор, все пятнадцать метров, отделявшие меня от кабины лифта, когда внезапно подумал, что этот корабль, возможно, последний кусочек родного мира, который мне суждено видеть. Если мои планы осуществятся — дальше будет Темная зона.

Не знаю, что на меня нашло. Накатила тоска по привычному укладу жизни, по тысячам знакомых мелочей, по почти забытой, родной планете.

Одним словом, я сам себя старался разжалобить и скрыть за всем этим каскадом трескучих слов простую и очевидную истину: я навсегда прощался с одним-единственным человеком, который был мне дорог в этом мире.

Так прощаются на вокзалах, когда поезд еще стоит на перроне и осталось несколько минут до свистка кондуктора, и вы знаете, что отойдет поезд, а совсем не вокзал. Вы еще можете остаться, но этого никогда не случится, потому что билет уже взят — путь выбран. Человека, стоящего рядом с вами, уже как бы и нет, он остается в прошлом навсегда... Навсегда... Навсегда...

Я хорошо знал эту старую песню колес. Воспоминания студенческих лет унесли меня в земной и теперь уже нереальный город. Кажется, он назывался Кишиневом... Прошлое иногда повторяется — только на этот раз все было намного серьезней. Я вновь увидел ее лицо, когда она закрывала дверь моего номера в гостинице Лимы, ее презрительную усмешку одной стороной губ... И так, с гордо вскинутой головой, она навсегда ушла из моей жизни.

А может, я чего-то не понимал? Может, за всеми этими агентурными играми, психологическими тестами, проверками и переодеваниями скрывались самые обыкновенные беспомощность, одиночество, желание ответного чувства? Так легко себя убедить, если хочется верить...

Если бы я чуть поспешил, если бы меня не оглушил неожиданный каскад воспоминаний, не замедлил моих движений — все бы тогда сложилось иначе. Но из темноты словно невидимая ладонь протянулась и придержала меня на несколько мгновений, чтобы я мог услышать женский крик...

16

Полчаса назад, когда Крайнов еще только направлялся к управляющей рубке «Хитака», в одной из запертых пассажирских кают четыре человека приступили к выполнению хитроумного плана Шифта.

Из всей команды «Хитака» только трое знали, что под нарочито мешковатой мужской формой четвертого пассажира скрывается женщина.

— Дар очень болен. У него слабые легкие... Врач прописал ему постоянную дозу кислорода, — так объясняли они странное поведение своего товарища в ресторане кают-компании, забирая с собой его порцию. И поскольку эти пассажиры неплохо оплатили свои места, никто не задавал им лишних вопросов. К тому же у капитана имелись специальные указания по поводу этой четверки. Их никто не беспокоил, и он не удивился тому, что в одной из комнат двухместной каюты жил один человек, а в смежной ютились остальные. Впрочем, рейс продлился всего неделю. И завершился для многих членов экипажа самым неожиданным образом.

Для многих, но только не для этих четверых, ожидавших захвата «Хитака».

Сейчас наступило время последней части операции, долгожданное для мужчин и мучительное для женщины.

На экране скрытого сканера она увидела, как Крайнов неторопливо прошел по коридору к рубке управления.

— Вам пора раздеваться, — произнес старший из этой команды, жадными глазами ощупывая скрытую под мешковатой одеждой фигуру женщины.

— Успеете! Он еще только вошел в коридор. — Казалось, женщина испытывает мучительные колебания и не может решить, как ей следует поступить.

— У нас остается мало времени. Все должно выглядеть естественно.

Наконец женщина встала со стула. Медленно и нерешительно, двигаясь словно в тумане, начала расстегивать пуговицы своей форменной куртки.

— Помочь? — спросил второй, низкорослый, с большими залысинами на лбу, стараясь как бы ненароком дотронуться до нее.

— Обойдусь. Убери свои грязные лапы! — Гнев помог женщине преодолеть смущение, и, сорвав с себя куртку, она отшвырнула ее в сторону. Вслед за ней полетела блузка. Потянувшись к застежке лифчика, она вдруг остановилась, случайно встретившись взглядом с самым младшим из их команды. Он заерзал и смущенно отвел глаза, словно уже уличенный в чем-то постыдном.

— Пусть Джон выйдет.

— Нет, — ответил старший, — все будет по инструкции.

— Грязные свиньи! — произнесла женщина, еще раз увернувшись от протянутых к ней нетерпеливых мужских рук. Она постепенно пятилась и наконец уперлась спиной в угол комнаты. Затравленно озираясь, женщина с отчаянием поняла, что дальнейшее промедление лишь спровоцирует ее компаньонов на прямое насилие.

Тогда, сорвав лифчик, она бросила его им в лицо. Так псам бросают иногда часть одежды, чтобы отвлечь их внимание.

Низкорослый подобрал с полу блузку и медленно, с блуждающей улыбкой разорвал ее на несколько частей. Затем, не отрывая глаз от груди женщины, методично стал срывать пуговицы с ее куртки.

— Пусть Джон выйдет, — опять попросила женщина.

— Чего ты ко мне привязалась? — фальцетом спросил Джон, облизывая пересохшие губы. — Что я, хуже их?

— Да уж не лучше...

— Снимай брюки и ложись на диван! — приказал старший.

— Нет! — сказала женщина. — Об этом мы не договаривались!

— Ты знаешь инструкцию. Придется немного потерпеть. У них не должно возникнуть ни малейшего подозрения. Если будешь кочевряжиться, мы в самом деле применим силу. Мне это разрешено, — соврал старший. Казалось, он один из всей троицы сохранял видимое хладнокровие.

— Они могут подвергнуть тебя медицинским исследованиям. Шеф рисковать не любит, все должно быть естественно, — повторил почти дословно довод старшего тот, что был пониже, с залысинами.

Только теперь женщина по-настоящему испугалась, впервые догадавшись, чем на самом деле может закончиться вся эта инсценировка.

— Убирайтесь отсюда! Я все сделаю сама!

— В одиночку это не получится, — засмеявшись, сказал тот, что с залысинами.

Оттолкнув тянущиеся к ней жадные, но пока еще нерешительные мужские руки, женщина затравленно огляделась. Малейший повод с ее стороны мог подтолкнуть к насилию этих трех теряющих над собой контроль самцов. Но и отступать было некуда. Она хорошо понимала, что любые ее просьбы, мольбы, угрозы лишь распалят их еще больше.

Она медленно сняла пояс, инстинктивно стараясь хотя бы потянуть время. Но тут силы оставили ее; прижавшись спиной к стене, она задрожала, и руки бессильно упали, так и не справившись с застежкой брюк.

— Он скоро вернется, Карл, — тогда мы уж точно не успеем позабавиться с этой крошкой, — проговорил низкорослый, тяжело дыша. В его бессмысленном взгляде, похотливо скользящем по телу женщины, казалось, не было уже ничего человеческого.

— Хорошо. Держи ее крепче.

Почувствовав на себе грубые мужские руки, женщина закричала в первый раз.

— Заткни ей пасть!

Поняв, что шутки кончились, она сопротивлялась отчаянно, как дикий зверь, но было уже поздно. Воспаленные видом ее обнаженного тела, мужчины набросились на нее все втроем, швырнули на пол. Кто-то засунул ей в рот мокрое полотенце, кто-то сильно ударил по лицу. Двое прижали руки к полу. Джон, которого она так просила выйти, сжав ей голову обеими руками, чтобы лишить возможности вытолкнуть кляп, начал жадно целовать ее грудь.

Она чувствовала только слюни на его мокрых губах и невыносимое отвращение.

Старший, которому инструкция предписывала «завершить операцию самым естественным образом», сорвал с женщины последнюю тряпку. В этот момент, вырвавшись на секунду из рук Джона и вытолкнув языком неумело засунутый кляп, она вновь отчаянно закричала. Ее тут же снова швырнули на пол, мокрая тряпка вновь очутилась у нее во рту. Теперь даже дышать она могла лишь с трудом.

Женщину распинали на грязном ковре, растянув в стороны руки. Но когда старший на мгновение отвлекся и ее ноги оказались свободными, она изо всех сил ударила его в живот.

Почти в ту же секунду входная дверь, вздрогнув от удара, начала плавиться и почти сразу же, выгнувшись внутрь размягченным белым пузырем, со стоном лопнула.

Стараясь не смотреть на приподнявшуюся с пола женщину, я на ходу бросил ей плед и рванулся к двери, за которой только что скрылись трое мужчин. Запор здесь оказался самый обычный, и дверь уступила после первого выстрела. Но они все же успели выскочить, я лишь мельком увидел их фигуры в конце коридора. У меня не было времени обыскивать корабль. Возможно, женщина нуждалась в помощи... Ее лицо, почти полностью скрытое разметавшимися волосами, показалось мне тем не менее смутно знакомым.

Когда я вернулся, она сидела на кушетке, закутавшись в плед и отвернувшись.

— Что здесь произошло? Вам нужен врач?

— Все обошлось. Спасибо... Вы успели вовремя, врач не нужен.

От звука этого голоса я почувствовал, как кровь бросилась мне в лицо.

— Илен?!

Она молчала целую вечность.

— Да, Крайнов. Это я.

— Как ты здесь очутилась? Что ты здесь делаешь? И что, черт побери, здесь произошло?!

— А ты не догадываешься? Все вы, мужчины, одинаковы...

— Но правила запрещают одиноким женщинам пользоваться каботажными линиями, только в сопровождении...

— Я ехала по чужим документам. И к тому же «в сопровождении». Они были здесь, мои «сопровождающие». Ты их догнал?

— Нет. Наш корабль срочно уходит. Весь флот Комора вот-вот явится в этой район.

— А что будет с нами?

— Вас подберет патруль.

Я еле сдерживался. Противоречивые чувства переполняли меня. Жгучая ревность, сожаление и отчаяние одновременно. Я понимал, что наша подстроенная кем-то встреча — всего лишь прощание перед окончательной разлукой, и надо было найти в себе силы, чтобы отбросить все лишнее в эти минуты, чтобы сказать только то, что нужно было сказать, или не говорить ничего. Она держалась удивительно мужественно, несмотря на случившееся. Понимая, как ей трудно, я изо всех сил старался делать вид, что ничего особенного не произошло.

— Я не могу здесь остаться, неужели ты не понимаешь?

— Патруль прибудет самое большее через час. За это время ничего с тобой не случится.

— Конечно. Кто я такая, чтобы просить тебя о сочувствии? Случайная женщина в отеле... — Она заплакала. Я не переношу женских слез. Тем более я не мог вынести ее слез. Однако я все еще не потерял способности здраво рассуждать, но тут она чуть слышно прошептала:

— Возьми меня с собой, Игорь...

— Понимаешь, Илен... Мы собираемся навсегда уйти из этого мира.

— Какая мне разница! Хуже, чем здесь, не будет нигде! Ведь они обязательно вернутся!

Она была на грани нервного срыва, я хорошо понимал ее страх и все, что будет, если соглашусь, если поддамся искушению, воспользуюсь обстоятельствами и действительно возьму ее с собой...

— У нас такой же корабль, изоляция, долгие месяцы

пути... Женщинам не зря запрещают находиться в подобных местах.

— Там будешь ты. Ты мне поможешь... К тому же я могу снова стать мужчиной, у меня это получалось, есть и одежда и документы... — Она попыталась улыбнуться сквозь слезы, но это плохо ей удалось. — Если здесь меня застанет патруль — меня арестуют. Корпорация развернула настоящую охоту за нашими людьми, и мне пришлось бежать с Лимы.

Не очень я в это верил, но то, что она испытывала настоящий страх — не вызывало сомнений. Только причина была иная. Я уже исчерпал все доводы в борьбе с самим собой. Я представил, как долгие месяцы пути в закрытой железной коробке корабля рядом со мной будет эта женщина. И останется со мной потом, когда мы уйдем в неведомый чужой мир. Разве это не было счастьем, о котором недавно я не смел и мечтать? Конечно... Вот только Илен... Сейчас под влиянием минуты она согласна на все, не понимая всей серьезности такого решения.

— Там, в Лиме, я помогла тебе, Игорь. По крайней мере, пыталась...

Может, это и правда, может, действительно пыталась, так хотелось поверить ей и так легко верилось... И так ли уж важно, почему она снова оказалась на моем пути? Кто я такой, чтобы судить ее слишком строго? Сам воспользовался обстоятельствами в гостинице... Вряд ли она виновата в том, что произошло здесь. Я пытался успокоить свое уязвленное самолюбие, распутать клубок противоречивых чувств — но увязал все глубже в трясине собственного эгоизма. Все было бы гораздо проще, если бы в нашем решении не ощущался привкус необратимой горечи. В жизни почти не бывает поступков, которые впоследствии так или иначе нельзя переиграть обратно, — но этот казался именно таким.

Вдруг я представил, что через несколько минут, если я соглашусь, ее губы могут слиться с моими, мои руки коснутся ее обнаженного тела, которого незадолго до этого касались руки других мужчин. Эта мысль обожгла меня, словно раскаленный кусок металла, выжигая все сомнения.

— Так ты действительно этого хочешь? Ты готова остаться со мной, что бы нам ни предстояло?

И когда она кивнула, почему-то мучительно покраснев при этом, я велел ей собрать вещи, надеть свою мужскую одежду и взять с собой самое необходимое.

До сих пор не знаю, какую роль в моем решении сыграло чувство мести за грубо разрушенный реальной жизнью поэтический образ, который я так старательно вылепил из осколков случайной гостиничной встречи и, словно блестящей рождественской игрушкой, любовался им все те долгие месяцы, пока Илен не было со мной.

17

Едва мы отошли от «Хитака» и начали разгон, как нас атаковали. «Рендболлу» не хватило ста пятидесяти единиц скорости, чтобы уйти в оверсайд.

Корабли Комора вываливались из надпространства и сразу же бросались в погоню. Они появились слишком быстро. Их крейсера вошли в оверсайд раньше, чем это заметили наши рир-локаторы; судя по всему, у нас на борту оказалась глушилка рир-волн. Такой аппарат занимал совсем немного места. Его могли подложить в грузы на борту «Хитака», замаскировав под контейнер с топливом или ящик с продовольствием...

Мы знали, на какой риск идем, когда решились захватить «Хитак». Ставки были сделаны, и колесо фортуны повернулось в другую сторону. Какие еще сюрпризы подготовил развороченный нашей торпедой транспорт?

Единственное первоначальное преимущество «Рендболла» в скорости уменьшалось с каждой минутой. Первую атаку противника удалось отбить только потому, что его флот выходил из оверсайда с большим разбросом. Кораблям требовалось время для подхода к району боевых действий, но как только они это сделают, нашему положению не позавидуешь.

В командной рубке собралось человек пять, и все время появлялись новые люди. Ларсон отдавал распоряжения, даже не посоветовавшись со мной. Он сделал все, чтобы оттеснить меня от фактического управления кораблем. По-настоящему я почувствовал, как много ему удалось добиться, лишь сейчас, в напряженной горячке боя. Любые мои приказы выполнялись только после его одобрения.

Внешне все выглядело по-прежнему, и только замедленная реакция многих постов говорила о том, что мои команды доходят до них с задержкой. Недостаточно быстрые ответы «Рендболла» на действия противника осложняли и без того катастрофическую ситуацию.

Я не имел серьезного опыта космических боев, так же как и большинство наших вновь испеченных офицеров. Это еще больше ухудшило наше положение.

Шесть кораблей, те, что первыми вышли из оверсайда, сильно опережали основную группу и подошли уже на дистанцию прямого огня. Начинать огневой контакт они не спешили, поскольку суммарная мощь их генераторов не превосходила нашу. Главная их задача состояла в том, чтобы задержать нас, не дать уйти до подхода основной группы. Если не удастся от них оторваться, «Рендболл» не успеет достигнуть скорости перехода, подоспеют остальные — и это конец.

Я приказал включить форсаж генераторов на предельную мощность, но Ларсон с видом знатока отрицательно покачал головой.

— Машины слишком старые, они не выдержат такой нагрузки.

— Если мы этого не сделаем, у нас вообще не останется никаких машин!

Как бы подтверждая мои слова, корабль содрогнулся от первого залпа, отраженного нашими защитными экранами. Индикаторы на панелях рванулись к красным отметкам и почти сразу вернулись в нормальное положение.

— Это ваша вина! Вы задержали погрузку! — Ларсон постепенно терял контроль над собой. Похоже, он испытывал самый обыкновенный страх, столь естественный для гражданского человека, впервые попавшего в атмосферу космического боя, когда все решали доли секунды и каждый, кто непосредственно не стоял у пультов управления и не был занят конкретным делом, казался себе слишком уязвимым.

Я ничего не ответил. Вместо этого, на секунду выключив защитные экраны левого борта, где пока не было противника, я направил всю мощность излучателей «Рендболла» на флагмана преследовавшей нас группы, и, как только его силуэт появился в перекрестье электронного прицела, моя рука осторожно коснулась спусковой кнопки и замерла, не смея выполнить посланный мозгом приказ.

Что со мной произошло? Может быть, я вспомнил развороченный нос «Хитака» и кровавую лужу в коридоре.

Как бы там ни было, решающая секунда ушла. Когда наконец гашетка сдвинулась с места и узкий луч, сжатый до ширины лезвия, на мгновение соединил наши корабли, было уже слишком поздно. Выстрел лишь скользнул по кокону защиты вражеского флагмана. Его поле вспыхнуло фиолетовым светом, но выдержало и отразило удар.

Все сразу же пошло вкривь и вкось. Так бывает, если пропустить предоставленный судьбой единственный шанс.

Буквально через несколько минут прямо по нашему курсу появилась вторая эскадра противника. Нам пришлось резко снижать скорость, отворачивать. Но теперь они получили возможность вести заградительный огонь по траектории нашего полета. Осколки, дым, облака разреженного газа от их ракет — все представляло для нас смертельную опасность на той скорости, на которой шел «Рендболл». Защита едва справлялась с нагрузками. Нам пришлось еще больше тормозить, и это уже было началом конца. Мы проигрывали схватку.

Я поднялся из-за своего пульта.

— Мы сделали все, что было возможно. Во избежание ненужного кровопролития предлагаю сдаться.

Лицо Ларсона исказилось от бешенства.

— Вы завлекли нас в эту мясорубку, а теперь хотите сдать в лапы Комора? Это предательство!

— Бой еще не окончен. Попробуйте командовать в одиночку. Возможно, у вас это получится лучше. На военном корабле не может быть двух капитанов.

Я не чувствовал ни раскаяния, ни сожаления, только безмерную усталость и опустошение. Я сделал все, что мог. Дальнейшее участие ничего не меняло. Нас окружили, сжали силовыми полями. Сейчас объединенная мощность коморских кораблей намного превосходила нашу. Мы лишились свободы маневра. Им осталось лишь выслать группу захвата.

Я вышел из рубки, на секунду задержавшись у двери и молча попрощавшись взглядом со своими недавними боевыми соратниками. Меня не покидало чувство, что я вижу их в последний раз. Бойня, которую они наверняка позволят устроить здесь Ларсону, меня уже не касалась.

Лифт застрял на четвертом ярусе. Он всегда застревал здесь, и дальше нужно было спускаться по захламленной искореженной лестнице. Для того чтобы осмотреть такой огромный и запущенный корабль, как «Рендболл», даже специальным поисковым роботам потребуется несколько дней. До прибытия на коморскую базу в эти отсеки никто не войдет, и я заранее позаботился о том, чтобы из центральной рубки нельзя было перекрыть подачу сюда воздуха и энергии. Здесь все было автономным. Маленький, изолированный от остального корабля мирок. Низкий тайный уголок, пещера на железном необитаемом острове, несущем в себе одну смерть.

Я нашел и оборудовал это место еще до начала восстания, в те дни, когда поправлялся после болезни. Даже Стриму я о нем не сказал. Возможно, из-за своего извечного недоверия, из-за привычки оставлять за спиной какой-то резерв. Теперь это мне пригодилось.

Стрим не захотел раскалывать команду на два лагеря, поддержал Ларсона, хотя вначале я был уверен, что он ни за что не согласится с передачей корабля Тетрасоюзу. Сейчас все наши внутренние интриги потеряли всякое значение. Зато хорошо оборудованная потайная каюта сослужила для меня свою службу.

За те несколько часов, пока я отсутствовал, здесь ничего не изменилось. Илен даже свой саквояж не открыла и сидела, сжавшись в комочек, в огромном холодном кресле. Рядом на столе лежал портативный излучатель, который я оставил, убедившись предварительно, что это оружие ей знакомо. Сразу после старта «Рендболлу» навязали бой. Мы и поговорить как следует не успели. Теперь оба чувствовали себя скованно, но ей, конечно, было намного трудней. Неопределенность ее положения здесь, безобразная сцена, свидетелем которой я стал, неуверенность в собственной безопасности — все это повлияло на ее состояние. Я слишком хорошо знал, каково это — сидеть одному в металлической коробке каюты, прислушиваясь к малейшему шороху. Я не мог ни успокоить ее, ни обнадежить, понимая, что, если хочу хоть как-то исправить эпизод в лимской гостинице, с которого началось наше знакомство, я должен остерегаться даже намека на ложь, из каких бы благих побуждений ни возникало желание скрыть от нее правду.

— Что там происходит? Вам удалось прорваться?

Я отрицательно покачал головой.

— Мы проиграли. Через несколько минут на корабле будет полно коморских солдат.

Она вскочила, схватила свой саквояжик...

— Не спеши. Сюда они доберутся не скоро.

— Что ты собираешься делать? Что с нами будет?

— Если понадобится, мы уйдем на нижние ярусы, там старые склады, которыми не пользовались уже давно, там нас никто не найдет, да и об этом месте никто не знает. Вся эта палуба покинута много лет назад.

— Как долго мы сможем скрываться?

— Я думаю, до тех пор, пока «Рендболл» не приведут на одну из коморских баз. В любой момент, как только ты этого захочешь, ты можешь подняться в жилые отсеки. Мне кажется, тебе не грозит даже арест.

— Ты, наверное, жалеешь, что взял меня с собой?

Я молча опустился рядом с ней и осторожно обнял, словно стараясь защитить от пронизывающего холода, внезапно поползшего к нам от этих железных стен, как только я сказал, что ей не грозит арест от коморских охранников. Она отстранилась, и я не обиделся, понимая, что еще слишком свежи ее воспоминания о «Хитаке».

— Мне так хотелось уйти от всего этого! Уйти и забыть. Но это невозможно. Все, что мы сделали, идет вслед за нами.

— Ты о чем?

— О Коморе, о Тетрасоюзе. Обо всей грязи, пропитавшей наше общество. Знаешь, я ведь тебе не все сказала... Я не случайно оказалась на «Хитаке».

— Я давно догадался. Ты можешь не продолжать.

— Нет. Ты должен знать все! Раз уж ты согласился взять меня с собой в такой момент, когда любой другой мужчина на твоем месте мог чувствовать лишь презрение.

Я чувствовал только нежность и боль и бесконечное сожаление о том, что нас сблизили интриги чужих нам людей, взаимная подозрительность, ложь и игра.

— Если удастся выбраться живыми из этой передряги, мы начнем все сначала и, может быть, тогда у нас получится лучше.

Многие мужчины, оказавшись в моем положении, говорят то же самое. Но я не мог припомнить ни одного случая, когда бы новое начало получилось удачным. Старые раны слишком живучи...

— Все равно я должна рассказать тебе все. Что бы ни случилось потом, ты должен знать хотя бы это. — На секунду она замолчала, словно собираясь с силами, и я, до этого слушавший ее вполуха, сразу же насторожился. — На «Хитаке» была еще одна ловушка, о которой вы так и не догадались. Конечно, прежде всего они хотели задержать вас до подхода флота, но для страховки подготовили и новое изобретение Коморской компании — портативную газовую бомбу. Бесцветный газ, не имеющий запаха, засасывается корабельным регенератором и вступает в реакцию с его фильтрами. По всем воздуховодам начинает поступать ядовитое соединение... Команда на шесть часов выходит из строя...

— Почему же бомба не сработала?

— Потому что это не все... Если бомба сработает раньше времени, «Рендболл» станет неуправляемым — появлялся риск потерять корабль в надпространстве, а этого они хотели избежать любой ценой.

— И, значит, нужен был человек, агент, способный проникнуть на мятежный корабль, чтобы в нужный момент, например, перед началом абордажной атаки, включить устройство...

Она кивнула, и я почувствовал, как волна гнева и отчаяния захлестывает меня.

— Тебе придется выслушать все. Только женщина в безвыходном положении могла рассчитывать на сочувствие. Только у нее одной был шанс разжалобить кого-то из вашей команды и попасть на «Рендболл»... Вот почему я здесь.

— Значит, ты добровольно, сама позволила этим негодяям?!

— Я не знала, чем это может закончиться. Им было приказано изобразить сцену изнасилования, но эти мерзавцы забыли обо всем на свете, как только...

— И я попался на такую примитивную приманку!

— Из всех своих агентов они выбрали именно меня, потому что знали о твоих чувствах ко мне...

— Будьте вы все прокляты!

Мертвую тишину, в которую погрузился ангар, прорезал пронзительно звенящий звук вибрации. Корабль вздрогнул, предметы расплылись и уже не обрели прежней четкости. Началась абордажная атака, и что-то случилось с моими глазами...

— Еще не поздно. Самое время...

— О чем ты?

— Включай свою бомбу! Они пошли на абордаж!

Я почти кричал. Ничего не ответив, она открыла свою сумочку, достала и положила на стол маленький тюбик губной помады.

— Если бы я хотела это сделать, ты бы об этом не узнал. Его нужно только открыть. Рир-сигнал пройдет через все металлические стены и включит взрыватель.

В каком-то безумном порыве я схватил золотистую трубочку.

— Ну давай же, давай! — нашептывал внутренний голос. — Это же так просто. Ты прекратишь ненужное кровопролитие! Ты держишь в своих руках сотни жизней! — От кого-то я уже слышал нечто подобное — слова о беспредельном могуществе, которое можно использовать для того, чтобы принести людям счастье. Против их воли, разумеется...

— Каждый из них имеет право самостоятельно решать свою судьбу...

Я не узнал собственного голоса. Боль в боку судорогой свела мои мышцы.

— Что с тобой, Игорь?

— Нет, ничего. Это сейчас пройдет. Только я подумал... Нет-нет, ничего. Еще не время. Нужно подождать. Совсем немного. Через несколько часов они уйдут в оверсайд, чтобы увести «Рендболл» на свою базу. Вот тогда...

— О чем ты говоришь? Я ничего не понимаю!

— Не нужно ничего понимать! Нужно подождать! Несколько часов! — Я сжал в ладонях заветную трубочку, шатаясь подошел к кушетке и почти рухнул на нее. Мысли метались, сжатые тисками боли. Уж этого мне так не оставят. Не простят. Если я только попробую, только начну осуществлять минуту назад возникший план, они сделают все от них зависящее, чтобы покончить со мной... Сама эта боль. Разве у меня хватит сил, чтобы ее вытерпеть? А ведь это всего лишь предупреждение, и есть еще кольцо... На что я надеюсь? Что я о себе возомнил? Кто я такой, чтобы противостоять ему?

И когда я уже готов был сдаться, когда сдавленный крик рвался из моих прокушенных губ, когда пальцы сами собой, не подчиняясь больше моей воле, начали отвинчивать крышечку с тюбика губной помады, чтобы прекратить невыносимую пытку, на лоб мне легла узкая, прохладная женская ладонь. И голос, такой далекий сейчас и по-прежнему такой бесконечно желанный, спросил:

— Я могу тебе чем-то помочь? Скажи, что нужно сделать?! Где здесь у вас аптечка?

Как будто против этого могла помочь аптечка! Но, может быть, все-таки могла? Не аптечка, конечно, сама эта рука.

Вдруг меня отпустило... Холодные капли пота стекали по лбу. Я неожиданно сообразил, что потерял ощущение времени. Илен сидела рядом, придерживая меня за плечи. Я взглянул на трубочку в своих руках. Крышечка все еще не была открыта.

— Странная у тебя помада...

— Это не помада, Игорь. Это взрыватель газовой бомбы.

— Спасибо, я помню.

Я прислушался и не услышал ни звука. Корабль словно вымер. Тогда я приложил ладонь к стене и ощутил едва заметную характерную вибрацию. Она возникает в корпусе лишь при подходе к порогу оверсайда. Ждать оставалось всего несколько минут.

18

Мы почти не выходили в центральные коридоры. Окольный путь к рубке лежал через заброшенные старые палубы.

Это была всего лишь предосторожность. В конце концов, на крейсере могли существовать такие же, как наше, помещения с автономной регенерацией воздуха. На нижние уровни газ вообще не успел поступить. Гигантский корабль словно вымер. Похоже, кроме нас, на борту не осталось ни одного человека, способного двигаться. Дьявольское изобретение коморских химиков сработало безупречно.

Большинство наших пленных сразу же после окончания абордажной схватки были переведены на другие корабли. Я наблюдал за этим, подключившись к одной из информационных сетей в своем потайном убежище. Похоже, мы с Илен стали полными хозяевами старого крейсера. Все закончилось слишком просто — но я знал, что чем ближе осуществление моего плана, тем сильнее будет сопротивление. За каждым поворотом, с каждым нашим шагом, с каждым метром, приближавшим нас к центральной рубке, напряжение нарастало. Я чувствовал его почти физически.

Иногда мы пробирались вдоль недействующих энерговодов, иногда, словно канатоходцы, шли под самым потолком по раскачивающимся над пропастью остаткам воздухопроводов. «Рендболл» оказался гораздо более разрушенным и гораздо более старым, чем я это представлял себе раньше. Приходилось лишь удивляться, как генераторам до сих пор удается преодолевать световой барьер.

Тем не менее сейчас мы шли в надпространстве. В среде, недоступной обычной логике. Вряд ли сами изобретатели оверсайда знали, куда их генераторы выбрасывали корабли и во что они превращались во время перехода. Как бы там ни было, никакой контакт с кораблем, находящимся в оверсайде, невозможен. Пока мы не выйдем из прыжка, нам ничто не угрожало.

Весь смысл задуманного мной плана состоял в том, чтобы сменить координаты выхода уже внутри оверсайда и направить «Рендболл» туда, где его никто не ждал... Но даже в мыслях я старался не вспоминать запретные координаты Темной зоны...

Наконец долгий многочасовой путь подошел к концу. Мы оказались в глухом узком коридоре, перед знакомой шлюзовой дверью с внутренним электронным замком...

Первый сюрприз ожидал нас именно здесь. По идее, вахте нет необходимости задраивать шлюз рубки в обычной, неаварийной обстановке. Но шлюз оказался задраенным. Я вспомнил, как прошел эту дверь в первый раз, и понял, что теперь та самая сила, которая открыла ее тогда, намертво заклинит все запоры. И у меня не было ни малейшей надежды справиться со сложнейшим электронным замком или с титанитовой броней этой двери... Наш путь окончен. Все оказалось напрасным.

Через пару часов центральный компьютер выведет «Рендболл» в заданную перед началом прыжка точку координат. Нетрудно предположить, что с нами будет, как только мы окажемся на одной из коморских баз...

Стояла плотная нереальная тишина. Она всегда сопутствует оверсайду. И еще холод. Если он появляется при переходе — не жди ничего хорошего.

Я повернулся к Илен и понял, что объяснять ничего не нужно.

— Сколько времени у нас осталось?

— Часа два, может быть, три.

— Тогда давай уйдем отсюда.

Я отрицательно покачал головой, уничтожая едва возникшее между нами взаимопонимание.

— Мне нужно открыть эту дверь.

— Но ведь это невозможно! — Она нахмурилась. — Что это там?

— Где?

— Там, в глубине тамбура, над дверью!

Я взглянул. Там, куда она указывала, что-то белело. Не разобрать в полумраке, да и не нужно... Знакомый сладковатый запах уже подсказал мне, куда исчез Лоуэлл. Тайный проход в стене открылся, и запах зверя стал сильнее, чем запах трупа.

Три серые твари появились сразу, вслед за резкой волной холода. Они возникли вдруг, из ничего. Словно три обрывка тумана вырвались из прохода. А я еще удивился, что у дверей рубки нет стражей...

— Не смотри туда! — крикнул я Илен, стараясь встать между нею и приближающимися созданиями тьмы. Тело повиновалось с трудом. Я понял, что, если так будет продолжаться, через несколько мгновений мы оба умрем мучительной смертью от спазма всех мышц, возникающего при воздействии на нервную систему человека излучений симских чудовищ.

Конечно, я их узнал. Еще тогда, когда Сейрос готовил меня к первому переходу, он объяснил, что одну из главных опасностей представляют собой стражи перехода. Они появляются, если на дорогу вступает незваный, иногда даже прежде, чем человек сделает первый шаг. Достаточно лишь желания, лишь решимости его сделать... Спастись от них невозможно. Опасность нарастает с приближением чудовищ многократно — но бежать некуда, открывшийся в стене проход вывел их между нами и шлюзовым коридором, отрезая единственный путь к отступлению.

Больше всего своими очертаниями они походили на гигантских жаб, мне даже показалось, что в складках их бесформенных, полужидких тел злобно сверкают маленькие красноватые глазки.

Три бесформенных клуба вдруг оказались совсем рядом. Они приблизились, просочились, перетекли — я не знаю, как назвать их способ передвижения. Вблизи они выглядели полупрозрачными, как морозный туман. Сквозь их тела местами просвечивали контуры близлежащих предметов.

Я пытался приподнять лучемет, но из этого ничего не вышло. Ствол не желал двигаться. Оружие весило не меньше тонны.

Прошла целая вечность, прежде чем они сделали еще один шаг, перекат, перескок... Новая волна боли ударила по моим сведенным судорогой мышцам. Я услышал, как за спиной отчаянно закричала Илен.

Ее крик что-то сдвинул во мне. Желание остановить этот аморфный кошмар? Спасти доверившуюся мне женщину? Что-то еще, что-то гораздо более простое и важное — скорей всего мысль о том, что посланец Аристарха не может так глупо погибнуть.

Я даже не знаю, откуда эта мысль появилась. Была ли она полностью моей?..

На пальце что-то дернулось — словно там объявилось нечто живое, некая теплая зона. В следующее мгновение я почувствовал, как от этой искры ощущение тепла быстро распространилось по всему телу, снимая невыносимое напряжение мышц и уничтожая боль.

С трудом взглянув вниз, на свою руку, я увидел, что медное кольцо на ней светилось тусклым зеленоватым огнем. После предупреждения Сейроса я старался не вспоминать о нем, не думать, делать вид, что его не существует вовсе. Но теперь кольцо оживало. И сейчас, не имея возможности двинуться, я лишь беспомощно следил за происходящим.

Рядом с медным кольцом из холодного зеленоватого света образовался как бы его двойник. Это второе кольцо пульсировало и постепенно расширялось. Через какое-то, не слишком продолжительное время оно охватило всю ладонь и затем, медленно соскользнув с нее, упало на пол. Там оно разорвалось и вытянулось в тонкую линию бледного зеленого пламени, перечеркнувшую пространство между мной и серыми тварями, стоящими теперь на расстоянии шага.

Увидев пламя, одно из чудовищ издало тоскливый вопль, напоминавший мне звуки, услышанные в переходном тамбуре в момент, когда исчез Лоуэлл.

Огненная черта медленно двинулась вперед, и серые твари так же медленно попятились перед ней.

Неожиданно полоса зеленого огня завернулась по краям, обежала неподвижных теперь тварей и вновь сомкнулась за их спинами. Постепенно отходя в глубину зала, призрачный огонь кольца начал быстро вращаться. Уже через несколько секунд на его месте бушевал водоворот полупрозрачного холодного пламени. Он медленно утончался, становился все прозрачней и наконец исчез совсем.

Как только ко мне вернулась способность двигаться, я бросился к Илен. Она лежала на полу, беспомощно раскинув руки и запрокинув голову. Я испугался, что сломаю ей руку — она никак не сгибалась, мышцы напоминали застывший лед.

Я приник губами к ее ледяным губам, стараясь вдохнуть хоть глоток воздуха в ее омертвевшие легкие — все было напрасно. Я почти не испытывал отчаяния, словно в глубине души понимал: я что-то сделал не так, ошибся, но пока еще в моей власти вернуть ситуацию в прежнее состояние, стоит лишь захотеть, стоит лишь вспомнить о кольце...

— Даже и думать о нем забудь!

Шагов я не слышал, голос обрушился на меня сверху совершенно неожиданно.

Седой как лунь старец с суровым и совершенно незнакомым лицом стоял ко мне вполоборота внутри тамбура. Рядом с закрытой дверью. Я не понимал, как он туда попал, откуда взялся. В эту минуту отчаяния я вообще ничего не понимал.

Посмотрев в мою сторону так, словно я был пустым местом, старец положил на пол котомку и приложил ухо к двери, защищенной десятками сторожевых устройств. Потом это занятие ему, видимо, надоело. Он развязал свою потрепанную котомку, достал флягу, оплетенную лозой незнакомого мне растения, и стал неторопливо пить, искоса, без всякого сочувствия, поглядывая на распростертое на полу тело Илен.

— Кто ты?

— Перестань задавать дурацкие вопросы. Лучше помоги мне.

Он приложил к поверхности двери ладони. Так иногда прикладывает руки к теплой печке замерзший человек. По вздувшимся на лбу жилам можно было предположить, какая напряженная работа проходила в эти мгновения в его голове.

Только сейчас, забыв о постигшем меня несчастье, я увидел вокруг его фигуры полупрозрачную ауру, сложный структурный рисунок которой я запомнил навсегда в тот самый момент, когда под руководством этого человека впервые в жизни сумел ее увидеть.

Наконец он расслабился, посмотрел на меня долгим взглядом, словно не мог сразу вспомнить, почему я здесь. Отступил на шаг, а затем просто взял и повернул круглый ручной штурвал под замком. Дверь послушно уехала в стену. Дальше была еще одна. Убедившись, что она не заперта, Сейрос повернулся ко мне:

— Рубка открыта. Но туда можешь войти только ты один. Не думай об этой женщине, не отвлекайся. Я позабочусь о ней. Постарайся сделать все как можно быстрее. Действуй по обстоятельствам. В случае крайней нужды я тебе помогу. Не обращайся к кольцу, если не хочешь себя окончательно погубить.

— Там кто-то есть?

— Узнаешь. Иди. И не очень-то верь тому, что увидишь.

Я бросил взгляд на застывшее тело Илен. Укоризненно качнув головой, он достал из котомки пакетик с какими-то семенами, растер одно из них между пальцами и коснулся ими висков Илен. Ее тело дернулось, словно от удара электрического тока. Но лишь после того, как она застонала, все еще не открывая глаз, и на щеках появился слабый румянец, я вновь, в который уж раз, поверил, что для Сейроса почти нет невозможного.

Дверь рубки с глухим чмоканьем открылась. И вновь закрылась за моей спиной.

Переступив порог, я очутился в знакомой овальной каюте. Большой пульт полукругом шел вдоль стены. Четыре пилотских кресла пустовали. Интересно, куда девалась вахта? Если газ действовал, они не могли уйти далеко...

Пульт выглядел совершенно мертвым. Не светился ни один индикатор, не работал ни один прибор. Лишь под потолком желтоватым светом ровно горела аварийная панель — единственное живое пятно во всей этой застывшей комнате.

Я опустился в кресло первого пилота, один за другим пробуя задействовать различные управляющие аварийные сети. Все напрасно. Приборы молчали.

Неожиданно слева, на самом дальнем конце пульта, обозначилось что-то темное, висевшее в воздухе сантиметрах в десяти от стола. Пятно казалось совершенно бесформенным и почти невидимым, но я уже почувствовал запах. Серые твари не имели ощутимого для обычного человека запаха, их характерный признак — холод. Но резкий и малоприятный запах, исходящий от едва наметившегося темного пятна, — явление не совсем обычное. И он определенно мне знаком. «Не к добру все это», — тоскливо подумал я, бессмысленно щелкая обесточенными тумблерами пульта управления.

Пятно казалось неживым и не имеющим ни малейшего отношения к рубке. Оно выглядело настолько неподвижным, что воспринималось как некий дефект освещения. Оно было, и его в то же самое время все-таки не было. Во всяком случае, в данную минуту и в данном месте... Я задумался над этой не совсем обычной мыслью и понял, что она содержит в себе шанс, может быть, последний в затянувшемся прорыве к Темной зоне.

Я постарался отвлечься от пятна, забыть о нем, сосредоточить все свое внимание на пульте. Постепенно мне это удалось. Закрыв глаза и не двигаясь, я заставил себя увидеть, как исчезла, растворилась крышка пульта. Сразу же передо мной предстали пучки разноцветных проводов, кабели, световоды... Одни из них казались теплыми, другие холодно светились, третьи выглядели совершенно мертвыми. Я начал разбираться в обесточенных цепях, мысленно соединяя поврежденные линии. В конце концов после очередной попытки включить панель, шкалы приборов и индикаторов вспыхнули передо мной сотнями живых разноцветных огней.

19

Я закончил ввод длинного ряда цифр, содержащего в себе трехмерные координаты новой точки выхода.

Как только смолки звонкие щелчки клавиатуры и установилась ворчливая, полная вздохов и шелеста машинная тишина, в голове у меня возникли странные слова: «сгущение потупространства» — будто их прошептал мне некто невидимый совсем рядом. Я даже не удивился. Не мог же, в самом деле, закончиться так буднично и просто мой последний шаг в длинной цепочке, приведшей, в конце концов, вопреки запрету Аристарха, к повороту корабля в сторону Темной зоны. Предыдущая попытка остановить меня в этом намерении не увенчалась успехом, значит, теперь будет предпринята следующая.

Фраза прозвучала ясно и отчетливо. Я покосился в сторону темного пятна — оно не изменилось за последние полчаса и висело так же неподвижно. Пусто было в этот безвременный час в рубке старого корабля, наполненной угловатой пластмассой и хищными красноватыми глазами индикаторов.

Компьютер, заурчав, начал обработку полученной информации. Сделав этот последний шаг, запустив процесс поворота и выхода из оверсайда в месте, запретном для любого нормального человека, я мог, наконец, позволить себе немного расслабиться. Глотнув ледяного сока из оставленного кем-то термоса, я задумался над самой сутью услышанных мною слов. Я так и этак переворачивал фразу, стараясь разглядеть в ней некий тайный смысл, но ничего, кроме все тех же непонятных в своей первозданности слов, не обнаружил.

«Сгущение потупространства» — слова эти, повторенные несколько раз, произвели на меня странное действие. В памяти словно прорезался бесконечный темный коридор, ведущий в запретные, закрытые наглухо области. Он был туманен, этот коридор, я еще только начинал свое долгое движение к свету, но не сомневался — движение началось, и теперь меня не остановит никто.

Я видел длинную дорогу, по которой мчался чудовищный зверь. Зверь был рационален, по-своему даже красив, он мчался кому-то на помощь... Потом я увидел маленького человечка, протягивающего хрустальный флакон с темной жидкостью — флакон показался мне необычайно красивым. Затем возникло дерево, каких не бывает даже в снах. Я лежал под его корнями и зрел, как желудь. Похоже, теперь процесс созревания подходил к концу.

Я внимательно осмотрелся, стараясь уловить в окружающих предметах хотя бы намек, какую-то зацепку, как вести себя в обстановке непонятной нарастающей опасности.

Присутствие этой невидимой пока опасности с каждой минутой я ощущал все сильнее, и именно оно мешало мне окончательно сосредоточиться, чтобы понять нечто чрезвычайно важное, нечто такое, от чего зависело все мое дальнейшее существование.

Помещение рубки, освещенное тусклой световой панелью, представляло собой все те же девять квадратных метров неубранного грязного пола. Литой голубоватый пульт, пустое кресло второго пилота рядом со мной — ничего постороннего, если не считать самого пятна. Тишина нарушалась лишь пощелкиваньем кристаллоприемников да ворчаньем механизмов, переваривающих полученную информацию.

Причина, видимо, скрывалась в самом пятне. Оставаясь совершенно неподвижным, оно тем не менее жило своей отдельной, независимой от корабля жизнью. И жизнь эта постепенно обретала все большую определенность, словно пятно выплывало из неведомых глубин моего собственного просыпающегося подсознания.

Но помимо этого эфемерного ощущения, я заметил, что пятно, наливаясь изнутри темнотой, становится все определеннее, все плотнее... Не оставалось сомнений — пятно начало изменяться.

Больше всего я боялся, как бы это проявление пятна не помешало сложному процессу переработки машинами новых координат выхода.

Смена координат в полете — процедура весьма опасная. Далеко не каждый штурман, даже в безвыходном положении, решится на такой шаг. Многие корабли не вернулись на базы всего лишь из-за неточного ввода координат, сбоя или ошибки в системе. Что же касается смены координат перед завершением броска — о таком самоубийственном поступке я вообще не слышал. Сейчас мне казалось, что я совершил ужасную, непоправимую ошибку.

Все мое существо взывало к отмене данных машинам команд. Мне казалось: даже рудники Сверсона — сущий рай по сравнению с тем, что ждало нас теперь. «Давай, давай», — шептал я сквозь стиснутые зубы. И чувство гнева, проснувшееся во мне, помогло обуздать переполнявшую меня иррациональную панику.

Я закрыл глаза, приглушил в себе волну гнева, мешавшую мне сосредоточиться, и вновь углубился в темные коридоры своей памяти, туда, где копошились ужасные образы, где притаилась боль.

Помедлив секунду, я шагнул за болевой порог. В глазах вспыхнул ослепительный свет. Голова разламывалась на тысячу кусков.

Я продержался, наверно, не больше секунды. Но этого оказалось достаточным, чтобы понять, как должен поступить воин третьего круга в случае сгущения потупространства.

Не так уж важно, кто открыл мне нужные знания. Отец деревьев? Ничего не осталось в памяти, кроме его странного имени, только обрывки образов — и темный туман. Но самое главное — я теперь знал, что делать.

Вначале нужно восстановить полный контроль над своим сознанием и телом. Удавалось это с трудом.

«Хватит дрожать и суетиться, — сказал я себе. — Соберись, напряги всю волю и мужество. Никто тебе не поможет в этой схватке, даже Сейрос. Древние заклятия и круг...» Заклятий я не помнил, я никогда их не знал так хорошо, как следовало. Я штурман, обыкновенный корабельный штурман, и эта задача не для меня. «Никакой ты не штурман, — возразил мне мой внутренний голос. — Ты воин третьей ступени и должен вести себя подобающим образом».

Я встал и едва успел начертить круг, так и не вспомнив ни одного заклятия. Рожа появилась слишком резко — и это свидетельствовало об огромной силе существа, прорвавшегося из несказанных далей потупространства в реальный мир «Рендболла»...

Вначале появилась именно рожа. Довольно мерзкая и большая. Нагло ухмыляясь оттопыренными губами, она с минуту недвижно висела над столом, в том месте, где совсем недавно красовалось темное пятно. Зеленый туман, окутывавший рожу в момент ее появления, постепенно развеялся и ушел к потолку легким облаком.

Больше всего мне не нравились уши. Огромные, круглые, далеко выдающиеся в стороны, они делали морду похожей на старинный звуковой локатор. За огромными ушами едва различалось крохотное тельце с маленькими ножками, широко растопыренными и обутыми во что-то, весьма смахивающее на копытца.

Несомненно, это был слухач. В реестре мерзких тварей иных миров, который я изучал под руководством Сейроса, слухачи занимали одно из первых мест. С ними следовало поступать крайне решительно и очень быстро. Если немедленно не принять самых действенных мер, можно оказаться затянутым в трясину неопределенности, внепространственности, тягучих слов, безвременных и никчемных действий. Они много чего могли, эти гнусные создания. А я совершенно не знал, как поступить, и стоял, столбом вытянувшись посреди слишком узкого магического круга, который не сумел даже укрепить подобающими заклятиями.

— Да плюнь ты на свой круг, — сказала рожа, теперь уже во весь рот мерзко осклабившись. — Есть разговор.

— Все бегаешь по чужим поручениям? — спросил я хриплым голосом, стараясь не выдать охватившей меня паники.

— Наше дело служивое. Поручение выполнил и лет на двести на боковую.

Я почти справился с собой, взял себя в руки, вошел в роль и, кажется, неплохо ее исполнял, хотя отлично помнил: добрые вести слухачи не разносят.

— Выкладывай свое поручение и убирайся.

— Экий ты прыткий... Презираешь, значит? Все вы вот так, как дойдет до чего серьезного. Ладно. Мое дело сторона. Раз господин воин желают... — Он продолжал кривляться, и я почувствовал, что у меня от бешенства сводит скулы.

— Говори, собака!

Мой крик отрезвил его, напомнил о разнице в нашем положении, хотя я до сих пор и не был до конца уверен, не подшучивает ли надо мной собственная память, — какой я, к черту, воин?! Мой окрик тем не менее возымел действие. Теперь слухач заговорил коротко и четко, передавая лишь то, что было поручено.

— Проход в Адру полностью заказан. Велено напомнить об ентом. Посему немедленно повертай обратно. Пока еще, значит, дозволяют, не то поздновато будет.

— Это он тебе так сказал?

— А ты думал, я по своей воле отмахал такую прорву пространства? Вон там, на пульте, красную рубилу видишь? Вруби ее, чтобы, значить, все тут, к ентовой матери, посгорало.

— И не надейся.

— Да как ты смеешь?! Это же Его приказ!

— Все равно не исполню.

— Тогда собирайся.

— К нему? — Я все время шел словно по скользкому льду, стараясь не показать всей глубины своего нынешнего невежества и преследуя одну-единственную цель — получить как можно больше информации.

— К кому же еще, раз не хочешь выполнять приказы? Там тебе освежат память!

— Не пойду, пока не скажешь, кому служит Сейрос.

— Ты что, спятил? Да стоит мне пальцем пошевелить, как от твоего круга не останется и следа!

— А ты попробуй.

Он попробовал. Я видел, как от напряжения раздулись ноздри на его огромном плоском носу. Но медное кольцо на моем пальце лишь слегка нагрелось, заливая дьявольской силой все пространство внутри магического круга. Оно еще не успело остыть после поединка с серыми тварями и включилось легко, по первому моему желанию.

— Ты что же это делаешь?! — заорал слухач. — Какое ты имеешь право использовать кольцо Аристарха против его посланника? Да за это знаешь, что бывает?!

— А тебе разве можно произносить его имя?

Не знаю, почему я спросил именно это. В то время я многое делал интуитивно, пользуясь лишь смутными образами, извлеченными из темных коридоров памяти.

Слухач побледнел и вздрогнул, понимая, какой чудовищный промах совершил.

— Чего ты от меня хочешь?

— Так-то лучше. Кому служит Сейрос?

— Он учитель воинов.

— Это я и без тебя знаю.

— Не знаю я, кому он служит! — загнусавил слухач. — Его нельзя увидеть, пока он сам не пожелает.

— Даже с помощью этого? — Я приподнял руку с кольцом.

— Тем более с помощью этого.

— Так, значит, он не ваш... Ладно, проваливай.

— Ты за это ответишь! Все равно отвечать придется! Страшная кара падет на того, кто осмелится!.. Это кольцо... — Он орал еще что-то, но я уже не слышал его сиплого бормотания.

Сдавленный чудовищной силой, слухач выглядел жалко. Какое-то время он пытался бороться, понимая, что, не выполнив поручения, рискует своей головой, но вихрь синего пламени, вырвавшись за границы моего круга, окутал его, придавил к земле. Буквально через мгновение с легким хлопком пламя исчезло вместе со слухачом.

Я вытер обильно струящийся по вискам пот, хотя в рубке было довольно прохладно, и всмотрелся в индикаторы пульта — все шло нормально. Схватка со слухачом не повредила работе машин.

Итак, впервые я поступил по-своему, не вняв совету Сейроса. Я вновь воспользовался кольцом и сделал это сознательно, направив его темную силу против того, кто его создал. Раз уж я не могу избавиться от кольца, в трудные минуты я решил его использовать, что бы там ни говорил Сейрос. Главное — не делать этого слишком часто и ни в коем случае нельзя пользоваться кольцом для себя лично. Только против созданий тьмы. Почему Сейрос хотел мне это запретить?

И неожиданно я понял: сомнения по поводу Сейроса появились у меня именно сейчас, после того, как я во второй раз воспользовался кольцом... Прежде чем вновь прикоснуться к этой страшной и темной силе, я должен узнать о ней все!

На этот раз я действовал осторожнее, стараясь избегать зон памяти, прикрытых слишком сильными болевыми заслонами, предпочитая довольствоваться разрозненными осколками сведений, чаще всего не складывающимися в целую картину.

Далеко не сразу удалось нащупать сведения о самом кольце, но кое-что я все-таки понял. Выпуская на свободу его силу, я каждый раз нарушал равновесие, словно спускал с цепи разъяренного пса... Рано или поздно освобожденное зло, совершив круг, вернется обратно и обрушится на любого, кто окажется рядом, кто хоть как-то будет связан со мной — на них в первую очередь... Меня самого какое-то время будет оберегать чудовищная сила кольца. Но чем туже завернется пружина, тем беспощадней, убийственней окажется удар расплаты. Сейрос хотел уберечь меня от этого, но я поступил по-своему и ничего не собирался менять.

Мне не удастся держать под уздой безмерную силу кольца. Уже сейчас невозможно определить, сам ли я принимаю важные решения или мое сознание давно находится под контролем этой медной вещички.

После второго пробуждения теплота в кольце сохранялась намного дольше. Оно еще и сейчас оставалось живым, чуть заметно пульсируя у меня на пальце и как бы напоминая, как бы шепча мне на ухо: «Только скажи... Только скажи...»

Любое взаимодействие между нами укрепляло незримую связь, и, если я немедленно не остановлюсь, кольцо подчинит меня полностью. Оно будет подстерегать каждое мое невысказанное желание, мелькнувшую мысль, смутное недовольство кем-нибудь... Для того и был преподнесен мне этот сомнительный дар.

Существовало одно-единственное место, где я мог избавиться от него раз и навсегда. Место, в котором меньше всего желали моего присутствия. Место, где можно погибнуть, но не дать сделать из себя раба.

Оно называлось Темной зоной, и вопреки воле Аристарха, вопреки всем усилиям его прислужников корабль, которым я управлял, стремительно проваливался в темную дыру, ведущую в этот таинственный и страшный мир.

Чтобы составить какой-то план действий и не погибнуть на самых первых шагах, когда я буду слишком уязвим и беспомощен в мире Адры, к которой теперь я так стремительно приближался, мне нужна была информация.

Я выяснил во время поединка со слухачом немало нового, хотя и оплатил эти знания дорогой ценой. Темное воинство узнало о моем решении и наверняка сумеет подготовиться, прежде чем нанесет следующий, гораздо более точно рассчитанный удар. То, что им приходится тщательно взвешивать свои действия, оценивать каждый мой встречный шаг, в этом я больше не сомневался.

Так, значит, я был воином третьей ступени... Так, значит, только моя рука способна коснуться страшного оружия архов, скрытого в замке света... Рука того, кто постиг тайную науку, кто был левраном и навсегда запомнил вкус чудовищного эликсира...

Вот почему они меня так боялись и стремились подчинить своей власти. Сейчас, собственными усилиями расколов информационное поле, я узнал достаточно, чтобы понять: ключ ко всему находится на Адре.

Дисплей с клавиатурой для ввода данных в центральный путерасчетчик возвышался над пультом и словно усмехался мне в лицо. Словно спрашивал, хватит ли у меня мужества начать новый затяжной виток борьбы, на котором я скорее всего погибну. Ведь в тот первый раз, ступив на дорогу деймов, я, в сущности, проиграл, так и не получив сил, достаточных для победы, остался вечным изгнанником. Меня вышвырнули обратно в мир людей, запретив возвращаться, и вот теперь я снова лезу на рожон.

Зачем? Что так притягивает меня туда? Неужели всего лишь воспоминание об утраченной свободе? Я чувствовал, что все гораздо серьезней. Слишком серьезно для того, чтобы оставить мне шанс победить в новой схватке.

«Не поздно ведь еще отказаться — никто об этом даже не узнает. Нужно лишь вернуть программу в прежнее состояние, изъять из машины новые координаты, пока она не успела приступить к выполнению самой операции выхода, — это еще возможно. А потом со своим кольцом, с заключенным в нем безмерным могуществом, ты сможешь выбирать дороги народам. Само существование Комора будет зависеть только от твоего желания». Я узнал стиль этих фраз. И, чтобы покончить с искушением, направился к выходу из рубки, преодолевая сопротивление невидимой силы — словно шел навстречу плотному темному ветру.

ЧАСТЬ ВТОРАЯ

Светозар

1

Лан Брэк стоял на окраине поселка, облокотившись на полуразрушенный забор, и смотрел на заходящее солнце. Он мог стоять здесь год или два — ничего бы не изменилось.

Красное солнце висело у горизонта. Его нижний край утонул в холодных далеких песках пустынного пространства, протянувшегося во все стороны от поселка на многие тысячи километров.

Солнце висело в этом месте всегда, во всяком случае, все то время, что Лан себя помнил. Правда, астроном говорил, что какое-то невидимое глазу движение все-таки происходит, но Лан ему не верил. Он давно уже не верил тому, что говорили ученые, обманувшие их во всем. Обманы копились, наслаивались друг на друга, отравляя саму надежду на изменение их скудной, тоскливой жизни.

Казалось, ложь пропитала этот мир насквозь. Все здесь выглядело не тем, чем было на самом деле. Под ровными песками пустыни скрывались бесчисленные каверны, соединенные в запутанный лабиринт, уходящий в глубины земли. Скалы, более легкие, чем вода, плавали на поверхности моря. Озера, манящие путника прохладой, скрывали в своем отражении лишь мертвый блеск вулканического стекла, а рощи, такие привлекательные издали, чаще всего оказывались вблизи ржавыми остатками неведомых древних механизмов.

Вздохнув, Лан выпрямился и медленно побрел по дорожке в сторону от поселка, туда, где из-за низких холмов выглядывали решетчатые фермы бывшего космодрома. Должность смотрителя, которую он занимал вот уже третий год с тех пор, как умер старый Мотан, считалась в колонии далеко не самой престижной, но она давала хоть какую-то иллюзию независимости от слишком жестко регламентированной жизни остальных колонистов. Вместе с двухразовым ежедневным питанием и отдельным жильем в коттеджах космодрома этого было не так уж мало. К тому же в заброшенном огромном мире старого космодрома Лан чувствовал себя почти хозяином, почти собственником никому, кроме него, не нужной свалки металлического хлама.

Сорок лет минуло с тех пор, как у них остановился последний механизм. Лан часто ломал голову над тем, что же все-таки произошло? Почему чужая планета терпела их присутствие все эти годы и почему в конце концов ее недра разверзлись и вытолкнули на поверхность целые орды крейгов?..

Откуда они взялись, эти разумные безжалостные чудовища, под хитоновым панцирем которых скрывалось все что угодно, кроме страха и сострадания? Если бы их разум не превосходил человеческий по своей холодной мощи, люди не уступили бы так просто своих плодородных освоенных дедами земель. Но нашествие крейгов сопровождалось остановкой и разрушением всех механизмов и всего оружия колонистов. Причина этого явления так никогда и не была установлена. Крейги не пользовались техникой, во всяком случае, люди ничего не знали об этом. А в рукопашных схватках ни один человек не мог всерьез противостоять существам, равнодушным к боли и обладающим к тому же колоссальной силой в сочетании с естественной защитой прочного панциря.

Постепенно немногочисленные остатки колонистов были оттеснены в пустыню, к заброшенным развалинам старого космодрома. Все попытки людей вернуть захваченные территории или хотя бы вырваться из крохотного пятачка, содержащего внутри себя четыре гектара пашни да старый космодром, окончились неудачей.

Земли, которыми они теперь располагали, сильно смахивали на специально отведенный загон, окруженный мертвыми песками. Крейги иногда наведывались в поселок. Правда, прежних побоищ они теперь не устраивали, словно хотели сохранить остатки человеческой расы. Вполне возможно, ими руководили чисто гастрономические интересы. Прямых свидетельств о людоедстве крейгов не было, никто не знал, куда они уводят своих пленников и что происходит в глубоких подземных обиталищах, откуда не вернулся еще ни один человек.

Коттедж, выбранный Ланом в качестве жилища, стоял на самом краю бывшего космодрома. Здесь ему удалось отгородить от постоянных ветров, дующих с запада, небольшой огород, который он возделывал, чтобы разнообразить свой рацион, а заодно и заполнить бесконечное время дежурств. Сейчас, проходя мимо, он мельком отметил, что капуста в этом году уродилась особенно хорошо, несмотря на урезанные поливы.

В своей комнате Лан вскрыл тайник, надежно укрытый в стене, между листами пласторана, и проверил, все ли на месте. Здесь были странные вещи, найденные во время его долгих разведывательных прогулок по бесконечным коридорам административных и технических корпусов космодрома. Эти здания строили их прадеды. Но космодрому, похоже, так и не удалось послужить людям. Пески пустыни в конце концов прогрызли стены старых строений.

Зачем их предки возводили все эти гигантские сооружения? Неужели всерьез надеялись повторить путь небольшого корабля, потерявшего курс и провалившегося в другую Вселенную? Или, может быть, они ждали братьев по разуму с других обитаемых миров? Ждали помощи, все равно откуда, и не позволяли умереть последней надежде?

Как бы там ни было, теперь она умерла. Никто больше не верил в то, что помощь придет к ним из неведомых далей космоса, а само путешествие среди звезд воспринималось сверстниками Лана как красивая легенда, которую в оправдание себе придумали старики.

Лан развернул тряпицы, скрывающие его самую большую драгоценность — пневматический арбалет, оружие, сделанное в другом мире, из материала, не подверженного ржавчине...

Лан знал об этом мире лишь из рассказов учителя и не слишком верил в его реальность. Да и какое ему дело до мест, навсегда закрытых и недоступных? Ему вполне хватало повседневных забот. Лишь книги иногда пробуждали идущую из глубин наследственной памяти непонятную острую тоску. В школе их обучали началам грамматики, и он, конечно, как и все, умел читать. Но это умение не помогло ему разобраться в научных описаниях, в чертежах, схемах и формулах, которые он находил на страницах запыленных фолиантов, хранившихся в его тайнике.

Смысл этих книг, похоже, был утрачен навсегда. Они вызывали в юноше почтение, смешанное с ощущением собственной беспомощности. Были здесь и красивые сказки о мире без войн, голода и нищеты. Их он всегда отбрасывал, не читая, испытывая необъяснимое глухое раздражение.

Шорох за стеной заставил его поспешно закрыть тайник, но звук легких девичьих шагов успокоил Лана. Вошла Листред, и, как всегда, скрывая радость от встречи, он начал с упреков:

— Ходить на старый космодром запрещено, ты же знаешь. Если тебя увидят...

— Да? Всем, кроме тебя! Тоже мне, смотритель! Нужен ты мне очень. Я собирала отар. Здесь он растет лучше всего. А ты, как Мотан, просидишь тут до старости.

— Перестань, Лист. Я беспокоюсь о тебе, когда ты одна уходишь из поселка. Вспомни, сколько людей пропало...

— Ночью крейги опять приходили на ферму. Они забрали Лурга...

— Вот видишь!

— Значит, я должна всю жизнь просидеть за забором? Мы стали похожи на старых коров. Крейги держат нас вместо пищи!

— Возможно, это и так. Что же мы можем сделать? Остается только терпеть и ждать.

— Чего? Вокруг столько свободного места! Почему пустынники не боятся крейгов? Почему они ходят везде, где хотят?

— Это их планета. Они здесь родились. А мы пришельцы, чужаки, нас загнали в угол, из которого нет выхода... Тише!

Шорох, насторoживший Лана, донесся со стороны огорода. Пригнувшись, он бросился к окну и выглянул из-за занавески.

— Крейги... — прошептал он. — Целых три штуки...

— Бежим, пока они нас не почуяли!

— Слишком поздно. Незаметно уже не выйти. Они увяжутся за нами.

— Что же делать?

— Я возьму оружие и задержу их. А ты беги в поселок за подмогой.

— Их же трое... Я лучше останусь с тобой.

Он понимал, что сейчас это уже не имеет никакого значения. Если они разделятся, крейги сделают то же самое, и тогда он вообще не сможет защитить Листред. Единственная их надежда на скорость. Крейги ползли не слишком быстро. Но зато они умели летать... На открытом месте от них не спастись. Надо прорываться к старому космодрому. Если удастся спрятаться в его зданиях...

Лан разворошил свой тайник и достал арбалет. Короткие толстые стрелы содержали внутри капсулу с сильным снотворным. Лан не знал об этом, пока случайно не испытал на себе, какой силой обладает его оружие. Правда, неизвестно, подействует ли яд на крейгов. Лан совсем недавно разобрался, как работает арбалет. В поселке для охоты и обороны использовали луки, принцип которых был один и тот же, и в конце концов он понял, что большой баллон со сжатым воздухом выполняет здесь роль тугой тетивы.

Сама по себе рана, нанесенная стрелой, для крейгов не страшна, если не попасть в один-единственный уязвимый нервный центр, находящийся на животе и хорошо защищенный сверху.

Продумывая план спасения и лихорадочно готовя оружие, Лан ни на минуту не упускал из виду своих противников. Три поблескивающих металлом синеватых полушария возвышались над ботвой картошки почти на целый метр. Крылья, сложенные, как у жуков, под надежным панцирем надкрылков было трудно заметить. Самое страшное состояло в том, что крейги обладали разумом, слишком отличным от человеческого. Их хитрость и коварство, их неутолимая злобность и необъяснимая жестокость вызывали ужас у колонистов.

Наиболее отвратительное впечатление производили лица этих жуко-людей. Маленькие, сморщенные и совершенно черные, они почти не отличались от человеческих и от этого казались чудовищно уродливыми.

Крейги подошли настолько близко, что в любую секунду могли почувствовать их запах. Больше нельзя было ждать ни секунды. Зарядив арбалет и махнув Листред, Лан крадучись направился к выходу. Подхватив сумку с продуктами и флягу с водой, Листред не отставала от него ни на шаг.

Крейги заметили их сразу, как только молодые люди выскользнули из коттеджа. Возможно, они давно уже чувствовали запах людей и выжидали лишь удобный момент для нападения. Теперь они устремились в погоню. Крылья крейги использовали только в крайних случаях, очевидно, потому, что полет был для них достаточно сложным делом и требовал долгих приготовлений.

Приподняв грузные тела, чтобы не цепляться за неровности почвы, на своих коротких ножках жуко-люди бежали за ними намного медленнее, чем требовалось. Издали они походили скорее на бронированные механизмы, а не на живые существа. Но Лан хорошо знал, как обманчиво все, что касается крейгов.

Вначале их разделяло метров восемь, потом это расстояние увеличилось до пятнадцати. Лан прекрасно бегал, но сейчас вынужден был соизмерять свою скорость с возможностями Листред. Тем не менее казалось, что им удастся беспрепятственно добраться до первых ангаров.

В жвалах крейги держали странные короткие палки. До сих пор Лан не слышал, чтобы они использовали какое-нибудь оружие, кроме собственных зубов и когтей. И этого им было вполне достаточно.

Наконец, решив, что, если не изменить тактику, можно упустить добычу, один из крейгов взлетел.

— Они охотятся на нас, как на животных! — задыхаясь, выкрикнула Листред. Казалось, она не испытывает ни малейшего страха. Только гнев.

— Ложись! — крикнул Лан, сам падая в траву и переворачиваясь на спину. Из этого положения целиться было гораздо удобнее, только так и мог он попасть в летящего крейга.

Стрела понеслась навстречу стремительно приближавшемуся черному диску. Лан не видел, куда она попала, но, судя по тому, что крейг взмыл вверх и резко изменил направление полета, он не промахнулся. Двое других жуко-людей тоже взлетели и, сделав в воздухе широкий полукруг, отрезали их от ангаров. Бежать теперь можно было только в сторону пустыни... Жара и раскаленный песок очень быстро лишат их сил. На этом, очевидно, и строили свой расчет их безжалостные преследователи, после выстрела Лана держащиеся на безопасном расстоянии. Три или четыре раза молодые люди пытались обойти крейгов и прорваться к поселку. Тогда кто-то из них лениво поднимался в воздух, и вновь путь оказывался отрезанным. Если Лан со взведенным арбалетом пытался подойти ближе, крейги почти полностью закапывались в песок и начинали плеваться ядовитой слюной. Вскоре раненый крейг нагнал остальных и занял свое место в строю. Капсула с ядом не оказала на него никакого действия.

Им позволяли беспрепятственно двигаться в одну-единственную сторону — в сторону пустыни.

За миллионы километров от поверхности планеты, на которой разыгралась эта трагедия, происходили события не менее значительные.

Космический корабль давно потерял управление. Молчали его разбитые двигатели, и команда, состоявшая всего из трех человек, смирилась с собственной судьбой.

Пространство в зоне перехода походило на слоеный пирог. Уплотнения чередовались с разрежениями. Ни о каком направлении вообще невозможно было говорить. Мы ломились сквозь темную бездну. Мы все поставили на карту и проиграли. Ничто в мире уже не могло нам помочь.

Еще один удар, затем плавное, скользящее падение и снова удар. Мы продолжали падать или, быть может, все же спускаться? Ни верха, ни низа, сплошная череда ударов.

В каком пространстве мы теперь находились? Произошел ли выход из оверсайда и если произошел, то куда именно? Прорвались ли мы в Темную зону? Ни одного ответа. Только новые удары, грозящие разрушить корпус. Защита не работала с тех пор, как полетели резервные генераторы. Вокруг нас со звоном лопались невидимые нити. Мы пронзали не существующие в реальном мире слои. Мы одновременно находились сразу в нескольких местах и в то же самое время не находились нигде. Может быть, мы уже умерли? Это было самым вероятным, поскольку законы обычной, прямой логики перестали для нас существовать.

Когда мы плыли вдоль очередного слоя уплотнений, в минуту относительного затишья мне удалось пробраться к выходу из рубки и убедиться, что Илен чувствует себя вполне удовлетворительно.

Сейроса нигде не было видно, и я подумал, не привиделась ли мне вся наша встреча? Теперь Илен сидела рядом со мной, в кресле второго пилота. С момента, как я помог ей включить кокон индивидуальной защиты, она не задала ни одного вопроса.

С каждым пробитым слоем пространства груз необратимости за нашей спиной нарастал. Мы продолжали проваливаться в бездну, и единственное, на что оставалось надеяться, так это достичь когда-нибудь дна, которого, возможно, не существовало.

Треск разрываемой стали сообщал о том, что еще один стрингер лопнул, не выдержала еще одна переборка. Корабль начинал разваливаться. Если верить безумствующим приборам, мы по-прежнему находились внутри сжатой области внепространства. Много раз нам пришлось умереть, и много раз мы оживали вновь! Тогда из всех ощущений и чувств оставалась только надежда. Наконец, в последней пароксической судороге, эфир вокруг нас словно взорвался, и измученное сознание восприняло этот завершающий удар почти с удивлением — мы все еще были живы. В этот момент крайнего отчаяния вокруг нас вспыхнули миллионы живых огней. Но мы ничего не знали об этом.

Илен первой заметила, что поверхность экранов покрылась непонятными точками. Она протянула к ним руку, пытаясь привлечь мое внимание к новому неведомому бедствию. Проследив за ее взглядом, я снял защитные шторки со всех иллюминаторов рубки.

Вокруг ярким голубым огнем полыхали тысячи неизвестных созвездий...

Разваливающийся «Рендболл» выполнил свою последнюю миссию и выбросил нас в запредельное пространство Темной зоны.

2

Среди целого роя беспорядочно падавших обломков некогда огромного корабля постепенно выделялся один, далеко не самый крупный. Его падение замедлялось, переходя сначала в планирование, а затем и в свободный полет. Еще через несколько минут вдоль овальных боков этого странного, ни на что не похожего предмета появилось несколько острых, направленных вниз выбросов планетарных двигателей.

Посадочный бот, все более замедляясь, входил в плотные слои атмосферы никому не известной планеты, расположенной в глубинных областях Темной зоны.

Выбирать не приходилось. Мы садились туда, куда выбросила нас судьба. Спасательная шлюпка могла лишь совершить посадку. Корабля, способного перенести нас к другому миру, больше не существовало.

Тормозные двигатели включились вовремя, вопреки моим худшим ожиданиям. Мы уже входили в атмосферу. О том, как нам удалось перебраться в ракетный бот на разваливающемся «Рендболле», вспоминать не хотелось, тем более не хотелось думать о том, что ожидало нас внизу. Никто не мог предсказать, в какую часть Темной зоны выведет нас набор координат, извлеченный из моей памяти.

Один только Стрим выглядел совершенно спокойным. Иногда мне даже казалось, что он улыбается. Мы нашли его случайно перед самой посадкой в шлюпку. Держался этот человек, несмотря на страшную стреляную рану, полученную во время абордажной атаки на «Рендболл», удивительно мужественно. Возможно, его пример удерживал Илен от внешнего проявления беспокойства. О том, что она чувствовала, я мог судить лишь косвенно, замечая порой тщательно скрываемые слезинки в уголках ее глаз. Только сейчас ей, по-моему, стало ясно, насколько безвозвратен наш полет. Словно по молчаливому уговору, мы не упоминали о том, что ждет нас внизу. Диск планеты приблизился. Теперь он закрывал уже весь горизонт. Можно было включать локаторы.

— Это Адра. Я думаю, ты не будешь слишком разочарован.

— Разве ты знаешь, как называется планета?

Стрим пожал плечами.

— Во всяком случае, так ее назвал наш предсказатель Мельсон, а он редко ошибается в подобных вещах. Он предсказал нам мягкую посадку и сказал, что здесь нас ждет вполне пригодный для жизни мир, который называется Адра.

— Дай-то Бог... Мне так и не пришлось встретиться с этим человеком... Тебе известно, что с ним произошло после захвата «Рендболла»?

— Я думаю, он сам определяет свою судьбу. Во всяком случае, среди пленных его не было. Радиоактивный отсек я проверил. Там никого не осталось.

Возможно, я знал настоящее имя этого человека. Почему-то меня не оставляла уверенность, что учитель не покинул нас и в трудную минуту еще даст о себе знать.

Я включил посадочный локатор. На экране два квадрата разной степени плотности перечеркнула волнистая линия.

— Море и пустыня. Удачное место. Садись поближе к берегу. Видишь, там есть небольшие острова. Я думаю, нам не стоит раньше времени привлекать к себе внимание.

Я полностью согласился со Стримом и поэтому оставшуюся часть траектории шел почти без планетарных двигателей. Уже на последних метрах я понял, что скорость все еще слишком велика и посадка будет достаточно жесткой. Но этого, к моему удивлению, не произошло. Мы вообще не почувствовали удара. Лишь легкий толчок, скрежет и шелест. Свет в иллюминаторах померк. Мы падали в какую-то полость, проваливались сквозь многометровую толщу непонятной мягкой субстанции и, наконец, плавно остановились, словно увязли в гигантской пуховой подушке.

— Здесь есть даже матрацы для неумелых пилотов, — пошутил Стрим. Я ничего не ответил. Стиснув зубы, я ждал, пока закончат работу анализаторы наружной среды.

— Почему мы никуда не выходим? — спросила Илен.

— Потому, что наш общий друг не верит в предсказания Мельсона, он все еще сомневается, есть ли здесь воздух, пригодный для дыхания.

Я едва удержался, чтобы не вспылить, но, взглянув на показания анализатора, забыл обо всем — из миллиона планет лишь одна могла иметь такой коэффициент жизнеобеспечения для гуманоидов. Мы находились на родной сестре Земли.

Начался отлив, и море ушло от берега на целую милю. Освободившееся от воды пространство заполняли обрывки скрученных спиралями водорослей и головоногие моллюски, раковины которых напоминали карикатурно увеличенные стаканчики для вафельного мороженого.

Адра встретила нас угрюмым молчанием. В ее атмосфере бушевала сильнейшая магнитная буря, заполняя эфир тягучими завываниями радиопомех, неслышных в обычном звуковом диапазоне.

Мы сидели на кромке огромной каверны, проломленной ботом в теле горы. Внизу влажно поблескивало металлическое тело нашей ракеты, и даже сюда из открытого люка временами доносился запах ароматного кофе. Илен вызвалась приготовить ужин. Я воспользовался этим и пригласил Стрима выбраться наружу, собираясь всерьез заняться его раной. В тесном помещении шлюпки делать это было гораздо сложнее. Мне не нравилось, что портативный анализатор так и не сумел определить характер проникшей в рану инфекции. В остальном Стрим чувствовал себя вполне сносно, даже боль почти утихла, но это-то меня и беспокоило больше всего. Такие раны теряют чувствительность, только когда начинают разрушаться нервные окончания — например, во время гангрены... Обычных земных микробов не было в ране Стрима, и оставалось лишь надеяться на его могучий организм.

Гора, вздрагивая от каждого удара волн, медленно и величественно колыхалась на поверхности моря, точно гигантский поплавок, вырезанный из куска легкой пемзы. Каждый шаг по ее поверхности сопровождался хрустом, словно под ногами у нас лежал вафельный торт, а не горная порода. Бот ушел в эту хрупкую субстанцию метров на десять, и теперь проделанная им полость постепенно заполнялась водой, грозя затопить шлюпку до самого люка. Большая часть скалы, подобно земному айсбергу, находилась ниже поверхности моря.

Подчиняясь давлению ветра, скала, будто огромный корабль, постепенно входила в бухту. Уже совсем рядом в неверном сероватом свете виднелась кромка прибоя.

Наконец мы почувствовали легкий толчок — нижняя часть скалы уперлась в дно. Берег постепенно сам шел нам навстречу. Отлив, объяснить причину которого мы не могли, все время усиливался.

— Может быть, ветер повернул с берега и выгнал воду из залива?

Стрим в своей немногословной манере лишь отрицательно качнул головой и усмехнулся.

— Здесь нет физических условий для такого отлива.

— Должна быть какая-то причина.

— Ну разумеется, она есть.

В этом он, безусловно, прав. Во всем была своя скрытая причина. Даже в том бесспорном факте, что, вопреки логике и здравому смыслу, вопреки запрету Аристарха, я все-таки стоял на поверхности одной из планет Темной зоны, и что-то внутри меня, сжавшись в маленький незаметный комок, тихо шептало: так вот она какая, Адра... Я ждал, что небеса вот-вот обрушатся на нас, но пока что ничего не происходило, если не считать непонятной по своей силе магнитной бури. Из задумчивости меня вывел голос Стрима.

— Уровень в гроте понижается. Очевидно, вода просачивается сквозь поры, скоро она освободит нижние люки, и ты сможешь заняться выгрузкой. — Я не ответил, и он пристально, с прищуром, посмотрел на меня. — Может быть, ты наконец мне объяснишь, почему мы вышли из оверсайда в район Адры?

— Кривая судьбы. — Я остановился на секунду, словно решая, стоит ли продолжать. — Видишь ли, Адра не совсем обычная планета...

— Это я уже понял.

— Боюсь, я не сумею объяснить всего, скажу только, что этого очень хотел Мельсон. Мне кажется, он оказался на «Рендболле» именно затем, чтобы помочь нам попасть сюда, на Адру.

— Да. Что-то такое я предполагал из его слов, не понял только, зачем это нужно.

— Я и сам не совсем это понял, — слукавил я, не желая вдаваться в длинные объяснения.

— Что же нам делать?

— Ждать. Случай подскажет. Думаю, что ждать не придется слишком долго, раз уж мы оказались здесь.

— А зачем тебе понадобилась эта девчонка? Как она вообще очутилась на «Рендболле»?

— Военная добыча с «Хитака», — усмехнулся я. Но он не принял моей шутки.

— Что-то вы слишком хорошо умеете молчать для такого недавнего знакомства.

Я поспешил перевести разговор на другое. И еще раз задумчиво осмотрел горизонт. Там по-прежнему низко летели тучи, шумел прибой и ничего не происходило. Осторожно, словно ненароком, я глянул вниз, на кольцо, и оно сразу же дрогнуло у меня на руке, словно сказало: «Я здесь, я жду». Единственное и слишком опасное оружие. Я надеялся, что на Адре оно утратит свою силу, но, похоже, кольцо лишь ждало приказа.

Сведения, полученные мною из информационного поля после поединка со слухачом, оказались отрывочными и неполными, они не складывались в целую картину. И все же я знал, что главный нервный центр планеты, в котором сосредоточена вся чудовищная мощь Аристарха, находится в храме Света и там же хранилось оружие, которым я собирался завладеть.

Хрумы шли медленно, покачивая своими блестящими, похожими на тыквы головами. Время от времени их длинные пищевые усы ощупывали камни в поисках растительности — напрасно. В этих широтах для них уже не было ничего съестного. Утро и вечер, день и ночь здесь не отличались друг от друга. Разве что солнце с каждым днем пути в сумеречные страны опускалось все ниже к горизонту да холодней становился дующий с востока ветер.

Лан не знал, зачем идут через всю страну длинные унылые процессии тяжело навьюченных животных. Пустынники умели хранить свои тайны. Их движение подчинялось никому не ведомым законам. Караван мог идти на восток год или два. Здесь никто не считал дней. Иногда Лану казалось, что погонщикам вообще безразлично направление. Едва заметная тропа то и дело исчезала, и животные брели наугад.

Пустынники наткнулись на Лана и Листред, когда молодые люди, обессиленные от жары и жажды, уже не надеялись на спасение. Их напоили, накормили, и через час караван двинулся дальше. Казалось, захоти они остаться в пустыне, никто бы не стал возражать. Но Лан уже начал понимать, что равнодушию пустынников нельзя доверять. За ними внимательно наблюдали. Двое или трое специально выделенных старшиной каравана стражей все время находились поблизости. Показное безразличие остальных тоже выглядело подозрительно. Первой это почувствовала Листред.

— Почему они следят за нами? Зачем кормят и везут с собой? Кто мы для них — пленники, слуги? Что с нами будет, Лан?

Если бы он знал, что ей ответить! Про пустынников рассказывали много разного, говорили, например, что они поклоняются свету или, может быть, тьме... То и другое, как две стороны одной истины, служило темой поклонения в их таинственном храме, о котором ходило немало легенд. Говорили, что там приносятся в жертву живые люди... Что в этих рассказах правда, не знал никто. Лан слышал, что пустынники как-то связаны с крейгами. В конце концов, они жители одной планеты, и, хотя пустынники — гуманоиды, их разум оставался для людей такой же загадкой, как и разум крейгов.

Охота за ними жуко-людей окончилась довольно странно и возбудила в юноше мрачные подозрения. После целого дня непрерывного преследования крейги бросили свои обессиленные жертвы посреди пустыни.

Едва луна показалась на горизонте, они поднялись в воздух и улетели, словно единственной целью этой изнурительной погони была для них лишь мучительная смерть Лана и Листред. Правда, в ту ночь они еще надеялись вернуться... Лишь после двух дней пути под раскаленным солнцем Лан понял, что они окончательно заблудились.

Наткнуться на двух умирающих людей, на две крохотные песчинки в бесконечных просторах пустыни караван пустынников мог в одном-единственном случае — если точно знал, где их искать...

Солнце огромным розовым полукругом все больше погружалось в землю. С каждым днем пути горизонт отгрызал от него новый кусок. Все холодней становился ветер, все молчаливей их спутники. Теперь во время коротких привалов у костров они не обменивались даже приветствиями. Только пищу и воду по-прежнему делили поровну и после короткого отдыха шли дальше. Никто не знал, как долго будет продолжаться этот бесконечный путь. Лан давно заметил, что выделенная для них вода имеет какой-то странный привкус, но даже это открытие оставило его равнодушным.

— Мне страшно, Лан! Мы должны что-то придумать! Разве ты не слышал про храм Света?

— Я не верю в сказки для детей. В стране вечной ночи не может быть никакого храма Света.

— Я знаю, мы оттуда не вернемся! Давай попробуем обмануть стражей, и когда все уснут...

— Не сейчас. Стражи все время следят за нами. Надо готовить воду и пищу. Я скажу тебе, когда придет время.

Круг ночи с каждым днем пути все плотнее смыкался вокруг маленького каравана. Казалось, в стране вечного мрака, через которую шли теперь хрумы, не может быть даже проблеска света, и это давало им небольшую надежду. Возможно, они ошибались, возможно, храма, в котором в жертву приносят людей, не существует вообще... Лан не собирался проверять это на себе. Он лишь ждал, когда характер местности изменится, когда из-под ног исчезнет предательский песок, отчетливо отмечавший каждый шаг, или хотя бы поднимется ветер.

Благоприятный случай представился на восемнадцатый день пути. Караван вышел наконец на каменистый берег и пошел вдоль кромки прибоя. Неожиданно далеко в глубине полуночных земель, там, где у горизонта сверкали яркие ночные звезды, вспыхнул белый огненный лоскут, ни на что не похожий, горящий высоко над горизонтом язык пламени.

Пустынники остановились и простерлись ниц. Тогда Лан понял, что второго такого случая не будет, что, если сейчас же, немедленно не решиться бежать, они потеряют свой последний шанс.

Он осмотрелся. Все как один паломники лежали на земле, повернувшись в сторону необъяснимого небесного явления. Лан соскользнул со спины хрума, подкрался к Листред, знаком попросив тишины, помог ей вытащить из тюка заранее приготовленный узел с плетенкой еды и сушеной тыквой, наполненной питьевой водой. Рокот прибоя скрыл шорох их шагов. Прежде чем молебен кончился, они растворились в окружающем плотном мраке.

3

Далеко на западе край солнца, слегка погрузившись за морской горизонт, замер в полной неподвижности. Это продолжалось так долго, что, казалось, красноватый огненный шар плывет по морю бесконечное количество дней. А на востоке, в краю вечной ночи, во владениях Аристарха, тьма становилась гуще. Возможно, там зарождалась буря. Но я чувствовал внутреннее давление, особую тяжесть в голове, всегда предупреждавшую меня о приближении опасности. Что-то готовилось, что-то посерьезней простой бури. Стрим сидел рядом со мной на краю ноздреватой каменной выемки, рана его затянулась, но опухоль не уменьшалась, появилась температура, которую не смогли сбить никакие антибиотики.

Он наотрез отказался лежать в постели и часами сидел вот так, неподвижно, уставившись на солнце чуждой планеты.

Мрачные раздумья безраздельно овладели мной.

Из другой Вселенной, за чертой этого вывернутого наизнанку мира, меня тянуло к замку белых витязей. Мне хотелось вырваться из-под всевластия Аристарха, завоевать свободу, а возможно, и право на возвращение в свое родное время, которого, увы, уже давно не существовало. И тем не менее, пройдя через несколько чужих пространств, почувствовав на себе относительность каждой пространственно-временной фазы, я не мог в это окончательно поверить. Мне хотелось вернуться хотя бы в Лиму, к тем людям, которых я хорошо знал, которые преследовали меня, плели интриги, но их поступки я мог по крайней мере предвидеть. Увы, и это стало невозможным.

Мир, в который я прорвался, рискуя жизнью, затаился, готовясь нанести свой первый удар. Что ж, я знал, на что шел. Мне придется приспособиться к Адре, научиться жить и бороться по ее законам.

Единственным светлым пятном оставалась только Илен, волей или неволей разделившая мою судьбу. Осваивать Адру нам предстояло вместе. Хотя в наших взаимоотношениях оставалось слишком много неясного, я понимал, что суровые условия нового мира рано или поздно сблизят нас. Если, конечно, у нас останется на это время...

Инверсионный след появился в небе во втором часу пополудни. Вначале я решил, что это атмосферное явление как-то связано с собиравшейся на востоке грозой. Но след возник на западе. Он становился все отчетливей. Предмет, оставлявший его на большой высоте, постепенно снижался и разворачивался в нашу сторону. Несколько минут я ломал голову над тем, что бы это могло быть. Мы только что закончили разгрузку и установку палаток планетарного комплекса. Взошла полупрозрачная, похожая на облако луна, никак не изменившая освещение местности. Разве что инверсионный след стал от ее лучей контрастнее. Он больше не удлинялся и постепенно таял. Что там промелькнуло в стратосфере Адры? Летательный аппарат? Или это было какое-то неизвестное атмосферное явление? Я мог ломать над этим голову сколько угодно — нужных приборов для наблюдений за стратосферой у нас все равно не было.

Скала, превратившаяся в ловушку для ракетного бота и еще недавно качавшаяся на морских волнах словно гигантский корабль, теперь торчала посреди исчезнувшего залива. Она хорошо вписалась в окружающий пейзаж и выглядела его неотъемлемой частью. Однако начинался прилив. Следовало подумать о том, как закрепить наш плавучий дом.

Солнце по горизонту совершенно не двигалось, и я потерял всякое ощущение времени. Зато луна старалась вовсю. За какой-нибудь час она пересекла добрую треть небосклона.

Едва мы собрались наконец поесть в освободившемся теперь грузовом отсеке бота, как снаружи донесся характерный свист реактивных двигателей. Мы все вскочили, с тревогой прислушиваясь к постепенно усиливающемуся звуку.

— Еще одна шлюпка?

— Откуда бы ей взяться? После того как «Рендболл» развалился, никого, кроме нас, не осталось в пространстве.

— Да. Это странно. Захвати с собой оружие.

Мы выбрались на вершину скалы довольно быстро, хотя из-за раны Стрим поднимался с трудом.

Широким поисковым зигзагом вдоль берега, на высоте примерно трехсот метров, двигался небольшой ракетный бот. По характерным очертаниям корпуса я сразу же узнал один из спасательных так называемых пакетботов «Рендболла». Он был значительно меньше нашего и предназначался всего для двух человек.

— Наверное, спасся кто-то из коморской команды. Странно, что мы их не заметили. Теперь они обнаружат наш лагерь...

— Сейчас коморцам нет смысла нападать на нас.

— Кто знает, что у них на уме? — Я прибавил мощности на разрядник излучателя, однако стрелка индикатора не сдвинулась с места. Она стояла у красной черты, и не было времени спускаться к шлюпке, чтобы сменить батарею.

Пакетбот плавно снизился, промчался по самой кромке прибоя и остановился метрах в двадцати от палаток. Хорошо хоть наш бот, полностью скрытый в скале, они не могли заметить. Зато мы со Стримом стояли на самой ее вершине и были видны как на ладони.

— Нам надо укрыться в выемке.

— Этим ты их сразу насторожишь. Они не станут стрелять. По крайней мере пока не выяснят, кто мы такие. В конце концов, они понятия не имеют, кто еще мог спастись.

Согласившись с ним, я перебросил излучатель за спину, чтобы он меньше бросался в глаза, и стал ждать дальнейших событий.

Наконец люк шлюпки откинулся. На песок выпрыгнули двое. К своему облегчению, я не заметил у них оружия. Радостно размахивая руками, они побежали к нам.

Чтобы раньше времени не открывать местонахождение шлюпки, мы спустились и через минуту обменивались с прибывшими взаимными приветствиями.

— Инженер Каниров, ремонтная служба, системы вооружений и двигатели, — представился тот из них, кто был помоложе. Второй, крепко сбитый грубоватый человек средних лет, угрюмо молчал. Нехотя пожав нам руки, он теперь внимательно изучал мое лицо.

— Кто-нибудь еще спасся? — спросил я, чтобы переключить его внимание. Он вполне мог знать меня как одного из организаторов восстания на «Рендболле».

— Не думаю. Когда корабль потерял управление, мы едва успели закрыть люк, прежде чем «Рендболл» начал разваливаться.

— Ну что же... Добро пожаловать на Адру.

— Вы знаете, как называется планета?

— Знаем. Это одна из планет Темной зоны.

— Вот даже как... — Им требовалось время, чтобы переварить мое сообщение. Однако тот, что выглядел постарше, техник Паршин, довольно быстро взял себя в руки.

— Как здесь оказался «Рендболл»?

Я кратко описал им сложившуюся ситуацию, умолчав лишь о своей роли в изменении курса. И теперь не без напряжения ждал, как они отреагируют.

— Так вы из мятежников... — Оба они попятились. Заметив, что рука Паршина ищет на поясе отсутствующее оружие, я слегка передвинул излучатель так, чтобы его было видно.

— Нас всего трое. С вами — пятеро. Слишком мало, чтобы убивать друг друга из-за коморских распрей. Все, что разделяло нас, осталось по ту сторону барьера. На Адре другой мир, другая жизнь. Конечно, вы можете продолжать свой путь самостоятельно, но прежде подумайте вот над чем: вместе у нас гораздо больше шансов здесь выжить.

— Мы должны все это обсудить.

Я не возражал. Ежесекундно оглядываясь на мой излучатель, они медленно побрели к своей шлюпке.

— Зря я им все сказал. Внутри у них наверняка есть оружие.

— Они производят впечатление неглупых людей. Если решат остаться — у нас появятся первые соратники, со временем, может быть, даже друзья. Именно поэтому важно, чтобы они приняли решение, зная все обстоятельства. В одиночку никому здесь не выжить.

— Наверное, ты прав. Пока что они как будто не собираются ничего предпринимать. Не пойму, что происходит с излучателем. Все время пляшет стрелка индикатора.

— На Адре слишком велика ионизация воздуха, из-за этого все энергоносители быстро выходят из строя. Тут вообще с энергией творится черт-те что.

— Но тогда могут остановиться все наши вспомогательные устройства, механизмы — перестанет действовать оружие!

— Конечно. Здесь простой мир. Мельсон определил его как восемнадцатый век по земному летосчислению.

Если это так, то скоро энергии у нас не будет вообще. В этом я уже почти не сомневался. Нам не позволят явиться сюда с мощным оружием иного мира. Все должно быть справедливо в таких поединках, как сказал мне однажды Мстислав.

Я с трудом представлял нашу жизнь без бесчисленных устройств, приборов и механизмов, делавших ее легкой и приятной. Теперь каждые рабочие руки приобретали особую ценность.

Если здесь нет гуманоидных поселений, мы обречены.

Я с нетерпением ожидал решения Паршина и его компаньона. Наконец они пригласили нас в свою шлюпку для окончательных переговоров.

В общем, они решили объединиться с нами, потребовав заключить официальный договор о сотрудничестве, на что я охотно согласился, подивившись про себя, насколько сильна в современном гражданине Комора страсть к бумажкам. Только сила могла обеспечить в новых условиях выполнение любых соглашений. Я это уже понимал, они — нет, и это давало мне известное преимущество. Неясным оставалось лишь то, на чьей стороне окажется в конце концов эта самая сила, если рана Стрима станет хуже. Для подстраховки я включил в договор пункт о руководителе экспедиции, право на назначение которого оставлял за нашей стороной.

— Здесь суровый мир. Мы не раз будем вынуждены защищать собственную жизнь. В этих условиях слишком многое зависит от дисциплины.

В конце концов они согласились с моими доводами. Я произвел на них впечатление человека, у которого есть определенная цель и который знает об Адре гораздо больше, чем говорит. Тот, кто попадает в незнакомую обстановку, обостренно чувствует одиночество. Хотя их было двое, они казались слишком разными и заметно тяготились обществом друг друга. Наверное, каждый из них рассчитывает найти у нас нечто более подходящее для себя.

Подписание договора решили отметить праздничным ужином. В их шлюпке продуктовый «нз» оказался полнее нашего. На столе появились замороженные овощи и холодное консервированное пиво. Вряд ли после того, как кончится неприкосновенный запас, нам удастся когда-нибудь еще отведать подобные деликатесы.

С тревогой я ожидал появления Илен, понимая, насколько усложнится наша жизнь, если на Адре не окажется других людей. Одна женщина и трое здоровых молодых мужчин! В памяти сама собой всплывала сцена нашей встречи на «Хитаке»...

— Вы говорили, вас трое. Где же третий? — не выдержал наконец Паршин.

— Ну, это сюрприз. Мы хотим внести свою лепту в общий ужин. Скоро вы увидите нашего лучшего повара.

К сожалению, сюрприз получился именно таким, как я и предполагал.

Когда у отверстия в скале появилась Илен с подносом, уставленным дымящимися блюдами, я понял по застывшим, потрясенным лицам наших новых знакомых, что проблем у меня теперь появится намного больше, чем я предполагал. Илен отделяло от нас метров сто. Ей еще предстояло спуститься со скалы вниз, и, пока она преодолевала это небольшое расстояние, в шлюпке из-за нее уже вспыхнула первая ссора. Начал, конечно, Паршин. Он присвистнул и, довольно нагло уставившись на меня, задал идиотский вопрос:

— Чья это женщина?

— Что значит — чья?

— Я спросил, кому она принадлежит? Есть у нее здесь муж или любовник? Насколько она свободна?

— Наверное, она сама должна отвечать на подобные вопросы, если захочет, конечно.

— Здесь становится все интереснее. Не скажете ли вы, как она оказалась на «Рендболле»?

— А какое это сейчас имеет значение?

— Вообще-то никакого. Но хочу вам напомнить, что в заключенное между нами соглашение не вошел пункт об этой женщине.

— Она же не вещь, чтобы ее обсуждать!

Я почувствовал, как во мне закипает гнев, и все же сумел сдержаться, понимая, что Паршин только и ждет повода с моей стороны, чтобы затеять ссору и постараться изменить неудобные для него статьи договора.

С другой стороны, если немедленно не поставить его на место, то опасаться мне придется не только за Илен. Я почти не сомневался в исходе стычки, коль скоро до нее дойдет дело. Физически Паршин выглядел намного сильнее меня, тренировался он наверняка регулярно. В коморскую гвардию, даже на должность техников, брали только людей со специальной боевой подготовкой. Тем не менее выбора у меня не оставалось. Рано или поздно нам придется выяснить этот вопрос древним и весьма эффективным способом. Единственное небольшое, чисто психологическое преимущество, которое у меня еще сохранилось, — начать первым. Впрочем, за этими трезвыми рассуждениями я чувствовал, как меня переполняет едва сдерживаемый гнев и совершенно не адекватная дурацким вопросам этого мужлана ярость. Словно невидимые щупальца вползли снаружи, наполнив все мое существо неудержимой злобой.

Нас разделяло не меньше двух метров. Пока я преодолевал это расстояние, в голове неожиданно проскрипел искаженный, но вполне отчетливый голос Сейроса: «Этого нельзя делать, Степан! Остановись!» К сожалению, его предупреждение запоздало.

Паршин уже стоял на ногах. Он слегка пригнулся и полностью подготовился к защите. По его реакции я понял, что мои шансы стремительно уменьшаются. У меня был только этот первый удар, после него скорее всего последует расплата.

Я постарался вложить в бросок всю инерцию своего тела. Паршин без всякого труда поставил блок, и наши руки столкнулись в воздухе.

В это самое мгновение громовой удар потряс всю шлюпку. В иллюминаторе сверкнула ослепительная вспышка молнии, и в следующую секунду мы оба оказались на полу. Снаружи творилось что-то страшное. Черная буря, копившая силы с самого утра, наконец обрушилась на нас. «Илен осталась снаружи!» — с ужасом вспомнил я, бросаясь к люку и совершенно забыв про Паршина.

Вокруг свирепствовал ураган, несущий с востока длинные языки ни на что не похожего черного тумана.

Среди этого разгула стихий на носу шлюпки спокойно стоял человек в белом плаще. Я узнал его сразу, до того, как он обернулся. Казалось, ураган не может причинить Сейросу ни малейшего вреда.

А на том месте, где совсем недавно находились палатки нашего планетарного комплекса, не было ничего... Ни скалы со шлюпкой, ни тюков со снаряжением, ни Илен.

— Успокойся! — сказал Сейрос. — Она вернулась на шлюпку!

— Но где сама шлюпка?!

— Скалу сорвало ветром и унесло в море. Вы найдете ее, когда стихнет ураган. Не мешай мне теперь.

Я понимал каждое произнесенное им слово, хотя не слышал ничего, кроме рева ветра.

Сейрос стоял посреди крошечной площадки палубы, скрестив руки на груди и гордо выпрямившись. Чудовищный напор бури, остановленный невидимой преградой, заворачивал вокруг шлюпки взлохмаченные песчаные смерчи.

Черные струи тумана, ударившись в эту прозрачную стену, белели и улетали прочь, уносимые воздушными потоками. Беспрерывно сверкали молнии, то и дело ударяя в прибрежный песок. Иногда неестественным фосфорическим светом вспыхивал вокруг нас весь воздух.

Я стал свидетелем какой-то титанической схватки. В злобных воплях урагана порой слышались то звериное рычание, то гневный, почти человеческий крик.

Сейрос не двигался. Только его лицо побелело от напряжения. Иногда стена, которую он держал только усилием собственной воли, начинала прогибаться в нашу сторону. В эти минуты ее поверхность было хорошо видно. Струи урагана чертили на ней глубокие борозды, заполненные песком и темным плотным туманом. Я знал, что, если стена не выдержит, мы в ту же секунду задохнемся в ядовитой, плотной, как кисель, несущей смерть субстанции сгустившегося воздуха.

Я чувствовал угрозу, исходившую снаружи, почти физически ощутимую ненависть и злобу.

И несмотря на это, а может быть, именно потому, что мой разум не желал мириться с паническим ужасом, навязанным извне, я выбрался из люка и, ухватившись за поручни, встал рядом с учителем.

Порой мне казалось, что среди кратких разрывов низко несущихся туч мелькает мрачное, нахмуренное лицо какого-то великана. Сила, обрушившаяся на нас, давно должна была раздавить, уничтожить дерзких козявок, осмелившихся противостоять могуществу местного властелина. Но стена все еще держалась, и я все еще мог дышать.

— Это Он? — осмелился я спросить в промежутке между двумя особенно сильными ударами. Сейрос кивнул.

— Помогай, — сказал он. — Долго мне одному не выдержать.

— Но я не знаю, как... Может быть, кольцо?..

— Нет! Только не оно. Вспоминай. Когда-то ты был моим лучшим учеником. Нам надо отодвинуть стену хотя бы на несколько метров. Тогда я смогу увести его за собой. И у тебя появится время. Совсем немного. Ты должен будешь очень спешить... И давай простимся. Начинается твой новый круг. Не знаю, увидимся ли мы когда-нибудь снова.

Его слова прощания сломали внутри меня последнюю преграду.

Я попробовал помочь ему одним своим желанием и сразу же почувствовал всю тяжесть урагана. Теперь он бесился в моем черепе, ломал и мял мысли, чувства, стремление к сопротивлению. Я все-таки не сдавался, продолжая бессмысленную, обреченную на поражение борьбу. Не знаю, сколько это длилось. Минуту, час, вечность?

Когда я пришел в себя, буря стихла. Я лежал на палубе шлюпки. Рядом стояли Каниров и Паршин, равнодушно рассматривая меня, словно бабочку, наколотую на булавку.

Приподнявшись, я осмотрелся. Вокруг, насколько хватал глаз, виднелся искалеченный ураганом берег. Не было ни Илен, ни Сейроса. Если не считать раненого старика, я остался один на один с недавно приобретенными врагами.

К вечеру Стриму стало хуже, а утром второго дня на Адре появилась первая наша могила.

4

Я чувствовал на зубах привкус песка и крови. Шлюпка шла нелепыми зигзагами, то приближаясь к самой поверхности и едва не задевая за вершины холмов, то стремительно взмывая вверх на высоту двухсот метров. Защитный колпак мы откинули полчаса назад, когда отказал последний прибор, и теперь сильный восточный ветер доносил до нас снизу кислые брызги воды.

Кто бы мог подумать, что мне доведется чувствовать на губах вкус кислого моря и собственной крови одновременно! Кстати, откуда все же взялся этот совершенно непонятный привкус песка у меня во рту? Я мучительно закашлялся и попытался, свесившись через защитное ограждение, рассмотреть что-нибудь внизу. Теперь мы уже попросту падали. Двигатели всхлипывали на последнем издыхании. Стрелки всех индикаторов стояли на нулях.

Иногда мне почему-то казалось, что я неподвижно лежу на земле, а перед глазами проплывают картины недавних событий.

Внизу, вдоль береговой линии, насколько было видно, лежала холмистая пустыня. Поверхность моря рябила от множества плавающих скальных обломков. Найти Илен среди этого хаоса казалось совершенно невозможным. Заряда шлюпочных батарей хватило всего на полчаса полета. Генератор не включился, и я слишком хорошо знал, почему это произошло. Наш полет был последним, и теперь он заканчивался. Мне не удалось найти Илен, и никогда уже не удастся. Ее поглотила Адра, так же, как незадолго до этого она расправилась со Стримом. Следующими будем мы сами. В этой безжизненной пустыне, на берегу мертвого океана человеку не выжить. Мы лишь затянем агонию. Может быть, Илен и Стриму повезло. Мрачные мысли рождались вместе с дикими скачками шлюпки.

Они бросились на поиски без всяких споров. Интересно, стали бы они так торопиться, если бы пропал Стрим? Так же, как и его, нас всех скоро похоронят в песках этой проклятой планеты.

Я старался не думать о том, что мы вообще ничего не найдем, даже собственного лагеря. Я все еще верил в невозможное, хотя шлюпка продолжала падать. «Сейрос обещал. Сейрос никогда не ошибался, — повторял я как заклинание. — Сейрос говорил, что мы ее отыщем после того, как закончится буря. Он был предсказателем и учителем воинов, он не должен ошибаться!»

Взглянув вниз, я заметил мелькавшие у берега квадраты каких-то развалин. Видение было столь мимолетным, что я принял его за рябь в глазах. В этот момент песчаный берег уже несся нам навстречу. Удар был страшен. Нас подбросило вверх. Еще один удар. Хруст амортизаторов, треск разрываемых страховочных ремней и вкус крови на губах.

Так, значит, я лежу на песке и, по-видимому, уже давно. Полет закончен — вот откуда этот привкус крови. Надо попробовать встать, проползти к шлюпке, посмотреть, живы ли остальные. Но сил нет. Я вновь закрываю глаза и слушаю, как у меня в голове гудит огромный красный жук.

Он гудит слишком близко и слишком отчетливо. Я вновь раздираю слипшиеся веки и вижу в воздухе над собой темную массу с радужными сполохами по бокам. Гул исходит именно от нее. Похоже, это начинается бред, но острое чувство опасности заставляет меня приподняться и ползком, на четвереньках, двинуться к шлюпке. Оттуда навстречу летящему за мной преследователю вырывается красноватый луч выстрела. Слышится хлопок разряда — слишком слабый, чтобы причинить серьезный вред моему врагу.

Тем не менее он взмывает вверх и вскоре исчезает из глаз. Из кабины спускается Каниров, останавливается и долго трясет головой, словно никак не может сообразить, где находится. Наконец он достает из-за пояса флягу, делает несколько жадных глотков и протягивает ее мне.

— Та еще посадочка... Эта тварь мне померещилась или здесь в самом деле водятся летающие козлы?

Не отвечая, я смотрю на индикатор излучателя в его руках и понимаю, что это был последний наш выстрел.

— Что с Паршиным?

— Да цел он. Тебе больше всех досталось. Мы были пристегнуты, а тебя выбросило из кабины.

— Нужно срочно придумать какое-нибудь оружие. Мне эта летающая гадина не очень понравилась.

— А что, излучателя для нее недостаточно?

— Забудь про него.

Каниров смотрит на индикатор, чертыхается и торопливо идет к шлюпке. Ему понадобится несколько минут, пока он убедится, что все батареи мертвы так же, как и все механизмы. Я чувствую зуд там, где находится кольцо Аристарха. Но о нем я вспомню в самом крайнем случае. Надеяться нужно лишь на собственные силы и разум. Я открываю нижнюю крышку грузового отсека и начинаю разбирать целую груду никому не нужного теперь барахла. Минут через пять из кабины спускается Паршин. Мы не чувствовали симпатии друг к другу с самой первой встречи. Сейчас это уже, пожалуй, не имело значения.

— Что это ты копаешься в наших вещах?

— Ну, они такие же ваши, как и мои.

— С чего бы это?

— Одна пустая планета на трех мужиков, и куча никому не нужного барахла. Еще прежде, чем мы здесь подохнем, это все занесет песком.

— Я запущу двигатели. Мы сможем наладить... — Он говорит неуверенно.

— Ничего ты уже не запустишь. Электричества здесь вообще не бывает, понял?

Я встаю, закидываю за плечи котомку с отобранными вещами и, не попрощавшись, ухожу вдоль побережья в ту сторону, откуда мы прилетели.

— Куда ты?! — не выдержав, кричит мне вслед Паршин.

— Ждите здесь, если хотите. Если найду ее, мы вернемся. — Я отвечаю, не оборачиваясь, уходя все дальше, и чувствую, как между нами постепенно встает разогретое марево пустынного воздуха. Мне не хочется, чтобы он догадался, чтобы почувствовал, что у меня есть хоть малейший шанс. Но он есть, и, возможно, я ухожу слишком поспешно.

Когда истек второй час моего пути вдоль побережья, я впервые остановился и осмотрелся. Песок стал слишком рыхлым. Я стоял, увязая в нем почти по колено. Каждый шаг в этой раскаленной массе стоил огромных усилий.

В воздухе вновь послышался жужжащий звук крыльев. Я не видел пока своих преследователей, они летели слишком низко, но уже не оставалось сомнений в том, что они вот-вот появятся.

Так ли уж важно было установить, что там мелькнуло под нами полчаса назад на самом берегу моря? Тень надежды? Или я просто не желал сдаваться, не желал принимать чужие правила игры? Теперь мне предстояло сразиться голыми руками с летающими ветряными мельницами. Они не заставили себя ждать.

Три низко летящих темных пятна стремительно увеличивались в размерах. Что их ко мне привлекло? Может быть, это хищники? Вряд ли. Это было бы слишком просто: преодолеть бездны пространства и бесчисленное количество препятствий только для того, чтобы стать жертвой обыкновенных хищников. Хотя кто знает. Судьба бывает нелепа в своих поступках.

Солнце отражалось ослепительными бликами на сверкающих зеркальных боках странных летающих существ. Может быть, это какие-то механизмы? Но для механизмов они вели себя недостаточно последовательно. Если бы тот первый нападающий не испугался безобидного хлопка разрядника... Машины не знают страха.

Они стремительно приближались. Я видел угрожающе раздвинутые жвалы. Руки искали оружие, но его не было. И тогда я поднял ладонь вверх, как бы предостерегая их, как бы желая остановить. «Помогай мне, — сказал Сейрос, — ты был когда-то моим лучшим учеником. Ты был воином третьей ступени, и сейчас ты остановишь этих жуков с человеческими лицами, потому что они скорее всего не имеют отношения ни к миру машин, ни к миру живых существ».

Я напряг волю, воздвигая в воздухе между нами невидимое препятствие. Почти в ту же секунду послышался звук, словно летящий впереди жуко-человек ударился о стеклянную стену. Его отбросило далеко в сторону, но и я покачнулся, ощутив этот удар всем телом и чувствуя, как крупные капли пота стекают по моему лицу. Долго мне не выдержать такого напряжения. Если остальные сменят тактику и перед нападением сделают несколько выжидающих кругов, меня уже ничто не спасет.

Но они, не видя преграды, летели прямо к цели, и еще два звонких удара последовали один за другим.

Теперь мои противники лежали неподвижно. Из их тел вытекала коричневатая жидкость. Хитиновые панцири треснули. Я не стал подходить слишком близко, избегая чудовищного зловония, исходившего от их тел.

Больше никто не мешал мне идти. Через час я увидел знакомые развалины. Море вокруг казалось совершенно пустынным. Чувство безнадежности овладело мной. Все напрасно. Этот бросок через пустыню — всего лишь жест отчаяния.

От строений остались одни стены. Местами разрушенные, они все еще выглядели достаточно внушительно. Кто-то сложил их из огромных валунов, очевидно, много веков назад. Внутри ничего нет, кроме пыли и свидетельства того, что на планете прежде обитали разумные существа.

Я сел в тени стен, позволив себе впервые за этот день короткий отдых. Я тянул время, боясь признаться себе в полном поражении. Белый квадрат на вершине одной из плавучих скал мелькнул так быстро... Скорее всего он был плодом моего воображения.

Воображения? Но ведь это не так уж мало... Я закрыл глаза и полностью расслабился. Тело помнило, что раньше я умел это делать хорошо. Понемногу я вырабатывал метод борьбы с изменившей мне памятью. Ее нельзя было ни в коем случае подстегивать волевым усилием. Наоборот, следовало отрешиться от сиюминутной задачи, и тогда возникал шанс вспомнить нечто важное... Вот как сейчас, например...

Перед глазами снова и снова вставал изогнутый берег, мелькал полузасыпанный песком квадрат стен, среди которых я теперь сидел. «Об этом не надо. Нельзя отвлекаться». Итак, подо мной проносился почти засыпанный песком квадрат. Его никто не видел, не работал ни один прибор. Мы уже почти падали... «Об этом тоже не надо. Начнем сначала». Подо мной проносился изгиб берега. Слева, за квадратом этих стен, в какой-нибудь сотне метров торчала скала с белым пятном на вершине...

На самом деле ее там не было. Но сейчас я видел ее в точности так, как если бы она находилась совсем рядом, скрытая от меня лишь этими древними стенами. Когда у меня появилась уверенность, что скала и в самом деле находится там, лишь случайно не замеченная мной, я встал, обошел строение и посмотрел в сторону моря. В сотне метров от берега болталась скала с белым куском материи на вершине.

Едва сдержав радостный крик, я бросился к воде. Не стоило испытывать судьбу еще раз. Я нашел на берегу подходящий обломок пемзового камня, столкнул его в воду и, подобрав толстую ветку, сделал из нее шест. Осталось подогнать мой импровизированный плот к скале.

Ни звука не доносилось из пещеры, в которой мирно покоился на вечной стоянке наш ракетный бот. Я почувствовал страх, торопливо спускаясь по вырубленным в стене каверны ступеням, и понял наконец, почему, пренебрегая опасностями и рискуя жизнью, бросился на поиски Илен. Я знал, что если не найду никого в ракете, то начну все сначала. Я исхожу все побережье, всю эту проклятую планету. Я не остановлюсь до тех пор, пока не погибну или пока не найду Илен. Я любил эту женщину давно и безнадежно, любил, может быть, не в первый раз. Во всяком случае еще раньше, в другой реальности, за закрытыми дверями памяти, я уже видел ее лицо...

Люк не был заперт изнутри и откинулся сразу, как только я набрал код замка. Илен стояла у дверей каюты, беспомощно опустив руки и не пытаясь скрыть слез.

Не успев сказать ничего, мы очутились в объятиях друг друга. Торопливо срывая с нее одежду, я вдруг почувствовал, как она напряглась и попыталась отстраниться, словно вспомнила о своих былых обидах, но было уже слишком поздно. Через минуту Илен забыла обо всем, с жадностью отвечая на мои ласки.

Несколько позже я понял, что именно это и была наша первая настоящая близость. Она смыла все взаимные обиды, все искусственное, наносное, что разделяло нас.

Через какое-то время, когда я вновь обрел способность реагировать на окружающее, я заметил, что сильный береговой ветер постепенно относит нас в открытое море. Пришлось срочно грузить на плот продукты, снаряжение и воду. Берег оказался слишком далеко, а скала слишком тяжела, чтобы пытаться пригнать ее обратно.

Прежде чем она окончательно скрылась в волнах, я успел сделать три ездки, доставив на сушу вместе с Илен целую груду разного барахла и одну вещь, цену которой в теперешних условиях невозможно было измерить. Я наткнулся на ситрилоновый защитный костюм в самый последний момент. В снаряжение шлюпки он вообще не входил и попал сюда совершенно случайно. Но это была невероятная удача!

Ткань выглядела, как прозрачный трикотаж из синтетической пряжи. Вот только волокна этой пряжи обладали удивительными свойствами. При смещении относительно друг друга со скоростью, превосходящей определенный порог, их коэффициент трения увеличивался в тысячи раз. В результате ткань превращалась в броню, способную выдержать прямое попадание пули или удар меча. По сравнению с ней кольчуги древних витязей выглядели детскими игрушками. В обычных же условиях ситрилон практически не стеснял движений и весил не больше простого трикотажа.

К восходу луны на месте старых развалин я оборудовал вполне безопасное жилище, натянув над стенами металлическую сетку вместо крыши и разбив под этим навесом просторную герметичную палатку.

Меня несколько удивило требование Илен установить для нее отдельную палатку. Я решил, что это женский каприз, желание сохранить за собой известную долю самостоятельности, и лишь позже задумался над тем, что ее поведение в сложившихся обстоятельствах выглядело несколько странно.

Вечер первой ночевки в нашем новом лагере прошел вполне мирно. Мы сидели у костра, вспоминали Сейроса, рассказывали друг другу о происшедших с нами событиях. Илен говорила, что жуко-люди прилетали несколько раз, но шум крыльев выдавал их приближение, и Илен укрывалась в ракете. Первый раз они долго скрежетали по металлическому корпусу, но повторных попыток опуститься не делали, а лишь пытались застать Илен врасплох. Она старалась как можно реже выходить наружу. Шлюпочная рация осталась без батарей, и поэтому Илен придумала самое простое средство сигнализации — белый квадрат простыни, растянутой на вершине. Именно он и позволил мне в конце концов ее найти.

Я думал о том, что было бы, если бы я не представил, сидя один на один со своим отчаянием, этот белый кусок материи... Что было бы тогда? Был ли он делом рук Илен или игрой моего собственного воображения? И если это так, то, может, и сама Илен?.. Я усмехнулся той черной пропасти парадокса, в которую завлекли меня мои собственные мысли. Есть вещи, о которых не стоит думать слишком долго. Магия полна парадоксов.

Два дня по коморскому времени продолжалась наша идиллия под незаходящим солнцем Адры. Всего лишь недолгих два дня... Теперь на мне лежала ответственность за эту женщину и за нашу общую судьбу. Надеясь, что со временем моя память и магические способности укрепятся, я не слишком спешил. Но, видя, как быстро уменьшаются запасы, понял: надо что-то предпринимать. Как ни противился я этому, придется объединиться с командой Паршина. Когда нас станет больше, мы сможем снарядить серьезную исследовательскую экспедицию в глубь материка. Мы слишком мало знали об этой планете. Развалины свидетельствовали о том, что здесь была достаточно развитая цивилизация, и, вполне возможно, там, за песками, скрывались города и люди...

Развязка пришла совершенно неожиданно. На третий день утром, закончив расчесывать свои роскошные волосы, Илен заявила, что больше не намерена жить среди этих грязных, заросших паутиной камней. И хотя на Адре не водилось ни одного паука и я, сдержавшись, благоразумно промолчал, это не избавило меня от последствий.

— Хорошо. Мы действительно подзадержались. Но, прежде чем отправиться, мне нужно обсудить с тобой одно довольно щекотливое обстоятельство.

— Какое же именно?

— Если мы вернемся к Паршину, ты будешь одна в компании трех молодых одиноких мужчин, находящихся в полной изоляции от сдерживающих начал человеческого общежития, и я не уверен... — Я выражался, пожалуй, слишком витиевато, но это, принимая во внимание сложность моего положения, выглядело вполне естественно.

— В чем же ты не уверен?

— Это может привести к серьезным последствиям. Паршин грубиян и бабник. Тебя это не пугает?

— Нисколько. Позволь мне самой об этом позаботиться и не беспокойся за меня. — Она как-то странно усмехнулась и добавила: — Правда, мне почему-то кажется, что ты больше заботишься о себе.

— Что ты имеешь в виду?

— Только то, что ты мечтаешь превратить меня в собственную прислугу и из-за своей дурацкой ревности боишься показаться со мной на людях!

Так началась наша первая ссора и так закончилась идиллия. Взбешенный, я начал свертывать лагерь.

5

Когда до шлюпки Паршина осталась примерно половина пути, я заметил за одним из холмов взлетающие в воздух темные ленты. Их там копошилось довольно много. Они то взмывали вверх метров на двадцать, то стремительно падали, скрываясь за вершиной холма. Издали я не мог рассмотреть, что это такое, и, оставив Илен стеречь поклажу, направился к холму, натянув на всякий случай ситрилоновый защитный костюм.

Вблизи мелкие летающие твари выглядели как крылатые змеи или ящерицы. Туловище не больше полуметра, перепончатые крылья, красные горящие глазки. Мне хотелось выяснить, что за причина собрала их всех именно в этом месте, поэтому я продолжал осторожно приближаться. За холмом на песке сидело не меньше сотни летающих змей, здесь сквозь песок проступало какое-то лоснящееся темное пятно. Ураган, пронесшийся над этими холмами во время черной бури, унес песчаные наносы и обнажил то, что скрывал песок.

Обойдя холм, я понял, что стою на поле бывшего сражения. Из небольшой впадины на меня взирал пустыми глазницами человеческий череп. Значит, здесь все-таки есть люди?! Совсем недавно человеческая рука сжимала рукоятку этого меча...

Я не знал, радоваться мне сделанному открытию или, наоборот, ужасаться. То, что на Адре есть люди, вселяло надежду, но вид этого мертвого поля говорил о том, что убивали здесь по крайней мере не реже, чем в других местах.

Я взял в руки оружие погибшего воина со странным чувством. Слишком привычно легла ладонь на рукоять, слишком быстро нашли пальцы знакомые углубления, слишком стремительно сверкнула голубая сталь в моей руке, словно именно ее мне недоставало все эти дни после посадки. Чужое оружие словно разбудило во мне забытые древние инстинкты.

Я окинул взглядом поле сражения. Тут и там на песке виднелись скелеты, обломки копий, расколотые страшными ударами стальные панцири; здесь сражались всерьез люди, понимавшие толк в оружии и обладавшие немалой силой. Мои глаза наткнулись на иссохший труп одного из сраженных воинов, — смерть прошла по этим холмам совсем недавно.

Едва я подумал об этом, как чья-то гигантская тень накрыла поле. Я вскинул голову. Из глубины пустыни медленно приближалась огромная черная фигура. Витязь в доспехах, в наброшенном на плечи темном плаще ехал верхом на гигантском коне. Его голова должна была подпирать облака. Но их не было. Светило безжалостное раскаленное солнце. Под его лучами над песком струился горячий воздух. Фигура темного витязя, колеблясь в восходящих потоках воздуха, постепенно надвигалась на меня. Я ощутил знакомый ледяной холод, сковавший мои движения. Я не мог шевельнуться. Лишь рука с мечом еще повиновалась, но и она двигалась чересчур медленно.

Наконец всадник приблизился настолько, что я почувствовал себя жалкой козявкой, мошкой под копытами его лошади. Забрало шлема было опущено, и я не мог видеть лица всадника. Еще шаг — и его тень легла на меня. Свет померк, совсем рядом звонко стукнуло о камень гигантское копыто.

Когда я вновь обрел способность воспринимать окружающее, я по-прежнему стоял один посреди поля брани. Лишь холодный пот, струившийся по моему лбу, напоминал о происшедшем. Я все еще боялся оглянуться, хотя отлично знал, что вокруг не было ничего, кроме пустыни. «Мираж, это всего лишь мираж», — шептали губы. Но у смерти не бывает миражей... Или, быть может, мы знаем о ней не все? Или это был сам Аристарх? Или не было ничего, кроме моего воспаленного воображения?

Подобрав среди разбросанных повсюду останков нужное мне оружие и прикрепив к поясу найденный меч, я наконец покинул поле смерти. Возможно, я видел лишь тень своих мыслей или нечто, вызванное ими из недр планеты. На Адре многие земные понятия и действия приобретали совершенно другой смысл.

Илен я нашел на прежнем месте. Она сидела, сжавшись в комок, словно хотела стать как можно меньше. Мне показалось, что ее плечи вздрогнули от страха, когда она услышала мои шаги.

— Ты что-нибудь видела?

— Не знаю. Что-то было. Но я не знаю...

— На что это было похоже?

— Какое-то облако. Огромное темное облако. Но оно летело слишком низко для облака. Над самой землей... И от него веяло холодом.

— Да. Слишком низко...

— Ты знаешь, что это было?

— Догадываюсь. И, думаю, нам надо убираться отсюда как можно скорее.

Оставшуюся часть пути мы преодолели без особых происшествий и к восходу третьей луны были уже у шлюпки. Паршина на месте не оказалось. Он отправился на поиски Илен. Рассчитывая, очевидно, что ему повезет больше. Вернулся он только к вечеру, и по его фальшивому дружелюбию я понял: очередного столкновения не избежать. Паршин предложил отпраздновать наше благополучное возвращение, что вызвало со стороны Илен самое горячее одобрение.

Суровая походная жизнь на борту корабля и условия дикой планеты не предназначены для женщин. Илен наверняка скучала уже по комфорту цивилизованного мира, по тысячам привычных мелочей, делавших ее жизнь веселой и удобной.

Вскоре все было готово. В тени шлюпки натянули большой навес, собрали переносный пластиковый стол. На нем появились остатки неприкосновенного запаса, сохраненного Паршиным, по-моему, специально для этого случая. В консервированном пиве и даже специальном алкогольном тонике, разрешенном лишь для планетарных запасов, недостатка не было. Я успел забыть вкус этого пряного ароматного напитка, запрещенного к употреблению на всех планетах Комора, поскольку в его состав входила изрядная доза кренга.

Илен так долго не выходила из своей палатки, словно готовилась на королевский бал. Пока что мы позволили себе лишь открыть по баночке консервированного пива. Беседа не клеилась, каждый думал о своем. Огромная луна, в четвертый раз за сегодняшний день, взошла высоко над морем и украсила его поверхность радужной дорожкой. Со стороны моря потянуло прохладным ветерком, жара уменьшилась, но мне по-прежнему было душно. Дурные предчувствия не оставляли меня в этот вечер. Я хорошо понимал, что не имею никаких прав на женщину, занявшую в моих мыслях слишком много места... В сложившихся обстоятельствах я вряд ли что-нибудь смогу изменить, все зависело теперь от ее собственного поведения, от того, как она определит наши взаимоотношения, будет ли держать на достаточном расстоянии двух изголодавшихся по женскому обществу мужчин. Но даже если она это сделает, я не сомневался в том, что конфликта не избежать.

Если бы найти здесь людей! В космосе рассеяно великое множество человеческих поселений. За тысячелетия, минувшие с тех пор, как они оторвались от материнской планеты, их облик, образ жизни, даже биология претерпели значительные изменения. Многие цивилизации уже нельзя назвать человеческими в привычном смысле этого слова.

Но в любом случае аборигенов нужно найти как можно скорее. Только на их поддержку я мог рассчитывать. До храма Света лежал далекий нелегкий путь, а времени, возможно, уже не осталось. Если на поле я видел тень Аристарха, если он вернулся на Адру после поединка с Сейросом, мне не позволят приблизиться к храму...

Я сидел молча, потягивая тоник, и ничего не предпринимал. Может быть, я всего лишь ждал финала безнадежной драмы, задержавшей меня в пути? Или мной руководило желание узнать побольше о женщине, которую я любил?

Илен появилась наконец из своей палатки. На ней была легкая кружевная кофта. Распущенные волосы волной спадали на открытые плечи. Короткая широкая юбка, слишком короткая, на мой взгляд, открыла жадным взорам мужчин ее безупречные загорелые ноги. Подходящих туфель, видимо, не нашлось, и она шла к нам босиком, задорно улыбаясь. Обойдя стул, предусмотрительно оставленный мной для нее, она переставила его между Паршиным и Каныровым и села напротив меня.

— Если женщина приходит с кем-нибудь в гости, у нас никогда не сажают ее рядом со спутником, — произнесла она, все так же мило улыбаясь.

Только сейчас я заметил, что под ее кружевной кофтой не было ничего и полупрозрачная ткань позволяла достаточно подробно рассмотреть ее полную высокую грудь. Оба ее соседа не отрывали глаз от этих кружев. Я почувствовал, как кровь бросилась мне в голову, но не проронил ни слова, буквально лишившись дара речи. По-моему, она сошла с ума, решив поиграть моей и своей собственной судьбой. Я заметил, что Илен откровенно наслаждается возникшей ситуацией. Чего только не сделает женщина, чтобы вызвать соперничество, почувствовать вокруг себя скрытую глухую борьбу! Как наивен я был, полагая, что в этой борьбе она будет на моей стороне! Как мало я знал ее! Или она не понимала, к чему может привести подобная игра, или слишком хорошо понимала и шла на это сознательно!

Большинство мужчин делят женщин на две категории — на тех, что доступны всем, и на принадлежащих лишь одному. Но таковы ли они на самом деле? Или свой единственный выбор они делают, лишь следуя установившимся традициям, а то и просто подчиняясь давлению обстоятельств? Что, если так называемая «добропорядочность» женщины — это всего лишь маска, насильственно натянутая на них цивилизацией и отваливающаяся, когда обстоятельства изменяются?

Всеми этими мудреными мыслями я лишь пытался затемнить тот очевидный факт, что Илен совершенно не соответствовала образу, который я старательно создавал в своем воображении. В конце концов она ведь призналась мне, какое задание выполняла на «Хитаке». И откуда мне знать, какой путь прошла эта женщина, прежде чем стала агентом спецслужб Комора? Да и та ли это Илен, которую я знал?

Сейчас она настолько обострила и без того невыносимую ситуацию, что схватки со смертельным исходом нам вряд ли удастся избежать. Из-за сильной жары я снял с себя ситрилоновую защиту и теперь жалел об этом.

Паршин едва сдерживал нетерпение, посматривая на меня с откровенной насмешкой. Мы снова выпили тоник. Илен, конечно, и не думала отказываться, хотя прекрасно знала о действии этого напитка.

Почти сразу же рука Канирова словно невзначай оказалась на ее обнаженном колене. Не переставая улыбаться, она сняла ее и так же мягко отстранилась от Паршина, попытавшегося ее обнять. Все это время она, не отрываясь, смотрела на меня, словно наслаждаясь моими мучениями. Глаза у нее были какие-то странные, нельзя было поймать ее взгляд, хотя она смотрела прямо на меня. Я словно тонул в бездонных черных озерах, где не было ничего, кроме густого тумана.

После третьего бокала тоника я почувствовал в голове глухой шум и странное равнодушие. Паршин затеял какую-то идиотскую игру в кости с раздеванием. Илен, для виду поломавшись, согласилась уже и на это. Тогда я встал из-за стола, извинился и сказал, что они могут продолжать без меня.

Илен догнала меня у самой палатки.

— Ты напрасно уходишь. Не порть мне праздник.

— Ты что, не понимаешь, чем все это кончится?

— Чем? — спросила она, с интересом ожидая моего ответа.

— Они затащат тебя в постель!

— Только-то? И это кажется тебе таким страшным?

— Убирайся!

— Разве ты не хочешь участвовать в нашей игре?

— Чтобы быть третьим?

— А может быть, первым? Сыграй на костях, вдруг судьба окажется к тебе благосклонной?

— Зачем ты издеваешься надо мной?

— А разве ты не издевался надо мной там, в Лиме? И то, что я оказалась благодаря тебе на необитаемой планете, одна среди этих голодных мужчин? Разве не ты привел меня сюда? Теперь тебе придется убить их обоих или разделить меня с ними. Сколько бы ты ни тянул, именно это тебе предстоит. И что бы ты ни сделал, любой поступок лишит тебя главного — Силы!

В ее глазах сверкало откровенное торжество, она упивалась местью, которую готовила так долго и так тщательно. Одно лишь я понял не сразу — ее слова о потере силы... В ту минуту ярость и опьянение затуманили мой мозг, я оттолкнул Илен и пошел в палатку за снаряжением.

6

Я шел без отдыха пятый час подряд. Мышцы постепенно наливались тяжестью, но я не останавливался и знал, что не остановлюсь до тех пор, пока жара и усталость не свалят меня с ног.

При каждом шаге по бедру колотил прикрепленный к поясу прямой короткий меч. Ходьбу еще больше затруднял ситрилоновый защитный костюм. В рюкзаке за плечами лежали недельный запас концентратов и контейнер с кристаллизованной водой. Это было все, что у меня осталось, с этим я уходил все дальше на восток, и солнце за моей спиной с каждым километром пути опускалось все ниже.

Когда я покидал лагерь Паршина, смех и голоса доносились из каюты шлюпки. Я не стал останавливаться. Я укротил в себе дикого зверя, готового пролить кровь за обладание самкой, и ушел.

Теперь я снова был один. Снова начинал с нуля, как там, в Лиме... В страну вечной ночи, в самое сердце владений Аристарха лежал мой путь. Лишь сейчас я начал догадываться о подлинной причине происшедшего. Со мной играли, как с мышью, искали повода, ждали поступка, который позволил бы им разорвать невидимую защиту. Это не была защита, возводимая усилием моей собственной воли. Существование непроницаемого светлого круга впрямую зависело от моих действий и мыслей, и я знал, что, пока им не удастся его взломать, справиться со мной не так-то просто.

Стиснув зубы, я упрямо шел на восток, в ту часть планеты, где никогда не всходило солнце.

Я шел час. Два. Сутки. Пейзаж почти не менялся. Я спал в расщелинах скал, благодаря провидение за то, что на Адре теплые ночи. Я знал, что, исполнив все, что должен, я вернусь. И тогда, быть может, она пожалеет...

Я тут же отгонял прочь мысли об Илен, но они не уходили и брели следом, словно невидимая толпа хищников, готовых каждую секунду вновь наброситься на меня.

Я искал иных хищников, настоящих, но их не было. Лишь картины, рожденные собственным воображением, преследовали меня. Усталость не уменьшала моего отчаяния. Все стало тускло-серым. Все потеряло смысл. Даже мое безостановочное движение вдоль побережья к востоку, в края вечной ночи, казалось мне теперь бессмысленным и ненужным.

После второй короткой остановки, когда на несколько часов мне удалось забыться переполненным кошмарами сном, я проснулся еще более разбитым и надломленным.

Я не успел еще полностью прийти в себя, как женское имя, возникшее в сознании, заставило меня вздрогнуть.

Илен!.. Видимо, мне никогда не удастся избавиться от проклятия этого имени. Очевидно, этот крест придется тащить через все рождения и смерти... Я видел, как к ней тянулись чужие мужские руки, ласкали ее обнаженное тело, совсем недавно принадлежавшее мне...

В упорстве этих полумыслей-полувидений, терзавших меня, было что-то нечеловеческое, что-то слишком здешнее, принадлежащее Адре... Я вспомнил черного великана, пронесшегося над полем битвы на своем огромном вороном коне... Его тень упала на Илен, всего лишь мимолетная тень... Достаточно ли этого для объяснения столь резкой перемены в ее поведении?.. Может быть, причину надо искать у развалин на побережье? Какой призрак извлекло из небытия мое воображение? Не дал ли я повод одному из черных слуг переступить круг?

Я встал, повернулся лицом к западу и долго смотрел на отрезанный горизонтом край солнца. Словно в ответ на мой молчаливый вопрос оттуда вместе с ветром примчались темные облака. Мгла затянула солнце и скрыла его из глаз. Я выхватил меч и, подняв его к небу, поклялся отомстить тому, кто проделал с Илен и со мной эту подлую штуку. Стальное светлое лезвие странным образом заблестело, на секунду вспыхнув таинственным голубым огнем.

В эту ночь мне всего на несколько минут удалось забыться тревожным сном, и тогда мне вновь, впервые на этой планете, приснился золотой замок. Потом я увидел женщину в белом платье, стоящую на стене странного города. Я старался рассмотреть ее лицо и не мог этого сделать. Тени каких-то огромных птиц, слишком похожих на людей, закрывали ее от меня. Перед стеной разверзалась бездонная черная пропасть с отблесками красноватого пламени на дне. Я падал в эту пропасть бесконечное количество лет, я звал ту, что осталась стоять на ослепительно солнечной стене города, но все было напрасно. Я проснулся весь в холодном поту и, собрав свои нехитрые пожитки, упрямо побрел на восток.

К концу восьмого дня пути солнце почти полностью скрылось за горизонтом. Несмотря на нормальную силу тяжести, из-за огромного удельного веса ее ядра Адра была совсем небольшой. Чрезмерная кривизна ее поверхности напоминала о себе близкой линией горизонта.

Неожиданно я увидел впереди на скалах отблески костра. Кто-то развел там слабенький огонек, и я пошел на него, не таясь, забыв об осторожности. Хуже моего одиночества, ведущего к сумасшествию, не было уже ничего.

Сильный неожиданный удар стрелы в защитный костюм сбил меня с ног. И это спасло мою незащищенную голову от удара палицы. Враг, подкравшийся сзади, промахнулся. Прежде чем он вновь поднял свое тяжелое оружие, я успел вскочить на ноги и выхватить меч.

Даже плохой фехтовальщик, обладающий быстрой реакцией, справится с противником, вооруженным тяжелой дубиной. Однако нападавший был не один. Не успел я расправиться с ним, как почувствовал новый удар, нанесенный сзади.

И снова меня спас защитный костюм. Бить мечом по ситрилону — все равно что рубить с размаху скалу. Не ожидавший отдачи противник громко вскрикнул. На этот раз я устоял на ногах и ответил на его новый выпад. Больше всего меня беспокоила незащищенная голова. Стоило пропустить хотя бы один удар сверху, и со мной все было бы кончено. К счастью, нападавшие едва доставали мне до плеча, но их оказалось слишком много... В суме я нес хороший стальной шлем. Но, чтобы надеть его, нужна хотя бы минута, а вот ее-то и не было. Противники бросались из темноты с разных сторон.

Тем не менее я чувствовал азарт и непонятную легкость во всем теле. Меч, казалось, потерял вес. Противникам все реже удавалось пробивать мою защиту... Я адаптировался на удивление быстро... Мозг, мышцы и глаза сами знали, что нужно делать.

Интересно, кто был моим учителем фехтования? Сейрос? Или кто-то из витязей замка? Я все чаще проводил ответные выпады, и после особенно удачной флеш-атаки один из противников упал, напоровшись на мой меч. В этой время второй, воспользовавшись тем, что мое оружие оказалось отклоненным к земле, нанес мне подряд три прямых удара в грудь. Куртка, разорванная этими ударами, распахнулась, и в темноте отчетливо высветилось белое пятно защитной одежды. Это произвело совершенно неожиданное впечатление на моих противников. Они буквально остолбенели от ужаса, а затем, побросав оружие, бросились врассыпную. Еще долго из темноты доносились их гортанные крики.

Несколько минут, ожидая подвоха, я стоял неподвижно, вслушиваясь и всматриваясь во тьму, ловя малейшие шорохи. Но все было тихо.

Наконец я осторожно подошел к костру, оставленному моими противниками. Из кустов доносились равномерные хрустящие звуки. Там стояло какое-то большое животное, громко хрумкавшее своими челюстями. Вначале я принял его за носорога. И только заметив два огромных вьючных тюка, понял свою ошибку. В одном из мешков шевельнулось что-то живое. Из небольшого надреза на грубой ткани на меня глянули испуганные человеческие глаза...

Мы сидели у костра втроем. На мое счастье, переводчик не понадобился. Высокий худощавый юноша бегло говорил на интерлекте. Девушка больше отмалчивалась, но, как мне показалось, прекрасно понимала наш разговор. Я узнал, что на Адре сохранились остатки колонистов, родоначальником которых был скорее всего экипаж коморского корабля. Я еще не успел полностью оценить значение своего открытия, но понимал, что теперь в моих планах произойдут значительные изменения. В поединке с властителем Адры у меня наконец-то могли появиться соратники и друзья. Я не сомневался, что у колонистов накопился свой немалый счет к Аристарху.

— Пора уходить. Наши враги могут вернуться.

— Они не вернутся.

— Почему?

— Ты напугал их так, что они будут бежать, не останавливаясь, до самых гор. Пустынники приняли тебя за белого демона. У них есть такая легенда. Там говорится, что белый демон спустится на землю в день, когда солнце сдвинется с места и наступит конец всех времен...

— Но солнце по-прежнему неподвижно.

— Здесь этого не видно. Возможно, они побежали проверить.

Я улыбнулся. Юноша вызывал у меня симпатию. Едва избавившись от плена и грозящей ему гибели, он уже пытался шутить.

— В какую страну лежал твой путь? — Худое, измученное лицо юноши выглядело бледным и осунувшимся.

— Я собирался идти на запад, но теперь мы пойдем к твоим соплеменникам. Возможно, они мне помогут. Кажется, у нас общий враг. Среди вас есть воины?

— Воинов у нас достаточно. Все годы, что я себя помню, мы только и делали, что отражали непрерывные атаки слуг Арара и боролись за свою жизнь.

— На Адре слишком много скопилось зла.

— Еще до того, как пустынники во второй раз взяли нас в плен, мы окончательно заблудились. В этом мраке нужны особые глаза и нюх, чтобы находить дорогу. Я не знаю, сумею ли отыскать наше поселение.

— Может быть, нам поможет карта? Ты знаешь, что это такое?

— Конечно. Но откуда она у тебя? Ведь ты говорил, что совсем недавно оказался в нашем мире.

Я улыбнулся.

— Карта у меня есть. Но как найти на ней место, где мы сейчас находимся?

Лан и Листред склонились над планшетом картографических снимков. Я подробно объяснил им, как выглядят различные объекты — море, песок, лесные заросли, не слишком надеясь на успех. Но мои новые знакомые оказались достаточно смышлеными людьми. Больше всего меня поразила Листред. Эта маленькая, похожая на школьницу пигалица со смешной челкой и большими темными глазами вдруг сказала:

— Я думаю, сейчас не стоит изучать географию. Нам нужно уходить. Все равно куда. Мы потом выберем правильное направление. Где-то неподалеку расположился на отдых основной караван пустынников, я слышала, как они об этом говорили. Они могут вернуться сюда с подмогой. Пустынники никогда не выпускают пленников, они забудут свой страх и снова нападут на нас.

— Ты сможешь управлять этим животным? — спросил я Лана.

— Не думаю. Хрумы подчиняются только своему хозяину.

— Пешком по песку мы будем продвигаться слишком медленно. Без воды и пищи в пустыне вообще нечего делать, так что этому хруму придется изменить свои привычки.

В конце концов мне удалось сдвинуть с места упрямое животное. Вместо окриков и побоев я погладил отвратительную слюнявую морду монстра и отыскал для него в тюке подходящее лакомство. Лану не приходило в голову, что с животными можно наладить взаимопонимание подобным образом, и он смотрел на меня с нескрываемым восхищением.

Мы потеряли слишком много времени на разговоры и сборы. В конце концов Листред оказалась права. Пустынники нагнали нас через несколько часов.

Они атаковали, как и в прошлый раз, без единого звука. Перед нами вынырнули из темноты пять или шесть носорогоподобных животных, каждое из которых несло на своей спине не меньше десятка воинов.

Я все время ожидал атаки и поэтому не отрывал глаз от дороги, стараясь не пропустить ни одного подходящего для обороны изменения местности. Мы только что проехали крутой спуск, и я, резко повернув хрума назад, погнал его к берегу. Здесь среди совершенно отвесных скал к морю спускалась единственная узкая тропа. Животное слушалось меня беспрекословно. Почувствовав опасность, хрум побежал значительно быстрее. Расстояние между нами и нашими преследователями увеличилось. Несколько стрел просвистели совсем рядом, но затем стрельба прекратилась. Мы оторвались, и стрелять из луков при такой дикой скачке в темноте стало бесполезно.

Я хотел пропустить хрума с поклажей вперед, а самому, встретив наших противников на узкой тропе, показать им еще раз, на что способна ситрилоновая защита. Наконец у меня появилось время надеть и как следует закрепить застежки шлема.

Мы мчались к морю, вздымая тучи песка. Казалось, хрум в меру своих сил старался мне помочь. Благодаря ему мы добрались до спуска на несколько минут раньше наших преследователей, и я успел заблаговременно отправить вниз весь наш драгоценный груз воды и пищи. Оставив все это под присмотром Листред, я вернулся на тропу. Лан, несмотря на мои уговоры, остался со мной. У него не было защитной одежды, и я сильно сомневался в том, что его помощь окажется существенной. Правда, он подобрал на месте стычки с пустынниками хорошее копье и кинжал, но мне вовсе не хотелось потерять в неравном ночном бою своего единственного соратника.

Пустынников пугал белый цвет и неуязвимость ситрилона, и я решил до конца использовать это обстоятельство и снял с себя всю верхнюю одежду, оставшись в белом трико. Сейчас мой силуэт на фоне темного моря и скал стал хорошо виден. Я понимал, что представляю собой прекрасную мишень, и специально вышел на открытое место, позаботившись лишь о том, чтобы за спиной была надежная опора.

Первая стрела не заставила себя ждать, я почувствовал ее удар, отбросивший меня к скале. Стреляли скорее всего из арбалета, потому что отскочивший бронзовый наконечник расплющился и раскалился. Пока я рассматривал стрелу, вторая и третья ударили рядом со мной в камень. Наверху раздались пронзительные крики нападающих, в которых слышался откровенный ужас.

— Они кричат, что у белого демона нет головы. Они боятся спускаться, — перевел мне Лан. Я представил, как выгляжу в ослепительно белом трико и черном, невидимом в полумраке шлеме.

— Скажи им, что белый демон не любит ждать. Спроси, почему они не идут?

Лан выкрикнул несколько фраз на гортанном языке пустынников, и вопли наверху усилились. И тут я заметил, что огромный камень, нависший над тропой в самом начале спуска, зашатался. У меня еще было несколько мгновений для того, чтобы отскочить в сторону, но Лан стоял прямо подо мной, ему некуда было скрыться... И я остался на тропе, вжавшись плотней в утес позади себя. Я понимал, что сильно рискую. Одного хорошего каменного осколка, случайно попавшего в голову, было бы вполне достаточно, чтобы покончить со мной. Стальной шлем — плохая защита от удара такой глыбы. Но отступать было уже поздно.

Валун несся прямо на меня, с каждой секундой увеличивая скорость. Удар был страшен. Лавина осколков взметнулась во все стороны. Камень врезался мне в грудь и раскололся на несколько частей. Однако костюм выдержал и это. Боли от удара я не почувствовал, лишь ощутил мгновенную скованность движений, которая всегда появляется в ситрилоне после таких напряжений. Потом пришла удушливая волна жара. Энергия удара превратилась в тепло, и вокруг меня поднялось целое облако пара. Я представил, какое впечатление произвело все это на моих противников и, стряхнув с себя каменное крошево, медленно, не скрываясь, пошел по тропе.

Поднявшись на верхнюю террасу, я не обнаружил там никого. Пустынники бежали во второй раз.

7

На третий день пути из-за горизонта вновь показалось солнце, а еще через сутки мы увидели наконец на рыжем фоне пустыни зелень возделанных полей.

Едва хрум прошел первую линию сторожевых ограждений, защищавших поселок колонистов от непрошеных посетителей, как нас остановила охрана. Эти люди не ждали из внешнего мира никого, кроме врагов. Если бы не Лан, моя первая встреча с колонистами Адры могла бы закончиться далеко не так мирно.

В сопровождении небольшого отряда из шести легковооруженных воинов мы въехали в поселок. На улицах толпились люди, из окон там и тут выглядывали любопытные детские и женские лица. Словно извиняясь за поведение своих сограждан, один из сопровождавших нас воинов сказал:

— Никому еще не удавалось вернуться из пустыни живым.

Я промолчал, погруженный в свои мысли. Пока мы с Ланом пробирались через смертоносную пустыню к поселку, все представлялось мне иначе. Казалось, убедить живущих здесь людей организовать экспедицию в ночную зону планеты не составит особого труда. Сейчас, видя их возбужденные, иногда враждебные лица, я понял, как сильно ошибался. Наверняка у них существует собственная теория свалившихся на них несчастий, и переубедить их будет не так-то просто...

Чтобы добраться до затерянного в ночи храма Света, мне понадобятся воины. Много самоотверженных бойцов, готовых пожертвовать жизнью. Но ради чего они это сделают? Что я мог им предложить такого, чтобы они согласились пойти со мной? Золото? У меня его не было, да и вряд ли здесь ценится золото... Вот разве что свободу? Избавление от вечного страха за жизни своих близких? Но смогу ли я выполнить подобное обещание?

Мы миновали центр поселка. Домики стояли тесно, сжатые внешним кольцом обороны, придвинувшимся уже так близко, что жителям приходилось экономить каждый клочок земли. Возможно, я недооценивал ту надежду, которую хотел им дать. Теперь все зависело от того, с кем именно придется мне вести переговоры. Поймут ли их руководители, что, постоянно находясь в кольце осады, они обречены?

Меня попросили подождать на крыльце крохотного конторского домика — видимо, единственного здесь официального учреждения. Я сидел на скамейке, отделенный от жителей поселка невидимой чертой, которую они не смели переступать. Наверняка Лан уже многое успел им рассказать. Я был для них существом иной, давно утраченной, почти забытой Вселенной. Поглощенные своими повседневными заботами, тяготами, борьбой с многочисленными врагами и опасностями, вряд ли они задумывались над тем, почему так несправедливо обошлась с ними судьба.

Ветер нес по узким улочкам сухие скорлупки орехов, тихо посвистывал в ставнях домов. Им уже лет двести, этим домам. Они успели состариться и стать частью здешнего мира. Это я был чужаком, изгнанником, бродягой. Чувство полной отчужденности от окружающего было мне слишком хорошо знакомо. Почти так же я чувствовал себя и во всех космопортах оставленного мной коморского мира.

Наконец администрация поселка собралась. Меня пригласили внутрь игрушечного, продуваемого всеми ветрами домика.

В конторке сидели три человека. Старенький комендант, сухой и сморщенный, с шелушащейся от солнечных ожогов кожей лица, у него был слегка недоуменный взгляд широко открытых серых глаз, словно он никак не мог понять, откуда взялась столь важная причина, что смогла вырвать его из недр любимого огорода, где он, несомненно, пребывал последние несколько лет.

Был здесь и начальник внешней охраны — человек с негнущейся шеей и бессмысленным взглядом маленьких заплывших глазок, которые видели мир в искажении его собственных проблем. И, наконец, подлинный руководитель этого крохотного человеческого мирка, заброшенного волею судеб на задворки чужой Вселенной, — председатель совета инженеров Ванс, подтянутый, нервный, постоянно настороженный и всех подозревающий старик.

Бросив на меня беглый недовольный взгляд, он попытался начать беседу в форме, весьма смахивавшей на допрос:

— Вы утверждаете, что прибыли к нам из так называемого внешнего мира?

— А вы что же, сомневаетесь в его существовании? — ошарашенно спросил я, не ожидая такого поворота событий.

— Наши ученые давно доказали иллюзорность его существования.

— Вот даже как? Но я заметил фермы и ангары старого космодрома. Как же быть с этим?

— Космодром? Да, так называлось древнее культовое учреждение. Сейчас оно утратило всякий смысл.

— Откуда же, по-вашему, я взялся?

— Выясним. У нас нет сведений о других человеческих поселениях на Адре, но это не значит, что они здесь не существуют вообще.

Похоже, мы говорили на разных языках. И никакие доводы разума не смогли проникнуть в их наглухо закрытые суевериями и нелепыми теориями головы. И уж, конечно, они считали, что о происходящем на их собственной планете не может знать лучше их какой-то чужак, неизвестно откуда взявшийся пришелец.

В конце концов мне удалось добиться лишь одной уступки. Они согласились послать воинский отряд в место посадки шлюпки, чтобы убедиться хотя бы в том, что внешний мир не ограничивается забором их поселка. В этом они не могли мне отказать, не рискуя показаться лицемерами в глазах собственного народа.

Через шесть часов кавалькада из пятидесяти всадников во главе с высоким седоусым капитаном оставила позади последние выдвинутые в пустыню сторожевые посты.

Изнывая от жары, я трясся рядом с капитаном, облаченный в панцирь и тяжелые стальные наколенники. Спину прикрывал широкий массивный щит, подпрыгивающий при каждом толчке. Мне пришлось тащить на себе все это снаряжение без возражений, чтобы сохранить до поры до времени в тайне свое единственное преимущество — ситрилоновую защиту.

Я смертельно устал. Болели все кости и суставы. Нагрузки, которые мне пришлось выдержать во время нашего с Ланом путешествия, сломили бы кого угодно. Я мечтал лишь об отдыхе. Но отряд снарядили подозрительно быстро. Они стремились избавиться от моего присутствия в поселке как можно скорее, не желая допускать общения с колонистами. Их можно было понять: всякая власть стремится сохранить тот порядок, при котором возникла. Любую угрозу этому порядку ее представители воспринимают как личную.

Когда я отстал от отряда, чтобы закрепить ослабшие подпруги на своем хруме, Лан, пропадавший с момента прибытия в поселок, оказался рядом и шепнул:

— Совет что-то затевает, у капитана есть тайный приказ. Будь настороже.

— Спасибо за предупреждение. Если я решу действовать, дам тебе знать. — Я ответил уверенно, хотя чувствовал себя так, словно постепенно погружался в трясину. Там, где рассчитывал найти поддержку, я встретил непонимание и подозрительность. Женщина, которую я любил, изменила мне, и я сам оставил ее. Но сейчас я уже понимал, что вся эта экспедиция понадобилась мне лишь для того, чтобы вновь отыскать Илен и, если еще не поздно, помочь ей. В полной опасностей пустыне их крохотный отряд из трех человек не продержится долго. С тех пор, как мы расстались, прошло уже целых шесть дней...

Хотя скорее всего мы вообще не доедем до шлюпки Паршина. Совет не заинтересован в получении доказательств существования внешних цивилизаций. И будет делать все, чтобы скрыть эти доказательства. Следовало что-то предпринять. Если мне придется защищаться, если начнется схватка, то независимо от ее исхода проигравшей стороной окажусь лишь я один. Да еще, пожалуй, Илен... Как только на мне окажется кровь хотя бы одного из этих людей, уже не придется рассчитывать на их помощь.

Я мог покинуть их прямо сейчас. Отряд отдалился, всадники не обращали на меня никакого внимания. Казалось, такой выход из создавшегося положения их вполне устраивает и они не станут меня преследовать.

Ванс предлагал мне добровольно уйти из поселка и больше не возвращаться. Но я не хотел так легко отказываться от возможности приобрести на Адре союзников.

Через несколько минут я догнал отряд. Капитан, поджидая меня, отстал от остальных. И, как только мы поравнялись, сказал:

— Тебе лучше уйти. Не заставляй меня выполнять поручение, недостойное воина. — Он был явно недоволен моим возвращением.

— Мне некуда уходить. Наш корабль разбился при посадке.

— Даже если это правда, Совет не позволит тебе вернуться.

— Почему?

— У нас хватает своих трудностей.

— Я это заметил. Еще год или два вы сможете продержаться. А дальше? Неужели вы не понимаете, что пассивной обороной ничего нельзя изменить?

— Что еще мы можем сделать?

— Найти причину. Найти того, кто направляет ваших врагов, попытаться уничтожить источник угрожающей вам силы.

Капитан мрачно усмехнулся.

— Тебе легко говорить, ты не знаешь Адры. Полчища враждебных нам существ сменяют друг друга. Не успели мы разделаться с варнами, как появились вахтанги. За ними последовали крейги. Да еще пустынники каждый год собирают свою кровавую дань. Мы живем в резервации и давно уже не предпринимаем вылазок. Это первая за много лет...

— А все эти варны и крейги похожи на стаи обыкновенных хищников?

— Пожалуй, нет. Большинство из них питаются растениями. Некоторые обладают своеобразным разумом. Но, как бы то ни было, они нас уничтожают.

— Но почему? На Адре сколько угодно незанятых территорий, чем вы им помешали? С чего началась ваша кровавая вражда?

— Этого я не знаю.

— Зато я знаю вашего главного врага.

Мы долго молчали. Хрумы благодаря своим шести парам ног двигались удивительно плавно. После того как я подтянул подпруги, толчки вовсе прекратились, хотя внизу то и дело мелькали рытвины, заполненные ползучими кустарниками. Русла пересохших ручьев животные преодолевали с ходу, ни на секунду не задерживая движения. Их спинные мускулы лишь на мгновение напрягались, поддерживая на весу переднюю часть тела, пока ноги не находили опоры.

Наконец капитан Хенк, не сумев скрыть заинтересованность после моего самоуверенного заявления, нарушил молчание:

— Ты мало что можешь знать о наших делах, если прибыл из внешнего мира.

— Я действительно приземлился на космической шлюпке месяц назад, но кое-что об Адре я знал раньше.

— Уж не хочешь ли ты сказать, что о нашем существовании знают там? — Он ткнул перчаткой в хмурые низко летящие над нами тучи.

— Не о вас конкретно, но о самой Адре мы знали раньше.

Вряд ли я сумел бы объяснить ему все, хотя и понимал, что сейчас любая двусмысленность лишь усугубит мое и без того незавидное положение. Так и не решившись продолжить объяснения, я дождался того, что Хенк, потеряв интерес к беседе, пришпорил своего хрума и умчался вперед.

Мы уже приближались к морю, когда в головной части отряда раздался предупреждающий крик, и я увидел, что из-за пологих прибрежных холмов выкатились три стремительно двигавшихся нам наперерез клуба пыли.

— Это крейги? — спросил я Лана, который опять очутился рядом.

— Нет. Не похоже. Слишком много пыли... Крейги не передвигаются по земле с такой скоростью. Ничего не могу рассмотреть, но этот рев мне не нравится.

Теперь и я его услышал. Будто трубило стадо слонов. В вибрирующих протяжных звуках время от времени появлялись металлические нотки, словно кто-то играл на гигантских басовитых медных трубах. Подобный звук не могло издавать ни одно из известных мне живых существ. Я заметил, как побледнел Лан.

— Это салмы... От них трудно отбиться...

— Что они собой представляют?

— Увидишь. О них не слышали уже несколько лет. Сейчас станет жарко.

Лан обнажил свой короткий меч, и я, пристегнув шлем, последовал его примеру. Внутри клубов пыли появилось какое-то сверкание, словно там работала электросварка. Сами клубы, стремительно приближаясь, сильно разбухли, увеличились в размерах. Передние всадники нашего отряда плотно сдвинулись и выставили вперед свои длинные копья.

Одно из ближайших пылевых облаков неожиданно лопнуло, и из него навстречу нашему отряду метнулось широкое, раздутое по бокам тело.

Бросок чудовища был настолько стремителен, что я не успел его рассмотреть. Груда величиной со слона обрушилась, ломая копья, на переднюю линию нашей обороны. Я видел, что копья лишь скользят по чешуйчатой, защищенной костными пластинками коже этой твари. Я все никак не мог рассмотреть морды монстра. Но вот над сгрудившимися всадниками приподнялась гигантская пасть с окровавленными клыками, между которыми беспомощно билось человеческое тело...

Добыча дорого обошлась нашему противнику. Капитан Хенк, оставаясь позади линии обороны, отдал четкую, хорошо слышную всем команду. В воздухе замелькали одновременно брошенные десятки боевых метательных топоров. Только сейчас я понял, для чего предназначались эти тяжелые неуклюжие орудия. Сверкающая дуга одного из них закончилась между глаз монстра. Он разжал пасть. Рев боли и ярости оглушил меня. Почти каждый из брошенных хорошо тренированными воинами топоров сделал свое дело. Чудовище заметалось, покрытое полосами собственной крови, и почти в ту же секунду, потеряв ориентировку, завертелось на месте.

— Лучники, — проговорил Лан, бросая вперед своего хрума. Не отставая от него, я продвинулся вплотную к ряду оборонявшихся всадников и остановился только после предостерегающего крика капитана, запретившего мне двигаться дальше.

Второе чудовище атаковало столь же стремительно. Но как только его угрожающая морда появилась над нашими головами, зазвенели тетивы луков и отовсюду полетели тонкие короткие стрелы. Они отскакивали от костного панциря, не причиняя нападавшему чудищу ни малейшего вреда, и я не мог понять, для чего продолжается эта бессмысленная стрельба, пока сначала одна из стрел и почти сразу же еще две не нашли своей цели — огромные, как плошки, глаза монстра.

Из глазниц потекла какая-то отвратительная жижа, и второй ослепленный монстр беспомощно завертелся на месте. Спереди он походил на огромную жабу, но затем туловище вытягивалось, удлинялось и заканчивалось длинным гибким хвостом со смертоносными костяными шипами на конце. Сейчас этот хвост беспрестанно хлестал вокруг, ища и не находя новых жертв. Что-то странное увиделось мне в движениях обоих чудовищ. Я уже почти понял, что именно, когда туша третьего монстра пронеслась над нашими головами. Воспользовавшись неразберихой первых стычек, он подобрался слишком близко. И теперь гигантская тварь с завидной легкостью оказалась в нашем тылу. Там, где она приземлилась, находился в эту минуту лишь один человек. Гигантские челюсти нависли над ним, но монстр после сотрясения, вызванного ударом о землю, еще не совсем пришел в себя и, видимо, поэтому медлил.

В одиноком всаднике, оказавшемся один на один с чудовищем, я узнал капитана Хенка.

Только я, находившийся ближе всех к капитану, мог успеть. Не раздумывая ни секунды, я рванул поводья своего хрума. Над моей головой мелькнула огромная лапа. Угоди она чуточку ниже — со мной все было бы кончено... Сталь зазвенела от удара. Меч отскочил от костяных пластин, не причинив моему противнику ни малейшего вреда. Но умница хрум со всего разгона врезался своими острыми челюстями в живот чудовища. Монстр взревел, и в ту же секунду мир перевернулся. По затвердевшему ситрилону, сковавшему мои движения, я понял, что челюсти сомкнулись вокруг меня. Я слышал скрежет зубов и ощущал ярость, почти упоение схваткой. Хрустнул сломанный зуб, и почти сразу же хватка ослабла — я получил возможность по самую рукоятку погрузить свой меч в раздвоенный толстый язык.

Фонтан крови, рев, от которого лопались барабанные перепонки... Несколько раз перевернувшись в воздухе, я шлепнулся на землю в десятке метров от продолжавшегося сражения. Впрочем, теперь это уже не имело значения. За то время, пока длилась моя схватка с монстром, лучники успели придвинуться вплотную, но, боясь попасть в человека, они медлили. Зато теперь десятки стрел взвились в воздух.

Прежде чем все кончилось, я еще раз заметил все ту же странность в движении чудовищ. Двое ослепленных прежде монстров повторяли в точности все движения третьего до той самой последней секунды, пока стрелы не оборвали этот необычный синхронный танец. Словно перерезали связывающую их невидимую нить.

Хенк помог мне подняться на ноги.

— Не понимаю, как тебе удалось остаться в живых? — Он внимательно оглядел мой залитый кровью, помятый панцирь, скрывавший ситрилоновое трико. — Ранен?

— Нет. Это не моя кровь. Там, откуда я пришел, знают особые способы защиты.

— Понятно... Хотя не очень. Впрочем, это неважно. Я твой должник. Поговорим позже. Сейчас надо отсюда убираться. Они все еще опасны.

8

Ложбину между двумя холмами я узнал сразу и погнал хрума вперед. Почти тотчас из-за поворота показались нос шлюпки и палатка. Сейчас я увижу Илен... И вдруг я понял, что по сравнению с этим простым фактом все остальное не имело никакого значения.

Нас никто не встречал, хотя топот хрумов они должны были услышать задолго до нашего приближения. Я подумал еще, что Паршин поступает предусмотрительно, укрыв своих людей в шлюпке при первых признаках опасности, но распахнутый люк беззвучно кричал о неведомой беде, опередившей нас...

Первым я нашел Паршина. Он лежал в своей палатке совершенно обнаженный, на побелевших, без кровинки, губах застыла блаженная улыбка. Тело давно окоченело, хотя, несмотря на жару, признаков разложения не было. И не было никаких следов насилия, никаких следов борьбы. Увидев его, я начал догадываться о том, что произошло.

Тело Канирова обнаружили в соседней палатке. Илен нигде не было и не могло быть, потому что существо, принявшее с моей помощью ее облик, человеком не являлось.

Со мной у нее ничего не получилось. Она пыталась. Она сделала все что могла. И если бы я позволил ревности одержать над собой верх, если бы сделал хоть малейшее движение — просто прикоснулся к оружию, — сейчас вместо Паршина здесь лежал бы я сам. Я задумался над тем, почему сразу же не обнаружил подмену, и понял: матрицу, по которой было вылеплено подобие живой женщины, взяли из моей памяти. Она полностью соответствовала моему представлению об Илен. Ничего нового не смог бы я обнаружить в ее облике или характере, ничего такого, что было мне не известно. Правда, сквозь знакомый каркас иногда проступала демоническая суть иного, не человеческого существа, может быть, именно это и влекло меня к новой Илен, возбуждая и подталкивая к гибели...

Настоящая Илен скорее всего все еще находится в шлюпке, унесенной в море во время бури. Не в той, что появилась у берега после моей неуклюжей попытки поупражняться в магии на Адре. Запасов продовольствия и воды там достаточно, шлюпку внутри скалы не видно, а ее броня в случае необходимости могла стать надежной защитой. Я представил, каково ей сейчас одной внутри крохотного суденышка, блуждавшего по чужому океану, без всякой надежды на спасение. Это из-за меня она попала в беду. Я один виноват во всем, и, значит, я должен ее найти, чего бы это ни стоило.

Кольцо сразу же дрогнуло, налилось теплом. Понадобилась вся моя воля, чтобы его остановить. Если я использую силу кольца для себя лично, это будет концом. Тогда я уж точно не смогу ей помочь. Но что делать? Судов у колонистов нет, и нет здесь летательных аппаратов. Как тогда найти одинокий обломок, унесенный течениями и ветрами в неизвестную часть океана?

Оставался единственный способ. Он был смертельно опасен на Адре — я недавно в этом убедился, позволил демону вырваться на свободу.

Магия опасна в любом месте, даже когда вокруг нет могущественных врагов. Обратившийся к ее силе обязан учитывать тысячи мелочей, несущественных в обыденной жизни. Цвет камня, на котором стоишь, состояние водной и воздушной стихий, наличие близко расположенных центров силы. Кроме того, войдя в транс, человек становится совершенно беспомощен перед внешним воздействием. Здесь, на Адре, враги следили за каждым моим шагом. Они обязательно воспользуются представившейся возможностью. Я должен был все обдумать и предусмотреть.

Подошел Хенк. Ему пришлось сделать большой крюк, чтобы обогнуть шлюпку. Он предпочитал соблюдать между собой и непонятным сооружением из сверкающего металла почтительную дистанцию.

— Признаться, я не верил твоим рассказам о внешних мирах, пока не увидел эту штуковину. А сейчас не знаю, что делать дальше. Совет не потерпит твоего возвращения. Мне приказано убить тебя, если ты найдешь шлюпку.

После схватки с салмами между нами установились вполне дружеские отношения.

— Есть лишь один способ изменить положение вещей. Дело не в Совете. Для того чтобы все вы могли спокойно жить на этой планете, я должен добраться до храма Света. Я не собираюсь возвращаться в поселок.

— Ты, наверное, сошел с ума. Ты хоть знаешь о том, что еще никто не вернулся из его подземелий?

— Только через храм Света можно проникнуть к темному сердцу этого мира... У меня нет выбора. Придется там побывать.

— Слишком трудный путь. Даже если бы мои воины согласились, даже если бы я был настолько сумасшедшим, что решил бы пойти с тобой, мы все равно не смогли бы этого сделать.

Я не возражал. Нельзя требовать от человека невозможного...

Странно неподвижная поверхность моря лежала в нескольких метрах от нашего костра. Его холодноватый огонь почти не грел, а от воды тянуло промозглым холодом, несмотря на душную жару пустыни, из которой мы недавно пришли. По воде, набегая друг на друга, шли странные радужные сполохи. Более глубокие и яркие, чем те, что так часто я видел на далеких отсюда морях Коморских миров. Там чаще всего причиной была пленка нефти, здесь на воде играл, то исчезая, то появляясь вновь, неведомый радужный свет.

— У нас нет пищи, воды, нужного снаряжения, — словно споря с собственными мыслями, неожиданно произнес Хенк. — Нам все равно придется вернуться в поселок, и Совет не позволит тебе выйти из него еще раз.

— Все, что нужно, есть в этом лагере. Я попробую усовершенствовать наше оружие, прежде чем мы тронемся в путь... — Я говорил механически, как бы отвечая собственным мыслям. И вдруг понял, что мы обсуждаем план дальнейшего похода, словно решение уже принято.

— Ты думаешь, твои люди согласятся?

— Они пойдут туда, куда я их поведу. Слишком много смертей соединило нас.

— А ты сам? Почему ты решил рискнуть своей жизнью?

— Я твой должник. Да и надоело прятаться все время за забором.

Шел второй день нашей затянувшейся стоянки в мертвом лагере, а я все еще не мог решиться. Два небольших холмика, скрывших под собой тела Паршина и Канирова, выглядели роковыми. Где-то в песках этой пустыни затерялась и могила Стрима. Я вспомнил поле сражения, на котором подобрал свое оружие, и подумал о том, что на этой планете даже могила слишком большая роскошь.

Я решил продолжить путь к храму Света сразу же после попытки выяснить, что произошло с Илен, если, конечно, останусь в живых.

Для нового магического эксперимента мне требовались определенная подготовка, сложный психологический настрой, стечение благоприятных обстоятельств... Приходилось ждать, хотя, если уж быть до конца откровенным, мне попросту было страшно.

Мы сидели с Ланом на вершине дюны. Отсюда лагеря не было видно. Я нуждался в уединении и помощи. Все эти дни мне казалось: что-то невероятное случится. Но ничего не произошло. Сборы закончены, отряд полностью экипирован и готов к походу. Я видел, как воины выводили своих уже навьюченных и оседланных хрумов из временного стойла, сооруженного в виде колючей ограды. Больше невозможно было оттягивать начало похода.

Лан постоянно держался поблизости. Юноша мог молчать целыми днями, если я его ни о чем не спрашивал, и постепенно я научился забывать о его присутствии. Иногда я даже разговаривал с ним, словно с самим собой, и он, если не понимал моих вопросов и сетований, попросту молчал, что меня вполне устраивало.

— Эта чертова планета полна сюрпризов. Что-то в ней есть ненастоящее. Какая-то скрытая искусственная напряженность. Меня не покидает ощущение, что каждое действие, совершенное на Адре, остается застывшей глыбой и никогда уже не растворяется в потоке времени, если хорошенько поискать... — Именно это я и должен был сделать. Теперь по крайней мере обозначился план тех действий, которые я хотел совершить... Ну ладно, больше мне не удастся увиливать.

— Ты должен будешь мне помочь.

— Что нужно сделать?

— Колдовство... — Глаза юноши расширились. — Оно весьма опасно. И, чувствую, добром не кончится. Но из-за меня одна женщина попала в весьма затруднительное положение. Необходимо выяснить, где она находится. Когда я замкну круг из этих белых камней, обнажи меч и убей любое существо, которое попытается выйти из круга или войти в него.

— Что это может быть?

Он весь дрожал. Кажется, я несколько переоценивал его возможности. Но выбора у меня не было.

— Все что угодно. Паук, жаба, обнаженная женщина — все равно. Любое существо, способное двигаться.

— А ты?

— Меня там не будет. Как только взойдет луна, можешь

возвращаться в лагерь. Но до тех пор, если хочешь остаться в живых, глаз с камней не спускай!

Я вошел в круг. Замкнул его — и внешнее пространство перестало для меня существовать. Я позволил теплому ветру войти внутрь круга, а потом в себя. Я стал его частью. Я словно летел над просторами океана, гоня облака вперед и дальше, за горизонт.

Магическое зрение отличается от простого тем, что в каждый момент я мог приблизить к себе и рассмотреть подробно любой объект. Каналы, через которые поступает информация, расширяются необычайно. Я мог одновременно видеть строение любой медузы в море, сосчитать гальку в прибрежном песке. Отбросить ненужные пустые скалы за черту внимания и сосредоточиться на той, единственной... Расстояние не имело значения. Никогда еще так легко и послушно не получался у меня информационный полет. И в то мгновение, когда я почувствовал тепловой луч, идущий лишь от одного из тысяч одинаковых обломков, покрывавших поверхность океана, в этот самый момент черная молния ударила в меня. Я завертелся, падая и вновь обретая контроль над своим движением. Я уже почти выровнял полет, когда ветер резко переменил направление. Теперь меня несло к берегу, и я ничего не мог с этим поделать.

Я не мог даже оглянуться, я видел лишь узкий клин побережья прямо перед собой и знал, что ветер тут совершенно ни при чем. Меня влекло, притягивало к энергетическому центру огромной скалы. Высокие зазубренные вершины слегка раздвинулись. Сутулая, высеченная в скале статуя протягивала руку мне навстречу. В ту же секунду меня скрутило так, что в глазах потемнело от боли. Я словно попал в каменный мешок, словно уже почувствовал на себе всю тяжесть этой каменной длани.

— Помочь? — затрепетав, спросило кольцо.

— Обойдусь! — прохрипел я, чувствуя, что боль в боку становится нестерпимой.

— Ты напрасно сопротивляешься. Без меня тебе не обойтись — это Прорант, один из его слуг. С ним тебе не справиться.

— Уймись!

— Дело твое, но после того, как ты коснешься его руки, даже я уже ничего не сумею сделать...

И тут я вспомнил главное заклятие Силы, которому учил меня Сейрос: «Тщательно выпрямить пальцы на левой руке и прижать ее к груди. Сами пальцы должны быть направлены строго вверх к облакам, затем произнести три слова...», — и трижды прокатился далекий гром. Голубые молнии вспыхнули внизу, среди каменного клубка. Вспышка света ослепила глаза, а когда мрак рассеялся, я увидел, что сижу на корточках в своей палатке посреди пустого лагеря.

Минут через сорок появился Лан. Он смотрел на меня с ужасом и благоговением.

— Я думал, ты... Ты куда-то исчез. Внутри круга сверкали молнии. Я думал, ты погиб...

— Ты выполнил все, о чем я просил?

— Да.

— Кто вышел из круга?

— Каменный краб.

— Ты убил его?

— Я старался... Я очень старался, но кто-то оттолкнул мой меч.

Я кивнул.

— Что же с ним сталось?

— Он убежал к морю.

— Ладно, не переживай. Даже опытный маг на твоем месте не сумел бы справиться с чародеем такой силы.

Я достал планшетку с картами, по которым мы не так давно разыскивали поселок колонистов, и, ткнув пальцем в кружок Серых скал, спросил:

— Тебе знакомо это место?

— Да... Здесь находится святилище Проранта.

— Кто такой этот Прорант?

— Оракул. Каменный истукан. Он стоит в своем святилище уже много веков. Иногда, если захочет, Прорант отвечает на заданный вопрос. Только редко находятся желающие обратиться к нему за предсказаниями. Его пророчества всегда предвещают несчастья и всегда сбываются. У нас говорят: «Спроси у Проранта», — когда хотят сказать, что на вопрос не может быть положительного ответа.

— Кто же поставил эту статую?

— Мы не первые поселенцы на Адре. Были те, кто прилетал до нас, и не только из гуманоидных миров. Пустынники — потомки одной из таких рас. Здесь хранится немало тайн.

— Да, и одна из них — будущее... Заглянувшему в него часто не по силам нести свою ношу.

— Жрецы храма Света считают, что упорный и мужественный человек может иногда изменить предначертанное.

— Интересно... Ты встречался с ними? Я имею в виду жрецов. Ты бывал в этом храме?

— Нет. Оттуда не возвращаются. Среди жрецов есть странствующие монахи. Целая секта. Иногда они забредают и в наш поселок. Не могу понять, почему они не боятся путешествовать по пустыне в одиночку.

— Мне кажется, что вся Адра особенно враждебна именно к нам, к людям. И я не знаю причины...

— Возможно, ты ее узнаешь... Именно поэтому я решил остаться с тобой.

Впервые с того дня, когда разразилась черная буря, небольшое облако закрыло неподвижное солнце Адры. Серые сумерки, словно предвестие того, что ждало нас в краях вечной ночи, заполнили пространство. Серебристый свет восьмой луны этого длинного дня лишь подчеркивал их глубину и прозрачность. Тихо было вокруг. Ни вздоха ветерка, ни звона надоедливых насекомых — ничто не нарушало серую тишину.

Кончилось время сборов. Кончилось время слов. Начиналось иное время — время действий.

9

Вторые сутки наша маленькая армия продвигалась на восток вдоль побережья. Мы решили придерживаться этого направления до тех пор, пока не обнаружим место, с которого Лан, находясь в плену у пустынников, наблюдал необычное небесное явление — лоскут света неправильной формы — высоко в ночном небе. Там могла быть какая-то высокая освещенная солнцем вершина, расположенная в глубине ночной зоны. Если мы увидим ее, то будем знать, что направление выбрано верно. Дорогу к храму Света не знал никто, кроме пустынников.

После схватки с салмами в отряде осталось человек сорок. Используя портативные мастерские планетарного комплекса, найденного в лагере Паршина, мне удалось значительно усовершенствовать вооружение нашего отряда. Прежде всего я заменил слишком мягкие бронзовые наконечники на копьях. Лучников снабдили небольшими, но очень мощными самострелами, и после нескольких тренировок они научились вполне удовлетворительно посылать в цель короткие тяжелые металлические стрелы, несущие в себе немало сюрпризов — от зажигательной смеси до зарядов пластиковой взрывчатки. Самое главное — у нас теперь были консервы и большой запас воды.

Рыжие холмы, среди которых, если верить карте, располагалось святилище Пророанта, были от нас всего в девяти лунах пути, нам даже не придется сворачивать в сторону, чтобы навестить того, кто помешал мне узнать судьбу Илен.

Ощущение стремительного движения слитной массы вооруженных людей, объединенных единой целью, помогало отвлечься от ненужных воспоминаний. Хрумы хорошо отдохнули, и мы продвигались почти без остановок.

Через сорок часов пути, как и обещал Лан, перед нами появилась утрамбованная дорога, уходящая в сторону между редкими холмами и кустарниками.

— Ты говорил, что это место редко посещают. По дороге этого не скажешь, похоже, здесь прогоняли стада мамонтов.

— Здесь никто не ходил много лет.

— Да? Это в пустыне-то, где ветры заметают песком следы через несколько часов?

— Дорога Проранта всегда была такой, сколько я себя помню, и я не знаю, почему это так.

Подъехал хмурый Хенк. По его виду я сразу же догадался, о чем пойдет речь.

— Мои воины не пойдут по дороге Проранта. Хотя здесь путь короче, придется обойти проклятое место.

Я не стал настаивать, понимая, как сильны бывают взращенные несколькими поколениями суеверия. А в данном случае у них были все основания для беспокойства.

— Встаньте лагерем и подождите меня здесь. Я должен посмотреть, что собой представляет Прорант.

— Это очень опасно, друг мой. Ты даже не представляешь, насколько велика опасность, но я твой должник и поэтому пойду с тобой!

— Я тоже! — присоединился к его решению Лан. Набралось еще с десяток смельчаков. Я не стал возражать, и, как только временный лагерь был разбит у перекрестка, наша маленькая кавалькада свернула на дорогу Проранта.

Поверхность дороги оказалась тверже, чем я ожидал. Дорога вся была покрыта каким-то камнеподобным материалом вроде застывшей лавы, и следы, тут и там видневшиеся на поверхности, отпечатались, должно быть, много столетий назад.

Казалось, лохматые стремительно несущиеся в небе тучи опустились ниже и теперь едва не задевали вершины холмов. Дорога все время петляла. Оставалось непонятным, почему постоянно дующий ветер не оставляет на ней ни малейших следов песка. Неведомая сила отбрасывала песчинки с дороги. Иногда я замечал под лапами хрумов бледные голубые искры. Близко от поверхности проходило мощное энергетическое поле. Подтвердилась информация, полученная во время транса: где-то здесь, рядом с Прорантом, находится центр планетарной энергии.

Я знал, что похожие места бывают в любом живом мире. Тот, кому удается использовать такую энергию в своих магических целях, становится практически непобедим.

Холмы громоздились все выше, постепенно превращаясь в мрачные нависшие над дорогой утесы. У их подножия не было растительности, и, казалось, ни одно живое существо, кроме нас, не осмеливалось нарушить могильный покой этого места. Окружающая обстановка на всех действовала угнетающе. Даже Хенк, несмотря на всю свою выдержку, не мог скрыть последствий ледяного дыхания, веявшего нам в лицо. Напряжение злобной силы постепенно усиливалось...

— Ты все еще не отказался от своего безрассудного плана? Для встречи с Прорантом должна быть очень серьезная причина, — сказал Хенк, внимательно всматриваясь в меня.

— Она у меня есть.

— Ну что же... Тебе видней.

— Вот уже триста лет он молчит, — задумчиво проговорил Лан, — но его последнее предсказание сбылось так же, как сбылись и все предыдущие...

— Это всего лишь легенды..

— Это не легенды. Раньше Прорант говорил почти каждый год, люди не могли забыть его пророчеств.

— Это были мрачные пророчества, — вставил Хенк. — Мрачные и жестокие. Они предрекали несчастья тем, к кому были обращены.

— Если только не приносили их сами, — тихо, одними губами, произнес Лан.

— Что ты хочешь этим сказать?! — возмущенно воскликнул Хенк. — Уж не думаешь ли ты, что сам Прорант...

Неожиданно он замолчал, пораженный верностью такого предположения.

Наконец, упершись в кольцо скал, дорога кончилась.

В окружении утесов стояла отдельная скала, похожая на поставленную стоймя огромную серую коробку. Ее форма показалась мне знакомой, но наше внимание отвлекла статуя каменного истукана, попиравшего тяжеловесным торсом параллелепипед своего постамента. Прорант был высечен из целого утеса довольно грубым, почти примитивным способом, неведомый скульптор не потрудился даже скрыть следы своего резца.

Вблизи статуя производила впечатление мрачной мощи, но в ней не было ни малейшего намека на жизнь. Трудно было поверить, что этот каменный истукан способен произносить слова пророчеств, однако я знал, как обманчиво бывает первое впечатление в подобных местах.

Воины, рискнувшие нас сопровождать, теперь остановились, и к подножию постамента мы подошли втроем. Я чувствовал разлитое в воздухе тяжелое, темное давление враждебной силы. Пока она была безразлична к нам, но по ее пульсирующей мощи я понял, как опасно задуманное мной дело.

До статуи оставалось еще шагов тридцать, и только сейчас я заметил тонкую линию круга, выложенного у постамента мелкими белыми камешками. Я слишком хорошо знал, для чего может быть нужен такой круг... Кто-то до меня пытался бросить вызов Проранту, пытался и проиграл, об этом свидетельствовали сеточка трещин, покрывавшая камни, и сохранившиеся остатки человеческих костей, белевших внутри.

Сама статуя не выглядела опасной, и сила, которую я чувствовал, вроде бы не имела к ней непосредственного отношения.

Кольцо на пальце задергалось, но я усмирил его. Хотя уже решил: если придется, использовать дьявольскую власть кольца против Проранта. Я знал, что нарушаю основной закон планеты Адра, знал, что мне не миновать расплаты. Но это было единственной возможностью чего-либо достигнуть среди бесчисленных опасностей.

Начал я с того, чем закончил предыдущий, проигранный мною поединок.

Нужное заклинание вспомнилось легко. На какую-то долю секунды я увидел сухие сжатые губы старика под надвинутым на лоб сомбреро. Нужно было лишь правильно повторить вслед за ним необходимые слова.

Налетел порыв раскаленного ветра. Я стоял внутри круга и знал, что те, кто остался снаружи, не почувствуют ничего. Враждебная мне сила завихрилась вдоль невидимых цилиндрических стен, я чувствовал, как она постепенно набирает мощь, ощущал ее оценивающие, осторожные пока прикосновения.

В такие напряженные моменты мое подсознание начинало работать самостоятельно. Я доверял ему, не раз убеждаясь в том, что оно помнит вещи, о которых в обычной жизни я не знал ничего. Вот и сейчас с моих глаз точно упала пелена, и я стал различать под слоем камня, покрывающим торс Проранта, движение живой материи. На поверхности постепенно проступал очень сложный узор наложенного кем-то заклятия. Внешне оно выглядело как цепочка связанных друг с другом темных иероглифов, отчетливо высвеченных на красноватом фоне.

Внутренний свет разгорался все сильнее, рвался наружу сквозь каменную оболочку, но, коснувшись цепочек иероглифов, тут же опадал внутрь.

— Кто ты, осмелившийся потревожить мой покой? Что тебе нужно?

Голос напоминал глухой рокот лавины, однако слова различались вполне отчетливо. Видимо, Прорант не узнал меня или не помнил о нашей первой стычке. С плеч каменного великана посыпались осколки, и я невольно оглянулся, чтобы убедиться, все ли в порядке с моими спутниками. Это было грубейшей ошибкой, непростительной для воина третьего круга.

Удар последовал немедленно, я едва успел уклониться, да и то лишь потому, что энергия КЖИ, накопленная внутри меня, позволяла видеть все пространство сзади.

Гранитный кулак великана ухнул в землю рядом со мной, лишь слегка зацепив плечо. Ситрилоновая защита выдержала этот скользящий удар, меня просто отбросило в сторону, но боль в плече была ощутимой. Почва заколебалась, стала уходить из-под ног. Я едва удержался от падения. Это было бы концом поединка. Каменный молот вновь взметнулся над моей головой, никакой ситрилон не выдержал бы такого удара, и тогда я отпустил кольцо, все время рвущееся из-под моего контроля.

Луч силы из него уперся в запястье и остановил движение огромной длани. Ярость Проранта с трудом поддавалась описанию. Он заревел. Горы чудовищных мускулов напряглись на его торсе. Осколки камней летели во все стороны, я едва успевал отражать их многочисленные удары. Неожиданно вся эта бешеная атака закончилась, ярость великана улеглась так же быстро, как появилась.

— Кто ты, несущий на себе знак могущества?

Я усмехнулся. Если бы он узнал мое настоящее имя, то, которое дал мне Сейрос, я бы полностью оказался в его власти. Но он, видимо, угадав мои мысли, тут же поправился:

— Мне не нужно настоящее имя. Как к тебе обращаться?

— Зови меня Крайновым, воином третьей ступени, если хочешь.

— Я не могу сделать предсказания, не зная хотя бы твоего внешнего имени. Сейчас я его знаю.

Он ухмыльнулся, и я весь похолодел от этой чудовищной каменной ухмылки, понимая уже, что вновь допустил промах. Если мне не удастся избежать мрачного пророчества Проранта, о моей дальнейшей судьбе можно не беспокоиться.

— Воин третьей ступени... — начал он.

— Не спеши. Я могу тебе помочь. — Я пытался его остановить, но внезапно появившаяся слабость парализовала меня.

— Я предрекаю тебе... — Он вдруг остановился, оценивая своим каменным взглядом козявку, замершую у его ног, и вдруг начал торговаться: — То, что мне действительно нужно, для тебя не по силам.

— И все же я могу попытаться.

— А какова цена?

— Она невелика...

Отвлекая его разговором, я не терял ни секунды. Глубоко внизу, у самого подножия скал, протекала мощная река черной энергии. С помощью зрения КЖИ я видел ее вполне отчетливо. От потока ответвлялся довольно широкий рукав и поднимался вверх к постаменту Проранта. Если мне удастся отсечь или хотя бы ослабить это ответвление, мы сможем разговаривать на равных. Я не знал, получится ли из этого что-нибудь. Слова нужного заклинания произносились с огромным трудом, чувствовалось сильнейшее противодействие... Оно исходило словно бы не от самого Проранта.

Теперь я замахнулся на силу, пропитавшую всю планету... Мне оставалось лишь надеяться, что тот, кто ею управлял, не сразу поймет, что происходит... Наконец бледный световой бублик отделился от кольца Аристарха и метнулся к пьедесталу Проранта. Он охватил пьедестал тонким светлым кругом, постепенно погружаясь в камень.

Кольцо света опоясало темный поток в его самой узкой части. Я колебался, все еще не решаясь прошептать заключительные слова силы.

— Так какова же цена?! — вновь нетерпеливо спросил Прорант.

— Ты должен узнать судьбу женщины, прилетевшей вместе со мной в этот мир. Если она жива, ты скажешь, где я могу ее найти.

Я все еще медлил, понимая, что, как только я начну атаку, Прорант вряд ли сможет выполнить мое условие. Только из потока темной силы, управлявшей всей планетой, он мог извлечь необходимые мне сведения. Я не знал, как долго удастся поддерживать контроль на нужном уровне. Напряжение темной энергии все время нарастало, я чувствовал себя так, словно мышцы свело параличом, по лбу катились крупные капли пота, и я не знал, останутся ли у меня силы провести завершающую стадию снятия чар.

Наконец я услышал его голос:

— Кажется, я нашел... И если ты...

Прорант пошатнулся. Громовой удар снизу потряс всю скалу.

Я думаю, даже тогда они все еще не поняли, что происходит. Скорее всего это была лишь защитная реакция на попытку Проранта проникнуть в закрытые хранилища информации. Тем не менее, не теряя более ни одной секунды, я стиснул кольцо вокруг темного потока и все свои силы вложил в это давление.

Прорант, словно против воли, разжал свои каменные уста:

— Предрекаю тебе, воин третьей ступени, что в тоске будешь ты глодать хвост свой, желая насытить вечно пустую утробу свою, а глаза твои, разбитые на тысячи осколков, не увидят мира сего... — Кажется, он попросту бредил.

Меня будто прошил мощный заряд электрического тока. Боль стала невыносимой, но я ни на секунду не отпускал хватки, чувствуя, что постепенно горловина под кольцом подается, становится у́же и у́же. Я шептал слова вспомогательного заклинания, усиливающего воздействие на кольцо. Но главным сейчас было не оно, а моя внутренняя воля, сконцентрированная на световой петле.

— Будешь ты, пребывая во тьме, тысячу лет молить о пощаде, и никто не услышит стенаний твоих! — хрипел Прорант.

Кажется, прошла целая вечность. И вдруг с грохотом выстрела горловина сомкнулась. Поток темной энергии, несущийся под скалой, втянул отсеченный отросток и продолжал свой стремительный бег, словно ничего не произошло.

Теперь, когда непосредственный контакт с темной энергией прервался, стало намного легче, но мне еще предстояла самая ответственная часть операции. Нужно было отыскать ключевой узел в цепочках иероглифов деймовских заклинаний и попытаться его разомкнуть. Хватит ли у меня для этого сил и знаний? В этом я не был уверен и понимал, что тогда все предыдущее напрасно. Прорант представлял собой сейчас мертвый кусок скалы, не способный ответить ни на один вопрос, и, возможно, останется таковым навсегда.

Кольцо света под землей побледнело и исчезло. Вместо него от моей руки, той, на которой не было кольца, потянулся узкий лучик света. Соприкасаясь с ним, иероглифы дергались, как живые существа, и это сильно затрудняло работу. Моя энергия оказалась полностью несовместимой с энергией деймов. Этого следовало ожидать... Пришлось избегать прямого взаимодействия, иначе, при достаточно сильном соприкосновении, начнется аннигиляция, тогда все вокруг исчезнет во вспышке голубого пламени...

Почему-то вспомнилось биомеханическое существо, окруженное коконом несовместимой с ним энергии. Посланец иного мира на чужой для него планете. У меня теперь было немало общего с его тогдашним положением. Правда, меня пока не накрывал кокон черного поля, но кто знает, как долго будет длиться эта относительная свобода. Ни на секунду я не сомневался, что в недрах планеты накоплено вполне достаточно энергии, чтобы расправиться со мной. Сейчас меня попросту игнорировали. Ну что же, спасибо и на этом. Я постараюсь до конца воспользоваться предоставленными возможностями...

Лопнула еще одна цепочка, обвивавшая тело Проранта, еще один иероглиф беспомощно повис в пространстве. Эта работа не требовала от меня такого напряжения, как противостояние черному потоку, зато здесь нужна была ювелирная точность. Я знал, что одно неверное движение может полностью замкнуть заклинание на себя, сделать его неразборным или, что еще хуже, превратит его в неизвестную и неуправляемую цепочку команд, способную вызвать любые непредсказуемые последствия.

В конце концов мне удалось отвести две последние цепочки и замкнуть их на себя. Похоже, все кончилось, но ничего не менялось. Больше я не видел на камне ни одного постороннего пятна, однако, кроме этого, ничего не происходило. Я уже стал сомневаться в верности выбранного метода, как вдруг поверхность статуи треснула и почти сразу же вниз обрушился шквал обломков. Мне едва удалось отклонить от себя этот каменный водопад.

И тогда на обнажившейся верхней грани постамента обнаружилась неподвижная скорченная фигура голого человека...

10

Невозможно было поверить, что вся каменная мощь Проранта заключалась в этом жалком теле маленького старичка. Но это было именно так, и, если я хотел узнать судьбу Илен, следовало ему помочь, пока не поздно. Старик не подавал никаких признаков жизни.

Мне пришлось повозиться с аптечкой. После того как я вынес старичка, недавно называвшегося Прорантом, за пределы круга, никто из моих спутников не пожелал приблизиться к нему. Не знаю, чего здесь было больше — страха перед непонятными событиями, стойкой, въевшейся с годами неприязни к оракулу или самой обыкновенной брезгливости. Во всяком случае, с появлением в отряде этого нового человека у меня прибавилось немало проблем...

И все же я не собирался оставлять старика одного в этой пустыне после того, как потратил столько сил, чтобы освободить его из каменного плена. Не только желание получить сведения об Илен двигало мною. Хотелось противопоставить свою волю воле черного властелина, проверить силы. Впервые я применил их все без оглядки, выложился до конца. И, возможно, впервые по-настоящему поверил в то, что штурман Игорь Крайнов — не просто штурман...

— Убить его? — спросил Хенк, опасливо приближаясь с обнаженным мечом в руке.

— Нет, он мне нужен.

— Ты делаешь ошибку. Все, что связано с деймами, очень опасно.

— Да, я знаю. Постараюсь быть осторожнее. Но этот человек мне нужен.

Жизнь едва теплилась в щуплом старческом теле, и лишь несколько часов спустя после того, как мы соединились с основными силами отряда, появилась надежда узнать от него хоть что-нибудь об Илен.

Заметив, что бывший Прорант зашевелился, я сразу отдал распоряжение разбить лагерь. Я еще не осознал до конца того факта, что после превращения могущественного каменного великана в безобидного старика руководство экспедицией полностью перешло ко мне. Была в этом и весьма существенная неприятная сторона. Беспрекословно выполняя любое мое указание, все воины, кроме Лана, начавшего привыкать к моим магическим фокусам, держались теперь от меня на почтительном расстоянии.

Внешне Прорант сейчас выглядел так, как и должен был выглядеть шестидесятилетний старик. Лоб у него был узкий, круто нависали надбровные дуги. Глаза, когда открылись, оказались неопределенного дымчатого цвета.

— Значит, все-таки у тебя получилось. Я был уверен, что мы оба погибнем.

— Я со своей задачей справился, но еще не получил обусловленную плату.

— Ах да!.. Плата... Мне удалось попасть в хранилище сведений. Элия ее зовут? Она жива, пока еще жива. Но жить ей осталось недолго.

— Элия? Ее звали Илен. Может быть, ты ошибся и это другая женщина?

Он отрицательно покачал головой.

— Это именно та, что прилетела с тобой из другого мира. Возможно, Илен ее внешнее имя. Если деймы используют человека в своих целях, они меняют ему не только внешность...

Сомнение овладело мной. Никогда прежде мне не приходило в голову, что у Илен может быть другое имя. Но если это так, я должен был знать ее в своей предыдущей жизни. Или «игре», как любил называть такой цикл Сейрос. Наверняка я ее знал, потому что в качестве приманки деймы выбрали бы женщину, к которой я буду привязан гораздо сильнее, чем к случайной гостиничной знакомой.

Сейрос не раз говорил мне, что воин чужих пространств не имеет права на собственный дом, на привязанность, на обычные человеческие чувства, поскольку все это может быть использовано против него многочисленными врагами.

— Ты что-то сказал насчет ее близкой гибели?

— Во время предстоящего праздника халфу ее принесут в жертву. В этот день в храме Тьмы всегда приносится человеческая жертва.

— Храм Тьмы? Я слышу о нем впервые.

— Это второе, тайное имя храма Света. Вся его нижняя, подземная часть посвящена властелину Тьмы. Именно там каждый год приносятся человеческие жертвы.

— Ну, это мы еще посмотрим! До халфу осталось двенадцать дней. Этого хватит, чтобы достигнуть храма?

— Конечно, хватит. Они редко ошибаются в своих расчетах.

— Что ты имеешь в виду?

— Ее похитили специально, чтобы сделать приманкой для тебя. Им нужен ты. Им нужно, чтобы ты сам, добровольно пришел в храм Света.

Значит, я не ошибся в своем предположении. Тогда становится вполне объяснимой та буря чувств, которую вызвало во мне мимолетное знакомство в гостинице Лимы.

— Зачем я им понадобился?

— Вот этого я не знаю. Эта часть информации оказалась для меня недоступной. Чем-то ты очень сильно насолил деймам.

— Как ты сам к ним попал? Как тебя угораздило стать оракулом, да еще с такой мрачной репутацией?

Он заметно смутился, и из его малоразборчивого бормотания я с трудом понял, что много лет назад его похитили пустынники из приморской колонии, от которой давно ничего не осталось. Его привели в ущелье и наложили заклятие.

— Пустынники сами накладывали заклятие?

— Они на такое не способны. Заклятие накладывал дейм. Может быть, даже Аристарх.

— Ты его видел?

— Нет, конечно. Только огромная тень и слова... Да и помню я далеко не все. Это было слишком давно.

— Почему они выбрали именно тебя?

— Этого я не знаю. По-моему, им годился любой подвернувшийся землянин. Возможно, они тешили свое властолюбие, заставляя одного из нас уничтожать себе подобных...

— И ты стал произносить пророчества, которые всегда сбывались...

— Попробуй сам посидеть в клетке такого заклятия. Оно все пропитано злобой. Мной управляли как куклой.

— Это я понял. Потому и взял с собой.

— Так объяснил бы им. — Он кивнул на стены шатра. — А то от меня шарахаются как от зачумленного, словно я погубил столько душ по собственной воле.

— По-моему, они это понимают, иначе тебя бы не было в живых. Что же касается остального... Им надо привыкнуть, и только от тебя самого будет зависеть, какое место ты займешь среди нас.

После короткого отдыха отряд двинулся дальше. Теперь у меня появилась возможность хотя бы приблизительно рассчитывать время и выбирать более короткий путь. Бывший Прорант стал для нас неплохим проводником. Мы назвали его Прором. Исполняя обязанности предрекателя несчастий, он не раз погружал свое сознание в информационное поле планеты и теперь представлял для нас огромную ценность. Я не мог понять, почему деймы так легко позволили его освободить, и с минуты на минуту ждал ответного удара. Кое-что разъяснилось, когда Прор, утоляя свой непомерный после снятия заклятия аппетит, пробормотал:

— Деймы не могут использовать против меня свою магическую силу повторно. Им придется прибегнуть к более простым методам. Но не сомневайся, в покое они нас не оставят.

Его слова подтвердились очень скоро.

Солнце за нашей спиной опускалось все ниже и на третий день пути совершенно скрылось за горизонтом. С трудом верилось, что оно никогда не взойдет, если мы не повернем обратно. Но все обстояло именно так: полуночные земли не зря носили свое название. Нас окружили плотные сухие сумерки. Пока было вполне достаточно света, чтобы различать окружающую местность и тропу, по которой двигался отряд.

Из Проранта получился довольно мерзкий, вечно голодный, сморщенный старикашка, который не мог к тому же произнести ни одного слова на интерлекте. Мне пришлось стать его переводчиком, поскольку только я один мог понимать мысленную речь, на которой мы с ним общались. Из-за этого Прор старался все время быть рядом, соперничая в этом с Ланом. Похоже, я постепенно обрастал неразлучными спутниками и не знал, радоваться мне этому или огорчаться.

Растительность вдоль дороги почти совсем исчезла, а редкие сохранившиеся кусты напоминали бесформенные фиолетовые кучи. Их листья приспособились улавливать оставшиеся крохи рассеянного света и потому раскинулись огромными лопухами. Еще день пути, и опасность, которая все время тревожила нас, останется позади. Крейги не летают в полной темноте. Нам повезло хотя бы в этом. Но Адра, словно желая поиграть с нами, приберегла встречу с этими опасными существами на вторую половину того последнего дня, когда они еще способны были совершить нападение.

Местность, по которой мы двигались, походила на переплетение вен какого-то гигантского животного. Круглые валики пологих холмов, образовавшиеся из выветренных базальтовых даек, представляли собой настоящий лабиринт. И хотя высота самих даек не превышала десяти метров, их совершенно гладкие стены создавали неприступную для человека преграду.

Нанесенный ветром глубокий слой песка покрывал дно всех этих переплетавшихся между собой узких ущелий. Даже хрумы с их многочисленными широкими лапами двигались по этой рыхлой массе значительно медленнее обычного.

Наши противники, очевидно, следили за нами не один день и хорошо выбрали место и время атаки. За полчаса до ее начала, чтобы быстрее миновать узкий участок, мы решили разделиться на две группы и двигаться параллельно по двум ущельям. Тут-то нас и поджидала засада: из боковых проходов внезапно выскочили хорошо подготовленные заставы пустынников. Тяжеловооруженные воины, выстроившись в несколько рядов, перекрыли нам путь.

Укрывшись за сплошной стеной высоких щитов, эти заставы оказались неуязвимыми для обычных стрел. Но тут нападавших ожидал небольшой сюрприз. По моему приказу все десять наших арбалетчиков дали одновременный залп стрелами, заряженными пластиковой взрывчаткой.

Эффект превзошел мои ожидания. Взрывами пустынников раскидало в разные стороны. Линия заставы оказалась смята, а уцелевшие воины были полностью деморализованы.

Мы прошли сквозь их ряды, не встретив сопротивления.

Свернув в ближайший боковой проход, мы оказались в тылу у группы воинов, преграждавших путь отряду Хенка. Хенк, видимо, не очень доверявший моим нововведениям, топтался на месте, осыпая противника совершенно бесполезными в этой ситуации обычными стрелами. Его промедление имело губительные последствия. Потому что в этот момент, следуя, очевидно, общему плану, на отряд Хенка сверху обрушился десяток жуколюдей. Они появились из-за стены дайки совершенно неожиданно. Все сразу же смешалось в кровавую кучу. В ближнем бою закованные в панцири огромные жуки напоминали какие-то адские мясорубки. Не теряя ни секунды, я атаковал всем своим отрядом тыл заставы пустынников, преграждавших путь Хенку. Как только мы с ними покончили, я отвел свой отряд назад, не позволяя втянуть нас в общую кровавую кашу.

Приказав стрелкам спешиться и залечь, я отдал распоряжение сбивать зарядами взрывчатки отделившихся от общей массы крейгов Еще пятеро лучников, расположившись по бокам ущелья, прикрывали сверху нас самих и, как оказалось, не напрасно. Едва первые выстрелы разнесли в клочья трех крейгов, остальные взмыли вверх и бросились в нашу сторону.

Но мы не зря потратили время в лагере Паршина, тренируя лучников по стрельбе в цель из арбалетов. Первый же залп разорвал в воздухе еще четырех крейгов, а оставшиеся три, резко изменив направление полета, скрылись за гребнем холма. Атака крейгов произвела среди воинов

Хенка немалое опустошение. Но мы не могли задержаться даже для того, чтобы отдать последнюю дань уважения павшим воинам. Нужно было как можно скорее выбираться из предательской мышеловки.

Дайки становились все ниже. Конец лабиринта был уже близок, когда на нас навалилась кавалерия пустынников. Их верховые бойцы пользовались не хрумами, а другими животными, напоминавшими гигантских блох, передвигавшихся огромными скачками. Нам сразу же пришлось остановиться и занять глухую оборону. Нас атаковали одновременно спереди и сзади. Противник был слишком многочисленным, и, пока мы стояли на месте, с обеих сторон ущелья вновь выстроились кордоны пехоты.

Теперь мы увязли окончательно. Используя нашу задержку, противник подтянул к месту схватки новые силы, и теперь нам противостояли свежие отряды пехоты и кавалерии. Пустынников было не меньше трех сотен, а у нас оставалось всего два десятка уставших и израненных бойцов. Положение казалось безнадежным.

11

Арбалетчики все еще успешно отражали атаки, нанося противнику огромный урон, но это не могло продолжаться долго...

— Огненные стрелы кончаются. Люди ждут, когда ты начнешь свое колдовство, — сказал Лан. — Много наших погибло...

— Колдовство можно использовать только против другого колдовства.

Вряд ли его удовлетворил мой ответ. Но применение энергии КЖИ против разумных существ ограничено строгими правилами, нарушить которые я был не в силах. Оставалось кольцо Аристарха. Теперь я почти постоянно чувствовал его возросшую силу. И вынужден был ее усмирять, с трудом сохраняя контроль.

Несмотря на непрерывные атаки, мы упорно продвигались вперед. Вероятность того, что нам удастся вырваться из ущелья, постепенно возрастала. Хотя при таком численном перевесе, если пустынники продолжат преследование на открытой местности, нам все равно не уйти от их кавалерии. Оставалось надеяться лишь на то, что противнику неизвестно наше отчаянное положение. Как только боеприпасы кончатся, мы окажемся в их полной власти. Но пока сражение продолжалось, взрывы сотрясали скалы, число погибших врагов увеличивалось все больше.

Казалось, этому не будет конца. Но вот пропела сигнальная труба, и всадники откатились назад, за кордоны пехоты.

Через несколько минут из их порядков выехал воин с зеленой веткой на пике.

— Парламентер... — прохрипел Хенк. Воспользовавшись передышкой, он перевязывал свои многочисленные раны. — У нас остался только один шанс — поединок. Надо вызвать их лучшего бойца и выставить нашего. Они признают правила честного боя. Если наш воин сумеет победить, пустынники выполнят уговор.

Нелегко было решить, кого послать на поединок. Хенк изранен настолько, что с трудом держится на ногах. Я окинул взглядом наших воинов. Их осталось в живых не больше двадцати человек. Уцелели в основном лучники, и никто из них не годился для предстоящего боя.

— Если решишь сам принять вызов, тебе придется снять свой волшебный панцирь. Это должен быть честный бой...

— Я знаю. Значит, Хенк давно догадался. А ведь я не обмолвился ни словом о ситрилоне.

— Если ты проиграешь, мы должны будем выполнить все их требования.

— Хорошо. Давай узнаем, что им от нас нужно.

Посланец выглядел весьма внушительно. Особенно для пустынника. Этот низкорослый народ не обладал большой физической силой. Но, увидев парламентера вблизи, я понял: бывают исключения.

Парламентер передал предложение вождя племени: они пропустят нас обратно, если мы выдадим Проранта. Подтвердились мои худшие опасения. После того, как я вернул Прору человеческий облик, он не раз доказывал свою лютую ненависть к деймам, и я не собирался жертвовать своим союзником. Кроме того, я понимал, что, если соглашусь на условия пустынников, мне не удастся прорваться к храму, да и в глазах наших воинов я буду выглядеть не лучшим образом. Пришлось предложить поединок.

Парламентер тут же согласился, словно ждал такого предложения. Это меня насторожило, но отступать было поздно. Оговорили условия. В случае нашей победы они обязуются пропустить отряд через свои земли и не преследовать до самого храма Света. Прорант остается с нами. Кроме того, они обязуются пропустить тех, кто захочет вернуться из храма обратно в поселок. Парламентер подозрительно легко согласился на все наши требования. Он лишь с усмешкой осмотрел меня и сплюнул на песок, демонстрируя свое презрение...

Прикидывая свои шансы, я понимал, что они не слишком велики. Этот человек был тяжелее меня и, несомненно, намного опытнее в рукопашном бою, в умении владеть мечом и пикой. Кроме того, его прыгающая «лошадь», покрытая хитиновым панцирем, давала очевидное преимущество перед хрумом.

Я выставил еще одно условие: в случае их победы на поединке они пропустят наш отряд обратно в поселок.

— Кроме Проранта.

Спорить не приходилось. Я сделал все, что было в моих силах.

Бой назначили на время восхода третьей луны. Хотя сумерки в этой местности достаточно прозрачны, дополнительный свет луны показался мне совсем не лишним, а два часа передышки позволяли хоть немного отдохнуть после нелегкого боя.

Пика, которую выбрал для меня Хенк, оказалась короткой, но зато тяжелой и хорошо уравновешенной, ее темное полированное древко производило впечатление надежности, а плоское узкое лезвие из титанового сплава, найденного в запаснике планетарного комплекса, могло, не сломавшись, выдержать любой удар. В случае удачи оно способно поразить даже чудовищное насекомое, которое мой противник использовал вместо лошади. Я заметил, что между пластинами хитина у него на груди оставались узкие щели, в которые не смог бы проникнуть обычный толстый наконечник.

Вместо ситрилонового костюма, который я оставил под охраной Лана, пришлось натянуть негнущийся нагрудник из кожи гивлатоваса. Экипировку завершил обоюдоострый тяжелый стальной меч, подобранный мной на поле брани. Я привык к этому оружию и никогда с ним не расставался, хотя он и был несколько тяжеловат.

До начала поединка оставалось еще полчаса. Я решил использовать это время для накопления энергии КЖИ, не слишком надеясь на то, что возникнут условия для ее применения, однако следовало подготовиться к любым неожиданностям.

Уединения, необходимого для полноценной процедуры, мне не удалось найти на оставшемся под нашим контролем узком пятачке. Все же я постарался сосредоточиться и полностью отключиться от окружающего.

Пришло обычное во время КЖИ-процедуры ощущение легкости и прозрачного видения. Я как бы отстранялся от настоящего. Реальность превращалась в дымчатую тень. Такие же легкие, неосязаемые тени недавнего прошлого уже окружали меня. Я вновь во всех подробностях видел только что закончившийся бой. В этих картинах моя личная память не принимала никакого участия. Я рассматривал битву одновременно с разных сторон и видел детали, недоступные зрению отдельного человека. Я знал, что среди теней прошлого, нечетких контуров настоящего, столь же прозрачно и легко, почти неразличимо в мешанине прочих теней, проступали едва уловимые контуры будущего. Лишь очень опытный воин мог их различить.

Внимательно всмотревшись в этот пестрый калейдоскоп, я увидел поверженного бойца... Вот только лица не сумел разглядеть. Как обычно бывает в таких предсказаниях, ответ можно истолковать двояко. Кто-то из нас погибнет, это несомненно. Возможно, удалось бы получить и более точный результат, если бы мне не помешали. Чья-то рука осторожно коснулась моего локтя.

Я вышел из транса. Окружающие предметы вновь обрели четкость. Я уже не смотрел на мир уголками глаз, как научил меня когда-то мексиканский индеец. Рядом стоял Прор. Зная, как остро он реагирует на малейшее неудовольствие с моей стороны, я все же не удержался от возгласа досады. Слишком болезненно проходил вынужденный выход из КЖИ-транса. На этот раз он не обратил на мое восклицание ни малейшего внимания.

— Пора собираться, а мне еще нужно сказать тебе нечто важное. — Я молча ждал продолжения, и он закончил, слегка понизив голос: — Скоксы не выносят света, даже самого слабого. Постарайся держаться от него со стороны луны. Самое главное в тактике их всадников — точность прыжка. Если скокс промахнется, у тебя появится шанс. Он не может слишком долго стоять на месте и двигается только прыжками.

Я поблагодарил Прора и неторопливо направился к своему хруму. Эти ласковые выносливые животные плохо приспособлены для боя. Хотя они не знают страха и точно выполняют все команды во время схватки, неповоротливость и медлительность сделали невозможным их использование в кавалерии. К сожалению, выбора у меня не было. Пеший воин не может противостоять всаднику в одиночном поединке.

Я тщательно проверил упряжь, еще раз осмотрел оружие, опустил шип на шлеме, пристегнул к левому локтю небольшой круглый щит и под одобрительные возгласы наших воинов направил хрума к воткнутому в землю копью с флажком, обозначавшему место, с которого я должен был стартовать после сигнала.

В ста метрах от меня, у такого же копья, уже высилась массивная фигура моего противника. Даже выглянувшая из-за облаков луна не позволила мне рассмотреть его лица. Зато я сразу же заметил, что пустынники, взявшие на себя труд по разметке площадки для поединка, поставили меня так, чтобы луна не мешала их всаднику.

Правда, это не имело особого значения, поскольку, показавшись на мгновение, она тут же скрылась за огромным облаком. Облако вызвало вопли восторга в лагере наших противников. Они расценили это как хорошее предзнаменование. Ночное зрение пустынников обеспечивало им значительное преимущество. Стало так темно, что невозможно было рассмотреть ничего на расстоянии вытянутой руки. Это показалось мне странным. Слишком уж своевременно появилось облако... Сосредоточившись, я произнес некое имя... Налетел порыв ветра, но туча, изрядно потрепанная ветром, так и не сдвинулась с места. Стало ясно: тут не обошлось без магии. Часть небосклона все же очистилась, уступив моим усилиям. Я снова видел своего противника.

Пропела труба. Не теряя ни секунды, скокс огромными прыжками понесся ко мне. Я не двигался. Выставив копье и посильнее прижав его к бедру, я ждал.

Третий прыжок, четвертый... Теперь пора. Я послал хрума вперед, одновременно направляя его вправо и разворачивая. Пятый, последний прыжок скокса. Луна, все еще скрытая облаком, находилась сейчас за моей спиной. Пока это не имело значения, но позже могло пригодиться. Поднятый мною ветер крепчал. Скокс снова прыгнул. От направленного в мою грудь копья я легко уклонился. Но реакция моего противника оказалась не хуже моей. Его меч сверкнул над головой слишком быстро... Я едва успел заслониться щитом.

Удар сокрушительной силы бросил меня на спину хрума. Однако щит отбил меч в сторону, я не получил серьезных ран. Скокс снова прыгнул и унес пустынника метров на пять в сторону. Пока тот разворачивал животное, готовя его к обратному прыжку, я успел выпрямиться и вновь направить на него острие своего копья. При первом столкновении наконечник лишь скользнул по хитиновому панцирю скокса. И вот он снова рядом. Я заставил себя сосредоточиться только на груди животного, не отвлекаясь ни на что другое.

Копье вошло в грудь скокса почти на полметра. Древко тут же вырвалось у меня из рук. Скокс рванулся в сторону, и это спасло меня от очередного удара меча. Мой противник успел выпрыгнуть из седла, прежде чем обезумевшее от боли животное рухнуло.

По правилам поединка я имел право атаковать верхом, но не воспользовался этим и уже через секунду, обнажив свой меч, стоял напротив пустынника. Этот рыцарский поступок вызвал крики восторга в нашем лагере, хотя скорее он был продиктован холодной логикой. Я понимал, что в быстроте реакции мое главное преимущество, а неповоротливый хрум сводил его на нет.

Сила, в которой мой противник значительно превосходил меня, имела бы мало значения в поединке на легких рапирах. Но как только я извлек из ножен свой тяжеленный меч, я понял, что поступил опрометчиво, оставив хрума. Щит, расколовшийся после первого удара, мне пришлось бросить. Копье осталось в груди скокса. Единственным моим оружием стал теперь только этот меч, но он показался мне слишком тяжелым, в несколько раз тяжелее обычного, и я вновь заподозрил неладное. Не простым воином был мой противник, совсем не простым. Проверить это предположение не составляло особого труда. Если я ошибался, сила КЖИ никак не проявит себя.

Едва я произнес нужное заклинание, как меч попросту потерял вес. Он словно бы превратился в невесомую рапиру. Но теперь я знал, с каким грозным противником имею дело, и удвоил осторожность.

Мне очень сильно мешало кольцо. Контроль над ним отвлекал внимание и требовал постоянного усилия воли. Порой трудно было определить, кто из нас управляет поединком.

Последовал удар слева. Направленный двумя руками меч моего врага со свистом приближался. Я понял, что отразить его не успею. Можно лишь уклониться. Это я и сделал. Пустыннику не удалось достаточно быстро погасить инерцию удара. Его повело вслед за мечом вперед. Он раскрылся, и я получил возможность ударить сверху в левое плечо. Времени для замаха не было, мой удар не мог причинить серьезного вреда.

Все же это заставило его отступить и поднять меч для защиты... Напрасно... Теперь он открыт спереди. Прямой колющий удар в грудь. Это был бы завершающий удар в поединке на рапирах. Сейчас же меч, ударившись в пластины панциря, лишь слегка отшатнул моего противника назад. Не теряя ни секунды, он нанес ответный удар сверху, по моему шлему. У меня не было времени для защиты. Я не успевал поднять меч, не успевал и уклониться. Пришлось лишь пригнуться, максимально ослабив удар.

Сбитый с моей головы шлем покатился по земле. Соскользнувший после удара по нему меч пустынника обрушился на мое плечо. Левая рука повисла, как плеть. Зря я не рассмотрел лицо того витязя, что лежал на земле, в моем видении, оно показалось мне знакомым...

Усилием воли я справился с болью, загнал ее в дальние уголки сознания. Отпрыгнул назад и выиграл несколько мгновений, чтобы перевести дыхание. Я вновь поднял меч одной рукой, по-прежнему не чувствуя его веса, я держал его легко, как перышко, в вытянутой руке, и, наверное, это очень удивило моего противника. Во всяком случае он приближался слишком медленно, слишком осторожно, проигрывая мне такие дорогие мгновения.

С каждой секундой боль отступала все дальше, в глазах прояснялось. И уж совершенно неожиданно для своего врага я бросился во встречную флеш-атаку, легко отвел в сторону его меч и ударил в шею, в то место, где застежки шлема соединялись с панцирем, вложив в этот удар весь вес своего тела.

Шлем с перерубленным подшейником отлетел в сторону, и я узнал лицо поверженного на землю воина. Я запомнил его в тот момент, когда он плюнул на землю, демонстрируя свое презрение ко мне и к предстоящему поединку.

12

В просторном помещении, отделанном резными панелями, стояла роскошная кровать с балдахином. Пол утопал в коврах, по стенам разместились светильники с никогда не гаснущими лампами.

Дорогая посуда, разнообразная пища, вино и фрукты, немые прислужницы...

Нет ничего хуже полной неизвестности. Илен не знала, где находится, не знала, что ее ждет, и лишь догадывалась: за всю эту предоставленную в ее распоряжение роскошь придется платить, и платить недешево. Она не могла простить себе собственной глупости! Молодая женщина металась по своей роскошной тюрьме и вспоминала, как нелепо попалась, как бездарно позволила себя провести!

Пять дней ее носило в открытом море после черной бури. Ей не удалось наладить передатчик. Когда она окончательно простилась с надеждой на спасение и в отчаянии сидела на краю скалы, из-за ближайшего обломка вынырнула лодка с четырьмя гребцами. Ей даже в голову не пришло, что на планете могут быть другие люди. Она сразу решила: это Игорь. Она не знала точно, сколько людей прилетело на второй шлюпке, и, забыв обо всем, бросилась к своим «спасителям».

Даже когда не увидела в лодке ни одного знакомого лица, она ничего не поняла, не приняла никаких мер предосторожности. Гребцы молча причалили, а затем в воздухе мелькнула сеть... С ней обращались как с неодушевленным предметом. Перенесли на борт лодки, напоили каким-то зельем. Проснулась она уже в этой комнате.

Ей иногда удавалось разобрать за стеной гортанную непонятную речь, на которой переговаривались между собой прислужницы. Но, войдя к ней, они умолкали.

Она давно потеряла счет часам, дням, неделям, не знала, когда здесь наступает ночь. В ее комнате не было окон, только лампы, постоянно льющие дымчатый свет.

Ей казалось: больше она не вынесет.

Прислужницы, словно выполняя некий ритуал, склонялись в поклоне, меняли еду и питье на столе, наливали горячую воду в небольшую ванну и молча исчезали.

Когда, заледенев от ярости и тоски, она начинала беспрестанно барабанить в дверь, всегда был один результат: дверь открывалась, входили прислужницы, все повторялось. Лица у этих молодых женщин казались высеченными из камня, ни проявления досады или неудовольствия, ни шепота, ни вздоха — ничего. Однажды она заставила их сменить пищу двести восемьдесят раз подряд, и все эти перемены походили друг на друга как две капли воды. Наконец, сдавшись, она рухнула на постель и пролежала неподвижно, наверное, целые сутки. Время остановилось. Если бы у нее были часы! Часы казались ей порой самым желанным предметом в мире.

Однажды, когда она лежала, уставившись остановившимся взглядом в противоположную стену, мертвое лицо одной из фресок ожило. Приподнялись веки, и в узких прорезях глазниц сверкнули живые человеческие глаза — за ней наблюдали! Это маленькое открытие показалось ей чрезвычайно важным хотя бы потому, что не укладывалось в доведенный до кретинизма ритуал подачи пищи.

Она ничем не выдала себя, вовремя отведя взгляд, но с этой минуты внимательно следила за всеми барельефами, в изобилии украшавшими стены ее темницы. Глаза больше не появлялись. Однажды она попробовала, встав на стул, дотянуться до фрески, но ей это не удалось. Когда она проснулась, стул исчез, а вместо него появилась скамья, прикрепленная к полу.

Но вот настал день... Без всякого знака с ее стороны двери распахнулись. Четыре прислужницы внесли и разложили на постели довольно сложный наряд, ничем не похожий на рыжие бесформенные бурнусы, скрывавшие фигуры ее обходительных молчаливых стражей. Знаками ей предложили переодеться и оставили одну. Она безропотно подчинилась с единственной целью — изменить хоть что-нибудь в окружавшем ее чудовищном однообразии. Сердце молодой женщины тревожно билось. Это переодевание могло означать лишь одно — перемену в ее судьбе. Пытка неизвестностью заканчивалась.

Пустынники выполнили все условия договора. Хенк ничего другого и не ждал, но я все время опасался какого-нибудь подвоха до той самой минуты, пока в прибрежной деревне мы не выменяли, по совету Прора, оставшихся после битвы хрумов на плоскодонное гребное судно.

Якорь подняли на борт, взметнулись весла, и темное пространство моря поглотило нас. На берегу не было никакого движения, никто не пытался нас преследовать.

С каждым взмахом весел мы глубже погружались в ночь. Через час пришлось остановиться и подождать восхода первой луны, чтобы не наткнуться в полной темноте на один из многочисленных плавучих камней. Все наше судно целиком было выдолблено из такого же легкого, ноздреватого, но достаточно прочного камня. Мы старались держаться ближе к берегу. Его извилистая линия оставалась для нас основным ориентиром.

— Нужно спешить, — прошептал Прор, наклоняясь ко мне. — Мы слишком надолго застряли в этих проклятых песках, и у тебя почти не осталось времени.

— Сколько до халфу?

— Четыре луны. Сам праздник длится двенадцать лун, и в любой из этих дней она может умереть.

Обстоятельства складывались так, словно кто-то специально нанизывал их на невидимую нить, замедлявшую наше продвижение вперед.

То весло сломалось, и пришлось приставать к берегу, чтобы сделать новое. То кончились запасы питьевой воды, и мы несколько часов потеряли на побережье в ее поисках.

Был лишь один способ ускорить наше движение, один-единственный способ. Я все еще сопротивлялся давлению, толкавшему меня к губительному решению. Но кольцо жило, трепетало на руке, и в сознании возникали насмешливые чужие слова: «Давай-давай. Сиди здесь, жди восхода луны. Может быть, в эту минуту женщина, доверившаяся тебе, беспомощно бьется в руках палачей». Затем появлялись картины, яркие цветные картины, ввергавшие меня в оцепенение. Наконец в один из таких моментов я ослабил контроль, и судно, словно само собой, двинулось в темноте, с приподнятыми веслами, огибая невидимые скалы. Вода забурлила за бортом.

Послышались удивленные возгласы гребцов. Я успокоил их и, уже не сопротивляясь, еще больше усилил давление. Впервые кольцу удалось выполнить мое личное желание. Я знал, что теперь уже все равно, что я окончательно пропал и не остановлюсь ни перед чем, чтобы спасти Илен.

Опять я чувствовал себя ничтожной маленькой пешкой на поле чужой игры.

Вначале у меня еще была надежда с помощью хитрости, ограниченно используя мощь кольца только против магии, добраться до храма и отыскать скрытую в нем силу, способную противостоять Аристарху... Я даже толком не знал, что она собой представляла, эта сила. Энергию в чистом виде? Оружие? Еще одно кольцо? Неважно. Сейчас она стала для меня недоступной.

Я сжег за собой все мосты, нарушил все законы Адры, я шел напролом и надеялся лишь на чудо — успеть спасти Илен до того, как последует расплата. Я не знал, какой она будет. Скорее всего Аристарх управлял этим миром не сам, а через своих адептов. Именно поэтому я пока еще жив. Возможно, в конце концов меня превратят в раба того самого кольца, которое я использовал сейчас в своих личных целях. Но, видимо, на этот раз меня попросту уничтожат. Дважды, в двух разных кругах, слуги Аристарха безуспешно пытались сделать из меня покорного исполнителя своих планов. Больше они не станут со мной возиться. Меня ожидала мучительная и окончательная смерть без права на возвращение. Я приму ее как должное. Я заблудился в переплетении чужих пространств, я устал от их холодного дыхания. А судно все ускоряло ход...

Зал, в который ввели Илен, напоминал театральную сцену. Впереди, на ярко освещенном возвышении, синими глубокими бликами отсвечивал огромный темный камень с ложеобразным углублением посередине. Над ним — вырезанное из того же камня лицо с красными рубинами полыхающих глаз. Глаза смотрели на пустое пока ложе. Страх парализовал Илен, предательский, подлый страх. Те, что готовили ее к предстоящему, хорошо знали свое дело...

Сегодня она была только зрителем. Ее подвели к одному из кресел. Илен почти упала в него. Веревки, прикрепившие ей руки к подлокотникам, казались совершенно лишними. Парализованная ужасом, она не могла двинуться. За ее спиной двенадцать высших жрецов со скрытыми за черными балахонами лицами ждали начала жестокого представления. Все происходило в полном молчании. Наконец где-то под потолком зала возник глубокий вибрирующий звук. Гонг? Рог? Какая разница! Тьма опустилась на сцену, а когда вновь вспыхнул свет, на темной поверхности камня уже билось живое женское тело...

Красные глаза черного чудовища, высеченного в камне, казалось, ожили. Они запылали ярче и опустились ниже, чтобы не упустить, не расплескать ни капли плывущего к нему смертного ужаса жертвы.

Жрецы, выполнявшие работу палачей, не спешили. Нож лишь слегка коснулся тела жертвы, разрезая легкую ткань и окрашивая ее первыми пятнами крови... Отчаянный, звериный крик, полный боли, оглушил Илен.

Очнулась она в роскошной темнице храма. Теперь, когда Илен точно знала, что ее ждет, она впервые позволила себе подумать об Игоре без всякой горечи, словно уже прощалась с ним. В школе Комора ее научили сложному психологическому приему безболезненной остановки сердца. В безвыходном положении агент должен умирать молча... К этому ее готовили специально. Илен больше не была ничьим агентом. Теперь она принадлежала самой себе и, может быть, в далеком прошлом еще одному человеку... Она знала, он сделает все, что в человеческих силах, чтобы помочь ей. Значит, хотя бы ради него она обязана ждать до самого последнего момента. Но беспомощной игрушкой в руках этих чудовищ, готовых наслаждаться ее муками, она не станет. И когда придет должный час, мужества у нее хватит.

К порту Бантры мы подошли на веслах. Бухта, вся забитая различными лодками и судами, освещенными лишь красноватым светом факелов, оказалась неплохим убежищем. Здесь, среди тысяч паломников, прибывших на праздник халфу, обнаружить нас будет совсем не просто. Прор опять дал дельный совет. Только благодаря бесценной информации, хранившейся в его памяти, нам удалось добраться до Бантры. На пеших тропах — войти по ним в город предлагал Хенк — нас наверняка ждали многочисленные заставы. Теперь же мы незаметно причалили среди сотен других лодок и беспрепятственно сошли на берег. Паломники, прибывающие из отдаленных мест планеты, держались небольшими группами, и наш отряд не вызывал к себе никакого интереса. Мы с Пpором еще при покупке лодки приобрели для всех желтые плащи паломников и сейчас, растворившись в огромной толпе, начали свое медленное, осторожное продвижение к храму.

Храм расположился в самом центре Бантры. Собственно, город кончался за несколько километров до подножия скалы, на которой стоял храм Света. Городские окраины охватывали храмовую гору широким полукольцом, и все это пустое пространство заполняли теперь караван-сараи, базары, толпы людей. Это человеческое море в темноте угадывалось лишь по гулу голосов, огням сотен костров, движению множества факелов и переносных масляных фонарей. И над всем этим, на вершине высочайшей горы, пылал в алых лучах навсегда застрявшего за горизонтом светила храм Света.

Зрелище было настолько величественным, подавляющим воображение, что человек, увидевший его впервые, долго не мог прийти в себя. Казалось, огромное белое здание, увенчанное башнями и шпилями, свободно парит в воздухе над бесчисленным сонмом паломников. Одежды различных племен, рас, религий смешались в пестром многоликом море. Темнота, разорванная светом факелов и костров, скрывала большинство деталей, но даже и сквозь нее можно было понять, что в этом месте должно произойти в ближайшее время какое-то грандиозное событие.

Первые, невидимые в темноте ступени храма начинались у подножия горы. Сложенные из черного базальта, они, казалось, впитывали в себя немногие проблески света, проникавшие сюда от далеких костров. Слуги этих нижних ступеней, скрытые под черными балахонами, неожиданно возникли перед нами. Я заметил их только тогда, когда наш отряд оказался затертым в навалившейся со всех сторон толпе одинаковых безликих фигур. Ни слова, ни звука, ни блеска оружия. Но буквально через несколько секунд мы оказались отрезанными друг от друга.

Постепенно нас оттесняли к подножию первой гигантской ступени высотой около двух метров. На ее верхней площадке стоял отряд воинов в доспехах с обнаженными мечами и факелами в руках. Прозвучала команда.

Мечи взметнулись. Но прежде чем они опустились на наши головы, я нанес удар по ступени всей мощью кольца.

Он был страшен, этот чудовищный, направленный на живых людей удар. Словно гигантский невидимый молот с размаху опустился на ступень. Брызнули осколки камня, изуродованные человеческие тела в искореженных, расплющенных доспехах посыпались на нас сверху. И сразу же трусливо исчезли те, кто толкал нас к ловушке. Ни одного черного капюшона не осталось рядом. Путь к храму вновь был свободен, и мы, обойдя гигантскую разрушенную ступень, продолжили подъем по боковой, предназначенной для паломников лестнице.

13

Взошла одна из лун Адры и осветила величественный мавзолей, опоясавший подножие горы. На его фоне пять жрецов в белых туниках, сбившись в беспорядочную кучку, выглядели достаточно жалко. Жрецы быстро усваивали уроки. Теперь они желали вести с нами переговоры.

— Не доверяй им. Они что-то задумали, — прошептал Прор.

— Не сомневаюсь. Будьте на всякий случай готовы к штурму. Обо мне не беспокойтесь. Если понадобится, я расколю стены их каменного гнезда, как скорлупку. Но в любом случае их стоит выслушать.

Второй жрец Света, Аратупет двенадцатый, отрицательно покачал головой. Мы сидели в просторной пустой трапезной у стола, уставленного яствами. Шел третий час безрезультатных переговоров. В отличие от меня жрец никуда не спешил и мог себе позволить неторопливо собирать по крохам оброненную мной информацию. Я занимался тем же, но чувствовал, что начинаю терять терпение. Это было очень плохо. Кольцо на пальце уже встрепенулось.

— Почему? — Я спросил как мог спокойнее, усиливая контроль над кольцом.

— Ничего у вас не выйдет. Даже если я дам свое согласие, вы все равно не попадете в храм. Точнее, вы не попадете в тот храм, который вас интересует. И уж во всяком случае никакой женщины вы в нем не найдете.

— Как это следует понимать? — Я уже не скрывал раздражения.

— Только посвященным открывается истина...

Трапезная располагалась в преддверии храма, в массивном плоском здании, окружавшем всю гору и являвшемся продолжением лестницы гигантов, первую ступень которой я разрушил.

Наш отряд выстроился во дворе с арбалетами, снаряженными последними «огненными» стрелами. Но я знал, что они не понадобятся. Я чувствовал в себе способность убить всякого, кто попытается мне помешать. Темная злоба бурлила внутри меня, рвалась наружу, застилая разум. С трудом мне удалось снова загнать ее в глубь сознания.

— Перестаньте молоть чепуху!

— Хорошо, — неожиданно охотно согласился жрец. — Я попробую объяснить это явление на вашем языке. Хотя вы мне все равно не поверите. Храм существует в нескольких мирах одновременно. Но лишь один из них представляет для вас интерес.

— А вы решаете, какую именно дверь открыть, — иронически пробормотал я. — И, скажите, кстати, как вам удалось оторвать себе эту непыльную должность? — Я ткнул пальцем в расшитую золотом тунику жреца.

— Поселения здесь существовали задолго до прибытия первых людей. Моим предкам пришлось вступать с местным населением в определенные отношения, и правила общения с богами этого храма установлены не нами.

Я знал из уроков истории, что еще до первых переселенцев возникла так называемая «дикая волна», оторвавшаяся от родной цивилизации много тысячелетий назад и бесследно исчезнувшая в просторах космоса. Никому еще не удавалось обнаружить потомков этих колонистов.

— Вы имеете в виду пустынников?

— Не только их. На Адре немало диких племен.

— Это они построили храм?

— По их преданиям, он существовал здесь всегда. Вряд ли им было по силам сооружение такого здания.

— Тогда кто же?

— Это мне неизвестно, — вздохнул жрец. — У нас тут действуют силы, могущество которых вы знаете гораздо лучше меня. Они управляют всей планетой, да и не только ею. Именно они решают, какую дверь открыть перед тем, кто переступает порог храма.

— Там много дверей?

— Дверь одна. Но каждый раз она может привести в совершенно другое место.

— Я хочу убедиться в этом лично. Желательно, чтобы эта дверь привела в помещение, где вы приносите человеческие жертвы.

— Жертва — значит, насилие. У нас все происходит добровольно.

— После соответствующей обработки, разумеется?

— После посвящения. К тому же вы неверно представляете себе сам процесс. Никто не лишает посвященных жизни. Они просто уходят из нашего мира, состоящего из двух начал — Света и Тьмы. Смешиваясь, эти начала образуют Вселенную. Никто не в силах их разделить, никто не в силах изменить предначертанное. Переход во тьму дарует человеку не только вечный покой...

— Ну хватит! Не злоупотребляйте моим терпением. Вы знаете, чем это может кончиться. Вам нужно объяснить, чья судьба меня интересует?

— Нет. Я знаю, зачем вы пришли.

— Жертва приносится в первый день халфу?

— Мы называем это уходом к Свету. В каждый из двенадцати дней великого праздника один из добровольцев уходит к Свету.

— Ответьте мне наконец, жива ли она еще? Если хоть один волосок...

— Я уже говорил. Вы просто ничего не понимаете. — Аратупет устало покачал головой.

— Если вы помешаете мне войти в храм, я использую любые средства, всю силу, на которую способна эта штука! — Я показал ему кольцо, и, хотя в глазах его отчетливо мелькнул страх, он справился с собой удивительно быстро.

— А я и не собираюсь вам мешать. Храм открыт для всех. Для каждого, кто пожелает в него войти. Больше того, я, пожалуй, смогу освободить женщину, чья судьба вас так волнует, если вы добровольно войдете в храм.

— В таком случае считайте, что мы договорились. Как только вы выполните свое обещание, я войду в храм. И если вы попытаетесь обмануть меня, я войду туда все равно, но после этого здесь некому будет приносить жертвы!

Аратупет взял с подноса фрукт арнии, разломил его сочную мякоть и стал выковыривать золотой лопаточкой многочисленные мелкие косточки. Это был неплохой способ вежливо обдумать создавшуюся ситуацию, не прерывая беседы. Наконец, покончив с арнией, он произнес:

— Вы ставите меня в весьма затруднительное положение. Мы не сможем прийти к соглашению, если не будем доверять друг другу.

— Думаю, вы правы. Давайте начнем с вас. Вы возвращаете мне женщину, и я немедленно вхожу в храм. Готов до этого момента находиться под стражей ваших воинов.

— Вы забываете о знаке власти, который только что мне показали. Мои воины бессильны против него. Как только женщина будет выведена из храма, ничто и никто не сможет помешать вам уйти вместе с ней.

— По-вашему, я не смогу сделать то же самое, если сначала войду в храм?

— Это уже не моя забота. Как только вы войдете в храм, дальнейшее меня не касается.

Мне стало ясно, что внутри храма власть кольца скорее всего будет ограничена или вовсе утрачена. Ну что же, этого следовало ожидать. Не зря меня сюда так упорно заманивали.

— Давайте попробуем все рассмотреть еще раз. Как вы считаете, я прибыл на Адру, чтобы спасти эту женщину?

— Нет, конечно. В момент прибытия она была с вами.

— Тогда зачем, преодолев огромные трудности, я оказался на Адре? Для чего?

— Вам лучше знать.

— Да, но и вам несложно догадаться. На Адре не так уж много такого, ради чего стоит рисковать жизнью.

— Храм?

Я кивнул.

— Оттуда никто еще не вернулся.

— Разве из этого следует, что все они погибли? У меня есть основания предполагать, что где-то внутри храма существует дверь в другой мир, в иную Вселенную. Я попробую ею воспользоваться.

О том, что мне известно о храме на самом деле, он не должен был знать ни в коем случае. Внутри храма скрыт ключ, управляющий чудовищной силой. В этом я давно уже не сомневался.

Аратупет долго молчал.

— Предположим, вы сказали правду. Тогда почему вы не хотите войти без всяких условий?

— Потому что я несу ответственность перед каждым из своих спутников, потому что у меня гораздо больше оснований не доверять вам и тому, кому вы служите.

— Но ведь и вы должны понимать, что, в сущности, нас не интересует женщина сама по себе. У нас достаточно добровольцев, готовых ступить на дорогу Света. Это огромная честь... — Взглянув на меня, он осекся. — Женщина выполнила свою роль, вы здесь, и больше она нам не нужна.

— Тогда освободите ее. Я не нарушу своего обещания.

Он опять долго молчал, выкладывая на краю блюда какой-то сложный узор из косточек арнии.

— Я должен подумать. Давайте встретимся завтра в это же время. Вас устроят на нижнем дворе, в помещениях для почетных гостей. Я распоряжусь.

— Гораздо спокойнее нам будет на постоялом дворе с обычными паломниками.

— Хорошо. Завтра за вами пришлют.

Значит, сам он не может решить этот вопрос. Значит, ему нужно посоветоваться. Интересно, с кем? Жрецы или сам Аристарх? Попробую выяснить хотя бы это...

— Да, и вот еще что... По поводу завтрашних переговоров... Вас называют вторым жрецом Света?

— Это так.

— Я предпочитаю вести переговоры с первым лицом.

— Вам трудно понять нашу иерархию. Все земные дела решает второй жрец. Первый лишь незримо присутствует при этом. Ночью я узнаю его решение.

По крайней мере завтра станет ясно, понадобится ли нам штурмовать храм.

Подъем стал круче, и Аратупет едва поспевал за мной. Жрецы рангом пониже держались между нами и остальным отрядом. Мне это не нравилось. Но тропа казалась слишком узкой. Местами на ней не смогли бы разойтись два человека, и у меня не было повода возразить против такой расстановки. Я все время опасался предательства, прямого обмана или скрытой ловушки. В конце концов они уступили мне в главном. Освобождение Илен должно состояться прямо у дверей храма за минуту до того, как я туда войду. Состоится ли?

Аратупет все время старался идти рядом, иногда ему приходилось балансировать на самом краю тропы.

Воздух постепенно становился разряженнее, прохладнее. Когда тропа, огибая гору, разворачивалась на запад, взору открывались гряды облаков, подсвеченных снизу розоватыми лучами солнца, — пейзаж, хорошо знакомый летчикам и спортсменам. Я часто наблюдал похожую картину из кабины высотного флатера, но каждый раз, когда смотрел на облака сверху, меня охватывало странное чувство непрочности окружающего мира.

Здесь впечатление еще больше усиливалось неподвижностью наблюдателя и медленно надвигавшимися с запада облаками. Казалось, сама гора невесомо плывет в пространстве сквозь тьму, навстречу розовому, холодному, никогда не завершающемуся рассвету...

— Вы лично вступали в контакт с первым жрецом?

Я должен быть уверен, что решение не изменят в последний момент.

Аратупет хватал воздух широко открытым ртом и говорил медленно, с трудом. Это вызывало во мне дополнительные подозрения: прежде чем ответить, он слишком тщательно взвешивал каждое слово.

— Конечно. Я второй жрец Света. Кроме меня, никому не дано такого права.

— Часто вам приходится получать инструкции оттуда? — Я указал на летящие теперь под нашими ногами облака.

— Обычно он не вмешивается в наши дела. Очень редко нам выпадает счастье услышать его прямые указания. Ваш случай особый.

— Где именно проходило ваше «общение», в самом храме?

— Верхние помещения храма закрыты для всех. Внизу располагаются залы посвященных Тьме. Эта часть также недоступна нам. В сущности, храм нам не принадлежит, и мы мало о нем знаем. Он такой древний, что историю всего человечества можно было бы записать на одном его камне. И поскольку из него никто не вернулся, источником сведений для нас стали легенды пустынников и некоторые собственные наблюдения. Видите, я с вами полностью откровенен и готов поделиться любой информацией, которая может оказаться вам полезной.

«Еще бы. Твоя главная забота состоит сейчас в том, чтобы я не передумал в последний момент. Ты готов разрисовать свой сомнительный дар любыми красками и к тому же здорово умеешь уходить от моих вопросов».

— Человеческие жертвоприношения — ваша идея?

Аратупет отрицательно покачал головой.

— Он так решил. Время от времени кто-то должен выбирать дорогу Света. Я не знаю, для чего ему это нужно.

В конце шестьдесят седьмого поворота тропы первые лучи солнца осветили скалу. Перед нами открылась лестница, выложенная из белого полированного камня. Людям с трудом удавалось преодолевать их высоту, и Аратупет, словно извиняясь, объяснил:

— Когда боги Света возвратятся на нашу планету, их первым пристанищем станет храм. Именно отсюда своими гигантскими шагами они спустятся вниз. — Как только рядом оказывался кто-нибудь из послушников, Аратупет сразу же переходил на привычный жреческий жаргон.

Наконец подъем кончился. На просторной террасе храма стражи расступились перед жрецами. Я увидел бронзовую дверь, украшенную литыми фигурами и неведомыми письменами. Смягченные атмосферой лучи едва обозначившегося над горизонтом краешка светила заливали террасу кровавым светом, слишком резким после сплошного мрака, сквозь который привела нас сюда тропа.

Аратупет повернулся к жрецам и трижды хлопнул в ладоши. За спинами воинов показалась женская фигура, закутанная с ног до головы в покрывало. Ее вели под руки двое послушников в красных круглых шапочках, резко выделявшихся в море белых одежд остальных жрецов.

Я узнал ее сразу. Ауру не могло скрыть никакое покрывало. В первую минуту я хотел броситься к ней и вдруг понял, что мне нечего ей сказать. Приветствие перед прощанием? Встреча перед окончательной разлукой? Обещание вернуться? Но я знал, что не вернусь из этого храма.

В лучшем случае мне предстоял еще один круг, и, значит, я никогда больше не встречу Илен. Как не встретил и той женщины, что стояла когда-то на стене города летунгов...

Сейчас все, кто находился у храма, были в моей полной власти. Я уже не сомневался в том, что жрецы выполнят условия соглашения. Илен провели мимо меня вниз. Когда она проходила рядом, мне показалось, что ее плечи вздрогнули. Возможно, от порыва холодного ветра. Вскоре ее фигура скрылась за нашими воинами.

— Теперь ваш черед... — По неуверенному тону Аратупета я понял, как сильно он боится неудачного завершения этого сложного дела.

— Да. Сейчас. Еще минуту... — Я знал, что мое последнее желание будет выполнено точно так же, как выполнялись все предыдущие. Здесь, на ступенях храма, я чувствовал почти беспредельную власть кольца. Рядом пульсировала главная артерия темной энергии, и кольцо вбирало в себя ее мощь.

Поднялся ветер, пронесся над нашими головами, и никого не осталось на ступенях, где только что стоял наш отряд. Я выполнил свой долг перед всеми этими людьми. Я сделал для них все что мог, вернув их в поселок колонистов. Мне оставалось лишь надеяться, что Илен простит и поймет меня. Я мог бы сейчас стоять там, рядом с ней... На секунду я испытал безумное желание сделать именно это и почувствовал, как ветер закрутил вокруг меня воздушный вихрь. Я не сомневался: кольцо охотно выполнит это. Кажется, я понял почему. Аристарх хотел, чтобы я снова попытался пройти всю свою дорогу к храму.

Пройти ее вновь, сопротивляясь безумной силе кольца, толкающей меня в глубины ада. Но тот, кто поворачивает обратно, никогда не приходит к цели — этому учил меня Сейрос. С самого начала кольцо предназначалось лишь для того, чтобы остановить меня на пути к храму Света.

Оно не выполнило своего назначения, и теперь им оставалось лишь одно — открыть передо мной путь, ведущий к гибели...

Сейчас я заплачу по всем счетам сразу. Я укротил кольцо. Воздушные потоки улеглись. Жрецы держались на почтительном расстоянии. Никого не было между мной и гигантской дверью храма.

Ее металлическая громада казалась непреодолимой. Она, как щит легендарного воина, отражала слабый солнечный свет, и нигде, ни на одном рисунке, ни на одном древнем знаке, не было заметно ни малейших следов окислов.

Я лишь слегка притронулся к ее поверхности. Не нажал даже, скорее погладил холодную льдистую плоскость, и дверь легко, без всякого сопротивления поехала вверх, открывая вход. Передо мной мерцала странная фосфоресцирующая пелена мрака, не пропускающая изнутри ни малейшего лучика света.

Хор жрецов за моей спиной затянул мрачную мелодию. Скорее всего это была одна из погребальных песен.

В памяти мелькнуло улыбающееся лицо учителя. Он улыбался так редко... «Настоящий Воин сам решает, когда ему встретиться со своей смертью. Начиная с третьего круга она всегда стоит за его левым плечом». Я снова вспомнил эти слова, но не стал оглядываться. Я не увидел бы там никого, кроме Аратупета. Вместо этого я шагнул вперед. Будто шелк прошелестел по лицу, и гулко ухнула металлическим гулом закрывшаяся за мной дверь.

14

Я стоял внутри храма.

Тишина здесь была такой плотной и полной, какой никогда не бывает тишина лесов, полей или даже пустынь. Звук опустившейся двери только подчеркнул ее. Постепенно, без следа, он растворился в неподвижном воздухе — словно звон погребального колокола.

Я был совершенно один в огромном зале. Снаружи лился тихий ровный свет, слегка окрашенный в цвет крови.

Нескончаемым потоком он втекал в широкие порталы окон, заливал белоснежный пол и струился по нему дальше, к середине зала. В его центре какой-то темный столб или колонна уходила ввысь до самого свода и вонзалась в пол храма, похожая на ось целого мира. Ближе к ней свет начинал медленно вращаться, образуя как бы водоворот. Видимо, там он уплотнялся, становясь почти осязаемой жидкостью. Если у окон свет казался физически неощутимым — таким, каким и должен быть свет, — то ближе к темной колонне он явно сгущался и стекал вдоль нее в зияющую воронку.

Сверкающая жидкость лилась вниз, постепенно закручиваясь во все более стремительный водоворот. Водоворот этот хранил в своей глубине нечто запретное. Возможно, даже тайну небытия. И, наверное, именно поэтому так трудно было бороться с желанием заглянуть в темную пропасть, поглощавшую в своих глубинах целые реки света.

Разноцветные сполохи завораживали, подавляли сознание. Меня все сильнее тянуло к краю пропасти у столба, в которую нисходил свет. Красный, зеленый, синий, фиолетовый — менялась интенсивность цвета, менялись оттенки. Непроизвольно я сделал первый шаг в сторону световорота и, теряя опору под ногами, покачнулся.

Идти следовало совсем не туда... Но двигаться против потока казалось немыслимым. Я сделал еще шаг...

Почти сразу же ноги оторвались от пола. И я поплыл в световом потоке. Стены храма исчезли, я вообще не видел ничего, кроме реки света, окружавшей меня со всех сторон и постепенно приближавшейся к черной пропасти. На секунду почудилось, что впереди, у самого края воронки, мелькнули два легких живых мазка, напоминающих своими очертаниями человеческие фигуры. Но они тут же исчезли.

Давление светового потока постепенно усиливалось. Первый раз я почувствовал это в минуту колебания, когда инстинктивно попытался отдалиться от темной пропасти, поглощавшей свет, и ясно ощутил, что теперь уже поздно. Обратного пути не было.

Время словно остановилось. Все чувства и ощущения замерли, растворившись в этом безмятежном потоке и мягком неназойливом движении к краю пропасти. Я не мог определить, была ли игрой воображения величественная мелодия, возникшая в полной, абсолютной тишине. Скорее всего так реагировала человеческая психика на ритмичные сполохи света, подавлявшие волю к сопротивлению.

Поток постепенно уплотнялся. Он становился все стремительнее. И все более ощутимые удары швыряли меня от одной волны света к другой. Я убеждал себя в том, что это невозможно. Свет не мог стать жидкостью. Его скорость беспредельна и несоизмерима с этим грозным величественным движением, но именно так выглядела реальность, окружавшая меня. Я лишь мог принять ее такой, какая она есть. И эта трезвая мысль неожиданно придала мне силы к сопротивлению. В конце концов, если свету угодно превратиться в жидкость, я был не таким уж плохим пловцом...

Резко рванувшись назад, я попытался грести против потока. Тщетно. Сила тяжести ослабевала с каждым метром, приближавшим меня к черному столбу. Я лишь барахтался на поверхности светозарной жидкости, теперь уже по плотности превосходившей воду. И хотя мои силы оказались ничтожны, само желание борьбы что-то изменило в структуре потока. Рядом со мной появились небольшие местные завихрения, мешавшие ровному безвозвратному движению вперед.

Захваченный одной из таких воронок, я не стал вырываться из стремнины, вспомнив правило для пловца, попавшего в обычный водоворот: ему нельзя сопротивляться. Следует уйти в глубину, там водоворот непременно ослабеет и выбросит пловца на поверхность где-нибудь в стороне от воронки. Вспомнив это, я изо всех сил рванулся вниз, помогая сверкающей жидкости, и в конце концов мне удалось продвинуться вглубь — сначала на метр, потом на два...

Дальше воронка оказалась слишком узкой и, захватив, вертела меня, как волчок. От стремительного вращения я потерял контроль над окружающим и не заметил, в какой именно момент светозарный водопад вокруг меня разомкнулся...

Я стоял на пороге пещеры. Ослепленные бешеным сверканием светопада, мои глаза ничего не видели в ее полумраке. Сзади, за моей спиной, продолжали мелькать сумасшедшие сполохи сгустившегося света да на пол с одежды скатывались тяжелые странные капли, похожие на раскаленную добела ртуть.

Наконец глаза освоились с новой обстановкой, и я увидел исчезающие в чернильной тьме своды гигантской пещеры. Даже в том ярчайшем свете, который шел от входа, не видно было ее конца.

Неожиданно я почувствовал на себе осмысленный взгляд, идущий из темных подземных глубин. Гораздо ближе источника этого леденящего взгляда нечто плоское и огромное, смутно похожее на перевернутое человеческое лицо, взирало на меня с потолка пещеры.

— Кто посмел? — сонно спросила морда, придвигаясь ближе на своих маленьких цепких ножках, растущих из подбородка этого кошмарного существа. Его тело полностью скрывали огромные круглые уши, поросшие зеленоватой шерстью. Ничего не было видно, кроме этих ушей и самой морды. Вспомнив нашу предыдущую встречу, я невольно попятился.

Неожиданно морда оказалась совсем рядом. Сейчас я видел в ее облике детали, не замеченные раньше, например, этот зеленоватый мех, когти на лапах. В первый раз там было нечто похожее на копыта. Я знал, что внешность слухачей непостоянна, и теперь получил этому наглядное подтверждение.

— Я спрашиваю, кто дерзнул войти в преддверие? — Голос, казалось, шел не от слухача, а откуда-то из глубины пещеры.

— Ну я, я дерзнул. Не узнаешь, что ли?

В ответ из пещеры потянуло замогильным промозглым холодом. Морда как-то нехорошо, слишком радостно ухмыльнулась.

— Ах, это ты!.. Проходи, проходи. Явился, значит, не запылился. Мы уж заждались.

Несколько глаз замерцали в темноте. Слухач, оказывается, был не один. Я лихорадочно ощупывал пояс, на котором в ножнах болтался тяжелый неуклюжий меч, словно это оружие могло помочь против слухачей.

Опомнившись, я потянулся своей мыслью к кольцу, привычно вызывая его смертоносную силу, — и ничего не почувствовал, никакого ответного толчка, будто его и не было вовсе.

— Здесь тебе кольцо не поможет, долгожданный ты мой. Говорил я тебе: расплаты не миновать. Теперь вот вкусишь.

Рожа слухача дохнула на меня отвратительным перегаром, улыбаясь и плотоядно облизываясь. Его сородичи, до сих пор державшиеся в отдалении, неожиданно поднялись в воздух. Для своего неровного, прыгающего полета они использовали уши... Очевидно, малая сила тяжести в пещере позволяла столь необычный способ передвижения.

Поняв, что я беззащитен, летающие морды собрались полукольцом и, порхая, словно гигантские бабочки, подбирались все ближе. Выхватив наконец из ножен меч, я рубанул по самой настырной морде. Меч, со свистом разрубив воздух, ударился о скалу, не встретив никакого сопротивления. Передо мной находилось нечто нематериальное.

Слишком поздно вспомнил я о том, что с фантомами можно бороться лишь заклинаниями и молитвой. Я не успел даже сосредоточиться. Из трещин и щелей посыпались вызванные залихватским свистом предводителя этой шайки огромные бронированные крейги. Они бежали ко мне на задних лапах, выставив вперед свои страшные жвала, следом спешили извивающиеся сороконожки с ядовитыми челюстями, плоские, похожие на клопов, мокрицы величиной с собаку и какие-то еще более мерзкие твари, неразличимые в полумраке.

Я ударил раз, другой, но лезвие не смогло пробить хитиновые панцири крейгов. Я терял драгоценные, еще остававшиеся у меня секунды на бессмысленную физическую борьбу.

Чудовищная сила этих созданий намного превосходила мою. Меч, в последний раз встретившись с хитиновой броней, жалобно зазвенел и отлетел в сторону.

— Ну давай, давай! — заорал старший слухач, выделывая в воздухе нечто совершенно непристойное. — Двинь ему по сусалам и хватай, хватай за ребра!

Вскоре меня скрутили. Руки заломили назад и грубо поволокли в глубь пещеры. Рожи вились вокруг, аплодируя крейгам ушами, гримасничая и хихикая.

Через несколько минут мы оказались в громадном подземном зале, освещенном пламенем чудовищного костра, пылающего в центре.

Странен был его огонь. Красноватое пламя вздымалось ввысь между гигантскими каменными поленьями совершенно бесшумно. Где-то под потолком зала огненные языки соединялись в некий символ. Я никак не мог уловить его окончательный смысл. От костра несло ледяным холодом. Пламя не грело, скорее наоборот, оно высасывало из меня последние оставшиеся крохи живого тепла.

Вся свора тварей, улюлюкая и свистя, с довольным видом расположилась вокруг мертвого огня. И тогда из боковой тени на свет выдвинулась страшная фигура одноглазого монстра с корявыми, спускавшимися до земли руками. Его голова почти упиралась в своды пещеры, горы мускулов перекатывались под шершавой обвисшей кожей. Уставившись в огонь, монстр произнес два слова на древнем языке.

Твари вокруг затихли, зато засвистел и завыл огонь, словно в костер подбросили хворосту. Подвижные части пламени обретали очевидную форму, отливаясь постепенно в гигантское лицо размером с небоскреб. Появился подбородок, черные провалы глазниц вспыхнули дьявольским синим огнем. И тогда я узнал его...

— Где предатель?! — словно гром прогрохотал под сводами пещеры. Обломки мелких камней рассекали мне кожу, причиняя дополнительную боль. Жвалы жуков глубоко врезались в тело. Я не мог пошевелиться.

Монстр, стоящий рядом со мной, откликнулся трубным голосом:

— Он здесь, лорд Арист. Мы ждем ваших приказаний.

Глаза пламенного чудовища опустились, стараясь нащупать мой взгляд. Я знал, что смотреть нельзя, но ничего не мог с собой поделать.

— И это ничтожество посмело пренебречь моим доверием?

— Я никогда не принадлежал тебе! — крикнул я в раскаленную морду. Казалось, мой крик утонул в хохоте пламени.

Когда грохот стих, из костра донесся гневный голос:

— Ты мог стать императором королей. Ты мог управлять звездной империей. Все богатства, вся власть могли принадлежать тебе. От тебя требовалась самая малость — не нарушать запрета, не преступать Темной зоны, но ты не сделал этого. Ты посмел нарушить все законы, направив мой дар против моих же слуг. Признаешь ли ты себя виновным в этих преступлениях?

— Я не просил этого проклятого дара! Я ничем тебе не обязан! Я никогда не был твоим слугой!

— Это ложь. Вспомни два договора, подписанных тобой.

— Первый подписал глупый, мало что знающий юноша, мечтающий о дальних странах. Сегодня ты судишь не его. Второй договор вы вырвали у меня обманом, во время наркотического опьянения. Вы отняли у меня надежду, любовь, веру. Нет, я не признаю себя виновным.

— Пусть будет так. Это лишь усугубляет вину. Твоя судьба станет достойным примером для других предателей.

— Ты не имеешь права судить меня! Ты даже не знаешь, что такое справедливость!

— Зато я знаю, как надо наказывать врагов. — Он помолчал, словно собираясь с мыслями. В зале стояла абсолютная тишина. Даже пламя перестало потрескивать. И вновь под сводами зала разнесся голос, похожий на гром: — Марок! Я отдаю его вам.

Костер вспыхнул на несколько мгновений нестерпимым блеском, замораживая дыхание и остатки жизни в моем теле. Почти сразу же огонь погас, и благословенная темнота обрушилась на меня, притупляя боль, но лишь для того, чтобы принести новую, еще более страшную.

Очнулся я в огромной пыточной камере. Я висел на деревянной перекладине, прикрученный к ней прочными сыромятными ремнями. Ноги были притянуты к двум большим валунам. Я не мог шевельнуться.

Мешковатая громадная фигура моего одноглазого палача двигалась около горна. Он то раздувал мехи, время от времени подсовывая в огонь какие-то инструменты, то, насвистывая залихватскую мелодию, пил из жбана. На секунду я почувствовал сильную жажду, но боль в вывернутых суставах заглушила ее.

Высоко надо мной на жерди висела плоская перевернутая рожа слухача. Он то и дело нетерпеливо переступал с лапы на лапу, демонстрируя полное презрение к законам земного притяжения.

— Чего ты тянешь, Марок? Пора начинать!

— Не учи меня, Болта! Я сам знаю, что нужно делать. Видишь, оно еще не готово.

— А по мне так в самый раз. Светится уже.

— Светится, светится! С кого спрашивать будут, если что не так? Сказано тебе: случай особой важности.

Они разговаривали друг с другом так, словно меня здесь не было, словно я стал неодушевленным предметом. На секунду гнев помог справиться с болью, мне даже показалось, что я вновь начинаю обретать контроль над своим сознанием, но в этот момент мое внимание отвлекли действия Марока.

Он пошевелил угли и передвинул на их середину раскаленный докрасна овальный предмет. Потом окунул палец в жбан и на мгновение прикоснулся к его поверхности. Раздалось шипение.

— Пожалуй, что и готово. Попробовать, что ли?

— Начинай, начинай! Нечего тянуть кота за хвост!

Сняв со стены огромную металлическую ложку, Марок подцепил ею круглый раскаленный предмет и плеснул на него из плетеной бутыли маслянистую темную жидкость. Удушливый запах заполнил камеру. Поверхность предмета начала трескаться, и расширенными от ужаса глазами я увидел, что внутри что-то шевелится, что-то живое.

Шевелящийся и все еще светящийся от жара предмет медленно приближался к моему беззащитному обнаженному телу.

И затем наступила боль. Боль, какой я не испытывал никогда в жизни.

Мне казалось, должен был быть какой-то предел, болевой порог, за которым наступает забвение, но его не было. Я чувствовал, как плавятся мои кости, как сжираются мои внутренности.

Я попытался разлепить глаза и ничего не увидел. Наверное, их давно выжгли. Я находился внутри беспредельного кокона боли. Он окутывал каждую жилочку моего тела, каждый отдельный орган. И это продолжалось тысячу лет. Тысячу лет рвущегося из меня несмолкаемого дикого вопля.

Какое-то огромное существо ползало внутри меня, постепенно выедая все, что попадалось на его пути. Я превратился в пустую скорлупу, наполненную болью. Не было тела, не было времени, не осталось ничего, кроме боли. Возможно, иногда сознание отключалось — я этого не ощущал, потому что по его возвращении меня ожидала новая волна боли.

15

Очнувшись в очередной раз, я вновь попытался открыть глаза. Полный мрак или слепота? Хотел поднять руку, чтобы ощупать лицо, и не ощутил ни веревок, ни самой руки. Я неподвижно лежал на жесткой поверхности, спеленутый как младенец, и не мог даже повернуться.

Что они со мной сделали? Я не чувствовал больше своего тела. Мое сознание находилось в чем-то совершенно чужеродном. У этого длинного предмета не было ни рук, ни ног, ни глаз — ничего привычного. Искалеченный обрубок?.. Тогда почему я до сих пор жив? И почему я не чувствую боли?! И отчего так зверски, не по-человечески хочется жрать?

Прошел день, час, год? Ничего не изменилось, кроме голода. Он стал сильнее. Я открыл рот и лязгнул зубами. Кажется, с этим все обстояло вполне благополучно. Я попытался крикнуть, позвать кого-нибудь, хотя бы даже своих палачей, но лишь поперхнулся слюной, не издав или не услышав ни звука.

По прошествии какого-то времени — в моем теперешнем положении у меня не было о нем ни малейшего представления — я почувствовал свет. Вначале я его именно почувствовал. Что-то внешнее, ласковое, как прикосновение женских рук.

Много позже в глазах (значит, они все-таки остались!) появились размытые световые пятна. Я мотнул головой, и пятна в точности повторили движение, словно находились внутри меня. Я видел множество светлых кругов с обеих сторон головы, отделенных друг от друга темными границами.

Пятна не меняли формы. Если я не шевелился, они казались совершенно неподвижными. Я насчитал их ровно восемьсот двадцать четыре штуки.

Прошел еще час, день, год? Светлые круги постепенно обретали резкость. Я учился ими управлять, и это отвлекало меня от беспросветных мыслей о собственной судьбе. Если бы не проклятый голод! Он становился нестерпимым. Я еще раз безуспешно попробовал закричать. Наверное, мне вырезали даже горло. Во всяком случае, я не чувствовал языка. Тогда я стал извиваться всем телом, и это мне удалось. Боль не вернулась и после этих рискованных физических упражнений.

Я пополз вперед, сантиметр за сантиметром продвигаясь внутри свободного, похожего на трубу пространства. Может быть, меня выбросили в канализацию? Оказалось, мое тело неплохо приспособлено для передвижения в узком туннеле или норе.

Зачем вообще оставили они мне способность мыслить, чувствовать, испытывать голод? Ответ ясен. Физических мучений для меня недостаточно, и их следует продолжить... «Будешь ты, пребывая во тьме, тысячу лет молить о пощаде...» — вспомнилось пророчество Проранта. Теперь оно сбылось. Я не молил о пощаде, но лишь потому, что знал: мольбы доставят удовольствие моим палачам и ничего не изменят.

Постепенно глухое беспробудное отчаяние овладевало мной. Я попробовал разбить голову о стены туннеля, по которому полз, но тело не желало умирать и не собиралось мне подчиняться. Оно хотело жрать и лишь ускоряло ход в поисках пищи.

Неожиданно я почувствовал ее запах. Тело дернулось, как от удара электрического тока, и без всякого участия с моей стороны рванулось вперед. Вскоре рот заполнила сладковатая жижа, восхитительная на вкус. Я так и не понял, что это было — корень какого-то растения? Но на такой глубине под землей могли расти разве что грибы...

Я или, вернее, мое тело рвало пищу огромными кусками в безнадежном стремлении насытиться. В конце концов тут же, на месте трапезы, его сморил сон. Но и это не имело ко мне прямого отношения, поскольку в неподвижном теле мой мозг продолжал бодрствовать. Я понимал, почему: пытка не должна прекращаться ни на минуту.

Вряд ли можно придумать тюрьму страшнее этой. Самым чудовищным была полная безнадежность. Мой разум, заключенный внутри этого ходячего живого мешка, будет прозябать здесь до тех пор, пока я не сойду с ума.

Единственное, что со временем, возможно, удастся, так это, подчинив своей воле все рефлексы чужого тела, заставить его умереть. Если мне позволят сделать хотя бы это.

Иногда я все же засыпал, погружаясь на несколько секунд в вязкую массу забытья без сновидений. Меня лишили даже нормальных человеческих снов. Постепенно на дне беспросветного отчаяния стал рождаться протест против совершенного надо мной насилия. Именно чувство протеста, сознание несправедливости происшедшего и чудовищной несоизмеримости моих проступков с последовавшим наказанием помогли мне преодолеть отчаяние и не лишиться рассудка.

Я старался составить хоть какое-то представление о своем теперешнем теле, но это удавалось с трудом, поскольку я не видел его и не ощущал ничего, кроме простейших рефлексов. Спереди у него (или у меня?) были слабенькие рудиментарные лапки, целых четыре пары. И хоть они не могли приподнять тяжелое, раздутое от постоянной жратвы тело, лапки при ползании оказывали довольно существенную помощь.

Может, это к лучшему — не иметь возможности видеть то, во что превратили меня палачи Аристарха? Если бы я знал всё, мне, наверное, так и не удалось бы справиться с отчаянием в первое время моего нового существования.

Эта мысль родила странный отклик во внешнем мире. По прошествии многих часов, дней, лет я услышал два голоса. Вначале возник чирикающий, свиристящий посвист, но, усилив внимание, я вдруг, неожиданно для себя, стал разбирать в каскаде непривычных звуков отдельные слова, а затем и целые фразы:

— Эта личинка, Дон, ведет себя странно. Она ненормально развивается, мало ест и слишком много движется.

— Ах, оставь! Все они такие в первые дни после воплощения.

— Но за этой личинкой мы должны наблюдать особо.

— Глупости! К концу третьей фазы их уже никто не отличит друг от друга.

И тут впервые со времени пробуждения в своем теперешнем состоянии я увидел картинку. Внутри световых пятен, заполнявших обе стороны моей головы, внутри каждого из них двигалась часть существа из ночного кошмара: жвалы, усики, выпученные фасеточные глаза... В конце концов я узнал крейгов.

Много позже, обдумав услышанное и пережитое мной, я начал догадываться, почему на Адре все время уменьшалось количество людей и увеличивались колонии подземных жуков. Каким-то образом крейги научились превращать нас в своих личинок или всего лишь в пищу для них. Возможно, часть изуродованного человеческого сознания передавалась этим жукам. Вот откуда их хитрость, коварство и ненависть к людям. Этот извращенный, полный злобы и боли мир не имел права на существование! Но он существовал, и пока что я вынужден был жить по его законам.

Шли дни, часы, годы. Мое тело научилось быстрее находить пищу. Надсмотрщики-крейги больше не появлялись. Предоставленный самому себе и своему отчаянию, я вел довольно странную жизнь — не совсем ту, которую предопределили мне мои палачи.

Я изучил и запомнил целую систему узких туннелей, внутри которых вынужден был беспрерывно передвигаться в поисках пищи. Я установил, что колония крейгов располагается в нижней части здания храма и даже, возможно, имеет свои собственные выходы наружу. Впрочем, сейчас, пока я был личинкой, это не имело никакого значения. Мне оставалось лишь накапливать информацию и откладывать ее в памяти до лучших времен.

Мое новое тело обладало одним бесспорным достоинством — оно не болело, а следовательно, не мешало мне думать.

«Воин проигрывает сражение лишь тогда, когда считает его проигранным». И я собирал сведения о внешнем мире, делал выводы, стараясь не слишком часто облекать их в конкретные мысленные формы, подозревая, что мои мучители не перестают наблюдать за мной. Сейрос научил меня экранироваться от внешнего мысленного воздействия, и сейчас я вполне успешно с этим справился. Теперь, если только палачи Аристарха не находятся рядом, они могут подумать, что я наконец умер. Глухая темная стена — ничего больше мысленный щуп не сможет обнаружить в моем сознании.

И пока тело наслаждалось пищей, за этой стеной продолжалась лихорадочная работа. Напрасно они оставили мне человеческий разум. Напрасно...

Собственно, в борьбе, которую я начал, войдя в храм Света, физическая сила не играла никакой роли. На мгновение во время нападения слухачей я забыл об этом и жестоко поплатился. Но теперь я шаг за шагом протягивал щупальца своего тренированного мозга во все стороны, собирая по крохам рассеянную в пространстве силу, концентрируя ее внутри сознания и вновь повторяя цикл.

Я направлял поток собранной энергии на глаза. Именно они были сейчас самым важным. Прежде всего я должен был вернуть себе нормальное человеческое зрение.

Тело личинки весьма пластично, оно все время меняется, проходя различные стадии превращений. Этим я и воспользовался. Обычно такой процесс направляется генетическим кодом, ну а если слегка подправить сам код, совсем немножко изменить его в нужную сторону? Главное, не перегнуть палку, не перейти тот рубеж, за которым чужеродный организм уже не сможет приспособиться к слишком резким изменениям и попросту погибнет.

Конечно, я сильно рисковал, проводя эксперименты над самим собой, так как в конце мог получить кусок желе или некое невообразимое и ни на что не годное чудовище. Но другого подопытного тела у меня не было, и я не собирался упускать даже ничтожный шанс. Во что бы то ни стало я должен вырваться, уйти от моих мучителей. Для этого необходимо тело, способное быстро передвигаться и нормально видеть. Ни о чем другом я сейчас не мечтал.

Был, правда, еще один путь. Можно дождаться естественного завершения цикла. Но позволить превратить себя в крейга? Одна мысль об этом казалась мне чудовищной. К тому же я не знал, сколько лет длится полный цикл развития личинки, и почти не сомневался, что к его завершению от моей человеческой личности не останется и следа. Если у меня и была какая-то ничтожная надежда спастись, то осуществлять ее нужно как можно быстрее.

Первые успехи проявились совершенно неожиданно. Пятна света внутри моего зрительного пространства начали сливаться в одно целое! Границы между ними размывались, у меня изменялось само строение глаз! Я догадался об этом, впервые сумев рассмотреть неподвижный предмет. Глаза насекомых устроены так, что видят только движущиеся объекты в момент их перемещения из одного сектора в другой. Неподвижную часть мира, разбитого на тысячи осколков в своих крохотных фасетках, они вообще не замечают. Но я его видел! И эта маленькая победа показалась мне чрезвычайно важной: она позволила возродиться надежде, позволила строить какие-то планы, даже мечтать...

Я уже думал о том, как вырвусь из подземелий храма, вспоминал, в каком направлении находится гавань. Возможно, наша лодка все еще стоит у причала. Конечно, она там стоит — краж на Адре замечено не было. Кому может понадобиться старая чужая лодка? Под покровом темноты я оттолкну ее от берега, и с каждым часом, с каждой минутой проклятый храм будет отдаляться от меня все дальше.

Может быть, потом, окончательно придя в себя, я вновь начну собирать армию, готовиться к новому походу. Но скорее всего я забуду обо всем, как только доберусь до поселка.

Было еще одно обстоятельство, о котором я старался не думать. Даже при самом благоприятном результате я изменюсь так, что не буду похож на человека.

Возможно, поэтому во всех моих мечтах и планах не оставалось места для Илен. Словно, вырвав ее из храма, я уплатил некий долг, сбросил с плеч какой-то груз и не желал к нему возвращаться...

Любая материя поддается сильному волевому воздействию. Живую изменить проще, чем мертвую. Еще легче перестроить молодой, развивающийся и постоянно изменяющийся организм. В генах личинки крейга откладывалась пока еще невидимая информация, накапливались незаметные, но весьма существенные изменения, о которых не догадывались мои враги.

Теперь самым важным стало сохранить в тайне свои успехи. Как только о новых глазах догадаются надсмотрщики, можно не сомневаться, я сразу же лишусь всех добытых с таким трудом результатов. Значит, нужно немедленно перебираться туда, где меня не смогут найти. Особой проблемы здесь не существовало. Вокруг на многие мили тянулась целая сеть ходов, прорытых крейгами. Сложность состояла лишь в том, чтобы отыскать внутри этого лабиринта верный путь.

Впрочем, об этом я подумаю позже. Сейчас нужно уходить на старые, редко посещаемые пастбища. И, затаившись в заброшенных туннелях, дождаться превращения личинки в новый организм.

Прошло, наверное, не меньше двух месяцев (или лет?) с тех пор, как я перебрался в покинутые норы крейгов. Следили ли за мной слуги Аристарха? Наверняка. Но, пока я оставался личинкой, мое исчезновение из колонии вряд ли могло вызвать серьезную тревогу. Возможно, обо мне попросту забудут?

Время от времени, проводя мысленное зондирование, они убеждались, что все обстоит вполне благополучно. Я ощущал в эти моменты легкий внутренний толчок и сразу же ставил экран. Однако таким образом, чтобы прислужники Аристарха могли убедиться в том, что я по-прежнему нахожусь в теле личинки.

Видимо, пока все у меня в этом плане проходило успешно. Никаких следов тревоги во время своих осторожных, но с каждым разом все удлиняющихся походов я не обнаруживал.

Постепенно я составил в голове целую карту прорытых крейгами ходов и теперь довольно точно представлял, в какой части храмовых подземелий нахожусь.

Всякий раз, когда мое тело засыпало, я накапливал энергию и работал над его усовершенствованием. С каждым часом, днем, годом я видел все лучше. В остальном же новое тело, над которым я продолжал упорно трудиться, оставалось для меня тайной. Я старался придать этому будущему существу человеческий облик, но не мог изменить миллионы мельчайших деталей своего организма, да и не пытался этого сделать. Мне нужны были крепкие ноги и руки, укрепленный мышцами торс. На этом я и сосредоточился в первую очередь, сюда направлял все свои усилия, не задумываясь особенно над тем, что я стану делать, если удастся бежать и встретиться с Хенком. Ведь мой внешний облик совершенно изменится. Для того чтобы создать всего лишь один, не существовавший ранее орган, следовало подменить в генетических кодах биллионы единиц информации..

Однажды, когда отчаяние от безмерности задачи, за которую я взялся, стало особенно непереносимым, я совершил грубейшую ошибку, позволив себе приоткрыть глухую раковину защиты, окружавшую мое сознание. Я решил выглянуть во внешний мир, проникнуть в информационное поле, используя накопленную за длительное время магическую энергию.

Удар последовал сразу же, как только я высунулся наружу, удар такой силы, от которого я долго не мог прийти в себя. Значит, они постоянно следили за магическим полем. Напряжение черной энергии в храме было так сильно, что отпадала всякая возможность использовать здесь полярную ей магию.

Мой промах вызвал целый ряд негативных последствий. Крейги начали поиск во всех доступных им коридорах. Я наткнулся на них в первую же свою вылазку за пищей и едва сумел уйти. Огромные их отряды методично обшаривали горизонт за горизонтом, и у меня не возникло ни малейшего сомнения в том, кого именно ищут эти гнусные твари.

Вызвав тревогу своими неосторожными действиями, я до предела сократил время относительной свободы, которым еще располагал. Теперь крейги рано или поздно доберутся до моего убежища. Но самое неприятное заключалось в том, что я не знал, когда именно произойдет трансформация тела личинки в то новое существо, о котором я мог сейчас строить одни догадки.

16

Сон. Первый настоящий сон с момента моей казни.

Мне снилось бесконечное поле алых цветов. Наверное, это были маки планеты Ир. Каждый цветок — метровый красный зонтик. Я несся сквозь них, не разбирая дороги. Лепестки, словно алые бабочки, стаями срывались в воздух. Иногда они попадали на мои глаза, и тогда мир вокруг становился на мгновение красным.

Я куда-то очень спешил. В стороне от меня, в дымном мареве возникли башни деревянного города. Он сразу же исчез, и вместе с ним из моего сна исчезли маки.

Теперь я бежал через лес. Прохладный дождь освежал мою обожженную шкуру. Я знал, что на опушке леса меня ждет женщина, встреча с которой означала бы возвращение домой из бесконечных скитаний по чужим пространствам. Я должен был успеть и никогда не успевал. Нечеловеческие силы огромного могучего зверя, переполнявшие меня минуту назад, вдруг иссякли.

Я еле полз сквозь бесконечный лес... Я понимал, что никогда не доберусь до его опушки. Возможно, меня вновь превратили в червя. Я пробирался через беспредельные заросли, извиваясь, в отчаянии кусая свой хвост, словно это могло ускорить движение, словно еще можно было успеть туда, куда я спешил все эти годы, сам не зная об этом.

Калейдоскоп дней, прожитых во всех кругах моей жизни, проносился передо мной, как на экране. Оживали последние скрытые уголки памяти, рушились последние заслоны...

Толстая кожа куколки с треском лопнула, словно скорлупа набухшего ореха. Долгий сон кончился. Я лежал в узком подземелье на каком-то гнилье. В воздухе пахло сыростью и плесенью. Раздвинув сухую оболочку, выполнившую свое назначение, я встал на ноги. Пришлось согнуться — голова уперлась в потолок туннеля...

И только теперь я понял, что у меня снова есть спина, голова, обоняние, зрение, обычные человеческие ноги. Мир ожил, взорвался тысячью запахов, шорохов, восхитительных световых пятен. В туннеле светились какие-то гнилушки или грибы. Они показались мне в этот момент прекраснее любых цветов.

Превращение закончилось, я свободен и могу продолжить свой бесконечный путь через лес... Обрывки сна, оставшиеся в памяти, наполняли меня необъяснимой тоской.

Я прислушался к своему новому телу — все как будто в порядке, если не считать этой тоски да мучительной непривычной жажды. Пока я был личинкой, мое тело не нуждалось в воде, оно довольствовалось сочной растительной пищей. Но сейчас мне все сильнее хотелось пить.

В одном из своих бесчисленных путешествий по норам крейгов я нашел подземный ручей. Я помнил нужное число поворотов в подземном лабиринте и направление каждого из них. С радостью отметив, что после превращения в памяти сохранились все сведения, собранные за бесконечные годы казни, я двинулся вперед.

Но мир вокруг разительно изменился, казавшиеся раньше огромными пещеры превратились в узенькие туннели. Проходы, в которые свободно проникала личинка крейга, вдруг стали для меня недоступны.

Я спешил к воде обходной дорогой, соблюдая осторожность и все время прислушиваясь. Я старался не смотреть на свои руки и ноги, поросшие короткой рыжеватой шерстью. Если не считать этого, они выглядели вполне человеческими. Я решил отложить исследования собственного тела до той поры, пока не выйду к воде. Там в одном месте была спокойная глубокая лужа, а светящиеся грибы росли повсюду. Сейчас я не хотел думать о том, каким увижу себя в отражении.

Шум воды донесся задолго до того, как я вышел к ручью. Поток вырывался из каменной трещины и вскоре вновь исчезал в глубинах земли. Я пил, смакуя каждый глоток и бессознательно оттягивая время. Здесь, как и во всех пещерах, светящиеся гифы грибов заполняли все пространство мягким, рассеянным светом. Наконец, собрав все мужество, я шагнул к луже и всмотрелся в собственное отражение.

Перед водоемом стоял совершенно мне незнакомый рыжеволосый гуманоид. Если не считать грубо вылепленного тела и словно каменным топором вытесанного лица, все остальное оказалось в полном порядке. Особенно сильное впечатление произвели на меня глаза этого незнакомого существа. Они выглядели не по-человечески огромными и излучали странное мягкое мерцание.

Я добился гораздо больше того, на что смел рассчитывать. Неизвестные мне самому силы бродили в моем новом, возродившемся теле. Поднявшись из праха, из грязи, в которую меня втоптали враги, я спросил себя: что же дальше? Трусливо пробираться сквозь ночь к поселку колонистов, жить в резервации постоянно преследуемым, загнанным в угол? Еще совсем недавно такая жизнь казалась мне пределом мечтаний, а сейчас потеряла всякий смысл.

Время бесконечных страданий оставило во мне неизгладимый след. Я решил не бежать от своих врагов, не прятаться в темных подземельях. То, что устраивало личинку крейга, недостойно человека. И тем более не подходит Воину. Поверившие мне люди пошли за мной в этот поход и навсегда остались лежать в ночных песках — все они взывали к отмщению. Я обещал им изменить жизнь на этой планете и должен выполнить свое обещание.

Пришел черед слуг Аристарха заплатить по старым счетам. И они заплатят за все. Даже за алые маки и нескончаемый лес моих снов.

Что-то просыпалось во мне, что-то огромное и беспредельное, как океан. Сразу же вспомнился очередной совет Сейроса: опаснее всего для Воина эйфория, любование собственной силой. Мне еще многое предстояло, и никто не мог видеть конца дороги, даже Сейрос. Я закрыл глаза, старательно восстанавливая в памяти схему туннелей нижнего горизонта, на котором теперь находился.

Следовало пройти километра четыре к востоку. Если не перепутаю всех бесчисленных поворотов, то я вновь выйду к пещере слухачей. «Преддверие» — так, кажется, называли это место. Интересно, преддверие чего? Неужели всего лишь преддверие моих мучений? Или в названии скрывался другой, гораздо более грозный смысл?

Когда меня несло в черную пропасть на поверхности световой жидкости, я захотел остановиться, и, как только подумал об этом, появился маленький световоротик, в него я и позволил себя затянуть. Бывают дороги, с которых нельзя сворачивать, которые нужно проходить до конца в одну сторону. Похоже, я свернул именно с такого пути, понял это лишь сейчас и теперь пытался вернуться к его истокам, твердо решив проверить, чем заканчивался низвергавшийся во тьму поток света. Даже если я ничего не найду в конце этого пути, даже если просто погибну, это лучше, чем жить червем, прячась по темным норам и всю жизнь укоряя себя за то, что не воспользовался, быть может, единственным шансом вырвать победу у своих врагов.

Я шел крадучись, скрываясь за каждым камнем, используя завалы и трещины как укрытия, осматривая каждый метр дороги. Несмотря на чувство уверенности, вновь появившееся у меня после превращения, я знал, что на самом деле представляю довольно легкую добычу для многочисленных слуг Аристарха.

В его логове я не мог использовать магию, а без оружия мне не позволят пробиться к своей цели. Слуги Тьмы наверняка хорошо охраняют все важные места подземной крепости.

В бесконечных лабиринтах храма, на его этажах, счет которым не знали и сами жрецы, хранилось немало странных вещей. Если бы я сумел найти путь к древнему оружию, о котором упоминал Сейрос! К оружию, против которого бессилен сам Аристарх! Но я не представлял даже, как оно выглядит.

Два горизонта я прошел благополучно, но на третьем мое фантастическое везение кончилось. Полосатая узкая лента мелькнула впереди. Я не успел рассмотреть, что это такое. Хуже всего неизвестная опасность. Пришлось повернуть обратно. Я хотел обойти это место боковыми проходами, но не успел. Снова передо мной пронеслась полосатая тень, на этот раз значительно ближе. Я бросился назад, но стены в этом месте оказались сплошь изрешечены узкими норами, и проклятая тварь сжимала свои круги, постепенно приближаясь. Наконец удалось ее рассмотреть: меня угораздило залезть прямо в охотничью нору гигантской многоножки, в ней было метров десять длины, и она, конечно, ядовитая. Здесь все твари источали яд и злобу.

Скорость у нее оказалась совершенно фантастической. Понимая, что бежать бесполезно, я прижался спиной к гладкой скале без отверстий и приготовился защищаться.

Нападение не заставило себя ждать. Голова и передняя часть туловища мелькнули в воздухе, словно копье, нацеленное мне прямо в лицо. Я перехватил шею ядовитой гадины в полете, сжал ее изо всех сил, вытягивая руки как можно дальше и отводя в сторону голову с зазубренным костяным жалом.

С его острия стекала желтоватая вонючая жидкость. И я прекрасно понимал, что произойдет, если оно хотя бы на мгновение коснется моей незащищенной кожи.

Шея многоножки оказалась слишком толстой, в обхвате около полуметра, руки не сходились, и хитиновый панцирь не позволял мне добраться до ее жизненно важных органов. Тварь извивалась, я дергался вместе с ней, озабоченный лишь тем, чтобы не дать ей вытащить из узкой норы свой хвост. Если ей удастся пустить в ход хвостовое жало — мне конец.

В этот момент я вдруг почувствовал резкий мысленный контакт: кто-то с огромной силой пытался прорваться в мой мозг. Если бы в пылу физической борьбы я отвлекся и хоть на мгновение ослабил защитный экран, эта гадина мгновенно расправилась бы со мной.

«Так вот ты кто!» — во мне вспыхнуло слепое бешенство. Я держал в руках одного из своих палачей, одного из тех, кто постоянно пытался взять под контроль мои мысли. Я смотрел на выпуклые фасеточные наросты, но там не было живых зрачков. Они ничего не выражали, и лишь зазубренные жвала толщиной с руку щелкали у моего лица, в бессильной ярости источая яд.

Мышцы мои сами собой превратились в стальные канаты. Я почувствовал, как хрустнула, поддаваясь, хитиновая пластина. Сразу же мои пальцы глубоко погрузились в мягкую киселеобразную субстанцию, разрывая сосуды и нервы. Полосатая тварь конвульсивно задергалась, ее тело изогнулось, и в этот момент одна из передних лап, оканчивающаяся кривым когтем, оставила на моем бедре глубокую красную полосу. Боль была такой, словно на ногу плеснули ведро кипятка. Но, вскрикнув, я лишь сильнее сжал руки. Через несколько секунд многоножка затихла.

Я размозжил ей череп обломком камня и осторожно извлек полуметровое костяное жало, обильно покрытое ядом. Обмотав внутренний конец жгутом жил, я получил грозное оружие, обращаться с которым следовало, однако, с чрезвычайной осторожностью.

Странно, я почти не испытывал голода, и тех нескольких глотков воды у подземного ручья хватило мне на весь поход. Новые возможности моего тела пока еще только приоткрывались. Глубокая царапина вскоре без следа затянулась. Неожиданно я осознал, что ко мне вновь вернулась способность ощущать время. Я постоянно делал какие-то приятные открытия в своем возрожденном теле.

При моей теперешней скорости до пещеры слухачей оставалось не больше двух часовых переходов. Я очень торопился, полагая, что ядовитая тварь скорее всего успела передать информацию о моем местонахождении по телепатическим каналам. И не ошибся. Подходя к последнему повороту, я обнаружил засаду. С максимальной осторожностью, используя боковые ответвления и параллельные ходы, я незаметно обошел четырех дежуривших в укрытии крейгов. Однако это мало мне помогло.

Вскоре я обнаружил заслон, перекрывавший единственный вход в пещеру. Крейги стояли в два ряда, вплотную друг к другу, так, что между ними не смогла бы проскользнуть даже мышь.

Был еще один путь к центру лабиринта. Он шел гораздо ниже этого, но норы там намного у́же. Я сомневался, удастся ли мне протиснуться в нижних ходах, и не был уверен в том, что у нижнего лаза есть выход к световороту. Постепенно я утрачивал свое единственное преимущество — внезапность, и теперь враги с каждой минутой стягивали в этот район все свои силы. Вполне могло оказаться. что внизу уже стоял другой заслон.

Я не знал, что делать. Бросаться на крейгов с колючкой в руках равносильно самоубийству. Жало многоножки не сможет даже пробить их панциря... И тут я вспомнил: чем ближе к светопаду, к черному энергетическому столбу, тем меньше сила тяжести! В пещере слухачей я весил раз в пять меньше. Своды в проходе были достаточно высокими, между потолком и головами стражей оставалось много свободного пространства.

Не мешкая ни секунды, я бросился прямо на крейгов, используя каждый шаг для разбега, каждую неровность почвы для мощного толчка. Когда до них осталось не более метра, я прыгнул вверх и вперед.

Думаю, крейги так и не поняли, что произошло. Мое тело взметнулось над ними, словно к нему приделали крылья. Пронесясь под самым потолком, я грохнулся на пол где-то в центре пещеры, далеко за спинами крейгов. Передо мной в нескольких метрах сверкала желанная световая завеса. Крейги еще только начали разворачиваться, когда я, вскочив на ноги, рванулся вперед. Казалось, ничто уже меня не остановит, но из темной расщелины у стены вытянулась огромная волосатая рука и вцепилась в мою лодыжку. Я упал лицом вниз, мгновенно перевернулся на спину, выворачивая собственную ногу, попавшую словно в железный капкан.

Надо мной нависла приземистая туша циклопа. Марок плотоядно ухмыльнулся и, не ожидая от меня никаких неприятностей, нагнулся, чтобы получше рассмотреть свою добычу.

Выпростав из-под спины руку с зажатым в ней жалом, я выбросил ее вперед. Острие угодило прямо в шею великана и застряло там. Оно вошло совсем неглубоко, тем не менее Марок заревел от боли и выпустил мою ногу. Мне удалось сделать еще несколько шагов к светопаду, но в этот момент подоспели крейги из заслона. В меня вцепились сразу двое. Рванувшись изо всех сил, я увлек их за собой. Жвалы жуков глубоко вонзились мне в плечо и бедро. Превозмогая боль, я потащил их к световому занавесу. Малая сила тяжести оставалась моим союзником: в обычных условиях мне не удалось бы сдвинуть с места эти бронированные туши.

До световорота оставался всего один шаг, когда с потолка, хлопая ушами, сорвался слухач. Он падал прямо на меня, но физически не мог нанести мне никакого вреда, а для хорошего заклятия времени у него не хватало. Я пронесся прямо сквозь него и со всего разбега нырнул в световорот вместе с обоими повисшими на мне крейгами.

Едва мы оказались внутри светового потока, жвалы крейгов разжались. Выбравшись на внутреннюю поверхность световорота, я увидел их внизу под собой. Не знаю, остались ли они живы. Сейчас это уже не имело значения. Добраться до меня у них не было теперь никакой возможности.

Световой поток с огромной скоростью низвергался вниз, увлекая меня за собой к новой весьма грозной опасности. Столб черной энергии, вокруг которого он вращался, приблизился. Расстояние между ним и поверхностью потока все больше сокращалось. Сейчас столб находился от меня метрах в десяти, и я отчетливо видел, как по его поверхности пробегала легкая рябь, словно он состоял из черного газа, полностью поглощавшего свет.

Я взглянул вниз, на дно бесконечной пропасти, и, хотя из-за сильного сверкания почти ничего не увидел, мне все же показалось, что где-то внизу щель между стенами света и черным столбом исчезает.

Вверху надо мной беспомощно барахтался в световом потоке слухач. Сейчас он больше всего походил на мокрую курицу, но я знал, каким могуществом черной магии обладает это существо. Если уж слухач не может справиться с захватившими нас силами, то мне остается только покориться судьбе.

По мере того как световая жидкость приближалась к поверхности энергетического столба, скорость вращения потока увеличивалась. Я чувствовал себя так, будто находился внутри гигантской центрифуги. В голове, постепенно усиливаясь, пульсировал мощный звук, словно где-то рядом включили высоковольтный трансформатор, и с каждым оборотом, с каждым пиком этого ритма, с каждой набегавшей звуковой волной во мне что-то происходило. Оседало на дно все лишнее, наносное, очищалась память, выделялась и выкристаллизовывалась вся сила, которую я собрал за три долгих цикла своих жизней. Так всегда бывает перед смертью. Сейчас мне не нужно было оглядываться, чтобы увидеть ее лицо.

Внизу подо мной один из крейгов задел поверхность черного столба. Последовала ослепительная вспышка, и его тело исчезло.

Из всех возможных путей я выбрал именно этот, почти наверняка ведущий к гибели.

Чуть ниже расстояние между обеими противоположными средами сузилось до ширины ладони.

Меня несло прямо в эту щель.

17

Толстая кожа куколки с треском лопнула, словно скорлупа набухшего ореха. Долгий сон кончился.

Я лежал на гладком каменном полу. Сводчатый потолок, закругляясь, уходил ввысь и смыкался надо мной в купол гигантского каменного яйца.

Что было до этого? Сон? Смерть? Я не знал.

Прямо передо мной ослепительное острие заканчивало световой столб, уходящий к самому своду. Столб, казалось, висел в воздухе без всякой поддержки и походил на гигантский заточенный карандаш. Ниже, в нескольких метрах от его острия, блестела еще одна узкая полоса света. Вначале я не обратил на нее внимания, но в это время светящаяся капля величиной с лесной орех оторвалась от конуса и медленно упала на световую полосу. Капля без следа исчезла, едва коснувшись ее поверхности.

Я наблюдал за всем этим с полнейшим равнодушием. Безразличие к окружающему и к своей собственной судьбе не вызывало во мне ни протеста, ни удивления.

Ледяной пронизывающий холод шел снизу, от каменного пола. Он воспринимался как нечто само собой разумеющееся, почти неизбежное. Наверное, это все-таки была смерть.

Но далеко вверху, едва различимое из-за нестерпимого сверкания конуса, порхало что-то живое. Лед настолько сковал мои мышцы, сухожилия и даже сознание, что казалось невозможным пошевелить хотя бы пальцем. Любое движение в этом гигантском склепе выглядело противоестественно, и порхание слухача под самым потолком раздражало меня.

Да, это был слухач. Скорее всего тот самый, что последовал за мной в светопоток. Сейчас он вился под куполом однообразными утомительными кругами, лишь подчеркивая безнадежность собственного положения.

Яйцо не имело ни входа, ни выхода. Я отметил это почти с удовлетворением. Здесь не было ничего, кроме светящегося конуса и серого постамента с вознесенной над ним световой полосой, собиравшей в себя сочащиеся сверху капли сверкающей жидкости.

Мир вокруг однозначен и прост, таким и должен быть мир склепа. Если бы не бессмысленное метание слухача под потолком, склеп выглядел бы вполне законченным.

Мысли возникали в сознании звонкие, сухие, резкие, как удары колокола. Само их наличие выглядело здесь противоестественным. В промежутках между ними оставались лишь тишина и холод.

Полнейшее равнодушие овладело мной. Я помнил сейчас все, все знал, и ничто в мире больше не имело значения.

Наверное, так и должно выглядеть преддверие нирваны. Безразличие и холод... Жаль, что мое сознание слишком долго не может покинуть заледеневшее, совершенно бесполезное тело. Сколько еще будет длиться процесс угасания и чем здесь измеряется время?

На этот вопрос ответ пришел довольно быстро. Капли одна за другой, с мерностью медленно качающегося маятника, беззвучно падали на световое острие. Так сколько капель мне еще придется ждать? Десять? Двенадцать? В промежутке между двумя падениями могли возникать и рушиться вселенные, рождаться цивилизации, появляться на свет и уходить в небытие целые поколения.

Зачем?

Этот нелепый вопрос все время зудел у меня в голове. Зачем я прошел дорогой чужих пространств, принял на себя неслыханную муку сознания, заточенного в тело червя, несся по лесам Ангры в шкуре леврана, спасая любимую женщину, умирал в разбитой космической шлюпке и страдал от жажды в пустыне, зачем все это было?

Нет ответа. Лишь беззвучно сорвалась очередная капля. Лишь холод глубже проник в меня. Лишь сильнее стало безразличие.

Воин сам решает, когда ему умереть. Только он способен остановить свое время, погрузив сознание в вечный покой нирваны...

Час пробил. Я устал от чужих пространств. Мой путь оборвется в этом законченном, однозначном, сферическом каменном мешке...

Слухач медленно опускался по невидимой спирали все ниже и ниже. Единственный провожатый. Единственная живая точка в покидаемом без сожаления мире.

«Скажи мне, левран, не оставляй меня так. Я должна это знать. Я должна это услышать от тебя самого...» Что это было? Голос женщины, прозвеневший в тишине, или всего лишь никчемный отголосок памяти?

Даже самого этого времени, самого этого места больше не существовало во всей беспредельной Вселенной. И ответ никогда не придет. Тогда зачем нужна память о нем? Почему мешает мне она сейчас сосредоточиться на действительно важном? На целительном и вечном покое, на растворенной в свете бесформенной мысли, отделяющей личность от порога, за которым нет уже ничего личного.

А слухач спускался все ниже. Вот он достиг постамента, сел на него и, нахохлившись, как гриф, посмотрел в мою сторону.

Наверное, мой вид не произвел на него благоприятного впечатления. Потому что он отвернулся, сплюнул, а затем, уже не обращая на меня внимания, протянул свою грязную когтистую лапу к полосе света, вздымавшейся над центром постамента. Собственно, не к самой полосе... Там, где она заканчивалась, у плоскости гранита было что-то, напоминавшее рукоять... Или мне это только казалось?

Снизу были плохо видны детали. Но на рукоятке я заметил нечто такое, что должен понять, прежде чем сознание отключится полностью.

Лапа слухача медленно, осторожно придвигалась все ближе. Она тянулась, трусливо вздрагивая, отдергиваясь и все же подбираясь постепенно к заветному лезвию света.

Наконец слухач коснулся рукояти меча... Последовала ослепительная вспышка, все его тело налилось изнутри малиновым светом и вдруг взорвалось, разлетелось на тысячу сверкающих искр. Они долго еще кружились в воздухе, медленно приближаясь к полу и угасая.

Теперь я остался совсем один. Я подумал об этом и о том, что заряд энергии, поразивший слухача, обладал неслыханной мощью, если пробился в запредельное пространство, туда, где находилось подлинное тело этого существа.

Так вот он каков, меч из легенды архов... Его искали так долго, что почти никто уже не верил в реальное существование Светозара. Он древнее самой земли.

И он ждал меня на последней остановке в пути, в месте, достойном для вечного забвения, для ухода в нирвану. Где мне оставалось сделать всего один, завершающий шаг.

Слухач больше не отвлекал внимания, и лишь рукоять... Мое зрение обладало одной странной особенностью. Оно могло иногда приблизить предмет, показать его так, будто он находился в нескольких сантиметрах. И это случилось теперь.

Рукоять из потемневшей от времени бронзы словно бы повисла передо мной в пространстве.

Два зверя бежали по ее поверхности навстречу друг другу. Два зверя из детской сказки... Я слишком хорошо знал этот рисунок, чтобы его не узнать. Правда, на той рукояти, что лежала под корнями отца деревьев, лезвие выгорело дотла, оплавив саму рукоять, здесь же оно сверкало ослепительным голубым светом.

В моем вещем сне лезвие выглядело зеленым, но на самом деле оно голубое.

Роману вдруг показалось, что в уголках его неподвижных, мертвых глаз появились живые слезы...

Странное имя возникло в сознании. Всеми забытое имя из давно прошедшего круга. Но левраны бежали по рукояти меча, и я должен был встать, подняться на ноги, чтобы убедиться в этом воочию.

Я понимал всю невыполнимость возникшего желания — мертвое тело не может ходить. Сама мысль о движении хотя бы одного пальца казалась кощунственной.

Но просыпалась память о невозможном, и живые слезы текли по щекам, и отступал леденящий холод. Медленно, непроизвольно я потянулся к чему-то навсегда утраченному и все же бесконечно дорогому.

Тогда в третий раз лопнула сухая оболочка куколки.

Я стоял перед постаментом, а на уровне моей головы по бронзовой рукояти меча в самом деле бежали левраны.

Так вот ты какой, Светозар... Я прошептал имя меча нежно, как имя близкого человека, и жадно потянулся к знакомой рукояти. Ни опасения, ни страха — ничего я в тот момент не чувствовал, точно встретился со старым другом. Рукоять поместилась у меня в ладони привычным холодком бронзы.

Тогда осторожно, медленно, будто боясь расплескать невидимую чашу, я пододвинул меч к себе. Мне даже не потребовалось прилагать особых усилий. Он словно тысячи лет ждал этого простого жеста и теперь вдруг очутился у меня в руках.

Его шипящее, усыпанное летучими искрами лезвие излучало мягкий ровный свет. Похоже, все оно состояло из твердого алмазного пламени. Накопленная за века световая мощь переливалась в нем, живым огнем передаваясь мне.

Я снял с постамента мягкую перевязь без единого украшения, с короткими черными ножнами. Казалось, в них невозможно поместить огромное сияющее лезвие, но оно исчезло там все и погасло. Мне стало грустно без его живого света. Закрепив ножны на поясе, я тут же вновь извлек Светозар.

Сила, скрытая в нем, приподняла мою руку. Сверкающее острие будто искало нечто на сплошной каменной поверхности яйца и вдруг, вздрогнув, остановилось. Затем неожиданно для меня лезвие удлинилось. Сверкающий луч уперся в стену и осветил ее нездешним, запредельным светом.

Часть стены — квадрат не больше двери, — словно расплавившись, в секунду превратилась в огненную заверть. Старый ритм дороги миров, услышанный мной впервые в горах, как стук их огромного мохнатого сердца, зазвучал сейчас вновь.

Я понял, что Светозар сможет открыть для меня такую дверь в любом месте. И еще одно знание пришло ко мне, ничего не растопив в куске равнодушного льда, оставшегося внутри меня даже сейчас.

Теперь я могу управлять своим движением по дороге миров. Я знал, где мое присутствие в эту минуту необходимо больше всего. Где находится перекрестье дорог, в котором я смогу нанести самый чувствительный удар властелину чужих пространств. Раз уж в моей судьбе не осталось ничего иного, кроме мести.

Я шагнул прямо в глубь огненной заверти. На секунду холодный огонь плюнул мне в лицо, и мир Адры навсегда исчез из моей жизни.

Через несколько долгих мгновений я оказался в знакомой хмурой долине. Заходящее солнце, как в первый мой приход сюда, освещало далекие вершины, скрывавшие белый замок.

В ущелье, заваленном обломками доспехов, я не встретил ни одной нашей заставы. Их не было на всем пути к замку. Неужели я опоздал? Неужели все уже напрасно?

Нет. Судьба не могла поступить настолько несправедливо. Хотя бы горькое утешение местью — не самое лучшее из утешений — должно было быть мне оставлено.

И я не ошибся. Едва из-за поворота возникли резные башни замка, как я увидел флаги на их шпилях, услышал звуки боевых рогов. Замок жил. Бесконечная битва все еще продолжалась.

Но теперь положение осажденных стало полностью безнадежным. Средние бастионы пали, стены разрушены, схватки шли у самых дверей.

Я вошел в западные ночные ворота, за которыми никогда не бывало сечей. Именно через них провел меня когда-то Мстислав. Ворота и сейчас оказались открытыми. Ни одного часового, ни малейшего препятствия на всем моем пути.

За дверью башни открылась знакомая узкая лестница, ведущая во внутренние покои. Я прошел оружейную. Мстислав раскладывал на полках кольчуги и шлемы. Услышав шум шагов, он удивленно повернулся. И долго, не узнавая, всматривался в меня. Только когда его глаза опустились ниже, к рукоятке меча, к изображенным на ней левранам, в лице белого витязя что-то дрогнуло.

— Ты?! Неужели ты смог это сделать?! — Взгляд Мстислава вновь скользнул по мечу.

Я прижал палец к губам, призывая к молчанию.

— Не говори никому до поры...

— Боюсь, уже слишком поздно. Мы готовимся к уходу из этих мест, замок придется сдать завтра на рассвете...

— Ну это мы еще посмотрим. Протруби сбор. И проводи меня к восточной башне.

Как во сне, медленно, он повернулся к полкам и достал серебряный рог. Впервые я увидел, какими яркими могут быть глаза этих существ, когда в них вновь появляются надежда и радость.

— Как тебя теперь называть?

Я уже слышал этот вопрос в свой прошлый визит и знал, что каждый приходящий сюда приносит с собой новое имя, сменяя на своем посту одного из погибших. Сейчас все было иначе, но я не стал возражать и не стал нарушать старый обычай.

— Зовите меня Романом, — неожиданно для самого себя я произнес именно это старое имя и пожал плечами: какая, в сущности, разница? Выбор был сделан.

— Ты не хочешь взять с собой еще какое-нибудь оружие? Может быть, щит?

Я отрицательно покачал головой. Черные ножны моего меча притягивали взгляд Мстислава, как магнит.

— Мечи из обычной стали не выдерживают здесь и одного удара. Нашу сталь ковали в подземельях Ронеса, но и она разваливается к концу второго дня... — Он все еще сомневался. Все еще боялся поверить.

И опять я лишь молча отрицательно покачал головой.

— Ну как знаешь. В конце концов, не каждый день нам наносят визиты существа из нижних миров. Ты уверен, что поступаешь правильно?

— Мне было запрещено входить в Темную зону. Ты ведь помнишь тот костер и его угрозу...

— Да, он умеет держать свое слово. Значит, ты прошел через все...

Больше он ни о чем не спрашивал, молча проводив меня по лестницам и переходам к двери восточной башни. Сквозь ее тяжелую кованую поверхность отчетливо слышались шум схватки и отчаянные крики нападавших.

— Лучше всего выйти здесь. Вчера мы преподали им хороший урок, и они опасаются подходить к этой башне. Ты зря не надел хотя бы шлем.

Я улыбнулся ему дружески и отрешенно — все мысли были уже там, в предстоящей битве. На какое-то мгновение я почувствовал себя растерявшимся мальчишкой, залезшим без спросу в чужую комнату. Не слишком ли много я на себя беру? Что, если я проиграю эту схватку? Живое тело чересчур уязвимо, слишком непрочно... Сумею ли я один противостоять легиону бессмертных воинов, даже со Светозаром в руках? Если меня собьют с ног? Если выроню меч? Что тогда?

Мстислав, словно услышав мои мысли, закончил вслух:

— Тогда они получат оружие небывалой мощи. Только в битве есть у них надежда завладеть этим мечом. Во всяком случае, они будут очень стараться.

Еще бы они не старались. Я вспомнил тысячелетний мрак, я вспомнил, как бился головой о стены, призывая смерть, и не получил даже этой милости. Я вспомнил океан боли на дыбе Марока. Я поклялся в том, что они заплатят за все.

Поглощенный своими мыслями, я механически снял лохмотья одежды, кое-как скроенной из обрывков шкур насекомых. Мстислав уже протягивал мне бутыль с маслом. Молча поблагодарив его кивком головы, я начал тщательно натирать все мышцы. Больше он не сказал ни слова, понимая, что теперь все мое внимание сосредоточено на предстоящем.

Переместив перевязь с пояса на плечо, я на секунду обнял Мстислава, прощаясь.

— Сегодня наш день. Они не раз еще вспомнят тот костер и все остальное. Труби сбор и скажи Оресту, чтобы атаковал лишь в том случае, если противник отступит до внешней стены. Слышишь? Не раньше! Иначе атака захлебнется.

— Ну ладно... Похоже, ты знаешь, что делать. И раз уж ты сумел протащить сюда это хрупкое человеческое тело — побереги его там.

— Открой дверь, — попросил я, не зная, как справиться со сложной системой засовов.

— После этого у тебя останется не больше нескольких секунд. Несмотря на вчерашнюю вылазку, они быстро опомнятся и как только увидят, что ты один...

— Открой дверь! — не дослушав, коротко приказал я.

18

Не потеряв ни одного мгновения, я выпрыгнул наружу. Двор замер, а затем рявкнул мне в лицо единым ревом. У меня оставалось несколько секунд. Всего несколько коротких секунд, пока они растеряны, пока еще не понимают, кто я такой и что, собственно, происходит. И я воспользовался этими секундами сполна.

Словно ослепительная белая молния, сверкнул, затмевая солнце, извлеченный из ножен Светозар. И ахнул двор тысячью глоток, потому что сверкание этого меча невозможно было не узнать...

Прежде чем они сумели прийти в себя, десятки, сотни их поверженных тел устлали площадь перед замком. Меч превратился в моих руках в свистящий заслон, не пропускавший ни одного ответного удара. А враги все падали, и я видел, как медленно, неуклонно приближалась наружная стена. Стиснув зубы, я шел дальше, не оглядываясь, не думая о том, почему до сих пор не слышно рога Мстислава, и том, что обратно мне все-таки не пройти, даже если подмога не опоздает. Я понял это по участившимся ударам. По тому, с каким трудом успевал отражать их. По реву разъяренных глоток. По тому, что тела рассеченных невидимым, почти неощутимым лезвием жидкого пламени уже не падали на землю, а, поддерживаемые сзади уплотнившимся несметным числом врагов, продолжали надвигаться на меня, и я вынужден был поражать их вторично, кромсать, устилая свой путь окровавленными кусками плоти.

И только дойдя до стены, я смог наконец перевести дыхание, осмотреться...

Площадь у замка являла собой картину смертельного опустошения. Удар, который вслед за мной обрушили на врага все двенадцать белых витязей, смешал их ряды, сломал оборону.

Значит, они не опоздали и рога я не слышал из-за шума битвы... Черные воины, бросая оружие, бежали беспорядочными толпами к проломам в стенах, и я, все еще не веря, уже понимал, что победа в этой невероятной схватке стала совсем ощутимой, почти возможной. Оставалось перейти внутри себя еще один невидимый предел, обрести второе дыхание и вновь ринуться на врагов... И я сделал это.

К закату битва стихла. Враги, отброшенные за наружную стену, сброшенные с отвесных круч, опоясывавших замок, прекратили сопротивление. Положение полностью восстановилось. Отныне нужно было оборонять одну-единственную тропу, ведущую из долины. Другого пути к замку не было. Разве что птицы могли теперь подлететь к его стенам без нашего ведома.

В последний раз взмахнув мечом и разрубив в воздухе прилетевшую снизу стрелу, я вложил Светозар обратно в ножны и отступил за стену, чтобы перевести дыхание, перевязать раны, осмыслить происшедшее, наконец...

Белые витязи стояли у входа в замок. Орест-воевода двинулся мне навстречу, держа в руках свой обнаженный, покрытый кровью меч.

Я шел с трудом. Все двоилось перед глазами, все стало нереальным от непомерной усталости, навалившейся на меня сразу же, как только я выпустил рукоять Светозара. Его могучая поддержка сказывалась каждое мгновение битвы, и сейчас, лишившись ее, я еле переставлял ноги. И все же, перешагивая через тела врагов, я вглядывался в их лица. Но среди поверженных не было того, кого я искал.

Когда я подошел, Орест приподнял меч и коснулся им моего плеча.

— Отныне и навсегда ты витязь белого замка. Днем и ночью, в радостях и в горестях ты принадлежишь нашему братству...

Это были слова посвящения. Я растерялся, не зная,

что отвечать. Но ответа не требовалось, длительные церемонии здесь не поощрялись. Не успел я опомниться, как из задних рядов вперед вышел воин, которого я видел впервые.

— Не слишком ли ты спешишь? — спросил он Ореста, а затем, кивнув на Светозар, потребовал: — Покажи мне его! Я хочу его видеть!

Но Орест лишь отрицательно покачал головой.

— Никто, кроме хозяина, не удержит этот меч в руках. Разве что перед смертью его можно увидеть.

— Ничего со мной не случится! Я должен убедиться. Светозар создали архи в эпоху Нира. Ни одному смертному не под силу взять его в руки!

— Роман им владеет. Посмотри на двор, или собственные глаза не убеждают тебя?

Я пошатнулся, все поплыло у меня перед глазами. Донесся еще обрывок фразы о том, что никто не может держать в руках Светозар в течение целого дня. А потом навалилась тьма...

Проснулся я глубокой ночью. У изголовья широкого ложа оплывала свеча. Меч лежал со мной рядом в своих бархатистых черных ножнах, но даже сквозь них я чувствовал его светлую тонкую силу.

Почти сразу же послышались шаги. Словно все время, пока я спал, кто-то ждал за дверью моего пробуждения.

Вошли Мстислав и еще кто-то незнакомый. Кажется, его звали Тодд. Наверное, Тодд. Их лучший лучник, умеющий посылать в цель и стрелы слов, такие же убийственные, как его смертоносные гонцы. В перерывах между битвами он заменял свой колчан сумкой лекаря.

Тодд внимательно осмотрел меня, затем положил руку на голову и с минуту стоял неподвижно. От его руки шло ко мне удивительное спокойствие и странное легкое тепло.

— Ты спал трое суток. Мы начали опасаться, что ты не проснешься вообще, но, кажется, все позади. У тебя могучее тело, и оно непохоже на тело простого смертного.

— Я долго над ним трудился, пока был червем.

— Так вот в чем причина твоей жизненной силы...

— Почему среди осаждавших я не видел Аристарха?

— Предсказатели деймов редко ошибаются. Он знал заранее, что проиграет эту битву. Недаром его слуги охотились за тобой так долго. Ты им был нужен. Ах, как ты им был нужен! Ни один из них не мог коснуться рукояти

Светозара. Они пробовали много раз, используя все свои заклинания, всю свою мощь.

— Одного я видел. Только вспышка и горсточка пепла.

— Так было всегда. Им повезло. Аристарх нашел меч первым и даже частично сумел воспользоваться его силой. Но никто так и не смог извлечь его из каменного яйца, сооруженного архами. Тогда слуги Аристарха возвели вокруг этого места целую крепость. Но рано или поздно рушатся любые преграды. Никто не предполагал, что все их ухищрения сломает однажды простой смертный. Один Орест верил в старое предсказание.

— Тот, кто из червя сумел вновь стать человеком, на какое-то время становится сильнее бессмертных, если раньше он был еще и левраном... — вставил Мстислав.

— Так или иначе, ты совершил невозможное. Мы в долгу перед тобой. Совет братства решил, что за небывалый подвиг и награда должна быть необычной. Если ты уже можешь встать — пойдем. Орест и остальные давно ждут тебя в церемониальном зале.

Я пристегнул Светозар и последовал за ними. Мы долго шли по коридорам замка, поднимались по парадным лестницам, проходили через пустые холодные залы. Развешанное повсюду оружие покрывал толстый слой пыли. Казалось, сама древность поселилась в этих стенах.

Я шел с ними спокойный и равнодушный. Никакие предчувствия не тревожили меня. Предстояла еще одна церемония. Может быть, официальный прием в члены братства. Я ничего не мог поделать с тем куском льда, что остался во мне после провала в черную пропасть световорота. Возможно, таковой была назначенная цена. Ничто не проходит бесследно.

Мне не хотелось обижать своих новых друзей равнодушием, но все происходящее вокруг, казалось, не имело ко мне ни малейшего отношения. Я словно навсегда переселился в свой собственный сон. И постепенно пробился наружу вопрос: «Ну вот, мне это удалось. Я осуществил задуманное. Что же дальше? Новая месть? Новые схватки? Поиски укрывшегося в далеких мирах Аристарха?» Я слишком устал и, возможно, совершил ошибку, отойдя от порога нирваны. Вернуться к нему снова? Но даже это теперь казалось утомительным, почти скучным.

Наконец мы вошли в зал церемоний. Никогда раньше я в нем не бывал и должен был признать, что его обстановка не соответствовала моим ожиданиям.

Здесь не было ничего торжественного, ничего праздничного. Квадратный каменный стол, очерченный белым кругом. В центре стола какой-то небольшой предмет, накрытый легким покрывалом. Камин с огромными неразожженными поленьями излучал скорее холод, чем тепло.

Они все сидели за столом в рабочих одеждах. Три места оставались свободными, и я понял, что одно из них отныне предназначено для меня.

— Повесь меч на доске у камина и сядь вместе с нами, — попросил Орест.

Впервые расставшись со Светозаром, я почувствовал непривычную беззащитность и одновременно облегчение. Носить его на себе оказалось не так уж просто. Он не был тяжел, но постоянный ток энергии, идущий от меча, будоражил, не давал ни на минуту расслабиться.

Сейчас, глядя на него со стороны, я подумал, что именно здесь его настоящее место. С меня, пожалуй, довольно. И пока не начата церемония, надо бы им объяснить, как я устал, сказать, что взялся не за свое дело... Но я не успел сделать этого.

Орест приподнял серебряный жезл и коснулся им накрытой чаши. Раздался тонкий хрустальный звон. Разговоры стихли, все головы повернулись к воеводе.

— В предыдущий приход нашего нового брата вы все заметили его странную тягу к прошлым тяжелым мирам. Мы считали тогда это очень опасным, мы знали, что Аристарх попытается извлечь из этого пользу, и не ошиблись. Однако из своей тоски по давно не существующему миру Роману удалось каким-то непонятным для меня образом получить дополнительную силу, в самые трудные минуты она выручала его и помогла ему в конце концов оказаться за нашим столом.

Это была самая длинная речь, которую я услышал от этого немногословного человека. В его жестах, словах, в манере говорить неожиданно для себя я уловил что-то смутно знакомое, нечто такое, что отличало его от того Ореста, которого я запомнил в свой первый приход в замок. Но он снова заговорил, и я тут же забыл обо всем.

— В общем, мы все сошлись на том, чтобы предоставить тебе право выбора.

— Какого выбора?.. — спросил я неожиданно пересохшими губами.

— Ты можешь остаться с нами или вернуться в любой из своих предыдущих кругов. В любую пространственно-временную точку. Никогда не совершалось ничего подобного. Но, с другой стороны, человек никогда и не достигал того, что сделал ты. Одним словом, мы решили объединить наши усилия и попытаться...

Мы полагаем, что один из твоих жизненных кругов остался незавершенным. Земные желания, привязанности, преследующие тебя, — все это не случайно. Они могут быть изжиты, только если ты пройдешь незаконченный круг до конца. Прошлое должно оставаться в ушедших мирах. К нам приходят без старой тоски... Конечно, придется нарушить кое-какие запреты, нет полной уверенности, что все получится как надо, но, по-моему, ты привык рисковать. И, если согласишься, мы можем попробовать.

Над столом повисла долгая напряженная тишина. Сердце ударило ровно три раза, прежде чем я молча кивнул, и перед глазами возникла картина из моего безнадежного сна: огромный зверь несся через бесконечное поле алых цветов к далекой опушке леса...

— Итак, ты решил вернуться.

— Вернуться? Куда? — спросил я, с трудом выталкивая перехваченные волнением слова.

— А вот этого я не знаю. Может быть, в Мексику. К своему учителю. Возможно, тебе будет полезно пройти еще один цикл обучения и запомнить наконец некоторые правила. — Он улыбнулся, пряча глаза, но я был слишком взволнован, чтобы понять до конца смысл этих слов.

Орест сдернул покрывало с предмета в центре стола. Под ним не оказалось вазы или кубка, как я ожидал. Светящийся шар огромного сапфира, превосходящего своими размерами волейбольный мяч, висел над столом без всякой подставки.

— Протяни правую руку, — сказал Орест, — и положи ее на Сферу мира.

Отчего-то я медлил, и в тишину падали драгоценные мгновения.

— Что будет с Адрой?

— Когда Аристарх лишился Светозара, он утратил и Адру. Раньше эта планета не принадлежала к черным мирам. Туда направится Орест, чтобы восстановить справедливость и истинные законы жизни.

Я оглянулся. Над камином, невидимый в своих темных ножнах, висел Светозар. Я словно попрощался с другом, со всем, что накопил за долгий путь. Как странно, непоследовательно устроен человек! На целую бесконечную секунду мне стало жаль покидать этот зал и отправляться в новое странствие, конца которого никто не мог предсказать.

Орест ответил на мои последние невысказанные сомнения:

— Светозар будет ждать твоего возвращения под надежной охраной. Когда срок придет, ты сам снимешь его с этого крюка. Никто, кроме тебя, не может взять его в руки. Тебе еще предстоит разрушить пирамиду Аристарха. Ту самую, что ты видел во сне. Добраться до его золотого шара, а может, до самой Дейры. Настоящая схватка с деймами только начинается. Но время в тяжелых мирах скоротечно. У нас не пройдет и часа, а для тебя закончится целый круг. Постарайся не слишком нарушать правила. Не забывай, что твой интеллект, твоя внутренняя сила теперь не соответствуют человеческим меркам. Помни об этом. Отныне все, чего ты достиг, навсегда останется с тобой.

Опять что-то знакомое почудилось мне в усмешке Ореста, и неожиданно он проворчал:

— Опаснее всего для Воина на перепутье любование собственной силой.

Но мне никогда не хватало скромности. Он вздохнул и, вытянув руку к Сфере мира, положил ее поверх моей. Его примеру последовали все остальные витязи.

Прежде чем я успел опомниться, прежде чем успел остановить их, в центре круга сверкнула молния. А когда грянул гром и прокатился в высоком светлом небе Ангры, я уже стоял на знакомой лесной поляне.

Трава у моих ног еще хранила отпечаток тела огромного зверя. Из дымки предрассветного тумана прямо передо мной, словно из небытия, из глубин человеческого забвения, из пропасти прошедших времен, вознеслись ввысь деревянные шпили, бревенчатые крепостные стены, ворота со смешными кармическими фигурками.

Над лесом шел тихий ласковый дождь, а над городом светило восходящее солнце. Тучу уносило к западу, но дождь все еще шел. Все еще шуршал по траве, смывая старые следы и вычерчивая на земле свои неведомые письмена.

Наконец ворота города распахнулись... Всадник двигался неуверенно, часто останавливаясь, иногда подолгу кружил на месте.

И тут страшное сомнение ударило меня в самое сердце.

Я забыл, как много отняли у меня чужие пространства, я забыл, в каком теле вернулся сюда, и не подумал о том, что она не сможет узнать меня, никогда не поверит и не примет того, что произошло...

А дождь все шел, и моя Каларуни медленно ехала к лесу, опустив поводья, задумчиво глядя вниз, словно старалась прочесть письмена дождя. Или, быть может, повторяла про себя слова, которые собиралась сказать на прощание невиданному сказочному зверю...

Уже у самого леса она спешилась, откинула с головы капюшон плаща и, все еще не замечая меня, медленно подняла глаза к тому месту, где совсем недавно лежал левран.

И тогда пронзительный девичий крик разнесся над лесом, над дождем, смешался с эхом, с запахами цветов, с радугой, вспыхнувшей над полем недавно завершенного сражения:

— Ро-о-о-ман!!!

СОДЕРЖАНИЕ

Книга первая. ЧУЖИЕ ПРОСТРАНСТВА 5
Книга вторая. ИЗГНАННИК 315

Литературно-художественное издание

Гуляковский Евгений Яковлевич
ЧУЖИЕ ПРОСТРАНСТВА

Редактор *А. Зеленский*
Художественный редактор *А. Сауков*
Художник *D. Mattingly*
Технический редактор *Н. Носова*
Компьютерная верстка *О. Батова*
Корректор *В. Викулкина*

Налоговая льгота — общероссийский классификатор продукции ОК-005-93, том 2; 953000 — книги, брошюры

Подписано в печать с готовых диапозитивов 14.02.2000.
Формат 84×108 $^{1}/_{32}$. Гарнитура «Таймс».
Печать офсетная. Усл. печ. л. 30,24. Уч.-изд. л. 33,0.
Тираж 7 000 экз. Заказ 4167.

ООО «Издательство «ЭКСМО-МАРКЕТ»
Изд. лиц. № 071591 от 10.02.98.

ЗАО «Издательство «ЭКСМО-Пресс»
Изд. лиц. № 065377 от 22.08.97
125190, Москва, Ленинградский проспект, д. 80, корп. 16, подъезд 3.
Интернет/Home page — www.eksmo.ru
Электронная почта (E-mail) — info@ eksmo.ru

Книга — почтой:
Книжный клуб «ЭКСМО»
101000, Москва, а/я 333
E-mail: bookclub@ eksmo.ru

Оптовая торговля:
109472, Москва, ул. Академика Скрябина, д. 21, этаж 2
Тел./факс: (095) 378-84-74, 378-82-61, 745-89-16
E-mail: eksmo_sl@msk.sitek.net

Мелкооптовая торговля:
Магазин «Академкнига»
117192, Москва, Мичуринский пр-т, д. 12/1
Тел./факс: (095) 932-74-71

Всегда в ассортименте новинки издательства «ЭКСМО-Пресс»:
ТД «Библио-Глобус», ТД «Москва»,
ТД «Молодая гвардия», «Московский дом книги», «Дом книги на ВДНХ»

ТОО «Дом книги в Медведково»
Москва, Заревый пр-д, д. 12 (рядом с м. «Медведково»)
Тел.: 476-16-90

ООО «Фирма «Книинком»
Москва, Волгоградский пр-т, д. 78/1 (рядом с м. «Кузьминки»)
Тел.: 177-19-86

ГУП ОЦ МДК «Дом книги в Коптево»
Москва, ул. Зои и Александра Космодемьянских, д. 31/1
Тел.: 450-08-84

АООТ «Тверской полиграфический комбинат»
170024, г. Тверь, пр-т Ленина, 5.